Dantes *Divina Commedia*

Grundlagen der Italianistik

Herausgegeben von Heinz Willi Wittschier

Band 4

PETER LANG

Frankfurt am Main · Berlin · Bern · Bruxelles · New York · Oxford · Wien

Heinz Willi Wittschier

Dantes
Divina Commedia

Einführung und Handbuch

Erzählte Transzendenz

PETER LANG
Europäischer Verlag der Wissenschaften

Bibliografische Information Der Deutschen Bibliothek
Die Deutsche Bibliothek verzeichnet diese Publikation in der
Deutschen Nationalbibliografie; detaillierte bibliografische
Daten sind im Internet über <http://dnb.ddb.de> abrufbar.

Diese Publikation wurde gedruckt
mit Unterstützung des Italienischen Generalkonsulats –
Kulturabteilung – Istituto di Cultura Hamburg.

ISSN 1439-0140
ISBN 3-631-38401-7

© Peter Lang GmbH
Europäischer Verlag der Wissenschaften
Frankfurt am Main 2004
Alle Rechte vorbehalten.

www.peterlang.de

"*Dantes erste und letzte Worte*"

Antonella Wittschier

(2002, Acryl auf Leinwand, 100 mal 85 cm, Privatbesitz, Hamburg)

Bei aller Liebe:

Wem sonst sollte ich dieses Werk zueignen, Ingrid!

l'amor che move...

INHALT

VORWORT..13

Erster Teil: Einführung in die *Divina Commedia*. Erzählte Transzendenz

'Histoire' und 'Discours': Inhalt und Struktur der *Divina Commedia*......15

1. EIN EINZIGARTIGES WERK DER WELTLITERATUR: *„La più vasta unità che la mente umana abbia concetta"*...20

2. ENTSTEHUNG, VERBREITUNG, VERÖFFENTLICHUNG: *„Eines der am besten überlieferten Werke der Weltliteratur"*...............................24
2.1 Entstehung...24
2.2 Handschriftliche Überlieferung..25
2.3 Druck- und Editionsgeschichte...26
2.4 Ungewöhnliche Veröffentlichungsformen...............................28

3. EIN ICH-ERZÄHLER IN KOMPETENTER BEGLEITUNG: *„Nul plus que Dante n'a dit: je."*..31
3.1 Exzellente Wahl der Erzählform...31
3.2 Unablässiges Fragen der strebsamen Dante-Figur...................34
3.3 Sicherheit garantierende Begleitung..35
3.4 Multiple Wahrnehmung des erzählenden/erzählten Ich.............37

4. SPANNENDE HANDLUNG: *„Ein Werk mit mächtiger Bewegung"*.............41

5. MYTHISCHE, PROPHETISCHE, KOSMISCHE UNIVERSALZEIT: *„Un uomo alla ricerca della totalità del tempo"*...45

6. KONSTRUIERTE ERZÄHLRÄUME: *„The greatest medieval synthesis in poetic form"*...50
6.1 Eine Welt aus Zahlen und Relationen.......................................50
6.2 Hölle: Furchtbare Strafen in der Tiefe......................................53
6.3 Läuterungsberg: Leidenschaftliches Streben in die Höhe...........58
6.4 Paradies: Glückliches Schweben in Lichterfülltheit..................63
6.5 Farben, Musik, Illumination..66

6.6   Ethische und esoterische Disposition...70
6.7   Diesseits-Reminiszenzen für die Jenseitskonstruktion.......................71

7.   FIGUREN IN PERMANENTEM DIALOG: *„Una fitta trama di gesti"*..............74
7.1   Dante: Schüler und Protagonist...75
7.2   Vergil: Lehrer, zweiter Protagonist, Medium der Aufwertung................75
7.3   Beatrice: Aus Intertexten gefügte Sakralprojektion...........................78
7.4   Ein lebendiger Figurenkosmos aus 'toten' Gestalten: Das Menschen-
       geschlecht auf der Bühne eines Welttheaters...................................80
7.5   Paolo und Francesca oder die Macht der Liebe: *„Ein Kuß mit Folgen"*....89
7.6   Ulisse oder die *„maßlose Sehnsucht nach Wissen"*...........................90

8.   ERZÄHLFLUSS IN SUGGESTIVER VERSREDE: *„Il genio della terza rima"*....93
8.1   Metrum und Syntax: *„Eccezionale ricchezza di schemi ritmici"*............94
8.2   Versschlüsse: *„Ein sinnliches Verlangen nach dem Reim"*.................95

9.   SPRACHE UND STIL: *„A victory over silence and meaninglessness"*. Ein
       Mosaik aus Stilblumen, ein Bildfeuerwerk zum Lob des Italienischen......97
9.1   Sieg über die *'ineffabilità'*..98
9.2   Ein Gesamtkunstwerk aus mosaikartigen Texturen..........................98
9.3   Klangreiche Rhythmen: Vehementer Ausdruck inneren Erlebens.........100
9.4   Vergleiche und Bildlichkeiten: Motorisches Erbauen von Welten.........101

10.   SINN UND INTENTION: *„Il cosmo, l'uomo, il viaggio mistico"*. Ein un-
       endlich polyvalentes Literaturprojekt...107
10.1   Die *DC* realisiert ein Sprachenkonzept. 108
10.2   Die *DC* ist ein persönlicher Rechenschaftsbericht. 108
10.3   Die *DC* verherrlicht Beatrice. 109
10.4   Die *DC* enthält ein politisches Bekenntnis. 110
10.5   Die *DC* legt Zeugnis vom Christentum ab. 112
10.6   Die *DC* stellt ein Kompendium aller Wissenschaften dar. 113
10.7   Die *DC* enthält esoterische Lehren. 115
10.8   Die *DC* strebt eine Symbiose der Kulturen an. 116
10.9   Die *DC* propagiert humanistisches Denken. 117
10.10 Die *DC* zeichnet ein Bild von der Weltgeschichte. 118
10.11 Die *DC* spiegelt die Wirklichkeit wider. 119

11.   DIE AUSSERORDENTLICHE REZEPTION EINES WAHRHAFT 'GÖTTLICHEN'
       BUCHES: Fleißigstes Kopieren und kontinuierliches Edieren, endloses
       Kommentieren, unübertroffen kritisches Interpretieren sowie allzeit
       fortgesetztes literarisches, künstlerisches, musikalisches, filmisches und
       mediales Transponieren..124

11.1 Eine reiche Textüberlieferung: Viele und schöne Handschriften..........125
11.2 Ein immerwährender Hermeneutikprozeß: *Un pullulement d'inter-prétations.*" Zum Deuten der *DC* allgemein...................................125
11.3 Boccaccios florentinische 'Stadtvorlesungen': *Una svolta precisa ed importante nella storia dell'esegesi dantesca*"............................128
11.4 Kommentare vor Boccaccio: *Un groviglio difficile da districare*"......132
11.5 Kommentare nach Boccaccio: Wege zu systematischer Literaturkritik.....137
11.6 Kommentare des Quattro- und Cinquecento..............................139
11.7 Dante-Exegese der Neuzeit..143
11.8 Literatur- und Kulturkritik..147
11.9 Ungezählte Übersetzungen: *There is no end in sight... translation is interpretation.*"...151
11.10 Die *DC* und die Kunst: Dantes *'painterly vision'* und die Umset-zungsleidenschaft der Künstler...157
11.11 Der Einfluß der *DC* auf die Literaturen der Welt: *A powerful effect upon later writers*"...163
11.12 Die *DC* und die Musik: Komponisten in magischem Bann.................168
11.13 Die *DC* und das Kino: *Una sorta di viatico culturale*"..............169
11.14 Die *DC* und die neuen Medien: *Un'opera contro la morte*"...........171

ZUSAMMENFASSUNG UND AUSKLANG..176

Zweiter Teil: Studienführer
A. Allgemeiner Studienführer zu Dantes Schaffen

1. Dante und das INTERNET..181
2. BIBLIOGRAPHIEN und BIBLIOGRAPHIEREN zu Dante.........................182
3. KATALOGE von Dante-BIBLIOTHEKEN......................................189
4. ARBEITEN/FORSCHEN über Dante in BIBLIOTHEKEN.........................190
5. Dante-MUSEEN...192
6. KATALOGE zu Dante-AUSSTELLUNGEN......................................193
7. Dante-INSTITUTIONEN..194
8. Dante-GESELLSCHAFTEN...196
9. BILDNISSE, DENKMÄLER, GEDENKSTÄTTEN, Dante-GRAB......................197
10. LITERATURSAMMLUNG für/über Dante.....................................198
11. GESAMTAUSGABEN von Dantes WERKEN.....................................198
12. GESAMTÜBERSETZUNGEN von Dantes WERKEN................................199
13. Dante in mehrbändigen LITERATURGESCHICHTEN...........................200
14. EINFÜHRUNGEN und STUDIENFÜHRER zu Dante..............................201
15. GRUNDLAGENFORSCHUNG von BARBI, NARDI und VALLONE.....................207

16. MONOGRAPHIEN zu Dantes GESAMTWERK.....................210
17. BEATRICE........................220
18. AUFSATZBÄNDE zu Dante.....................222
19. KONGRESSAKTEN zu Dante.....................227
20. AUFSÄTZE zu Dante mit übergreifender/zentraler Thematik................230
21. REZEPTION und INTERTEXTUALITÄT..........................231
22. KOMPARATISTISCHES zu Dante......................241
23. Dante-KRITIK im Spiegel der Epochen.........................242
24. Dante (bzw. die DC) und die/in der KUNST.......................245
25. KUNSTKATALOGE......................249
26. Dante (bzw. die DC) und die/in der MUSIK.......................251
27. Dante (bzw. die DC) und die/in den NEUEN MEDIEN......................254
28. Dante-LEXIKA......................255
29. Dante-KONKORDANZEN......................256
30. Dante-ZEITSCHRIFTEN......................256

B. Spezieller Studienführer zur *Divina Commedia*

31. INHALTSZUSAMMENFASSUNGEN der Gesänge der DC......................260
32. Italienische PROSAÜBERTRAGUNGEN der DC......................261
33. SCHAUBILDER/DIAGRAMME der DC......................261
34. Die DC auf AUDIO, VIDEO, CD-ROM......................263
35. EDITIO PRINCEPS der DC......................264
36. DC-INKUNABELN (= weitere)......................266
37. Cinquecento-AUSGABEN der DC (= weitere Frühdrucke)......................268
38. Kritische DC-AUSGABEN......................269
39. Weitere DC-AUSGABEN......................270
40. Fotomechanische REPRODUKTIONEN von DC-TEXTTRÄGERN..............271
41. Frühe DRUCKGESCHICHTE der DC......................274
42. HANDSCHRIFTEN und TEXTÜBERLIEFERUNG der DC......................276
43. Kommentierte DC-AUSGABEN (italienische)......................279
44. 'SCHULAUSGABEN' der DC......................281
45. Preiswerte (einfache) DC-AUSGABEN......................282
46. Die DC als Gegenstand der DIDAKTIK......................284
47. Die DC als KINDERBUCH......................284
48. Formen der 'LECTURA DANTIS'......................284
49. AUSGABEN früher DC-KOMMENTARE......................288
50. EXZERPTEKOMPENDIUM früher DC-KOMMENTARE......................295
51. AUSGABEN früher DC-KOMMENTARE auf CD-ROM......................295
52. Frühe DC-KOMMENTARE im INTERNET......................296
53. FORSCHUNGEN zu frühen DC-KOMMENTAREN......................296

54. Neuzeitliche *DC*-KOMMENTARE (19.-20. Jh.)................................301
55. Deutsche *DC*-ÜBERSETZUNGEN..304
56. Englische *DC*-ÜBERSETZUNGEN..310
57. Französische *DC*-ÜBERSETZUNGEN..315
58. Italienische DIALEKTÜBERSETZUNGEN der *DC*..............................318
59. ÜBERSETZUNGSWISSENSCHAFTLICHES zur *DC*..............................320
60. EINFÜHRUNGEN in die *DC*...323
61. Themenumfassende MONOGRAPHIEN zur *DC*..............................328
62. Themenspezifische MONOGRAPHIEN zur *DC*..............................332
63. AUFSATZBÄNDE zur *DC*..348
64. AUFSÄTZE zur *DC* mit zentraler Thematik..................................353
65. MONOGRAPHIEN zu einzelnen 'Canti'/Sequenzen der *DC*................359
66. *DC*-LEXIKA...361
67. *DC*-KONKORDANZEN...362
68. *DC*-REIMVERZEICHNISSE...362
69. *DC*-MORPHOLOGIELEXIKON..363
70. HANDBÜCHER/LEXIKA zum Wissen der Dante-Zeit........................363

Abkürzungsverzeichnisse und Register

Allgemeine Abkürzungen...366
Abgekürzte VERLAGSNAMEN...367
Abgekürzte ERSCHEINUNGSORTE...368
Abgekürzte ZEITSCHRIFTEN und EDITIONSREIHEN............................369
Register der AUTOREN/DANTISTEN im STUDIENFÜHRERTEIL (= S. 181-365).....370

11

VORWORT

Obwohl es in den Sprachen der Welt zahlreiche Gesamtdarstellungen zu dem außerordentlich berühmten Dichter und Schriftsteller Dante Alighieri (1265-1321)
gibt, will diese Publikation neue Akzente setzen.

Dantes Schaffen wird in zwei Bänden behandelt. Das ermöglicht Ausführlichkeit
für das poetische Meisterwerk, aber auch Gründlichkeit für seine anderen Texte,
die sogenannten 'opere minori', welche alle aufschlußreich zum Verständnis der
Divina Commedia sind, jedoch auch jeweils eigene sprach-, literatur- oder kultur-
geschichtliche Relevanz besitzen.

Der vorliegende Band über die *Göttliche Komödie* ist das logische Zentrum unseres 'Einführungskurses' zu dem Autor aus Florenz. Diesen veröffentlichen wir
zuerst, allerdings ist er im Zusammenhang mit dem zweiten Teil zu sehen.

Um das komplex konstruierte und anspielungsreiche Jenseitsbuch nach einem
klaren Gesamtkonzept zu erläutern, betrachten wir es -erstmals konsequent und
systematisch- als einen romanhaften Erzähltext. Jeden Leser interessiert nämlich
einerseits die kunstvolle Beschaffenheit sowie zum anderen das faszinierende
Nachleben dieses spannenden Stückes Weltliteratur. Daher ist der Rezeption in all
ihren Formen ein zweites Hauptkapitel gewidmet: Dantes Transzendenzerzählung
wird als ein unvergleichlich wirkungsintensives Buch vorgestellt.

Für ein Einführungswerk neu ist die Intensität, mit der wir Dante als einen 'glo-
balisierten' Forschungsgegenstand bearbeiten: Es wird nicht bloß auf europäische
und außereuropäische Dantistik hingewiesen, sondern die Fachleute kommen mit
ihren persönlichen Statements ausdrücklich zu Wort. So ergibt sich ein anschauliches Bild von den weltweiten Diskursen über Italiens größten Dichter.

An dem bibliographischen Studienführerteil dürfte außer der beträchtlichen Vollständigkeit die Informationspräzision im Detail Zustimmung finden: Diese macht
dem/der Studierenden oder Forschenden die Entscheidung leicht, ob er/sie sich
einen bestimmten Titel besorgen soll oder nicht.

Die vorliegende Monographie versteht sich als ein internationales Handbuch zur
Dantistik, und zwar gerade auch deswegen, weil es auf Deutsch verfaßt ist. Wer
sich mit dem Florentiner wissenschaftlich beschäftigt, sollte außer der italienischen (und englischen) auch der deutschen Sprache mächtig sein, weil diese einst
das Mitteilungsmedium eines Karl Witte und des den geachteten Italiener über
alles schätzenden sächsischen Königs Johann 'Philalethes' war; beide gelten un-
bestritten als Pioniere der Dante-Forschung allgemein.

Der zu erwartende zweite Band mit dem Titel »*Dantes 'Opere minori'. Erschriebene Immanenz*« wird mit einer Biographie eröffnet werden. *Vita Nuova, Convi-*

vio, *De Vulgari Eloquentia* und *Monarchia* stellen wir dann sukzessive als Komplementärwerke zur *Divina Commedia* vor. Die 13 Briefe, das Korpus der *Rime*, die Eklogensequenz sowie die *Questio*-Schrift behandeln wir hiernach getrennt und ebenso gründlich; diese vier Texteinheiten ergänzen und vertiefen weiterhin Dantes Lebenswerk, bilden eine Art Ausklang seines Schaffens. Zu allen acht Werken oder Textgruppen sind Inhaltsangaben, Aufbauskizzen, Textanalysen und Studienführer vorgesehen. Was die nicht völlig zweifelsfrei Dante Alighieri zuschreibbare *Fiore*-Dichtung und das *Detto d'Amore* angeht, so verweise ich auf die in dieser Reihe erschienene Literaturgeschichte zum Duecento, in der man eine detaillierte Darstellung nebst umfangreicher Bibliographie zu beiden Texten findet.

Ich bin dem Italienischen Generalkonsulat, und zwar seiner Kulturabteilung, dem Istituto di Cultura in Hamburg, mit dem ich seit fast vierzig Jahren zusammenarbeiten darf, für die finanzielle Unterstützung des Drucks dieser Publikation sehr verbunden. Mein Dank gilt vor allem der Direktorin, Frau Dr. Maria Mazza.

Meine Tochter Antonella, die mich auf manchen Reisen zu Dante-Forschungsstätten begleitet hat, entwickelte dabei nicht nur eine starke Leidenschaft zu dem Dichter aus Florenz: Ihr beträchtlicher Sach- und Fachverstand ist mir oft eine große Hilfe bei der Gestaltung dieses Buches gewesen, so daß ihr der Vater nun aufrichtig dafür dankt!

Hamburg, im August 2004   Heinz Willi Wittschier

Erster Teil: Einführung in die *Divina Commedia*. Erzählte Transzendenz

'Histoire' und 'Discours': Inhalt und Struktur der *DC*

[Während die 'Inhaltsangaben' und 'Diskursskizzen' zu den anderen, meist weniger bekannten Werken Dantes im zweiten Band unserer Publikation ausführlich ausfallen, ist der vorliegende Informationsteil kurz gehalten, weil es undenkbar ist, daß sich jemand mit der *Göttlichen Komödie* auseinandersetzt (sie z. B. liest), ohne gleichzeitig eine der vielen gründlich kommentierten Originalausgaben bzw. eine der mit Erläuterungen (und Inhaltsfahrplänen) versehenen Übersetzungen zur Hand zu haben, sehr nützliche Hilfsmittel, die ich überdies im Studienführerteil nenne, so daß man auf lange Schilderungen der Stationen, Situationen und Geschehnisse in den 100 Gesängen verzichten kann. Im bibliographischen Teil wird zudem auf verschiedene, meist akribisch erstellte Transzendenzschaubilder, Reiserouten und Lagebeschreibungen der erzählten Jenseitsreise hingewiesen, von denen man sich viele leicht beschaffen kann. Von SCHUBRING (1931) gibt es z. B. ein besonderes Kompendium zum Inhalt der *DC*, in dem dieser an 78 Inkunabelholzschnitten und 388 sonstigen Illustrationen erläutert wird.]

Inhalt und Handlung

Wir haben es mit einem Buch zu tun, in dem ein Ich behauptet, für eine gewisse Zeit im Mittelpunkt der Welt zu stehen! So formulierte der englische Kunsthistoriker John Ruskin (1819-1900) in *Stones of Venice* (1851-53) die schöpferische, moralische, philosophische, psychologische und damit auch inhaltliche Grundsituation der *DC*. Diese außergewöhnliche Position eines Individuums in einem literarischen Werk erfüllt spezifische Funktionen: „Die göttliche Komödie ist zunächst eine Schilderung des Zustandes der abgeschiedenen Seelen in der jenseitigen Welt." (WITTE [1]1865: 9) Dante, der sich in der Lebensmitte -und zwar am Gründonnerstag, dem 7. April des Jubeljahres 1300- in einem Wald (der Sündenverstrickung, seelischen Konfusion, altersbedingten Orientierungslosigkeit...) verirrt hat und von drei wilden Tieren bedroht ist, wird fiktiv die Gnade zuteil, bereits als Lebender -im Alter von 35 Jahren eben- das von Verdammten, Hoffenden oder Erlösten besiedelte Jenseits zu besuchen, um durch deren Anblick zur eigenen Rettung zu gelangen und zu der anderer Christenmenschen beizutragen. So unternimmt er denn mit dem zu ihm geschickten Führer Vergil eine außergewöhnliche, nur in der Phantasie mögliche, äußerst faktenreich und glaubwürdig präsentierte, spannende Erkundigungswanderung. Man durchschreitet am Karfreitag, dem 8. April, das Tor der Hölle -dessen Inschrift absolute Hoffnungslosigkeit und unmögliche Rückkehr signalisiert- und kommt in die erste von vielen Räumlichkeiten des immer topographisch nachvollziehbaren Unterirdischen, die

Vorhölle. Nach Überquerung des zäsurhaften Unterweltflusses Acheron erreichen beide Dichter den ersten Höllenkreis und damit das anfängliche Teilstück einer komplexen Abfolge von infernalischen Arealen, die das Dante-Ich alle kennenlernt und die den Stoff seiner themenreichen Erzählung bilden. Hier -am Eingangweist der Wächter Minos allen Verdammten den für sie bestimmten Platz der Bestrafung zu. Die leibhaftigen Begegnungen mit den hier verfluchten, dort büßenden oder zuletzt glücklichen Gestalten -mehrere Hundert sind es in der ganzen 'Erzählung'- füllen das linear verlaufende Geschehen der Jenseitsreise kontinuierlich mit Handlung an; diese führt also zuerst in den tiefen, in neun Hauptsegmente gegliederten Höllentrichter, wo Peinigungen und Schrecken immer schlimmere Formen annehmen. Der vorletzte Sektor -Malebolge (Gräben des Bösen) genannt- ist seinerseits noch einmal in zehn Abschnitte unterteilt; hier sind ausgesprochen verabscheuungswürdige Sünder anzutreffen. Nachdem Vergil Dante dies alles gezeigt hat, geraten sie in den untersten Bereich des Abgrunds: In diesem tiefsten und bösesten Dunkel, dem Mittelpunkt der Erde, hausen die Verräter sowie schließlich Luzifer, an dessen häßlichem Leib sie sich entlangwinden müssen, um jene Plätze des Bösen hinter sich zu lassen. Durch eine lange Röhre erreichen die beiden Transzendenzabenteurer endlich die Erdoberfläche und gelangen nach vier Tagen zu ihrem nächsten Reiseziel, dem Läuterungsberg, der sich auf der südlichen Erdhalbkugel antipodisch zum Infernotrichter aus dem Meer erhebt. Der entsetzliche Abstieg ist beendet, aber nun steht ein beschwerlicher Aufstieg bevor.

Nach einer Bootsfahrt und rituellen Reinigung betritt Dante am Ostersonntag das Antepurgatorium; dies ist wieder ein Vorraum, den er -weiterhin in Vergils Begleitung- durchlebt. Beide begeben sich die sieben Terrassenwindungen des ebenfalls neunfach gegliederten Purgatoriumskegels hinauf, auf dessen Flächen die sich nach oben sehnenden Büßer unterschiedliche Läuterungswerke leisten müssen. Auf dem Gipfel liegt das 'Irdische Paradies'. Hier übernimmt Beatrice als Werkzeug göttlichen Willens die Betreuung Dantes, der zunächst im Lethe-Fluß von seinen Sünden befreit und somit des letzten Teiles der initiatorischen Reise würdig wird; es steht nun ein Flug durch das himmlische All an.

Mit Beatrice schwebt Dante am gleichen Tag zum Himmel empor, um inmitten strahlender Helligkeit zahlreicher seliger Gestalten ansichtig zu werden. Der Protagonist aus Fleisch und Blut dringt in ein metaphysisches Illuminationssystem ein, in dem ein wundersames Strahlen sukzessive zunimmt. Der Kosmos aus abgestufter, magischer Leuchtkraft besteht aus sieben von Engelsscharen gelenkten Planetenhimmeln und dem Fixsternhimmel, denen das Primum mobile als motorisches Kraftfeld dient. Das Empyreum, Gottes Wohnstatt, umschließt dieses aus Sphären guter Einflüsse bestehende Paradies und ist zudem Behältnis der 'Mystischen Rose', welche die vorzüglichen Seligen und Erlösten -wie Maria oder Beatrice- beheimatet. Dante -der dem Leser als eine facettenreiche, stets lebhafte und alles intensiv erfahrende Persönlichkeit in Erinnerung bleibt- lernt diese himmlischen Räume und ihre entzückten 'Bewohner' kennen, erblickt zu guter Letzt den dreifaltigen Gott, Quell allen Lichtes, und hat damit, nach sieben Nächten, das Ziel seines Strebens nach dem Allerhöchsten in Form einer ganz besonderen Traumwanderung erreicht: „The story of the 'Comedy' is the story of a journey to knowledge." (BOYDE 1981: 51) „Noch selten war ein Dichter so unbescheiden; noch nie war einer berechtigter, es zu sein." (GÜNTERT 1995: 67)

Zu diesem ersten Einleitungsabschnitt über **Inhalt und Handlung** der *DC* s. im Studienführerteil die bibliographische Abteilung **16**: INHALTSZUSAMMENFASSUNGEN der Gesänge der *DC*.

Form und Struktur

„Diese Schilderung des Zustandes der abgeschiedenen Seelen ist aber nur die äußere Schale." (WITTE [1]1865: 12) Das formal und substantiell Besondere an dem Werk ist der Umstand, daß es aus mehreren Schichten besteht und daß der Leser daher unterschiedliche Sinngebungen vornehmen kann. Dieses polyvalente, der mittelalterlichen Texttradition entsprechende Diskursphänomen -das eigentliche Wesen dieser kunstvollen Dichtung- entsteht 'auf dem Wege' einer chronologisch angelegten Ich-Fiktion, die ein als Vision konzipierter 'Roman in Versen' ist, da das Buch alle entscheidenden Kriterien eines (besonders umfangreichen) narrativen Textes erfüllt. Man kann es auch als Epos bezeichnen, da dichterisch und feierlich von Erhabenem und Göttlichem sowie von den relevantesten Themen der Menschheitsgeschichte die Rede ist. Der von dem Autor selbst vorgeschlagene Titel-Begriff *Comedìa* weist weniger auf Dramatik oder Theater hin -trotz der betont szenisch dargebotenen Geschehnisse-, sondern er meint strukturell das schrecklich beginnende, aber gut endende Erleben und Streben der Hauptfigur. Sprachlich verfaßt ist das ereignisreiche Buch in einem neuzeitlich wirkenden, 'altitalienischen', verdichteten und dennoch flüssigen und schwungvollen Medium; es ist eine toskanische Variante der Volkssprache Italiens, die den Habitus seiner gesamten Nationalliteratur prägen sollte. Dieses Volgare reichern mannigfaltige rhetorische Verfahren an, welche jedoch meist kaum ins Auge fallen, weil sie sich harmonisch den ebenso anspruchsvollen wie natürlichen Aussagen anpassen. Metrisch ist die ganze 'Erzählung' ausschließlich in mitreißenden Versen von gleicher Länge dargeboten; es ergibt sich die Anzahl von 14.233 Elfsilbern (endecasillabi); diese weder zu langen noch zu kurzen, insgesamt straff anmutenden Verse werden zu lebendig wirkenden, weil stark rhythmisierten Dreizeilerstrophen verbunden. Es schmückt diese Terzinen eine kunstvolle und abwechslungsreiche, aber doch streng systematische Reimabfolge, die den monumentalen Bericht -es ist ein kompakter Strom aus schwungvollen Sätzen, treffenden Begriffen, klangvollen Rhythmen, packenden Bildern und wertvollen Gedanken- mit kräftigem Impetus dezidiert vorwärtstreibt. Das gewaltige poetische Korpus ist mehrfach und klar gegliedert; es besteht aus 100 inhaltlich meist abgeschlossenen, als Gesänge (canti) bezeichneten Abschnitten, d. h. vom Volumen her übersichtlichen und leicht aufnehmbaren Einzelteilen; ferner zerfällt es -nach einem ersten Gesang als Exposition oder Prolog- in drei nahezu gleich große Hauptteile (cantiche), in denen man uns linear, sukzessive und thematisch gleichgewichtig Hölle (*Inferno*), Fegefeuer (*Purgatorio*) und Himmel (*Paradiso*) in einer vorwiegend deskriptiven und realistischen Weise schildert. Jede 'cantica' umfaßt 33 Texteinheiten oder Gesänge -man nannte die 'canti' früher auch 'capitoli'-, so daß sich ein streng gestaltetes Gerüst von 1 + 33 + 33 + 33 = 100 Erzählsequenzen ergibt, die (in unregelmäßiger, aber durchdachter Folge) zwischen 115 und 160 Verse umfassen. Alle äußeren und inneren Zahlenbezüge des Triptychons sind gemäß antiker oder mittelalterlicher (numerologischer bzw. esoterischer) Auffassungen 'sprechend', d. h. symbolisch, konstruktiv und sinnstiftend. In die unaufhaltsam voranstrebende narrative Schicht sind fortwährend, und gut verteilt, zahlreiche Dialoge oder Gespräche eingebunden, welche durch spontanes Fragen -des Ich-Erzählers oder auch der angetroffenen Figuren- entstehen und notwendig anmuten. Die jeweiligen Antworten und Erklärungen bringen ein Spektrum an kosmologischen, naturwissenschaftlichen, theologischen, philosophischen, biblischen, mythologischen, historischen, politischen, kulturellen oder literarischen Fakten hervor, welche eine dichte enzyklopädische Informationsschicht bzw. ein sowohl konkret realienkundliches als auch geistig metaphysisches Datenmanual ergeben. Die *DC* wird hierdurch zu einem mitteilsamen und lesenswerten Lehr- und Lernwerk; es entsteht ein gründlicher Einblick in unser Diesseits in Verbindung mit dem geheimnisvollen Jenseits, ein Buch von bis dahin ungekannter Seinshaltigkeit und Sinnerfülltheit. Das im Druck -je nach Format, Layout, Volumen der Kommentierung und Art der Illustrierung- immer mehrere hundert (meist 500 bis 600) Seiten einnehmende, die siebentägige Jenseitswanderung eines stets begleiteten Protagonisten mit Ich-Perspektive schildernde Buch würde eine Lesezeit von mehreren Tagen in Anspruch nehmen, die sich eventuell mit der erzählten Zeit deckte. Allerdings wäre ein solches Lesen weder wirklich möglich noch sinnvoll. Denn Dantes Buch sollte bzw. kann uns immer begleiten, und daher reicht es, wenn man gelegentlich einen Gesang liest oder erläutert bekommt, wie es traditionsgemäß bei einer 'Lectura Dantis' geschieht.

Wenn Hermann A. PRIETZE (1952) seiner vollständigen (reimlosen) Übersetzung der *DC* ins Deutsche den Untertitel „Das Hohe Lied von Sünde und Erlösung" beigab, so erfaßte er damit würdevoll Inhalt und Form von Dantes großer Dichtung: Sie schildert nämlich eine alles entscheidende moralische Wegstrecke und Entwicklung in einem Buch von biblischer Sakralität und großer Poetizität. Ähnlich konzis und umfassend komprimierte Siegfried von der TRENCK (1921) das Innere und das Äußere des tiefsinnigen italienischen Meisterwerks, indem er seine -wie er uns verrät- „durch Versenkung und Eingebung" entstandene, und zwar im Deutschen „wiedergeborene" Gesamtübersetzung (in eigener Versabfolge und Reimgestaltung) als „Das Ewige Lied" kennzeichnete; denn Dante erzählt in der Tat von der Ewigkeit, und er tut dies mit dem Habitus nicht-prosasprachlicher Mitteilungskunst 'singender' Dichter.

„Wir stehen am Ufer des Stromes und horchen auf das Rauschen der Wogen, aus dem die große Seele des unsterblichen Florentiners zu uns redet." (Sophie HASENCLEVER 1890: XXXV) Diesem Strom wollen wir nun folgen!

Zu diesem zweiten Einleitungsabschnitt über **Form und Struktur** der *DC* s. im Studienführerteil die bibliographische Abteilung **33**: SCHAUBILDER/DIAGRAMME der *DC*.

1. EIN EINZIGARTIGES WERK DER WELTLITERATUR: *„La piú vasta unità che la mente umana abbia concetta"*

„In Dantes *Commedia* affirmiert sich eine Kunstreflexion, die selbst die Grundlage ist, auf der Dante sein neues Werk errichten konnte, dessen konstruktive und imaginative Kraft bis heute von keinem anderen Kunstwerk übertroffen wurde." (STIERLE 1997: 389) Die *Divina Commedia* gehört zu den bedeutendsten Werken der Weltliteratur, wird aber oft mehr gelobt als gelesen. Es gibt eben Bücher, die so 'schwerwiegend' berühmt sind, daß man sie lieber ehrfürchtig beiseite schiebt und sie als elitäre Zeugnisse dahinschweben läßt, als sich arbeitsintensiv über sie zu beugen. Ein solches Schicksal haben nun einmal qualitativ 'unerreichbare' Meisterwerke wie Goethes *Faust*, Cervantes' *Don Quixote* oder Dantes *Göttliche Komödie* (vgl. JOMMI 1964). Das hängt mit der weiten und tiefen Sicht zusammen, die solche Texte vermitteln und deren Leseaufnahme in der Tat langwierig und anstrengend sein kann: „La *Divina Commedia* è la piú vasta unità che la mente umana abbia concetta, universo poetico con leggi ed ordini suoi proprii." (DE SANCTIS 1855: 3 = Vorlesungen, Turin 1851) Lädt eine derartige Beurteilung tatsächlich dazu ein, sich jenes geistvolle Buch zum Freund zu machen? Ja, denn der Lohn für die Lektüre dieser erkenntnisfördernden Geschichte -die auch eine abwechslungsreiche und unterhaltsame Vielfalt besitzt- ist nicht minder unvergleichlich: „As a magnum opus, Dante's *Commedia* is comparable to the *Summa theologiae*: it is a vast synthesis whose very aspiration to reveal the analogies between different levels of creation and human endeavor bespeaks its writer's confidence in a world view. Encyclopedic form becomes a defense of philosophically realist content, as the poet -like a god or like nature- creates his own kind of . *speculum mundi*. Thus, the *Commedia* unites poetically an astonishing diversity of motifs and structural elements from other areas of literature and thought." (LYNCH 1988: 146-7) Daß die *DC* mit ihrem stark vergeistigten und temperamentvoll missionarischen Habitus sogar ein drittes Testament -also eine Erweiterung der Alten u n d der Neuen Gottesbotschaft- darstellt, bemühte sich Alan Clifford CHARITY (1966) nachzuweisen; gleichzeitig unterstrich er die überraschende Volkstümlichkeit und Alltäglichkeit dieser Dichtung, die für eine permanente Gottesverehrung konzipierte Texte an sich haben können. Gegenüber der locker zusammengefügten Heiligen Schrift hat die *DC* den Vorzug eines klaren, linear vorwärtsschreitenden und mitreißenden Aufbaus. Sie ist unroman(t)isch streng, das heißt: konsequent führend und irrtumslos wegweisend. Damit erinnert sie eher an ein preußisches Exerzierreglement als an Traumdichtung, weswegen Dante (vielleicht) gerade (auch) in Deutschland zu Hause ist. Obwohl (oder weil) das uns von Dante präsentierte, fest gefügte Weltbild nichts mit der labilen und beängstigend tiefenlosen 'Seinsshow' der Medien unserer Tage zu tun hat, blicken die Leserfreunde des Florentiners fasziniert auf den -in intellektueller Hinsicht-

letztlich von keinerlei Zweifel an dem Sinn des Lebens geplagten Dichter des Trecento. Dieser betreibt mit seiner Seelenreise eine virtuose 'Theologia ludens', ein 'Glasperlenspiel' zum Zwecke der Welterklärung, bei dem Poesie die Aufgabe hat, den gesamten 'Circle of Knowledge' -also das allgemeine kultur- und kreislaufhafte Wissenspotential- (s)einer Epoche über die Welt an sich anhand einer 'multimedialen' Jenseitsvision allen aufmerksam Lauschenden zugänglich zu machen (vgl. MAZZOTTA 1993). 1983 schälte man anläßlich eines internationalen Symposiums am New Yorker Hunter-College (Akten edd. DI SCIPIO-SCAGLIONE 1988) Dantes auf den 'Septem artes liberales' begründetes, kohärentes Wissenssystem aus der Mannigfaltigkeit der *DC* so heraus, daß man in sie wie in ein albumartiges Handbuch aller Wissenschaftsdisziplinen blicken konnte. Dieses größte christliche Literaturwerk ist -vergessen wir das nicht!- das Buch eines nicht-klerikalen, d. h. an kein Kloster und nicht an die Kirche gebundenen Laien (vgl. COLLINS 1989), der Fachleuten in theologischer Materie 'die Show stiehlt', da er bedeutend mehr als jene weiß und allenthalben vieles präziser zu sagen in der Lage ist. Schon die vielen, im Laufe der vergangenen Jahrzehnte entstandenen Nachschlagewerke zu diesem Poesiekompendium und dem Gesamtschaffen unseres gelehrten Autors lassen auf das Kenntnisspektrum eines Mannes schließen, der eine Dichtung hervorbrachte, welche das nach der Bibel am meisten übersetzte Schriftdokument aller Zeiten geworden ist.

Die *DC* erzählt -damit der 'Histoire' und Sendung der Heiligen Schrift durchaus vergleichbar- die bedeutsame Wandlung eines Sünders -er heißt im Text Dante, steht aber für alle Menschen- zu einem von sämtlichen Makeln gereinigten Individuum, welches die Hauptereignisse seiner Religion -Leben, Tod und Auferstehung- neu (aber anders, nämlich poetisch) erfährt und didaktisch nachvollziehbar macht. Stützende 'Instrumente' und Stimula dieser moralischen Gesundung und humanistischen Neuwerdung im Hier und Jetzt durch einen künstlerischen Blick in das Danach sind (beg)leitende Persönlichkeiten: Vergil als christushafter Führer, Beatrice als göttlich agierende Gnadeninstanz und Sankt Bernhard, der den Wanderer schließlich Gott ansichtig werden läßt. Der Florentiner ist in diesem gottesfürchtig-religiös anmutenden Drama keineswegs ein untertäniger Angehöriger seines Glaubens, sondern spannungsgeladener Rebell eines permanenten 'geistlichen Dissenses': „Piuttosto che accettare una chiesa tragicamente al di sotto delle esigenze evangeliche, una 'casta meretrix', Dante è disposto a passare per eretico, separarsi da essa." (COMOLLO 1990: 130; zu seiner genauen Standortbestimmung innerhalb der orthodoxen Theologie s. die französische Monographie von VALENSIN 1954) Des Dichters Weltbild und Gottessicht sind eher von einer überchristlich würdevollen Pietas geprägt (vgl. GLÄSSER 1943), als daß er sich einer aktuellen dogmatischen Position verschriebe (vgl. LEISEGANG 1941), weswegen Dantes Buch Menschen jedweder Konfession geistlich anzusprechen und zu führen vermag. Ein großartiges, weil luzide und spannend als Reise erzähltes, ein als wahrhaftig hingestelltes Märchen ist die *DC*, das ein sehr hohes Ziel anstrebt: Es erklärt das nach einem großen Plan angelegte Schicksal der Seele nach dem Tod und entwirft damit Orientierungskonzepte für ein Leben in der realen Welt. Dabei wird der gesamte Kosmos als Projektionsfläche des Individuums inszeniert. Man hat es mit einem konstruktiven Buch über 'Die Ordnung des Seins und der Bewegung' zu tun, wie der Dante-Kenner Romano GUARDINI (1933 bzw. 1968) einen Essay über Statik und Motorik der Spiritualität in der *DC* betitelte. Wie kaum sonstwo tritt darin ein Autor als Richter und Rechtsprecher zu allen Phänomenen und Problemen auf. Denn die *Göttliche Komödie* ist ein Akt gezielter Urteilsfindung aus einem virtuellen Jenseits für ein konkretes Diesseits; es ist ein Prozedere, welchem eine treffsichere und konsequent rigide Rechtsmetaphysik zugrunde gelegt ist: „Groß wie seine Kunst ist die Unbeugsamkeit seiner Rechtsidee." (FRIEDRICH 1942: 200) Der im wahren Leben wie in seiner Schreibkunst unverrückbare Dante manifestiert bei der Vergegenwärtigung seines Empfindens und Darlegens von Korrektheit und Recht eine poetisch vorgetragene, aber großartige Darstellungssicherheit, um die ihn alle späteren Schriftsteller beneiden sollten. Ob konstruktiv traditionelle Dichter oder sich vorwärtstastende moderne bzw. postmoderne Autoren: Sie alle stehen sprachlos vor Dantes selbstsicher gefügter Ganzheitsarchitektur! Denn nie zuvor oder danach verband ein Poet berauschende Phantasiedichtung so nahtlos mit einem großen Quantum an Wirklichkeit! Nie sagte uns ein Autor so viel über das Unsagbare, das 'ineffabile' (s. hierzu die ästhetiktheoretische Abhandlung von Luigi TONELLI 1934)! Der international geschätzte amerikanische Dantist Charles S. SINGLETON beschrieb den uns Menschen von heute hybrid und unlogisch anmutenden, in Wahrheit fruchtbaren Charakter der lebensklugen *DC* mit dem Paradoxon: „The fiction of the *Divine Comedy* is that it is not fiction." (1954: 62) Dante leistet mit seiner weltumspannenden Symbiose eine beeindruckende Vertiefung menschlichen Verstandes. Er wartet mit einer wunderbaren Phantasie auf. Er geht über die geistigen und ästhetischen Errungenschaften der klassischen Antike und den künstlerischen Horizont der Poesie von Vergil 'modern' hinaus. Er übertrifft seinen Meister, der ihn eine lange Wegstrecke begleitet: „The pilgrim's homage to Vergil does not obscure the fact that the poet was perfectly aware that his own poetry extended and broadened the ancient tradition and took it into areas of human experience that the ancients themselves could have scarcely imagined." (MACDONALD 1987: 101)

Vor allem die zu Dantes Zeiten undramatisch gemeinte Gattungsbezeichnung 'Commedia' bzw. 'Comedìa' ermöglichte dem frühitalienischen Autor eine breite Erfassung von Realitätshorizonten, die von der Tragik zur Komik reichen und alle Facetten des menschlichen Lebens umfassen. Von einem strengen Dichter geschrieben, ist die unkomische 'Komödie' vorwiegend ernst, aber sie ist auch nicht ohne befreiende Serenität, augenzwinkernden Humor und entkrampfende Ironie, was einst Enrico SANNIA (1909) in einem umfangreichen Buch zu dieser Werkkomponente illustrierte; zu ihm sollte man greifen, wenn man einen lockeren Dante

kennenlernen und die Angst vor der Herbheit und Exzellenz seines anspruchsvollen Meisterwerks überwinden möchte.

Es gilt also -wenn wir Dante lesen- einen distanzierenden Respekt vor einer großen Dichtung aufzugeben! Dieser darf nie so stark sein, daß man ein Buch n i c h t
liest! Denn zutreffend wie die Erhabenheit der Diskurse und der Botschaft der *DC*
ist auch die Tatsache, daß es zu keinem literarischen Werk der Welt so viele verschiedenartige, medial zukunftsorientierte, sogar virtuelle Lesehilfen und Erläuterungen gibt wie zur *Göttlichen Komödie*, die es unmöglich machen, nicht in deren
Sprache, Poesie und Wesen einzudringen! Zudem ist die *Divina Commedia* ein
spannender Roman in Versen, eine fesselnde Erzählung, und wer läßt sich nicht
gern etwas Aufregendes von einem Magier des Wortes erzählen!

Als einen lebendigen narrativen Text -und keineswegs als einen Gegenstand
trocken philologischer Analyse- wollen wir daher dieses in der Weltliteratur einzigartige Werk betrachten.

Zu diesem Kap. 1. -in dem eine allgemeine Einschätzung der *DC* versucht wird- s. im Studienführerteil die bibliographischen Abteilungen **16**: MONOGRAPHIEN zu Dantes GESAMTWERK, **60**:
EINFÜHRUNGEN in die *DC*, **61**: Themenumfassende MONOGRAPHIEN zur *DC*, **62**: Themenspezifische MONOGRAPHIEN zur *DC*, **64**: AUFSÄTZE zur *DC* mit zentraler Thematik.

2. ENTSTEHUNG, VERBREITUNG, VERÖFFENTLICHUNG: *„Eines der am besten überlieferten Werke der Weltliteratur"*

2.1 Entstehung

Wann die *DC* entsteht, läßt sich nicht genau sagen, weil es darüber keine Aufzeichnungen des Autors oder zuverlässige Aussagen von Zeitgenossen gibt. Die Idee zu dem Werk kann der Dichter schon vor seinem Exil gehabt haben, vielleicht unter der Einwirkung der Lektüre ähnlich sinnbildlicher Texte, wenn die gleichfalls erzählende und allegorische *Fiore*-Dichtung -sie wurde noch im Duecento geschrieben (s. hierzu WITTSCHIER 2000: 97-103)- nicht sogar eine die *DC* vorbereitende Arbeit aus seiner eigenen Feder ist (was indes zweifelsfrei nicht nachgewiesen werden konnte). Daß Dante vor der Verbannung im Jahr 1302 bereits die ersten sieben *Inferno*-Gesänge fertiggestellt hatte -wie Boccaccio meinte-, nimmt man heute nicht mehr an. Zurückgewiesen wird ebenfalls ein später Beginn, nämlich nach 1313 (dem Todesjahr von Dantes Hoffnungsträger Kaiser Heinrich VII.), wie ihn ZINGARELLI (1931: I 785f.) vertrat. Als ein konkretes 'opus nascendi' entwickelte sich das Triptychon in der Zeitspanne von 1306 bis 1321, also in der langen Epoche des Exils; die *DC* läßt an vielen Stellen die durch jenes persönliche Schicksal verursachte Verbitterung ihres Verfassers durchscheinen. Dante unterbricht offenbar bei Werkbeginn die aufreibende Arbeit an dem enzyklopädieartigen *Convivio* sowie an der gleichfalls anspruchsvollen, sprach- und dichtungstheoretischen Schrift *De vulgari eloquentia*, um ein größeres, jetzt - kulturell gesehen- 'alles' umfassendes Buch zu schreiben, die *Göttliche Komödie*, der intensivste Studien aller Art vorausgingen. Der Thematik und Motivation entsprechend -gemeint ist des Protagonisten moralische, seelische bzw. wissenschaftliche 'Verwirrtheit' und die sich daraus ergebende Umorientierung- und gemäß der logischen Sukzession der romanhaften *DC* beginnt er mit dem *Inferno*, zwischen 1306 und 1308 (und möglicherweise geschieht dies im Raume Lucca). Das *Purgatorio* schließt er nicht vor 1316 ab. Am *Paradiso* schreibt er seit der Beendigung des zweiten Hauptteils, weil zu jenem Zeitpunkt der Herrscher Veronas, Cangrande della Scala (1291-1329), von ihm dessen Anfang mit einem wichtigen Widmungs- und Deutungsschreiben überreicht bekommt; die Fertigstellung der dritten 'cantica' dauert bis zum Jahr des Todes (zu den Datierungsthesen s. VALLONE 1955). Die gesamte Dichtung beginnt er mit der lateinischen Titelphrase *Incipit Comedìa Dantis Alagherii, florentini natione, non moribus*, was besagt, daß der Verfasser dieser ungewöhnlichen 'Komödie' von Geburt Florentiner sei, sich aber von der Bosheit dieser Leute distanziere.

Zu diesem Kap. **2.1** über die **Entstehung** der *DC* s. im Studienführerteil die bibliographischen Abteilungen **14**: EINFÜHRUNGEN und STUDIENFÜHRER zu Dante, **60**: EINFÜHRUNGEN in die *DC*.

2.2 Handschriftliche Überlieferung

Ein außergewöhnlicher Erfolg belohnt das poetische Genie postum für die kräftezehrende und zeitraubende Arbeit: Im 14. Jh. ist Dantes Buch offenbar das nach der Bibel am meisten gelesene bzw. gehörte Werk, denn viele Menschen lernen es auswendig und bewirken eine natürliche und volkstümliche Weitergabe seiner Botschaft. Über 600 vollständige Abschriften von unterschiedlicher Wichtigkeit tradieren den Text; er ist lang und läßt sich nur mit hohen Unkosten reproduzieren: „Die *DC* ist eines der am besten überlieferten Werke der Weltliteratur. Von keiner anderen Dichtung der Antike und des Mittelalters sind uns so viele Handschriften erhalten; aber keine davon ist bei Lebzeiten des Dichters entstanden." (AMELUNG 1965: 18) Marcella RODDEWIG (1918-2000) faßte die wichtigsten Daten aller Kodizes in einem detaillierten Kompendium (1984) zusammen; es handelt sich um eine vergleichende Bestandsaufnahme der im 14. und 15. Jh. geschaffenen Textträger, die eine wertvolle Grundlage für die internationale Überlieferungserforschung der *DC* ist. Trotz der Fülle an schön gestalteten handschriftlichen 'Ausgaben' konnte man das Aussehen des Urtextes nicht eindeutig bestimmen, denn der ursprüngliche Wortlaut der *DC* basiert auf einer schwer entwirrbaren Familiengeschichte der Abschriften (s. FOLENA 1964); es gibt eben kein Autograph oder eine direkte Kopie von dem 'Original', das der Autor irgendwann zu Papier oder Pergament gebracht haben muß. Den Kern der ältesten Textüberlieferung bildet die sogenannte 'Frühverbreitung' (antica vulgata). Dies ist eine Gruppe von 27 (toskanischen) Handschriften aus der Zeit von ca. 1330 bis 1335; sie bilden eine relativ zuverlässige Ausgangsbasis für die Erstellung aller kritischen Editionen: „Die ersten organischen Zeugen, die uns direkt oder indirekt überliefert sind, stammen aus dem vierten Jahrzehnt des 14. Jh. Sie belegen eine sehr rasche und weitverzweigte Verbreitung." (FOLENA 1964: 454) Einen Eindruck von der komplexen Analyse einer einzigen *DC*-Handschrift vermittelt z. B. die Untersuchung in Buchform von MANINCHEDDA (1990) zum Kodex 76 der Universitätsbibliothek Cagliari; sie demonstriert die Fülle an Detailkontrollen, das Problem der Einschätzung ihrer Filiation sowie die diffizile Festlegung ihrer individuellen Bedeutung in der gesamten Texttradition.

Eine der schönsten Handschriften ist der in der British Library zu London aufbewahrte Kodex Egerton 943; er enthält mit 247 Miniaturen die meisten Illustrationen aller alten *DC*-Textübermittler; in ihrer reich bebilderten Studie gibt Almut STOLTE (1998) Aufschluß über dieses europäische Kulturdokument: Sie verdeutlicht, wie ein derartiges Buchkunstwerk um 1330 in der 'Werkstatt' des Maestro di Gherarduccio materiell und künstlerisch hervorgebracht wurde! Einen besonderen, die großartige Manuskriptherstellung in Erinnerung bringenden Begleitband zur *DC* verdanken wir Paul SCHUBRING (1931); der Leser wird dort visuell durch den Erzählverlauf der Jenseitsreise geführt, indem er die wichtigsten Episoden an 400 liebevoll gestalteten Szenen geschildert bekommt. Die Begutachtung der alten

25

Kodizes der *DC* ist ein spezielles Dantistikterrain geworden; da hier zeitaufwendiges Recherchieren von kleinsten Einzelheiten erforderlich ist, mag dieses nicht 'spannend' anmuten, aber der Kodikologe berührt bei seinen Studien immerzu faszinierende Unikate, welche zu den ansehnlichsten 'Büchern' der Welt zählen! Zu diesem Kap. **2.2** über die **handschriftliche Überlieferung** der *DC* s. im Studienführerteil die bibliographischen Abteilungen **40**: Fotomechanische Reproduktionen von *DC*-TEXTTRÄGERN, **41**: Frühe DRUCKGESCHICHTE der *DC*, **42**: HANDSCHRIFTEN und TEXTÜBERLIEFERUNG der *DC*.

2.3 Druck- und Editionsgeschichte

Bereits 1472 -18 Jahre nach Erfindung der Typographie- druckte man die *DC* dreimal nahezu gleichzeitig, und zwar zuerst in einer kleinen, aber für die neue handwerkliche Kunst bedeutsamen mittelumbrischen Stadt: „Foligno, in provincia di Perugia, fu il quarto luogo in Italia ad avere la tipografia per opera di un tipografo tedesco di Magonza." (MANFRÉ [2]1978: 33) „Zu den ältesten Offizinen, in denen deutsche Kunst und italienische Intelligenz sich zu gemeinsamer Tätigkeit verbanden, zählt diejenige von Foligno. Dahin hatte sich mit einer ganzen Anzahl deutscher Gefährten Johann Neumeister gewendet, ein Mann, der wahrscheinlich schon dem Gutenbergischen Arbeiterstamme angehörte. Die wenigen Drucke, die mit denselben Typen hergestellt sind, tragen seinen Namen. Es sind dies eine Ausgabe von Dantes *Commedia divina* -die erste dieses unsterblichen Werkes, die darnach auch deutschem Gewerbefleiß zu verdanken ist- und ein Cicero, *Epistolae familiares*." (HAEBLER 1924: 55-6) Zwei weitere Drucke erschienen bald darauf in Mantua und Jesi. Um die exakte Datierung und Reihenfolge der drei Ersteditionen gab es Diskussionen, die jetzt als abgeschlossen gelten (s. CASAMASSIMA 1972, MANFRÉ [2]1978). Von der zweifelsfrei allerersten, am 11. April herausgekommenen, 252 Blätter umfassenden Inkunabel gibt es noch ein paar Exemplare in Italien (Florenz, Mailand, Ravenna) und anderen Ländern, wohin Dante-Verehrer bibliophile Fahrten unternehmen: „Le tre edizioni 'principi' del poema dell'Alighieri sono monumenti rimasti giustamente fondamentali nella storia sia degli studi danteschi sia dell'arte tipografica: e ormai essi rappresentano -nel campo della bibliofilia- dei pezzi di una rarità assolutamente eccezionale." (PESCASIO 1972: 15)

Wiewohl im Zeitalter des philologisch ausgerichteten Humanismus gefertigt, war die folignatische Editio princeps keine im heutigen Sinne kritische Edition, obschon eine optisch saubere, handwerklich ansprechende, materiell kostbare. Dieses textwissenschaftliche Veröffentlichungsziel blieb während der folgenden Jahrhunderte für die Fachleute ein vorrangiges Desiderat. Eine Pionierfunktion in der Texterstellung neuerer Zeiten kam dem Deutschen Karl WITTE (1800-83) zu: Der Mitbegründer der Deutschen Dante-Gesellschaft und Übersetzer der *DC* gab 1865 eine Edition heraus, für die er auf vier Handschriften rekurrierte; mit seiner Arbeit näherte sich Witte modernen editorischen Anforderungen. Erinnern wir uns, daß es von der *DC* von Dante selbst keine Originalhandschrift oder Abschrift gibt, die seinem letzten Willen entspräche! Für die Dantistik wird der Urtext daher wohl immer eine Art Phantom bleiben! Auf jenes uns unbekannte, virtuelle Autograph bewegte sich Giuseppe VANDELLI (1921) konkret zu; für seine *DC*-Edition im Rahmen der nationalen Gesamtausgabe der Werke Dantes berücksichtigte er verschiedene Überlieferungszweige und noch mehr Kodizes. Akribisch zog er textkonstituierende Rückschlüsse aus deren Verwandtschaft, so daß man seine Fassung erstmals als wirklich 'kritisch' ansah; daher blieb sie einige Jahrzehnte lang -bis zu der von Petrocchi (s. u.)- richtungsweisend, wurde immerzu nachgedruckt. Mario CASELLA skizzierte die generelle, weiterhin im Raum stehende Veröffentlichungsproblematik folgendermaßen: „Mag die Zusammenstellung eines vollständigen Stammbaums aller Handschriften der *DC* nun möglich sein oder nicht, so ist doch eines gewiß: Um ein derart dorniges und schwieriges Problem in seinem konkreten Wesen und seiner Besonderheit in den Griff zu bekommen, muß als erster Schritt die Ermittlung der wichtigsten Kodizesfamilien und Manuskriptgruppen vorgenommen werden, zwischen denen die Filiationsfäden der Handschriftenüberlieferung verlaufen." ([2]1968: 117 bzw. [1]1924: 5) Maßgeblich war danach lange Zeit und ist noch heute die kompakte Publikation von Giorgio PETROCCHI (III [1]1966-67, IV [2]1994 = Nachdr.), der seiner im Kern dreibändigen, nun noch kritischeren, d. h. vollständigeren und exakteren Ausgabe einen umfangreichen Einleitungsband zur Klärung der Überlieferungsgeschichte dieses Stückes Weltliteratur beigab. Er beschrieb präzise 774 *Commedia*-Handschriften, geordnet nach ihren Aufbewahrungsorten in den Bibliotheken der Welt. Seinen eigentlichen Textvorschlag erstellte er aus 27 Handschriften, welche bis zur Mitte des Trecento entstanden waren und die früheste und entscheidende paläographische Tradition widerspiegeln; man nennt dieses Abschriftenkorpus, ein labyrinthisches System, wie erwähnt, die 'antica vulgata'. Antonio LANZA ([1]1995, [2]1996) unternahm dreißig Jahre nach Petrocchi erneut den Versuch einer möglicherweise noch 'wahrheitsgemäßeren' Edition, der ihm notwendig erschien, weil man mittlerweile weltweit intensive Handschriftenstudien betrieben und neue kodikologische Erkenntnisse gewonnen hatte; jene Studien machten deutlich, daß tatsächlich der 'antica vulgata' ein entscheidendes Gewicht für die Einschätzung und Rekonstruktion des Urtextes zukommt. Die bislang letzte, 'textarchäologisch' orientierte und als 'kritisch' zu verstehende Ausgabe legte Federico SANGUINETI (2001) vor; er sichtete noch einmal alle frühen Handschriften und konzentrierte sich auf zwei übersichtliche Filiationen bzw. Dokumente: auf den Kodex Urbinas 366 aus der Mitte des 14. Jh. sowie auf sechs andere, ihm besonders zuverlässig erscheinende *DC*-Fassungen. Die Verse wirken bei Sanguineti archaisch, und es bleibt abzuwarten, ob die Dante-Forschung diese Edition als eine gültige und 'kritische' akzeptieren wird; ein angekündigter Zusatzband zur Überlieferungserforschung steht noch aus.

Kostbare Handschriften der *Divina Commedia* sowie rare Frühdrucke von ihr werden in italienischen Bibliotheken aufbewahrt; außerhalb Italiens ist das British Museum in London reich damit ausgestattet, und in die USA -wo die Dante-Verehrung seit dem 19. Jh. groß ist- gelangten viele handgeschriebene oder früh gedruckte Ausgaben. Wer nicht so weit reisen kann, wird buchliebhaberisch z. B. in der Landesbibliothek zu Stuttgart auf seine Kosten kommen, da diese eine bedeutsame, 1786 von dem württembergischen Herzog Carl Eugen (1757-93) erworbene Sammlung von Dante-Schätzen besitzt, aus der man hinsichtlich der skizzierten Philologiefelder manche bibliophile Schönheiten bestaunen kann. Die im Castello Sforzesco von Mailand lozierte Biblioteca Trivulziana ist indes die einzige Bibliothek der Welt, welche alle 15 Inkunabeln von der *DC* -d. h. vor 1500 angefertigte Drucke, also 'Wiegendrucke'- vorweisen kann. Allerdings entstanden auch während des Cinquecento in vielen Städten Italiens sowie in Lyon handwerklich gelungene, philologisch beachtliche *DC*-Editionen. Und selbst für das 20. Jh. lassen sich in manchen Ländern eindrucksvolle, verlegerisch bisweilen unglaubliche Druckunternehmungen zu unserer Dichtung oder auch zu Übersetzungen von ihr feststellen; mit solchen Publikationen soll wohl eine immateriell-ideelle Wertschätzung für Dantes göttliches Buch manifestiert werden! Im Falle dieses geistvollen und Menschen aller Nationen, Gesellschaftsschichten und Berufe begeisternden Autors scheint den Verlagen nicht an Lukrativität gelegen zu sein, während Buchmärkte heutzutage überwiegend im Zeichen kommerzieller Interessen stehen. Daß jenen Verlagshäusern dadurch ein glanzvolles Image entsteht, ist kein unverdienter Lohn.

Zu diesem Kap. **2.3** über die **Druck- und Editionsgeschichte** der *DC* s. im Studienführerteil die bibliographischen Abteilungen **35**: EDITIO PRINCEPS der *DC*, **36**: *DC*-INKUNABELN, **37**: Cinquecento-AUSGABEN der *DC*, **38**: Kritische *DC*-AUSGABEN, **39**: Weitere *DC*-AUSGABEN, **40**: Fotomechanische Reproduktionen von *DC*-TEXTTRÄGERN, **41**: Frühe DRUCKGESCHICHTE der *DC*, **42**: HANDSCHRIFTEN und TEXTÜBERLIEFERUNG der *DC*.

2.4 Ungewöhnliche Veröffentlichungsformen

Das Besondere an der textlichen Tradition der *DC* ist zum einen der tiefe philologische Ernst, mit dem man editorisch international zu dem nicht überlieferten Original vorzudringen bestrebt ist, sowie andererseits der Umstand, daß es sehr kuriose Veröffentlichungsanstrengungen gibt, die wenig mit Wissenschaft zu tun haben, aber dafür eine beispiellose Ehrfurcht vor Dantes Dichtung verraten. Die *Göttliche Komödie* ist ein Opus, das man überall auf der Welt Jahr für Jahr immer wieder -so, als gäbe es noch keine Ausgabe- in irgendeiner Weise publiziert; dies geschieht heute nicht nur in gedruckter Form, sondern auch als Hörtext auf Audio-kassetten oder CDs, als spielfilmartiger Sehtext auf Video oder als virtuell-ky-bernetisches Ereignis auf CD-Rom. Für unsere ideenreiche und rastlos flexible Medienlandschaft bedeutet all dies aber letztlich nichts Ungewöhnliches. Gera-dezu phantastisch erscheint indes die in der Bibliothek des 'Centro Dantesco' in Ravenna zu bestaunende Veröffentlichung in der Art eines Altaraufsatzes: Justa-ment als siebenteiliges Polyptychon (ca. 100 mal 150 cm) oder Retabel hatte im Jahre 1942 ein Nestore Mantovani in winziger Schrift die ganze *DC* eigenhändig so redigiert, daß der an Altarschmuck erinnernde Text-Träger -hier wird Literatur tatsächlich exponiert getragen!- schon optisch deren Sakralität verkündet und eine Würde vermittelt, wie man sie nur Evangeliaren oder Thorarollen zubilligt. Seit 1988 kann man ebendort -d. h. in dem von den franziskanischen Minoriten bzw. von der ravennatischen 'Opera di Dante' geleiteten Dante-Zentrum, dem auch das an Exponaten reiche 'Museo di Dante' angeschlossen ist-, ein kleines Poster in der Größe von 46 mal 66 cm erwerben. Dieses bietet die ganze *DC* auf einen Blick; jede einzelne 'cantica' nimmt dabei nur eine Fläche von 11,7 mal 29,6 cm ein. Es handelt sich um ein Faksimile, dessen Original 1888 in Gorizia ein Fran-cesco Cossovel in Mikrokalligraphie anfertigte; er war von Beruf Typograph und sah sich nach dem plötzlichen Tod seines kleinen Sohnes mit einer hochgradigen physischen Sensibilität (Hyperästhesie) ausgestattet, die beim Menschen äußerst selten auftritt; dies ist eine Überempfindlichkeit der Sinnesnerven, welche ihm gestattete, aus der freien Hand und ohne Gebrauch einer Linse die 14.233 Verse der Dante'schen Dichtung -die aus ca. 96.000 Worten bzw. 400.000 Buchstaben besteht- auf unglaublich winzigem Raum zu plazieren. In Stuttgart soll im Jahr 1878 eine ähnliche 'mikrographische' Ausgabe entstanden sein, die ich jedoch leider nicht zu Gesicht bekommen konnte. Diesen einzigartigen, auf Exzessivität und Überwindung des menschlich schier Unmöglichen angelegten Publikations-arten liegt offenbar das Gefühl zugrunde, daß die Berührung mit dem Text der *DC* etwas Schicksalhaftes, und zwar Heilsames an sich hat, wie dies gewöhnlich Gläubige bei dem Kontakt mit Reliquien oder Devotionalien ihrer Religion erfah-ren. Auf einer scheinbar anderen, nämlich rational wirtschaftlichen Ebene möchte man das erstaunliche Phänomen ansiedeln, daß der römische Verlag Newton Compton die ganze Jenseitsreise in einer absurd billigen und dabei noch ansehnli-chen, handlich fibelhaften Kleindruckedition für nur 1.000 Lire bzw. 0,52 Euro seit 1993 auf dem Markt hält, was von Seiten eines in der Regel auf Kommerz und Profit ausgerichteten Unternehmens eine bemerkenswert irrationale Einstel-lung gegenüber diesem nationalen Buch zeigt. Diese Ausgabe ist auch am Kiosk zu erwerben, und so gewinnt man den Eindruck, daß man Dantes Dichtung wie einen 'fotoromanzo', einen 'giallo' oder ein Rätselmagazin auf der Parkbank, im

Bus, im Zug oder im Hotelzimmer -in dessen Nachtkommode man ja in der Regel einen ähnlich preiswerten Text der Heiligen Schrift vorfindet- lesen können soll! Diese gar nicht so falsche Suggestion soll uns Ansporn sein, die für so heilig, ehrenwert, würdevoll erachtete *Göttliche Komödie* ım Folgenden wie ein normales narratives Buch zu betrachten, das uns jedoch etwas nie zuvor Gesehenes und Spannendes zur Unterhaltung erzählen will, was eine Belehrung fürs ganze Leben und Rettung der Seele nicht ausschließt!

3. EIN ICH-ERZÄHLER IN KOMPETENTER BEGLEITUNG: „*Nul plus que Dante n'a dit: je.*"

3.1 Exzellente Wahl der Erzählform

Damit etwas erzählt und als Fiktion aufgenommen werden kann -und die *DC* ist eine großräumige Narration-, muß es innerhalb der künstlerischen Berichterstattung eine leitende und ordnende Instanz geben, welche jene inhaltlich, sprachlich, grammatisch, künstlerisch anbietet. Dies ist der sogenannte textinterne Erzähler, den der textexterne Autor mit/in seinem Werk geschaffen hat und der die Gewähr dafür bietet, daß ein narrativer Text allzeit lesbar, d. h. zu rezipieren und zu verinnerlichen ist. Der Erfolg einer guten Geschichte hängt von der richtigen Wahl dieser zentralen Geschehensorganisation ab, die zu dem ganzen Stoff passen, nämlich kompetent und glaubwürdig anmuten soll. Etwas Erzähltes wirkt jeweils entsprechend anders, je nachdem, ob es von einem allwissend auktorialen Vermittler, einem subjektiven Ich oder aus der Sicht einer bestimmten Figur des Werks präsentiert wird. Moderne und postmoderne Literaten entwickelten zu diesen drei Standardsteuerungen vielgestaltige Zwischenformen.

Der egozentrische und ungetrübt selbstbewußte Dichter aus Florenz entschloß sich für ein episches bzw. poetisches Ich, welches die große Reise durch die nie zuvor gesehenen Transzendenzgebiete zu schildern hat. Dieses künstliche Dante-Ich hat viel von seinem historischen Autor an sich. Dante Alighieri, Dichter und Sachautor, erweist sich in der *DC* mit seiner narrativen Regie-Wahl als ein geschickter und begabter, nämlich permanent fesselnder Erzähler. Der textexterne Literaturproduzent zeigt hier Fertigkeiten, die man in seinen anderen, vorwiegend theoretischen oder essayistischen Arbeiten nur gelegentlich vorfindet. Seine Jenseitswanderung ist ein strategisch angelegtes Projekt, das alle kompositionellen Bedingungen eines narrativen Konstruktes erfüllt (zu diesem fundamentalen textologischen Aspekt s. BATTAGLIA RICCI 1983) und uneingeschränkt realistisch wirkt, was in Anbetracht der niemals von irgend jemandem gesehenen Räume und Gegenstände des Erzählten letztlich unfaßbar ist. Thematischer Inhalt und ausgeführte Gestaltung -also 'Histoire' und 'Discours'- dieses weiträumigen 'Epos' lassen sich folgendermaßen umreißen: „La *Commedia* è il racconto della visione che il poeta e uomo politico Dante Alighieri ebbe il giorno 25 marzo (o 8 aprile) del 1300; contenuto della visione e, di conseguenza, del poema che la narra, è lo stato delle anime dopo la morte, secondo la fondamentale bipartizione fra dannati ed eletti, questi ultimi, poi, divisi a loro volta fra i purganti e i beati; e la visione stessa si dispone come un viaggio di conoscenza e di esperienza attraverso l'inferno, il purgatorio e il paradiso fino alla visione conclusiva di Dio." (BÁRBERI SQUAROTTI [4]1992: 7)

Zur Vermittlung seiner retrospektiv-visionär konzipierten Geschichte einer zeitlich genau festgelegten Erkundung der Aufenthaltsräume verdammter, hoffender und seliger Seelen wählte der Autor die Figur eines bisweilen ängstlichen, aber auch kontaktfreudigen erlebenden Ichs; es tritt uns in der Gestalt eines neugierigen 'Wanderers' entgegen; dieser strebt entschlossen auf ein hohes Ziel zu, bleibt aber in Handlungen und Reaktionen flexibel, so daß die Formen und Etappen der unter- und überirdischen Reisebewegung abwechslungsreich sind. Wir erleben das emotional variationsreiche Dante-Ich zuerst als 'Höhlenabenteurer', dann als 'Bergsteiger' sowie zuletzt als 'Raumgleiter'. Solche Abenteuer sind uns aus dem wirklichen Leben oder phantasiereichen Büchern bekannt: „Dantes Jenseitsvision wird nicht als Traum, sondern als wirkliche Erfahrung dargestellt." (GÜNTERT 1995: 47)

Träume sind onirisch, chaotisch, verrätselt; aber das Ich der *DC* hält den Bericht über seine Visionserfahrungen mit allen Sinnen, erzählerisch selbstsicher und technisch geschickt zusammen; dies war eine ästhetisch und redaktionell schwierige Aufgabe, denn das Thema „ist nicht nur eine Reise durch den physikalischen Raum (wie in Science-fiction-Texten), sondern auch eine durch spirituelle Sphären, wie sie die christliche Theologie jener Zeit begriff. Es ist die Reise einer christlichen Seele." (WERTHEIM 2000: 37) Das Ich besetzt überall eine herausragende Handlungsposition; dies ist im mittelalterlichen Geistes- und Kulturkontext nicht selbstverständlich, da man den Menschen meist nur als nahezu anonymes und ergebenes Minimalelement in einem göttlich gefügten großen Ganzen begreift. Dante Alighieri schreibt sich hingegen extratextuell und innertextlich eine große Mission zu: „Dante, Protagonist und Autor, ist zur Erfüllung dessen bestimmt, was die Heilige Schrift dem Menschen garantiert. In dieser Aufgabe ist denn auch der letzte Grund für die Doppelfunktion zu sehen, die Dichter und Jenseitswanderer zur gleichen Person macht." (KABLITZ 2001: 57) Die gesamte Erzählung wird -wie dies oft in Romanen der Fall ist- von dem geistigen und sozialen Horizont eines Subjektes aus dirigiert und vernetzt; in dieser textorganisatorischen Hinsicht unterscheidet sich die *DC* nicht von Struktur und Auswirkung prägender Ich-Rollen narrativer Texte späterer Schreibkultur, und dennoch hat kein anderes Ich der Weltliteratur mehr Fülle als das aus dem lebendigen Dante in seine Dichtung hineinprojizierte: „Nul plus que Dante n'a dit: je. Et nul n'en avait davantage le droit." (RENUCCI 1954: 22) Denn beispiellos gewichtig ist die Überzeugungsarbeit in seiner Erzählposition: „Dante selber ist der einzige Lebende, der zu der Jenseitswelt Zutritt hat. Folglich hat nur er die ganze Gedächtnislast dieses Totengedenkens zu tragen, wenn wir, die Lebenden dieser Welt, davon Kunde erhalten wollen." (WEINRICH 1997: 41)

Obwohl der textexterne Dante Alighieri -trotz seiner Lebensenttäuschungen- eine der faszinierendsten Persönlichkeiten der Menschheitsgeschichte ist, dürfen wir nicht annehmen, daß sich das textinterne Erzähler-Ich unbedingt als Individuum begreift oder gar einer heute geläufigen, persönlichen Profilierung das Wort redet: Singularität gilt vielmehr -im von Gott gelenkten Kosmos des Mittelalters-

als eine Sünde; die Hölle ist daher voll von 'Einzelwesen': „Dante hat die Erscheinung des Individuellen in die Welt der Hoffnungslosigkeit verbannt... Die Scharen der Verdammten und Gequälten, denen er und Virgil begegnen, sind Einzelne, die auf sich selbst zurückgeworfen sind... Bei Goethe war es das höchste Glück, Persönlichkeit zu sein. Die Verdammten in Dantes *Inferno* aber sind zur Individualität verurteilt." (STIERLE 1988: 271, 272, 283) 35 Jahre alt ist die erzählte Dante-Figur, mithin nicht mehr jung, eigentlich schon recht erfahren und glaubwürdig; sie hat dennoch viel Informationsbedarf, und der daraus resultierende kognitive Impetus macht die Triebfeder des Erzählsystems der *DC* aus! Der 1265 geborene, textexterne Autor ist älter als das geschilderte Ich und nimmt mit der redaktionellen Fertigstellung des von ca. 1307 bis 1321 geschriebenen, gehaltlich/ideell sukzessive nach 'oben' strebenden Werkes beträchtlich an Alter zu. Das erschriebene Dante-Ich ist nicht ohne Parallelen zum wirklichen Dichter Alighieri aus Florenz; die *Göttliche Komödie* ist jedoch Dichtung und Erfindung, keineswegs Autobiographie, denn die ausdrückliche Ausmalung des eigenen erfolg- und ereignisreichen Läuterungsabenteuers -dieses ist das Hauptthema des Buches- hat der historisch festlegbare Autor nie erlebt. Das bewegte und gefühlsstarke Protagonistenprofil -welches uns fortwährend aus dem Erzählten entgegentritt- kann der reale Dante ebenfalls nicht gehabt haben, wie er leider im wahren Leben auch nie jenes Maß an Beachtung genoß, welches ihm im Jenseits sehr wohl zugebilligt wird. Andererseits hat das durch und durch menschliche Ich, in dessen Rolle der irdische Dante alles fiktiv erlebt, innerhalb des Geistes seiner Religion eine sehr wichtige Funktion: „Das wahre Christentum ist kein Gottesdienst, keine Lehre, keine Weltanschauung; es ist das Erfahren der Christus-Wirklichkeit im eigenen 'Ich'. Das Menschengeschlecht lebt in und durch die Offenbarung Christi. Dante ist ein Verkünder dieser Wahrheit." (VELTMAN 1979: 242) Seine Selbstexponierung ist möglich und gerechtfertigt, weil Dante als einfacher Mensch -wie alle anderen Erdbewohner auch- Ausdruck der Schöpfung Gottes ist. Er steht damit im Mittelpunkt der Welt und wiederholt diese großartige Position spiegelbildlich in seiner Dichtung.

Zu den Kap. **3.1** bis **3.4** -in denen **das narrative Ich**, seine Begleitung und die sich aus der entsprechenden Disposition ergebenden Wirkungen betrachtet werden- s. im Studienführerteil die bibliographischen Abteilungen **61**: Themenumfassende MONOGRAPHIEN zur *DC*, **62**: Themenspezifische MONOGRAPHIEN zur *DC*, **64**: AUFSÄTZE zur *DC* mit zentraler Thematik.

3.2 Unablässiges Fragen der strebsamen Dante-Figur

Der Entschluß zu der (fiktionalen) Aufzeichnung der Jenseitswanderung ist -so macht uns der Erzähler Dante glauben- eine unaufschiebbare Notwendigkeit gewesen, weil sich ein Mensch -er selbst- exemplarisch 'in einem Wald' verirrt hatte (zu diesem mittelalterlichen Topos s. RODDEWIG 1984); es war ein fürchterlicher, düsterer Ort, ein heilloses Tal der Sünde, aus dem es unbedingt herauszukommen galt: „Der gerade Weg zur irdischen Glückseligkeit, einem Leben in Tugend und Wahrheit, das die Voraussetzung für die ewige Seligkeit bildet, ist ihm versperrt. Er kann dieses Ziel nunmehr nur noch auf einem Umweg erreichen: durch die aus der Erkenntnis der Sünde erwachsende Selbsterkenntnis, welche die Voraussetzung für die Reue und den Wandel bildet. Es ist die sittliche Reinigung des Menschen, wie sie durch die in Vergil verkörperte Vernunft vollzogen wird und in der Mündigkeitserklärung Dantes vor dem Eintritt ins irdische Paradies ihre Krönung findet." (BUCK 1949: 106) Das in schlimme Konfusion geratene Dante-Ich schlägt den Weg des befreienden Lernens ein. Es erkundigt sich unterwegs sicherheitshalber immerzu, weil ihm dies erkenntnis- und lebensnotwendig erscheint. Und ein Gleiches sollte der Leser tun, falls auch er in die Irre gegangen sein sollte! „Die Grundhaltung diesem Text gegenüber wird von 'Dante' im Text vorgelebt: Fragen stellen. So wie sich 'Dante' durch die *Commedia* hindurchfragt, so sollten auch die Leserinnen und Leser immer wieder neue Fragen an den Text richten." (PRILL 1999: 125) Leben, Schreiben, Lesen, Suchen, Erfahren stellen in der *DC* eine existentielle Gemeinschaft in der Bewußtseinsbildung dar.

Das von den auftretenden Akteuren hervorgebrachte Potential an Antworten auf vom Dante-Ich in den Raum gestellte Ungewißheiten erfährt im Paradies eine definitive Bestätigung durch eine alles entscheidende Examinierung, welche der um Aufklärung jeglicher Art bemühte, auskunftsersuchende Literat über sich ergehen lassen muß: Dort (vgl. *Par.* XXIV-XXVI) wird er von Petrus, Jakobus und Johannes zu den geistlichen Tugenden inquiriert, welche dem Menschen im Leben ein irrtumsfreies Fundament bieten; zu Glaube, Hoffnung und Liebe hat der einstmals unsichere, aber nun gut gerüstete Wanderer ein extensives scholastisches Examen abzulegen, das er gut besteht. Somit kommt der vorausgegangene, durch unentwegtes Sich-Erkundigen bewerkstelligte Lernprozeß zum erfolgreichen Abschluß. Dante kennt nun alle Lösungen für die Probleme dieser sowie jener Welt und darf der inneren, geistigen Befreiung, wenn nicht sogar der späteren Erlösung seiner Seele gewiß sein!

Die zahlreichen innertextlichen Informationseinholungen verleihen dem poetischen Korpus eine starke, progressive Erzählmotorik, geben ihm eine feste, auf unanfechtbaren Tatsachen gebaute Fügung. Für die Nachwelt wird eine gewaltige Summe an relevantem Wissen erarbeitet. Erst am Ende der Transzendenzerkundung -als die Dante-Figur den Allerhöchsten erblickt hat- hört das unablässige

Fragen des strebsamen Forschers auf, denn dieser ist nun „*al fine di tutt' i disii*" (*Par.* XXXIII 46) angelangt.

Wer Dantes Geschichte von einem suchenden, fortgesetzt fragenden und schließlich 'alles' wissenden und damit geretteten Menschen zur Kenntnis nimmt und sie gar in sich aufnimmt, kann möglicherweise etwas Ähnliches erleben! Denn wer von uns unterscheidet sich grundsätzlich von jenem Dichter, der sich einst 'im Walde verirrt' und nicht weitergewußt hatte?

3.3 Sicherheit garantierende Begleitung

Da das Ich vom rechten Pfad abgekommen und von drei unheimlichen, böse Mächte symbolisierenden Bestien bedroht ist, kann es seinen Weg nicht allein fortsetzen, muß sich von sicherer Hand führen lassen. Dies übernimmt für Hölle und Fegefeuer Vergil, Verfasser des italischen Aeneas-Epos (und darin Unterweltberichterstatter vor Dante); er ist ein 'Landsmann' aus Mantua, wiewohl Nichtchrist. Zwischen beiden stellt der Autor eine profunde Dichterverwandtschaft her: „Nel Virgilio dantesco l'aspetto istoriale-personale e l'aspetto parabolico-emblematico s'incontrano e si fanno cosa unica nell'idea dell'essenza e della funzione poetica, in quanto l'essere poeta implica un conoscere poetico che è quello appunto esercitato dal Latino, e senza sforzo alcuno assunto da Dante a suo conoscere, nella gradualità iniziale dell'ascesa a Dio." (CONSOLI 1967: 189) Nicht dem griechischen Philosophen Aristoteles vertraut Dante Alighieri sein zweites Ich an -wenngleich er jenen für den „maestro di color che sanno" (*Inf.* IV 131) hält-, sondern er baut auf Weisheit und literarisches Genie des römischen Dichterfürsten; Vergil ist sein Reisegarant: Von ihm erwartet er eine zuverlässige Begleitung. Das Prinzip einer absichernden Führungsinanspruchnahme wird bis zum Ende der Unternehmung eingehalten. Die einst von Platon vorgenommene Trennung zwischen Dichtern und Philosophen hebt er in der Figur Vergils auf und nimmt eine synkretistische Idee des Humanismus vorweg: „Ein heidnischer Dichter ist es, der den ausweglos in Sünde verstrickten Dante rettet, der für sich und die ganze Menschheit stehen möchte." (BRÜCKNER 1997: 135) An der Begleitung nehmen später noch andere Römer teil, bis daß eine Christin den Florentiner ins Empyreum zur 'Rosa mystica' geleitet, welche den vorzüglichsten Seligen Heimstatt ist: Beatrice, Dantes früh verstorbene Seelenfreundin, die er in der *Vita Nuova* vergöttlichte und die er himmlischem Rat ganz nahe stehen sieht.

Das ununterbrochene Geführtsein des Protagonisten ist in Anbetracht der von ihm nie zuvor gesehenen Orte und Räume erzähllogisch und ideologisch notwendig. Denn die *DC* ist die Geschichte einer Initiation, die einem Adepten nur Geheimnishüter gewähren können: „Vergil, der Eingeweihte der Eleusinischen Mysterien, führt Dante durch alle Stufen der Hölle und des Läuterungsberges. Er ist der Führer auf dem Pfad der Läuterung. Beatrice, die Sternenjungfrau der Templergnosis, ist seine Führerin auf dem Weg der Erleuchtung in den Sternensphären des *Paradiso*. Bernhard, der den Tempelrittern die Ordensregel gab, der Mystiker der himmlischen Jungfrau, weiht Dante ein in die höchsten Geheimnisse der göttlichen Himmelsrose. Er ist der Führer zur Gotteseinigung." (SCHULT 1979: 26) Wenn unser Dichter sich innertextlich von einem klassischen Autor lenken läßt, diesem als Meister folgt, dann bindet er sich außertextlich als Literat in einen Prozeß der Imitatio ein. Dieser entspricht noch nicht der antikisierenden Nachahmungslehre des 'Umanesimo', sondern der christusbezogenen Nachfolgeideologie des hohen Mittelalters. Hierdurch vermittelt Dante seinem Werk und sich selbst ein hohes Maß an geistlicher Darstellungskompetenz (zu diesem christlich-poetologischen Konzept s. DE RENTIIS 1994). Vergil begleitet Dante die längste Wegstrecke, aber da ist ein anderer antiker Schriftsteller, an den der Autor der *Aeneis* die Betreuung abgeben muß, weil er selbst nicht höher hinaus darf: Publius Papinius Statius (40-90 n. Chr.), für den Florentiner Verfasser der *Thebais* und *Achilleis*, nicht jedoch der *Silvae*, welche er nicht kennt (zu Statius bei Dante s. SCRIVANO 1997). Der Dichter aus Neapel erscheint ihm als würdiger Nachfolger Vergils: Er büßt auf dem Läuterungsberg für seine einstige Verschwendungssucht, gibt vor, insgeheim Christ gewesen zu sein, so daß er Dante (ab *Purg.* XXII 55) begleiten und ihm wichtige Einsichten in die Theologie der Christen geben kann. Der Florentiner hat von Statius ein Gesamtbild, das z. T. auf Legendenbildung basiert und fest im Geist des Mittelalters verwurzelt ist, was auch für andere Bereiche seiner Antike-Imitatio gilt: „Dantes Verhältnis zu Statius kann unmißverständlich bewußt machen, daß seine Bildungs- und Geisteswelt nicht im unmittelbaren Zugriff faßbar ist; vielmehr repräsentiert sie die Summe mittelalterlichen Denkens." (KÜPPERS 1990: 78) Daß er sich in die Gesellschaft kompetenter Gestalten antiker Geisteskultur begibt, erklärt sich aus seinem Autoritätsdenken: „In dem Pietasbegriff der Dante'schen Wertwelt wirkt deutlich die altrömische Treuegesittung gegenüber ehrfurchtsverpflichtenden Vorbildern nach. Solch enge Bindung eines von Ehrfurcht und Dankbarkeit, von Demut und Treue durchdrungenen Gemütes an Höherstehende kennzeichnet sein Verhältnis zu Vergil und Beatrice." (GLÄSSER 1943: 36)

Als poetisch neu konzipierte, unantike Himmelsführerin wird Beatrice im *Paradiso* zu einer Lichtgestalt europäischer Literatur. Mit ihr -die des Toskaners Schaffen begleitet, so daß sie Gerhard GIETMANN (1889) einst als „Geist und Kern der Dante'schen Dichtung" bezeichnete- befaßt man sich seit langem unentwegt und so auch 1990 in Neapel anläßlich eines Kongresses; dessen Organisatorin formulierte die ungebrochene Relevanz und stimulierende Polyvalenz von Dantes weiblicher Idealprojektion für spätere Zeiten so: „Poi, dopo Dante, passano e gli anni e i secoli. Beatrice si trasforma, diviene figura mitica di una specie di eterno femminino. L'alta fantasia del sommo poeta, tuttavia, si presta a piegarsi e adeguarsi al gusto di ogni tempo, ed ogni tempo vi si specchia ricercando la propria immagine. Le interpretazioni si intersecano e si contraddicono..." (PICCHIO SIMONELLI 1994: 14-15) Beatrice ist eine Sublimierung der Idee von einer vollendeten Frau, wie sie seit provenzalischer und sizilianischer Poesie vorgenommen wird: Sie steht für 'ewige allegorische Weiblichkeit' (vgl. PELIKAN 1990). Philosophie, Gottesmutter Maria und die als Braut verstandene Kirche bilden in ihr eine ästhetische Symbiose christlicher Geistlichkeit im Gewande literarischer Kunst. Charles FRANCO (1981) stellte Beatrice in seiner an C. G. Jung ausgerichteten Monographie als Archetyp der Seele und des von ihr erahnten vollendet Guten und Schönen heraus, das man auch nach Dante weiblich darstellt. Man muß ein 'moderner' Dichter sein und aus 'beruflichen' Motiven in Abgründe blicken, um die Distanz zu ahnen, welche Dante mit dem Entwurf seiner Leitfigur zu sich selbst schuf. Unendlich existiere -so meinte der argentinische Meister des Unergründlichen Jorge Luis BORGES (1982)- Beatrice für Dante, während dieser vielleicht überhaupt nicht für jene existent sei! Wir alle würden aus Verehrung dazu neigen, diese traurige, für den Dichter selbst unvergeßliche Diskrepanz zu übersehen. Jedenfalls ist es diese Frau, welche seinem künstlerischen Ich extraordinäre Aufmerksamkeit sichert. Die florentinische Himmelsführerin gibt zu guter Letzt das Tutorium an Bernhard von Clairvaux (1091-1153) ab -dem Gründer des Zisterzienserordens und Kirchenlehrer-, der Dante die Gottesschau gewährt: „L'ultimo canto della *Commedia* è il canto della visione di Dio, nella quale soltanto può essere il termine e la conclusione del mistico viaggio." (FUBINI 1951: 55)

Das Dante-Ich ist bis zum letzten Gesang der ausladenden *DC* als Protagonist gegenwärtig; dies gibt dem Geschehen Kohärenz und Linearität. Dadurch, daß die omnipräsente Hauptgestalt ebenso lückenlos von einer 'konkomitanten' Figur umgeben, zuverlässig begleitet ist, erhält der Kern des umfangreichen Personals eine feste, wegweisende Fügung, die dem Handlungssystem Übersichtlichkeit und Konsistenz vermittelt. Den übermächtigen Transzendenzräumen steht eine klare Figurengrundkonstellation gegenüber, die dem Leser der diffizilen Materie eine gute Rezeptionsorientierung und informative Zuverlässigkeit garantiert.

3.4 Multiple Wahrnehmung des erzählenden/erzählten Ich

Dantes Erzählerfolg, die unaufhörliche Wirksamkeit seines Buches hat erheblich mit dem guten und sinnstiftenden Geführtsein des Protagonisten zu tun, der dem Leser nicht als allwissende Figur entgegentritt, sondern immerzu Lehre annimmt. Das mit begrenzter Sicht ausgestattete, erlebende Ich ist ein gefügiger Wanderer, der an sein Ziel und ans Weiterkommen denkt. Ein Pilger wünscht sich überall Aufnahme und Verständnis für sein entbehrungsvolles Unterfangen, und er kann meistens mit der Kooperation der ihm begegnenden Menschen rechnen, zu denen auch der Leser zählt! Als Suchender ist das Dante-Ich eine für das von geistigem Streben bestimmte Mittelalter typische Erscheinung, eine aktive Gestalt, wie sie auch William Langland (1332-1400) im *Piers Plowman* (vgl. CALÍ 1971) und Geoffrey Chaucer (um 1340-1400) in den *Canterbury Tales* erfolgreich in Szene setzen sollten (vgl. DEMARAY 1974, BOLTON HOLLOWAY 1987). Die ausgeprägte Strebsamkeit des Reisenden ist zudem mit einer angenehmen Bescheidenheit gepaart, die sich vornehmlich im für Menschen aus Fleisch und Blut unerreichbaren *Paradiso* als eine geschickt bewegende Erzählkraft auswirkt. Hierdurch wird der sterbliche Dante zu einer unanzweifelbaren Autoritätsinstanz: Wir erleben, „how a poet, by assuming a certain modesty in the face of his experience may acquire authority for his words and exhibit in his writing a particular kind of truthfulness." (KIRKPATRICK 1978: 178) In der Grundfunktion als nach Wahrheit suchender Christ nuanciert das Ich immerzu seine auf Unterstützung angewiesene Attitüde: Es gibt sich überwiegend als eine 'persona inferior', ist Adlatus, Lehrling oder Schüler. Sogar ein die Aufmerksamkeit von Erwachsenen auf sich lenkendes 'Kind' vermag der Fünfunddreißigjährige zu sein, wie in jenem Augenblick, als er sich von Beatrice in die blendenden Himmelsareale geleitet sieht:

Oppresso di stupore, a la mia guida m*i* volsi, come parvol che ricorre sempre colà dove più s*i* confida; e quella, come madre che soccorre sùbito al figlio palido e anelo con la sua voce, che 'l sòl ben disporre, mi disse: «Non sai tu che tu sei in cielo? e non sai tu che 'l cielo è tutto santo, e ciò che ci s*i* fa vèn da buon zelo.» *[Par. XXII 1-9, ed. F. SANGUINETI 2001]*	Ich kehrte mich, vom Staunen überwunden, zu meiner Führerin, gleich einem Kind, das Hülfe sucht, wo's immer sie gefunden. Sie sprach, der Mutter gleich, die sich geschwind zum Knaben kehrt, der athemlos, beklommen in ihrer Stimme frischen Muth gewinnt: „Bedenk's, dich hat der Himmel aufgenommen, wo Alles heilig ist, wo heißem Drang gerechten Eifers, was geschieht, entglommen." *[üb. Karl STRECKFUSS [1] 1824-26]*

Die Haltung des Pilgers als zentrierte Figur ist keineswegs unbeweglich konstant oder eindimensional, sondern dynamisch und entwicklungsorientiert. In der Hölle ist das Ich mehr Beobachter des Geschehens, denn der geschilderte Dante ist keine verdammte und zur Passivität verurteilte Seele; seine Emotionen sind real und vielfältig, so daß er ein differenziertes und abgerundetes Bild von sich und seinem Empfindungsvermögen abgibt. Auf dem Läuterungsberg partizipiert er aktiv an den Sühnehandlungen, denn er hat selbst reichlich Buße zu tun; dies vermerkt zeichenhaft ein Engel dadurch, daß er mit einem Schwert siebenmal den Buchstaben P (für lat. **peccatum** bzw. **peccata**, it. **peccato**) auf seine Stirn schreibt, um entsprechende Sünden in Erinnerung zu rufen. Im Paradies ist Dante andächtiger und ergriffener, aber auch neugieriger Beobachter, weil es nun gilt, die Geheimnisse der christlichen Metaphysik zu ergründen.

Das durch spektakuläre Gegenden geleitete Wesen aus Fleisch und Blut ist an sich eine herkömmlich menschliche Erscheinung, aber dennoch erlebt Dante das Jenseits in einer Weise, die eine spezifische, aristotelische Konzeption des Wahrnehmens aus einem bestimmten Seelen- und Gefühlsvermächtnis heraus voraussetzt. 'W i e Dante das Jenseits erfährt', expliziert der Bonner Romanist Willi HIRDT (1989). Patrick BOYDE (1993) aus Cambridge analysiert in einem seiner Dante-Bücher seinerseits, wie 'perception' und 'passion' -und um Fühlen und Leiden(schaften) geht es bei dem vielfacettigen Erfassen jener anderen Welt- nach damaligem Verständnis interagieren.

Da ein Ich-Erzähler ein begrenztes Wissen hat, wirken Erfahrungsvermittlung durch andere Gestalten an den fortwährend Fragenden und Wahl dieses Fokussierungsmediums, erzählerisch gesehen, glaubwürdig. Das Ich ist hier kein allen Herausforderungen trotzender Held, sondern ein Gefahren Ausgelieferter, der sich immer -und zwar seelisch- neu zu bewähren hat. Robin KIRKPATRICK (1987) zeigte auf, wie im *Inferno* eine wesentliche narrative Gestaltungspotenz durch die endlose Serie an 'Schwierigkeiten' entsteht, welche die 'hilflose' Mittelpunktfigur zu überwinden hat. Dadurch ähnelt die *DC* strukturell den heutigen Action-Produktionen, wobei den protzigen Heroen unserer Tage in der Regel jeder Sinn für Bescheidenheit abgeht. Andererseits besitzt die innertextliche Dante-Gestalt aufgrund der ihr verliehenen Sicht aus erster Person eine ihrer Rolle angemessene Egozentrik, die für jeden Leser spannend ist: Hölle und Himmel, Teufel und Heilige scheinen bereit zu sein, einem einzigen Menschen alles Wissenswerte und Geheime kundzutun!

Emotionengeladener Ich-Bezug bildet eine Einheit mit enzyklopädischer Realieninformation. So erhält das poetisch Geschilderte universelle Bedeutung. Es sieht so aus, als ob das Ich in seiner Gestalt und Erfahrung alle Hoffnungen und Enttäuschungen der Menschheit vereint! Die Dante-Figur läßt sich zwar selbst führen, sie leitet aber ihrerseits den Leser an: Denn wie in einem Prisma bündelt sie in sich alle Kenntnisse und Ahnungen. Die individuelle Erzähloptik dringt -der Leistung einer auktorialen Vermittlung vergleichbar- tief in die Seelen ein, erfaßt alle Stufen des Fühlens so eingehend, wie es Francesco Petrarca später im *Canzoniere* lyrisch an einem extensiv untersuchten Individuum praktiziert: Das Dante-Ich gibt sich völlig preis, öffnet sich vorbehaltlos dem Leser, der allzeit für Intimes empfänglich ist, was Medien heute geschickt ausnutzen.

Der Autor Dante Alighieri ist in der *DC* -wie in anderen Werken- ständig um sein Publikum bemüht. Er schreibt gerade dieses Buch für Leser; dies läßt er auf der Textebene nie außer acht; das Ich hält mit dem Adressaten einen engen Kontakt aufrecht, spricht ihn an, nicht immer, aber doch so, daß zwischen Narrator und Rezipient ein solider Kommunikationsprozeß konstituiert und wach gehalten wird: „*Lettor, tu vedi ben com'io innalzo / la mia materia, e però con più arte / non ti maravigliar s'io la rincalzo.*" (*Purg.* IX 70-72) Dem Leser wird nichts

Geringeres als 'Erlösung' versprochen, und so ist der Botschaftsempfänger aufmerksam in den Heilung bringenden Erzählvorgang integriert: „Dante's discovery of a new auctorial relationship with the reader was the consequence of the nature of his vision in which the presence of the reader for whom it is told is required." (SPITZER 1959: 592) Alle Arten von Wahrnehmung manifestiert der wandernde Unter- und Überweltberichterstatter mannigfaltig, um Lese- oder Zuhörinteresse zu erzeugen. Er hört alles, ertastet sich Gegenstände und ihre Umgebung, riecht in Räume hinein, achtet auf Geschmackserlebnisse, sieht viel und alles exakt. Da das Ich im Paradies als einfacher Mensch die dortigen Verhältnisse nicht herkömmlich -mit physischen Sinnen- erfassen kann, verbleibt ihm ein übersinnliches Fühlen-Sehen als irreale Aufnahme. Diese wird metaoptisch thematisiert, so daß das Unsagbare der Himmelsphänomene doch klar reflektiert und substanzreich vorgestellt erscheint:

e di novella vista mi rac[c]esi
tal[e], che nulla luce è tanto mera,
che li oc[c]hi m[i]ei non si fosser diffesi;
e vidi lume in forma di rivera
fulvido di fulgore, intra due rive
dipinte di mirabil primavera.
Di tal fiumana uscia· faville vive...
[Par. XXX 58-64, ed. F. SANGUINETI 2001]

Mit neuer Sehkraft fühlt' ich mich entflammt,
die war so stark, kein Licht war noch so hell,
daß kaum mein Auge ihm noch standgehalten.
Und Licht sah ich, das floß als Strom dahin
von flüßgen Funken, zwischen zweien Ufern
im Schmuck der wunderbarsten Frühlingsblumen.
Aus diesem Strome sprühten helle Funken...
[üb. Ida und Walther von WARTBURG [1] 1963]

Ich-perspektivisches Sehen ist e i n e von mehreren Möglichkeiten einer nach außen und ins Innere gerichteten, multiplen Erfassungs- und Erkenntnisbereitschaft unseres Helden, der von Beruf Dichter ist: „Seine Liebe treibt Dante an, sein Glaube hält ihn aufrecht, sein Auge zeigt ihm alle Herrlichkeit der Welt, und seine dichterische Erkenntniskraft gibt seinen geistigen Augen durch göttliche Gnade zuletzt das höchste Wunder zu schauen, in dem er ausruhen kann." (LEO [2]1957: 45) Mit seiner Art einer variationsreichen, seelischen und intellektuellen Aufnahme und fesselnd erzählten Weitergabe aller Dinge des Kosmos ist unser mittelalterlicher Autor für unsere Zeit reicher an Werten, als wir das zunächst annehmen möchten! Denn heute steuert alles auf eine bloß visuelle, von platten Oberflächen beherrschte Betrachtungskultur zu. Das große Ziel des Protagonisten der DC ist jedoch das meditative Ansichtigwerdenwollen des wahrhaft Göttlichen; ersehnt wird die 'visio Dei', ein in diesen Tagen vielleicht befremdender, aber frommer und vorbildlicher Wunsch! Die Vorstellung Dantes von einem höchsten erreichbaren Glück ist nicht nur abstrakt, vergeistigt, verinnerlicht zu verstehen, denn er begreift seine darstellerische Schreibkunst als realistische Vision, maßgebliche Niederschrift, Zeugniswiedergabe von ausdrücklich Gesehenem zum Zwecke des Beweises der Existenz Gottes als über allem thronende Macht.

Zu den vorausgehenden Kap. 3.1 bis 3.4 -in denen es um die Disposition und Wirkung der narrativen Ich-Instanz geht- s. im Studienführerteil die bibliographischen Abteilungen 61: Themenumfassende MONOGRAPHIEN zur DC, 62: Themenspezifische MONOGRAPHIEN zur DC, 64: AUFSÄTZE zur DC mit zentraler Thematik.

4. SPANNENDE HANDLUNG: *„Ein Werk mit mächtiger Bewegung"*

Ein aus einer bestimmten Perspektive gesteuerter Erzähltext -in der *Divina Commedia* ist es ein werkwirksames Ich- muß Handlung bieten, um ein narratives Gefüge zu sein, d. h. erwähnenswerte, entwickelte, kommunikative Information darzustellen. Dante geht mit der Geschehensgestaltung seiner Dichtung geschickt um. Dies gilt für die makrostrukturelle Bewegungsführung ebenso wie für die vielfach parzellierte, mikrotextuelle Aktionsausformung. Wie Leben ein den Menschen vorwärts treibender Impuls zum 'Gehen' ist, so stellt Bewältigung eines exemplarischen Lebensweges das leitmotivische Hauptthema der ereignisbetonten *DC* dar: „Eine mächtige Bewegung geht durch das Werk. Sie entspringt aber nicht im persönlichen Willen des Wandernden selbst – richtiger gesagt, auch in ihm; aber nur, weil sie zuerst im Willen Gottes entspringt." (GUARDINI [2]1951: 15)

Dante 'reist' in der *Göttlichen Komödie* durch drei atemberaubende Areale und zeigt uns die gesamte, landschaftsartig verstandene und daher betretbare Eschatologiewelt des Mittelalters. Das bewegte und bewegende, etappenreiche Jenseitsabenteuer führt aus den Tiefen der Hölle in das himmlische Sternensystem. Deshalb beendet der sehnsuchtshafte Begriff 'stelle' alle drei Hauptteile (cantiche) signalartig als Schluß- und Schlüsselwort; er hält die Erwartungen wach und 'hoch': „Jede Erfahrung, die Dante auf seiner Wanderung macht, ist eine Heilserfahrung, bringt ihn dem Ziel des christlichen Heilswegs näher." (BUCK 1949: 111)

Die Handlung des Buches ist göttlich in dionysischem Sinn: sie ist furios, rasant dynamisch, mitreißend dramatisch, suggestiv, ekstatisch, weil sie die emotional kraftvolle und ontologisch einzigartige Geschichte eines besonderen Sieges im Zeichen des Allerhöchsten schildert: „La *DC* è un'opera contro la morte, se consideriamo che Dante, scrivendola, supera in sé il timore della morte stessa." (GODENZI 1986: 166)

Die Amerikanerin Helen M. LUKE ([1]1975, [2]1989) bezeichnete die vielschichtige, programmatisch erlösungshafte Transzendenzmigration in ihrer Monographie über die symbolischen Hauptstationen und Verwandlungen in der *DC* als eine Reise aus einem dunklen Wald zu einer weißen Rose ('Dark Wood to White Rose'), eine mystische Erhebung aus dumpfem Dunkel zu feierlichem Mysterium. Man erlebt eine Pilgerfahrt, ein Streben nach Erkenntnissen von abstoßenden Sümpfen des Bösen zum strahlendsten Gut in Gottes Gestalt: Es ist ein aus Abgründen angesetzter Höhenflug zum reinen Licht; seine Motivation ist philosophisch konzipiert und scheint mit den Ideen Platons verwandt (s. E. G. MILLER 1996).

Obwohl man auf der 'großen Initiationsreise zu höchsten Geheimnissen' -so lautet gehaltlich der Titel einer esoterischen Studie über die Hölle von Emma CUSANI (1993)- unentwegt viel Äußerliches schildert -und kein Starregisseur von Monumentalfilmen könnte in unserer Ära soviel gleichermaßen umfassend sichtbar machen-, ist Dantes Opus magnum ein 'Epos vom inneren Menschen'. Dies vermittelt Else HASSE (1909) in ihrem zwar älteren, aber geistreichen, weil in Nischen der Psyche blickenden Buch über eine fesselnde Erkundigungsfahrt ins Herz der Welt und ins Mark der Seele.

Mit den Zaubermitteln der Poesie präsentiert man uns zahllose, an sich unmögliche Geschehnisse; dies zwingt den Leser zu Konzessionen gegenüber den Aussagen: „The *Commedia* records a physical journey to God by a man in this life and in full possession of his senses. Yet we all know that such a journey is impossible; so the poem would seem to demand of us a virtually impossible suspension of disbelief." (THOMPSON 1974: 7)

Von der Vernunft aus betrachtet, ist die Jenseitswanderung unfaßbar. Sie ist sozusagen eine 'mission impossible'. Anders ist es, wenn man seiner Phantasie freien Lauf und einem festen Glauben die Wirkung läßt. Die Reise mit fortgesetztem Handeln erscheint dann sogar hyperrealistisch. In einer bedeutungswissenschaftlichen Studie erläuterte Roberto MERCURI (1984), wie das mächtige Textkonstrukt des florentinischen Philosophie- und Theologiepoeten eine grenzenlose semantische Polyvalenz erzeugt, indem diese Reise menschliche Erfahrung als einen substanzreichen Prozeß schildert, der im wahren Leben nie endet, hier aber ausnahmsweise zu einem glücklichen Abschluß kommt. Dante inszeniert Leben als einen miterleb-, überschau-, wiederholbaren Vorgang und ordnet diesen durchaus der Ratio unter.

Die Hölle mit ihren horrenden Torturen ist -äußerlich gesehen- die aktionsreichste und packendste Partie der dreiteiligen Abenteuersequenz. Rudolf PALGEN (1967) meinte indes, daß das Fegefeuerszenario -geistig und emotional betrachtet- energiegeladener und handlungsintensiver sei, weil die Figuren auf den Stufen des Reinigungskegels wie wahre Helden wettstreithaft um ihr dort noch mögliches Seelenheil kämpfen. Das *Purgatorio* ist kein metaphysischer Ort für (ek)statische Visionen und sterile Purgierung, sondern spektakuläre Arena erbitterten Ringens um Erfüllung von Hoffnungen; dessen Ausgang fesselt intellektuell, hält uns in Atem. In 'Dante's Drama of the Mind' (1953) erschloß Francis FERGUSSON aus Princeton die von ihm psychoanalytisch kommentierte 'cantica' über den Läuterungsberg als ein modernes Existenzdrama.

Die *DC* berichtet von entlegenen Reichen, was erzählerischen Impetus garantiert. Ihre 'Geschichte' besteht darin, daß ein einzelner Mensch in aktiv gestalteter und heftig ge/erlebter Seinsschau zur Essenz irdischen u n d ewigen Glücks findet: Er wird der von Anfang an erstrebten Reinheit in Form von Göttlichkeit teilhaftig, erreicht sein existentielles Ziel. Der Protagonist begegnet symbolisch der ganzen Menschheit. Das narrative Gefüge weist viel thematische und ambientale Abwechslung auf. Dies geschieht technisch dadurch, daß das Terzinenepos fortwährend Ereignisse, Erklärungen, Gespräche bietet, welche die psychischen Eigenarten des Menschen aufdecken und das Wesen der Schöpfung enthüllen. Zusätzlich sorgt der Autor im Detail, in Mikrostationen, für äußerliche oder innere Variation der Situationen, indem er 'Events' oder 'Happenings' produziert. Wie oft steht man vor packenden Einzelszenen, die wie Minidramen wirken! Gerade dieses mikrotextuelle Verfahren verschafft der *DC* den so üppigen Faktenfundus.

Alles Geschilderte dient einer gezielt plastischen Geschehensdarbietung und dynamischen Vorwärtsbewegung. Sämtliche Aktionskräfte resultieren -wie im wahren Leben- aus personalen Konfrontationen. Dieses motorische Spannungssystem wird im 20. Jh. auch der Neorealist Elio Vittorini (1908-66) in seinem bedeutendsten Roman verwenden: „Wie in der *DC*, sind auch in *Conversazione in Sicilia* [1941] die Begegnungen und Gespräche des wandernden Ich das Grundmuster des Handlungsverlaufs." (HEMPEL 1983: 181) Dante kreiert einen unbeschränkt flexiblen Erzähltypus, bei dem alles unablässig fließt, und so etwas liebt jeder Leser!

Da das Geschehenspensum schwer erfaßbar mannigfaltig und unübersichtlich umfangreich ist, hält man den Rezipienten stets über das bisher Erlebte und das Spektrum künftiger Dinge auf dem Laufenden. Geschickt werden nämlich explikative oder didaktische Analepsen und Prolepsen eingefügt. Immer wieder stellen -wie erwähnt- der erstaunte Wanderer Dante oder angetroffene 'Persönlichkeiten' grundsätzliche Koordinationsfragen, so daß logischerweise Antworten erfolgen; es sind lebhafte Schilderungen wiederum handlungsreicher Lebensläufe, Episoden oder Erinnerungen: Was für ein Schicksal verbirgt sich bloß hinter dieser oder jener Erscheinung? Und die meisten Gestalten beginnen sofort bereitwillig, Beeindruckendes über ihre abenteuerliche Vergangenheit zu erzählen. Auch die an Dante und seine Begleitung gerichteten Fragen geben zu ereignisbetonten Darlegungen Anlaß. Da so viel geschieht, nimmt die Erzählinstanz immerzu die Gelegenheit wahr, die zurückgelegte Erlebnisstrecke zu erinnern, das noch bevorstehende Wegpensum neu auszuloten.

Die *DC* ist ein Actionthriller mit motorischer, farbig filmischer Vordergründigkeit und hervorstechender Sichtbarkeit, obwohl sie in Wirklichkeit eine hintergründige Großraumallegorie über nur Gedachtes, Abstraktes, Unsichtbares ist! Solche optischen Täuschungseffekte erfordern die geschickte Kunst und sichere Hand eines rigiden Dramaturgen, der episches Tun räumlich anschaulich, bühnenhaft visuell, Aufmerksamkeit erregend in Szene zu setzen weiß.

Mit der auf diese Weise hervortretenden, fundamentalen Theaterhaftigkeit der *DC* befaßte man sich am Dubliner University College in einer Vortragsreihe (1987-90), die John C. BARNES und Jennifer PETRIE unter dem Titel 'Word and Drama in Dante' (1993) veröffentlichten. Die Dantisten hatten die Aufgabe, die durch des Dichters Wortkünste unterschiedlich erzeugte Dramatizität zu erfassen, zu beschreiben und zu hinterfragen. Die szenische Wirksamkeit von Dantes Aktionspoesie ist auch durch eine latente, bühnenorientierte Rhythmik zu erklären, die der Amerikaner Franco MASCIANDRO (1991) aufspürte.

Der streng linearen, zum Reich der Gnade strebenden, brüchelos kohärenten und von zahllosen Überraschungen geprägten Handlungsgeschwindigkeit des Jenseitsromans wird sich der Leser erst dann bewußt, wenn die Wanderer zur Ruhe gezwungen sind, ihrem Streckenbewältigungseifer Einhalt geboten wird. Dies ist im Schlußteil des *Purgatorio* der Fall, als die Nacht naht und wir Stimmungen idyllischer Entspanntheit erleben; friedliche Stille und harmonische Gelassenheit entstehen hier durch eine biegsame, gemächliche Syntax im Einklang mit pastoraler Lexik und beruhigender Bildlichkeit aus der Hirtenwelt:

E pria che 'n tutte le sue parti immense	Bevor in seiner Unermeßlichkeit
fosse orizonte fatto d'uno aspetto,	der Horizont den gleichen Anblick zeigte
e notte avesse tutte sue dispense,	und überall die Nacht sich ausgebreitet,
ciascun di noi d'un grado fece letto;	bettete jeder sich auf einer Stufe,
ché la natura del monte ci afranse	da die Natur des Berges uns die Kraft
la possa del salir più e 'l diletto.	zum Weitersteigen, nicht die Lust, benahm.
Quali *si* stanno ruminando manse	So ruhen still zum Wiederkäun die Ziegen,
le capre, state rapide e proterve	die erst so dreist und rasch von Fels zu Fels
sopra le cime avante che sien pranse,	nach Nahrung liefen, bis sie sich gesättigt,
tacite a l'ombra, mentre che 'l sol ferve,	lautlos im Schatten jetzt. Die Sonne glüht,
guardate dal pastor, ch 'n su la verga	es schaut der Hirte über seine Herde,
poggiato s'è e lor di posa serve;	auf seinen Stab gestützt und immer wachsam.
e quale il mandrian che fòri alberga,	Und wie der Hüter draußen auf dem Feld
lungo il peculio suo queto pernotta,	die Nacht bei seinen stillen Tieren bleibt
guardando perché fiera non lo sperga;	und wacht, damit der Wolf sie nicht
tali eravamo tutti tre allotta,	verscheuche,so lagerten wir alle drei beisammen:
io come capra, ed ei come pastori,	ich wie die Herde, jene wie die Hirten,
fasciati quinci e quindi d'alta grotta.	und rechts und links umgaben uns die Felsen.
[Purg. XXVII 70-87 ed. F. SANGUINETI 2001]	*[üb. Karl VOSSLER [1] 1942]*

Zu diesem Kap. 4 -in dem Elemente, Muster und Wirkung der **Handlung** beschrieben werden- s. im Studienführerteil die bibliographischen Abteilungen **31**: INHALTSZUSAMMENFASSUNGEN der Gesänge der *DC*, **33**: SCHAUBILDER/DIAGRAMME der *DC* (wegen der räumlichen u. zeitlichen Skizzen des Handlungsverlaufs), **61**: Themenumfassende MONOGRAPHIEN zur *DC*, **62**: Themenspezifische MONOGRAPHIEN zur *DC*, **64**: AUFSÄTZE zur *DC* mit zentraler Thematik.

5. MYTHISCHE, PROPHETISCHE, KOSMISCHE UNIVERSALZEIT: *„Un uomo alla ricerca della totalità del tempo"*

Erzählen breitet sich immer in zeitlichen Dimensionen aus, weil sich der Erzähler -bei Dante ist es ein Ich- in von der Zeit bestimmten Koordinaten zu bewegen hat: Schildern von Handlung kann -wie reales Tun im Leben- nur ein in Zeiteinheiten eingebettetes System von Faktenverläufen sein.

In der *DC* vollzieht sich Erzählen generell chronologisch und entspricht damit der Entwicklung des Seins, der Zeit, der Welt an sich. Zwischendurch holen Analepsen viel Vergangenheit zurück, so daß ein breites Bild von Geschichte und Befindlichkeit entsteht: „Per Dante, come per Sant'Agostino, il processo di conversione, e la nuova coscienza di sé e del proprio destino spirituale che ne risulta, è inseparabile dalla conoscenza del tempo... è, invece, una conoscenza non solo del tempo psicologico, ma anche del tempo ontologico; e come tale vuol cogliere il tempo nella sua totalità... La *Commedia* è il pellegrinaggio di un uomo alla ricerca della totalità del tempo... Dante, nel suo viaggio ultraterreno, porta con sè, con la sua storia personale, la storia di tutta l'umanità; e se egli ne rifà il cammino, ne scopre non soltanto la coerenza interna di cause e di effetti, ma, e soprattutto, il significato escatologico e soteriologico." (MASCIANDRO 1976: 7, 8, 9)

Der Dichter schildert einen einfallsreichen temporalen Prozeß über spektakulär 'erleuchtete' und atemberaubend 'entzogene' Zeit (s. JAUSS 1994): den der Hinwendung von endlicher Wirklichkeit zu unmeßbarer Ewigkeit. Dabei entsteht eine Simultaneität beider Tempusparameter sowie ein kosmisches Maß für 'alles'.

Die primär erzählte Zeit -die der 'Histoire'- spielt auf die Passion als wichtigstem Geschehnis des erlösenden Christentums an. Denn Dantes Abstieg ins *Inferno* beginnt in der Nacht von Gründonnerstag auf Karfreitag; damit ist möglicherweise der 8. April 1300 gemeint, aber sicher ist das nicht. Man müßte Astronom oder Astrologe sein, um Dantes auf bestimmte Planetenkonstellationen bezogene Anspielungen deuten zu können; so meinte ein Fachmann bereits vor über hundert Jahren lapidar: „La determinazione della data del viaggio dantesco presenta gravi difficoltà." (ANGIOLITTI 1897: 1) Dessen ausführliche, allein Dantes Reisedatum gewidmete Monographie verstand der damalige Astronom der Universität Neapel und an der Sternwarte von Capodimonte nur als eine bescheidene Grundlage für weitere komplexe Überlegungen. Die Hölle verläßt das Erzähler-Ich am Ostersonntag, was dann am 10. April wäre; vom 10. bis 13. April dauert die Ersteigung des Läuterungsberges; abgeschlossen ist die Wanderung am Donnerstag der folgenden Woche, so daß sie mit 7 Tagen die in der Genesis beschriebene Dauer der Schöpfung Gottes hat; die *DC* schildert ebenfalls die Neuwerdung eines/des Menschen. Nach 6 Tagen erreicht Dante nämlich das 'Paradiso terrestre', die vorparadiesische Gipfelregion des Fegefeuerbergs. Hier befindet man sich im Zustand ursprünglicher Sündenlosigkeit und innerer Vollkommenheit, ohne im Himmel selbst zu sein: „Sechs beschwerliche Reisetage hat es gebraucht, bis der Ausgangspunkt eines langen Irrweges wieder gefunden werden konnte, einer Strecke, die mit dem Sündenfall ihren Anfang nahm und durch die Erlösung in die Heilsgeschichte einmünden sollte." (GÜNTERT 1989: 13) Der siebente, das Unternehmen und Zeitvolumen abschließende Tag gilt dann der Himmelfahrt.

Das Dante-Ich besucht Räume der Ewigkeit, die chronometrisch unfaßbar sind. Der Erzähler sorgt dafür, daß der Rezipient dennoch genaue Zeitvorstellungen gewinnt, indem das Jenseits von alltagshafter Wirklichkeit umgeben wird und Zweifel am Vorhandensein von Hölle, Fegefeuer und Himmel psychologisch unmöglich erscheinen! Edward MOORE (1835-1916), Nestor anglophoner Dantistik, untersuchte die vielen, ebenso auffälligen wie kryptischen Zeitbezüge ausführlich in einem spannenden Buch und trug sie in Tabellen und Schaubildern zusammen: „The references to details of time throughout the *Inferno* and *Purgatorio* are very numerous, and in many cases extremely obscure and difficult to interpret. At the same time, they are so pointed and definite in character that we are evidently intended to attach to them a precise meaning. Further, they clearly have relation to a comprehensive scheme or plan running through the whole poem." (1887: 1) Man kann die Uhr nach dem Reiseverlauf stellen, weil er nach exakten Zeitparametern vonstatten geht. Der Astronom Marco Giovanni PONTA (1799-1849) fertigte daher einen 'Orologio dantesco' an, den er aus den temporalen Referenzen erstellte: „Nella *Commedia* sono indicate le ore pei rispettivi luoghi della terra facendo uso sia della posizione del sole o della luna, sopra o sotto l'orizzonte: sia del punto del meridiano rispondente al mezzodì, ovvero alla mezza notte: sia della posizione dei segni del zodiaco rispetto ai punti cardinali." ([1]1843: 1)

Das für den Erzählhintergrund gewählte historische Jahr ist ein markanter Zeitindikator: Nach dem Willen von Bonifaz VIII. (1294-1303) sollte 1300 für Kirche und Menschheit einen epochalen spirituellen Neubeginn bringen; in seiner Bulle *Unam sanctam* (1302) gibt sich der Papst als entschlossener Verfechter geistlicher Oberhoheit im weltlichen Bereich zu erkennen. Auch Dante will mit seiner Dichtung eine innere Neuwerdung bewirken. Das stark an Zahlen ausgerichtete Mittelalter entdeckt in allen Dingen einen geheimen Sinn; Intellektuelle und Handwerker versenken Symbole in alles, was sie schaffen. Eine ausgeprägte Strömung dantistischer Deutungslehre befaßt sich mit solchen okkulten Tendenzen; der runden Jahreszahl schreibt sie beträchtliche Relevanz zu: „Viele Menschen der damaligen Zeit sahen die Jahrhundertwende, das Jahr 1300, als das große Epochenjahr für den Beginn des dritten Weltzeitalters und die Verwirklichung der 'Geistkirche', der 'ecclesia spiritualis' an. Deshalb läßt Dante seine *DC* am Karfreitag des Jahres 1300 beginnen. Schon um die Mitte des 13. Jh. wurde die Zeitalterlehre des Joachim von Fiore zu einer maßgeblichen Denkrichtung, die nicht nur geistliche Kreise, das franziskanische Spiritualtum, den Tempelritterorden und die

Strömungen des Grals-Christentums, sondern auch die Laienwelt des 13. Jh. be-
eindruckte... nur aus diesen geistigen Zusammenhängen heraus können wir Dante
verstehen." (SCHULT 1979: 18)

Giovangualberto CERI -Astrologe von Beruf- errechnete einen späteren, auch
symbolreich sinntragenden Beginn und Verlauf der siebentägigen Jenseitsreise:
„Il 'viaggio' esoterico-religioso descritto da Dante nella *DC* non ha per 'fulcro' la
domenica di Pasqua del 10 Aprile 1300, come oggi generalmente sostengono i
commentatori, ma la festa dell'Annunciazione a Maria del sabato 25 Marzo 1301:
giorno che chiudeva il XIII secolo 'ab incarnatione Domini'." (1995: 7)

Der mystisch-kulturelle Zeitrahmen erschien Arthur SCHULT so wesentlich, daß er
diesem ein umfangreiches Kompendium widmete. Er kommentierte die *DC* systematisch als 'Zeugnis der Tempelritter-Esoterik' (p. 1979). Die Auffassungen
jener kämpferischen Glaubensgemeinschaft berührten die unorthodoxen Lehren
der Katharer, Albigenser und Waldenser, von denen sich Elemente in der mittelalterlichen Gralsmystik sowie in der provenzalischen Lyrik der Troubadoure wie-
derfinden. In dem kabbalistischen Ritus des Tempelritterordens spielte beispielsweise ein mit dem Namen 'Bafomet' geformtes Buchstabenquadrat eine wichtige
Rolle. Das Mysteriöse seines Initiationscharakters erinnert stark an die kryptische
Struktur von Dantes *Vita Nuova*; dieses Jugendwerk ist für 'normale' Leser als
Ganzes unverständlich. Die später geschriebene *DC* ist nur in bestimmter Hinsicht
sinnverbergend. Als ein Buch über den alles entscheidenden Faktor Zeit ist sie
verdeckt prophetisch: Sie deutet eine neue Ära an.

Die unterschiedliche Aufenthaltsdauer in den drei Reichen ist ebenfalls sinnbil-
dend. 2 Tage verweilt der Protagonist in der Hölle, 4 auf dem Fegefeuerberg: Die
beiden geraden Zahlen verkörpern in der Numerologie Böses oder Unvollendetes.
Einen Tag nur verbringt Dante indes im Himmel; denn die 1 ist als Anfang allen
Zählens und Seins sowie als Quell des von Gott kommenden Guten zu begreifen.

Das in der *DC* erzählte Zeitengefüge ist zudem in komplexe astronomische bzw.
astrologische Konfigurationen mit signifikanten Bezügen eingebettet (s. hierzu
das ausführlichst illustrierte Kompendium von GIZZI [II 1974] und das Handbuch
von PECORARO [1987], das auch zahlreiche Tabellen und Diagramme enthält).

Die Erzählzeit oder Rezeptionsdauer des geschriebenen, später gedruckten Buches
entspricht zeitlich dem durch Lesen oder Vorlesen theoretisch realisierbaren Auf-
nahmepensum; der Usus der 'Lectura Dantis' weist aber auf pragmatische oder
natürliche Margen hin, denn eine derart vielschichtige Dichtung kann man nur
intervallhaft, mit Meditations- und Deutungspausen, in sich aufnehmen.

Alle Elemente der Zeitdarstellung kongruieren zu einer dauerhaften Gegenwärtigkeit sämtlicher Zeitfaktoren; denn im bösen wie im guten Jenseits sind temporale
Entwicklungen aufgehoben. Ewigkeitshafte Zeitlosigkeit bewirkt ein Erzählen,

das wohl Vergangenheit aufarbeitet, aber gerade die kontinuierliche Präsenzwirkung und den immobilen Bildeffekt lyrischer Texte anvisiert.

Alle zeitlichen Aussagen sind permanent gültig; sie haben Zukunftsfunktion. Dante tritt nicht nur als irdischer Erzähler, sondern als 'poeta vates' mit apokalyptischer bzw. heilsorientierter Sicht und Verkündigungsintention auf: „Das von ihm geschilderte Geschehen ist nicht nur ein einmaliges und vergangenes, sondern zugleich ein immerwährendes." (KREMERS 1982: 55)

Die aus der Vergangenheit erschlossenen Wahrheiten kommen aus großer Tiefe; sie sind uns aber näher, als wir glauben. Das berichtende Erzählpraeteritum hat keine nur episch-fiktionale Aufgabe; es erfaßt ursprüngliche, von irgendwelchen Koordinaten unabhängige Temporalität. So werden uns überzeitliche Botschaften in ihrer absoluten Essenz vermittelt. Dante offenbart ein kultisches, sakrales Zeitverständnis, wie es Propheten, Priester, Schamanen pflegen (vgl. MINEO 1968). Er hat eine Einsicht in zeitfreies Sein, wie sie nur wenigen beschieden ist:

Oh abondante grazia ond'io presunsi	O Überfluß der Gnade, drob ich's wagte,
fic[c]ar lo viso per la luce eterna,	so weit hinein ins ew'ge Licht zu werfen
tanto che la veduta vi consunsi!	den Blick, daß drin ich mich verlor im Schauen!
Nel suo profondo vidi che s'interna	In seiner Tiefe sah ich, wie sich einet,
legato con amore in un volume,	verbunden in ein einz'ges Buch mit Liebe,
ciò che per l'universo si squaterna:	was auf des Weltalls Blättern sich zerstreuet,
sustanze e accidenti e lor costume,	Substanz und Akzidenz und ihr Verhalten
quasi conflati inseme, per tal modo	in solcher Art zusammen all geschmolzen,
che ciò ch'io dico è un simplice lume.	daß, was ich sage, nur ein schwacher Schein ist.
[Par. XXXIII 82-90 ed F. SANGUINETI 2001]	[üb. PHILALETHES[2] 1865-66]

Die Wanderung des Protagonisten vollzieht sich in einem Traum, was jene Zeitenverschmelzung logisch erscheinen läßt. Bei der fiktiven, präsenshaften Vergangenheitsschilderung ist alles Erlebte intentional auf eine Zukunft hin ausgerichtet; diese soll eine bessere sein. Die *DC* ist 'futurologisch' konzipiert. Trotzdem ist Dantes Dichtung auch ein Buch über das Ende; sie ist ein allerletztes 'Bild', eine Kunst- und Denkfigur über dasjenige, nach dem nichts mehr kommen kann (vgl. KEMP 1996)! Esoterisches Vorausschauen auf Definitives und Eschatologisches ist ein spiritueller Wesenszug vieler Kulturen und Epochen, gerade aber des Mittelalters. Begriffe wie Messianismus, Prophetismus, Okkultismus und Mystizismus haben bei der Entschlüsselung der *DC* stets eine Rolle gespielt und bilden einen eigenen exegetischen Forschungskomplex.

Man hat die *DC* für ein gänzlich kryptisches Werk gehalten. Sie verarbeitet offenbar u. a. die Botschaften des kalabrischen Theologen und Mystikers Gioacchino da Fiore (um 1130-1202). Der Gründer einer eigenen Ordensgemeinschaft propagierte die Botschaft von einem dritten Zeitalter, dem des Heiligen Geistes. Sein *Liber figurarum* präsentiert geheimnisreich verschlüsselte Symbole; auf diese bezieht sich Dante anscheinend mehrfach, so zum Beispiel, wenn er die Ankunft des rettenden 'Veltro' (*Inf.* I) prophezeit (s. CICCIA 1997).

Die Mystik des Kosmos, um die es dem Dichter geht, ist ein beträchtliches Darstellungsproblem; um es zu bewältigen, greift er immer wieder auf Mythen zurück, deren Semantik zeitlos ist. Dante ist ein 'Philomythes', ein in Mythen verliebter Philosoph und philosophierender Mythenfreund, wie Patrick BOYDE (1981) dies formulierte. Die Position des Menschen innerhalb der Schöpfung des Allmächtigen will er allzeit gültig begreiflich machen. Er tut dies stets bildhaft.

Diese und andere Techniken machen die *DC* zu einem 'zeitlosen' Werk. Dennoch ist sie andererseits stark in ihrer Epoche verwurzelt und reflektiert diese intensiv: „Keins der größeren Werke der Dichtkunst trägt entschiedener das Gepräge der Zeit, in welcher es entstanden, und der Schicksale des Dichters, als Dante's göttliche Komödie." (STRECKFUSS 1824 I: 1)

Eine weitere, spannungsreiche Zeitdimension ergibt sich -wie angedeutet- aus dem astrologischen Netz, mit dem Dante sein Werk überzogen hat und das ein regelrechtes Geheimnis darstellt, über das sich Silvia PIERUCCI -ihre Fachgebiete sind Esoterik, Theosophie und Geschichte der Freimaurerei- mit dem Astrologen CERI unterhielt; in ihren Aufzeichnungen jenes Gesprächs liest man dazu: „Nella *DC* gli Astri non sono nominati da Dante casualmente. Essi divengono rivelatori del 'tempo cronologico' in quanto dalle longitudini e quadranti dove Egli li situa, mette in grado il lettore attento di ricavare anno, giorno e momento oroscopico in cui Dante stesso si trova nel corso del suo 'viaggio iniziatico'." (1994: 5)

Zu diesem Kap. **5** -in dem es um **die zeitlichen Parameter** der *DC* geht- s. im Studienführerteil die bibliographischen Abteilungen **33**: SCHAUBILDER/DIAGRAMME der *DC* (wegen der Zeittabellen u. 'Uhren'), **61**: Themenumfassende MONOGRAPHIEN zur *DC*, **62**: Themenspezifische MONOGRAPHIEN zur *DC*, **64**: AUFSÄTZE zur *DC* mit zentraler Thematik.

6. KONSTRUIERTE ERZÄHLRÄUME: *„The greatest medieval synthesis in poetic form"*

Jedes Erzählen bezieht sich auf mitteilenswerte Handlungen, welche gemäß bestimmter Zeitabläufe in spezifischen Räumen stattfinden. Es ist undenkbar, daß ein Autor das von ihm Entworfene 'nirgendwo' ansiedelt! Leser schätzen einen narrativen Text gerade aufgrund seiner suggestiven Örtlichkeiten und Räume, die es gestatten, vorgestellte Figuren, Handlungen und Zeitelemente in der Phantasie topographisch nachzuleben, sich die angebotene Fiktionalität imaginär anzueignen und dadurch eine besondere Spannung zu erfahren.

Dante ist ein Meister literarischer Raumgestaltung. Seine Transzendenz ist einfallsreich konzipiert, weswegen Künstler in den sieben Jahrhunderten nach seinem Tod nicht aufhörten, die Raumerfindungen seiner packenden Szenarien zu konkretisieren, also nachvollziehbar auszumalen oder materiell nachzuformen, so daß man sieht, an welcher Stelle des Phantasiereiches man sich gerade befindet.

Der sich Künstlern oder Lesern darbietende Fundus an narrativ konstituierten Räumen und Gegenständen ist so unerschöpflich und produktiv, weil der florentinische Dichter einen einzigartig vollständigen Poesiekosmos schuf, der dazu dient, jene undurchsichtigen Bereiche des Danach und Jenseits, aber auch die wirkliche Welt mit all ihren Details in einem Buch ganz zu erfassen: „Il concetto della visione oltremondana era popolare nel Medioevo. Quegli uomini sui quali incombeva terribile il pensiero della vita futura, si fabbricavano nella fantasia i paurosi mondi del mistero, e narravano atterriti le cose che credevano di aver viste." (BARTOLI 1887: I 1)

Zu diesem Kap. **6** und den folgenden Kap. **6.1** bis **6.6** -die der **Jenseitstopographie** der *DC* gelten- s. im Studienführerteil die bibliographischen Abteilungen **33**: SCHAUBILDER/DIAGRAMME der *DC*, **61**: Themenumfassende MONOGRAPHIEN zur *DC*, **62**: Themenspezifische MONOGRAPHIEN zur *DC*, **63**: AUFSATZBÄNDE zur *DC*, **64**: AUFSÄTZE zur *DC* mit zentraler Thematik.

6.1 Eine Welt aus Zahlen und Relationen

„Dante's *Comedy* is a poem of great length and stupendous complexity." (PAYTON 1992: 1) Bei aller Länge und Komplexität hat die *DC* einen stringenten und logischen Aufbau, den eine unerschütterliche Ordo-Vorstellung prägt: „Dantes Ordnungsdenken vollzieht sich auf drei Ebenen: auf der moralischen, der kosmischen und der historisch-politischen." (LOOS 1984: 7) Diese Gliederung kann man vielfach erweitern und vertiefen: „Jedes dieser Systeme, für sich betrachtet, umschließt wiederum eine Konkordanz verschiedener Traditionsmassen." (AU-ERBACH 1929: 126)

Obwohl die *DC* -von der Oberfläche besehen- eines der klarsten und schlüssigsten Erzählmonumente ist, ging Jeremy TAMBLING in seiner Studie 'Dante and Difference. Writing in the *Commedia*' (1988) einen 'ungewöhnlichen' Weg: Er wies Harmonien und Kohärenzen zurück, schälte statt dessen -im Sinne der von Jacques Derrida (geb. 1930) vertretenen Dekonstruktionstheorie bzw. in Anlehnung an Alteritätsmethodik- Oppositionen und Divergenzen als Merkmale heraus; so betonte er an der *DC* eine Dynamik der Widersprüchlichkeit.

Dennoch dürfte für die Dantisten der Welt künftig die Ausgewogenheit der florentinischen Dichtung im Vordergrund stehen! Ihre 100 Erzählsequenzen -man nannte die 'canti' einst 'capitoli'- ergeben ein Volumen von 14.233 Versen; dieses ist in drei Teile -man bezeichnet sie als 'cantiche'- zu 34 + 33 + 33 Gesängen gegliedert. Das Werk nimmt in Ausgaben mehrere hundert Seiten ein und verrät schon äußerlich den Anspruch, umfassende Aussage über etwas Großes zu sein und 'Räume' ausfüllen zu wollen. Das Dante-Ich durchwandert in der Tat drei konkret gestaltete Transzendenzbereiche. Dies geschieht in einer Vision, in die weitere onirische Passagen integriert sind, welche zusätzlich entlegene Gebiete erschließen. Traumhaftes prägt auch andere Werke von Dante, weswegen Dino S. CERVIGNI (1986) seine 'scrittura' als 'Poetry of Dreams' typisierte.

Dante breitet die Welt mittelalterlicher Eschatologie (vgl. PALGEN 1975) so aus, als würde man kartographisch gesicherte Gebiete bereisen: „Die Räume, die Dante auf der Jenseitsreise seiner *DC* durchwandert, bilden eine kosmische Landschaft, in der den Seelen der Verstorbenen jeweils ein Ort angewiesen ist." (WEINRICH 1997: 42) Wir sind in einer 'Landschaft der Ewigkeit'; so betitelte Romano GUARDINI ([1]1958, [2]1996) einen Aufsatzband zur *DC*.

Dantes Eroberung von Traumlandschaftlichkeit bewirkt breiteste Raumerfassung. Er nimmt die reale Geometrie in Anspruch, geht aber über Meßbares hinaus. Wenn wir mit Dante gen Himmel fahren, merken wir, daß er der erste Raumfahrer ist: Dante stellt schon Perspektiven in Aussicht, welche unsere 'Technology of Space' erst nach kostspieligem Erreichen des Orbits erahnte!

Weltruhm bringt dem Autor sein Höllenentwurf, ein als Pandämonium gestalteter 'locus inferi'. Mit dessen Wirksamkeit in der Moderne befaßten sich italianistische DoktorandInnen auf einer von ihnen an der römischen 'Sapienza' organisierten Tagung (Akten edd. Simona FOÀ-Sonia GENTILI 2000). Der Amerikaner Ronald R. MACDONALD (1987) bezeichnete die epische Unterwelt in seiner Dante mit Vergil und Milton vergleichenden Studie als 'The Burial-Places of Memory'. Dantes Gedächtnisfriedhof ist ein Höllendrama, das sich konzeptionell an die *Aeneis* anlehnt, aber als Inspirationsgewebe viel mehr Literatur hervorbrachte.

Hölle und Fegefeuer versteht Dante als Teile unserer Erde, das Paradies als ein Off dazu. Sein Inferno ist ein ins Erdinnere ragender, in Ringen begehbarer Hohlkegel. Er entstand, als der Erzengel Luzifer gegen Gott aufbegehrte und aus der Höhe des Himmels auf die Erde stürzte; zur Strafe nagt der Dreiköpfige nun in tiefster Tiefe, im Eissee Kozytus, an den Hirnen des Judas und der Cäsarmörder Brutus und Cassius (s. PALGEN 1969, GRÜBEL 1990). Der Läuterungsberg ist das bei dem Aufschlag auf der anderen Seite als Auswuchtung erzeugte konvexe Pendant dazu. Auf dem Gipfel des Kegelbergs liegt das 'Paradiso terrestre'.

Unsere Erde soll ein im geozentrisch konzipierten Universum unbeweglich schwebendes Gebilde aus 2 Halbkugeln sein, wovon die nördliche bewohnt, die südliche dies nicht ist. Sie ruht im Zentrum. Dies entspricht ptolemäischer und aristotelischer Kosmologie, nicht aber der pythagoräischen Erdauffassung. Jerusalem bildet in Dantes Kosmographie den Nabel der Welt; es liegt in der Mitte einer zwischen Ganges und den Säulen des Herkules (Gibraltar) gedachten Gesamtfläche: „Dante hat die Tradition der Bibel, der Kirchenväter und den neuesten Wissensstand griechisch-arabischer Naturkunde miteinander harmonisiert, indem er alle geographisch-kosmographischen Phänomene erklärte. Er hat zwar keine Karte oder einen Globus hinterlassen, doch wurde die *DC* zum Grundstein der Welterklärung schlechthin. Man darf annehmen, daß noch der Genuese Christoph Kolumbus vor seiner ersten Ausfahrt ähnliche Vorstellungen hatte wie Dante." (HAUSMANN 1988: 33)

Um die Erde kreisen neun Himmel, welche diese beeinflussen: Astronomie und Astrologie sind im Mittelalter nahezu synonyme Begriffe, während sie heute weniger vereinbare Disziplinen bezeichnen: „Astrology for Dante was not divorced from science, as it has been since the seventeenth century. Instead, the operation of universal Nature through the stars was a doctrine that was generally recognized in medieval philosophy and theology." (KAY 1994: 259) Dantes dichterische Lehren von der Beschaffenheit der Welt als komplexem Gebilde sind ein Beitrag zu den Naturwissenschaften, die zuvor Restoro d'Arezzo (1210/20-nach 1282) mit seiner *Composizione del mondo* in einem Volgare-Kompendium zusammengefaßt und so allgemein zugänglich gemacht hatte.

Die feste Fügung des Weltkonstrukts garantiert Glaubwürdigkeit hinsichtlich nie zuvor gezeigter Dinge. In der ganzen *DC* herrscht rigorose Formung, welche italienische Schulbücher traditionsgemäß für junge Menschen anschaulich nachbilden. Die eigentümliche Kohärenz von Dantes Kosmoskonzeption ist auf die Antike zurückzuführen: „Il mondo di Dante è un mondo simmetrico che risponde alla mentalità geometrica che il Medioevo ereditò dai Greci, e conservò sostanzialmente inserendovi i concetti della Rivelazione cristiana." (MONTANARI 1966: 79) Die *DC* ist durchorganisierte poetische Baukunst. Dante lehnt sich an die damalige Architektur an, die eine mit der Literatur vergleichbare Versinnbildlichungskraft hat. Der Amerikaner John G. DEMARAY (1987) dokumentierte dies im Hinblick auf die sakrale Bauweise; ihr begegneten die Pilger des Mittelalters auf ihren frommen Wegen: „In its encyclopedic scope and in its relation of earth to heaven, the poem is an analogue for pilgrimage 'temples' and churches that in the late Middle Ages were widely considered architectural representations of the external physical and immaterial universe." (1)

Nicht nur bei der Errichtung seiner poetischen Gesamtwelt ist Dante Meister konkreten Bauens: Auch im Detail schildert er alles nachvollziehbar. Sein Jenseits ist voll von Sichtbarem, formal Gestaltetem. So werden uns beispielsweise gern Kreisfiguren oder runde Areale vorgestellt, die meist mathematisch berechenbar sind (s. PÖTTERS 2002); oder es ist die Rede von Windungen, Stufen, Mulden, Gräben, Nischen, Tälern, Küsten, Anhöhen, Bergen, Kegeln, Sphären oder Galaxien, alles plastische Lokalitäten, wo sich Tragödien, packende Hoffnungsszenarien oder glückerfüllte Meditationen abspielen.

6.2 Hölle: furchtbare Strafen in der Tiefe

Aufbau und Inhalt des *Inferno* gehören zum Bildungsbestand aller Italiener. Denn dieser Teil von Dantes Jenseits wird in den Schulen am intensivsten behandelt; er wurde am häufigsten übersetzt und künstlerisch, musikalisch oder dramatisch/szenisch dargestellt. Deshalb liest man ihn noch heute am meisten.

Wir müssen uns folgende narrative Fakten in Erinnerung rufen: Der Dichter Dante erlebt seine im Alter von 35 Jahren unternommene Wanderung in einem Traum. Miniaturen -wie die im Kodex Egerton- zeigen ihn schlafend und unmittelbar daneben -die Erzählung darüber eröffnend- im Walde verirrt, von drei grimmigen Tieren (Panther, Löwe, Wölfin) bedrängt, die ihm den Weg versperren. Aus dieser finsteren und bedrohlichen Lage befreit ihn der von Beatrice auf Veranlassung der Gottesmutter entsandte Vergil, der mit ihm das Höllenlabyrinth durchwandert, das ganz durchquert werden muß, um später zu Höherem zu gelangen.

Die beiden Dichter passieren das Tor zur Hölle. Es gibt jetzt kein Zurück mehr! Sie betreten einen Vorraum (Antinferno), wo sie sehen, wie Kleinmütige (pusillanimi) und Feiglinge (ignavi) von Wespen und Fliegen gejagt werden. Der Fährmann Charon setzt sie über den Acheron. Nun sind sie in der oberen Hölle, die aus den Kreisen (cerchi) I bis VI besteht. Im ersten -dem Limbus- befinden sich tugendhafte Nichtchristen und ungetauft verstorbene Christenkinder.

In den Bereichen II bis VI werden alle Formen von Maßlosigkeit (incontinenza) geahndet. So stoßen Dante und Vergil auf 'lussuriosi', 'golosi', 'avari' und 'prodighi', 'iracondi' und 'accidiosi'. Unterwegs passierten sie die Grenzhüter Minos,

Cerberus und Pluto, waren von Phlegias über den Styx gefahren worden, hatten die Stadt Dis (Città di Dite) gesehen, wo sie Häretiker und Epikuräer antrafen.

Im vom Minotaurus bewachten VII. Areal werden Formen von Gewalt (violenza) bestraft, die man 'oben' gegen den Nächsten, sich selbst oder Gott, Natur oder Kunst richtete. Dieser Teil ist in drei Ringe (gironi) gegliedert.

Der VIII. Bereich ist eine tiefe Grube. Die Wanderer erreichen sie auf dem Rükken des fliegenden Drachenwesens Geryon, nachdem dieses sie über den Wasserfall des Phlegetonflusses getragen hat. In zehn Gräben des Bösen (Malebolge) werden Betrüger (fraudolenti) bestraft: Kuppler und Verführer (ruffiani und seduttori), Schmeichler (adulatori), Schacherer oder Erschleicher von Ämtern (simoniaci), Wahrsager (indovini), Bestechliche und Bestechende (barattieri), Heuchler (ipocriti), Diebe (ladri), böse Ratgeber (consiglieri fraudolenti), Zwietrachtstifter (seminatori di discordia) und Fälscher (falsari, falsatori); alle erwartet böse Pein: peitschende Teufel, Kot, Pech, Schlangen, Flammen, Verwesung...

Noch tiefer liegt der Eissee Kozytus (Cocito), das IX. Höllensegment. Hier sind die traditori, und zwar Verwandten-, Vaterlands-, Freundschafts- und Wohltäterverräter; vier Bereiche (zone) sind ihnen vorbehalten (Caina, Antenora, Tolomea, Giudecca). Ganz unten verspeist der dreimäulige Luzifer die ärgsten aller Sünder: Judas, Brutus und Cassius. An ihm müssen beide Dichter vorbei, um das Inferno durch eine Röhre (natural burella) zu verlassen.

Unterwegs begegnen sie vielen Gestalten. Es kommt oft zu bewegenden Gesprächen. So auch, als sie auf Francesca und Paolo (*Inf.* V) stoßen. Dante hört die Geschichte ihrer Liebe und Ermordung und fällt ergriffen in Ohnmacht. Wegen seiner markanten Figuren und Wesen ist das *Inferno* besonders anziehend. Wir haben es nicht nur mit Menschen, sondern Teufeln, Zwitterwesen oder Ungeheuern zu tun. Das Diabolische ist aber der Genius loci. Strenge Konstruiertheit und Unentrinnbarkeit machen Dantes Hölle zu einem beklemmend aufregenden und spannungsgeladenen Erlebnisraum.

Die Hölle ist ein gewaltiger Trichter. Die Straforte sind etappenartig auf Wegen und in separaten Räumen angesiedelt. Alles führt in Windungen unaufhaltsam nach unten. Der Gedanke an die gnadenlose Tiefe löst in uns entsetzliche Angst aus. Man erträgt sie nur in der Hoffnung, daß alles ein böser Traum ist. Das Furchtbare der Peinigungen liegt in ihrer Härte und endlosen Dauer. Die *DC*-Illustrationen des Sandro Botticelli (1445-1510) gehören zur Weltkunst. Auf dem ersten, minutiös gezeichneten Blatt seines Interpretationszyklus stellt der Renaissance-Maler den Inferno-Kegel labyrinthisch ameisenhaufenartig, als eine Menschenfalle dar. Der seelenlose Charakter der Geometrie erzeugt Klaustrophobie und Schrecken ohne Erbarmen.

Der Dichter drückt die Essenz seiner Ideen und Strukturen durch Zahlen oder rechnerische Gegebenheiten aus. Infernalische Gnadenlosigkeit oder paradiesische

Gnadenfülle manifestiert er signalhaft durch numerische Relationen. Dieses seine Erzählung vom Jenseits zusammenhaltende Bauprinzip schauen wir uns näher an.

Dante ist als Designer tätig, der Gedanken in Formen umsetzt. Seine Phantasie übertrifft dabei die artifiziellen Höllenspektakel unserer postmodernen Unterhaltungsindustrie. In Actionkinofilmen, TV-Movies, Nintendo-Amüsements oder CD-Rom-Animationen zeigt man heute Verfluchte und ihre Bestrafung! Deren Techniken sind unbegrenzt. Der Dichter hat indes nur Worte zur Verfügung. Diese sind suggestiver als Bilder unserer Tage. Dantes Begabung im Entwerfen schrecklicher Szenen zeigt sich z. B. am Malebolge-Konstrukt. Der zylindrische Schlund ist eine Bühne aus zehn, in ihrer Gesamtzahl anspielungsreichen Einzelszenarien. Obwohl die Peinigungen oben schon bösartig ausfielen, erleben wir nun ein variiertes und gesteigertes Theater der Grausamkeit:

Loco è in inferno detto Malebolge,	Ein Ort ist im Inferno: Malebolge,
tutto di pietra e di color fer[r]igno,	Gänzlich aus Stein von eisenartigem Ton,
come la cerchia che dintorno il volge.	Der auch der Rundung Farbe hat zur Folge,
Nel dritto mezzo del campo maligno	Die ihn umschließt. Im Mittelpunkte von
vaneggia un pozzo asai largo e profondo,	Dem tück'schen Feld klafft breit ein tiefer Bronnen
di cui suo loco dicerà l'ordigno.	Dess' Werk zu schildern ich das Wort noch schon'.
Quel cerchio che rimane adunque è tondo	Als runder Gürtel also ward ersonnen
tra 'l pozzo e 'l piè de l'alta ripa dura;	Der Raum, der zwischen Born und Ufer bleibt.
ed è distinto in diece valli il fondo.	Zehn Täler sind aus seinem Grund gewonnen.
[Inf. XVIII 1-9 ed. F. SANGUINETI 2001]	*[üb. Christa Renate KÖHLER [1] 1966]*

Alles kommt dem Leser (und Sünder) konkret und intentional angelegt vor. Ein Entrinnen ist unmöglich. Alle Bewegungen verlaufen klar, linear, unabänderlich: Zuerst muß man zur Inaugenscheinnahme der entsetzlichen Qualen tief hinab-, dann zur Läuterung mühsam emporsteigen, bis daß zur Belohnung ein Gleiten durch höchste Himmelssphären erfolgt.

Dante 'er-zählt' seine Raumgebilde. Er errichtet sie arithmetisch, mit guten oder bösen numerischen Gegebenheiten: „Ein Symbol der göttlichen Ordnung ist für Dante die Zahl." (LOOS 1984: 24) Räume lassen sich mathematisch beschreiben. Geometrie schafft Ordnung. Geistige oder ethische Postulate werden durch sie gestützt. Der 17. Gesang des *Purgatorio* steht im Zeichen einer Singularität andeutenden Primzahl, bildet exakt die Mitte der Dichtung. Sein Inhalt sind zentrale Botschaften: Vergil erläutert den Aufbau des Kosmos. Zwei Konzepte der Liebe entwickelt er ('amor naturale' und 'amor d'animo') und spricht über drei Hauptvergehen gegen den Schöpfer ('incontinentia', 'malitia' und 'bestialitas'), welche den Aufbau der Peinigungsareale bestimmen.

Die Strukturpläne der *DC* haben einen tieferen, allegorischen, poetischen Sinn. Sie erfüllen auch praktische (rezeptionsmechanische) Funktionen; auf sie wies Luigi DE POLI (1999) in einer Monographie hin: Dante denke immer an seine Leser/Zuhörer, die eine gewaltige Vorstellungs- und Erinnerungsleistung erbringen müssen; denn sie sollen die von ihm vorgeschlagene Jenseitswanderung im

Geist mitmachen. Daher wende er eine 'ars memorativa' an. Es sei dies eine mnemotechnische Disposition von Räumen und Sachen, die vor allem mit der Zahl 5 operiere. Solche Anordnungsprinzipien kenne man schon in der antiken Redekunst. Sie helfen, komplexe Verhältnisse in einem Sprach- oder Textgefüge leichter zu behalten. Man geht davon aus, daß jeder Rezipient 5 Finger an einer Hand (sowie 5 Sinne) hat und sich daher bei Abstraktionen gut bis zu dieser alltäglichen Menge orientieren kann. Daher biete ihm der Dichter mit Fünfersignalen etappenhafte Wegmarkierungen.

Diese und andere Zeichen erleichtern überdies das Auswendiglernen der *DC*, das manchen eine Herausforderung bedeutet: „Già nella sua struttura formale la *DC* è sommamente mnemofila, cosicché Michelangelo e moltissime persone dopo lui si sono divertiti a imparare e a tenere a memoria tutti i 14.223 versi del poema sacro." (WEINRICH 1994: 8) In einem Vortrag wies der Kieler Italianist Karl August OTT 1986 darauf hin, daß das Memorieren der *DC* heutzutage keineswegs passé sei: „Selbst in unserem Zeitalter findet man noch immer Menschen, die Dantes großes Werk auswendig kennen. Ich selbst bin zweien begegnet." (1987: 163) Der eine war ein franziskanischer Militärgeistlicher, der andere ein Gast in einem Restaurant von Viareggio; beide hätten in unterschiedlichem Ambiente eine absolute Textbeherrschung bewiesen!

Der griechische Auftragsdichter Simonides von Keos (556-467) soll schon Prinzipien zur mnemotechnischen Aneignung literarischer Texte entwickelt haben. Auch die römischen Rhetoriker Cicero und Quintilian kommen in ihren Schriften darauf zu sprechen. Dante kennt wohl Empfehlungen aus mittelalterlichen Standardwerken von Isidor v. Sevilla (570-636), Hrabanus Maurus (780-856), Hugo von St. Viktor (1097-1141) und Albertus Magnus (1193-1280). Warum sich gerade die *DC* für eine Gedächtnisspeicherung eignet, erläuterte Hans-Martin GAUGER textphilologisch: „Es gibt Texte, die im Blick aufs Auswendiglernen sehr, sehr spröde sind. Keiner aber, den ich kenne, ist weniger spröde, ist dem Gedächtnis entgegenkommender als Dantes *Commedia*. Da ist zuerst die intellektuelle Klarheit, die große Helle: alles ist gleichsam mittäglich ausgeleuchtet, fest umrissen, plastisch... Das enorm Könnerische, das handwerklich Dienende, gehört als Allgemeines und Durchgehendes zu dem, was ich hier zur Erklärung der leichten Lernbarkeit suche... Mnemotechnisch entscheidend ist das Verhältnis, das Zusammenspiel von Strophe, Vers und Reim... Erstaunlich ist, daß Dante trotz der Einbindung in so viele feste Regularitäten dichterisch so frei bleibt – daß ihn diese Fesseln nicht fesseln." (2001: 27, 29, 30) Dante bietet sein Werk so an, „als habe er in ihm nur in Worte gefaßt, was ihm von dem früher Erschauten im Gedächtnis geblieben ist, ja als hätte das Gedächtnis selbst niedergeschrieben, was er auf seiner Wanderung durch das Jenseits sah: *O mente, che scrivesti ciò ch'io vidi.*" (OTT 1987: 183) Was die Erinnerung diktiert, muß gedächtnisorientiert sein!

Dante gestaltete seinen Text so, daß man ihn sich gern und leicht mental aneignet. Er bietet dem Lernwilligen dazu jede mögliche Hilfe. So ist die Zahl 3 eine unübersehbare Wegkennzeichnung; sie ist Signum der den Kosmos durchdringenden Dreifaltigkeit, leistet aber viel mehr. Paul PRIEST (1982) zeigte, daß in den 100 canti das Trinitäts- oder Triadenprinzip streng als Bauordnung eingehalten wird. So seien jeweils in 3 Gesängen sukzessive Vater, Sohn und Heiliger Geist als einigende Idee präsent. Hiernach führen 3 Gesänge in Neunersequenzen nochmals das Wesen göttlicher Dreieinigkeit vor Augen. Der trinitarische Grundgedanke beherrscht den makro- und mikrostrukturellen Aufbau der *DC* mehrfach. Dabei wirkt er immer gedächtnisstützend. Die 3 ist ebenfalls in thematischer oder motivischer Hinsicht gegenwärtig: 3 böse Tiere verwehren Dante anfänglich den Zutritt; sie sind Feinde der Trinität, wie dies auch der dreimäulige Luzifer im Höllentrichter ist. 3 Führer (Vergil, Beatrice, Bernhard) bringen ihn aber dann zum Ziel. Jedes der 3 cantica-Monumente wird mit dem Schlüsselwort 'stelle' (Sterne) abgeschlossen usw. Der 3 steht nahe die gute Zahl 9 -welche u. a. Beatrice verkörpert-, weil sie die 3 enthält (s. PÖTTERS 2001).

Die 10 symbolisiert die Vollkommenheit göttlichen Rates. Ihm entsprechen die 3 Jenseitsreiche, deren Darstellung in 100 (= 10 mal 10) Gesängen erfolgt. Ihren Aufbau markieren Zehnerabfolgen. So ergeben die 9 Trichtersegmente mit der Vorhölle 10 Infernosektoren; 2 Areale des Vorpurgatoriums bilden mit den 7 Stufensegmenten des Läuterungsberges und dem irdischen Paradies eine zweite Dekade; das Paradies besteht aus 9 mobilen und 1 unbeweglichen Himmel.

Kommen wir zur 7, die sakrale Funktionen erfüllt. Die Jenseitsreise dauert 7 Tage. 7 Nymphen begegnet Dante im Irdischen Paradies. 7 mal prägt man ein P auf Dantes Stirn, das man in 7 Handlungen tilgt: „Am Ende eines jeden Läuterungskreises fächelt ein Engel mit seinen Schwingen ein P von der Stirn des Dichters hinweg... Die Siebenzahl der P und das siebenmalige Auslöschen des Zeichens war mit der Zahl der Hauptsünden gegeben, vielleicht aber auch damit, daß die Handauflegung 7 mal in der Fastenzeit erteilt wurde." (KOENEN 1923: 98)

Im *Inferno* dominieren die 2 oder 4 als Zahlen des Unheiligen, Feindlichen, Bösen, Negativen. Der Duisburger Italianist Manfred HARDT befaßte sich seit seiner Freiburger Habilitationsschrift immer wieder mit der die *DC* zusammenhaltenden Zahlenpoetik: „Die Einheitlichkeit und Konsequenz, mit der Dante seine Zahlenarbeit durchführt, oft von einem Ende der Dichtung ans andere, ist ein gewichtiges Indiz dafür, daß im Rahmen der Gesamtplanung von Anfang an viele Einzelheiten durchdacht und im Laufe der Jahre konsequent und ohne größere Brüche durchgeführt werden... Bei der Beurteilung der Gesamtkonzeption und ihrer Durchführung vermag die Berücksichtigung der Zahlendimension des Textes Aufschlüsse zu gewähren und somit beizutragen zum Verständnis einer einzigartigen Dichtung." (1973: 334) Hardts Schülerin Nicoletta KIEFER (2002) setzte diese philologische Richtung fort; sie untersuchte die 'gematrischen' (kabbalistischen) Zahlen und brachte Licht in einige viel diskutierte Prophezeiungen der *DC*; sie enthüllen sich als numerologische Textverrätselungen kryptischer Botschaften.

Zahlenrelationen dämmen den umfangreichen Text ein. Vereinigung bewirken mathematische Fakten wie Quersummen. So ergibt die aller 14 233 Verse die Zahl 13. Sie steht für eine von Christus und seinen 12 Aposteln gebildete Gemeinschaft, die das Neue Testament begründete. Architektonische Quersummenkoordination stellt man um den 17. Gesang des *Purgatorio* herum fest. Er ist das Herzstück der Erzählung über jene Welt und befindet sich inmitten eines Paares von sieben Gesängen, die bezüglich ihrer Versanzahl und ihren Quersummen spiegelbildlich miteinander korrespondieren.

Für den Dichter mittelalterlicher Texte ist auch die Architektur 'maß'-geblich, deren Realisierung nur durch die Prinzipien von Mathematik und Geometrie möglich ist. Darauf spielt ein Meisterwerk der florentinischen Baukunst der Renaissance an. Stéphane TOUSSAINT (1997) entdeckte in der Kuppel des Doms Santa Maria del Fiore Strukturen von Dantes *Inferno*. Filippo Brunelleschi (1377-1446) ließ in sein konkretes Opus offenbar geistige Linien der Poesie des aus jener Stadt stammenden Dichters einfließen: „Tandis que la *Commedia* troubla d'abord les doctes par l'originalité de sa forme linguistique et poétique, puis par la profondeur doctrinale et technique de son écriture, à l'inverse, la Coupole faisait aboutir la genèse d'une architectonique sans précédent. Sa révolution était à l'intérieur... Le secret de la *Commedia* serait toujours représenté par le but ultime et mystérieux de la création dantesque... Le secret de la Coupole continuerait d'être la naissance de son prodigieux organisme." (114) Der Genfer Italianist Guglielmo GORNI (1990) erweiterte das Prinzip einer funktional beschreibbaren 'Ordnung der Dinge bei Dante' um zwei Bauelemente und betitelte seinen Band mit 'Lettera-nome-numero'. Auch Buchstaben und Namen haben in der *DC* eine textbildende und essentiell tragende Bedeutung. Dantes Liebe zu Zahlen -es ist eine magische Leidenschaft und leidenschaftliche Magie- hob die amerikanische Choreographin Carolyn CARLSON visuell hervor, als sie 1997 im Deutschen Schauspielhaus Hamburg Partien der »*Commedia*« mit ausgerechnet 9 Tänzern und 3 Schauspielern nach der Musik des französischen Jazzmusikers Michel Portal als Ballett gestaltete.

6.3 Läuterungsberg: leidenschaftliches Streben in die Höhe

Vom Mittelpunkt der Erde -dorthin stürzte einst Luzifer- gelangt man durch eine Röhre zur südlichen Erdhälfte. Dante und Vergil sind jetzt am Fuß einer symmetrisch zum Infernotrichter strukturierten Erhebung, die aus dem Ozean ragt; die

Verstorbenen erreichen diesen Ort gemeinhin auf dem Wasserweg; ein Engel befördert sie in einer Barke von der Tibermündung aus an dieses Gestade. Die beiden Besucher kamen indes aus der Unterwelt hierher. Man ist zunächst im 'Vorraum' des Fegefeuerbergareals (Antipurgatorio), wo Cato von Utica die Seelen als richtender 'Wächter' empfängt. Die schreckliche Hölle hat Dante überstanden, aber nun beginnt für ihn ein diffiziler und strenger Reinigungsprozeß. Er wird mit Tau gewaschen und mit Schilf gegürtet: „Daß der Heide Cato dies veranlaßt und der andere Heide Vergil diesen Ritus vollzieht, unterstreicht die hohe Rolle, welche den beiden nach Dantes Vorstellung in der Realisierung des christlichen Heilsplanes zukommt." (BAMBECK [2]1990: 22)

Unsere Dichter müssen das Vorpurgatorium durchklettern (zu diesem den Bergfuß bildenden Bereich s. das Buch von Antonio ILLIANO 1997). Hier im unteren Bergambiente befinden sich vier primäre Läuterungsbezirke. Der Strand des Massivs ist den im Kirchenbann Gestorbenen, aber in letzter Stunde Bereuenden vorbehalten; zu ihnen zählt König Manfred. Man findet dann auf der Anhöhe zwei ringförmige Regionen (balze) vor, wovon die trägen Reueverzögerer die erste einnehmen; diese schoben ihr Bedauern aus Faulheit -wie Dantes Freund Belacqua- bis zum Tode auf. In der zweiten trifft man auf die infolge eines gewaltsamen oder plötzlichen Todes ohne Absolution, aber bußfertig Dahingeschiedenen (wie Jacopo del Cassero oder Pia de' Tolomei). Im höheren und zweiten Bergrund liegt viertens separat -in Analogie zum ebenfalls abgesonderten Nobile Castello der Vorhölle- eine liebliche Talmulde (Vallata dei Principi), in der sich Herrschergestalten (spiriti magni) aufhalten, die wegen ihrer einst für wichtiger erachteten Staatsgeschäfte das eigene Seelenheil vernachlässigten (so Rudolf v. Habsburg, Ottokar II. v. Böhmen, Philipp II. v. Frankreich u. a.).

Nach Durchschreiten der Läuterungspforte gilt es, die sich spiralförmig nach oben windenden Terrassen (cornici) des Purgatoriumskegels hochzusteigen. Im *Inferno* war Vergebung unmöglich, und nicht wiedergutzumachende Vergehen wurden nach einem spezifischen Vergeltungsmodus fortwährend bestraft. Im *Purgatorio* sind die Bußfertigen prinzipiell in positiver Bewegung zu einer besseren Stufe und höheren Galerie begriffen. Man muß sich durch das Sühnesystem arbeiten, welches aus Bergwindungsräumen besteht. Alles wird innerhalb einer 'cornice' von Engeln überprüft. Wie im *Inferno* die Strafen härter wurden, je tiefer man nach unten gelangte, so nimmt im *Purgatorio* das Ausmaß potentieller Erleichterung und Heilung durch tugendhaftes Verhalten und Schuldtilgung -auch durch Gebete von außerhalb- mit der Höhe zu, so daß über diesem Jenseitsbauwerk Hoffnung schwebt. Eine Kategorisierung der Vergehen und Festlegung der Arten der Genugtuung erfolgt nach den 7 'Todsünden' (superbia, invidia, ira, accidia, avarizia, gola, lussuria), deren 'Patienten' -von unten nach oben gesehen- jeweils ein fester Bereich vorbehalten ist. Außerdem wird die Intentionalität der Versündigung berücksichtigt, d. h. der böse Habitus der nun Bußfertigen und das einstige

Tun werden motivisch unter dem Aspekt von „malo obietto", „poco di vigore" oder „troppo di vigore" bewertet (zur moralistischen Äquivalenzstruktur der Läuterungswelt s. GÜNTERT 1989). Der Weg der Büßer(scharen) ist entbehrungsvoll: Alle haben unter harten Kasteiungen und Entwürdigungen zu leiden, die in jedem Läuterungsteilbereich -wie in der Hölle- unterschiedlich ausfallen.

An der Spitze liegt das 'Irdische Paradies' (Paradiso terrestre), ein schönes kleines Reich. Es besteht aus Bäumen, Wiesen, Blumen sowie den Flüssen Lethe und Eunoë, die einer göttlichen Quelle entspringen. Dieser Locus amoenus ist der Garten Eden, in dem einst die Menschheitsgeschichte begann. Die Seelen befinden sich im Zustand einer durch kathartische Arbeit erlangten Sündenlosigkeit. Dante begegnet hier der enigmatischen Matelda. Vergil tritt Dantes Begleitung an Beatrice ab, die in einer feierlichen Prozession herannaht.

Das Erzählgefüge des *Purgatorio* ist eine großartige Sequenz von dramatischen Szenen, in denen der Dichter mit genialer Erfindungskraft aufwartet. Alle Situationen und Gestalten schildert er akribisch und plastisch. So müssen die Stolzen auf dem Rücken schwere Gesteinslasten schleppen. An einer Bergwand kauern blind die von Neid Geplagten, denen man die Augenlider zugenäht hat. Die Zornigen sind in schwarze Rauchwolken gehüllt, was sie zur Mäßigung zwingt. Durch atemloses Umherlaufen büßen die Trägen. Geizhälse und Verschwender liegen, zur Enthaltsamkeit genötigt, gefesselt auf dem Boden, das Gesicht nach unten gewendet. Völler und Schlemmer -unter denen Dante seinen Widersacher Forese Donati erblickt- treten grauenhaft abgemagert auf:

Negli occhi era ciascuna oscura e cava, pallida nella faccia, e tanto scema che da l'ossa la pelle s'informava...	Die Augen waren hohl und finster dran, das Antlitz bleich und so beraubt der Fülle, daß nichts als Haut und Knochen war daran.
......	......
Parea· l'occhiai[e] anella senza gemme: chi nel viso degli òmini legge 'omo' bene avria ivi conosciuto l'emme.	Die Augen: Ringe ohne Stein zu nennen! Und wer im Menschenantlitz: OMO sucht, der hätte dort das M erkennen können!
[*Purg. XXIII 22-4, 31-3 ed. F.SANGUINETI 2001*]	[*üb. Wilhelm G. HERTZ* [1]*1955*]

„Um die Eingefallenheit des Gesichts, die Tiefe der Augenhöhlen zwischen Nase und Stirnbögen zu charakterisieren, bedient sich Dante eines epigraphischen Spiels: In dem M sind die beiden O gezeichnet, und man kann die Bezeichnung des Menschen, *omo*, darin lesen." (GMELIN [2]1968: V 364-5 = Komm. zum *Purg.*) Die Fleischessünder schließlich reinigt ein Flammenmeer. Alles hat eine korrigierende Wirkung: „The *Purgatorio* is the transitional canticle, in many respects the center of the *Comedy*. It is the tragic and triumphant answer to Hell, and the preparation for the beatific vision. It is the drama of the discovery of the order of Dante's vision, and the drama of the making of the poem. There Dante most unmistakably presents his own spirit at work." (FERGUSSON [2]1969: VI)

Das Fegefeuer als theologisch-religiöse 'Institution' kannte die christliche, jüdische oder islamische Vorstellungswelt bis Dante nicht, während topographisch gedachte Jenseitsorte wie Hölle oder Himmel in den drei Religionen Gemeingut waren. So etwas mußte erst ausgedacht werden! Der Kulturwissenschaftler Jacques LE GOFF (frz. 1981, dt. ¹1984, ²1991) beschreibt die Geschichte jener 'Erfindung', welche durch Dante als den alle geistigen Vorgänge seiner Epoche vereinigenden Autor bedeutsam wurde: „Rund hundert Jahre nach seiner Geburt kam dem Fegefeuer ein außerordentlicher Glücksfall zu Hilfe: Dante Alighieri schuf ihm mit dichterischem Genie ein großartiges Denkmal in der menschlichen Erinnerung... Das Fegefeuer ist keine Nebensache, kein unbedeutendes Einschiebsel in das ursprüngliche Gebäude des christlichen Glaubens... Sein Erscheinen bedeutet eine Veränderung des Lebens nach dem Tode, also der Verklammerung zwischen der irdischen, geschichtlichen und der eschatologischen, der Lebens- und der Zeit der Erwartung. Mit dieser Veränderung vollzieht sich eine langsame, aber grundlegende geistige Revolution." (407) So konnte der französische Romantiker Chateaubriand (1768-1848) -Autor von *Mémoires d'Outretombe*- meinen, daß das *Purgatorio* an Elan Paradies und Hölle übertreffe; es verkörpere eine Zukunft, welche der Leser in den anderen 'cantiche' vermisse.

Den Purgierungsvorgang hat Dante wiederum in spezifischen Räumen positioniert, denen ethische Kategorien und Entwicklungsstufen zugeordnet sind: „Während er sich für die Einteilung der Hölle und der dort bestraften Laster im wesentlichen an der Ethik des Aristoteles orientiert..., hält er sich im *Purgatorio* streng an die christliche Morallehre, die seit Gregor dem Großen und Isidor von Sevilla einen Katalog von sieben Haupt- und Todsünden kennt... Auf jeder der sieben Terrassen spielt sich ein ähnliches Ritual ab. Nachdem Dante und Vergil vom Engel in den neuen Abschnitt eingewiesen worden sind, erfolgt zunächst eine exemplarische Belehrung, wobei die 'exempla virtutis' verkündet oder in sichtbarer Form vorgeführt werden; dann begegnen die beiden Wanderer einer Schar büßender Seelen, von denen einzelne hervortreten, sich vorstellen, zu gewissen Themen Stellung nehmen, so daß es zu einem Lehrgespräch kommen kann; schließlich wird die Bestrafung der jeweils beschriebenen Hauptsünde in mehreren Beispielen veranschaulicht, und damit ist das Instrumentarium des Bußgeschehens vollständig." (GÜNTERT 1989: 18, 25)

Die Loslösung von Untugenden begleitet während des komplexen Geschehens in dieser 'cantica' ein systematischer Lehrgang im 'Gutwerden'. Der Abschluß erfolgt auf der obersten Stufe des Berges, wo Beatrice an Dante -der selbst der Besserung bedarf- den Beichtritus vollzieht: Zerknirschung (contritio), Schuldeingeständnis (confessio), Genugtuung und Vergebung (satisfactio). Die Holde ist dabei so unerbittlich, daß der Dichter in Ohnmacht fällt. Von seiner Stirn sind schließlich alle sieben **P** gelöscht, die er zu Läuterungsbeginn als Zeichen der Sündenanhäufung (it. peccato bzw. lat. peccata) eingebrannt bekam.

Die Seelen des *Purgatorio* bessern sich -sofern alles gut verläuft- stufenweise und kontinuierlich. Dies geht durch Bußhandlungen und Andachtspraktiken vonstatten. Läuterung erscheint als ein dualistisch dialektisches Procedere des ethischen Ausgleichs. Dem jeweiligen Aufenthaltsort eines Büßers entspricht ein Defizit an Tugend, das positive Effizienz nachträglich kompensieren muß. Die Sünder vollziehen dies alles meist mit großer Leidenschaft; ihr Streben ist in die Höhe gerichtet, wo sie das Gute in Gott erwarten.

Auch diesem Teil der Erzählung liegt ein ideenreiches, ausbalanciertes, aus mannigfaltigen Quellen -Bibel, Antike, Mittelalter- geschöpftes Vergütungsdenken zugrunde. Es basiert auf einer adäquaten, und zwar invertierten Korrespondenz (contra[p]passo), wie man das schon im *Inferno* sah.

Das *Purgatorio* ist in der frühen italienischen Literaturgeschichte ein religiös-moralisch geschickt konzipiertes und geometrisch-poetisch selbständig umgesetztes Raumgebilde. Dante leitete es aus Formulierungen ab, die er bei Beda Venerabilis (672/73-735), Petrus Lombardus (gest. um 1160), Albertus Magnus (1193-1280) oder Thomas von Aquin (um 1225-74) las.

Wie LE GOFF zeigte, ist dieser imaginäre Jenseitsbezirk aus der gesellschaftlichen und wirtschaftlichen Situation des 12. bzw. 13. Jh. erklärbar, in der das höfisch-mittelalterliche Denken in ein kaufmännisch-bürgerliches überging. Abseits von der offiziellen Alternative zwischen Höllenverdammnis und Himmelsheil brauchte man einen zusätzlichen, auf den freien Willen und die autonome, aktive Wirksamkeit des Menschen setzenden Erlösungshorizont.

Dantes Vorgänger in der altitalienischen Jenseitsdarstellung, Giacomino da Verona (2. Hälfte 13. Jh.; zu ihm s. SCHRAGE 2003) wies diesen noch nicht auf. Der Franziskaner schilderte in seinem altveronesischen Diptychon über die Transzendenz nur zwei Endstationen der Seele: das himmlische Jerusalem (in der Versdichtung *De Jerusalem celesti et de pulcritudine eius et beatitudine*) sowie das infernalische Babylon (in der Fortsetzung *De Babilonia civitate infernali*). Die aus jenem Lehrwerk ableitbare manichäistische Botschaft war deprimierend. Denn wer konnte sich schon -selbst bei vermeintlich gutem Lebenswandel- des Himmels sicher sein! (Zur Einwirkung Giacominos auf Dantes *DC* s. WITTSCHIER 2000: 81-90) Ein anstrengender, aber zielorientierter Fegefeuerberg war eine psychisch und kaufmännisch kalkulierbare 'Zwischenlösung', die sogar -von der Bergspitze aus- einen Blick auf das Paradies gestattete.

6.4 Paradies: glückliches Schweben in Lichterfülltheit

Nach Überwinden eines Feuerrings erreicht Dante 'im Flug' mit Beatrice das konzentrisch über der Erde und um sie herum gelagerte Himmelsgebäude. Dieses besteht im Inneren aus neun rotierenden Sphären (zu Dantes auch im *Convivio* entwickeltem Kosmologieverständnis s. BRÜCKNER 1997). Es sind die sieben Himmel von Mond, Merkur, Venus, Sonne, Mars, Jupiter und Saturn, hiernach der Fixstern- und schließlich der Kristallhimmel, das 'Primum mobile', welches die Motorik aller stellaren Konstrukte koordiniert. Diesen neun Kräfte- und Bewegungsfeldern entsprechen drei dreifach gegliederte Engelshierarchien (von den unteren Engeln und Erzengeln bis zu Cherubim und Seraphim). Sie vertreten jeweils eine eigene 'Wissenschaft' sowie eine besondere Tugend (s. u.).

In den neun Umlaufbahnen sind mit dem Himmel 'belohnte' Seelen untergebracht, gemäß ihrer Verdienste und bestimmter Kriterien. Dante trifft viele Gestalten, z. B. Piccarda Donati, Kaiser Justinian, Karl Martell, Thomas von Aquin, Cacciaguida, David oder Petrus Damiani, um für jedes Areal nur eine typische 'Persönlichkeit' zu nennen. Das neunteilige Gebilde umschließt als zehnte und höchste Schicht -selbst unbeweglich, aber die in sich kreisende Welt umfassend- das raum- und zeitlose 'Empyreum'. Dies ist ein Feuerhimmel und 'Sitz' Gottes, der allgegenwärtig zu denken ist; außerdem befinden sich hier hervorragende Seelen in einer besonderen 'Rose' (s. u.).

„War der Läuterungsberg ein Reich des Übergangs, erfüllt von dem Streben nach Erlösung, so kennt das Paradies wie die Hölle keine Veränderung im Zustand seiner Insassen. Der Ewigkeit der Verdammnis entspricht die der Seligkeit." (BUCK 1949: 109) Im hellen und heiter gestimmten Paradies sind Zeitbezüge und räumliche Unterschiede an sich bedeutungslos, weil sich die der Gnade Teilhaftigen allesamt glückerfüllt der Präsenz Gottes erfreuen; er ist das Maß aller Dinge und macht bisher Gemessenes überflüssig: „Menschsein scheint von seinem Wesen her an Raum und Zeit gebunden zu sein. Das ist das Problem, mit dem sich Dante am Ende seines Gedichtes konfrontiert sieht; er mußte sich fragen: Wie kann man ein himmlisches Empyreum ins Auge fassen, wenn es ein Ort außerhalb des Raums ist? Wie kann man sich die Seelen dort aufgehoben denken, wenn es letztendlich kein 'Dort' gibt, an dem sie sein können? Dantes Lösung dieses Rätsels ist eine ekstatische Auflösung in Geometrie." (WERTHEIM 2000: 72) Auch dieser dritte Eschatologiebereich ist jedoch von Ordnungsprinzipien und Korrespondenzen geprägt, die das Paradies als ein notwendiges, logisches, hierarchisches Gebilde erscheinen lassen. Beatrice und die angetroffenen Gestalten erhalten deshalb Gelegenheit zur Darlegung himmelskundlicher oder philosophischer Fakten, so daß der irdische Besucher gründlich über diesen Bereich des Jenseits informiert wird.

In der Paradieskonstruktion sind auch Stufungen erkennbar, die aber -wegen der immerzu variierten Leucht- und Schwebeeffekte- immateriell anmuten. Sie sind nicht konkret begreifbar, aber doch essentiell vorhanden. So schaut Dante beim Übergang in die nächste höhere Sphäre bloß in Beatrices Augen, um durch ihre mystische Kraft einen Aufstieg zu erwirken. Physikalisch gesehen, liegt dieser jenseits aller menschlichen Erfahrungen. Jenes dynamische Agieren versprachlicht Dante mit einem unübersetzbaren Verb: „Trasumanar *significar per verba / non si porìa; però l'essempio basti / a cui esperïenza grazia serba.*" (*Par.* I 70-72). Unbegreifliches deutet er visuell durch irrationale Effekte an. So erleben wir im Marshimmel eine Versammlung singender Gestalten, die in der Formation eines mit Edelsteinen besetzten, strahlenden Kreuzes auftreten (s. *Par.* XIV). Und im Saturn gleiten glühende Geister auf einer funkelnden Leiter auf und ab:

...di color d'oro in che raggio traluce	...sah ich von goldner strahldurchwirkter Farbe
vidi io un [i]scaleo eretto in suso	aufwärts so hoch sich eine Stieg' erheben,
tanto, che nol seguia la mia luce.	daß sie mein Auge nicht verfolgen konnte.
Vidi anche per li gradi e scender giuso	Auch sah ich auf den Stufen niedersteigen
tanti spl*end*or', ch'io pensai ch'ogne lume	So viele Schimmer, daß ich meint', es sei hier
che par nel ciel quindi *f*osse diffuso.	ergossen jedes Licht, das glänzt am Himmel.
[*Par. XXI 28-33 ed. F. SANGUINETI 2001]*	[*üb. PHILALETHES* [2] *1865-66]*

Solche Impressionen beeindrucken sehr und lassen Fragen nach rationalen Gründen nicht aufkommen! Das gesamte Paradies ist zudem von einer gestuften Lichttheatralik und Beleuchtungsartistik erfüllt (s. Kap. 6.5).

Die schriftstellerische Realisierung dieses Teils der Jenseitsreise erfordert höchsten sprachlichen Einsatz. Der Dichter beteuert fortwährend seine Sprachlosigkeit inmitten des Schönen, Hellen, Glückhaften (zum Topos der 'ineffabilità' s. TONELLI 1934, HAWKINS 1984, COLOMBO 1987).

Auch das *Paradiso* besitzt eine ethische und jenseitsrechtliche Koordination im Sinne der Vergeltungskonzeption des 'contrap[p]asso'. Dante schafft sie dadurch, daß er die Seelen in dynamischen Kontakt zu adäquaten Gestirnen bringt. Er greift damit eine von Platon im *Timaios* dargelegte Zuordnung der Seelen zu Planeten auf. Bei Dante genießen sie den Himmel gemäß der Art ihrer Tugend (castità, magnanimità, liberalità, zelo divino, mansuetudine, giustizia, umiltà). Eine weitere Disposition des Erfülltseins der Seelen erfolgt im Rahmen einer gesteigerten Spannung von einer 'vita activa' zur 'vita contemplativa'.

Der Himmelskosmos ist weich gefügt. Dafür sorgen omnipräsente Engel. Es überwiegt das Zarte und Schwebende. Während Dante in den ersten beiden Reichen die Seelen aufsuchte, meist zu ihnen hinging, fliegen die Seligen -manche dafür ihren angestammten Platz verlassend- auf den gleitenden Besucher zu, um ihm für Erläuterungen zur Verfügung zu stehen.

Dante verwendet in dieser 'cantica' gleichfalls mathematische, geometrische und physikalische Schemata, um die Aufenthaltsräume der guten Seelen in Essenz und

Formung zu vergegenwärtigen und so die unverrückbare Zuverlässigkeit dieser 'Über-Welt' zu unterstreichen.

Wichtigstes Beispiel hierfür ist sein zwischen dem unteren Sphärensystem und Gottes erhabenem Sitz im Empyreum befindliches 'Rosengebäude'. Bezeichnet wird es als *candida rosa, rosa sempiterna, circular figura, gran fior, fior venusto* oder *sicuro e gaudioso regno*. Es bildet den Höhepunkt der Himmelsdarstellung, ist Zentrum des Paradieses. Man hat sich ein spirituelles, bipolares, kathedralenartiges Szenario vorzustellen, ein alles in sich vereinigendes und um einen Lichtsee herum konstelliertes Amphitheater mit hierarchischer Sitzordnung für Gestalten des Alten und Neuen Testaments sowie der Kirche. Zu Würde sind hier die erhoben, welche schon vor Christus an den Erlöser glaubten (Eva, Rachel, Sarah, Rebekka, Judith, Ruth) sowie jene, die ihm danach in besonderer Weise folgten (Johannes der Täufer, Franz von Assisi, St. Benedikt, Augustinus). Die von Engeln umschwärmte Gottesmutter nimmt bei diesen 'very important persons' der offiziellen Christenheit die erste Stelle ein. Der Evangelist Johannes und der Apostel Petrus sitzen ihr zur Rechten, Adam und Moses zur Linken. Beatrice sieht Dante neben Rachel und in großer Nähe zur Jungfrau Maria untergebracht.

Die Rose ist auch Heimstatt für getauft verstorbene Kinder, also 'gesellschaftlich weniger bedeutungsvolle' Wesen. Aber es dominieren durchdacht plazierte Koryphäen, welche die 'Ecclesia triumphans' verkörpern. Die siegreiche Glorie christlicher Religion kommt in der Kirche zum Ausdruck. Sie erhält Glanz durch den Schöpfer und die Biographien der in der Rose residierenden biblischen und historischen Gestalten. In einer Blume sublimiert Dante das Christliche und seine lange Geschichte. Dieses Konzept weist zurück auf sein Werk, das diese Konzeption darstellt: „The Rose offers a significant insight into the perfect construction and the order of the *Commedia* as a whole." (DI SCIPIO 1984: 161)

Die *DC* ist eine poetische Kathedrale, ein reich geschmücktes gothisches Bauwerk, in dem die (Fenster)Rose das hervorstechendste Dekorelement ist. In ihm fließt alle Schönheit zusammen. Christliches vollendet sich ornamental als Blume. Sie ist das wichtigste Symbol der *DC*, verkörpert die Materialisierung und Aktualisierung dieses Christentums durch das Medium Literatur. Auch deswegen trägt Dantes *Commedia* zurecht das Epitheton '*divina*'.

Die Transzendenz der *DC* spiegelt die Wissenschaftssystematik des Mittelalters wider. Der Florentiner studierte -vorwiegend autodidaktisch- die Sieben Freien Künste (Septem Artes Liberales), die man sich in zwei Stufen aneignete. Auf das erste, mehr sprach-, text- und kommunikationswissenschaftliche Trivium (Grammatik, Rhetorik, Dialektik) folgte der höhere, natur- bzw. realienbezogene Viererkanon des Quadriviums (Geometrie, Arithmetik, Astronomie, Musik). Dieses von Dante sichtbar in die Sterne gestellte, durch ein Heer von Engeln protegierte und von Tugendkräften gefestigte Gefüge künstlerischer Wissenschaften und wissenschaftlicher Künste prägt Wesen und Formung der Paradiesräume glücklicher Lichterfülltheit. „The *Paradiso* of Dante Alighieri is the most sublime portrait of heaven from the Book of Revelation to the present." (RUSSELL 1997: 151)

6.5 Farben, Musik, Illumination

Sämtliche Elemente des allegorischen Geflechtes der *DC* sind in den Funktionen genau festgelegt, nichts ist ohne Sinn und didaktischen Zweck. Alles ist scheinbar real, und zwar landschaftlich bzw. topographisch gestaltet und damit von klarer Optik und Systematik. Deswegen schätzen Künstler die *DC* überaus. Sie gibt ihnen ideale Möglichkeiten zur semantischen Ausfüllung bestimmter Gegebenheiten durch eigene Perspektiven, Formen, Farben, Lichteffekte, Materialien, Konturen. Dante erzeugt Orte, Räume und Gegenstände textstrategisch, anziehend, suggestiv. So markiert er den Eintritt ins Höllenreich mit einem Tor, das sich 'persönlich' vorstellt, indem es seine Inschrift selbst -so scheint es- vorliest. Damit manifestiert es das Schicksal versteinert autoritär:

DURCH MICH GEHT MAN HINEIN ZUR STADT DER TRAUER,
DURCH MICH GEHT MAN HINEIN ZUM EWIGEN SCHMERZE,
DURCH MICH GEHT MAN ZU DEM VERLORNEN VOLKE.
GERECHTIGKEIT TRIEB MEINEN HOHEN SCHÖPFER,
GESCHAFFEN HABEN MICH DIE ALLMACHT GOTTES,
DIE HÖCHSTE WEISHEIT UND DIE ERSTE LIEBE.
VOR MIR IST KEIN GESCHAFFEN DING GEWESEN,
NUR EWIGES, UND ICH MUSS EWIG DAUERN.
LASST JEDE HOFFNUNG, WENN IHR EINGETRETEN.
[üb. Hermann GMELIN [1]1949-57]

'Per me si va nella città dolente,
per me si va ne l'eterno dolore,
per me si va nella perduta gente.
Giustizia mosse il mio alto fattore;
fecemi la divina podestate,
la somma sapienza e 'l primo amore.
Dinanzi a me non fuòr cose create
se non eterne, e io eterno duro:
lasciate ogne speranza, voi ch'intrate'.
[Inf. III 1-9 ed. F. SANGUINETI 2001]

Das Unabänderliche unterstreichen die anaphorischen Parallelsyntagmen, die wie eherne Blöcke der Verweigerung wirken.

Zu den Sinnbautechniken der *DC* gehört die Farbgestaltung. So hat Luzifer drei Köpfe, deren Farben (rot, gelblich, schwarz) -nach damaligem Symbolverständnis- das Böse anzeigen. Dante 'koloriert' das Geschehen durch versinnbildlichendes Einfärben: „Wie die Zahl kann auch die 'proprietas' der Farbe über sich hinausweisen... Dante ist ein scharfsinniger Beobachter, wenn es um farbige Lichtphänomene geht... Es ist ein Interesse, das er mit dem Maler teilt und welches das besondere Interesse der Künstler an ihm erklärt, die die Komödie bis ins 20. Jh. liebevoll illustriert haben." (HIRDT 1987: 80, 89)

Die *DC* ist ein herrliches Monument aus Text. Versteht man schöne Bauwerke als harmonische Schöpfungen, als musikalische Architektur, so ist Dantes Dichtung eine wunderbare, hör- und sichtbare Symphonie: „Tutta la struttura del Poema è sommamente armonica." (BONAVENTURA 1904: 42) Wer ein herausragendes Gebäude entwerfen will, benötigt wirkungsvolle Prinzipien grundsätzlicher, innerer und äußerer Bindung.

„Se è vero che la musica si traduce essenzialmente nell'armonia dei suoni, quale altro strumento espressivo poteva, meglio di essa, prestarsi a tenere insieme la complessa struttura del poema? ... Nella maggior parte dei casi la musica è servita al poeta per integrare o valorizzare la poesia." (COSI 1996: 10, 14) Die Musik war im Mittelalter ein Bestandteil des siebenteiligen Wissenschaftssystems. Sie ist selbst ein allumschließendes Ästhetikphänomen, das in einer Lichtwelt ebenso wie auch in einem Bewegungskosmos aufgehen kann. Musik ist ein Gesamtkunstwerk: „Nel *Paradiso* in particolare, notiamo come la musica si intrecci con la luce e il movimento, per formare un'unità inscindibile." (SCHURR 1994: 16)

Musikologisch inspirieren läßt sich Dante von Vorstellungen des Pythagoras aus Samos (gest. um 496 v. Chr.). Diese übernahmen Boethius (um 480-524) und Isidor v. Sevilla (570-636). Hiernach ist die Welt -Körperliches, aber auch die Seele- von klanglichen Dimensionen beherrscht. Emma PISTELLI RINALDI beschrieb Dantes Musikalität, sein Verhältnis zur Tonkunst, die in seinem literarischen Schaffen zu erlebenden Vokal- und Instrumentalklänge sowie deren historische Wurzeln: „Dante infatti fu certamente uno studioso di musica dotta, che in origine fu polifonica, sia quella chiesastica, sia, poi, quella profana (madrigali, villotte, frottole, maggiolate: soltanto alla fine del '500 Vincenzo Galilei e Giulio Caccini daranno inizio alla musica monodica d'arte), e fu senza dubbio amante, come tutta la gioventù colta del suo tempo, della musica popolare e d'amore, echeggiante la melodia trovadorica, e quindi, come questa, monodica." (1968: VII-VIII)

Was die in der *DC* selbst geschilderte Tonkunst betrifft, so stellte schon Arnaldo BONAVENTURA (1904) fest, daß die Vokalmusik besonders zur Geltung kommt: „Nessuna forma dell'arte musicale è estranea al Poeta. Ma, se bene osserviamo, delle due fondamentali manifestazioni di essa, la vocale e la strumentale, solo la prima è direttamente ed effettivamente introdotta nel Poema. Della musica strumentale è pur fatto cenno più volte, ma sempre per via d'immagini e di comparazioni, eccezion fatta pel corno di Nembrotte, unico suono strumentale che si oda nei tre regni dell'oltretomba dantesco." (229)

Dem Heilsplan der *DC* gemäß weist er der Musik im Jenseits unterschiedliche Aufgaben zu: „Ist die Musik in der *Commedia* als Sinnbild der Harmonie aus dem *Inferno* ausgeschlossen, so gewinnt sie im *Purgatorio* als Ausdruck der Hoffnung und Läuterung eine noch dem Irdischen verbundene Funktion des Trostes. Im *Paradiso* wird die Harmonie des gesungenen Klanges zum für irdische Ohren nur noch ahnungsweise erfaßbaren Wunder." (LOOS 1988: 22)

Die *DC* bietet ein umfassendes musikalisches Spektrum. Der Dichter spielt „auf liturgische Gesänge samt ihrer Vortragsart an, besonders auf Psalmen, Antiphonen, Hymnen, gelegentlich auch, und zwar mit poetischer Vieldeutigkeit, auf Techniken der Mehrstimmigkeit. Hinweise auf Klangwerkzeuge und Tänze durchziehen die *Commedia*, wobei sich soziale Anlässe und Sphären fassen lassen, aber die Vorlagen durch Sinnbezug und Kraft der Vision überhöht werden. Insgesamt beleuchtet Dante punktuell verschiedenste Bereiche des italienischen Musikschaffens der Zeit, so daß er fast eine Summe des überkommenen Themenschatzes gibt." (RICHTER: 1989: 25)

Räume erhalten Aussagekraft durch Ausleuchtung. Ein Hauptprinzip ist in der *DC* eine Entwicklung von der Dunkelheit (der Hölle) zur Helligkeit (des Himmels). Dante wirkt wie der Dirigent eines Licht- und Farborchesters, das mit funkelnden Sprachtönen Nie-Gesehenes und Unglaubliches visualisieren soll. Im *Paradiso* zeichnet er sich als Illuminationskünstler aus. Seine Fiktionsareale erstrahlen im Glanz akrobatischer Belichtung. Diese Technik analysierte Guido DI PINO ([1]1952, [2]1962): Dantes Illuminationsphysik ergäbe -realisierte man sie in einer Locationein Lichtspektakel, an dem Eventfachleute ihre Freude hätten!

Dante hat „einen so lebendigen Blick für Struktur, daß jedes einzelne Ding und Geschehnis, wie auch das Ganze des Lebens und der Welt in ihrem innersten Gefüge sichtbar werden." (SPOERRI 1963: 6) Sichtbarmachen von Verborgenem geschieht durch Beleuchtungsvorgänge: Im Paradies erblickt Dante Gott zuerst nur als Punkt; es entwickelt sich ein Lichtschauspiel; dieses mündet in einen Strom von Leuchtkraft; einen solchen erträgt er nicht, wird wie von einem Blitz erschlagen. Damit endet die Vision. „Jede Art von Vollkommenheit in der *Göttlichen Komödie* ist mit Helligkeit in verschiedenen Graden verbunden. Preisungen der Nacht, wie in Wort und Stein bei Michelangelo, sind mit Dantes Lichtfreudigkeit unvereinbar." (RODDEWIG 1991: 185)

Im gleißenden Himmelslicht -dessen Poetik Sebastian NEUMEISTER (2000) untersuchte- wird klar, warum sich unser Held zuerst in einem dunklen Wald befand. Dessen Wesen befreite ihn nicht, wie heute ein Wald Erleichterung verschafft. Dante hat hier große Angst. Der Wald mußte später erst von düsterer Semantik befreit, mußte 'gerettet' werden, um die Funktion einer belebenden Kraft zu be-kommen (s. 'Der Wald in MA u. Renaissance', ed. SEMMLER 1991)

Die Beleuchtungsweise und Lichterfülltheit der *DC* sind eng mit der Kunst des Sehens verknüpft. Daher sollte man die historische Darstellung des damaligen physikalisch-optischen Sehverständnisses von David C. LINDBERG konsultieren. Der Amerikaner geht nicht auf Dante ein, jedoch stützt die Dichtung des Florenti-ners Thema und Zweck seines Buches ('Theories of Vision from Al-Kindi to Kepler', Chic-Lon U of Chic P 1976; dt.: 'Auge u. Licht im MA: Die Entwick-lung der Optik von...', Ffm Suhrkamp 1987).

Dante gestaltet Räume aussagekräftig, beweist aber auch ein ganzheitliches Raumempfinden, welches heutiges Streben nach Unendlichkeit vorwegnimmt. Seine Sicht ist nicht auf mittelalterliche Enge beschränkt. Romano GUARDINI (^{2}1951) unterstrich in einem seiner Essays zu Dante, daß des Dichters Reise durch himmlische Bereiche 'engelhaft' vonstatten gehe. Wir würden sie heute mit dem Weltraumflug eines Astronauten vergleichen! Schön wird im *Paradiso* be-schrieben, wie der Jenseitsfahrer schwerelos schwebt und weit unter sich die Erde liegen sieht. Zugleich drängen sich dem Vorwärtsstrebenden neue Himmel entge-gen. Michele D'ANDRIA (1985) verglich den kosmisch geschilderten und geistig gemeinten Flug des Sehers Dante auch mit moderner Raumfahrt, stellte aber in punkto erreichter Ziele einen wesentlichen Unterschied zugunsten des mittelalter-lichen Menschen fest: „A tanto Dante giunse, vincendo, con la gravità terrestre, la gravità del male!" (129)

Flüge ins All befreien den Menschen heute leider nicht von innerer Erdenschwere, von dem Bösen in ihm. Die begnadeten Figuren der *DC* erleben hingegen die höchsten Sphären so, daß in ihnen selbst Schwerelosigkeit und Freiheit entstehen.

Beatrice fordert Dante auf, die zurückgelegte Distanz mit dem Blick zu messen und zu erfassen, was auch wir -bei ähnlichen Gelegenheiten- tun sollten:

«Tu sè sì presso a l'ultima salute» cominciò Bëatrice, «che tu déi aver le luci tue chiare e acute; e però, pria che tu più t'inlei, rìmira in giù, e vedi quanto mondo sotto li piedi già esser *ti* fei; sì che 'l tuo cor, quantunque pò, giocondo s'apresenti a la turba trionfante che lieta vèn per questo etera tondo». *[Par. XXII 124-32 ed. F. SANGUINETI 2001]*	»Du bist so nah jetzt bei dem letzten Heile,« also begann Beatrix nun, »daß lauter und scharf das Licht schon sein muß deinen Augen. Und drum, eh' du dich mehr hinein vertiefest, blick' abwärts noch einmal und sieh, wie viel schon ich von der Welt dir untern Füßen sein ließ, so daß dein Herz so freudevoll als möglich der triumphier'nden Schar entgegentrete, die fröhlich naht durch diesen runden Äther.« *[üb. PHILALETHES ^{2}1865-66]*

6.6 Ethische und esoterische Disposition

Kohärenz erhält das Gefüge der *DC* durch Theorien aus Physik, Geographie, Astronomie, Theologie und Philosophie. So haben Lehren der ptolemäischen Erdkunde und Lehrinhalte der Scholastik tragende Aufgaben. Exkurse und Anspielungen unserer wissenschaftlichen und geistesgeschichtlichen Dichtung erläutern Kommentare oder Handbücher mit thematischen Schwerpunkten.

Ferner hält Dante sein Werk durch geistige oder moralische Prinzipien zusammen. Als allumfassendes Bewertungs- und Einstufungskompendium ist die *DC* durch Vorstellungen von Strafen und Belohnungen geprägt, die auf bekannte Register von Lastern und Tugenden Bezug nehmen. Deren Systematik und Geschichte stellte Patrick BOYDE (2000) aus Cambridge als ein verästeltes Gebilde von Wertekonzepten zusammen.

Ein strukturbildendes Dispositionskriterium ist der an vielen Stellen anzutreffende 'contrap[p]asso'. Dies ist eine analoge bzw. umgekehrte Auswirkung einer im Diesseits begangenen Tat oder sündhaften Veranlagung. Der Gymnasiallehrer Steno VAZZANA erfaßte diese alttestamentarisch anmutenden 'Module' katalogartig in einem Schulbuch, worin er das Kompensationsphänomen definiert: „La parola contrapasso deriva dal latino 'contra pati' che significa patire in contraccambio, e si riconosce che tale concetto è antichissimo e può esser venuto a Dante da parecchie fonti: dalla Bibbia, da Seneca, possibilmente anche da Virgilio o da S. Agostino o dal *Liber Sapientiae*, ma più certamente da San Tommaso." (1968: 5) „Durch das Gesetz des 'contrapasso' wird das moralische System der *Göttlichen Komödie* in Beziehung zum Ordo-Begriff gesetzt, indem durch die angemessene Vergeltung der Sünde die verletzte göttliche Rechtsordnung wiederhergestellt wird; bildlich gesprochen: Die dem Sünder auferlegte Strafe oder Buße füllt die Lücke aus, die durch die Sünde entstanden ist. Strafe und Buße sind nicht nur eine moralische, sondern auch eine metaphysische Notwendigkeit." (BUCK 1949: 108; s. auch die Doktorarbeit über Dantes 'Rechtsmetaphysik' von Hugo FRIEDRICH 1942) Auf dem Läuterungsberg kann den Seelen Reinigung oder Befreiung von Lastern zuteil werden, was geregelt, an dafür vorgesehenen Orten in Form von äquivalenter Wiedergutmachung geschieht.

Die innere Struktur der Transzendenz stützen weiterhin Mentalitätsreferenzen aus mehreren Epochen: „Nella scrittura di Dante... memoria classica e memoria biblica convivono e interagiscono, interpretandosi a vicenda." (RIGO 1994: 5) Dantes Dichtung über die 'andere' Welt steht in enger Relation zum Diesseits: Das Jenseits vergegenwärtigt er als Abbildung irdischer Erfahrungen des Menschengeschlechts. Deswegen ist in der *DC* alles Abstrakte -und dies gilt vornehmlich für die beiden ersten 'cantiche'- existentiell nachvollziehbar und 'realistisch', obwohl vieles allegorisch intendiert ist.

Die *DC* ist Versinnbildlichung der Existenz Gottes im Zusammenhang mit seiner Schöpfung. Dantes Allegoriegefüge liegt damit explizit in der Theologie seiner Gegenwart begründet. Mit dieser Feststellung ist nicht das tiefe Problem einer Gesamtdeutung der Räumlichkeit der *DC* gelöst. Immer wieder werden sich Kulturgemeinschaften fragen, w a s diese gewissenhaft erbaute und vollständige Poesiewelt als Ganzes bedeutet: „As the greatest medieval synthesis in poetic form, the *Commedia* comprehends every aspect of knowledge in its broadest sense that was available to Dante. His vision of the afterlife thus incorporates also the dream world, which formed an essential aspect of the medieval conception of man and the universe." (CERVIGNI 1986: 208)

Neben objektiver Wissenschaft verbirgt die *DC* als Synthese aller Dinge und Erkenntnisse irrationale Disziplinen. Diese laufen herkömmlichem Forschungsverständnis zuwider, weisen auf Tieferes und Unbekanntes hin. Viele Dante-Interpreten versuchten, in Dantes Geheimlehren, in seine kabbalistischen Mysterien einzudringen. Für ihn spielen diese eine wichtige Rolle, weil sein Buch mit esoterischer Sinngebung vernetzt scheint: „Die *Göttliche Komödie* ist der als Ich-Erzählung geschilderte Aufstieg des Menschen zur höchsten für Sterbliche möglichen Gottverähnlichung durch die Philosophie." (RABUSE 1958: 305) Die nur Eingeweihten oder Auserwählten mögliche Erhebung ist mit vordergründigen Phänomenen der Welt nicht zu schildern. So etwas läßt sich allein unkonventionell andeuten, weil das Ziel solcher Vorstellungen jenseits von bekannten Realitäten liegt. Und so wurde über die latente Struktur der *DC* viel gerätselt. Auch Edy MINGUZZI (1988) versuchte beispielsweise, den 'okkulten Code' dieses 'dichten Änigmas' -wie er die *DC* nannte- zu entschlüsseln.

Die *DC* ist voll von kultartigen Anspielungen. Ihre Ergründung führt zu den Atomen der Kultur und Ideenkernen der Menschheit. Maria Pia POZZATO (1989) deckte in ihrem Forschungsband 'L'IDEA DEFORME' einiges von der geheimnisvollen Symbolik des Werks auf. Der Titel ist ein Anagramm aus FEDELI D'AMORE. So bezeichnete sich zu Dantes Zeiten ein esoterischer Zirkel in der Toskana. Sein mysteriöses Gebaren galt Amors geheimen Botschaften, die sich nicht nur auf die Liebe bezogen. Für jene Amor-Adepten und ihre Nachfahren dürfte die *DC* ein ziemlich 'offenes' Buch gewesen sein.

6.7 Diesseits-Reminiszenzen für die Jenseitskonstruktion

Die *Divina Commedia* ist Synthese aller Komponenten unserer Welt, ihrer sämtlichen Erscheinungsformen, der realistischen ebenso wie der irrationalen.

Zu ersteren zählt der Geographiebezug, den Dante beim Entwurf von Räumlichkeit an den Tag legt. Die Italiener begreifen seine Dichtung deshalb als eine Hommage an die Orte ihrer Heimat. Es kann sich jede Region angesprochen fühlen! Dieser Zug erinnert an die Schrift *De Vulgari Eloquentia*, in deren erstem Teil Dante mit süffisanten Beispielen zu den Sprechweisen der Italiener aller Landesteile Stellung nimmt. Die Italienanlehnung nahm ein Mitglied der namhaften florentinischen Fotografenfamilie -Vittorio ALINARI- zum Anlaß, die erwähnten Landschaften mit der Kamera aufzusuchen; dabei entstand ein Bildband mit über 200 Fotos ('Il paesaggio italiano nella *DC*', 1921); in ihm erscheint nicht einfach das von Dante Evozierte abgelichtet, sondern der Künstler bemühte sich, die poetisch geschilderte Örtlichkeit kongenial fotografisch/medial zu erfassen.

Die *DC* wird gern als 'Nationaldichtung' verstanden. Das kommt daher, weil elementare und unvergängliche Bestandteile des Landes in sie eingegangen sind: Flüsse, Meere, Küsten, Berge, Landschaften, Städte, Gebräuche und anderes mehr. All dies stellte Cesare LORIA in seinem Geographie-Manual 'L'Italia nella *DC*' ([1]1868, [2]1872) realienkundlich zusammen. Bei seiner Bestandsaufnahme begann er im Norden und zog peu à peu in den Süden. „Unstreitig und absolut neu ist der für eine Jenseitsdichtung ganz ungewöhnlich hohe Anteil der diesseitigen Wirklichkeit... Der dabei zutage tretende Realismus ist nicht Selbstzweck, sondern weist transzendierend über sich hinaus... Der Dante unbekannte, weil viel jüngere Begriff 'Landschaft' ist aber nur mit Vorsicht und eher metaphorisch oder analogisch zu gebrauchen." (BAEHR 1999: 86, 103)

Landschafts- oder Lokalreminiszenzen gibt es bei Rückblenden oder erinnerungshaften Passagen. Als Beispiele für die wissenschaftlichen, volkskundlichen oder auch patriotischen Studien hierzu seien erwähnt 'Dante in Siena ovvero accenni nella *DC* a cose sanesi' des Sienesen Bartolomeo AQUARONE (1865) oder 'Echi del Veneto nella *DC*' des Trevisaners Giuseppe MINNECI (1987). Sie fügten all das zusammen, was bei Dante über Siena bzw. Treviso zu lesen ist.

Dantes Jenseits ist (an)faßbar diesseitig konzipiert, was nicht ausschließt, daß es geistige und abstrakte Räume in sich aufnimmt. So ist die *DC* ein moralisches und quasi-juristisches Gebäude, das dem 'Rechtswesen' keineswegs unähnlich ist. Der Leser soll eingedenk bleiben, daß er das Jüngste Gericht passieren wird, vor dem er bestehen muß: „Il sistema dantesco, di punizione morale e non giuridico, potrà avere analogia con un sistema giuridico ma non potrà mai confondersi con questo, nello stesso modo che la morale è affine, ma non uguale al diritto." (ARIAS 1901: 78)   Dennoch bleibt der richtende Dante ein Dichter, der Parallelen literarisch herstellt und dabei eine eigengesetzliche Welt erbaut.

Dantes Räume sind konkret und gewissenhaft konstruiert. Trotzdem bleibt die Tatsache bestehen, daß es sie nicht wirklich gibt! Jene Spatialkonstrukte sind Projektionen eines Genies, das um eine 'Räumlichkeitsnot' weiß, die der Mensch seit jeher bei der Aufnahme abstrakter Phänomene empfand. Die lange Geschichte dieses Syndroms zeichnete die australische Wissenschaftsjournalistin Margaret WERTHEIM in 'Die Himmelstür zum Cyberspace. Eine Geschichte des Raumes von Dante zum Internet' (2000) nach. Der Poet aus Florenz habe im Trecento erstmals eine virtuelle Fantasyattitüde entwickelt, die heute all denen vertraut ist, die sich mit Cyber- oder Hyperspaceutopien befassen, mit diesen leben. Des mittelalterlichen Florentiners Mittel und Medien sind allerdings viel limitierter. Er hat nur Sprache zur Verfügung: Worte, Sätze und daraus geformte Bilder. Damit geht er so geschickt um, daß er unsere Imagination in die Hölle, auf die Höhe jenes Bergkegels oder weit ins grenzenlose All katapultieren kann...

Zu den vorausgehenden Kap. 6. bis 6.6 -die der Gestaltung der **Jenseitstopographie** der DC gelten- s. im Studienführerteil die bibliographischen Abteilungen 33: SCHAUBILDER/DIAGRAMME der DC, 61: Themenumfassende MONOGRAPHIEN zur DC, 62: Themenspezifische MONO-GRAPHIEN zur DC, 63: AUFSATZBÄNDE zur DC, 64: AUFSÄTZE zur DC mit zentraler Thematik.

7. FIGUREN IN PERMANENTEM DIALOG: „*Una fitta trama di gesti*"

Ein Sinn des Lesens besteht darin, daß man sein Leben bewältigen muß und die Welt in ihren komplexen Zusammenhängen begreifen will. Erzähler bieten daher fiktional geschaffene Charaktere an, deren Wege oder Schicksale sie vorstellen. Es ist undenkbar, daß etwas erzählt wird, das nichts mit Individuen zu tun hat. Räume oder Zeiten kann man nicht schildern, ohne daß Gestalten (oder deren Rolle übernehmende Tiere) auftreten. Und Handlung -sie soll Motor einer Erzählung sein- kann nur von Menschen bewirkt oder erlitten werden, wenn man einmal die (immer anthropomorph gesehenen) Götter aus dem Spiel läßt. Daß narrative Literatur ohne Gestalten -Menschen gibt es im realen Leben, beim Erzähltext spricht man von konstrukthaften 'Figuren'- nicht lebensfähig ist, hat Dante erkannt. Weil er ein vollständiges Bild vom Leben und von der Welt bieten will, läßt er eine große Zahl von Figuren auftreten. Sie stellen das Menschengeschlecht dar, über das er allgemeingültige Aussagen macht.

Auf seiner Wanderung begegnet Dante etwa 600 Seelen. „Fast alle Personen der *Komödie* erscheinen selbst. Dante trifft sie an dem Ort, den das Urteil Gottes ihnen angewiesen hat, und dort ergibt sich eine unmittelbare Begegnung in Rede und Antwort." (AUERBACH 1944: 73) Einen Überblick über ein so umfangreiches Figurenpersonal kann man sich nur mit speziellen Werken verschaffen; ein solches ist das von Bernard DELMAY (1986), das alle historischen oder mythologischen Personalia faktisch erläutert; es stellt zudem -in Tabellen/Synopsen für strukturale Analysen- die Konstellationen, Konfigurationen, Darstellungsweisen oder Auftritts- und Redeformen der Aktanten zusammen. Dante führt uns in ein Schattenreich, aber „die Schatten selbst haben, besonders in der Hölle, nichts Nebelhaftes. Die Insassen jener Unterwelt sind in scharfen Contouren, grell nach dem Leben gezeichnete, hart gesottene Sünder." (WITTE [1]1865: 11)

Um einen Eindruck von Dantes kunstvoller Figurengestaltung zu erhalten, sehen wir uns die drei Protagonisten Dante, Vergil und Beatrice an. Wir werfen dann einen allgemeinen Blick auf das Figurenpersonal, um noch zwei bzw. drei weitere Figuren zu fokussieren, welche die Forschung sehr beschäftigen: das ehebrecherische wohl, aber grenzenlose Sympathien weckende Liebespaar Francesca und Paolo sowie den von unbändigem Wissensdurst und Abenteuermut beseelten Ulysses: Alle drei haben in Dantes Hölle hart und ewig zu büßen.

Zu diesem Kap. **7** und den folgenden Kap. **7.1** bis **7.6** -welche das **Figurenpersonal** der *DC* behandeln- s. im Studienführerteil die bibliographischen Abteilungen   **61**: Themenumfassende MONOGRAPHIEN zur *DC*,   **62**: Themenspezifische MONOGRAPHIEN zur *DC*,   **63**: AUFSATZBÄNDE zur *DC*,   **64**: AUFSÄTZE zur *DC* mit zentraler Thematik.

7.1 Dante: Schüler und Protagonist

Die Relevanz einer literarischen Figur ergibt sich oft aus der Häufigkeit, mit der diese während des narrativen oder szenischen Verlaufs in Textsequenzen bzw. Konfigurationen auftritt.

Gemäß dieser strukturalen Erkenntnis wäre der erzählte Dante äußerlich, nämlich quantitativ und 'optisch', die wichtigste Gestalt der Dichtung, da er in jeder 'Szene' zugegen ist. Die *DC* besteht aus einer Abfolge von bühnenhaften Auftritten immer neuer Darsteller, welchen Dante begegnet und Gespräche abgewinnen darf. 'Dante narrato' tritt bescheiden auf. Er versteht sich als Lernender und Schüler von Vergil. 'Dante narratore' sorgt dafür, daß sein anderes Ich auffälligste und gegenwärtigste 'Persönlichkeit' wird. Dies paßt zur ausgeprägten Egozentrik der Dichtergestalt aus Florenz!

Der im Leben seit 1302 ins Abseits gedrängte, verbannte Dante Alighieri macht sich als den Text organisierender Autor auf einer von ihm geschaffenen Welttheaterbühne -die eine Offenbarung zum Thema hat- zum dominanten Hauptakteur. Für den Rezipienten wirkt sich die dezidierte Protagonistenfunktion der Dante-Figur positiv aus, denn er kann während des Leseprozesses vertrauensvoll an der Seite eines 'Menschen aus Fleisch und Blut' verweilen, vermittels einer 'natürlichen' Begleitung jene Reise in unfaßbare Welten 'hautnah' miterleben. Gerade beim Aufenthalt im Paradies erweist sich des Lesers ständige Nähe zu einer Gestalt seinesgleichen als unabdingbar, um das Nichtvorstellbare zu erleben und zum 'wahren' Glauben, zur rechten Lebenshaltung und gültigen Jenseitsvorstellung zu gelangen. Denn dies ist der religiös-ethische Sinn der Transzendenzreise.

7.2 Vergil: Lehrer, zweiter Protagonist, Medium der Aufwertung

Die zweitwichtigste Figur der *DC* ist -gemessen an der Quantität der Teilnahme am erzählten Geschehen- Vergil, der den ersten Protagonisten bis zur Höhe des Läuterungsbergs begleitet und an zwei Dritteln aller Konfigurationen/Szenen partizipiert. Hiernach käme erst, als drittintensivste Figur, Beatrice, welche während des letzten Drittels präsent ist.

Der Autor Dante Alighieri scheint nach dem gesellschaftlichen Prinzip zu handeln 'Sage mir, mit wem du verkehrst, und ich sage dir, für wen du gehalten werden willst!' Für die imaginierte Geschichte seines eigenen dominant gewünschten Ich wählte er eine kulturgeschichtlich anerkannte Figur, mit der er das Geschehen in ununterbrochener, positiv abfärbender Konkomitanz (Gemeinsamkeit) erlebt.

Im mittelalterlichen Bildungskanon ist Vergil einer der wichtigsten Autoren; er gilt als Dichter, Philosoph und 'Magier', und all dies will Dante auch sein! Der alte Römer ist für ihn vordergründig Lehrer und Vorbild. Das Dante-Ich legt Vergils Funktion fest: *„Tu se' lo mio maestro e 'l mio autore"* (*Inf.* I 85). Diese Wertschätzung wird im Verlauf der *DC* wiederholt; sie ist 'ehrlich' gemeint, hat aber auch einen pragmatischen Zug: Der Florentiner nimmt den antiken Autor für sich ein, bedient sich seiner zu persönlichen Zwecken. Seine Verehrung für Vergil ist ein Mittel, denn er ist ein Mittler: Er vermittelt vieles und viele, ist ein Medium, das man braucht, um ein Ziel zu erreichen! Sich coram publico als Schüler eines Unübertrefflichen zu begreifen, bedeutet keine marginale Attitüde, man hat es mit einer existentiellen Einstellung zu Geist und Wissen zu tun: „Für Dante war Bildung ein vorrangiges Element seines Schaffens, und die ihn so lange führende Römergestalt war das Musterbeispiel eines 'poeta doctus'." (BUCK 1983: 137)

Die *Aeneis* des Schulautors Publius Vergilius Maro (70-19 v. Chr.) ist ein universelles Werk der römischen Literatur. Das nationale Heldenepos in zwölf Büchern ist die umfassendste Darstellung von Welt, Leben, Geschichte und Politik. Mit jener italisch-mediterranen Dichtung möchte Dante in seiner Sprache wetteifern. Er will sie sogar in punkto Aussagerelevanz und Kunsthaftigkeit übertreffen. Um solche Absichten zu verwirklichen, geht er textstrategisch vor; er stellt sich einen unantastbar kompetenten Führer zur Seite, den er sich auf fiktionaler Ebene vor den Augen der Welt als väterlichen Freund sichert. Mit der Fertigstellung seiner Arbeit läßt er diesen dann hinter sich.

Bereits an einer frühen Stelle der *DC* reihte er sich in den Kanon des frühen europäischen Schrifttums ein, dessen Fundament das der Griechen und Römer ist. Im vierten *Inferno*-Gesang -wir sind in der Vorhölle, wo sich gute Seelen der 'heidnischen' Ära unbestraft aufhalten- macht Dante die Bekanntschaft erlauchter Autoren des Altertums: Homer, Horaz, Ovid und Lukan stellt sein Begleiter Vergil -so läßt es der textexterne Autor geschehen- seinem Schützling in einer Weise vor, die unterstreicht, daß Dante Alighieri als Kollege jener 'bella scuola' -einem Inner Circle gefeierter Verfasser großer Bücher- angehört. In christlicher Zeit kann Dante die Meisterschaft der 'schönen', schulbildenden Autorengemeinschaft fortsetzen: „Mit kaum zu überbietendem Selbstbewußtsein schreibt sich Dante hier in die antike Literatur ein, wird der sechste im Bunde der antiken Dichterfürsten. Er stellt sich -als moderner Dichter- in eine Tradition, die von Homer über Vergil bis auf ihn reicht... Der Glanz Vergils umstrahlt und erhellt also auch ihn." (PRILL 1999: 156-7)

Vergil ist kein Christ, jedoch ein prächristlicher Poet. Aus der vierten seiner zehn Hexametereklogen glaubte man, einen Hinweis auf die Ankunft Christi herauslesen zu können; dort ist die Rede von der Geburt eines Knaben, der ein neues Goldenes Zeitalter bringen werde. Als Heide ist dem Römer der Einzug in den Erlösungsbereich der *DC* verwehrt: Er hat auf ewig mit jenen anderen Koryphäen der

Antike im Limbus zu bleiben. Des Florentiners Verehrung für den Römer ist darum nicht ohne melancholische Züge, aber Dante muß vornehmlich an sich selbst denken! Er soll -narrativ gesehen- auf dem Erkenntnis- und Läuterungsweg weiterkommen, und im wahren Leben hat er an seinem eigenen Ruhme zu wirken.

Vergils *Aeneis* -die der Autor der *DC* immer im Blick hat- evoziert eine andere Figur, auf die er sich bei seiner Jenseitsschilderung beziehen will, um sich Kompetenz zuzuspielen: Äneas, Protagonist des römischen Meisterwerks, der darin als eine Gründerpersönlichkeit erscheint: „La figure du 'pius Aeneas' s'éclaire d'un jour nouveau dans la lecture que propose le poète de la *DC*: il est l'homme juste en marche, mais surtout le héros du 'passage'. Les corrélations de la figure d'Énée et du personnage du voyageur avec plusieurs motifs mythico-symboliques décèlent la présence d'un système de représentation probablement dérivé du néopythagorisme; ainsi se pose à nouveau le problème d'une exégèse ésotérique de la *DC*. Le poète peut s'intégrer personnellement au mythe." (DOZON 1978: 39)

Eine durch Korrelation bewirkte Selbstaufwertung ist auch für Dantes andere Werke kennzeichnend. Die *Vita Nuova* ist erste ausgearbeitete Selbstdarstellung und erster 'Liebesroman' der Romania; hierin erhält die junge, liebende Ich-Gestalt Dante durch Beatrices Hagiographisierung eine persönliche Exzellenz; im *Convivio* errichtet er auf der Grundlage eigener, kunstbetonter Kanzonen eine 'Enzyklopädie' aller Wissenschaften. Im zweiten Buch von *De Vulgari Eloquentia* weist er 'zu guter Letzt' gern auf von ihm verfaßte Gedichte hin, um Beispiele für gelungene Lyrik in Volgare zu präsentieren.

Dante hat die staatstheoretische Schrift *Monarchia* geschrieben und rekurriert auf Vergils Autorität, weil dieser seinen politischen Vorstellungen Vorschub leistet; Rom und der von ihm beherrschte Raum sind Bestandteile von Dantes staatspolitischer Konzeption. Nach dieser nimmt ein für ganz Italien gewünschter Monarch eine tonangebende, der Papst eine beigeordnete Position ein. Der Florentiner legt großen Wert darauf, politisch für kompetent gehalten zu werden: „Vergil ist besonders dazu berufen, sich auch in politischen und historischen Angelegenheiten zu äußern, da er mit der *Aeneis* so etwas wie die Gründungsurkunde des Römischen Imperiums geschaffen hat, das wiederum das Heilige Römische Reich als Idealbild präludiert." (PRILL 1999: 155) Zur vielschichtigen Beziehung Dantes zu Vergil s. BUCK (1983), HOLLANDER (1983), JACOFF-SCHNAPP (1991), LEEKER (1991), NEUMEISTER (1993), RIGO (1994).

7.3 Beatrice: aus Intertexten gefügte Sakralprojektion

Eine Protagonistin der *DC* sowie ein Hauptthema des poetischen Schaffens unseres Dichters sowie der Dantistik ist Beatrice, die eigentliche Schreibmotivation, möglicherweise, der ganzen *Göttlichen Komödie*. Sie ist Dantes erste (ideelle) Mädchen- bzw. Frauenbekanntschaft und geistige Lebensgefährtin über den Tod hinaus. Das 700. Todesjahr dieser Gestalt der Weltliteratur erinnerte die Società Dantesca Italiana 1990 in Florenz mit einem Symposium (Akten ed. ABARDO 1997) beinahe so, als hätte es sich um eine historische Persönlichkeit gehandelt.

Zur Darstellung dieser zentralen Figur -die den Ich-Erzähler durch das Paradies begleitet und an einem Drittel des Dichtungstextes Anteil hat- muß der Autor auf besondere Mittel rekurrieren; denn zu ihr gibt es keine konkrete Biographie oder reale Physiognomie. Es ist nicht auszuschließen, daß Beatrice -die den Familiennamen Portinari getragen haben soll- überhaupt eine Erfindung ist. Ein Philologe des um Italien-Substanz bemühten Risorgimento hielt deswegen allen positivistisch nach Tatsächlichem Suchenden das Konstrukthafte dieser bedeutendsten Literaturfrau der Romania vor Augen: „La vera vita di Beatrice è quella sua seconda e misteriosa esistenza nell'anima e nella fantasia di Dante." (D'ANCONA 1865: 49)

Um seine Idee von einer Lichtgestalt nachvollziehbar zu machen, inszeniert der Dichter im XXX. Gesang des *Purgatorio* -bis hier hat Vergil Dante begleitet- einen Exponiertheit und Exzellenz schaffenden, theatralischen Auftritt: Beatrice nähert sich in einer Prozession. Reminiszenzen liturgischer Texte unterstützen den sakralen Auftritt. Die Herrin wird mit einer heiligen Aura ausgestattet:

E un di loro, quasi dal ciel messo, '*Veni; sponsa, de Libano*' cantando, gridò tre volte, e tutti gli altri apresso. ..... Tutti dicean: '*Benedictus, qui venis!*' E fior' gittando di sopra e dintorno, '*Manibus o date lilia plenis!*' ..... in su la sponda del carro sinistra, quando mi volsi al son del nome mio, che di necessità qui *si* registra, vidi la donna che pria m'apparlo velata sotto l'angelica *festa*, drizzar gli occhi ver' me di qua dal rio. ..... «Guardaci ben, se ben sem Beatrice!» [*Purg. XXX 10-73, ed. SANGUINETI 2001*]	Wie gottgeheißen, rief der eine singend dreimal: »*Komm meine Braut vom Libanon!*« Und alle Andren folgten seinem Beispiel. ..... »*Gelobt sei der da kommt!*« so sagten Alle, und Blumen werfend rings und drüberhin: »*O streuet Lilien aus mit vollen Händen!*« So sah, als ich beim Klange meines Namens, den ich gezwungen war, hier einzutragen, mich wandt', ich an des Wagens linkem Rande das hohe Weib, die von den Blumenspenden der Engel mir verhüllt zuerst erschien, auf mich diesseits des Bachs die Augen richten... »Sieh uns nur an! Wohl bin ich's, bin Beatrice!« [*üb. Karl WITTE [1]1865*]

Dante und Vergil sind in der *DC* fiktionale Gebilde mit Realitätsbezug. Beatrice ist ein rein poetologisches Abstraktum. Dantes Dichtung hält es konzeptionell zusammen. Beatrice steht spirituell und erzählstrategisch über Dante und Vergil, weil sie den Römer mit göttlicher Einwilligung zu dem im Walde Verirrten schickte. Dieser soll aus seinem Gefangensein in Sünde herausgeführt werden und über das Erlebte schreiben. Beatrices Funktion ist immateriell poesielogistisch. Daher läßt der Erzähler sie als ein überirdisches Wesen erscheinen.

Durch den zitierten Bezug auf das alttestamentarische *Hohelied* (*Cant* 4, 8) wird der dritte (weibliche) Protagonist der *DC* in den Bereich biblischer Gestalten gerückt; Beatrice erhebt man in den Rang einer Gefährtin Christi, denn jenes Buch der Heiligen Schrift wird neutestamentarisch als Dialog zwischen 'Braut' und 'Bräutigam' oder Christus und seiner Kirche gedeutet; das knappe Zitat aus dem *Canticum Canticorum* befindet sich im Zentrum einer langen, von Liebe getragenen Laudatio des 'Sponsus' auf die Schönheit der 'Sponsa', deren Zauber -auf der Höhe des Läuterungsbergs symbolisch zutreffend- in der Metapher des Libanon-Gebirges sublimiert wird.

Die am Palmsonntag beim Einzug Jesu in Jerusalem fallenden, für Beatrices Prozession übernommenen Worte des Lobpreises binden diese sinnfällig in den Erlösungsprozeß des Neuen Testamentes ein, den Christus in jenem Moment mit seiner Leidensgeschichte begann; der Gruß *„benedictus, qui venit in nomine Domini"* (*Mt* 21, 9) rief das Volk Jesus zu, was für Beatrice bedeutet, daß ihr Lobpreis als ein kollektives Ereignis verstanden werden muß.

Die Anklänge einer überschwenglichen Huldigung aus Vergils Heldengedicht (*Aeneis* VI 883-4: „...*Manibus date lilia plenis: / Purpureos spargam flores...*") verknüpfen geistig Antike und mittelalterliche Gegenwart, heidnische Epoche und neuzeitliches Christentum, so daß Beatrice von einer gotthaften Ubiquität umgeben scheint: „So wird zur Verherrlichung der Angebeteten ein gleichsam postmodernes Zitatenmosaik ausgelegt. Beatrice entsteht als literarische Figur aus der literarischen Tradition." (PRILL 1999: 159) Sie ist eine aus liturgischen bzw. kanonischen Intertexten gefügte Sakralprojektion.

Als Beatrice vor Dante erscheint, setzt sich die Verklärung ihrer Idee fort, bis sich an ihr das erfüllt, was der Dichter am Ende seines ersten Werkes angekündigt hatte: „...io vidi cose che mi fecero proporre di non dire più di questa benedetta infino a tanto che io potesse più degnamente trattare di lei. E di venire a ciò io studio quanto posso..." (*VN* XLII) Er werde sie später besonders herausstellen. Dies geschieht nun. Denn sie tritt als prachtvolle Verkündigung entgegen: Sie trägt ein rotes Kleid (der Liebe), einen grünen Olivenkranz (der Hoffnung), einen weißen Schleier (des Glaubens); diese Tugenden weisen sie als Zeugin des Christentums aus. Beatrice -deren Essenz ferner aus stilnovistischen und esoterischen Reminiszenzen besteht (s. hierzu VALLI [1]1922, [2]1996)- vermittelt der *DC* eine Tiefe, die ihr keine historische Figur hätte geben können.

Zu diesem Kap. **7.3** s. im Studienführerteil die bibliographische Abteilung **17**: BEATRICE.

7.4 Ein lebendiger Figurenkosmos aus 'toten' Gestalten: das Menschengeschlecht auf der Bühne eines Welttheaters

Vergil und Beatrice haben, strukturell gesehen, die Aufgabe, für den Protagonisten Dante Begegnungen mit dahingeschiedenen Seelen zu arrangieren. Durch das stetige Zusammentreffen mit Jenseitsbewohnern entsteht keine Figurenmasse, sondern dem Leser bleiben unverwechselbare 'Persönlichkeiten' in Erinnerung. Dies erforderte große künstlerische Variationsfähigkeit. Alle Gestalten alternieren szenisch. Für einen Moment richtet sich der darstellerische Fokus ganz auf sie. Jede Figur findet konzentriertes Augenmerk.

Ziemlich munter muten die toten Seelen an! Keine blassen Schatten sind sie, sondern 'leibhaftige' Wesen (zur Spannung zwischen Körper und Seele in Dantes Figurenkonzeption s. SHAPIRO 1998). Die kontaktierten Menschen von dereinst sind im Anblick der letzten Wahrheit und im Zustand der Endgültigkeit dazu verurteilt, sich als das zu geben, was sie waren und sind. Sie haben ihr Dasein beendet, die Schwelle des Lebens überschritten. Lügen sind nun nicht mehr möglich!

Alle stehen im Zeichen des Todes und der ewigen Wahrheit. Sie sind geeignete Subjekte für thanatologische Studien, wie sie Giuliana ANGIOLILLO (III 1996) an Dantes Seelen betrieb. Deren Todeserfahrungen sind Erlebnisse, die der Textschöpfer jeweils künstlerisch individuell gestaltet. Seine Menschenentwürfe sind immer vom Ernst eigener Erkenntnisse geprägt.

Zu den besonderen Todeskandidaten zählt Pier della Vigna (s. *Inf.* XIII 55-78), Mitbegründer der Sizilianischen Dichterschule, einer der Väter italienischer Poesie und poetischer Urahn Dantes: „Dante begegnet dem Schatten des Petrus von Vinea, des hochberühmten Meisters der Stilkunst und nahen Vertrauten Kaiser Friedrichs II., dessen Leben nach glanzvollem Aufstieg in einer das ganze Zeitalter erschütternden Katastrophe geendet hatte." (BAETHGEN 1955: 3) Solche emotionsgeladenen Begegnungen zählen, wie andere in der *DC*, zu den Ereignissen der Weltliteratur; sie setzen den Geist der *Totengespräche* des Lukian von Samosata (um 120 n. Chr.-Ende 2. Jh.) würdevoll fort.

Permanente Gespräche erzeugen intensive Gegenwärtigkeit. Es wird direkt gesprochen, oder Rede wird wirksam wiedergegeben. Immer geht es um markante Eindrücke. Fortwährend kommt dem Leser etwas zu Ohren. Es wird ihm etwas unmittelbar erzählt! Dies macht Dantes Figurenkosmos sehr authentisch.

Im Gegensatz zu Vorgängern, die ebenfalls das Jenseits visionär schilderten, verleiht der florentinische Dichter seinen Seelen originelle Züge. Mit Dantes textlichen und Giottos gemalten Porträts beginnt in Italien die künstlerische Darstellung des Renaissancemenschen. Unaustauschbarkeit kennzeichnet das gesamte Figurenpersonal der *DC*. Manchmal erzeugen wenige verbale Pinselstriche ein fesselndes Porträt, eine Persönlichkeit. Ob historische oder biblische Gestalten,

Wesen aus Mythologie oder Fabelwelt, alle wirken sie -auch wegen ihrer Artikulation oder Gestik- anziehend. Produktionell unterschiedlich entstehen mehrdimensional abgerundete Figuren. Viele waren von Leidenschaften bewegt, die universell wirken, aber auch im Zeichen mittelalterlicher Prinzipien stehen; Patrick BOYDE (1993) stellte sie systematisch zusammen und untersuchte sie hinsichtlich ihrer kulturellen oder philosophischen, aristotelisch motivierten Herkunft. Keine Figur ist unwichtig: Alle haben eine maßgebliche Funktion auf Dantes Weg der Erkenntnis von Menschlichkeit und Gottesnähe.

Dantes Porträtkunst ist realistisch. Erich AUERBACH, der nach Arten literarischer Umsetzung von Wirklichkeit Ausschau hielt, stellte den humanen Realismus der Figuren der *DC* heraus: „Was die europäische Antike auf eine ganz andere Weise, das Mittelalter niemals gebildet hatte: den Menschen nicht in der fernen Gestalt der Sage noch in der abstrakten oder anekdotischen Formulierung des moralischen Typus, sondern den bekannten, lebenden, historisch gebundenen, das gegebene Individuum in seiner Einheit und Vollständigkeit, kurz die Nachahmung seiner historischen Natur - das hat Dante als erster geleistet, und darin folgten ihm alle späteren Bildner des Menschen." (1929: 212-3) Obwohl der Florentiner ein Meister der Erfassung von Wahrheiten ist, präsentiert er seine Figuren immer dichterisch, mit dem Ausdruck des Angedeuteten, Bildhaften, skizzenhaft in die Tiefe Führenden: „Virgilio, Catone, Casella, Pia, Sordello, giù fino a Matelda e Beatrice, non sono personaggi, ma modi di questo fluire dell'immagine dantesca, motivi, anche se particolari e vari, del sentimento poetico. In questo senso la poesia ci è apparsa non raffigurata e chiusa, ma mossa e animata, presente, in tutta la durata del sentimento, nell'animo del poeta." (VALLONE 1950: 9)

Geschlechtlich ist die *DC* keineswegs unausgewogen. Es treten immer wieder Männercharaktere auf, aber historische oder mythische Frauengestalten sind auch zahlreich vertreten. Francesco NUZZACO (1967) stellte diesen Teil des Personals zusammen, und in dem Figurenhandbuch von Bernard DELMAY (1986) kann man sich über viele Details informieren. Unter den weiblichen Figuren sucht man eine Frau vergebens: Dantes eigene, Gemma Donati, welche im Schaffen des Florentiners so brüskierend abwesend ist, daß sich später eine Geschlechtsgenossin veranlaßt sah, vermittels eines Buches jene so nachzuempfinden, daß aus ihr wenigstens in der Fiktion eine konkrete Gestalt wurde; von Giovanna GIGLIOZZO gibt es die Phantasiedokumentation 'Gemma Donati la moglie di Dante tra storia e romanzo' (1997), eine reich bebilderte Erzählung in 30 Kapiteln nebst Epilog. Das Werk will eine Unbekannte aufhellen, die Dantes Biograph Boccaccio in ein schlechtes Licht rückte; ihre Ehe mit dem großen Dichter habe diesen von wichtigen Dingen -wie Wissenschaft und Gelehrsamkeit- abgehalten. Gemma, Ehefrau und Mutter der Kinder Dantes, in der *DC* wenigstens am Rande zu vermuten, ist so abwegig nicht, wo doch der Ehemann und Dichter in allen 100 Gesängen zugegen ist! Alle Frauen der *DC* -Gattinnen, Mütter, Jungfrauen, Geliebte- unterstehen in Qualität und Funktion e i n e r Frau: Beatrice, die für Dante Inbegriff vollendeter, und zwar patristisch konzipierter Weiblichkeit ist (s. hierzu SHAPIRO 1975).

Die *DC* lebt von fortgesetzten Begegnungen der Hauptfigur mit Männer- und Frauengestalten und der dadurch notwendig werdenden Trennungen. Aus dieser veränderungsbetonten Handlungsanlage ergibt sich ein natürliches Inerscheinungtreten der Aktanten. Zusammentreffen und Abschied sind lebensecht glaubwürdige Kommunikationssituationen, die Pietro BAZZELL (1957) für die *DC* als tragende Elemente zusammenstellte und in ihren Funktionen aufschlüsselte: „Nell'*Inferno* vi sono un'ottantina di incontri; le separazioni sono più della metà. Gli incontri nel *Purgatorio* sono all'incirca sessanta, le separazioni una trentina. Nel *Paradiso* essi sono rispettivamente una quarantina e una diecina... Considerati nell'intero poema, non si può negare che l'incontro e la separazione siano fonte di poesia. Perchè costituiscono una parte importante della vita della *Commedia*. E dove c'è vita c'è anche poesia." (IX, 101)

Die wie aus dem Leben gegriffene Menschen auftretenden Figuren bewegen sich in einem unterschiedlichen, dramatischen, stets psychisch aufgeladenen Kraftfeld. Dies erzeugt erzählerischen Drive, bewirkt Emotionen. Die Seelen des *Inferno* sind verloren, der 'Generalinspizient' Dante kann ihnen nicht mehr beistehen, was zu Trauer und Tränen Anlaß geben kann. Die der Läuterung Bedürfenden klammern sich hoffnungsvoll an den Besucher, umringen ihn, erheischen ein Stückchen Weiterkommen nach oben und Trost durch potentielle Fürbitte. Die selig Erlösten im Paradies strahlen eine abgehobene Serenität aus, die die Erfüllung aller Ziele und Sehnsüchte andeutet.

Dante verwendet mannigfaltige Techniken, um seine Figuren zur Geltung zu bringen. Das in der *DC* ausgebreitete Gestaltungsrepertoire könnte man mit dem dramaturgischen Gesamtertrag eines Theaterfestivals vergleichen, bei dem mehrere Regisseure eine lange Reihe von verschiedenen Inszenierungen kreieren.

Es fallen zu Beginn einer Begegnung genaue äußerliche Beschreibungen -des Gesichtes oder der Körperhaltung- auf; so etwas geriert persönliches Flair. Dante schildert den König Manfred, indem er ihm direkt in die Augen blickt, als 'Augenzeuge' auftritt; dies bewirkt Unmittelbarkeit, garantiert Präzision: „*Io mi volsi vêr lui, e guardai 'l fiso: / biondo era e bello e di gentile aspetto; ma l'un de' cigli un colpo avea diviso.*" (*Purg.* III 106-8)

Der Dichter weiß um die Resonanz, die ein situativer Rahmen für die Akzeptanz einer Gestalt haben kann; so wird die Würde des zu Beginn der Läuterung auftretenden Cato Uticensis durch die detaillierte Beschreibung seines Haupthaares und Bartes unterstrichen; Dante setzt den Politiker und Philosophen zudem vor die Lichteinwirkung einer aussagestarken Gestirnkonstellation (*Purg.* I 37-9), was Hintergründigkeit erzeugt.

82

Des Weiteren sorgt der Erzähler dafür, daß die schicksalshafte, persönliche Geschichte einer Gestalt in Erinnerung gebracht wird; hierdurch erhalten diese zusätzlich zu ihrer Gegenwärtigkeit eine Tiefendimension.

Die meisten Gesprächspartner erhalten Gelegenheit, sich in Rede selbst zu artikulieren und durch Inhalt und Duktus ihres Sprechaktes eigenes Profil zu erlangen. Die Bedeutung einer Figur kann sich aber auch indirekt -ohne Redeanteile- ergeben, wie im Falle des Musikers Casella, dessen Vortragskunst an der Ergriffenheit der Seelen abzulesen ist, denen er eine (von Dante verfaßte) Kanzone darbietet (*Purg.* II 115-19).

Dante stellt gern den vornehmlichen Charakterzug eines Menschen so in den Vordergrund, daß er als Gesamterscheinung hervortritt und gegenwärtig bleibt. Das an ihm Merkmalhafte ist im Jenseits das Sträfliche, das den Sünder ins Verderben stürzte. Der ob seiner Trägheit in Florenz berüchtigte Instrumentenbauer Belacqua präsentiert sich dem Besucher auf dem Boden hockend -den Kopf auf ein Knie gestützt- und Dante von unten nach oben anschielend, in einer lethargischen Attitüde; wie Ernst Barlach beschränkt sich Dante auf das zeichenhaft Wesentliche der Erscheinung eines Menschen, mit wenigen Worten klar umrissene Gebärden schaffend: Der Dichter erfaßt Belacquas Charakter in einer Körperhaltung; Gestus und Blick verschmelzen zu einer Linie. Die Aussage ist förmlich, nimmt Raum ein, wird Körperlichkeit. Es entsteht eine verbale Skulptur:

Ed un di lor, che mi sembiava lasso,
    sedeva ed abbracciava le ginocchia,
    tenendo il viso giù tra esse basso.
«O dolce signor mio», diss'io «adocchia
    colui che mostra sé più negligente
    che se pigrizia fosse sua sorocchia.»
Allor *si* volse a noi, e pose mente,
    movendo il viso pur su per la coscia,
    e disse: «Or va' sù tu, che sè valente!»
[*Purg. IV 106-14 ed. F. SANGUINETI 2001*]
	Und einer, der ermüdet schien zu sein,
	    saß und umarmte seine beiden Kniee
	    und hielt das Antlitz zwischen Bein und Bein.
	»O lieber Herr und Meister (sagt' ich), siehe,
	    als ob die Trägheit seine Schwester wär',
	    so scheint's, dass dieser jede Arbeit fliehe.«
	Da horcht' er auf und blickte zu uns her
	    und hob die Stirne nur vom Schenkel eben
	    und sagte: »Du magst gehen, dir fällt's nicht schwer.«
	[*üb. Otto GILDEMEISTER* [1] *1881*]

Manche Figuren regten die Nachwelt so kraftvoll an, daß sie Protagonisten neuer Bücher wurden; so auch in Belacquas Fall, der in Samuel Becketts *More Pricks than Kicks* (1934) als der irische Intellektuelle Belacqua Shua auftritt, dessen soziales Umfeld dort ausgemalt wird (s. NEUMANN 1987).

Die Figuren der *DC* wirken mit ihren hervorgehobenen Eigenschaften wahr und weltlich, so daß Erich AUERBACH Dante als einen 'Dichter der irdischen Welt' (1929), nicht also der Transzendenz klassifizierte, was angesichts des imaginären Gesamtszenarios überrascht. Einst verglich Fedele ROMANI Dantes Figurenkunst mit der von Alessandro Manzoni und meinte schon, daß der Lombarde in den *Promessi sposi* (1827, 1840-2) keineswegs ebenso wirklichkeitsgetreu sei: „Il Manzoni non possiede la singolare arte di Dante nel rappresentare le forme umane e i loro infiniti movimenti e atteggiamenti, non ostante che si riveli cosí profondo scrutatore di anime e cosí potente creatore di caratteri." (1901: 124-5)

In Madrid befaßt man sich in einem Forschungsprojekt mit einem wichtigen Element von Dantes Figurenrealismus, nämlich der ausdrucksvollen Gestik; über die vorläufigen Ergebnisse berichtete Violeta DÍAZ-CORRALEJO: „I loro gesti -ed è cosí che li intendeva l'uomo medievale- mostrano la loro identità interna, conoscenza fondamentale per il processo gnoseologico e catartico che l'autore ha voluto far compiere al suo personaggio, ai suoi lettori e, in definitiva, a tutti gli uomini." (2001: II 872-3)

Insgesamt vergegenwärtigt das multiindividuelle Figurenspektrum der *DC* die Bedeutungsvielfalt des Menschengeschlechts. Denn alle Gestalten tragen beispielhaft eine spezifische, aber dennoch allgemeine Eigenart zur Schau: Sie verkörpern tadelnswerte Schwächen oder zu hohe Ansprüche. Zwischen diesen Polen bewegen sich Hoffnungen und Schicksale der Menschheit. Guido DI PINO (1988) zeigte, daß darum die Nebenfiguren eine wichtige Funktion erfüllen: Ihre bescheidenere Präsenz kann Nuancen des Verwerflichen oder Löblichen andeuten.

Dante benötigt das umfangreiche Figurenpersonal, um ein breites Spektrum an Themen zu tangieren. In Gesprächen kann man leicht seine Lieblingsprobleme behandeln! So läßt er die eine oder andere Gestalt über ihn beschäftigende Thesen sprechen, Zustimmung oder Kritik zu brisanten Fragestellungen artikulieren.

Durch die meist kurz und bündig, aber effektvoll geführten Unterhaltungen werden die der Vergangenheit angehörenden Figuren zum Leben erweckt. Dante wählte eine Kommunikationsweise der Italiener, die wir auf dem 'Corso' jeder italienischen Stadt -generell zweimal am Tag- beobachten können. Gemeint ist jener Kontakt außer Haus, bei dem man alles zur Sprache bringt: Man kommt daher, trifft Freunde oder Bekannte, bespricht etwas direkt und persönlich, geht weiter, trifft wieder jemanden, um mit diesem auch ein paar Worte zu wechseln. Dante hat für den tragenden Habitus seines Buches das Prinzip des sich unterwegs zufällig ergebenden, unverzichtbaren, produktiven Sichunterhaltens gewählt! Die Makrostruktur der Figurendisposition entspricht also der Realität des italienischen Lebens auf der Straße: „Auf seiner fiktiven Jenseitsreise ist der Dichter immer von einem Führer begleitet, mit dem er ständig in dialogischem Kontakt steht; ferner äußert sich ein großer Teil der Begegnungen, die er mit den anderen Jenseitsbewohnern hat, in Dialogen. Hier hat der Dichter eine für den ganzen Text sehr bedeutsame Entscheidung getroffen." (SCHWARZE 1970: 37) Man geht in Italien mittags oder abends nie lange alleine 'a fare quattro passi': Du hast schnell jemanden bei Dir, der mit Dir weitergeht bzw. den Du (zu weiteren Begegnungen) mitnimmst. Auch das grundsätzliche Begleitetsein des Dante-Ichs während des ganzen Verlaufs der *DC* als Kommunikationsphänomen entspricht anschaulich den realen Sozialisationsgepflogenheiten der Italiener.

Das Zusammentreffen mit Figuren markiert Etappen, über die das Ich zu seinem Ziel gelangt: Beatrice und Gott. Von allen Gestalten ist dabei -theologisch gesehen- die Gottesmutter die wichtigste; sie übertrifft an dogmatisch-spiritueller Bedeutung sogar Beatrice, geleitet sie doch zum Allerhöchsten. Mit Gott führt Dante darum einen kontinuierlichen, an der Ausdrucksstärke der Paulus-Briefe inspirierten Dialog. Dieses leitmotivhafte Zwiegespräch mit der alles lenkenden, unsichtbaren Hauptgestalt verleiht der *DC* einen gebetshaften Duktus: „Il dialogo fra Dante e Dio è nella *Commedia* uno dei temi conduttori. Rappresenta uno *specimen* della relazione fra poesia e teologia ivi istituita." (D'ALFONSO 1988) Stationen bildende Lichtgestalten sind auch zwei Heilige, denen Dante nicht 'persönlich' begegnet, über die er sich von Thomas von Aquin 'nur' berichten lassen kann. Darum sind diese Vorbilder vollendeten religiösen Lebenswandels entrückt, mit einer Aura umgeben: „Perfection is found in the lives of Saint Francis and Saint Dominic, and Dante accordingly gives due emphasis to their freedom from the servitude of temporal things." (NEEDLER 1969: 62) Die körperliche Aussparung dieser Heiligen ist ein Modus szenischer Darstellung, der die Relevanz von Persönlichkeiten in einer Art unterstreicht, die wir von Kult-Ikonen kennen: Sie erfolgt auf Distanz!

Da Dante Literat ist, spielen auch Schriftsteller, vor allem Dichter, bei der peripathetischen Gesprächsabfolge eine Rolle. So hat der textexterne Autor für sein poetisches Ich hochinteressante Treffen mit Vorgängern oder Kollegen arrangiert: Bertrand de Born, Guido Cavalcanti, Guittone d'Arezzo, Brunetto Latini, Sordello, Pier delle Vigne u. a. Die Auftritte dieser Persönlichkeiten führen meist zu Fachdiskursen. Aus ihnen lassen sich literaturtheoretische und strömungsgeschichtliche Rückschlüsse auf Dantes Textkonzeption und Kanonverständnis ziehen. Literaturwissenschaftler setzen sich gern damit auseinander, weil sich so auch allgemeine Erkenntnisse zur frühen romanischen Literatur ergeben. Die Amerikanerin Teodolinda BAROLINI befaßte sich in mehreren Arbeiten mit diesen Intellektuellen, die einen eigenen 'erzählerischen Strang' bilden: „The poets of the *Comedy* constitute a carefully fashioned narrative that may be deciphered and read." (1984: XIII) Unter den Schriftstellerfiguren sind manche so rätselhaft dargestellt, daß sie die Forscher nicht in Ruhe lassen; dies ist der Fall bei Dantes Lehrer Brunetto Latini (*Inf.* XV), der wegen seiner sexuellen 'Irrungen' unter einem ewigen Feuerregen zu büßen hat (s. die umfangreiche Monographie 'Sous la pluie de feu' von André PÉZARD 1950).

In der *DC* sind auch Meister Bildender Kunst von Bedeutung. Dante interessiert sich für Disziplinen ästhetischer Darstellung, ist er doch selbst ein mit Worten malender Künstler! Urteile über Maler wie Cimabue oder Giotto bieten Grundlagen für das Verständnis früher Kunstphilosophie. Eine große Entwicklung in der Geschichte italienischer Malerei -der Übergang vom Mittelalter zur Renaissance- liest sich bei ihm, der Stilwandel und Ruhm mit der Vergänglichkeit alles Irdischen verbindet, naturbildlich klar dargestellt; alles sei kurzlebig und unnachhaltig wie der seine Richtung unbekümmert wechselnde und damit gar seine Bezeichnung ändernde (körperlose) Wind:

O[h] vana gloria de le umane posse!
Com' poco verde in su la cima dura,
se non è giunta da le etate grosse!
Credette Cimabue ne la pittura
tenere il campo, e ora à Giotto il grido,
sì che la fama di colui è scura…

.....

Non è il mondan romore altro ch'un fiato
di vento, ch'or vèn quinci e or vèn quindi,
e muta nome perché muta lato.
[Purg. XI 91-6, 100-2 ed. F. SANGUINETI 2001]

O eitler Ruhm aus Menschenmacht und -streben!
Wie schnell versiegt der Saft in deinem Laube,
wenn trübe Zeiten ihm nicht Dauer geben.
Noch wiegte Cimabue wohl der Glaube,
daß er als Maler hoch ob allen rage,
da ward sein Lorbeer Giotto schon zum Raube.

.....

Der Ruf der Welt – was ist es als ein Rauschen
der Winde, die im ewigen Wechsel wehen,
und mit der Richtung auch den Namen tauschen.
[üb. August VEZIN [1] 1926]

Bezeichnende Statements kann man aus 'Interviews' mit Herrschern, Politikern, Heerführern, Theologen, Philosophen, Wissenschaftlern, anderen 'großen' Männern und Frauen der Geschichte, Mythologie oder Sagenwelt heraushören. Alle diese Meinungsbilder liefern differenzierte Deutungen der Welt und der sie bewegenden Motive. Mit berühmten Figuren wird man nicht leicht vertraut, weil sie gravitätisch auftreten und Dante mit ihnen förmlich umgeht. Aber unkompliziert gibt er sich, wenn er alte Freunde wiedersieht; er begrüßt sie herzlich, umarmt sie. Vincenzo MAZZEI versammelte sie in dem Buch 'Dante e i suoi amici nella *DC*' (1987) in der Art eines Familienalbums, das liebe Erinnerungen oder Schnappschüsse festhält.

Spannend belebt wird Dantes Transzendenz -vornehmlich die höllische- durch diesseits unbekannte, kuriose, skurrile Figuren. Diese haben damals bestimmt auf Leser oder Hörer eine ähnliche Faszination ausgeübt, wie das heute bei den Ungetümen unserer Monsterfilme der Fall ist. Ein beredtes Beispiel ist der drachenartige Raumgleiter Geryon (*Inf.* VII)! Grimassen, Fratzen und Diabolisches treten uns aus der Dekorationsplastik sakraler Baukunst des Mittelalters entgegen; sie könnte eine Quelle für Dantes inhumane Kreaturen gewesen sein. Mit jenen hybriden Erscheinungen befaßte sich 1996 in Todi ein Kongreß (Akten ed. CENTRO IT. DI STUDI SUL BASSO MEDIOVEO u. a. 1997). Dantes Buch blieb der Nachwelt nicht zuletzt wegen seiner schauerlichen Dämonen in warnender Erinnerung. Die grausigsten Figuren haben indes Menschengestalt! Die Verräter sind es, die man in den Höllenschlund verbannte:

«Quell' anima là sù ch'à maggior pena»
disse 'l maestro, «è Giuda Scariotto,
ch'à il capo dentro e fòr le gambe mena.
Degli altri due ch'ànno il capo di sotto,
quel che pende dal nero ceffo è Bruto
– vedi come si storce e non fà motto! –
e l'altro è Cassio che par sì membruto.
Ma la notte risurge, e oramai

„Der Geist dort", sprach mein Herr, „deß' Pein am Größten,
Judas Ischarioth ist's; sein Haupt verschwindet,
und nur die Beine siehst du, die entblößten.
Vom Paar, das sich den Kopf nach unten findet,
ist's Brutus, den die schwarze Schnauze kaut.
Schau, wie er ohne einen Laut sich windet,
der Andre Cassius, der so stark gebaut.
Doch Nacht steigt auf; wir müssen uns bereiten

è da partir, ché tutto avem veduto.»
[*Inf. XXXIV 61-9 ed. F. SANGUINETI 2001*]

zu gehn. Denn alles haben wir geschaut."
[*üb. Alfred BASSERMANN [1]1892*]

Zwitterwesen beherrschen auch Dantes Paradies: die Engel. Sie sind eine eigene, uns heute nicht geläufige Spezies. Denn wir glauben mehr an den Teufel als an Sendboten des Himmels.

Dantes Figurenkosmos bildet ein Welttheater. Der Dichter inszeniert es wie ein Dramaturg. Wie ein Choreograph hält er alles in Bewegung. Immer ist die visuelle Wirkung einer aus bloßen Worten gestalteten Kunst berechnet: „Una fitta trama di gesti accompagna e sottolinea la narrazione dantesca. La plasticità dei tre regni è appunto il risultato della capacità di Dante di vedere il 'movimento' nelle scene create dalla sua fantasia. L'antica osservazione, che il poeta dice 'cose' e non 'parole', si riferisce proprio a questa capacità di Dante di creare gli spettacoli della sua commedia '*come pintor che con essempro pinga*'." (WLASSICS 1975: 205)

Ein hohes Maß an Universalität erreicht Dante durch sein Figurenpersonal, in das er auch mythische Gestalten einbindet. Eine der ersten im Erzählverlauf der *DC* ist der Fährmann Charon, der nach antikem Glauben die Toten über den Styx in den Hades bringt und dies auch in Dantes Hölle tut. Diese Figur ist -wie so oft bei Dante- Verschmelzung von heidnischer Antike und neuem Christentum, damit Zeichen einer einheitlichen Welt. Sie untersuchte der Amerikaner Ronnie H. TERPENING im Kontext europäischer Literaturen, und er verweilte ausführlich bei der *DC*: „Charon's appearance in Dante's *Commedia* signals a new awareness of classical material and its adaptability to a Christian theme. The remarkable fusion of the sacred and the secular in his vision of the underworld is pre-figured when the pilgrim notes that both Aeneas and St. Paul have preceded him on his voyage (*Inf.* II 13-30). In fact, while Charon and other classical divinities were rarely mentioned in medieval theological excursions into the beyond, in the *Commedia* the boatsman is merely the first of several mythological figures to appear. Dante's genius is to have blended so thoroughly the material of classical epic and pagan mythology with the topics and concerns of sacred literature." (1985: 128) Die Eingliederung mythischer Gestalten verleiht den Botschaften der *DC* kulturelle und zeitliche Unbegrenztheit. Dante spricht ja über alle, 'alles' und die Ewigkeit.

Gut entworfene Figuren hauchen dem Werk Leben ein, geben ihm Spannung. Außerdem haben sie eine textstrategisch-kommunikative Funktion. Sie übernehmen narrative Aufgaben, steuern den Informationsfluß. Durch die narrative Mitwirkung vieler Figuren wird vermieden, daß nur eine erzählerische Instanz Wichtiges berichtet. Das hätte dem Leser anmaßend vorkommen können! Geht es doch in der *DC* um offenbarungshafte Nachrichten. Dies bewerkstelligt eine polyphone Darstellungssteuerung glaubwürdiger, zumal das um Wahrheitsfindung bemühte Ich zunächst selbst aus der 'Dunkelheit' ans 'Licht' geführt werden muß.

Dante geht mit dem Einbringen von Figuren sparsam und gezielt um. Es treten unentwegt neue Figuren auf, jedoch agiert in einem 'canto' generell nur eine als 'Protagonist'. Jede Szene wird vorbereitet, oft durch Gegenwart und psychische Ausstrahlung einer Gruppe, aus der er oder sie heraustritt, um sich zu profilieren. Daher werden viele Gesänge nach der Gestalt benannt, die darin dominiert: 'il canto di Paolo e Francesca', 'il canto di Casella', 'il canto di Manfredi' usw. In der Konfrontation der Hauptfigur mit dem Jenseitswanderer und seiner Begleitung entlädt sich dann -wie im wahren Leben- ein Netz aus Informationen, ein Gefüge aus Emotionen. Jedes Erzählkapitel erhält eine ausdrucksvolle Konfiguration, an die sich von Gesang zu Gesang weitere Auftritte anschließen. So entsteht ein großräumiges Drama, bei dem Bühne und Ausstattung ständig wechseln.

Viele Figuren bleiben uns in Erinnerung, weil jede Begegnung bühnenwirksam gestaltet ist. Denn man hat es nie -wie oft in mittelalterlicher Literatur- mit abstrakten Katalogisierungen von Auftretenden zu tun. In einem 'canto' kann es sogar zu einem Mehrpersonenstück kommen, bei dem sich die Akteure unterschiedlich präsentieren.

Im fünften Gesang des *Purgatorio* -wir sind im Vorfegefeuer- treten aus der Schar der Reueverzögerer, welche eines gewaltsamen Todes starben und sich erst im letzten Moment Gott befahlen, drei Gestalten hervor: zwei Männer und eine Frau. Der Politiker Jàcopo del Càssero erzählt von sich gerafft, aber faktenreich; der Kriegsherr Buonconte da Montefeltro schildert sein Soldatenschicksal nach der Schlacht von Campaldino (1289) breit und emphatisch. Pia de' Tolomei -die von ihrem Mann ermordet wurde und allen Grund zu lautstarker Empörung gehabt hätte- stellt mit fünf Worten ihren Lebenslauf dar: »*Siena mi fe', disfecemi Maremma*« (*Purg.* V 134) und weist danach lapidar -in einem ebenso prägnanten Satz- darauf hin, daß derjenige, der ihr einen Ring zur Hochzeit gab, alles Weitere über sie wisse. Dante umgibt hier auf knappstem Raum eine Frauenfigur mit Tugenden: Verschwiegenheit, Charakterstärke, Selbstbewußtsein. Pia hat Eigenschaften, die auf die grenzenlos geduldige Griselda hinweisen, mit der Boccaccio sein *Decameron* -auch eine große Studie über das Ethos des Menschengeschlechtes- abschließen wird: „Timida, riservata, la Pia ascolta pazientemente la dolorosa storia di Buonconte da Montefeltro e, quando questi ha finito di narrare lo scempio che il Maligno fece del suo corpo... con tutta la discrezione possibile si inserisce nella conversazione, pregando il poeta di ricordarsi di lei una volta tornato sulla terra." (NUZZACO 1967: 20)

Dantes Figuren sind Träger bestimmter Ideen, die sie in einem Kraftfeld (re)präsentieren. Solche zum Verständnis des florentinischen Schriftstellers nützlichen Konzepte können von weltumspannender Allgemeingültigkeit sein.

Besondere Ideenträger sind ein berühmtes Liebespaar aus Rimini sowie ein home-rischer Seefahrer. Diesen herausragenden Gestalten wollen wir uns nun zuwen-den, um zu sehen, was Dante mit seinen Figuren später bewirkte.

7.5 Paolo und Francesca oder die Macht der Liebe: „*Ein Kuß mit Folgen*"

Das Dante-Ich bittet im Jenseits Gestalten, von sich zu berichten, was diese - nachdem sich ihre Perplexität über den ungewöhnlichen Besucher gelegt hat- be-reitwillig tun. So ist es auch bei Francesca da Rimini (*Inf.* V), die des Wanderers Neugier weckt. Dem Bericht ihrer tragischen Liebesgeschichte schickt die Frau eine Betrachtung menschlichen Leides voraus:

E quella a me: «Nullo è maggior dolore
ca ricordarsi del tempo felice
nella miseria, e ciò sa il tuo dottore.
Ma s'a conoscer la prima radice
di nostro amor tu ài cottanto affetto,
dirò come colui che piange e dice.
Noi leggiavamo un giorno per deletto,
d*i* Lancialotto, come amor lo strinse;
soli eravamo e senza alcun sospetto.
Per più fiate gli occhi ci sospinse
quella lettura, e iscolorocci il viso;
ma sol un punto f*u* quel che ci vinse.
Quando leg[g]emmo il disiato riso
esser bas[c]iato da cotanto amante,
questi, che mai da me non fie diviso,
la bocca mi bas[c]iò tutto tremante.
Galeotto fu il libro e chi lo scrisse:
quel giorno più non vi leggemmo avante».
[*Inf.* V 121-38 ed. F. SANGUINETI 2001]

Und zu mir sprach sie: Keine qual ist schwerer
Als der glückseligen zeiten zu erwähnen
Im ungemach. Davon weiss auch dein lehrer.
Doch wenn zu forschen liegt in deinen plänen
Nach unsrer lieb in ihren ersten zügen
So will ich tun wie er der spricht mit tränen...
Wir lasen eines tages zum vergnügen
Von Lanzelot, wie liebe ihn bedrückte.
Ich war allein mit ihm und sah kein trügen.
Mehrmalen schon in unsren augen zückte
Dies lesen und verfärbte uns die wange.
Doch eine zeile wars die uns bedrückte:
Da stand wie unter dem sehnsüchtigen drange
Sotanen freundes sich die lippen heben –
Als der nun auf ewig an mir hange
Mich auf den mund geküsst hat ganz in beben...
Verführer war das buch und ders verfasste.
Den tag war unser lesen aufgegeben.
[*üb. Stefan GEORGE* [1]*1932*]

Die um 1275 mit Gianciotto Malatesta -Herrscher von Rimini- gegen ihren Wil-len vermählte Francesca (da Polenta) las also mit dessen Bruder Paolo ein von 'verbotener' Liebe handelndes Buch, den Lancelot-Roman. Bei der Lektüre -an jener Stelle, wo Galehaut (Galeotto) Ginevra veranlaßt, Lancelot zu küssen- kam es auch bei Paolo und Francesca zum Kuß und zu Regungen, bei denen sie Gian-ciotto in flagranti überraschte, so daß er beide umbrachte. Es war 'ein Kuß mit Folgen', wie Willi HIRDT eine Studie hierzu betitelte. Die Familienangelegenheit hatte nämlich nicht allein für die Liebenden Konsequenzen: „Wohl kaum ein Canto der *DC* hat die Phantasie der Leserschaft Dantes so beschäftigt wie der fünfte des *Inferno*." (1993: 29) Dem bekannten Paar -das man gern mit Romeo und Julia vergleicht, obwohl es sich bei Dantes Figuren um Ehebrecher handelt-

widmete man 1994 in Rimini eine Ausstellung zur künstlerischen Resonanz der Episode in der Epoche der Einigung Italiens; sie hieß 'Sventurati amanti. Il mito di Paolo e Francesca nell'Ottocento' (s. den Katalog von Claudio POPPI 1994 und die Dokumentation von Lora PALLADINO 1998).

„Die Besonderheit des Canto liegt in einer faszinierend lebendigen Darstellung der Sünder und -vor allem- ihres Sündenfalls." (HIRDT 1993: 37) Die Jahrhunderte danach empfundene Besonderheit der im Höllenkreis der Fleischessünder evozierten Liebestragödie entsteht aus dem intertextuellen Bezug, der Emotionen wachruft und Liebe als zeitlose Macht zeigt. Fatale Gefühle werden durch das Beispiel einer anderen explosiven Leidenschaft entschuldigt.

Die Geschichte dieses Liebespaares ist eine von vielen in der *DC* erwähnten, unglücklichen Beziehungen. Gerade sie veranlaßte aber Künstler, das knappe Textgeflecht adäquat in andere Medien umzusetzen, um die inhärente Dramatik auszuleuchten. So gibt es bildliche Darstellungen von Rossetti, Scheffer, Ingres, Feuerbach oder Böcklin. Rodin, Niccolini, Stundl und Voelckering schilderten das Verhältnis beider Menschen und ihre Bestrafung bildhauerisch. Musikalisch verdichteten das Beziehungsdrama vor allem Liszt und Tschaikowsky. Die Baronin Marie LOCELLA konnte in ihrer Monographie über die Rezeption des Stoffes bis 1913 24 Opern nennen. Die Zahl der Dramatisierungen ist noch größer: Im westlichen Kulturkreis gibt es über siebzig! Zu nennen wären z. B. Ludwig Uhland (1807/10), Paul Heyse (1850), Martin Greif (1892), Gustav Renner (1909), Silvio Pellico (1814), Giovanni Cesareo (1906), Nino Berrini (1924), Constant Berrier (1827), Francis M. Crawford (1901), Stephen Phillips (1899), José Echegaray (1881), Maurice Maeterlinck (1892) oder George H. Broker (1855), wobei die Autorennennung von Deutschland über Italien, Frankreich, England, Spanien, Belgien zu den USA führt. Gabriele D'Annunzio setzte die 'Affäre' in eine Tragödie um, und Gabriella DI PAOLA (1990) zeigte, wie sehr dessen *Francesca da Rimini* (1902) von dem Willen geprägt ist, gerade Dantes sprachgewaltige Poesie modern nachzubilden (s. auch BALDELLI 1999).

7.6 Ulisse oder die „*maßlose Sehnsucht nach Wissen*"

Während Francesca und Paolo die grenzenlose Gewalt der Liebe erleb(t)en, verkörpert Dantes Ulysses (vgl. *Inf.* XXVI) eine ebenso vehemente Macht: die eines ungezügelten Wissensdranges, für den der antike Protagonist tief in der Hölle -im achten Ring der Malebolge-Grube- bestraft wird, was nicht ohne weiteres einzusehen ist: „Dantes Ulysses ist das Gegenteil des homerischen Odysseus. Heimat, Familie und lokale Herrschaft gelten ihm nichts, er ist zum obsessiven Abenteurer geworden, der von einer unerklärlichen Macht gezwungen wird, den Kreis des Bekannten und Vertrauten zu überschreiten und aufzubrechen ins Ungewisse... Die Glut im Herzen ist eine Umschreibung für den Trieb, dem sich Ulysses gänzlich ausliefert." (ASSMANN 1994: 105-6) Das Schlüsselthema der *DC* ist ja -allegorisch gesehen- der vorwärtsstrebende Mensch, der für sein auf freiem Willen begründetes Handeln Strafe oder Lohn erhält. „Was bedeutet in dieser Perspektive Odysseus? Zweifelsohne ist er eine Verkörperung der menschlichen Vernunft, ebenso wie Vergil. Allerdings versinnbildlicht der 'gute Meister' die 'ratio', die ihre Grenzen kennt und anerkennt. Odysseus ist das Bild der maßlosen Sehnsucht nach Wissen, der Neugierde, der 'experiendi noscendique libido' nach dem Ausdruck von Augustin." (IMBACH 1994: 76)

Diese Gestalt scheint sich schwer in das Gerechtigkeits- und Vernunftsystem der *DC* einzufügen, will dieses gar sprengen, denn „der Bericht von des Helden Ausfahrt ohne Wiederkehr hat auf den ersten Blick wenig zu tun mit der göttlichen Ordnung, die einem jeden seinen Platz im kreisförmigen Labyrinth der Hölle zuweist... Die Leser des 19. und 20. Jh. haben sich von der 'Modernität' des Wissensdranges beeindruckt gezeigt, der Odysseus über die Meerenge von Gibraltar hinaus in das Südmeer treibt." (NEUMEISTER 1994: 200, 202) Der Protagonist schildert selbst, wie ihn Neugier und Fernweh packten, so daß er aufbrach, um 'Großes' (jenseits der 'Säulen des Herkules') zu erleben. Hören wir uns diese maskuline Heldenepisode in der Vermittlung eines weiblichen Übersetzertalentes an!

> „Als ich von Circe schied, die auf der Flucht
> mehr als ein Jahr mich hielt an schöner Küste,
> Gaeta nannt' Aeneas diese Bucht,
> da konnte zügeln nichts mein heiß Gelüste,
> die Welt zu schau'n und aller Völker Art;
> mir war's, als ob ich Alles prüfen müßte!
> .....
> Ich stach in See mit einem Schiffe nur
> und wenigen Gefährten, aber treuen,
> mit denen ich das Mittelmeer durchfuhr,
> bis Spanien, bis Marocco...
> .....
> Bald strahlten uns des andern Poles Sterne,
> und auf der Meeresfläche schwammen dort
> am Horizont des Nordpols Feuerkerne.
> .....
> ...da stieg im Nebelschleier
> vor meinem Blick (ich spähte Tag und Nacht)
> ein Berg empor, steil, dunkel, ungeheuer.
> Schon freut' ich mich, doch fuhr ein Sturm daher
> vom neuen Land, der Wandung brach und Steuer.
> .....
> Der Bug fuhr abwärts! Sieh', da schloß das Meer
> sich über uns, wie's der gewollt da droben."
> *[üb. Sophie HASENCLEVER 1889]*

Ulisse, der die Grenzen der (damaligen) Welt mißachtete, darf der Anerkennung seines Mutes sicher sein. Als danteske Gestalt hat er einen eigenen Forschungszweig hervorgebracht. Das zeigt z. B. der Essayband 'Lange Irrfahrt – Große Heimkehr. Odysseus als Archetyp' (ed. FUCHS 1994). Der selbst um grenzenfreie Erkenntnis und Anerkennung bemühte Dante hat den Seefahrer aus der homerischen Antike gelöst, hat ihn zu einem persönlichen und neuen Mythos gestaltet, dessen Aussagekraft ungebrochen blieb. Der Grieche markiert den Aufbruch des Menschen zu ersehnten anderen Welten.

Dante loziert 'Odysseus' in die Hölle, weil er nach mittelalterlichem Dafürhalten tadelnswert war. Er hat als mahnendes Exempel für die Folgen eines Tabubruches zu dienen: „Es fällt nicht schwer, von der Verurteilung des Odysseus durch Dante eine Brücke zur Gegenwart zu schlagen: Die medizinischen Experimente im Umkreis der Konzentrationslager..., ihr verbrecherischer Charakter, die beunruhigenden Perspektiven, die sich aus der heutigen Genetik und der pränatalen Gynäkologie ergeben, oder die apokalyptischen Möglichkeiten, welche die moderne Waffenforschung eröffnet." (KLESCZEWSKI 1988: 27)

Die von Dante adaptierte Mythengestalt gewinnt zusätzlich an Tiefe, wenn man sie -wie STIERLE vorschlägt- in Verbindung mit des Dichters eigener Person sieht, der seine Erfüllung ebenfalls in einer abenteuerlichen Reise ins Unermeßliche sucht: „Nicht in der Weltorientierung noch in der Selbstorientierung findet Dante letztlich seine Rettung, sondern im Werk. Nicht Antwort, sondern Darstellung ist seine Lösung aus der Verwirrung seiner Lebenssituation." (1988: 154)

Modernität und Ideenspektrum dieser Figur bemühte sich Luigi Dallapiccola (1904-75) in einer Oper auszudrücken (zu seinem 1968 in der Deutschen Oper Berlin uraufgeführten *Ulisse* s. KÄMPER 2001). Daniela MESSINEO (1994) untersuchte den Stoff und seine Entwicklung im Zusammenhang mit italienischer Literatur vom Mittelalter bis zur Neuzeit an Autoren wie Ugo Foscolo (1778-1827), Cesare Pavese (1908-50), Umberto Saba (1883-1957) und Primo Levi (1919-87). Weitere Studien liegen von ROSS (1989) und DUNKER (1996) vor. Einen Forschungsbericht über die ontologisch, politisch, moralisch oder psychologisch ausgeformte Gestalt verfaßte KABLITZ (2001).

Zu den vorausgehenden Kap. 7. bis 7.6 -welche das **Figurenpersonal** der *DC* behandeln- s. im Studienführerteil die bibliographischen Abteilungen **61**: Themenumfassende MONOGRAPHIEN zur *DC*, **62**: Themenspezifische MONOGRAPHIEN zur *DC*, **63**: AUFSATZBÄNDE zur *DC*, **64**: AUFSÄTZE zur *DC* mit zentraler Thematik.

8. ERZÄHLFLUSS IN SUGGESTIVER VERSREDE: „*Il genio della 'terza rima'*"

Es ist gattungsgeschichtlich undenkbar, daß Dante auf die Idee hätte kommen können, sein Werk in Prosa zu verfassen. Für seine Botschaft kam allein Versrede in Frage, mit der er die epische Tradition seines Vorbildes Vergil fortführen wollte. Nur ein 'überstrukturierter', semantisch polyvalenter und symbolischer Text - Dichtung also- konnte auf allen Ebenen Erkenntnisse speichern, die er als 'poeta vates' zu verkünden bestrebt war. Deshalb ging es ihm poetologisch und metrisch darum, sich aus dem schon ansehnlichen Fundus des jungen italienischen oder romanischen Poesieschrifttums ein für sein einmaliges Projekt adäquates Metrum zu besorgen oder etwas Geeignetes neu zu entwerfen. Dante entschied sich für letzteres: „Es gehört mit zum Ruhme Dante's, das Versmass der *DC*, welches in glücklicher Combination Ruhe und Bewegung vereinigt, selbst erfunden zu haben." (SCHNEIDER 1869: 4)

Der Erfolg einer Dichtung, gerade aber der der *DC* ist mit der Wahl des Metrums und der Strophik verknüpft. Dante hinterließ ein harmonisches und stringentes Poesiemonument: „Leggendo la *Commedia* si ha l'impressione di un procedere spedito e in pari tempo saldo. I versi e le terzine, anelli di una catena dalla perfetta saldatura, si susseguono con inevitabilità. L'impressione è certo dovuta all'ispirazione omogenea del poema; ma il mezzo materiale di questa andatura unicamente dantesca è lo 'schema strofico' della *Commedia*: il genio della 'terza rima'." (WLASSICS 1975: 9)

Dante erfindet -möglicherweise in Anlehnung an die beiden lebendig reimenden Terzette des Sonetts (welche auf zwei gemächlichere Quartette folgen)- die fortlaufende, variierend gereimte Dreizeilerstrophe, deren alleinige Versform der Elfsilber (endecasillabo) ist: „Die Terzine ist ein Maß, welches durch die göttliche Komödie berühmt geworden ist; sie verrät ihren romanischen Ursprung durch das complicierte Reimgesetz." (Sophie HASENCLEVER 1890: XXXII) Die dreizeiligen Strophensequenzen treiben rhythmisch und klangvoll das faktenreiche Geschehen unablässig und systematisch voran. Es sind „lebhaft bewegte Terzinen, aus denen man das stetige Vorwärtsschreiten des Wanderers herauszuhören glaubt." (GÜNTERT 1989: 11)

Zu diesem Kap. **8** und den folgenden Kap. **8.1** und **8.2** -welche **die metrisch-poetische Beschaffenheit** der *DC* behandeln- s. im Studienführerteil die bibliographischen Abteilungen **61**: Themenumfassende MONOGRAPHIEN zur *DC*, **62**: Themenspezifische MONOGRAPHIEN zur *DC*, **63**: AUFSATZBÄNDE zur *DC*, **64**: AUFSÄTZE zur *DC* mit zentraler Thematik.

8.1 Metrum und Syntax: „*Eccezionale ricchezza di schemi ritmici*"

Von Logik getragene Syntax muß in der *DC* tausendfach eine erfolgreiche Sinn- und Klanggemeinschaft mit der Musikalität des Metrums eingehen. Der Satzbau ordnet sich spielerisch in die Versrede ein: Dante paßt jeden Gedanken mühelos dieser einzigen Zeilenstruktur seiner langen Dichtung an. Das Ergebnis ist ein ununterbrochener Erzählfluß.

Daß der Elfsilber das Gütezeichen italienischer Nationalpoesie bleibt, ist der von ihm selbst gestellten, meisterhaft bewältigten Herausforderung zuzuschreiben, nur mit einem Vers tausendfach zu jonglieren. Der 'endecasillabo' erweist sich als flexibler Grundstoff für poetischen Ausdruck! Vor der *DC* war dieser Vers in seiner Struktur unstandardisiert. Bei den Sizilianern, den Pionieren der italienischen Poesiegeschichte, konnten noch fast alle Silben -die vorletzte ausgenommen- Betonung tragen, so daß rhythmisch wechselhafte, unruhige Gebilde entstanden. Dante schält drei Betonungsmuster heraus, die maßgeblich bleiben: Die Hauptakzente liegen entweder auf den Positionen 6+10, 4+8+10 oder 4+7+10: „La *DC* dovrebbe così rappresentare l'ultimo e definitivo passo verso la stabilizzazione dell'endecasillabo e costituirne insieme la prima e decisiva pietra miliare. Ma non meno importante e significativo risulta un secondo fatto: la frequenza dei tre tipi di endecasillabi in Dante e negli altri poeti." (FASANI 1992: 12)

Trotz jener geordnet melodischen Grundartikulation ist jeder der prinzipiell gleich gebauten Verse anders in Gestaltung, Musikalität und Semantik! Ebenso variationsfähig ist Dante in Gedichten seiner *Rime* -von den Petrosen abgesehen- keineswegs, denn in der *DC* hat er nur ein Metrum zur Verfügung: „La poesia di Dante è principalmente, e si potrebbe dire quasi unicamente, la poesia della *Commedia*, perché nella *Commedia* egli giunse tutt'insieme alla piena originalità e all'eccellenza artistica." (CROCE ³1922: 33)

Bei aller syntaktischen und innermetrischen Vielfalt ist das rhythmische Profil in jeder 'cantica' grosso modo konstant, was Pier Marco BERTINETTO (1973) in seiner computergestützten Turiner Dissertation nachwies; wie ein Dirigent achtet Dante auf das Gleichgewicht zwischen Syntaxerfordernis und Versbau: „La versificazione dantesca, caratterizzata da un'eccezionale ricchezza di schemi ritmici, si distingue per la costante attenzione che l'autore pone nell'orchestrare l'andamento prosodico con opportuni ricorsi periodici." (157) Klanglich ist die *DC* also ein ebenso diszipliniert homogenes wie abwechslungsreich buntes Werk, eine von unsichtbarer Hand geleitete Symphonie!

8.2 Versschlüsse: *„Ein sinnliches Verlangen nach dem Reim"*

Als Dante lebte und dichtete, wurden in allen romanischen Literaturen Reime verwendet. Für den Florentiner war es ausgeschlossen, seinen Versroman reimlos zu gestalten, wie das bei der von ihm im Auge behaltenen Epik der lateinischen Antike ganz, bei der mittellateinischen Dichtung teilweise der Fall war; aber dort galt es, die Sprachbeschaffenheit zu berücksichtigen. Erst spätere Epochen der europäischen Literatur pflegen reimfreie Versschlüsse, und das 20. Jahrhundert wird dann den 'freien Vers' hervorbringen. Für den Autor der *DC* stellte sich nur die Frage, w i e er das schwierige Problem der richtigen Reimwahl und -gestaltung bei einem Korpus von über 14.000 Versen lösen sollte.

Die in der *DC* dreimal wiederholten, nie überstrapazierten Reime (aba bcb cdc...) bilden geschlossene Lautfamilien, die ein akustisches und visuelles Mitverfolgen des Textverlaufs erleichtern. Wahl der Reime sowie Disposition und Variation unterliegen strengen Gesetzen, deren kunstvolle Prinzipien erst ein genaues Hinsehen enthüllt. Es zeigt sich dann, daß Dante jede banalisierende Wiederholung vermeidet: „È noto che in ogni canto della *Commedia* non si registrano, salvo alcune eccezioni, ripetizioni di rima. E tali eccezioni sono così scarse che viene naturale pensare ad una nuova regola stilistica voluta da Dante in aggiunta alle tante novità del poema." (TURELLI 2002: 507) Das der *DC* zugrunde liegende Phänomen des Dreiklangs bzw. einer inhaltlichen und strukturellen Triplizität wiederholt sich vielfach. Denn alles Triadische -vom mikrotextuellen Baustein der Terzine bis zur Dreiheit der Jenseitsreiche- spielt auf die Trinität an, deren Willen die Welt erschuf, und eben sie soll manifest verherrlicht werden.

Von den metrischen Kunstgriffen sei zunächst das Phänomen erwähnt, daß sich alle Reime dreimal wiederholen, daß dies aber nicht zu Beginn und am Schluß eines Gesanges der Fall sein kann, wo nur zweimal gereimt wird, was eine symbolhaft dialektische Spannung ergibt: „Dante's poem... begins and ends in duality, for there can be no memory in the first instant nor any further expectation at the last. Like the Hegelian dialectic, its modern analogue, *terza rima* represents a model for the synthesis of time and meaning into history." (FRECCERO [2]1986: 271) Sehen wir dazu Anfang und Ausklang des Eröffnungsgesanges des *Paradiso* an:

La gloria di colui che tutto **move**	Die Glorie dessen, der mit seinem **Finger**
per l'universo penetra, e *risplende*	Bewegung schafft, durchdringt das All und *gleißt*
in una parte più e meno **altrove**.	An einer Stelle mehr und sonst **geringer**
Nel ciel che più de la sua luce [p]rende	Im Himmel, der ihr Licht am klarsten *weist*,
fu' io, e vidi cose che ridire	Hab ich geweilt; und Dinge sah ich viele,
né sa né pò chi di là sù *discende*;	Die wiedersagt kein heimgekehrter *Geist*.
.....	.....
«Non déi più amirar, se bene estimo,	»Nicht staune mehr, wenn recht ist die Erwägung,
lo tuo salir, se non [come]d'un *rivo*	Daß du steigst auf, als wenn des Baches *Lauf*
se d'alto monte scende giuso ad imo.	Den Berg hinunter richtet die Bewegung.
Maraviglia saria in te, se, *privo*	Solch Wunder wär es, stiegst du nicht *hinauf,*

d'impedimento, giù t*i* fossi **asiso**.   Der Fesseln ledig, sondern hocktest **nieder**,
com' matera quieta in foco *vivo*».   Als loderte das Feuer nicht mehr *auf*!«
Quinci rivolse inver' lo cielo il **viso**.   Zum Himmel wandte jetzt den Blick sie **wieder**.
[Par. 11-6 bzw. 136-42 ed F. **SANGUINETI** *2001]*   *[üb. Wilhelm G.* **HERTZ** [1] *1955]*

Strukturell, metrisch und klanglich wird durch diese Dualität das Alpha-et-Omega-Prinzip der Schöpfung Gottes zitiert, der die *DC* überall huldigt.

Zu Reimvolumen und -qualität stellte Alfonso DI SALVIO fest, daß Dante keine ungewöhnlichen Verbindungen anstrebt, sondern traditionelle Wege sucht und klangkonsolidierend wirkt: „The rhyme shows that Dante did not depart from the accepted customs of his times and did not even avail himself of all the conceits and artificiality of his predecessors and contemporaries." (1929: 119)

Hören wir, was ein russischer Dichter -ein Künstler, der unter Stalin litt und in einem Lager in Wladiwostok starb- in seinem 1933 entstandenen 'Gespräch über Dante' zur Wirkung seiner Verse sagte: „Großartig ist der Vershunger der alten Italiener, ihr raubtierhafter, jugendlicher Appetit auf Harmonie, ihr sinnliches Verlangen nach dem Reim! Würden wir lernen, Dante zu hören, so würden wir das Reifen der Klarinette und der Posaune erfahren, wir würden die Verwandlung der Viola in die Geige und das Ventil des Waldhorns sich verlängern erleben... Würden wir Dante hören, so würden wir unverhofft in einen Kraftstrom eintauchen, der als Ganzes Komposition heißt, in seinem Teilaspekt aber Metapher... Dantes Verse sind geologisch formiert und gefärbt. Stellen Sie sich ein Denkmal aus Granit vor, das zu Ehren des Granits und gleichsam zur Offenbarung seiner Idee errichtet wurde – so erhalten Sie eine klare Vorstellung davon, wie bei Dante Form und Inhalt zusammenhängen." (Ossip Emiljewitsch MANDELSTAM [1891-1938], üb. Ralph DUTLI 1991: 115, 120, 127)

Metrikregeln vereinigt Dante mit den Gegebenheiten der Syntax und Erfordernissen des Reimklangs zu einer literarischen Kunst, mit der er Inhalte unterstreicht, autonomen Ausdruck kreiert (vgl. BECCARIA 1975). Von den gut erzählten Ereignissen abgesehen, ist es die Musikalität, die begeistert und die *DC* zu einem konzerthaften Erlebnis macht. Das Schwingen der am Schluß mit einem akustischen Highlight versehenen Verse innerhalb der geregelt schönen Sprache ist Musik. Von ihr versteht Dante viel: „L'esperienza musicale in Dante è veramente un'esperienza intellettuale ed emotiva completa, connaturata alla sua stessa ispirazione poetica, e un grande documento storico-estetico nei confronti della musica di quegli anni." (SALVETTI 1988: 40)

Zu den vorausgehenden Kap. **8.** bis **8.2** -welche **die metrisch-poetische** Substanz und **Beschaffenheit** der *DC* behandeln- s. im Studienführerteil die bibliographischen Abteilungen **61**: Themenumfassende MONOGRAPHIEN zur *DC*, **62**: Themenspezifische MONOGRAPHIEN zur *DC*, **63**: AUFSATZBÄNDE zur *DC*, **64**: AUFSÄTZE zur *DC* mit zentraler Thematik.

9. SPRACHE UND STIL: *„A victory over silence and meaninglessness"*. Ein Mosaik aus Stilblumen, ein Bilderfeuerwerk zum Lob des Italienischen

„Die sprachliche Leistung Dantes heißt nicht *De vulgari eloquentia*, sondern *Divina Commedia*. Nur kraft seines großen Gedichtes kann er als Vater der italienischen Schriftsprache gelten. Aus einer literarisch noch unerzogenen Sprache, fast ohne Vorbereitung, ist dieses Riesenwerk wie ein granitener Gebirgsstock senkrecht aus sandiger Ebene emporgetrieben. Es überragt noch heute schlechthin alles, was vorher und nachher aus derselben italienischen Sprache ans Licht gebracht wurde. Freilich man findet hier ungefähr dieselben Bestandteile wieder, die auch sonst in den zeitgenössischen Sprachdenkmälern vorkommen: nämlich vorwiegend mittelitalienisches, d. h. toskanisches Sprachgut, untermischt mit Latinismen, Provenzalismen und einigen mundartlichen Einsprengungen aus dem italienischen Süden, weniger aus dem Norden. Aber Sprachgewalt und Sprachgefühl sind etwas wesentlich anderes als grammatische Schulung." (VOSSLER [1]1921; 1965: 176-7)

Dante verwendet ein bisweilen archaisch wirkendes, aber klares Volgare, das der italienischsprechenden Welt nie fremd vorkam. Dabei steht er noch pionierhaft suchend am Anfang der nationalen Sprachentwicklung, denn er ist ein Autor der alten Literatepoche Italiens! „Die Herausbildung der italienischen Nationalsprache ist unmittelbar mit Dante verbunden. Sprachforscher wie Literarhistoriker sahen immer wieder ein Charakteristikum der italienischen Situation darin, daß es die sprachlich-literarische Gestaltungskraft eines genialen Dichters war, die den Italienern zu einer nationalen Hochsprache verhalf." (BAHNER 1966: 3) Den Sieg über die 'alte' Sprache erringt Dante in einem 'mittleren' Medium, dem Italienischen, in welchem Stilerfahrungen, wie sie am Lateinischen jahrhundertelang ausprobiert wurden, noch neu sind. Er verwendet erstmals alle Register einer ihm stets gelingenden Textbaukunst und gestaltet dabei ein unaufhörliches Stilfeuerwerk: „Auf dem Wege der dichterischen Gestaltung vermittelt die *DC* in einer göttlichen Bildersprache ein an sich Bildloses, Nicht-Sinnliches: das allem Vergänglichen zugrunde liegende Unvergängliche, Ewige in seiner objektiven Ordnung." (GRETHER [2]1977: 38)

Zu diesem Kap. 9 und den folgenden Kap. 9.1 bis 9.4 -welche **die rhetorisch-stilistische Substanz** der *DC* behandeln- s. im Studienführerteil die bibliographischen Abteilungen 61: Themenumfassende MONOGRAPHIEN zur *DC*, 62: Themenspezifische MONOGRAPHIEN zur *DC*, 63: AUFSATZBÄNDE zur *DC*, 64: AUFSÄTZE zur *DC* mit zentraler Thematik.

9.1 Sieg über die *'ineffabilità'*

Die *DC* ist die Überwindung des Zustandes der Unsagbarkeit (it. 'ineffabilità', engl. 'ineffability'). Der Dichter ringt mit der Sprache. Seine Arbeit ist „struggle of language to speak about dimensions of reality which are ineffabile, that is, which lie 'outside' the powers of speech." (HAWKINS 1984: 1) Einem Autor stellt sich oft das Problem, noch nie Gesagtes oder Unsagbares literarisch darzustellen, aber Dantes Vergegenwärtigung des Jenseits -sein Sprechen über Gott, das Paradies, die Hölle, Orte der Läuterung- betrifft außerhalb menschlicher Erfahrung Liegendes. Genau dies will er nachvollziehbar machen. Dantes Buch ist daher eine große, sprachgewaltige Aussage, wiewohl man es auch als Meisterwerk kunstvollsten Schweigens ansehen kann (vgl. COFANO 2003).

9.2 Ein Gesamtkunstwerk aus mosaikartigen Texturen

Die *DC* ist ein monumentales Gefüge von kompakter Makrostruktur, aber auch ein großes Mosaik aus kleineren Verfahren und Variationen künstlerischen Ausdrucks. Das mit winzigen Steinen operierende Kunsthandwerk mag Dante veranlaßt haben, sein Werk aus leuchtenden Bauelementen -Stilblumen von sprachlichem Glanz- zusammenzufügen. Denn die *DC* entsteht auch in Ravenna, wo er die byzantinischen Mosaikflächen in S. Vitale, im Mausoleum der Galla Placidia oder in S. Apollinare in Classe sieht (s. hierzu GRAF 1965).

Sein Material ist die Sprache, seine Technik die Versrede. Beides ist immer gleich. Dennoch arbeitet Dante mosaikartig abwechslungshaft! In der Hölle treffen wir auf einen anderen Sprachhabitus als im Fegefeuer oder Paradies. Von Erlebnis zu Erlebnis -und die *DC* ist ereignisreich- zieht er stets neue Sprach- und Stilregister, formt Vers, Duktus, Vokabular oder Artikulation unterschiedlich. Wir finden überall prägnante Syntaxmuster, die eine treffsichere Lexik umschließen. Man sollte zu der älteren Monographie von Luigi MALAGOLI 'Linguaggio e poesia nella *DC*' (1949) greifen, um zu erfahren, wie Dante Wortschatz und Grammatikkosmos der Muttersprache dominiert und all dies zur Poesie macht: „È in Dante un gusto del sostantivo; il sostantivo esercita un'azione sul tessuto generale dell'espressione, pur non rilevandosi di per sè." (9) Ein solches Statement -mit ihm eröffnet Malagoli sein an Intuition reiches Buch- ließe sich heute nicht mehr publizieren, weil es linguistisch schwer vertretbar wäre, aber dennoch erfaßt er präzise den von grammatischen Kategorien ausgehenden Impetus, der Dantes Sprache trägt und den Sinn in große Höhen hebt. Substantive sind tatsächlich Motoren syntaktischer Sprachschöpfung, wie auch Subjekte im Zentrum des Weltgeschehens stehen können.

Der Dichter Edoardo SANGUINETI (1966, 1980) zeigte, daß Dantes Realismus gerade durch seine effektvolle Stilproduktivität entsteht. Die *DC* wurde daher für das Italienische ein sprachförderndes Buch, so daß heute in Italien manche Passagen daraus geflügelte Worte geblieben sind.

Innovativ kreiert und sicher integriert Dante Neologismen, Umgangssprachliches, Regionalismen, Dialektales aus Sizilien, der Toskana oder Norditalien. Er läßt spar-, aber wirksam Lateinisches einfließen, breitet, neugierig machend und Kompetenz zeigend, wissenschaftliche Termini aus, erzeugt gewagte Bilder und malt suggestiv mit Lauten, Klängen, Rhythmen.

Fremde Sprachen oder besondere Sprechweisen benutzt er, um ungewöhnliche Situationen zu produzieren. Der Troubadour Arnaut Daniel stellt sich Dante im Purgatorium vor, indem er sein damals geschätztes Provenzalisch verwendet: *„Tan m'abellis vostre cortes deman, / qu'ieu no me puesc ni voill a vos cobrire. / Ieu sui Arnaut, que plor e vau cantan."* (*Purg.* XXVI 140-42) Den Babylonier Nimrod hören wir in der Hölle 'Kauderwelsch' reden: *„Raphèl maì amècche zabí almí"* (*Inf.* XXXI 67). Den byzantinischen Kaiser Justinian läßt Dante im Paradies gewichtige Dinge zwar auf Italienisch, aber im stilistischen Habitus seines Corpus iuris civilis vortragen (*Par.* VI).

Das *Inferno* mag als Darstellungsaufgabe noch relativ leicht zu entwerfen gewesen sein, weil es um konkrete Räume der Bestrafung ging. Aber die Menschen sind ja phantasieproduktiv, wenn es um das Böse geht! Seine Sprachmeisterschaft muß im abstrakten *Paradiso* beispiellos erfinderisch sein, weil er jetzt Unfaßbares vorstellbar zu machen hat: „If *Paradiso* abounds in avowals of ineffability, it abounds also in neologisms. New words, that is, created to express the (formerly) inexpressible, and thus to redraw the boundaries of language, giving practical proof that ineffability can be counteracted or even diminished. Every time Dante 'poeta' coins a neologism, he wins, and celebrates, a victory over silence and meaninglessness." (BOTTERILL 1994: 252)

Die Darstellung Gottes ist ein großes lexikalisches und phraseologisches Problem. Dante muß dazu auf einfallsreiche Vermittlungsmodi rekurrieren: „Es sind immer wieder Gottesumschreibungen, bei denen man auf formelhafte Verkürzungen weit gespannter theologischer Begrifflichkeit stößt. Dreizehnmal wird Gott in der *Commedia* mit 'bene' umschrieben... Dantes Kunst der Verkürzung wird immer dann besonders deutlich, wenn eine in den Quellentexten schon vorgegebene Konzentration noch gesteigert wird." (FELTEN 1972: 103-4)

9.3 Klangreiche Rhythmen: vehementer Ausdruck inneren Erlebens

Die Kunstphänomene in Dantes poetischer Sprache sind allesamt klassifizierbare Verfahren. Es sind darunter auch 'natürliche' Dinge, die in der Sprechfähigkeit oder Ausdrucksweise des Menschen begründet liegen und die wir mit unserer verbalen Kommunikation aktualisieren, ohne Dichter zu sein! Dazu gehören simple, suggestive Lauteffekte -Sprache funktioniert ja über phonische Artikulation-, mit denen man Fakten oder Situationen zur Wahrnehmung manifestiert. Viele solcher Stilistika stellte Martha AMREIN-WIDMER in ihrem Buch 'Rhythmus als Ausdruck inneren Erlebens in Dantes *DC*' (1932) zusammen. Ihm entnehmen wir Beobachtungen wie die zur folgenden Episode, in der das Ich -wie oft im von Lichtströmen durchfluteten *Paradiso*- ein Erleben plötzlicher Helle schildert:

> Come sùbito lampo che di*s*cetti
> li spiriti visivi, sì che priva
> da l'atto l'oc[c]hio di più forti obietti,
> così m*i* circonfulse luce viva,
> e lasciomm*i* fasciato d*i* tal velo
> del suo fulgor, che nulla m'appariva.
> *[Par. XXX 46-51, ed.* SANGUINETI *2001]*

Der Vers 47 ist mit den hellen i-Lauten geeignet, unvermutet hervorbrechendes Licht in Anlehnung an hörbare Vorgänge des Schrillen oder taktile Empfindungen des Spitzen/Stechenden synästhetisch nachvollziehbar zu machen.

Inständiges Bitten -emotionsgeladene, seelische Motive also- signalisieren die ein quälendes Pressieren und emphatisch Nachdruck andeutenden Alliterationen mit dem explosiven Laut **p** in folgendem Kontext, der typisch ist für Passagen, in denen sich nach Läuterung sehnende Seelen um Dante drängen, weil sie dessen Aufmerksamkeit, Auskünfte oder spätere Fürbitte erwirken wollen:

> Io sentia voci, e ciascuna pareva
> pregar, per pace e per misericordia,
> l'Agnel d*i* Dio che le peccata leva.
> Pur 'Agnus Dei' eran le loro essordia:
> una parola in tutte era e un modo,
> sì che parea tra esse ogne concordia.
> *[Purg. XVI 16-21, ed.* SANGUINETI *2001]*

Zahlreich sind Situationen, in denen Dante Langsamkeit oder Geschwindigkeit, Angst oder Freude durch rhythmische und lautliche Effekte mimetisiert. Alle Gebiete der Klangkunst und sensitiver Phantasiesteuerung beherrscht er so umfassend, daß die *DC* Grundlage für ein spezielles Stilbrevier abgeben könnte, wie das BECCARIA (1975) mit seinem Repertorium zur virtuosen Vielfalt der Alliterationstechnik und Handhabe anderer Stilfiguren belegte.

Oberflächlich gesehen, scheinen sich manche Textkonstituenten oft und mechanisch zu wiederholen; in Wirklichkeit gehen diese als semantisch variable Phänomene zusammen mit den flexiblen Metrikstrukturen immer neue und unerwartete Sinnzusammenhänge ein: „La *Commedia*, ad un'attenta analisi, è intessuta su figure ritmico-sintattiche ripetibili... La varia fenomenologia delle figure memorizzabili si impone per un indubbio »preponderare del significante sul significato«... È palese in Dante la forza che usa diffusamente a piegare procedimenti metrici comuni e previsti per fini non previsti." (120, 122, 135)

Bei aller Variationsfähigkeit hat der Florentiner stilistische Präferenzen. Remo FASANI (1986) beobachtete, daß vier rhetorische Prinzipien seine Dichtung wie ein Netz überziehen. Das geschieht so konstant, daß diese Eigenart bei der Rekonstruktion unsicher überlieferter Textstellen hilft: Rekurrenzen (Wiederholungen), Synonyme, Antithesen und Aufzählungen. Es sind manifeste, greifbare, aktive Textbildungsverfahren, die des Lesers oder Hörers Aufhorchen verursachen, ihn neugierig machen und fesseln.

Unser Dichter kennt alle 'Regeln' der Rhetorik, die er nie zu Zwecken bloßer Dekoration verwendet. Die rhetorisch-poetische ist eine überstrukturierte Sprache, die Persuasion anstrebt. Sie will verführen und verzaubern, kann aber auch Sachliches zeigen und überzeugen!

9.4 Vergleiche und Bildlichkeiten: motorisches Erbauen von Welten

„Dantes Bildersprache gleicht einem stattlichen, wohlgegliederten Bau, der gegründet ist auf den Grundfesten des logischen Denkens." (BECK 1895/96: VIII). Ein Hauptmerkmal seiner Vergegenwärtigungstechnik -und immerzu muß der Jenseitswanderer etwas 'von dort' dem Leser hic et nunc begreiflich machen- besteht darin, daß der Erzähler das seinerzeit Erblickte durch Vergleiche aus der realen Welt illustriert.

Die *DC* ist ein Buch fortgesetzten Parallelisierens, das zwei Raumsysteme hervorbringt: Es malt zum einen jenes unbekannte Jenseits aus und führt uns andererseits unser wohlvertrautes Diesseits vor Augen: „Wie mit tausend Fangarmen holt Dantes Sprache die irdische Welt, die Pflanzen, die Tiere, den menschlichen Alltag in die jenseitigen Räume herein, so daß poetisch die Grenze zwischen Irdischem und Überirdischem aufgehoben wird und die Weltfülle neuen Zuwachs erhält." (FRIEDRICH 1955; [2]1967: 42) Das Ganze geschieht unaufhörlich, so daß die *DC* von einem nie still stehenden Vergleichs- und Bildspendermotor angetrieben scheint.

Dante geht mit Bildern, Metaphern, Metonymien, Vergleichen oder Parallelen mehrzweckhaft um: Er komprimiert einen vielfältigen Umstand in wenigen Worten, läßt Szenen aufflammen, wozu der Bruchteil eines Verses ausreicht. Die Äußerung „...*e stetti come l'uom che teme*" (*Inf.* XIII 45) teilt nicht nur mit, daß sich das Ich fürchtet, sondern es wird auch das Plötzliche des Gefühlseinbruchs und die dadurch hervorgerufene Körperhaltung -das Erstarrtsein- angedeutet.

Die *DC* ist reich an syntaktisch als Vergleiche (similitudini, similitudines, similia) vorgetragenen Bildern, die in ihrer Logik, Klarheit, Prägnanz leicht verständlich sind. Denn es wird an bekannte Umstände aus dem Alltag oder der Natur erinnert. Dante hätte Manches in einem Terminus zusammenfassen können, aber ihm ging es nicht nur um Präzision; Poesie leistet mehr: Lebendigkeit, Dramatizität, Menschlichkeit: „Le similitudini dantesche, oltre ad illuminare e rendere plastico l'episodio, lo riducono a tutti accessibile e direi quasi lo umanizzano." (RODOTÀ 1964: 5)

Aleardo SACCHETTO (1947) untersuchte -als einer von vielen- Dantes 'Spiel mit den Bildern', dessen Regeln er klassifizierte; er stellte ein entsprechendes Register zu den drei 'cantiche' zusammen, indem er sich die imaginativ-sprachliche Komprimierung zunutze machte. Wenn man Sacchettos Liste mit Zitaten liest -es sind Einzelverse oder auch nur Fragmente davon-, leuchten vor des Lesers Augen ununterbrochen Bilderblitze auf.

Dante verbindet einfache Stringenz mit komplexer Ausmalung: „What is truely remarkable about Dante's 'similes' is the simplicity of the pictorial context of the image and the concomitant complexity of the field of associations and connections which the image gives. This paradoxical complexity within simplicity is one of the most salient features of Dante's poetry." (LANSING 1977: 167)

Er formt seine Erzählung und sein Ideenspektrum für das Auge und gewährt damit Einsichtnahme in die jenseitige und die tatsächliche Welt, was auch der sogenannte 'modus digressivus' bewirkt (s. Sergio CORSI 1987), den er als ein erweiterndes Beweisverfahren antiker Rhetorik ausgiebig verwendet.

In der Geschichte der Stilkunst oder kunstvoller Literatursprache ist Dantes Poesie Bindeglied zwischen Ästhetik des Altertums und des Mittelalters. Sie ist auch Audruck kreativer Originalität. Die *DC* ist ein Lehrwerk für Stilfiguren und ihre Anwendung, so daß Ernst Robert CURTIUS in seinem Bildungsbuch ([1]1948) oft auf Dante zu sprechen kommt, um zu zeigen, wie europäische Literatur stofflich und stilistisch aus lateinischem Mittelalter geboren, aber auch zu Eigenem wird; so auch bei der Schiffahrtsbildlichkeit, deren Semantik Dante ausschöpft, um seine persönliche schriftstellerische 'Navigation' zu schildern:

Per correr miglior' a[c]que alza le vele	Zu beßrer Fahrt nun spannt, das sich dem Graus
omai la navicella del mio ingegno,	so unbarmherzigen Meeres konnt' entringen,
che lascia dietro a sé mar sì crudele;	die Segel meines Geistes Schifflein aus;
[Purg. I 1-3 ed. F. SANGUINETI 2001]	*[Friedrich Freiherr von FALKENHAUSEN [1]1937]*

Dies ist einer der maritimen Vergleiche in der *DC*, die -stellte man sie zusammen- eine poetische Seefahrtsfibel ergäben. Den Grund für das Einweben zahlreicher

Bildlichkeiten in den Erzähltext erklärte Sharon HARWOOD GORDON mit der vielfältigen theologischen Unterweisungsfunktion: „The *DC* is in many ways a poetic interpretation of Aquinas' thesis that appealing to the physical senses is the first step in leading mortal man to a comprehension of an adherence to theological truths." (1991: 158) Dem Verbildlichungsgenie Dante geht es um Anleitung zur Wahrheitsfindung, die dem Menschen anhand von Reminiszenzen aus seiner Wahrnehmungsrealität leichter fällt.

Das Bilderbuch, das die *DC* wurde, gliederte Yvonne BATART in ihrer Pariser Habilitationsschrift in zwei, von Temperament und Geistigkeit her verschiedene Sinnes- und Sinnbereiche; einerseits sei da die intellektuelle Imaginationskultur der weiblichen Minerva, zum anderen die Dynamik des von Licht und Emotionen erfüllten, maskulinen Apoll. Zu Beginn des *Paradiso* (II 1-15) weise Dante darauf hin, daß die *DC* ein Schiff sei, welches zwei Gottheiten vorantreiben. Damit habe sein Buch zwei Steuerleute: „Comment la sage Minerve et son frère le musicien-poète Apollon se partagent-ils le labeur, à bord du vaisseau qui chante?" (1952 : 10) Das literarische Gefährt erhält also von beiden einen gleichstarken, essentiellen, nautischen Impetus, zu dem sich noch Amor hinzugesellt.

Außer geistigen und ästhetischen Sinnstiftungsbereichen gibt es in der *DC* geometrische Bezüge, welche Böses oder Gutes in konzise Systeme bringen und Dantes Welt als solides Konstrukt veranschaulichen: Kegel, Trichter, Kugeln, Sphären, Kreise, Räder: „There is one image which in itself expresses the pattern of Dante's poem as a whole. It is the image of a wheel or of a point governing a series of concentric wheels. The pattern as it is presented to the reader during the greater part of the journey is a reflection of the Ptolomaic system of astronomy, though it expresses also a spiritual meaning. According to this, the earth is motionless and surrounded by nine revolving spheres.... God is the unmoved centre of nine revolving circles representing the angelic orders as movers of all the heavens above the earth." (RALPHS 1972: 1)

Dantes visuelle Sprache ist mehr als Schmuck! Ein Grundprinzip der antiken Gedächtnislehre (ars memoriae) war, daß Inhalte und Themen vom Redner oder Autor an bestimmten 'Orten' in einer dem Leser als bekannt suggerierten Erinnerungslandschaft eingebracht werden. In Bildern zu denken, ist angenehm, aber auch unumgänglich. Unser Gedächtnis kommt nicht ohne abbildbare Räumlichkeit aus.

Ein besonderes Korpus erstellte Luigi VENTURI (1812-90) aus den in der *DC* vorkommenden Vergleichen. Schauen wir uns seinen 'Bilderatlas' ([1]1874, [3]1911) an, den er in zehn Themenfelder gliederte. Es sind die 'Zehn Gebote' von Dantes visueller Vergleichskunst:

> 1. Il cielo e le sue esperienze,
> 2. L'aria e i suoi suoni,
> 3. Il fuoco e i metalli infocati,

4. L'acqua e le sue trasformazioni,
5. La terra, le piante e i fiori,
6. I raggi e i colori,
7. L'uomo e le sue operazioni corporee, morali e intellettuali,
8. Gli animali,
9. Numero, tempo, spazio, altezza e arduità,
10. Bibbia, mitologia, storia, tradizioni.

Alle mit jenen Fakten oder Phänomenen vollzogenen Parallelen umschließen die universelle Welt: die vier Elemente, Naturerscheinungen, Zeitebenen, Zahlen, Dimensionen, Fauna, Flora, Farben, Mensch, Arbeit, Religion, Mythen, Geschichte, Überlieferungen etc.

Nicht nur im Großen ist Dante ganzheitlich. Er kann dies auch im Kleinen und Einzelnen sein. So widmete Luisa FERRETTI CUOMO (1994) einem einzigen, in sechs Versen vorgetragenen Vergleich mit der erwachenden Natur (*Inf.* II 127-32) ein ganzes Buch, um die Tiefgründigkeit dieser unscheinbaren Stelle auszuloten:

Quali fioretti, dal notturno gielo chinati e chiusi, poi che 'l sol gli 'mbianca, *si drizzan* tutti aperti in loro stelo, **tal mi feci io di mia vertù [i]stanca;** e tanto buono ardire al cuor mi corse, ch'io cominciai come persona franca... *[Inf. II 127-32 ed. F. SANGUINETI 2001]*	**Wie Blümlein,** welche vor dem Frost der Nacht den Kelch gesenkt, verschlossen, **sich erheben** und öffnen, wenn die Sonne ihnen lacht, **so fühlt' ich meine Kraft sich neu beleben,** in meinem Herzen neuen Muth erglüh'n daß ich begann, befreit von allem Beben... *[üb. Bernd von GUSEK [1]1840]*

Mit dem Gedanken „*Quali fioretti, dal notturno gielo / chinati e chiusi...*" eröffnet Dante ein Szenario, welches einen nach tiefster Mutlosigkeit wieder Hoffnung schöpfenden Menschen präsentiert, der auflebt, wie das nach eisiger Nacht zarte Blumen tun, wenn sie morgens die Sonne grüßt. Diese Parallele versinnbildlicht auch das bevorstehende Unternehmen, eine nie zuvor von einem Menschen gesehene Welt zu betreten. „La similitudine è uno dei modi fondamentali del linguaggio poetico della *Commedia*, nodo significativo in cui convergono ed interagiscono i diversi livelli del discorso dantesco." (FERRETTI CUOMO 1994: 1)

Dantes Vergleiche lassen immer eine bestimmte Atmosphäre entstehen, in der eine Szene abzulaufen hat. Zu Beginn des Vorpurgatoriums ist da eine Seelenschar, die hoffend und geduldig, aber hilf- und ahnungslos auf die Weiterreise zum Läuterungsberg wartet. Sie wird dadurch zusätzlich verunsichert, daß einer kommt, dessen Körper unerklärlicherweise Schatten wirft, also nicht tot ist! Der Dichter schildert sie als eine Herde von Schafen. So kann sich jeder Leser selbst von allem eine lebendige Vorstellung machen. Denn das Verhalten einer sich zusammendrängenden Schafherde ist uns bekannt:

Come le pecorelle escon del chiuso ad una, a due, a tre, e l'altre stanno timidette aterrando l'occhio e 'l muso; e ciò che fa la prima l'altre fanno,	**Wie** schafe aus dem gehege drängen, einzeln, zu zweit, zu dritt, und die andern stehn ängstlich, aug und schnauze am boden, und was das erste tut, das tun auch die andern, rücken an rücken gedrängt wenn jenes

adossandosi a lei, s'ella s'aresta,
simplice e quete, e lo 'mperché non sanno;
sì vid' io mover a venir la testa
di quella mandria fortunata allotta,
pudica in faccia e ne l'andare onesta.
[Purg. III 79-87 ed. F. SANGUINETI 2001]

stehnbleibt, schlicht und still und ohne das warum
zu kennen, so sah ich jetzt die spitze jener
beglückten herde sich gegen uns bewegen,
schamhaften angesichts und ehrbaren ganges.

[Prosaüb. Georg Peter LANDMANN [1]1997, [2]1998]

Seine effektvollen Vergleiche trägt Dante nicht beliebig oft vor; er geht mit ihnen sparsam und gezielt um. Wie in jedem 'canto' nur eine neue Figur zentrale Wirkung erhält, wird darin in der Regel eine facettenreiche 'similitudo' vorgetragen, und zwar an unterschiedlicher Stelle: Sie ist eine hellhörig machende Einführung in eine neue Reiseetappe, dient zur Unterstreichung eines erzählerischen Höhepunktes oder ist effektvoller Ausklang einer Szene.

Zu den 'similitudini' ist ein eigener Forschungszweig entstanden. Juan VARELA-PORTAS DE ORDUÑA (2001) machte drei internationale Richtungen aus. Gemeinsam ist ihnen die Erkenntnis, daß die *DC* ein ikonisches Buch ist und sich über Bilder aufschließt: „Abbiamo cercato di mostrare la straordinaria capacità dantesca di concentrare in un'immagine (cioè in pochi versi) tutto un complesso intreccio ideologico, usando un meccanismo letterario che sorprende per la sua economia espressiva e la sua profondità funzionale... La *DC* si rivela come un testo sostanzialmente iconico in cui l'immaginazione che legge dev'essere il fondamento su cui costruire ogni tentativo di comprensione intellettuale." (1125) Claudia Sebastiana NOBILI (2001) stellte fest, daß Dante bei seiner Vergleichstechnik wohl das materielle Repertoire der mittelalterlichen Exempelliteratur aufgreift, aber den vorgefundenen Stoffen stets eigene Wendungen abgewinnt.

Dante bietet mit seiner *DC* eine Illustration der Schöpfung. Dies geschieht durch eine lange Sequenz von Einzeldarstellungen. Wie die beschriebene Welt eine einzige, wiewohl artenreiche ist, so ist auch dieser ikonische Kosmos vielfältig und farbig. Dennoch läßt sich alles an ihm auf ein Zentrum zurückführen: „Every portion of the poem and every kind of matter in it... enters into its central theme of the human condition... Each portion yields its own images or systems of interrelated images. These are so intricately woven and over such a length of cantos that one has at the beginning the impression of an endless, receding vista to be explored. But... Dante's images spring all from one centre, or circle round it in many connected strands, forming a single brilliant web." (BRANDEIS 1960: 14)

Als Maler mit Worten ist Dante ein genuiner Interpret seiner Epoche. Für die Menschen des Mittelalters ist alles Erfahrbare Ausdruck einer unter einem Schleier verborgenen Wahrheit, die er als 'poeta doctus' hermeneutisch aufzuschlüsseln hat. Seine Gleichnisse sind ein zeigendes Enthüllen von Zusammenhängen der Wirklichkeit, die ihren Sinn in Gott, dem Quell aller Bilder, erfüllt.

Der überall symbolisch operierende Dante ist zusätzlich ein Realist, der Wirklichkeit gegenüberstellend in Augenscheinlichem einfängt. Zu dieser Perspektive mußte er sich erst hinentwickeln: „Der 'Realismus' Dantes ist Ausdruck einer antiidealistischen Krise nach der *VN*... Er geht einher mit dem Drang nach Didaktisierung und Visualisierung, der eine Grundvoraussetzung für die Abfassung der *DC*, zumal des *Inferno*, darstellt, wo er etwas Unerhörtes und nie Geschautes, eine christliche Nekyia, erzählt." (HAUSMANN 1987: 35-6)

Dante ist ein scharfer Beobachter, der das von ihm Gemeinte kühn in Sprache gibt. Er gewichtet und modifiziert überlegt: Das *Inferno* enthält die meisten Tiervergleiche (vor allem mit abstoßenden Kreaturen); im *Purgatorio* wird oft auf Krankheiten verwiesen, denn alle Sünder sind mit einem Makel behaftet; und im von Erlösten belebten *Paradiso* dominieren heitere Lichtbildlichkeiten. So erhalten die drei Teilwelten eine eigene atmosphärische Struktur.

Spannend Erzähltes und kunstvolle Sprache- bewirken, zusammen, den Zauber dieser 'Poesie', dem sich niemand entziehen kann. Dieser bleibt -trotz aller wissenschaftlicher Analysebemühungen- ein Geheimnis, für das der französische Lyriker Franc DUCROS eine mittelalterliche Bildlichkeit nahm, die er in einer poetischen Monographie (1997) auf Dantes Dichtung applizierte; er verglich sie mit dem (verführerischen) 'Duft des Panthers' (L'odeur de la panthère), den jenes Tier -einer in den Bestiarien vertretenen Auffassung gemäß- ausstrahle, wenn es gejagt wird und sich in eine Grotte zurückgezogen hat: „Elle exhale alors une odeur suave. La langue est cette panthère. La parole de poésie se lance en avant d'elle-même, vers la langue toujours future que sa tâche est d'inventer, mais dont nous ne percevrons, loin devant nous, que l'odeur. Dante n'aura pas cessé d'illustrer cette parabole et de l'incarner: il est cette panthère, et sa poésie cette odeur. À nous de la percevoir – et de la donner à respirer." Wenn der Leser dem lockenden Duft der Textspuren folgt, kommt er dem magischen Quell von Kraft und Schönheit sehr nahe!

Das 'Centro Dantesco' in Ravenna veranstaltet jedes Jahr für die Künstler der Welt Ausstellungen zu Dante-Themen. Drei Mal wurde im Rahmen der 'Biennale Internazionale Dantesca' bzw. des 'Concorso Internazionale del Bronzetto e della Piccola Scultura' zur Aufgabe gestellt, jene von den Philologen so oft betrachteten 'similitudini' anhand ihrer plastischen Möglichkeiten für das Auge sichtbar zu machen. Dies geschah getrennt nach *Inferno*, *Purgatorio* und *Paradiso*, und zwar gab es im Abstand von zwei Jahren drei Anthologien, in denen bekannte Bildlichkeitspassagen der *DC* einprägsam nachgebildet wurden. (s. die Kataloge 1988, 1990, 1992). Das Hauptanliegen der *Göttlichen Komödie* ist, nie Gesehenes sichtbar zu machen. Was liegt also näher, als zu diesem Zweck visualisierende Techniken der Rhetorik zu verwenden?

Zu den vorausgehenden Kap. **9.** bis **9.4** -welche **die** sprachmateriell **poetische Substanz** der *DC* behandeln- s. im Studienführerteil die bibliographischen Abteilungen **61**: Themenumfassende MONOGRAPHIEN zur *DC*, **62**: Themenspezifische MONOGRAPHIEN zur *DC*, **63**: AUFSATZBÄNDE zur *DC*, **64**: AUFSÄTZE zur *DC* mit zentraler Thematik.

10. Sinn und Intention: „*Il cosmo, l'uomo, il viaggio mistico*". Ein unendlich polyvalentes Literaturprojekt

Kommen wir nun zu dem wichtigsten Problem in Sachen *Divina Commedia*: Was bedeutet dieses durchkomponierte, umfassende und an künstlerischen Elementen reiche Werk? Was will es aussagen?

Es fehlt keineswegs an griffigen Antworten auf diese einfache Frage: „I motivi principali del poema di Dante si possono chiamare il cosmo, l'uomo, il viaggio mistico." (FASANI 1964: 1) Die lapidare Bestandsaufnahme spielt auf drei tragende Werkkomponenten an. 'Welt', 'Mensch' und 'Leben' -diese 'Dinge' sind ja wohl damit grosso modo gemeint- sind allerdings geheimnisvolle Phänomene, über die wir ständig ergebnislos nachgrübeln. Es deutet sich also eine Lebensaufgabe an! Über die *Göttlichen Komödie* ist demnach i m m e r zu meditieren. Wir verstehen sie dann stets ein wenig besser, aber doch nie vollkommen.

Man nähert sich dem Text in einer endlosen hermeneutischen Spirale. Und diese Annäherung geschieht überall auf der Welt, wo sich Leser mit Fragen über dieses eine Werk beugen, damit es ein Stück von seinem Sinnreichtum preisgibt.

Obwohl kein Text der Weltliteratur fester geschnürt ist als dieser, hat man es mit einem unfixierbaren Syndrom des Verstehens zu tun. Jacqueline RISSET -Übersetzerin der *DC*, Kennerin der Texturen Dantes und Angehörige der Tel Quel-Gruppe- versuchte die dynamisch-dialektische Textmagie lesephilosophisch zu erfassen: „En fait l'obscurité et la difficulté de Dante pourraient être formulées ainsi: texte trop vaste, trop clair -mais clair dans un sens actif, et jusqu'à l'extrême limite: lumineux, éblouissant, aveuglant. En d'autres termes, un tel texte ne saurait être réduit à *une* interprétation, parce qu'il est lui-même mouvement d'interprétation incessant, au plus près -le plus au fait- des mécanismes derniers de déchiffrement." ([1]1968, [2]1982 : 11)

Dennoch verfolgt unser Dichter mit seiner *DC* -bei aller Vielfältigkeit und symbolischen Verschleierung- einige konkrete Ziele. Diese machen relevante Teile ihres 'Sinngefüges' aus und offenbaren Wesentliches von ihrer schriftstellerischen 'Bedeutung'.

Zu diesem Kap. 10 sowie zu den folgenden Kap. 10.1 bis 10.11 -in denen es um die Frage geht, **was die *DC* 'bedeutet'**, s. im Studienführerteil die bibliographischen Abteilungen 13: Dante in mehrbändigen LITERATURGESCHICHTEN, 14: EINFÜHRUNGEN und STUDIENFÜHRER zu Dante, 16: MONOGRAPHIEN zu Dantes GESAMTWERK, 60: EINFÜHRUNGEN in die *DC*, 61: Themenumfassende MONOGRAPHIEN zur *DC*, 62: Themenspezifische MONOGRAPHIEN zur *DC*, 64: AUFSÄTZE zur *DC* mit zentraler Thematik.

10.1 Die *DC* realisiert ein Sprachenkonzept.

In dem lateinisch redigierten Traktat *De vulgari eloquentia* behauptet Dante theoretisch die literarisch-dichterische Leistungsfähigkeit des Italienischen. Im *Convivio* zeigt er in dieser romanischen Sprache mittels essayistischer Prosa, daß man mit diesem jungen Idiom in der Lage ist, schwierige poetische Texte zu beschreiben und komplizierte Aspekte aller Wissensbereiche präzise darzustellen oder zu kommentieren. Die *DC* manifestiert unmittelbar die effektive Vermittlungskraft und Poetizität dieser neuen Volkssprache, die er in jener Schrift eher programmatisch denn realistisch als 'volgare illustre' definiert. Da Dante seine vollendete Poesie über das Jenseits nicht auf Latein verfaßt und weil diese Dichtung sofort ein anerkanntes, beispielhaftes Meisterwerk wird, kann das 'illustre' Italienische ein uneingeschränkt maßgebliches, universelles Medium der neuen jungen romanischen Literatur auf der Apenninhalbinsel werden. Der sichtbarste Sinn und die äußerlich greifbarste Intention ergeben sich also aus der sprachlichen Oberfläche des Textes: Dante will ein großes italienischsprachiges Werk hinterlassen! Dieses Anliegen ist unpersönlich und hat einen philologischen Charakter von kulturell nationaler, ja sogar übernationaler Tragweite.

10.2 Die *DC* ist ein persönlicher Rechenschaftsbericht.

Mehr ad personam ausgerichtet ist die Absicht des Autors bzw. des von ihm kreierten Protagonisten, sich in der Mitte des Lebens 'Klarheit' über sich und seine Befindlichkeit als Mensch in der damaligen Welt zu verschaffen. Diese autobiographiehafte Facette der Dichtung ist schon in den ersten Versen erkennbar. Sie wird bis zum Schluß als individuelles Erlebnisverfahren wach gehalten:

Nel mezzo del camin di nostra vita mi ritrovai per una selva oscura, che la diritta via era smarita. A[h]i quanto a dir qual era è cosa dura questa selva selvaggia e aspra e forte, che nel pensier rinova la paura! Tant'è amara ch'è poco più morte; ma per trattar del ben ch'i' vi trovai, dirò de l'altre cose ch'i' vo ò scorte. Io non so ben redir com'io v'entrai, tant'era pien di sonno a quel punto che la verace via abbandonai.	Mitten in der Hälfte menschlicher Lebenszeit befand ich mich in einem düstern und grausen Walde, weil ich mich von dem rechten Wege verirret hatte. Und so schwer es ist, zu sagen, wie dieser wilde, rauhe und starke Wald eigentlich war, dessen Angedenken Furcht und Schrecken wieder in mir erneuert — ebenso schmerzhaft ist es, und nur der Tod wird wenig schrecklicher seyn. Allein um des Gutes willen, so ich da fand, will ich andere Sachen erzählen, die ich daselbst erfahren habe. Ich weiß zwar nicht zu sagen, wie ich eigentlich hineingekommen war, so voll Schlafs muß ich eben da gewesen seyn, als ich den rechten Weg verfehlte.
[Inf. I 1-12 ed. F. SANGUINETI 2001]	*[Prosaübers. Lebrecht BACHENSCHWANZ 1767]*

In einer der 'modernsten' aller deutschen *DC*-Übersetzungen -die auch in ihrer Aufmachung unkonventionell ist- klingt diese bekannte, 'persönliche' Passage noch egozentrischer als in der ersten deutschen Übertragung des 18. Jahrhunderts, in der ein Erdenbürger allgemein für seine Spezies zu sprechen scheint:

> Ich stand in unsres Erdenlebens Mitte
> verirrt in einem dunklen Wald alleine;
> kein rechter Weg mehr bot sich meinem Schritte.
> Ich kann dies schwerlich schildern und vermeine,
> daß jenes wilden Waldes Dornendichte
> auch künftig mir als Schreckensbild erscheine:
> gleich bitter wie der Tod.- Doch ich berichte
> des Guten wegen, das ich aufgenommen,
> von anderem, sich bietend dem Gesichte.
> *[üb. Hans Werner SOKOP 1983]*

Die behauptete Selbsterfahrung und Eigendarstellung des geschilderten Ich weist Züge eines psychoanalytischen Erkenntnisvorgangs auf, der zahlreiche Figuren der Jenseitsreise interaktionell einbezieht, so daß der 'Versroman' seelische Tiefe und dramatische Überzeugungskraft erhält: „Come Jung, il quale afferma che 'ora tutto dipende dall'uomo', così anche Dante sente che le cause del male nel mondo vanno cercate all'interno dell'uomo stesso. L'uomo ha infatti nelle sue mani una mostruosa capacità di distruzione, che egli potrà usare annientandosi nella 'secunda morte' o trasformare con lo spirito dell'amore e della saggezza." (MAZZARELLA 1991: 518)   Persönlich motiviert ist außer der Gewissens- und Welterforschung die offensive Antriebskraft des Werkes. Denn dies ist die bittere Klage des Dante Alighieri über seine Verbannung aus Florenz und ihre intellektuellen Konsequenzen. Mit der Schilderung einer ungewöhnlichen Pilgerfahrt will der textexterne Autor seine Ausnahmesituation bewältigen. Die Exzellenz der von ihm geschaffenen literarischen Leistung soll das hohe Maß an menschlicher Verfehlung ahnen lassen, die sich die florentinischen Landsleute gegenüber dem begabten Schöpfer dieser Dichtung zu Schulden kommen ließen. Die *DC* hat eine individuelle Bewältigungsfunktion und Bedeutung, die allerdings weit über die Persönlichkeit hinausgeht, in die Welt hineinragt.

10.3 Die *DC* verherrlicht Beatrice.

Obwohl Dante ein selbstbewußt persönlicher Schriftsteller ist, kann er sich auch völlig entäußern, hingeben, ausliefern! Da ist eine Gestalt, die ihm wichtiger ist als er selbst und alles andere auf der Welt. Sein literarisches Schaffen stellt er ja in den auratischen Wirkungskreis einer Frau, die er erstmals in der *Vita Nuova*, dort schon zentral, als göttliches Wesen thematisierte. Ein poetisches Hauptanliegen war dort und ist in der *DC* die Auseinandersetzung mit seiner vehementen Liebe zu Beatrice. Poetisches Ergebnis ist ihre Evokation als ein extraordinäres, exponiertes, erstrebenswertes Ziel sublimierter Zuneigung und Größe. Sie ist Sinnbild vollendeter geistiger Schönheit, Gegenstand höchster Verehrung und Quell fruchtbarster musischer Inspiration. Dante war nicht der erste, der so etwas in der Literatur konzipierte. Bruno PINCHARD vertrat in seinem essayhaften Buch 'Le bûcher de Béatrice' (1996) die Meinung, daß des Florentiners Schaffen überhaupt von einer alles schicksalshaft wie eine Feuersbrunst erfassenden, mit Flammen reinigenden 'Beatricehaftigkeit' geprägt sei. In ihm habe im Anschluß an jene erste kindliche Begegnung mit der fast gleichaltrigen Beatrice Portinari eine Mutation in Form einer Kombustion stattgefunden: „Dante est le nom de celui pour qui toute expérience, tout désespoir, toute béatitude, toute nature est femme, est dame, est Béatrice. Cette transmutation du destin est l'énigme qui nous occupe." (7) Ein Dichter entbrennt, geht in Flammen auf, setzt alles mit glühenden Worten in Brand. Als Verherrlichung Beatrices ist die *DC* ein Höhepunkt der europäischen Minnedichtung, die in Italien zuvor mit der 'Scuola siciliana' und dem 'Dolce stil novo' bedeutende Ausprägungen fand. Die *DC* ist also Ausdruck einer hohen, ein ganzes Leben während Verehrung eines Dichters für eine besondere Frau! Auch darin ist ihre 'Bedeutung' zu sehen.

Zu diesem Kap. **10.3** s. im Studienführerteil die bibliographische Abteilung **17**: BEATRICE.

10.4 Die *DC* enthält ein politisches Bekenntnis.

Dante hat klare politische Ziele, die er im *Convivio*, in der *Monarchia* und einigen Briefen programmatisch formuliert. Sie werden auch in Kernpassagen seiner Jenseitsdichtung zum Ausdruck gebracht. Ihm schwebt eine unmißverständlich strukturierte Weltordnung vor. Bei dieser hat er vor allem die Apenninhalbinsel im Auge. Das zersplitterte Italien will er durch einen Alleinherrscher von der Statur eines römischen Imperators gelenkt sehen, der nur Gott gegenüber verantwortlich ist. Das Papsttum, die zweite Macht in der christlichen Welt, weist er in seine kirchlichen Schranken, ihm irdischen Einfluß versagend.

Als 'Vision' von einem Universalkaisertum hat die *DC* einen antiguelfisch-gibellinischen Habitus (vgl. Joan M. FERRANTE 1984). Dantes Politik ist eine Mischung aus Pragmatik und Utopie. Einem Dichter, der zu überzeichnen pflegt, ist so etwas gestattet: „The political ideas of the *Divine Comedy* form a logical and sometimes original theory. Like many medieval thinkers, Dante was not persuaded that the ideal should be abandoned because serious impediments stood in the way of its attainment. This makes him sometimes look naive and unrealistic to modern minds, but his thought has its redeeming features. Dante's greatest achievement, however, is to look beyond the fragmentation of the parts to see how they can fit harmoniously into the greater Whole." (FARNELL 1985: 130, 131)

Als auf die Beschaffenheit des Staatswesens blickender Autor hat Dante eine umfassende Sicht, die soziale Komponenten einschließt. Er stellt Italiens Gesellschaft differenziert dar, ohne sich an eine bestimmte Klasse oder Schicht -Adel, Klerus, Bürger/Kaufleute, Bauern etc.- zu binden. Für eine Epoche des Übergangs ist dies typisch, denn Wirtschaft, Kultur und Gemeinschaft sind noch widerspruchshaft, in fließender Bewegung (vgl. BATKIN 1970).

Auf Staatslenkung bezogene Themen behandelt er in den anderen Werken sachbuchhaft unverschlüsselt. In der *DC* geht er sie bisweilen kryptisch an, obwohl manche Figuren, wie der Poet Sordello di Goito (*Purg.* VI-VII), ein deutliches Engagement im Sinne des Autors manifestieren. So prangert der provenzalische Dichter aus Mantua in einer glühenden Rede leidenschaftlich die Dekadenz Italiens an. Politik, verstanden als Idee und Wert, erhält sakrale Relevanz, weil sie in einem religiösen Kontext thematisiert wird. Denn Dante umgibt Politik in der *DC* zusätzlich mit offenbarungshafter Magie. Ein 'Rätsel' ist der Mythos vom 'Veltro' (*Inf.* I 105), mit dem er eine Erlösererscheinung meint: „Die Figur des Veltro versinnbildlicht eine vom Himmel gesandte heldische Helfergestalt, die einem Monarchen zugeteilt ist, mit der Aufgabe, die weltliche Rechtsordnung wiederherzustellen und über sie zu wachen." (von RICHTHOFEN 1956: V; s. auch Bruto FABRICATORE 1856, Leonardo OLSCHKI 1953) Werfen wir einen Blick auf die viel diskutierte Stelle, wo von einem energisch agierenden Wesen die Rede ist!

Molti son gli animali a cui s'amoglia,
  e più seranno ancora, infin che 'l **veltro**
  verrà, che la farà morir con doglia.
Questi non ciberà terra né 'l peltro,
  ma sapienza, amore e vertute,
  e sua nazion serà tra 'l feltro e 'l feltro.
Di quella umile Italia fie salute
  per cui morìo la vergine Camilla,
  Eurialo e Niso e Turno, di ferute.
Questi la caccerà per ogne villa,
  fin che l'avrà rimessa ne l'inferno,
  là onde invidia prima dipartilla.
[Inf. I 100-11 ed. F. SANGUINETI 2001]

Viel Thiere gibt's, womit es sich beweibt,
  und mehr in Zukunft, bis sich wird erheben
  der **Windhund**, der's durch bittern Tod entleibt.
Metall noch Erde wird dem Nahrung geben,
  Weisheit nur, Lieb' ist, Tugend sein Genuß,
  und zwischen zweien Feltro's wird er leben.
So heilt er Welschland, das so leiden muß,
  für das Jungfrau Camilla ward erschlagen,
  und Turnus, Nisus und Euryalus.
Derselbe wird durch alle Städt' es jagen,
  bis er zur Höll' es heimtrieb; denn von dort
  sandt' es der Neid zuerst, um uns zu plagen.
[üb. Karl Ludwig KANNEGIESSER ²1825]

So enthält die *DC* -die eine Laudatio auf das Italienische, das Buch einer Persönlichkeit sowie ein würdevolles Frauenlob ist- auch ein staatspolitisches Konzept. Denn wer das Jenseits akribisch und endgültig gestaltet, von dem ist zu erwarten, daß er auch Ordnung ins Diesseits bringen will.

10.5 Die *DC* legt Zeugnis vom Christentum ab.

„Im Mittelpunkt der mittelalterlichen Weltanschauung als einer religiösen Geistesrichtung steht die Erlösungsidee: Die Menschheit ist durch die Sünde der Gottheit entfremdet. Es gähnt ein Abgrund zwischen Geschöpf und Schöpfer und der Mensch hat die einzige Aufgabe, diesen Abgrund zu überbrücken, sich aus der Gottesferne wieder in die Gottesnähe zu bringen." (HATZFELD 1921: 11)

Dante überwindet diese Distanz poetisch und setzt seiner Religion ein Denkmal, das allzeit an das Christentum erinnert. Er fühlt sich als Laie zu einer geistlichen Aussage berufen. Dies kann nicht überraschen, denn wichtigste Aufgabe des mittelalterlichen Menschen war das Erlangen seines Seelenheils: „Die Religion umschlang und durchwirkte alle anderen Lebensgebiete; der Glaube war die wesentlichste Tugend, und so wurde die Beschäftigung mit religiösen Fragen, die Theologie, fast die einzige geistige Beschäftigung." (FEDERN [2]1916: 48-9) Der Florentiner schreibt über das, was ihn, wie alle anderen in seiner Epoche, am meisten berührt.

Eine von großer Verantwortung getragene Vision hat er, deren Mitteilung einer Mission gleichkommt, die er ‚als Dichter vor Gott' erfüllen will. Seine Botschaft ist ein Schatz, welcher der Nachwelt zu bewahren ist: „Son trésor c'est sa mission, lue dans le cœur de l'ancêtre, c'est son Poème... Mission proprement poétique. Situation exceptionelle de Dante... Sens très profond de ce qu'est le poète, de sa responsabilité de poète-prophète... La mission l'a porté à la vision, la vision le confirme dans sa mission." (PORTIER 1971: 18, 38, 49, 147)

Dante ist jedoch bedingt ‚als religiöser Dichter' zu verstehen (vgl. VOSSLER 1921, ed. Friedrich 1968). Mit den Dogmen der ‚Katholizität' geht er eigenwillig um. Deswegen erhält die *DC* eher allgemeine Ausdrucksstärke: „La catholicité chez lui semble d'une extension indéfinie, mais il n'est aucun domaine pour lui où elle ne se concilie avec la plus audacieuse liberté de jugement et de langage à l'égard de tous les puissants, laïcs ou clercs, qui, de manière ou d'autre, par ambition, cupidité ou simple lâcheté, trahissent les devoirs de leur état... Il est presque impossible pourtant de n'en pas sentir la magnificence et -au sens propre du terme- la ‚catholicité'. " (GANDILLAC 1991: 8, 244)

Theologisch -Dante denkt jedoch meistens eher ‚philosophisch'- geht es ihm um die Vergegenwärtigung, daß Gott den Menschen mit einem freien Willen ausgestattet hat. Als ungefesselter Protagonist besucht der Dichter das Jenseits und trifft Individuen an, die dorthin gekommen sind, weil dies die eigene Wahl der Lebensgestaltung im Diesseits so verursachte. Die *DC* ist demnach auch ein Akt religiöser Einsichtsvermittlung. Sie will helfen, den richtigen ethischen Lebensweg zu bestimmen (vgl. James Thomas CHIAMPI 1981).

Jene Unabhängigkeit im Urteilen nimmt auch der außertextliche Dante für sein moralisches Denken in Anspruch, was ihn in Konflikte mit der Orthodoxie bringt.

Er geht ununterwürfig selbstbewußt mit den Obrigkeiten der Kirche um. Anthony Kimber CASSELL (1984) zeigte, wie er Gottes Gerechtigkeitsdenken scharf und detailliert, aber untestamentarisch erfaßt, lieber künstlerische Auslegungen (Fresken, Plastiken, Buchmalerei) des frühen Christentums zu Rate zieht. Und Giuliana CARUGIATI (1991) dokumentierte, daß manche seiner christlichen Wahrheitslehren gern durch literarische Konstrukte gestützt werden, die keiner Doktrin standhalten: „Il percorso della *Commedia* evidenzia che, più si approfondiscono in Dante le ragioni cristiane della propria scrittura, più, paradossalmente, aumenta il sospetto che la propria opera si stia collocando non già a spiegazione o a complemento della Scrittura Sacra, ma a blasfema sostituzione di essa... È errato dire che la menzogna di Dante è al servizio della verità cristiana." (141, 145) Dantes undogmatische Poesie nähert sich leicht der Häresie. Sein dichterischer Konsens mit dem Christlichen erscheint daher der pragmatischen Theologie rasch als ideologischer Dissens.

Reine Theologie möchte Dante nie bieten, weil ein Dichter alles Essentielle -auch das Religiöse- metaphorisch facettiert. Gerade so unterstreicht er Relevanz und Tiefe seiner Botschaften: „Ein Element, das Dante zugleich zum Poeta und zum Theologus macht, ist seine Kunst der theologischen Metaphorik und der metaphorischen und auch der formelhaft-lakonischen Konzentration komplexer philosophisch-theologischer Gedankengänge." (FELTEN 1984: 105)

Der Verteidiger der italienischen Sprache, Egozentriker, Beatrice-Verehrer und politische Poet Dante zeigt sich also in der *DC* als ein im Christentum verwurzelter und eigenständig kritisch über dieses nachdenkender Autor.

10.6 Die *DC* stellt ein Kompendium aller Wissenschaften dar.

Dante leistet einen großen Akt der Präsentation einzelner Wissenschaften und Übermittlung von wichtigem Wissen. Er begann mit dieser Attitüde im essayhaften *Convivio*. In der *DC* erläutert er poetisch und mit didaktischem Impetus unzählige Fakten zur komplexen Natur und geistigen Welt. Seine Dichtung bietet makrostrukturell eine Kosmologie, in die Lehren diverser Naturwissenschaften integriert sind. Sie ist ein Geschichtswerk zu Vergangenem und Zeitgenössischem sowie Lehrbuch der Theologie und Philosophie. Heute gehen Fachleute dieser Disziplinen getrennte Wege. Von Dante bekommen wir noch alles aus einer Hand geboten, zusammenhängend und interdisziplinär.

Denn Lehrwissen/Wissenslehren und Poesie bilden für Dante eine uns heute unbekannte Einheit, deren Geschichte Hans FELTEN (1972) untersuchte. Der Florentiner bewerkstelligt eine damals selbstverständliche Verschmelzung von in unserer Ära getrennten Fachrichtungen. Sie kommt in dem miteinander verzahnten Lehr- und Lernsystem der Septem artes liberales zum Ausdruck. Kontamination von Unterschiedlichem ermöglichen Textverfahren wie Allegorie, Metapher, Metonymie, Vergleiche oder Periphrase (s. FELTEN 1984). Durch sie kommt es zu einer Poetisierung des Wissens. Rationales wird bildlich erfaßt, irrational umschrieben. Es geht Dante nämlich nicht sosehr um sachliche Dokumentation. Es soll keine Sachlage bewiesen werden. Der Leser hat viel mehr vor sich: Er erlebt eine ungeahnte Tiefgründigkeit zu Wahrheiten, die ihm kein Wissenschaftstraktat bieten kann.

Das Gefüge seiner göttlichen Botschaften umgibt Dante mit Wissenschaftsdiskursen. Ein wichtiger ist der zur Astronomie, weil er eng mit der Schöpfung des Allmächtigen verbunden ist, die er ja darstellen will. Daher ist in die *DC* eine komplette Sternenkunde eingefügt. Deren Strukturen versammelten Giovanni BUTI und Renzo BERTAGNI in einem beeindruckenden Kompendium (1966), das sie mit vielen Zeichnungen, Tabellen und einer 'Dante-Uhr' versahen. Der die ganze Welt in einem Wortkunstwerk verknüpfende Dichter erreicht durch die Inanspruchnahme von Wissenschaftsdisziplinen, daß sich Mikro- und Makrokosmos zu einer geschlossenen Gemeinschaft des Seins und Sinns ohne Brüche, zu einem 'Circle of Knowledge' (s. Giuseppe MAZZOTTA 1993) vereinigen.

Die *DC* ist eine Enzyklopädie der Wissenschaften, in der man alles Wesentliche 'nachschlagen' kann. Dante leistet einen literatur- und wissenschaftssoziologisch bedeutsamen Bildungsakt, da er nicht allein Buchwissen zusammenfaßt, sondern menschliche Erfahrungen einbezieht: „Dante differenziert und bereichert die mittelalterliche Kenntnis der Weltzusammenhänge durch ein ungekanntes Maß eigenständiger Erfahrung. Der Protagonist der *Göttlichen Komödie* gerät zum treuen Abbild dieser unerhörten Selbständigkeit. Die Art, wie er das Jenseits erfährt, zeigt eindringlich, daß der erlebende Dichter dem denkenden Philosophen gleichsam immer vorausgeht." (HIRDT 1989: 92)

Bei aller gestalterischen Eigenständigkeit steht Dante, wie andere Wissenschaftler seiner Epoche, unter dem Diktat der Philosophie, die alles Glauben und Leben in Kategorien sieht. Alles Denken über die Welt wird von Geisteslehren und Methoden eingedämmt, die man eng an die Theologie bindet. Jene von den Kirchenvätern übernommenen, aristotelischen bzw. scholastischen Wahrheiten sind an die Schriften von Autoritäten gebunden. Diese wirkten an Hochschulen oder in Klöstern. Der an der Pariser Universität lehrende Siger von Brabant (um 1235-82) beeinflußt Dante beispielsweise besonders. Seine Werke *De aeternitate mundi* und *De anima intellectiva* enthalten Generalia, die unser Dichter in seine Erkenntnisschemata einwebt. Bruno NARDI (1884-1968), ein Nestor der Dantistik, beschrieb in seiner Doktorarbeit den Einfluß jenes Geisteswissenschaftlers auf den etwas später lebenden Florentiner: „Sigieri, nonostante i punti di dissenso doveva apparirgli come un grande Maestro, avendo nel cerchio delle idee di costui attinto largamente." (1912: 70) Bei dem Gelehrten aus Flandern findet er Definitionen zu zentralen Befragungskomplexen wie Kosmos, Gott, Seele, Erkenntnis oder Moral, Begriffe, die das geistige und wissenschaftlich verbaute Gerüst seiner Jenseitsdichtung bilden.

Daß die *DC* ein Korpus vieler Wissenslehren umschließt, adelt das junge Italienische, unterstreicht das intellektuelle Selbstverständnis des Dichters, potenziert die Idee von einer über allem stehenden Beatrice, setzt politisches Denken in den Bereich nachvollziehbarer Logik und verleiht dem Christentum einen universellen Anspruch, da der Ursprung des Wissens in Gott liegt.

10.7 Die *DC* enthält esoterische Lehren.

„Es dürfte wohl kaum ein zweites Werk der Dichtkunst geben, das solche Gedankentiefen birgt und dabei so wenig die Absicht verrät, profanen Augen einen Einblick in seine geheimnisvollen Abgründe zu gewähren, wie Dante Alighieris *Göttliche Komödie*." (LAMBERT 1913: 4)

Die *DC* strebt überall gedankliche Klarheit und wissenschaftliche Klärung an, ist aber auch von Mystik und Magie geprägt. Es sind dies esoterische Elemente und Schichten, mit denen sich 'Eingeweihte' beschäftigen: „Da tempo ormai a fianco della dantistica 'ufficiale', interessata specificatamente all'indagine letteraria, estetica, filosofica e filologica, si è sviluppata una corrente dedita allo studio degli aspetti reconditi ed esoterici (nel senso letterale del termine) dell'opera dell'Alighieri: L'esiguità dei contributi (se paragonata alla vastità del ramo 'ufficiale') trova conforto nel peso delle personalità in lizza." (CERCHIO 1988: 9)

Es gibt viele, u. a. von Gian Roberto SAROLLI (1963) gesammelte Hinweise dafür, daß sich Dante als ein von höchster Stelle geführter Dichter, als initiatorisches Schreibwerkzeug Gottes ('scriba Dei') begreift. Er will verborgene Zusammenhänge zwischen Gott, Theologie, Philosophie, Naturwissenschaften und Politik mit poetischer Prophetie bzw. prophetischer Poesie kundtun. Klärungen hierzu erfolgen bei ihm oft verschlüsselt! Ugo Foscolo (1778-1827), Gabriele Rossetti (1783-1854) und Giovanni Pascoli (1855-1912) bemühten sich in neuerer Zeit um die Entschlüsselung solcher okkulten Anspielungen.

Von den Interpretationsströmungen, die Kryptisches oder (pseudo)Religiöses aufspüren, gibt es verschiedenartige. Ihre Vertreter nehmen die *DC* für sich kulthaft in Anspruch. So die Rosenkreuzer: „Per noi la *DC* è soprattutto e sappiamo di non esagerare anche dicendo esclusivamente, un'opera di alto esoterismo. Dante nelle sue Cantiche ci descrive tutta la vita di un 'alchimista'. Ci dice, cioè, il lavoro di un iniziato ai Misteri che furono poi chiamati dei Rosa-Croce e ci appalesa di avere scoperta la 'pietra filosofale', di avere raggiunto la 'Gnosi'. Né ciò deve fare meraviglia quando si voglia ricordare che Dante ha vissuto in una età nella quale ogni spirito veramente eletto, cercava di 'conoscere Dio' e rifuggendo dalle traviazioni, desiderava 'tramutare in oro il metallo più vile'." (PHILALETHES 1986: 15)

Die *DC* rechnet mit Vergangenem ab, offeriert aber auch gnostisch prophetische Ausblicke auf Ersehntes. Zeichenhafte Träger futurischer Botschaften sind Kreuz und Adler. Sie durchziehen Dantes Dichtung, bilden Symbolstränge: „Le coppie di pensieri e di simboli, nelle quali Dante simmetricamente compose l'idea della Croce e l'idea dell'Aquila, sono nella *DC*, almeno trenta!" (VALLI [2]1996: 211) Die 'realistische' *DC* ist auch ein labyrinthartiges Gefüge aus Enigmatik und Messianismus ('énigmaticité et messianisme'), wie Jean HEIN (1992) seine diesen Aspekten gewidmete Habilitationsschrift betitelte.

Durch die Esoterik erhält die *DC* eine besondere Vertiefung und Textkompaktheit. Das Italienische wird Medium einer geheimnisvollen, sakralen Verkündigung. Die Persönlichkeitsstruktur des erzählten Ich und ebenso des textexternen Autors erlangt unkonventionelle, seherische Dimensionen. Die als entrückt vergegenwärtigte Beatrice gewinnt an mystischer Tiefe, wird zur verheißungsvollen Heiligengestalt. Die politischen Postulate werden zu religionshaften Desideraten. Das schon vergeistigte Christliche hebt eine feierliche Verrätselung zu exklusiver Erhabenheit empor, die innere Essenz der Religion verstärkend. Die vertretenen Wissenschaften schließlich erhalten einen Habitus des Ungewöhnlichen, der sich einfacher Empirie verweigert, wie sich auch Gott -Dantes eigentliches 'Thema'- verbirgt, um nur besonders ent-deckt zu werden.

10.8 Die *DC* strebt eine Symbiose der Kulturen an.

Die Wanderung durch die christliche Jenseitswelt fördert nicht nur christliche Kultur zu Tage. Der Dichter aus Florenz unternimmt einen in der Literaturgeschichte einmaligen Brückenschlag, für den Ernst Robert CURTIUS -Analytiker und Synoptiker des antiken und mittelalterlichen Schrifttums- die binomische Formel 'Dante und das lateinische Mittelalter' ([1]1943, [2]1968) prägte. Er deutete damit die von den spätantiken Autoren und Kirchenvätern des Mittelalters initiierte Fortsetzung von zwei Weltkulturphänomenen an. Die *DC* ist eine reichhaltig homogene Verschmelzung von heidnischer, griechisch-römischer Antike mit christlich mittelalterlichem Wesen, aber auch Ineinanderfließen von okzidentaler, arabischer und jüdischer Geistes- und Formenvielfalt. Sie ist ein transnationaler und überzeitlicher Ideen- und Ästhetikkosmos, ein wunderbar unerschöpflicher Themensteinbruch für Autoren. Daher haben fast alle Nationen Anteil an der Bewunderung und Erforschung dieses Poeten. Die angestrebte Vereinigung mehrerer Epochen, unterschiedlicher Kulturräume und Geistestraditionen bewirkt eine Überhöhung des von Dante vornehmlich vertretenen Christentums, da dieses als Sammelbecken und Ordnungsprinzip der mannigfaltigen Menschheitsentwicklungen fungiert.

10.9 Die *DC* propagiert humanistisches Denken.

Dantes mittelalterliches Werk ist ein früher Beitrag zu einem überzeitlichen 'Humanismus', der auf die glanzvolle Epoche der Renaissance vorausdeutet: „L'humanisme dantesque, établi au confluent de l'humanisme de Saint Thomas et des mystiques, emprunte à l'antiquité gréco-romaine les éléments d'une culture et d'une éthique sur lesquelles il fonde un idéal antique de noblesse humaine." (RENAUDET 1952: 535)

Die ganze Eschatologie erlebt das Dante-Ich fiktional als Wesen aus Fleisch und Blut. Es handelt als ein mit packender Persönlichkeit ausgestattetes Individuum. Der Protagonist der *DC* -der an die Gestalten der zeitgenössischen Fresken Giottos erinnert- reagiert angesichts des Leides oder der Wonnen der angetroffenen Figuren empfindsam, erweist sich als würdiges Geschöpf Gottes.

Gegenstand der *DC* ist das Schicksal des Menschen, der im Tod seine sterbliche Hülle wie ein Kleid ablegt und dessen eigentliche Existenz nun erst beginnt, sein ewiges Leben, das schlimmste Pein oder erhabenes Glück bedeuten kann. Es ist das ganzheitliche Individuum -nicht das von den Griechen bevorzugte, von Vernunft beherrschte Wesen-, das uns Dante schildert. Er gestaltet für die neuere europäische Literatur von Eigenständigkeit geprägte Porträts. Diese hat das abendländische Christentum möglich gemacht. Als Gottschöpfung kann der Akteur im Zentrum der geistigen und ästhetischen Welt stehen: „Dante war mehr als sonst im Mittelalter üblich von der Würde der eigenen Person durchdrungen: Er war stolz, zornig, trotzig, kantig, 'tetragono', vor allem aber 'magnanimo', seelisch großgeartet. Unerschütterlich blieb er den Stößen des Schicksals gegenüber... Das Notwendigste, der Glaube an sich selbst, an die Würde und an die Verantwortung der eigenen Person und aller derer, die Menschenangesicht tragen, hat ihm nie gefehlt." (SCHLÜTER-HERMKES 1947: 7)

Alle Christen glauben sich in Dantes Denken vertreten, aber auch Nichtchristen, insofern sie die Würde für das höchste Gut halten, das sie sich und anderen konzedieren. Die Dignität wird im Quattrocento Dantes florentinischer Landsmann Giannozzo Manetti (1396-1459) in dem Traktat *De dignitate et excellentia hominis* (entst. 1451-52; ed. 1532) als das markanteste Element seiner Kulturepoche herausstellen.

Dantes Dichtung über die Transzendenz ist ein Buch, das 'Humanität' beschreibt. Ihr Thema ist das ihn am meisten tangierende: er selbst. Es wird auf Italienisch, in einer modernen Sprache, abgehandelt. Sein Autor versteht sich als Persönlichkeit, die viel von ihrem wahren Charakter preisgibt. Eine Frau -Beatrice- wird über alles Irdische erhoben, um ihre eigene und die Exzellenz der Erdbewohner zu unterstreichen. Da es um Gemeinschaftlichkeit geht, entwirft die *DC* auch ein politisches Lebenskonzept. Der mittelalterliche Bürger ist unabdingbar Christ, und so ist der vorgewiesene Humanismus ein primär religiöses Ansinnen. Wissen ist der tiefe Unterschied, der den Menschen von anderen Lebewesen unterscheidet und seine Welt adelt, weswegen alle Wissenschaften erwähnt werden, die Erkenntnisstreben auszeichnen. Da Wissen auch geheimnisvoll ist, tritt Dantes Humanismus esoterisch auf. Und weil sich Humanität nicht auf einen bestimmten Erdkreis beschränkt, hält Dante für seine vielen und großen Ideen ein breites Kulturspektrum bereit, das er durch eine universelle historische Optik vertieft.

10.10 Die *DC* zeichnet ein Bild von der Weltgeschichte.

Obwohl das darstellerische Augenmerk auf dem abstrakten 'Danach' und 'Jenseits' liegt, bietet Dante aus der Transzendenz auch ein faktenreiches Spektrum zu historischen Entwicklungen der biblischen Ära, der Antike, des Mittelalters und seiner Gegenwart. Der Dichter positioniert sich dazu in eine der Situation des Jüngsten Gerichtes vergleichbare Endzeit, von der aus sein Blick auf die Geschichte der Welt in ihrer Gesamtheit und angenommenen Abgeschlossenheit möglich wird: „History may indeed be transfigured and history's tragedies revealed as eternity's comedy; but this transfiguration of history can only be completed from the perspective of history's end." (SCHNAPP 1985: 238) Das Ende der weltgeschichtlichen Abläufe gibt ihm die Möglichkeit und das Recht, den Erdkreis mit seinen angedeuteten Komponenten 'ganz' zu erfassen, 'alles' darüber zu sagen. Dieses die Dichtung prägende Verfahren basiert auf einer intellektuell kreierten, fiktionalen Annahme. Sie wird vollkommen poetisch realisiert, nimmt sich als Resultat jedoch sehr realistisch aus.

10.11 Die *DC* spiegelt die Wirklichkeit wider.

Dante hinterläßt -bei aller tiefsinnigen und vieldeutigen Symbolik- ein wirklich-keitsgetreues und vordergründiges 'Lebenswerk', eine Darstellung tatsächlichen Daseins, überzeitlich realer, menschlicher Verhaltensweisen in allgemeingültigen Gesellschaftskontexten, unter Einbindung unvergänglicher Natur, der dauerhaften Welt und gesetzeshaft kosmischer Einflüsse: „Dante is no naturalist, but he is the ultimate realist, preoccupied with rendering reality... The *Commedia*, perhaps more than any other text ever written, consciously seeks to imitate life, the conditions of human existence." (BAROLINI 1992: 21) Daher spricht die amerikanische Dantistin -indem sie Erich Auerbachs Mimesis-Theorie aufgreift- nicht zu Unrecht von der 'Ungöttlichen Komödie' (Undivine Comedy); keinesfalls Abgehobenes werde darin geschildert, sondern man könne von einer Enttheologisierung (Detheologizing) der Schöpfung Gottes und Hymne auf die Wirklichkeit sprechen.

Was diese ist, mag eine unlösbare Frage sein, hinter der sich aber auch Selbstverständliches verbirgt! Alles um uns herum ist das Wirkliche, das wir heute indes nicht mehr sehen, erkennen, durchdringen. Jahrhunderte lang hatten die Menschen ein enges Verhältnis zu Erde, Tieren, Pflanzen, Bäumen, zur Natur eben. Wirklichkeit war z. B. das Bäuerliche, 'Georgische', etwas Anfaßbares, Nützliches, Schönes, das Gastone di MIRAFIORE in seinem landwirtschaftlich-agrarischen Kompendium 'Dante georgico' (1898) erdbezogen zusammenstellte, so daß wir sehen, welch aufmerksam vollständiges Verhältnis der Dichter zu Lebewesen und Formen des Lebens hatte.

Von den Dingen selbst abgesehen, ist es das menschliche Bewußtsein, das bei Dante auf Realität ausgerichtet ist. In einer alten Studie zur Psychologie in der *DC* wurde dies bereits festgestellt: „É vera sempre la poesia di Dante perchè in lui la finzione é ognora animata dal proprio sentire." (LEYNARDI 1894: 20) Vom Anfang bis zum Ende prägt das Werk ein sicheres Gefühl für Wahres: „Il poema è narrazione d'un viaggio fittizio; ma intanto il Poeta non lo lascia vedere mai, e vuol che il lettore creda pienamente alla veridicità del racconto." (ebend. 25)

Eine realitätsbezogene Einstellung hatte die Dantistik zu ihrem Hauptgegenstand vor allem im 19. Jh. Diese ging im 20. Jh. ziemlich verloren. Heutzutage ergehen sich die Dante-Forscher in abstrakten Spekulationen über Teilprobleme. Früher hatte man das Ganze im Blick, das man als welthaltig begriff. So stellte der Juraprofessor und Rechtsanwalt Giovanni FRANCIOSI (1872) als einer der ersten Philologen die in der *DC* auftauchenden Metaphern, Vergleiche und Symbole in einem Handbuch zusammen. Er gliederte sie tabellarisch nach den drei Kategorien 'Unbelebtes', 'Tiere' und 'Menschliches'. Dabei ergaben sich Bildbereiche, die alle mit den Tätigkeiten des Menschen zu tun haben:

arte delle armi, arte marinaresca, meccanica, arte musicale, architettura, arte del fabbro, arte del falegname, agricoltura, pittura, orificeria, arte del tessere, arte del mugnaio, arte della cucina, arte drammatica, arte del sartore, arte dello scrivere, arte della caccia.

Franciosi erkannte die intellektuelle und künstlerische Sythesefähigkeit, die hinter der Realitätserfassung steht: „Belle ci appariscono le metafore, bellissime le similitudini, stupendi i simboli. Ma qual'è, per così dire, la vita ascosa, onde muove sì lieta apparenza, il segreto di siffatta bellezza? Intentamente pensando la perfetta limpidezza delle dantesche metafore, io ne veggo il segreto nella schietta visione del vero e nella terribile rapidità dell'intelletto del Poeta." (53)

Soviel zur 'Bedeutung' der DC im Einzelnen. Die Reihe spezifischer Deutungsradien ließe sich fortsetzen. Es gäbe noch manche Möglichkeiten, sie als Gesamtheit unter einem bestimmten Aspekt ganzheitlich zu erfassen. Denn sie ist ein offenes Kunstwerk und dies vielfach.

Da wäre beispielsweise die kulturanthropologische Sicht von Marthe DOZON (1991): In der Nachfolge von Claude Lévi-Strauss (geb. 1908) und Émile Benveniste (1902-76) arbeitete sie Mythenstrukturen als prägend für die alles umfassende Symbolik des Buches heraus.

Von anderer Couleur ist eine Optik, die der Liebe eine tragende Rolle zuspielt, was gewiß zutrifft: „The pilgrim, whose eros led him through many loves, has found t h e love -Agape- which was drawing him all the time. Dante the pilgrim has found his peace in finding his true home, God." (COLLINS 1984: 283)

Dante will 'alles' sagen, was literarisch, in allegorischer Form möglich ist, da sich so grenzenlose Bedeutungsräume öffnen. Daß man es mit einer großen Versinnbildlichung zu tun hat, wird bereits im Prolog deutlich: „The first canto of the DC contains, as is well known, the fundamental allegory of the poem and also expresses Dante's moral intentions and political opinions in a sequence of ghostly images and cryptic allusions." (OLSCHKI 1949:1) Elemente weiter Symbolvernetzung sind z. B. die drei grimmigen Tiere zu Werkbeginn (s. BUSNELLI 1909), denen der verirrte Dante begegnet:

Ed ecco, quasi al cominciar de l'erta,
una **lonza** leggiera e presta molto,
che di pel maculato era coperta;

.....

Ma non sì che paura non mi desse
la vista che m'apparve d'un **leone**:
questi parea ch'incontro mi venesse,
con la testa alta e con rabbiosa fame,
sì che parea che l'aer ne tremesse.
E una **lupa**, che di tutte brame
sembiava carca nella sua magrezza,
e molte genti fé già viver grame:

Doch siehe, fast schon beim Beginn der Steile,
ein **Pantherthier**, gar leicht und vielbehende,
das mit geflecktem Felle war bedecket.

.....

Doch also nicht, daß mir nicht Furcht gegeben
die Schau, die mir da ward von einem **Löwen**.
Derselbe schien, als käm' er mir entgegen,
das Haupt erhoben und mit grimm'gem Hunger;
so daß es war, als wenn die Luft ihm zittre.
Und eine **Wölfin**, die mit allen Gieren
belastet schien, bei aller ihrer Dürre,
und vielem Volk das Leben schonverkümmert:

questa mi porse tanto di gravezza	Dieselbe machte mir so schwer die Glieder
con la paura ch'uscia di sua vista,	mit Bängniß, die von ihrem Anblick ausging,
ch'io perdei la speranza de l'altezza.	daß ich verlor die Hoffnung auf die Höhe.
[Inf. I 31-3, 44-54 ed. F. SANGUINETI 2001]	*[üb. August KOPISCH [1]1837-1842]*

Da Symbolisierung und Allegorisierung an sich komplexe Verfahren sind (vgl. PÉPIN 1987) -was Dante im Brief an Cangrande zum *Paradiso*-Teil darlegt- bleibt das Deuten der durch und durch indirekt zu verstehenden *DC* a priori ein endloses Unterfangen, obwohl sich der Autor an seinerzeit praktizierte Methoden hält, die gewisse Richtungen vorgeben (vgl. HOLLANDER 1969).

Die *DC* nach ihrem 'Sinn' zu fragen, heißt, in einem endlos tiefen Brunnen graben. Mit seinem labyrinthischen Sinngeflecht scheint Dante der unergründlichen Welt selbst den Rang abzulaufen: „Il poema di Dante è forse nella letteratura mondiale l'opera della quale si vede meglio come un uomo abbia cercato, nel suo piccolo, di emulare la creazione divina." (JENNI 1973: 19)   Man fragt ja auch nicht, was die 'Welt' 'bedeutet'.

Bei der Festlegung von Deutungsschichten ist methodisch zu berücksichtigen, was der Genfer Italianist Maurizio PALMA DI CESNOLA (1995) zu Dantes Arbeitsweise konstatierte. Der Florentiner äußert seine Ideen nie statisch, sondern entwicklungsfähig. Daher seien seine Statements momentan und dialektisch zu sehen. Dies mache eine definitive Auslotung von Begriffen, Phänomenen, Vorgängen zu einem schwierigen Unterfangen! Es müßte spezielle Registrierungsmöglichkeiten geben, wie sie photographische oder filmische Ablichtungstechniken böten. Er zeigte dies an den Weissagungen: „Per fotografare le profezie di un autore come Dante si necessita una pellicola ad alta sensibilità che fissi una materia in continuo movimento." (1995: 167)

Die *DC* bedeutet insgesamt etwas. Aber auch ihre Details tragen Bedeutung. Darüber hinaus ist sie ein von Lesern und ihrer Rezeption abhängiges Werk. Wir haben es mit einem jede Deutung relativierenden Phänomen zu tun, das Thomas G. BERGIN so ausdrückte: „Dante è così multiforme, nonostante la limpida chiarezza dei fatti che narra, che ogni lettore, si direbbe, dispone di una sua *DC*, o almeno è dimostrabile che ogni generazione ha avuto la propria." (1971: 12)

Uns Lesern fehlt heute -beim Deuten und Verstehen- eine Sehfähigkeit der besonderen Art: Wir erfassen nicht mehr das Ganze, sondern nur noch Einzelnes und dies begrenzt: „Dante lived in an age in which specialization was not yet supreme as the means of penetration into the mystery of the universe. For him, symbolism constituted not only the natural, but the most adequate expression." (FLANDERS DUNBAR 1929: 4)   So stehen wir -als Bürger einer 'fortschrittlichen', aber sich vom Wesentlichen entfernenden Welt- vor der Unmöglichkeit, in Dantes Poesie einzudringen, weil wir zu intellektuell und uneinsichtig sind: Uns fehlt der Blick für das Einfache, der das Komplexe erahnt und diesem nahe kommt.

Wie sich in einer Musikkomposition Melodien übereinander legen und zu einem akustischen Kunstwerk zusammenfließen -nach dem Gesetz des Kontrapunktes oder der Fuge-, so ist auch die *DC* eine Symphonie diverser Sinnsequenzen. Nach dem patristischen bzw. scholastischen Prinzip des mehrfachen Schriftsinns laufen in ihr Bedeutungsfolgen verdeckt nebeneinander her, überschneiden und durchdringen sich: religiöse, moralische, gelehrte oder historische, jeweils im Einklang mit der rein wörtlichen Erzählentwicklung (vgl. GMELIN [2]1948).

Literaten wie Dante, aber auch Künstler jener Zeit pflegen eine „Figuraldeutung, die im europäischen Mittelalter, wenn auch in ständigem Kampf gegen reine spiritualistische und neuplatonische Tendenzen, die Anschauung beherrschte, daß das irdische Leben zwar durchaus wirklich sei, von der Wirklichkeit jenes Fleisches, in das der Logos einging, aber in all seiner Wirklichkeit doch nur 'umbra' und 'figura' des Eigentlichen, Zukünftigen, Endgültigen und Wahren, welches, die Figur enthüllend und bewahrend, die wahre Wirklichkeit enthalten werde." (AUERBACH 1944: 66) Irdisches Geschehen und jeder Partikel der Schöpfung wird nicht mehr als sich selbst genügend, sondern als Schatten, Abbild und Glied in einer Entwicklungskette, in vertikalem Zusammenhang mit einer göttlichen Ordnung betrachtet, in der alles Seiende enthalten und aufzeigbar ist. Es ist ein System, das Bilder von sich projiziert und dessen Projektionen auf die Austrahlungsquelle verweisen. Man muß also bei Dante permanent auf etwas anderes und Zusätzliches blicken, um das Eigentliche zu erkennen!

So breit gefächert wie die interdisziplinären Intentionen und entsprechenden Deutungen ist die literarische Struktur dieses poetisch-narrativen Lehrwerks. Mehrere Gattungen tangiert es, löst unterschiedliche Erwartungen aus, impliziert differenzierte Interpretationswege. Es ist Epos, Roman, Vision, Drama, Dichtung, ein einzigartig polyvalentes Buch demnach, das alle bis dahin üblichen Diskursnormen überwindet, spannungsreiche Formenmischung darstellt.

Daß die *DC* Gattungen sprengt und als Gesamtkunstwerk Maßstäbe für eine autonome Dichtung in Harmonie mit Literatur und Welt setzt, stellte der romantische Philosoph Friedrich Wilhelm Joseph SCHELLING (1775-1854) in dem Aufsatz 'Über Dante in philosophischer Beziehung' heraus. Er schrieb dort dem Florentiner die Erschaffung einer Mythologie zu, die eine Sprache hat, welche ein anderes Verstehen erfordert (s. BECKER 1987, FRIGO-VELLUCCI 1994).

In ihrer diskurssynthetischen Art ist die *DC* sogar der Bibel ähnlich (vgl. AUERBACH 1944), in der man die Geschichte der Erlösung des Menschen durch den Sohn Gottes auch in vergleichsweise einfachem Stil vorträgt und wo glückhaft 'Komisches' -d. h. Befreiendes- sich so heftig und häufig mit Tragik und Tod verbindet (zu beiden Stilebenen und ihrer Interferenz s. KELLY 1989)!

John G. DEMARAY (1991) meinte einschränkend, daß Dantes Hauptbestreben darin zu sehen sei, den Kosmos episch zu vergegenwärtigen, also den Darstellungsweg heroischen Schrifttums einzuschlagen, den nach ihm auch Spenser und Milton mit ihren Erkenntnisdichtungen gingen.

Die menschheitsgeschichtlich epische Kraft ist es, welche die Leser der *DC* zu früheren Zeiten in den Bann zog und die auch heute fasziniert. Denn wahre Größe ist selten geworden! Dennoch ist nicht zu übersehen, daß sich der Dante der feierlichen Form des abendländischen Epos 'verweigert', wie Karl MAURER (1986) dies formulierte. Dante läßt nämlich einen gewöhnlichen Menschen ein wichtiges Schauspiel natürlich und einfach erleben.

Trotz aller Erklärungsbedürftigkeit gehört Dantes *Divina Commedia* zu den Kunstwerken, die zu allen Zeiten und in allen Verhältnissen auch völlig losgelöst von jedweder Zeitkultur betrachtet und begriffen werden können, weil sie für sich selbst sprechen. Dies erklärt sich aus der universalen Begabung des Dichters, der in unnachahmlicher Weise philosophisch-theologisches Denken mit der Anschauungskraft eines bildenden Künstlers und dem Scharfsinn des Naturwissenschaftlers durchdringt (vgl. GMELIN [2]1948).

Es geht in dem Buch um Erkenntnisse, die in tausend Teilen intellektuell philologisch herausgeschält, aber auch intuitiv gewonnen werden können. Denn die *DC* ist ein 'Roman'. Wir alle lesen ja umfassende Erzähltexte, ohne ständig ein Kommentarkorpus oder eine Realenzyklopädie zu konsultieren! Narrative Bücher soll man sogar zur Entspannung und Unterhaltung in sich aufnehmen können! Die *DC* kann man auch unbelesen lesen, weil sie erklärend erzählt.

Auf eine verlorene Fähigkeit des Menschen spielte Romano GUARDINI in seinem Büchlein 'Vision und Dichtung. Der Charakter von Dantes *Göttlicher Komödie*' an, als er die Gottesschau des Dichters im *Paradiso* begreiflich machen wollte: „Der Leser wird hier nicht aufgefordert, die einzelnen Momente allegorisch zu deuten, sondern er soll das Ganze anschauen. Wie kann er das? Die vergleichende Psychologie zeigt, daß dieser Akt des identifizierenden Erfassens von Verschiedenem die Mentalität der primitiven Völker beherrscht; daß er mit der Entwicklung der rationalen Kultur verschwindet, aber im Traum, welcher versunkene Schichten unseres Wesens aktuiert, noch heute in verworrener Weise am Werke ist. Dem Träumenden erscheinen Dinge als möglich, die vom täglichen Bewußtsein ausgeschlossen sind." (1946: 56-7) Gerade die Träume sind feste Bestandteile unseres Lebens, und Dante beschrieb von allen Träumen den höchsten: Lebenserfüllung im Anblick des Göttlichen!

Zu den vorausgehenden Kap. 10. bis 10.11 -in denen es um **die Deutung der DC** geht- s. im Studienführerteil die bibliographischen Abteilungen   13: Dante in mehrbändigen LITERATURGESCHICHTEN, 14: EINFÜHRUNGEN und STUDIENFÜHRER zu Dante, 16: MONOGRAPHIEN zu Dantes GESAMTWERK, 60: EINFÜHRUNGEN in die *DC*, 61: Themenumfassende MONOGRAPHIEN zur *DC*, 62: Themenspezifische MONOGRAPHIEN zur *DC*, 64: AUFSÄTZE zur *DC* mit zentraler Thematik.

11. Die ausserordentliche Rezeption eines wahrhaft 'göttlichen' Buches: fleißigstes Kopieren und kontinuierliches Edieren, endloses Kommentieren, unübertroffen kritisches Interpretieren sowie allzeit fortgesetztes literarisches, künstlerisches, musikalisches, filmisches und mediales Transponieren

Giovanni Boccaccio (1313-75) verwendete erstmals für das Buch des von ihm verehrten Dante Alighieri das Außerordentlichkeit bekundende Epitheton 'divina' (s. Rajna 1921, 1968), das seit der von dem venezianischen Autor und Philologen Lodovico Dolce (1508-68) besorgten Edition (Venedig 1555) für die Werkbenennung normativ wird. In ihr erscheint das Göttlichkeitsmerkmal auf dem Frontispiz ostentativ exponiert. Hier Text und Layout des Titelblatts dieser bedeutenden Ausgabe der *DC*:

La **Divina**

Comedia di Dante, / di nvovo alla sva vera / lettione ridotta con lo aiuto di molti / antichißimi esemplari. / Con argomenti, et / allegorie per ciascvn / Canto, & Apostille nel margine. / Et indice copiosissimo di / tutti i Vocaboli piu importanti usati dal / Poeta, con la sposition loro. /

Con privilegio.

In Vinegia appresso Gabriel / Giolito de Ferrari, et / fratelli. **MDLV.**

Dante selbst bezeichnet seine Dichtung auch schon -etwas beiläufig, aber semantisch und qualitativ richtungsweisend- als ein 'sakrales', also von Heiligem sprechendes Gedicht (*Se mai continga che 'l **poema sacro** /al quale ha posto mano e cielo e terra, / sí che m'ha fatto per molti anni macro, / vinca la crudeltà che fuor mi serra...* Par. XXV 1-4). Als frühes Meisterwerk einer romanischen Nationalliteratur wird die *DC* später in Italien nicht mehr in ihrer Gattung und Art übertroffen. Dies läßt sich an der überall in der Welt zu beobachtenden Rezeptionsvielfalt, -breite und -dauer ablesen, wovon nun die Rede sein soll.

Zu dem 11. Kap. s. im Studienführerteil die bibliographischen Abteilungen **37**: Cinquecento-Ausgaben der *DC*, **40**: Fotomechanische Reproduktionen von *DC*-Textträgern, **41**: Frühe Druckgeschichte der *DC*.

11.1 Eine reiche Textüberlieferung: viele und schöne Handschriften

Die *DC* erlebt sofort große Beliebtheit und Wertschätzung, die vielfältig zum Ausdruck kommt: „La diffusione della *Commedia* nel XIV secolo, documentata dai numerosi manoscritti del Poema (circa trecento); l'entusiastica ammirazione per il suo autore; le imitazioni; le pubbliche letture del Poema negli Studi di Firenze, di Bologna, di Pisa, di Siena ecc.; i compendi; i commenti che di esso si fecero, testimoniano quanto i contemporanei del poeta, e quelli che vissero a ridosso della sua generazione, abbiano sentito l'importanza e la grandezza della sua opera!" (MARTINELLI [1]1966, [2]1973: 5)

Die handschriftlichen Textträger verraten einen breiten und für den durchschlagenden Erfolg eines so umfangreichen, damals sogar auswendig gelernten Buches entscheidenden, breiten Leserkreis: Es gibt aufwendig hergestellte Pergamentkodizes für Adlige oder wohlhabende Bürger sowie preiswerte Abschriften für 'Studenten' oder 'einfache' Leute. Von keinem Werk des Mittelalters liegen derart zahlreiche, kostbare sowie kunstvoll gestaltete Manuskripte vor, welche BRIEGER, MEISS und SINGLETON in einem Kompendium (II 1969) photographisch zugänglich machten; anhand ihrer ausführlich dokumentierten Publikation kann sich jeder Dante-Freund einen Eindruck von diesen sonst verborgenen Kulturschätzen verschaffen, die eine in der Buchgeschichte einmalige Textüberlieferung darstellen (zu Publikum und Sprache der Leser in der frühen Rezeptionsphase der *DC* s. AUERBACH 1958, BEC 1970).

Zu diesem Kap. 11.1 s. im Studienführerteil die bibliographischen Abteilungen 6: KATALOGE zu Dante-AUSSTELLUNGEN, 15: GRUNDLAGENFORSCHUNG von BARBI, NARDI und VALLONE, 40: Fotomechanische Reproduktionen von *DC*-TEXTTRÄGERN, 41: Frühe DRUCKGESCHICHTE der *DC*, 42: HANDSCHRIFTEN und TEXTÜBERLIEFERUNG der *DC*.

11.2 Ein immerwährender Hermeneutikprozeß: *„Un pullulement d'interprétations.*" Zum Deuten der *DC* allgemein

Die früh einsetzende Verehrung Dantes und seines Hauptwerks manifestieren nach seinem Tod verfaßte Lobgedichte sowie lateinische und italienische *DC*-Kommentare zur ganzen Dichtung oder zu Teilen davon. Es sind alles Produkte großen Lese- und Studierfleißes, die ein weltliterarisch einzigartiges Phänomen intellektueller Aufmerksamkeit für einen Literaturtext darstellen.

Im Prinzip haben die damals entstandenen Varianten werkbesprechender Beachtung bis heute überlebt. Dante selbst leitete mit seinem explikativen Widmungsbrief an Cangrande della Scala diesen ergiebigen Klärungsvorgang ein, der für den Autor typisch ist, da sein Schreiben außer Literaturschöpfung gleichzeitig deren Deutung zu sein pflegt.

Interpretation ist im Falle der *DC* unerläßlich, die innere Anlage der mosaikhaften Dichtung postuliert sie geradezu: „Man ist sich einig über die allegorische Gesamtstruktur der *DC* und über ihre symbolische Bedeutsamkeit. Aber viele wichtige Einzelelemente, aus denen das Ganze sich zusammensetzt... sind bislang in ihrer historischen Provenienz und damit oft genug auch in ihrem eigentlichen Textsinne selber so gut wie unerkannt." (BAMBECK 1975: 4)

Auch Jahrzehnte nach diesem Statement hat sich an jener Grundtatsache nichts geändert: Es besteht weiterhin Klärungsbedarf, und Erläuterungen werden kräftig geleistet: „Die Trennungslinie zwischen dem buchstäblichen Fürwahrhalten und dem sinnbildlichen Schauen wird jeder anders ziehen. Ja, es läßt sich kaum immer mit Genauigkeit feststellen, wie der Dichter selbst sie gezogen hat – heidnische Götter werden fast mit gleicher Inbrunst angerufen wie christliche Heilsgestalten. Diesseits und Jenseits, Wirklichkeit und Traum gehen ineinander über." (LEONHARD 1950: 134)

Auch Dantes eigenwillige Verquickungstechnik ist ein Grund dafür, daß das Deuten der Elemente des Netzwerkes der *DC* kein Ende nehmen kann. Dieser Umstand zeigt sich an zahlreichen Textstellen, über die viel geforscht wurde, ohne daß man sich über die Bedeutung ganz klar geworden wäre. Die drei grimmigen Tiere oder die Ankündigung des Veltro als Erlöserfigur im Prolog wären hierfür Beispiele. Unausschöpfbar symbolträchtig ist auch der Eingang zum Läuterungsberg, dessen Attributen Peter ARMOUR (1983) ein ganzes Buch widmete! Schauen wir uns dieses von einem Engel bewachte Bauwerk an:

Noi ci appressammo, ed eravamo in parte	Wir näherten uns und waren an einer Stelle,
che là dove pareami in prima rotto,	an der ich dort, wo sie mir zuerst geborsten erschien,
pur come un fesso che muro diparte,	**nur wie ein Spalt**, der eine Mauer teilt,
vidi **una porta**, **e tre gradi di sotto**	**eine Pforte sah, und drei Stufen darunter**,
per gire ad essa, **di color diversi**,	um zu ihr zu gelangen, **von verschiedenen Farben**,
e **un portier** ch'ancor non facea motto.	**und einen Pförtner**, der noch kein Wort sagte.
E come l'occhio più e più v'apersi,	Und als ich das Auge mehr und mehr dorthin
vid*i* seder sopra 'l grado soprano,	öffnete, sah ich ihn auf der obersten Stufe sitzen,
tal ne la faccia ch'io non lo soffersi;	so [leuchtend] im Antlitz, daß ich ihn nicht ertrug;
e **una spada nuda avea in mano**,	und **ein bloßes Schwert hatte er in der Hand**,
che riflettea i raggi sì ver' noi,	das die Strahlen so zu uns hin reflektierte,
ch'io drizzava spesso il viso in vano.	daß ich oft das Gesicht vergebens wendete.
.....	.....
Là ne venimmo; e **lo scaglion primaio**	Wir kamen dorthin; und **die erste Stufe**
Bianco marmo era sì polito e terso,	**war weißer Marmor**, so sauber und rein,
ch'io m*i* specchiai in esso qual io paio.	daß ich mich in ihm spiegelte, wie ich aussehe.
Era il secondo tinto più che perso,	**Die zweite war mehr als dunkelrot gefärbt,**
d'una petrina ruvida e arsiccia,	aus einem rauhen und ausgetrockneten Stein,
crepata per lo lungo e per traverso.	längs und quer gespalten.

Lo terzo, che di sopra s'amassiccia,	**Die dritte**, die sich darüber auftürmt,
porfiro mi parea sì fiameggiante	schien mir [aus] Porphyr, so feurigrot
come sangue che fòr di vena spiccia.	wie **Blut**, das aus der Vene herausspritzt.
Sopra questo tenea ambo le piante	Auf dieser [Stufe] hielt der Engel Gottes
l'angel d*i* Dio sedendo in su **la soglia**	beide Fußsohlen, sitzend auf der **Schwelle**,
che mi sembrava pietra d*i* **diamante**.	die mir [aus] **Diamantstein schien.**
[Purg. IX, 73-84, 94-105 ed. F.SANGUINETI 2001]	*[üb. Georg HEES 1995: „wörtliche Übers."]*

Die differenzierte materielle und farbliche Qualifizierung des Eingangsbereichs zu dem neuen Jenseitsareal verdeutlicht, daß man nicht umhin kann, die heute kaum geläufige Kultursubstanz des Mittelalters intensiv zur Kenntnis zu nehmen.

Gerhard LEDIG (1943) ging so weit, daß er seinen Gesamtkommentar zur *DC* nur „aus mittelalterlichem Denken heraus" konzipierte. Man könnte diese geistesge- schichtliche Komponente sogar absolut setzen, wenn man eine wissenschaftliche Erhellung des Werks im Auge hat: „Die Auslegung der *Göttlichen Komödie* aus dem Geist des Mittelalters muß von der objektiven Bedeutung der Dichtung ausgehen. Als mittelalterlicher Mensch will Dante nicht seine persönlichen Gedanken und Gefühle über das Jenseits ausdrücken, sondern einen objektiven Ordnungszu- sammenhang darstellen. Die Seinsordnung, die er verkündet, ist die mittelalter- lich-christliche, d. h. sie ist in jedem ihrer Teile *ad Deum creatus*, auf Gott bezo- gen. In diesem Sinne kann Dantes Werk nur als ein christliches in seinem We- senskern erfaßt werden." (BUCK 1949: 5)

Wie kaum ein Werk der Literaturgeschichte scheint die *DC* also ein Erklären un- abdingbar zu machen, was bereits ihre Ausgangssituation unterstreicht. Denn das Ich befindet sich in einer Atmosphäre schrecklicher Dunkelheit, in der es nach Licht verlangt. Der 'Held' hat sich in einem Wald verirrt, weiß nicht mehr weiter, will vorwärtskommen, steht er doch mitten im Leben!

Allein diese einfache Lebenssituation hat das Heer der Dante-Interpreten immer wieder zu neuen Erläuterungen veranlaßt: „De tout temps, le préambule de la *Commedia* a été l'objet d'un foisonnement, sinon d'un pullulement d'interpré- tations variées et discordantes, souvent ingénieuses et savantes, mais jamais évidentes ni simplement convaincantes. Il est vrai que Dante a volontairement obscurci son texte inaugural. Pourquoi? Sans doute, pour accorder sa manière à sa matière." (HEIN 1992: 9)

Inhalte und Methoden des Begreiflichmachens mittelalterlicher Texte und damit auch der *DC* sind eine eigene, komplexe Wissenschaftsrichtung, die grundsätzlich 'übertragen(d)e', und zwar unterschiedliche bzw. gestufte Arbeitsschritte oder Sichtweisen berücksichtigt.

Die *DC* kann man hiernach -als Gesamtwerk- makrostrukturell, von einer wörtli- chen ersten Sinngebung abgesehen, beispielsweise folgendermaßen übertragen deuten: „The three allegorical meanings in the *Comedy* reveal to us first the state of human society and the way to the realization of the Kingdom of God on earth, secondly the progress of the individual soul in this life from sin to purification and to the life of grace and, finally, a series of inner states through which a human being passes from complete isolation to unity with all that is." (SALY 1989: 3)

Auch die drei Teile des Triptychons lassen sich als Etappen einer Entwicklung begreifen. So stellte der Amerikaner John SALY das *Paradiso* insgesamt als einen geistigen Lebensweg in verschiedenen Phasen von der Geburt dar (I. Birth: Awakening) bis zur Vereinigung mit dem Sein in der Ewigkeit (XI. The Eternal Now: Union with the Being): „The *Paradiso* is the last stage of the journey that leads to supreme self-actualization, where the slumbering powers of the self, which we might justly call its intrinsic divine aspect, are fully unfolded.... The last cantica of the *Comedy* is also the most significant for us because it maps the stages of an inward growth of which most of us know very little." (SALY: 1989: 9)

Nicht nur ihr Anfang, sondern die *DC* als Ganzes ist ein dunkler Wald, in dem man sich -wie im wahren Leben- unterschiedlich bewegen kann. So könnte man tief in einen Wald eindringen, um alle Bäume in ihrer Art zu bewundern und in ihrem zeitlichen Wachstum zu studieren, was bei der *DC* heißen mag, daß man intensiv auf ihr historisches Alter blickt, und die Zahl der nur ein mittelalterliches Verstehen für sinnvoll haltenden Dante-Interpreten ist groß. Zu ihnen kann man auch Marc COGAN (1999) aus Detroit zählen, der in 'The Design in the Wax: The structure of the *Divine Comedy* and its meaning' (1999) diese Auffassung vertritt und dazu auf eine alte kulturelle Bildlichkeit der Menschheit verweist. Andererseits darf man -von dem zuvor Gesagten abweichend- davon ausgehen, daß alle Wälder bzw. die sie bildenden Bäume zu allen Zeiten gleich sind, so daß man Dantes poetische Verarbeitung natürlicher Ideen auch bloß von heute aus betrachten könnte, weil das Denken der Menschen in einer vergangenen Zeit im Grunde mit dem Räsonnieren und Fühlen zu jeder späteren Epoche vergleichbar ist.

Zu diesem Kap. **11.2** über das **Deuten der *DC* allgemein** s. im Studienführerteil die bibliographischen Abteilungen **13**: Dante in mehrbändigen LITERATURGESCHICHTEN, **14**: EINFÜHRUNGEN und STUDIENFÜHRER zu Dante, **16**: MONOGRAPHIEN zu Dantes GESAMTWERK, **60**: EINFÜHRUNGEN in die *DC*, **61**: Themenumfassende MONOGRAPHIEN zur *DC*, **62**: Themenspezifische MONOGRAPHIEN zur *DC*.

11.3 Boccaccios florentinische 'Stadtvorlesungen': „*Una svolta precisa ed importante nella storia dell'esegesi dantesca*"

Giovanni Boccaccio (1313-75) kommentierte gegen Lebensende die ersten 17 Gesänge von Dantes Hauptwerk in Florenz coram publico. Die Unterlagen hierzu sind erhalten; es sind die *Esposizioni sopra la Comedia di Dante* (EP 1724, ed. Anton Maria SALVINI), die man auch als *Comento* bezeichnet; sie sind die Anfänge dessen, was man heute 'Lectura Dantis' nennt.

Boccaccios öffentliche, im Oktober 1373 begonnenen Erläuterungen haben dazu beigetragen, daß man später vielerorts -gerade in Florenz und anderen italienischen Städten- eine Dante-Gesellschaft gründete. Ihren Mitgliedern ist das Gespräch über Dante-Texte bzw. das aufmerksame Zuhören hierbei ein gemeinsames kulturelles Anliegen.

Die ausgewogene, weder auffällig kritisierende noch übertrieben enthusiastische Haltung des Gelehrten aus Certaldo gegenüber dem zu präsentierenden Buch des Florentiners sollte die bis dahin bereits große Wirkung der *DC* weiter positiv beeinflussen. Wer sich intensiv und beruflich mit der Deutung der *DC* auseinandersetzt, darf also behaupten, daß sein erster in dieser Disziplin herausragender Kollege kein geringerer als der Verfasser des *Decameron* war!

Boccaccio koordinierte hinsichtlich der Erhellung jenes Buches systematisch alle philologischen Erklärungsanstrengungen, die man kurz nach Dantes Tod zu unternehmen begonnen hatte (s. u.). Die in der kritischen Dünndruckedition von Giorgio PADOAN (1965) 700 Seiten einnehmenden Auslegungen waren eine für den mündlichen Vortrag bestimmte Materialsammlung, welche der Interpret anschließend nicht mehr zu einem ganz organischen Band hatte gestalten können: „Il primo carattere fondamentale del *Comento* è dato dagli squilibri di stesura, e soprattutto dai cenni di appunto." (PADOAN 1959: 17)

Mit seiner methodischen Kommentierung setzte Boccaccio die italienischsprachige Literaturkritik fort, die der zu interpretierende Dante Alighieri einst -über ein halbes Jahrhundert zuvor- mit seinem *Convivio* begonnen hatte.

Der Lesungsanlaß war ein 1373 erteilter Auftrag des Rates von Florenz gemäß einer Bürgerinitiative -er war an die Priori delle Arti und den Gonfaloniere di Giustizia gerichtet-, den Dante-Kenner um die besoldete Durchführung einer öffentlichen Deutung der *Divina Commedia* zu bitten, für die ein ganzes Jahr vorgesehen war. Mit diesem Projekt wollte die Stadt ihren nun so großen, einst von ihnen aus den Mauern verstoßenen Dichter rehabilitieren, ihm eine überfällige Hommage erweisen, obwohl dieser dort nicht unumstritten war! Das deuten die sechs Nein-Voten bei der Abstimmung über das Vorhaben an.

Die *DC* wurde damals keineswegs uneingeschränkt als unantastbares Kunstwerk akzeptiert: Dafür berührte es zu kontroverse Auffassungen in theologischen, politischen, privaten und sonstigen Dingen! Die Dante-Exegese fand dennoch statt, und zwar vor einem gemischten Publikum, das sowohl aus 'einfachen' als auch gebildeten Zuhörern zusammengesetzt war, womit sich bereits damals Dantes ungewöhnlich breiter Interessentenkreis abzeichnete.

Etwa 60 Veranstaltungen hielt Boccaccio in der Kirche Santo Stefano della Badia vom 23. 10. 1373 -täglich außer an Feiertagen- bis Anfang 1374 ab; dann mußte der 'Professor', zu Beginn des 17. *Inferno*-Gesangs, seine Vorlesungsreihe wegen Krankheit abbrechen. Das Vortragshonorar wurde ihm aber weitergezahlt.

Das Projekt einer umfassenden mündlichen Gesamtexegese der *Göttlichen Komödie* war somit ein Fragment geblieben, jedoch hatte man eine monumentale Deutungsidee geschaffen, welche die Dante-Freunde bis heute nicht losgelassen hat. Boccaccios Vortragsskripten -es sind 24 größere sowie 14 kleinere 'Hefte' überliefert- stellen ein beeindruckendes Konvolut dar, auch wenn es an vielen Stellen einen halbfertig-provisorischen, manchmal hastigen Eindruck bietet, wie ihn für einen Redeanlaß angefertigte Notizen nun einmal haben können.

Auch wenn keine Originalwiedergabe vorliegt und man nicht weiß, inwieweit die überlieferte Fassung dem tatsächlichen Vorlesungsgang entsprach, lassen sich Arbeitskriterien und Verfahrensweisen klar erkennen. Boccaccio ging sukzessive nach der Abfolge der Gesänge vor, begann mit *Inferno* I, was nicht unbedingt so hätte sein müssen, aber dort Usus geblieben ist, wo man eine traditionelle 'Lectura Dantis' beginnt.

Vorweg bietet er eine mittelalterlichen Deutungsgepflogenheiten angepaßte Einführung in das zu besprechende Werk (accessus). Er legt den Kommentar systematisch und methodisch an, verfertigt keine bloße Kompilation von Details, sondern konzentriert sich auf zwei Sinnschichten bzw. Themenkreise, welche er zusammenhängend abarbeitet: Zuerst traktiert er das Wörtliche am Text (esposizione litterale), danach das Allegorische (esposizione allegorica), dies in Blockform und Vers für Vers voranschreitend; solche Feststellungen treffen jedenfalls auf die Gesänge I bis IX sowie XII bis XIV zu.

Boccaccio paßt sich der Tradition der mehrfachen Schriftsinnauslotung an, wie sie Dante im Brief an Cangrande als Aufschlüsselungsmodus für seine Dichtung selbst vorschlug. Es ergibt sich dabei eine detaillierte Betrachtung des behandelten Textpensums, wie man dies beispielsweise in dem kompetenten Kommentarkompendium von Hermann GMELIN (3 Bde [1]1949-57) antrifft, wiewohl dieser sich nicht an mittelalterliche Schichtungen band.

Blicken wir mit Boccaccio auf die Liebesgeschichte von Paolo Malatesta und Francesca da Rimini, die ja der fünfte Höllengesang schildert. Francescas ehebrecherischen Fehltritt kommentiert er in Sachen Wörtlichkeit oder Sachbezogenheit damit, daß er genau auf jenes Buch schaut, bei dessen gemeinsamer Lektüre Paolo und sie einst schwach wurden:

„*Galeotto fu 'l libro e chi lo scrisse.* [Es folgen Erläuterungen zur Galeotto-Figur]... E così vuol questa donna [= Francesca] dire che quello libro, il quale leggevano Polo ed ella, quello officio adoperasse tra lor due che adoperò Galeotto tra Lancialotto e la reina Ginevra; e quel medesimo dice essere stato colui che lo scrisse, per ciò che, se scritto

non l'avesse, non ne potrebbe essere seguito quello che ne seguì. *Quel giorno più non vi leggemmo avante.* Assai aconciamente mostra di volere che, senza dirlo essa, i lettor comprendano quello che dell'essere stata basciata da Polo seguitasse."
[V, 1 § 183-4 ed. PADOAN 1965 (=Tutte le opere di G. Boccaccio, a cura di V. BRANCA VI)]

Etwa 20 Seiten umfaßt dann die allegorische Ausleuchtung des ganzen canto, was keineswegs wenig ist! Es entsteht ein Traktat, der Versündigung aus Liebe allgemein und den Ehebruch der beiden insbesondere analysiert. Während wir von demselben Autor im *Decameron* manche handfeste Lektion für ein sexuell erfülltes Liebesleben geboten bekommen, ist er -als Dante-Kommentator- vordergründig sachlich und unterweisungshaft, obwohl auch nicht ganz ohne erotische Hintergedanken, wie folgende Passage verdeutlicht:

„Commettesi ancora questo vizio tra obligato e soluta o tra obligato e obligata o tra soluto e obligata, e chiamasi questa spezie «adulterio»; e venne questo nome dall'effetto del vizio, cioè «adulterium: alterius ventrem terere»: cioè l'adulterio è il priemere l'altrui ventre, per ciò che in esso si prieme la possessione, la quale non è di colui che la prieme, né similmente di colei alla quale è premuto, ma del marito di lei." *[V, II § 68 ed. PADOAN]*

Auf der Basis breiter Kenntnis heidnisch antiker und zeitgenössischer Literatur, Kultur und Geschichte kann Boccaccio Dantes philosophische, theologische, politische und historische Mitteilungen, Urteile und Sinnbezüge erklären und Quellen angeben. Als Philologe trägt er meist Abweichungen oder Entwicklungen in der Auslegungsgeschichte vor, die es bis dahin gab. Viele Belege nimmt er dafür aus seinem eigenen, konsistenten Oeuvre: aus der Dante-Vita, dem enzyklopädischen Fundus der *Genealogia deorum gentilium*, den informationsreichen Porträtsammlungen und sonstigen Werken. Die dantistische Deutungsarbeit ist dem Begründer der Kunstnovellistik in Italien insofern kongenial, als er sich bei aller Sachlichkeit auch für die erzählerischen bzw. ästhetischen Qualitäten der *DC* interessiert und diese erfahren herausstellt.

Die Literaturgeschichte würdigt immer den Entschluß des Latinisten Dante, sein Hauptwerk in Volgare verfaßt zu haben. Nicht zu unterschätzen für die spätere Aufnahme des epochalen Buches ist die Tatsache, daß der humanistisch an der Antike ausgerichtete Boccaccio seine letzten Lebenskräfte für ein Werk aufzehrt, welches nicht lateinisch ist, so dessen Italianität für alle Zeiten untermauernd: „Le *Esposizioni* segnano una svolta precisa ed importante nella storia dell'esegesi dantesca, non solo perché per la ricchezza di notizie biografiche, aneddotiche, erudite esse rappresentarono un termine di paragone cui i commentatori immediatamente posteriori non poterono sfuggire, consacrandone perciò i moduli interpretativi, ma soprattutto perché fissarono definitivamente un modo di intendere la *Commedia* in cui ha prevalso la mentalità umanistica." (PADOAN 1965: XXXI)

Zu diesem Kap. **11.3** über **Boccaccios florentinische 'Stadtvorlesungen '** s. im Studienführerteil die bibliographischen Abteilungen   **49**: AUSGABEN früher *DC*-KOMMENTARE,   **50**: EXERPTEKOMPENDIUM früher *DC*-KOMMENTARE,   **51**: AUSGABEN früher *DC*-KOMMENTARE auf CD-ROM, **52**: Frühe *DC*-KOMMENTARE im INTERNET,   **53**: FORSCHUNGEN zu frühen *DC*-KOMMENTAREN.

11.4 Kommentare vor Boccaccio: „*Un groviglio difficile da districare*"

Vor Boccaccios *Esposizioni* gab es bereits mehr als ein halbes Dutzend Gelehrte, welche die *DC* teilweise -d. h. nicht über die erste 'cantica' hinausgelangend- oder vollständig besprochen hatten!

Ihre Verstehenshilfen haben keine herausragende, aber vorbereitende, stimulierende Funktion, und sie interessieren die permanent um Deutung bemühte Dante-Philologie sehr wohl. Es bleibt die generelle Bewertung gültig, die vor über hundert Jahren Karl HEGEL -einer der ersten dantistischen Kommentarphilologen-äußerte: „Die Dante-Commentare des Mittelalters behalten trotz der fortgeschrittenen Forschung unserer Tage immer noch ihren vorzüglichen Werth als Hülfsmittel für die Erklärung der *DC*: schon deshalb weil sie, je näher ihre Verfasser der Zeit des Dichters standen, die unmittelbare Kenntnis der Sprache und der Dinge vor den späteren voraus haben." (1878: 1)

Die Zahl jener 'Exegeten', welche Latein oder Italienisch für ihre Analysearbeit wählten, hält sich die Waage (wie im literarischen Gesamtschaffen von Dante, Boccaccio oder auch Petrarca beide Sprachen ein gleiches Gewicht besaßen). Dante hatte seine Schrift über die Exzellenz des Italienischen auf Latein verfaßt, so daß man eine lateinische Erläuterung seines italienischen Meisterwerks als Ausdruck literarischer Wertschätzung verstehen konnte, während eine italienischsprachige Begutachtung der *DC* die Stoßrichtung von Dantes traktat- und kommentarhaftem *Convivio* unterstrich, in dem dieser das Volgare als kompetentes Medium zur Untersuchung von italienischer Poesie ausweist.

Die 'frühen' Kommentare zur *Göttlichen Komödie* -deren Reigen Dantes Sohn IACOPO ein Jahr nach des Vaters Tod mit einer Anleitung in Volgare fürs *Inferno* eröffnete- stellen ein schwer einsehbares und abschätzbares sowie nur mühsam benutzbares Terrain der Forschung dar. Fast alle lassen sich nur in älteren, an wenigen Orten erreichbaren Ausgaben des 19. Jh. bzw. in nicht minder raren photomechanischen Nachdrucken konsultieren. Einen modernen Anfang machte in dieser Disziplin bloß Luca Carlo ROSSI (1998) mit seiner kritischen Edition der weniger voluminösen *Inferno*-Exegese von Graziolo de' Bambaglioli (s. u.).

Besagte Kommentare vor Boccaccio haben allesamt verwirrend vielfältige Anlagen, Funktionen und Intentionen; sie können bloße Glosse bzw. Marginalie oder essayhafte Äußerung zu einem 'Thema' sein, so daß sie unterschiedliche Informationen vermitteln, vor allem jedoch Erklärungen zu Personen oder Sachverhalten: „Lo studio dei commenti trecenteschi alla *Commedia* si configura molto spesso come un groviglio difficile da districare." (ROSSI 1990: IX)

Vorsicht ist bei der Benutzung solcher Materialien außerdem geboten, da manche Umstände ungeklärt sind: Unsicherheiten bestehen z. B. hinsichtlich ihrer Autorschaft oder zeitlichen Einordnung, denn manchmal wirkten mehrere Gelehrte an einer explikativen Kompilation, die unter dem Namen eines Autors überliefert zu werden pflegt.

Es kommt vor, daß man neue Kommentare entdeckt. So stieß Massimo SERIACOPI in der Laurenziana von Florenz auf ein anonymes Exegese-Werk zu *Inferno* und *Purgatorio* (entst. Ende 14./Anf. 15. Jh.) in Volgare, das er edierte (2000-1). Solche Funde bringen Bewegung in ungeklärte Textumstände.

Folgende Namen und Werke gehören als wichtigste in den Bereich der allerersten *DC*-Exegese in italienischer oder lateinischer Sprache, wobei wir diese grosso modo chronologisch vorstellen.

Erste Kommentarauslassungen waren lateinische Randnotizen (Marginalien) zu mehreren (nicht allen) Gesängen der *DC* in einer Reihe von Handschriften des frühen 14. Jh. von unbekannten Händen. Vincenzo CIOFFARI (1989) stellte sie zu einem Glossen-Korpus zusammen, das bei ihm ANONYMOUS LATIN COMMENTARY bzw. (in der italienischen Kritik) CHIOSE LATINE ANONIME heißt und das er so charakterisierte: „A comparison of these gloses in more than a dozen manuscripts of the early part of the 14th century reveals them to be a clarification or paraphrase in Latin of Dante's Italian verses in light of allegorical and theological background. They give the impression of an 'explication de texte' for the readers whose literary language was Latin." (1)

Dantes erster Sohn IACOPO ALIGHIERI (geb. vor 1300-gest. 1342/49) verfaßte - außer einem Lehrgedicht (*Il dottrinale*)- nach dem Tod des Vaters -vielleicht schon 1322 oder in einer Zeit, die bis 1328/29 reichen kann- in italienischer Sprache glossenhafte Erklärungen zum *Inferno* (edd PICCINI [bzw. 'JARRO'] 1915, BELLOMO 1990), welche in zwei vollständigen und vier fragmentarischen Handschriften erhalten sind und in einer modernen Edition circa 100 Druckseiten einnehmen. Man vermutet, daß Iacopo auch das *Purgatorio* behandelte. Wer sich von Dantes Sohn aufschlußreiche, vom Vater persönlich erhaltene Enthüllungen aus erster Hand erhofft, sieht sich getäuscht: Iacopo faßt zu Beginn eines Gesangs den Inhalt zusammen -wie viele spätere Kommentatoren auch- und macht sukzessive, jedoch unsystematische Bemerkungen zu bestimmten Versen oder längeren Passagen, meist zu ganzen Terzinen. Es geht ihm oft um die allegorische Bedeutung der visionären Dichtung: „Das Gesamtbild dieses Kommentars zeigt eine durchgängige Erklärung der Jenseitsreise als einen inneren Erfahrungsprozeß." (SANDKÜHLER 1987: 173) Die Arbeit hat also eine gewisse thematische Einheitlichkeit, die auf Gespräche mit dem Vater zurückgehen könnte. Iacopo ist kein profilierter Gelehrter, was seine umständliche Sprache und seine Verklausulierungen verdeutlichen: „L'opera appare sorprendentemente vuota di contenuto... Né l'avarizia dei rinvii alle fonti, talvolta persino erronei, allarga il patrimonio di cognizioni di un lettore men che mediocremente informato. L'unico contributo del commento è sul piano dell'interpretazione allegorica." (BELLOMO 1990: 3) Man könnte meinen, daß die von gutem Willen beseelten, im Resultat aber kargen Erklärungsbemühungen des Sohnes erst die Anstrengungen anderer Leute zum Verständnis des Werkes seines Vaters notwendig gemacht haben!

Schon früh, nämlich 1324 (wie man einer Datumsglosse in einer Handschrift entnimmt) -und vielleicht vor Iacopo- verfaßte gleichfalls Erläuterungen zum *Inferno* -jedoch auf Latein (edd. FIAMMAZZO 1915, ROSSI 1998)- der Notar und Kanzler in Bologna GRAZIOLO DE' BAMBAGLI(U)OLI (geb. um 1290 in Bologna - gest. vor 1343 in Neapel), der später nach Süditalien emigrierte. Er stammte aus guelfischer Familie, schrieb noch einen *Trattato sopra le virtù morali*. Seinen Kommentar (*Inferno »Etsi celestis et increati principis«*) übertrug man wiederholt ins Volgare. Er hat eine apologetische Tendenz, geht es dem Verfasser doch darum, Dantes poetische Veranlagung und die dichterische Gestaltung der *DC* als wesentliche Kriterien herauszustellen. Es läßt sich eine interpretatorische Gesamtkonzeption erkennen: Dantes fiktionaler Weg wird als Hilfe für die Entwicklung jedes einzelnen Menschen wie der Menschheit an sich begriffen. Bambaglioli befaßt sich in diesem Kontext mit der brisanten und später vehement diskutierten Frage der Orthodoxie des Dichters, die er entschlossen verteidigt. Im engeren Sinn soll der Kommentar bei der Aufschlüsselung theologischer, historischer und realienbezogener Anspielungen oder Sachverhalte helfen, da er die *DC* als Behältnis alles Wissens und als hermeneutisches Instrument zum Verständnis der Heiligen Schrift versteht. „Der lateinische Kommentar von Graziolo de' Bambaglioli ist das markanteste Zeugnis einer ersten gründlichen Beschäftigung mit Dantes Hauptwerk... Im Ganzen gesehen, gibt das Werk einen klaren Leitfaden durch das *Inferno*." (SANDKÜHLER 1987: 171, 172)

Von einem anderen Gelehrten aus jener großen Universitätsstadt -der später mit seiner Familie nach Venedig übersiedelte-, IACOPO DELLA LANA (geb. vor 1288 - gest. nach 1358), haben wir aus dem Zeitraum 1323/24-28 den ersten vollständigen, und zwar italienischen Gesamtkommentar zur *DC* (ed. SCARABELLI I [1]1865, III [2]1866). Die zahlreichen Handschriften sowie die Übertragung ins Lateinische (durch Alberigo da Rosciate) weisen auf ein geschätztes Werk hin. Es richtete sich an gebildete Laien und Studenten: „Waren die Anfänge gekennzeichnet von dem Bedürfnis einer ersten Orientierung, einer Absicherung gegen den Verdacht der Häresie..., so beginnt nun eine Erschließung der gesamten Fülle der in der *Commedia* enthaltenen Welt... Mit Jacopo della Lana tritt erstmalig ein alle drei Bereiche umfassender volkssprachlicher Kommentar von eindrucksvollem Umfang auf." (SANDKÜHLER 1987: 178) Um das Volumen des angesammelten Materials zu bewältigen, sieht sich Iacopo genötigt, vom sechsten *Inferno*-Gesang an eine allgemeine Einführung (*Chiosa generale*) vor jeden canto zu stellen, um so die spezifische/interlineare Texterklärung zu entlasten. Inhaltliche Schwerpunkte bilden naturwissenschaftliche Erklärungen zu Astronomie, Astrologie, Mathematik, Physik, Chemie, Alchimie, Medizin, Geographie, Meteorologie. Das sich eng an den Text haltende Erklärungskorpus bietet auf diese Weise ein breites Wissensspektrum in Volgare, wie es sonst nur lateinisch an den damals entstandenen Universitäten zu erwerben war.

Der Karmelitermönch GUIDO DA PISA (13.-14. Jh.) konzentrierte sich -wie Dantes Sohn Iacopo und Graziolo de' Bambaglioli- auf das erste Drittel der *DC* und kompilierte in der Zeit von ca. 1327/33 bis 1343 einen Band mit lateinischen 'Erläuterungen und Glossen' (*Expositiones et glose*) zum ganzen *Inferno* (ed. CIOFFARI 1974). Man weiß nicht, ob sein Werk in Genua, Florenz, Neapel oder Bologna entstand (wohl nicht in Pisa). Inhaltlich-thematisch mutet Guidos Analyse mystisch an, was seinem Orden entspricht. Seine Arbeitsweise selbst ist jedoch systematisch und durchdacht. Er leuchtet sukzessive die Wörtlichkeit einer Passage aus ('expositio lictere'), stellt vergleichende Überlegungen ('comparationes') an und ergänzt Herausragendes ('notabilia') durch Erklärungen. Guido da Pisa ist ein überzeugter Verehrer Dantes, den er für einen göttlich gelenkten Dichter hält. Das bekräftigt er durch vielfaches Zitieren aus autoritätshaltigem Schrifttum, wobei er auch auf frühere Kommentare rekurriert: „Sobald wir den Kommentar aufschlagen, zeigen sich zunächst drei Hauptbereiche seines Interesses und damit auch seiner Zitate: 1. Die Antike mit über 30 Autoren und rund 450 Zitaten; 2. Die Bibel mit rund 370 Zitaten aus 40 Büchern; 3. Die Kirchenväter mit rund 190 Zitaten." (SANDKÜHLER 1984: 79) Die Fülle des schon humanistisch vorgewiesenen Wissens ist so umfassend, daß man meinte, das Werk könne nur von mehreren Autoren stammen! Guido ist belesen und gebildet und nicht nur mittelalterlich versiert; er hat eine gute Bibliothek zur Verfügung, besitzt ein hervorragendes Gedächtnis. „In grazia dei suoi lavori precedenti in materia, Guido è in grado di darci un'esegesi dantesca qualitativamente migliore dei commenti similari (di Jacopo Alighieri, Jacopo della Lana, Graziolo de' Bambaglioli ecc.): migliore per l'enucleazione di *Expositiones et glose*; migliore per la ristrutturazione della *Commedia*, quale 'ethyca' secondo categorie morali; migliore per la competente valutazione di Dante comicus-satiricus-liricus-tragedus." (CANAL 1981: 279-80) Den nach Iacopo della Lanas Arbeit ausführlichsten, mit zahlreichen Hinweisen auf die beiden anderen 'cantiche' versehenen *Inferno*-Kommentar widmete der gibellinisch gesonnene Gelehrte dem genuesischen Patrizier Lucano Spinola. Es überliefern ihn zwei Handschriften (Chantilly und London). Man übertrug ihn nach seinem Bekanntwerden ins Volgare. Er beeinflußte mehrere spätere Kommentare zur *DC*.

Als einen 'ausgezeichneten Kommentar' (»'**Ottimo**' [**commento**]«) (1317 bis vor 1349) bezeichnete einst (1612) -autorenunbezogen- die Accademia della Crusca ein Deutungswerk in Volgare zur ganzen *DC*, das man bis zur Mitte des 19. Jh. für ein Werk des Iacopo della Lana (s. o) hielt. Man schreibt es nun dem Notar in Florenz, Übersetzer und (wenig erforschten) Literaten ANDREA LANCIA (um 1280-um 1360) zu. Es liegt handschriftlich in 3 Fassungen vor (1327-28, 1334,

1337 bis vor 1349), von denen nur die 'erste' bzw. mittlere in einer älteren (aber neu zugänglich gemachten) dicken Edition veröffentlicht ist (ed. TORRI III 1827-29; Ndr. 1995). Der besondere Wert dieser Arbeit ist darin zu sehen, daß in ihr ein umsichtig kompilierender, schon humanistischer Philologe am Werk ist, der vorausgegangene *DC*-Studien berücksichtigen will, um so verantwortungsbewußt zu ausgewogenen Einschätzungen zu gelangen; d. h. er faßt die Kommentare des ersten Jahrzehnts nach Dantes Tod zusammen und macht sie -d. h. gerade die lateinischen- einer volkssprachlichen Leserschaft zugänglich. Formalistische Prinzipien scholastischer Theologie oder trockene Gelehrsamkeit vermeidet er. Er läßt von Dante -den er gekannt haben will- und von Augenzeugen Erfahrenes in die Arbeit einfließen, was seiner Unternehmung Lebendigkeit verleiht. „Der *Ottimo* zeigt sich als ein Erklärer, der eine deutliche Vorstellung von der *Commedia* als eines gemeinnützigen, vorbildlichen Menschheitsweges hat und der, auf umfassender spätmittelalterlicher Bildung fußend, die vorhandenen Werke aufnimmt und in mehreren Überarbeitungen kritisch sichtet, komprimiert und aus zusätzlich erschlossenen Quellen und mit eigenem ergänzt. Er schreibt für ein breites Publikum." (SANDKÜHLER 1987: 186)

Auch Dantes zweiter Sohn **PIETRO ALIGHIERI** (geb. vor 1300-gest. 1364 in Treviso, wo man sein Grab besuchen kann) -Richter in Verona und Volgare-Dichterhinterläßt eine lateinische Exegese (*Commentarium* bzw. *Comentum*) zur gesamten *DC*, von der 3 Redaktionen bekannt sind (1340-41, 1350-55, 1358) (edd. NANNUCCI 1845 = 1. Fass.; DELLA VEDOVA-SILVOTTI 1978 = 1. Fass., nur zum *Inf.*; CHIAMENTI 1995-97 = 3. Fass. als Diss. Florenz, unveröff.). Seine Arbeit -mit der wir die Mitte des Trecento überschreiten und in die Nähe der Auslegung von Boccaccio gelangen- ist im Vergleich zu der seines älteren Bruders umfangreicher, philologisch akribischer, strukturell geschickter sowie hermeneutisch verantwortungsbewußter. Sie versteht sich als gelehrter Beitrag, der zahlreiche, noch dunkle Textstellen aufhellen will. Pietro schreibt für einen Kreis von Gönnern und Freunden in Verona und Vicenza, so daß sein Werk einen humanistischen Habitus bekommt. Es ist formal einheitlich; längere Abschweifungen sind selten; der Interpret hält sich eng an das Geschehen; historische Erklärungen findet man kaum, für die dichterischen Qualitäten interessiert sich Pietro wenig. „All diese Elemente ergeben zusammen ein systematisch klares, aber in seiner nüchternen Gelehrsamkeit recht trockenes Werk... Pietro gibt sich aristokratisch-intellektuell und ist weit entfernt von den Volksbildungsidealen eines Lana oder Andrea Lancia, aber auch von geistlich-klassischer Pädagogik des pisanischen Karmeliters oder von der treuherzigen Erklärung seines Bruders Jacopo." (SANDKÜHLER 1987: 188) Das Urteil eines neueren Kommentarfachmanns fällt etwas milder aus: „Pietro Alighieri si segnala per la pienezza dell'approccio (dottrinario e poetico) e per il tentativo di riaffermare la genuità del pensiero e del sentire paterni. La chiosa ha uno svolgimento piuttosto libero, interessata com'è più alle tematiche e alla giustificazione delle soluzioni dantesche che al dettato del singolo canto." (PRO-CACCIOLI 1999: Begleitheft zur CD-Rom)

Über die bis hier vorgestellten 'frühen' Unterweisungsbemühungen zur *DC* vor Boccaccio und ihr komplexes Verhältnis zur mittelalterlichen Erläuterungstradition unterrichtet -ausführlich und die Beiträge einander gegenüberstellend- Bruno SANDKÜHLER (1967) in einer geschätzten Freiburger Dissertation. In ihr arbeitete er neben der rein philologischen Bedeutung jeweils auch die bildungsgeschichtliche, sprachpolitische, gesellschaftliche oder ethische Funktion heraus: „Mit den Kommentaren wird ein wichtiger Beitrag zur Erweiterung des bürgerlichen Bildungshorizontes geleistet, vor allem aber beweist in ihnen das Italienische seine Fähigkeit, auch Gedankengänge auszudrücken, die bis dahin dem Latein vorbehalten waren. Mit Sprachformung und Volksbildung ist in den Kommentaren - ebenso wie in der gesamten zeitgenössischen Literatur- die Frage der Bestimmung des Menschen und seiner moralischen Ausrichtung aufs Engste verbunden." (47)

Zu diesem Kap. **11.4** über die *DC*-**Kommentare vor Boccaccio** s. im Studienführerteil die bibliographischen Abteilungen **49**: AUSGABEN früher *DC*-KOMMENTARE, **50**: EXZERPTEKOMPENDIUM früher *DC*-KOMMENTARE, **51**: AUSGABEN früher *DC*-KOMMENTARE auf CD-ROM, **52**: Frühe *DC*-KOMMENTARE im INTERNET, **53**: FORSCHUNGEN zu frühen *DC*-KOMMENTAREN.

11.5 Kommentare nach Boccaccio: Wege zu systematischer Literaturkritik

Nach dem Tod des Erzählers, Dichters und Philologen Giovanni Boccaccio (1375) blieb die Interpretation der *DC* eine zentrale Aufgabe der italienischen 'Philologie'. Boccaccios dantistische Leistungen wären bei einer streng chronologischen Sicht aller Trecento-Kommentare justament in diesem Moment zu erwähnen, aber wir stellten sie wegen ihrer herausragenden Bedeutung an den Anfang unserer kleinen Kommentargeschichte! Zwei Autoren -beide Gelehrte und Lehrer-führten das von dem Meister aus Certaldo begonnene Unternehmen einer gründlichen Gesamterklärung im Laufe längerer Zeiträume zu Ende, und zwar jeder von ihnen in anderem Sprachgewand. Es sind Einzelkonstrukteure an einem gewaltigen Interpretationsmonument, an dem noch heute gebaut wird. Beide gehen systematisch mit ihrem Gegenstand um, den sie als einen prinzipiell literarischen erkennen und textwissenschaftlich kritisch behandeln.

Comentum super Dantis Aldigherij Comoediam (ed. LACAITA V 1887) heißt die umfangreiche, im Druck fünf Bände einnehmende, lateinische Ausarbeitung von akademischen Vorlesungen bzw. öffentlichen Vorträgen zur ganzen *DC*, welche **BENVENUTO DE' RAMBALDI DA IMOLA** (1320/30-87) zuerst in Bologna, später in

Ferrara hält. Er hat in Bologna studiert, übt dort juristische bzw. Verwaltungs-funktionen aus, ist für seine Geburtsstadt Imola diplomatisch tätig (z. B. 1365 als Botschafter in Avignon) und lehrt intensiv und zeitlebens im Umkreis der Univer-sität (Bologna), ohne Hochschulprofessor zu sein. Seine humanistischen Vorle-sungen gelten Lukan, Seneca, Valerius Maximus, Vergil oder Zeitgenossen wie Petrarca. Zu seinen Freunden zählen außer letzterem Coluccio Salutati und der von ihm verehrte Altersgenosse Boccaccio, dessen Dante-Auslegung er 1373 in Florenz beiwohnt. Jenes Erlebnis veranlaßt ihn wohl, die unbeendete Arbeit seines Kollegen und 'Praeceptors' würdig fortzusetzen. Auch er bietet daher ursprüng-lich Vorlesungen zur *DC* an -wovon zwei Aufzeichnungen bzw. Mitschriften er-halten sind- sowie ein danach ausgearbeitetes Kommentarkorpus, das er um 1380 Niccolò d'Este widmet, zu dem er sich 1375 ins Exil begab. Seine in drei Fassun-gen aus der Zeit von 1375 bis 1380, und zwar in 27 Handschriften überlieferte Auslegung ist der umfangreichste Dante-Kommentar des Trecento. Er zählt zu dem Reichhaltigsten und Abgerundetsten, was das Dante-Deutungswesen damals hervorbringt. So wundert es nicht, daß im national ausgerichteten Ottocento ein Giovanni TAMBURINI (III 1855-56) dieses den Florentiner sehr ehrende Oeuvre erst(mals) ins Italienische übersetzte, bevor es eine neuere Edition des lateinischen Originals gab. Zu den Adressaten des Kommentators aus Imola gehören Studen-ten, Gelehrte, Angehörige des Hofes von Ferrara. Benvenuto gliedert bei jedem Gesang die Exegese in 'partes generales', um dann 'particulae speciales' zu the-matisieren, geht in seiner Textanalyse systematisch und methodisch vor. Inhaltlich und stofflich beweist er eine humanistische Belesenheit, mit der er antike oder historische Anspielungen aufschlüsselt. Darüber hinaus -denn dies hat er teilweise mit anderen Exegeten gemein- stellt er ein textkritisches Verhältnis zu Dante und seiner poetischen Botschaft unter Beweis: „Den Zugang zu Dantes Werk findet er nicht mehr über den Inhalt, wie viele seiner Vorgänger, sondern über ein neues Sprach- und Schönheitsempfinden... Er erlebt die *Commedia* in ihrer dichteri-schen Bildhaftigkeit und faßt seine Erklärung manchmal selbst in solche Bilder... Sein Kommentar ist reich an lebendigen Erzählungen und wird dadurch in will-kommener Weise aufgelockert... Die Fülle der Gedanken und des zusammenge-fügten Materials haben das Werk Benvenutos zu einer Fundgrube für alle folgen-den Kommentatoren gemacht." (SANDKÜHLER 1987: 197, 198, 199) Zu ihm gibt es nun die detaillierte Monographie des ebenfalls aus Imola stammenden Franco QUARTIERI (2001), der uns Benvenuto ausführlich als einen 'Modernen' innerhalb der Riege der alten Dante-Kommentatoren beschreibt.

Der umfangreiche *Commento sopra la Divina Comedia* (ed. GIANNINI III 1858-62) von **FRANCESCO** DI BARTOLO **DA BUTI** (1324-1405) ist auch Niederschlag von öffentlichen Lesungen, die der aus Buti bei Pisa stammende Notar und Hoch-schuldozent mindestens seit 1385 am 'Studio pisano' hält, 1395 zu einem Korpus zusammenstellt. Er ist Grammatiklehrer in Pisa, hat dort von 1370 bis zu seinem Tod einen Universitätslehrauftrag. Er verfaßt sprachliche Lehrwerke, Briefformulare, Kommentare zu Horaz und Persius. Nach einer detaillierten Einführung in den ersten Gesang bespricht Francesco da Buti fortlaufend die ganze *DC*, indem er eine Gliederung in zwei thematische bzw. methodische Abteilungen oder Lesarten ('lezioni') vornimmt: Man bekommt eine 'litterale' sowie eine unwörtlich sachbezogene (historische, doktrinäre, allegorische) Auslegung geboten. Auch Butis Kommentar bezeugt solides Detail- sowie Gesamtwissen und hat ein zuverlässiges Analyseinstrument(arium). Er benutzt Boccaccios Vorlesung, zitiert Guido da Pisa, kennt weitere Kommentare. Sein Werk ist für das mittlere Bürgertum Pisas bestimmt, nimmt ausdrücklich auf weniger Gebildete Rücksicht. Da er Pädagoge ist, hat er mit jungen Menschen zu tun, so daß er sich mit akademischer Gelehrsamkeit zurückhält. „Wir haben somit im Jahrzehnt von 1373 bis 1383 drei Vorlesungen über die *Göttliche Komödie* mit Auslegung durch drei Persönlichkeiten, denen ein lebenslanges intensives Dante-Studium gemeinsam ist... Mit der sympathischen, ganz dem Leser zugewandten Art des alternden Buti hat sich die dreifache mündliche Dante-Auslegung von Florenz, Bologna und Pisa abgerundet." (SANDKÜHLER 1987: 199, 202)

Zu diesem Kap. **11.5** über die *DC*-**Kommentare nach Boccaccio** s. im Studienführerteil die bibliographischen Abteilungen   49: AUSGABEN früher *DC*-KOMMENTARE,   50: EXZERPTEKOMPENDIUM früher *DC*-KOMMENTARE,   51: AUSGABEN früher *DC*-KOMMENTARE auf CD-ROM,   52: Frühe *DC*-KOMMENTARE im INTERNET, 53: FORSCHUNGEN zu frühen *DC*-KOMMENTAREN.

11.6 Kommentare des Quattro- und Cinquecento

Das Vorstellen von Kommentatoren der 'Frühzeit' ließe sich nun -chronologisch, getrennt nach Sprachen oder methodologischen Aspekten- beliebig und extensiv fortsetzen. Aber bis wann kann man von 'frühen' Kommentaren sprechen? Und ist es möglich, 'frühere' von 'späteren' Erklärungsarbeiten zu trennen, wo doch die Produktion von Deutungskorpora zur *DC* bis heute anhält und deren Exegese ein kontinuierlich geknüpftes Netzwerk von Beobachtungen ist?

Wir blicken jedenfalls auch noch auf den Humanismus, da es sich um eine Epoche exzellenter Philologen handelt, denen gerade die Besprechung von Texten eine Lebensaufgabe bedeutete. Aus jener kulturgeschichtlichen Periode -das späte 14. und das ganze 15. Jh.- wollen wir wenigstens Villani, Bertoldi und Landino als Dante-Interpreten hervorheben, weil die Dantistik häufig auf s i e Bezug nimmt.

Der Florentiner **Filippo VILLANI** (1325-1405) stammt aus einer Autorenfamilie. Er ist der Sohn von Matteo und Enkel von Giovanni Villani. Filippo gilt vornehmlich als Historiker. 1391-1404 liest er am 'Studio fiorentino' über die *DC*. Zu seiner Lehrtätigkeit verfaßt er ein lateinisches Werk mit dem Titel *Expositio* *seu Comentum super Comedia Dantis Allegherii*. Hiervon ist außer einer allgemeinen, detailreichen Einführung (Praefatio) in das Gesamtwerk nur das sich auf den ersten Gesang des *Inferno* beziehende Quantum erhalten (edd. CUGNONI 1896, BELLOMO 1989). Villanis Arbeit hat man wegen des fragmentarischen Überlieferungszustands vorsichtig einzuschätzen: Es steht lediglich ein Kodex zur Verfügung (Vat. Chigi L. VII 253). Man erkennt die Methodik des vierfachen Schriftsinns. Er neigt zur akribischen Berücksichtigung vorausgegangener Kommentare. In der Textphilologie kennt er sich aus, ist in seiner Exegese gründlich: „Pel Villani la divina Commedia non ha concetto, non racconto, non locuzione, non parola, che in sè non asconda il mistero di una qualche dottrina, acroamatica, morale, o civile, o religiosa. Sicchè tutto il suo studio riesce ad un continuo sforzo per trar fuori dagl'involucri poetici di simiglianti rivelazioni." (CUGNONI 1896: 13) Mit Filippo Villani sind wir an das Ende rein spekulativ mittelalterlicher Dante-Exegese angelangt. Man bemerkt die kritische Haltung des individuell operierenden Humanisten, die sich schon in den Kommentaren seiner Vorgänger ankündigte: „Vom Ansatz her und in seinem Latein geht Villani entschieden in die humanistische Richtung... In Dante sieht er den Erwecker der antiken Kultur, der diese wieder mit dem katholischen Glauben versöhnt hat. Ausdrücklich verbindet er im Einleitungsschema das Alte mit dem Neuen... Obwohl der Kommentar Villanis unvollständig überliefert ist, zeigt sich deutlich seine Schwellen- und Vermittlersituation." (SANDKÜHLER 1987: 205)

Der franziskanische Theologe **Giovanni BERTOLDI** (oder **GIOVANNI DA SERRAVALLE**: 1350/60-1445 in Fano) ist Lehrer in Florenz (1393-97), seit 1410 Bischof von Fermo. Bertoldi unternimmt in Konstanz als kirchlicher Würdenträger während des Konzils 1416-17 auf Empfehlung von englischen Kollegen eine *Translatio et comentum totius libri Dantis Aldigherii* (edd. CIVEZZA-DOMENICHELLI 1891, Ndr. 1986). Es ist eine lateinische Kommentierung, die sich eng an Benvenuto da Imola (s. o.) anlehnt, als dessen Schüler er sich bezeichnet, weil er seine Vorlesungen hörte. Seine Deutungsarbeit begleitet er mit einer Übersetzung der *DC* ins Lateinische. Auf diese Weise entsteht ein Doppelwerk, das typisch ist für den Quattrocento-Humanismus, der sich des antiken Mediums als universellem Bildungsausdruck bedient. Jedem Gesang geht eine Inhaltsangabe (Summarium) voraus, an welche sich die Übersetzung anschließt. Hierauf folgt die 'expositio libri', eine systematische Paraphrase, in die doktrinäre, philosophische, historische und mythologische Erläuterungen eingebracht sind. „Insbesondere stellt sich Giovanni Bertoldi in den Kontext des Konzils, indem er Dantes kirchenreformerische Aussagen hervorhebt oder aktualisiert." (SANDKÜHLER 1987: 255) Der Franziskaner sieht in ihm einen 'Gewährsmann' für die anstehenden Reformen der Kirche. Er will ihn vom publikumswirksamen Forum der Konzilsstadt aus als einen großen christlichen Dichter 'international' bekannt machen.

Der einer späteren Generation angehörende florentinische Humanist **Cristoforo** Landino (1424-98) lehrt am 'Studio fiorentino' und wird von der Signoria um einen Kommentar zur *DC* gebeten, den er 1480-81 auf der Grundlage vorausge-gangener Vorlesungen redigiert. 1472-78 war Dantes Dichtung schon achtmal im Druck erschienen, nie jedoch in Florenz. Dabei war der Autor ein Florentiner, für den es endlich etwas zu tun galt, um seinen Ruhm nicht anderen Städten zu über-lassen! Landino sollte also die *DC* in besonderer Weise philologisch ehren. Sein in 1200 Exemplaren veröffentlichter *Comento sopra la Commedia* (EP 1481) ist die Arbeit eines deutschen, in Florenz arbeitenden Druckers, also eines Fachman-nes aus dem Ursprungsland der neuen Kunst. Der die Terzinen umgebende Exe-geseteil wird an verschiedenen Stellen von Kupferstichillustrationen geschmückt, welche Baccio Baldini nach Zeichnungen des Sandro Botticelli anfertigt. Das Buch erlebt einen gewaltigen Erfolg: „Per oltre un secolo il nome e la fortuna di Cristoforo Landino rimasero legati al nome e alla fortuna di Dante; fino al Sei-cento infatti Dante fu il Dante del Landino e il felice connubio di testo e di com-mento esercitò notevole influenza su tutta la cultura italiana." (GENNAI 1967: 124) Die Kompilation des Humanisten eröffnet ein Einleitungsteil, der im Vergleich zum vorausgehenden Kommentarwesen ungewöhnlich ist: Die Einführung in 14 Kapiteln stellt Dante und sein Werk vor, woran sich eine florentinische Kulturge-schichte anschließt. Bei seinen Erklärungen hält sich Landino an Gliederungen des Francesco da Buti (s. o.) sowie Äußerungen anderer Trecento-Philologen. Bei Landino beginnt in der Dantistik eine komplexere Einschätzung der Kommentare, weil die Exegese nun nicht mehr nur philologische Begutachtung ist, sondern das Terrain ideologischer Literaturkritik oder gar der Philosophie berührt. Wir sind jetzt bei Texten, die selbst ästhetisch relevante Essayliteratur darstellen, so daß sie Anteil an der Literaturgeschichte haben. Denn Landinos Erklärungen stehen im Zeichen des Renaissance-Denkens (s. LENTZEN 1971, PROCACCIOLI 1989). Jahrhundertelang mußte man dieses Werk in Inkunabeln konsultieren; jetzt liegt endlich die kritische Edition in vier Bänden von Paolo PROCACCIOLI (2001) vor, mit der die 'Edizione Nazionale dei Commenti Danteschi', ein unter der Schutz-herrschaft des Staatspräsidenten und der UNESCO stehendes Projekt der Veröf-fentlichung aller Dante-Kommentare seinen 28. Band erreichte.

Die Erklärung der italienischen Dichtung Dantes ist den Humanisten des Quattro-cento eine wichtige Aufgabe, obwohl jene Gelehrten gerade die lateinische Kultur der Römerzeit aufleben lassen. Die *DC* hat daher einen wesentlichen Anteil an der Ausprägung eines 'Umanesimo volgare', also des Studiums der Antike und ihrer italienischsprachigen Umsetzung.

Auch das Cinquecento ist eine an dantesken Studien reiche Epoche. Die Früchte der Beschäftigung mit der *DC* sind sogar ein essentieller Bestandteil der Renais-sance-Kultur Italiens. Über die bis zum Ende des 16. Jh. verfaßten Kommentare kann man sich vollständig anhand einer von Paolo PROCACCIOLI erstellten CD-

ROM ('I commenti danteschi dei secoli XIV, XV e XVI', Rom, Lexis, 1999, Archivio Italiano) informieren. Sie erfaßt 33 Korpora zur *DC*. Von IACOPO Alighieri bis zu CASTELVETRO und TASSO blendet man zu sämtlichen Versen alle Stellungnahmen ein, und zwar auf der Basis maßgeblicher Editionen oder neu angefertigter E-Texte (für Landino und Vellutello). Sie ist leider sehr teuer (ca. 700 bis 1.000 €, je nach Userstatus). Zeitlich weiter geht das im Internet einsehbare 'Dartmouth Dante Project', das bis in die Kommentarproduktion der Gegenwart hineinreicht; es ist ein von Robert HOLLANDER geleitetes Unternehmen des gleichnamigen amerikanischen College, das später bis zu 80 Dante-Kommentare per Computer erfaßt haben wird (s. hierzu: HOLLANDER, in *Quaderni d'Italianista* 18, 1989 287-98). „Il Dartmouth Dante Project nasce nel 1982 e mira a rendere disponibili in rete tutti i commenti alla *Commedia*, da quelli dei figli di Dante a quelli in uso oggi nelle nostre scuole." (STOPPELLI 2001: 704) Augenblicklich sind dort 46 Kompendien verfügbar, 14 weitere befinden sich im Aufbau (zu sonstigen *DC*-Kommentaren -v. a. noch zum Cinquecento- s. im Studienführerteil).

Heute ist es nur noch vermittels elektronischer bzw. virtueller Techniken möglich, die zahlreichen, umfassenden und mannigfaltigen *DC*-Kommentare in ihrer Gesamtmasse editorisch so zu bewältigen, daß sie kumulativ konsultierbar sind. Dennoch hatte vor Jahrzehnten ein wenig bekannter Gelehrter eine riesenhafte Synopse erarbeitet, die als eine Vorläuferinitiative der zuvor genannten modernen Textversammlungen anzusehen ist; gemeint sind die drei Folianten 'La *DC* nella figura-zione artistica e nel secolare commento' (III 1924-p. 1931-p. 1939), in denen Guido BIAGI (1855-1925) zu allen Stellen der *DC* die entsprechenden Passagen aus 23 Kommentaren von IACOPO di Dante bis Raffaello ANDREOLI (1891) so zusammentrug, daß man auf jeder Seite zu etwa 2 oder 3 Terzinen ein massives, chronologisch angeordnetes Exegesepotential vor sich hat: „Da questa larga congerie ci piacque scegliere i soli commenti veramente originali, quelli che non sono, come molti altri, copie, abbreviazioni o transunti, mettendone sotto gli occhi del lettore la parte piú sostanziale e piú significativa." (I: X)

Das Kommentieren der *Göttlichen Komödie* kann das rein Philologische und Textanalytische weit überschreiten, vermag gar psychischer, sozialer, religiöser oder ontologischer Selbstfindung zu dienen. Damit kommen wir zu anderen interpretativen Büchern. So ist der *Commento* (1837) des patriotischen Literaten Niccolò TOMMASEO (1802-74) sowohl eine literarische Dante-Darstellung als auch Selbstporträt eines im realen Leben gleichfalls wenig Glücklichen und Exilierten (vgl. DI BIASE 1966).

Die fortwährend neu hervorgebrachten Erläuterungen zur *DC* bezeugen eine magische Textpotenz, die man am besten mit der von dem britischen Kunstkritiker John Ruskin (1819-1900) geprägten Vorstellung, Dante sei „the central Man of all the World" erklären kann.

Wenn der Amerikaner William ANDERSON (1980) seine Bio- und Monographie 'Dante the Maker' betitelte, so wollte er damit lakonisch ausdrücken, daß dieser ästhetisch im Mittelpunkt alles Seins stehende Dichter ein neuer Kosmoserbauer ist: Gott schuf alles einst geistig und materiell, wonach Dante dies alles noch einmal ganz, jetzt in/mit (poetischen) Worten gestaltet, also 'macht'. Damit knüpft er sogar an einen Zustand an, der noch vor der Schöpfung lag, denn am Anfang war (überhaupt nur) das Wort! Um Dantes tiefsinniges verbales Reich zu ertasten, muß es gelesen oder gehört werden, was nicht heißt, daß man es so ohne weiteres begreift! Immerzu ist deshalb deutende Hilfe oder helfende Deutung notwendig, so wie man ein Leben lang bemüht bleibt, das von Gott Gegebene zu erkunden und zu verstehen.

Das unablässige Kommentieren der *DC* läßt sich als komplexes und problemreiches Phänomen folgendermaßen zusammenfassen: „The proliferation of commentaries and readings around Dante's poem testifies to the almost universal belief that it is a masterpiece and illustrates the widely held assumption that it is allegorical – that it has meanings other than the literal one. The commentaries are, in fact, dedicated in large part to elucidating the poet's 'other meanings'. But it is here that the consensus breaks down, both with regard to what these meanings are and with the regard to what the nature of this allegory is... Amidst the thousands of hypotheses, there are still no exhaustive or definitive answers. This is more than a tribute to Dante: it is a demonstration of his genius. The exegeses of the *Divine Comedy* have grown over the centuries to a point where a lifetime would not suffice to read even the easily available writings on the subject. This is a phenomenon unique in the history of literary works..." (MILLS CHIARENZA 1989: 9)

Zu diesem Kap. **11.6** über *DC*-**Kommentare des Quattro- und Cinquecento** s. im Studienführerteil die bibliographischen Abteilungen   **49**: AUSGABEN früher *DC*-KOMMENTARE,   **50**: EXZERPTEKOMPENDIUM früher *DC*-KOMMENTARE, **51**: AUSGABEN früher *DC*-KOMMENTARE auf CD-ROM,   **52**: Frühe *DC*-KOMMENTARE im INTERNET, **53**: FORSCHUNGEN zu frühen *DC*-KOMMENTAREN.

11.7 Dante-Exegese der Neuzeit

Wir verlassen nun den Bereich der verschriftlicht kursorischen Analyse vergangener Jahrhunderte und kommen zur 'Lectura Dantis', wie sie noch heute coram publico vollzogen wird. Das vortragshafte Auslegen der *DC* erinnert an die im Gotteshaus von der Kanzel aus vorgenommene Ausleuchtung der Heiligen Schrift: Immer wieder werden gleiche Passagen zu klärenden, erbaulichen, ermahnenden Zwecken betrachtet, wobei die zyklische Wiederholung -dem Kirchenjahr gemäß- ein fester Bestandteil des Darlegungssystems ist.

Hinter der Bibelexegese stehen homiletische Methoden religiöser Belehrung, die das pragmatische theologische Schrifttum im Verlauf des Mittelalters sowie später entwickelte. Die frühen, z. T. auch in sakraler Literatur geschulten Kommentatoren des Trecento applizierten solche Prinzipien -vor allem das des mehrfachen Schriftsinns- auf Dantes Dichtung, was wiederholt angedeutet wurde.

In der Neuzeit sind es äußere und innere Struktur der *DC* als poetisches Gebilde und ihre kompositorische Gesamtheit als sukzessives Erzählsystem, welche Anlage der Auslegung der Texte bestimmen. Festgelegte thematische oder wissenschaftliche Bearbeitungskriterien gibt es nicht. Man erkennt vornehmlich den Usus, die vielen Gesänge der *DC* im Rahmen von fortlaufenden Veranstaltungen in einem besonderen, nicht selten feierlichen Ambiente einzeln, nacheinander oder zu Zyklen zusammengefaßt besprechen zu lassen. Wer bei einer solchen Vorlesungsreihe als Dante-Fachmann einen 'canto' zur Interpretation übernimmt, kann grosso modo sagen, was er will und wie er das möchte, zumal die Zuhörer wissen, daß es sowieso immer um bestimmte Themen, Motive, Fragen und in dem jeweiligen Gesang fokussierte Figuren zu gehen hat.

Daß ein solcher globaler, eher zufälliger Umgang mit Texten in wissenschaftlicher Hinsicht nicht unproblematisch ist, erläuterte Daniela PHILIPPI (1973/74) in ihrer Münchener Magisterarbeit. Sie zeigte, daß die 'Lectura Dantis' zu einem selbstzweckhaften Perpetuum mobile oder Circulus vitiosus werden kann, wenn die Organisatoren solcher Marathonveranstaltungen nicht das fortgesetzte Sprechen über Dantes Texte unter eindeutige (wissenschaftliche, methodische, thematische) Gesichtspunkte stellen, was aber bei den 'Letture Classensi' in Ravenna seit einiger Zeit doch geschieht.

Keineswegs wenige Städte ehren seit dem frühen 20. Jh. Dantes Dichtung durch fortlaufende Auslegungen ihrer Gesänge. In Italien sind es vornehmlich Rom, Ravenna, Florenz, Verona und Neapel. In einigen Fällen werden dabei nicht nur alle 100 'canti' von zu diesem Anlaß eingeladenen Fachleuten 'erledigt', sondern manchmal hat man sogar einen weiteren 'Durchgang' geschafft. Dante zu lesen, ist eben eine Lebensaufgabe, man hat Zeit! Es können dabei ruhig Jahre vergehen.

In Rom kann man seit 1914 in der 'Casa di Dante' (Trastevere) jedes Jahr Auslegungen in Form von Vorträgen anhören. In sechs dicken Bänden veröffentlichte man 1959 100 Hefte mit den von 1925 bis 1956 entstandenen 'lecturae'; es folgten weitere 34 Lesungen über die 'canti' des *Inferno* im Veranstaltungszeitraum 1973-76 sowie 33 in den Jahren 1979-81 über das *Paradiso* (ed. ZENNARO 1977, 1989). Der Bibliograph Enzo ESPOSITO stellte jene römischen Lesungen in der Festschrift für Aldo VALLONE (1989) zusammen: Sein Verzeichnis liest sich wie ein 'Who is Who' der Dantistik Italiens.

Ein Beispiel für neuzeitliche, auf Vollständigkeit bedachte Kommentierung ist auch die 'Lectura Scaligera' (ed. MARCAZZAN III 1967-68): gleichfalls alle 100 'canti' erläuterten in Verona anläßlich des 700. Geburtstags im Auftrag des 'Centro Scaligero di Studi Danteschi' Koryphäen italienischer Dante-Gelehrsamkeit, wie Apollonio, Bertelli, Binni, Bonora, Bosco, Caretti, Contini, Fubini, Getto, Girardi, Maier, Monteverdi, Padoan, Pecoraro, Petrocchi, Puppo, Quaglio, Raimondi, Sapegno, Toffanin oder Vallone.

Viele dieser Namen finden wir bei ähnlichen Anlässen anderswo wieder, z. B. in der 'Lectura Neapolitana' (ed. GIANNANTONIO 1986), die das Franziskanerkloster Santa Chiara 1980-83 in Neapel veranstaltete. Dieses Unternehmen -nämlich alle 100 canti im Laufe der Jahre von Dante-Fachleuten interpretieren zu lassen-, wurde 2000 mit dem Druck der Lesungen zum *Paradiso* abgeschlossen. Die Mönche wollten mit dieser Initiative an ihren dantistischen Ordensbruder Giovanni Bertoldi (s. o.) erinnern, der zur Zeit des Konstanzer Konzils ebendort die *DC* vollständig auf Latein kommentierte und seine Arbeit durch eine lateinische Übersetzung des Werks ergänzte.

Formen der 'Lectura Dantis' -also serielle Deutungen einzelner Gesänge oder Partien vor einem Publikum (wie dies Boccaccio initiierte)- finden wir in Italien gerade auch in Florenz und Ravenna (den biographischen Anfangs- und Endstationen des Dichters), aber längst ebenfalls in kleineren Orten wie Pompeji ('Lectura Pompeiana', ed. SABBATINO 1985) oder Cava de' Tirreni bei Salerno ('Lectura Metelliana', ed. MELLONE 1987, 1992). In den USA -wo Dante an vielen Bildungsstätten eine große Rolle spielt- gibt es u. a. eine 1983 begonnene 'Lectura Newberryana': es ist dies ein Vortragszyklus in jener Bibliothek von Chicago (edd. CHERCHI-MASTROBUONO II 1988-90); viermal jährlich, die Jahreszeiten begleitend, behandelt man hier ein Thema oder einen Gesang.

Eine neue Auslegungform erfand Guglielmo GORNI (1995). Wir möchten diese erwähnen, obgleich man damit das Gebiet der *DC*-Kommentierung verläßt und das der Dante-Literarisierung betritt. Der namhafte Genfer Italianist erdachte zum ersten, so symbolhaltigen und das ganze Werk strukturell prägenden Gesang des *Inferno* ein geistreiches Gespräch über das Thema 'Dante nella selva' (Dante im Wald) zwischen dem Studenten Basilio und seinem Professor Macario. Eine Exegese der *DC* wird hier fiktional als Dialog konzipiert: Der sich im Besitz neuer Erkenntnisse zu Dante glaubende Schüler muß den Meister erst gehörig von deren Relevanz überzeugen, weil dieser behauptet, es sei längst alles zu der Dichtung gesagt worden! Daß dem nicht so ist, zeigt der Verlauf jener Unterhaltung, aber auch die Philologie unserer Tage, wie z. B. die 'Lectura Dantis Turicensis' (edd. GÜNTERT-PICONE 2000), eine von internationalen Fachleuten vorgenommene Kommentierung aller 34 Gesänge des *Inferno*, organisiert von der Züricher/Schweizer Italianistik, die jene alte Deutungtradition der Italiener jenseits der Alpen in ein neues Jahrtausend überführte!

Daß die *DC* nicht nur um ihrer selbst willen auszulegen ist, sondern den Menschen gerade heute lebensweisheitliche Orientierung bieten kann, zeigen Gesprächsrunden, die 1993-95 im Mailänder 'Centro Culturale San Fedele' stattfanden (edd. BRUNO-ALBERIONE III 1996). Die Begriffe 'Inferno', 'Purgatorio' und 'Paradiso' wurden in einer auf die aktuelle Gegenwart schauenden 'Lectura Dantis' auf dissonante Verhältnisse und psychosoziale Syndrome von heute übertragen. Den Interpreten ging es nicht um abstrakte Philologie, sondern um die im Kern allzeit gleiche Substanz menschlicher Bedrängnis, um die sich bloß in ihren Formen wandelnde Phänomenologie des Leidens, Hoffens und Erfülltseinwollens. Als eine furchtbare Hölle wäre danach in unserer Ära beispielsweise die durch Abwesenheit von Liebe und fehlende Achtung der Menschenwürde möglich gewordene Auschwitz-Tragödie zu sehen. Als Werke der Läuterung von Bösem können quälende Depressionen gelten oder auch die brutalen Produkte der Film-, Fernseh-, Video- und Gameindustrie, die mit unerträglichen Visionen von Gewalt die Seele foltern. Und das Paradies versprechen uns heute nicht sakrale Texte, sondern trügerisch werbende Medien, propagandistische Politiker oder von verantwortungslosen Kriminellen besorgte Drogen. So veranschaulichen die Dante-Veranstaltungen in Mailand, daß sich der Mensch in einer gottfernen Welt Hölle, Fegefeuer und Himmel selbst und unmittelalterlich 'fortschrittlich' zu erbauen pflegt. Er tut dies gründlich und verhängnisvoll für Leib und Seele!

Während es einerseits die mündliche Exegese (in Form einer 'Lectura Dantis') gibt, die man dann publiziert, hat man es zum anderen mit vordergründig verschriftlichter Deutung zu tun (die auch auf einen Vortrag zurückgehen kann). Gemeint sind Kommentarkorpora, Studiensequenzen oder Monographien, wie sie bereits in der frühen Kommentaristik anzutreffen sind. Den literaturwissenschaftlich hohen Erforschtheitsgrad unseres traditionell kursorisch betrachteten Autors bekundet z. B. die als *Letture dantesche* von Giovanni GETTO (III [1]1955-61, [2]1962) edierte (immer noch konsultierte) Studienanthologie: Der Turiner Ordinarius konnte einst auf Analysen von allen 100 Gesängen rekurrieren und diese zu einem Kompendium so zusammenfügen, als hätten hundert Dantisten über die Zeiten hinweg ein vollständiges Interpretationssymposium zur ganzen *DC* in Form einer Konferenzschaltung abgehalten!

Wie unerschöpflich die Kommentierungsmöglichkeiten zu Dantes Dichtung über das Jenseits sind, verdeutlicht ein älteres Projekt von Francesco MAZZONI, der einen *Saggio di un nuovo commento* (1967) begann und es zu den ersten 3 canti des *Inferno* schon auf 450 Seiten brachte! Würde man dieses Volumen für die restlichen 97 Gesänge hochrechnen, so hätte eine gleich bleibend ausführliche Erläuterung 44.000 Seiten ergeben!

Daß man jede Stelle dieses überall tiefsinnigen Werkes aufgreifen und ad libitum kommentieren kann, zeigte Cosimo FORNARO (1989): Er wählte 100 Verse zufällig aus erläuterte sie seriös und gründlich. Seine 'sporadischen' Analysen fügte er glaubwürdig zu einem kohärenten Kompendium zusammen.

Man konstatiert Bemühungen um ein in die Breite gehendes Verstehen, also ausführliche Deutungen mehrerer Passagen oder Folgen von Gesängen, aber auch ein vielfacettiges Ringen um Tiefe im Einzelnen. Beispiele für letzteres sind Monographien, die sich in extenso mit einem einzigen Gesang befassen. So trug Pier Luigi CERISOLA (1977) 'nur' die ganze Forschungsgeschichte und Deutungsproblematik von *Inferno* X in einem Buch zusammen. Kursorische oder systematische Auslegungen der *DC* sind auf einen 'allgemeinen' Leserkreis bezogen. Viele Erklärungswerke wollen jedoch Fachleute, also Literaturwissenschaftler ansprechen. Manche Arbeiten richten sich aber auch an ein Laienpublikum. Ein fester Bestandteil des Lernens fürs Leben war Dantes Jenseitsdichtung 'schon immer' für italienische Schüler und Schülerinnen sowie Studierende -also 'einfache' junge Menschen-, so daß die für sie gestalteten (kommentarhaften) Hilfsmittel zahllos sind. Diese allesamt verschriftlichten Lehrwerke haben den Zweck, einführend über die *DC* zu informieren, damit im Unterricht bzw. in der Prüfung erfolgreich eine Dante-Deutung bestimmter Stellen vorgenommen werden kann.

In diesem Zusammenhang sei an ein altes Werk erinnert, das heute wohl niemand mehr kennt, das jedoch eine regelrechte Gattung -die summarisch visuelle *DC*-Information- wenn nicht hervorbrachte, so doch wesentlich forcierte: die *Tavole dantesche ad uso delle scuole secondarie* (1889) des mediävistischen Gelehrten Adolfo BARTOLI (1833-94). Er erstellte auf 46 Doppelseiten ausführliche Inhaltssynthesen der *DC* und entwickelte auf 3 großen Faltblättern anregende Schaubilder von der komplexen Topographie der drei Jenseitsreiche. Didaktisch orientierte Dantisten -Verfasser von Lehr- und Lernwerken- wurden bis heute nicht müde, solche anschaulichen Diagramme erneut zu entwerfen, so daß die *DC* heute dasjenige Buch auf der Welt ist, zu dem es auch die meisten optischen (und nicht nur vertexteten) 'Leseführer' überhaupt gibt.

Zu diesem Kap. 11.7 über die **Dante-Exegese der Neuzeit** s. im Studienführerteil die bibliographischen Abteilungen **48**: Formen der 'LECTURA DANTIS', **54**: Neuzeitliche *DC*-KOMMENTARE (19.-20. Jh.).

11.8 Literatur- und Kulturkritik

Sprechen und Schreiben über die *DC* bleibt in allen Epochen ein intellektuelles Bedürfnis. Die Anerkennung des Dichters ist jedoch nicht zu allen Zeiten gleich groß oder uneingeschränkt. In dem Dominikaner Guido VERNANI DA RIMINI (14.

Jh.) hat der Florentiner einen ersten Gegner, der ihn der Häresie bezichtigt und damit eine lange aktuell bleibende Debatte beginnt (s. MATTEINI 1958).

Die frühen Kommentare des 14. u. 15. Jh. verraten eine ununterbrochen starke Anteilnahme an Dantes Botschaft und Kunst. Aber den Humanisten des Quattrocento ist mehr an der Wiederbelebung der Antike und des Lateinischen als an einer Fortsetzung mittelalterlicher Prinzipien gelegen.

Mit der Imitation der sprachlich raffinierten und aus einer modernen Psyche strömenden Poesie des Francesco Petrarca im Cinquecento -innerhalb des in ganz Europa verbreiteten Petrarkismus- bleibt der Enthusiasmus für den 'rauhen' Poeten aus Florenz eher gedämpft. Nur Michelangelo schätzte ihn sehr.

Das vom stilistisch exorbitant üppigen, gehaltlich hingegen substanzarmen Marinismus beherrschte Barock-Seicento zeigt wenig Verständnis für Dante.

Das Aufklärungszeitalter bevorzugt Rationalität, durchsichtige Sachverhalte und klare Linien, so daß es im Hinblick auf Dante zu Kontroversen kommt. Der Jesuit Saverio BETTINELLI (1718-1808) lehnt in seinen *Lettere virgiliane* (1757) Dante so barsch ab, daß sich der venezianische Autor Gasparo GOZZI (1713-86) veranlaßt sieht, eine *Difesa di Dante* (1758) gegen den wütenden Mann aus Mantua zu lancieren, der sogar Ariost und Tasso in Mißkredit bringt. Bettinelli läßt nämlich in einem seiner fiktionalen Briefe die Dichter des klassischen Altertums fordern, daß Dante aus ihrer Gemeinschaft ausgeschlossen wird. Nur arkadischer Geschmack solle respektiert werden.

Trotz allem bleibt Dante vom 14. bis 18. Jh. in Italiens Denken und Kultur vielfach präsent, wenngleich man ihn noch nicht als die unübertreffliche Lichtgestalt handelt. Außerordentlicher Ruhm erwächst ihm erst später.

Mit Giambattista VICO (1668-1744) beginnt eine neue Ein- und Wertschätzung der Dichtung des italienischen Poeten der Frühzeit. Seine »*Scienza nuova*« (^{3}1744) begründet eine allgemeine Wissenschaftsmethodologie und literarische Ideologie in einer Epoche, deren Hintergründe der Kanadier Domenico PIETROPAOLO (1989) ausleuchtete. Vico, Neapels großer Sohn, entwickelt ein zyklisches Modell von der Welt und ihrer Geschichte, in dem er der Poesie einen zentralen Platz einräumt. Seine Wissenschaftskonzeption ist nicht allein von der Ratio geprägt. Den um große metaphysische Erkenntnisse bemühten Dante stellt er darin, ebenso wie Homer, an den Anfang einer jeweils neuen weltgeschichtlichen Epoche. Damit unterstreicht er die kulturelle Größe des florentinischen Dichters: „Mit dem Philosophen des Settecento setzt eine Wende in der Beschäftigung mit dem Dichter des Trecento ein, ein Wechsel, der das spätere romantische Dante-Bild bereits ankündigt... Die Romantik legt in ihrer subjektivistisch-individualistischen Exegese den Akzent auf die poetische Kraft und Schönheit der *DC*." (LENTZEN 1997: 97, 112) Mit Vico beginnt eine eigentliche 'critica dantesca', welche sich im Ottocento zu einer ideologiebetonten, aber auch methodenreichen dantistischen Literaturwissenschaft ausformt: „Vico's approach bore two important implications for the 19th century, the great age of Dante. One was historical: Dante had to be understood in relation to his times (for Vico, this meant a Dante who possessed some of the concrete historical powers of the precedent age of barbarism; consequently Dante himself was a historical poet). The other was the legacy of a divided Dante; a Dante who would have been an even greater poet had he not been so interested in philosophy. The problems raised by the first and the dilemma of the second would preoccupy the Dante criticism of Francesco De Sanctis and Benedetto Croce." (QUINONES [sic] 1979: 191)

Die Entwicklungen des ebenso philologischen wie geisteswissenschaftlichen Wiederentdeckungsprozesses Dantes von Vico bis zum Risorgimento zeichnete 1965 zum 700. Geburtstag eine Ausstellung in der römischen Accademia dei Lincei nach (Katalog ed. COSATTI 1967).

Die Romantiker im noch nicht geeinten Italien begeistern sich für Dantes Werk, weil es ihnen ein politisches, und zwar monarchistisches Konzept anbietet. Einen wichtigen Beitrag zu seiner Würdigung leistet Francesco DE SANCTIS (1817-83) - Vater der neueren italienischen Literaturgeschichtsschreibung-, der den Italienern jene Dichtung als eine erlebnisreich große vorstellt, die dem Menschen einen inneren Erweckungsprozeß ermöglicht. Nach erfolgter Einigung ist Dante erst recht der gemeinsame Dichter der neuen, sich als zusammengehörend fühlenden Nation. 1888 gründet man zur Ehrung des Nationaldichters in Florenz die 'Società Dantesca Italiana', um die sich namhafte Gelehrte aus ganz Italien schar(t)en.

Benedetto CROCE (1886-1952) -im 20. Jh. lange Sprachrohr des Glaubens an eine tiefe, wahre Poesie und zeitweilig daselbst einziger Literaturkritiker überhaupt- manifestiert eine absolute Wertschätzung Dantes (*La Poesia di Dante*, 1921) und arbeitet an einer Sublimierung des vollendet Poetischen in der *DC*.

Zu Beginn des 20. Jh. ist Dantes dichterisches Schaffen längst ein internationales Forschungsgebiet der Philologie geworden. Der deutsche Romanist Karl VOSSLER (1872-1949) schreibt mit seinem zweibändigen Werk 'Die Göttliche Komödie' ([1]1907-10, [2]1925) eine in Italien und anderswo geschätzte Gesamtmonographie, in der er die *DC* synthesehaft in breiten Zusammenhängen darstellt; sie ist bis heute lesenswert geblieben. Große Resonanz findet ferner der in den USA lehrende, aus Berlin stammende Erich AUERBACH (1892-1957): einmal mit seiner geistvollen Studie 'Dante als Dichter der irdischen Welt' (1929), die ebenfalls eine Gesamteinschätzung des Autors bietet, sowie außerdem mit den 'Neuen Dantestudien' (1944), die u. a. Konzepte einer weiträumigen Figuraldeutung der *DC* entwickeln (s. FRIGO 1994). Ernst Robert CURTIUS (1886-1956) formt in seinem weltberühmten Standardwerk ([1]1949) die literarische Sicht des Mittelalters im Europa der Nachkriegszeit entscheidend, und er erläutert belesen und detailliert, in welcher Weise Dante das ihn so prägende Altertum mittelalterlich rezipierte und ästhetisch umgestaltete, womit er Grundlegendes über Dantes Dichtkunst und seinen Kulturtransfer nachweist. Eine außergewöhnliche Gelehrtenpersönlichkeit ist der gebildete und produktive Humanismusforscher August BUCK (1911-98), der eine vortrefflich geraffte und geschickt einführende Gesamtdarstellung (1987) der *DC* für das Handbuch 'Grundriß der Romanischen Literaturen' verfaßt.– Einen Überblick über die deutsche Dantistik der ersten Jahrhunderthälfte bietet Mirjam MANSEN (2003).

Stellvertretend für Dante-ForscherInnen der Neuen Welt, der USA und Kanadas, sei genannt Charles Southward SINGLETON (1909-1985), ein profilierter Übersetzer, Philologe und Interpret, ein Gelehrter von gleicher Statur, wie dies André PÉZARD (1893-1984) für Frankreich und Edward MOORE (1835-1916) sowie Paget Jackson TOYNBEE (1855-1932) für den britischen Raum waren.

Wenn man den Blick wieder nach Italien wendet, so sind aus der ersten Jahrhunderthälfte meisterliche Wissenschaftler zu erwähnen, durch die Dantes Werk erst jenen textlich gesicherten Habitus und Status erhält, den es heute hat, nämlich Michele BARBI (1867-1941) und Bruno NARDI (1884-1968). Ihnen sollte man noch reine Philologen wie Pio RAJNA (1847-1930), Francesco D'OVIDIO (1849-1925), Francesco TORRACA (1853-1938), Giuseppe VANDELLI (1865-1937), Mario CASELLA (1886-1956), Gianfranco CONTINI (1912-90) und Giorgio PETROCCHI (1921-89) sowie einige Verfasser besonders großer Monographien über das Meisterwerk zuordnen: Nicola ZINGARELLI (1860-1935), Luigi PIETROBONO (1863-1960) und Mario APOLLONIO (1901-71).

Die Schar der aufgrund ihrer enormen Publikations- und Vortragstätigkeit anerkannten Dantisten in Italien selbst ist -neben den Nestoren Barbi und Nardi und den genannten Wissenschaftlern- beachtlich. Die Arbeitsfelder der vielen Fachleute werden nun differenzierter; es geht den Dantisten der zweiten Hälfte des 20. Jh. nicht mehr nur um Textüberlieferung und Quellenerforschung.

Aus der Gegenwarts-Dantistik ragt außer Francesco MAZZONI Aldo VALLONE (1916-2002) heraus, der seine Lebensaufgabe darin sah, anhand vieler Einzelstudien bzw. Themenbände detaillierte Diagramme zur Resonanz Dantes in den einzelnen Epochen der Kultur zu erarbeiten. Vallone tat für Italien das, was auch für andere Sprachgebiete der Welt vielfach geleistet wird. Denn nicht minder verästelt verlaufen Entwicklungen im deutschsprachigen, französischen, britischen, slawischen oder nordamerikanischen Raum. Damit hat man aber auch nur Teilgebiete eines großen internationalen Wissenschaftsganzen berührt, weil Dantes Dichtung auch in Rußland, Osteuropa, den Balkanländern, Japan, Australien oder Südafrika ein sehr ernst genommener Forschungsgegenstand ist.

Zu diesem Kap. **11.8** über die **Literatur- und Kulturkritik** s. im Studienführerteil die bibliographischen Abteilungen **15**: GRUNDLAGENFORSCHUNG von BARBI, NARDI und VALLONE (s. vor allem zu letzterem), **23**: Dante-KRITIK im Spiegel der Epochen.

11.9 Ungezählte Übersetzungen: „*There is no end in sight... translation is interpretation.*"

„Seit zweihundert Jahren müht sich der deutsche Geist, die erhabene Dichtung der *Göttlichen Komödie* in deutsches Sprachgewand zu hüllen." (RHEINFELDER [1]1955: = zur Übers. von W. G. Hertz) Das Volumen aller Gesamt- und Teilübersetzungen der *DC* auf der Welt ist unvorstellbar groß und unerfaßbar, was man schnell erkennt, wenn man zufällig 'kleinere' Sprachen tangiert: So gibt es mindestens 7 rumänische (s. ZÖLCH 1972) oder 7 sizilianische (s. CORRENTI 1979) Übersetzungen!

Die Zahl der deutschen Übertragungen geht längst über hundert hinaus, und immer noch wird um eine 'richtige' oder 'würdige' Gestalt in dieser Sprache gerungen. Eine solche Übersetzungsleidenschaft, die man in Deutschland und anderen Ländern antrifft, gibt es bei keinem anderen Werk der Welt. Offenbar sind Dantes sparsamer und treffsicherer Ausdruck sowie seine kunstvoll verschlungene, wunderbar klingende Terzinenstrophe Gründe dafür, daß es eine endgültige Angleichung nie geben kann, da man immer nur bestimmte Textschichten oder Poesiekriterien, nie a l l e s übertragen kann.

Die Übersetzungen der *DC* veralten allesamt schneller als das unvergängliche Original! Obwohl viele Menschen dem Florentiner zuliebe das Italienische erlernen, gelangen diese Dante-Freunde, aber auch Gelehrte meist über eine nichtitalienische Fassung zum Gegenstand ihrer Verehrung. Solche und andere kuriosen Umstände erklären die Fülle an Adaptationen auch nur unvollkommen.

Die Übertragung des Riesenwerkes bedeutet eine gewaltige Herausforderung, und der Mensch sucht nun einmal Selbstbestätigung! Man benötigt für eine Gesamtübertragung der *DC* herkulische Kraft und Ausdauer. Ununterbrochen steht man einem provozierend ausdrucksstarken Textkunstwerk von großem Umfang gegenüber. Obwohl die Angleichung eines literarischen Textes in eine andere Sprache eine philologische Aufgabe ist, sind für das Gelingen einer solchen Arbeit noch andere, emotional-irrationale Fertigkeiten erforderlich.

Dies deutet Siegfried von der TRENCK (1921) dadurch an, daß er seinen Versuch als etwas „Wiedergeborenes" bezeichnet, das „durch Versenkung und Eingebung" entstanden sei. Seine in besonderer Reimfolge und neuer Strophenbindung gefertigte deutsche Fassung der *DC*, der er den Untertitel „Das Ewige Lied" gab, ist Ergebnis eines inneren Erlebens, ja Erschüttertseins durch die Dichtung und die durch sie bewirkte Spracharbeit.

Bemerkenswerterweise nehmen überwiegend Männer den übersetzerischen Kampf mit Dantes Jenseitsdarstellung auf! Frauen bilden in der großen Schar eine Minderheit. Sophie von HASENCLEVER (1890) und Christa Renate KÖHLER (1966) gehören zu den wenigen Frauen, welche die *DC* ganz ins Deutsche übertrugen.

Das Lesen der ganzen *DC* ist bereits ein Kräfte erforderndes Abenteuer. Eine Jahre dauernde Übertragung ist jedoch ein psychisches und physisches Grenzerlebnis des eigenen Geistes- und Gestaltungspotentials. Wohl auch deshalb wurde kein Buch so häufig übersetzt wie dieses!

In Deutschland geschah dies besonders oft, aus einer Art Trotz heraus und nie zufriedenstellend: „Die Versuche sind ungezählt, aber aller Eifer hat noch nicht vermocht, uns den deutschen Dante zu schaffen, wie wir längst den deutschen Shakespeare haben... Der Grund für das Fehlen einer gültigen Übersetzung liegt in der Dichtung Dantes selbst, die sich unserer Sprache nicht fügt, es sei denn um den Verlust des Gedankens hier oder der künstlerischen Gestalt und ihrer eigenen unverrenkten Schönheit dort. Die Terzine hält die deutsche Sprache nicht über 15000 Verse hin durch, der Verzicht auf die Terzine und das Metrum aber zerstört den Blütenhauch und die Melodie des Gedichtes." (HANSSLER 1965: 116)

Die systematische Befassung mit den Übersetzungen des titanischen Originals ist längst ein eigener Wissenschaftszweig der Dante-Philologie geworden (s. ELWERT 1968). „Dantes *DC* ist in alle Kultursprachen übersetzt worden. Im deutschen Sprachraum hat die Dante-Forschung stets einen wichtigen Stellenwert gehabt, was die im Vergleich zu anderen Sprachgebieten sehr große Anzahl von Übersetzungen zeigt, gibt es doch mehr als 50 vollständige und dazu mehr als 100 Teilübersetzungen." (FERRIER 1994: 1)

Für den anglophonen, von männlichen Übersetzern geprägten Raum -Dorothy L. SAYERS (1893-1957) bildet eine geradezu exzellente Ausnahme- stellte Charles S. SINGLETON eine vergleichbare Leidenschaft fest: „Of English translations of the *Comedy* there is no end in sight." ([2]1977: 372)

Die Geschichte englischer Fassungen der *DC* beginnt vor allem mit dem Iren Henry BOYD (1750-1832), der 1802 die erste vollständige Übertragung veröffentlicht; er geht frei vor, wählt die gereimte Sechszeilerstrophe mit dem Schema aabccb als Form, paraphrasiert mehr. Die international gesehen erfolgreichste, am häufigsten aufgelegte Übersetzung der *DC* überhaupt verfaßt der anglikanische Geistliche und Bibliothekar im British Museum Reverend Henry Francis CARY (1814) in Blankversen. Von ihr gibt es allein im ersten Publikationsjahr ein halbes Dutzend Ausgaben; daß man Cary in Westminster bestattet, bedeutet auch eine besondere Ehrung für Dante Alighieri! Eine weitere, bedeutende, dichterische, anglophone Fassung ist die spätere, von dem amerikanischen Poeten Henry Wadsworth LONGFELLOW (1807-82) geschaffene (1865-67), welche gleichfalls geschätzt und vielfach aufgelegt wird. Zwischen diesen beiden Übersetzungsleistungen liegen -zeitlich betrachtet- recht viele weitere Versuche. Innerhalb der englischen Sprache und Texttradition gehen damals und später viele Verfasser bemerkenswert mannigfaltige Wege der sprachlich-kulturellen Adaptation.

Der erwähnte amerikanische Italianist SINGLETON (1909-85) -selbst ein aner-
kannter Dante-Übersetzer- gab eine lapidare Erklärung für die endlosen Anglei-
chungsversuche in englischer Sprache: „Translation is interpretation." (s. o.) Wie
jedes Lesen eines Textes ein neues, eigenes Verstehen und Interpretieren bewirkt,
so kann auch jede Übertragung eine andere Sinngebung oder Atmosphäre erzeugen. Und darum geht es jedem 'neuen', wagemutigen Texteroberer.

Deutsches Dante-Übersetzen beginnt spät. Verdeutschungen von Werken Boccaccios gab es beispielsweise schon im 16. Jh. „Die eigentliche Rezeption des Danteschen Hauptwerkes erfolgt in Deutschland erst seit der Mitte des 18. Jh. Ein regel-
rechter Dante-Kult führt erstmalig zur ernsthaften Auseinandersetzung mit dem
Werk als Ganzem. Vorher hat man sich nur mit exemplarischen Stellen der *Commedia* beschäftigt, zumeist mit Passagen aus dem *Inferno*, die man für repräsenta-
tiv hielt... Zweifelsohne ist es zunächst A. W. Schlegel, der durch eine Gesamt-
würdigung der *DC* wie auch durch eigene Übersetzungen dazu beiträgt, in
Deutschland Interesse für dieses bisher verkannte oder gar mißachtete Werk des
Mittelalters zu wecken... Zu gleicher Zeit exemplifiziert Schelling an Dante in
dem Aufsatz *Über Dante in philosophischer Beziehung* seine Konzeption der zukünftigen, modernen Kunst im Sinne einer autonomen Mythologie." (BECKER
1987: 308, 309, 315)

Lebrecht BACHENSCHWANZ (1729-1802) überträgt die *DC* erstmals vollständig
(Leipzig III 1767-69). Er wählt einen für ein so poetisches Buch seltenen Weg der
Angleichung, den der Prosa, der nach ihm im Deutschen kaum noch gegangen
wird: zuerst von dem Duo HÖRWARTER-v. ENK (1830-31), dann von HEES (1995)
über 160 Jahre später (zu LANDMANN [1]1997, [2]1998 s. u.). Es folgen 1780 die
Übertragung des *Inferno* in reimlosen Jamben von Christian Joseph JAGEMANN
sowie seit 1791 Bruchstücke in unverbunden gereimten Versen von August
Wilhelm von SCHLEGEL. Bachenschwanz widmet seine stilistisch hervorragende,
aber später kaum mehr beachtete Arbeit der Zarin Katharina.

Dem Kronprinzen Friedrich Wilhelm von Preußen eignet [Adolf Friedrich] Karl
STRECKFUSS seine vollständige, ausführlich kommentierte, lange von Anerken-
nung bedachte Übersetzung zu (III 1824-26), die im Deutschen erstmals gereimte
Terzinenverse bietet und damit eine schwierige Aufgabe in Angriff nimmt.

Sachsen wird Deutschlands erstes 'Dante-Zentrum', woran der Herzog und spätere König Johann, genannt PHILALETHES (1801-72, reg. seit 1854), Philologe und
Organisator von Philologie und Kultur, großen Anteil hat. Des 'Wahrheitsfreun-
des' 'textgetreue', von einem Kommentar begleitete Übersetzung in Blankversen
(1828-49) ist bis heute eine meisterliche, eigenständige Sprachleistung geblieben.
1865 gründet man daher in Dresden die Deutsche Dante-Gesellschaft.

Der große Dantist Karl WITTE hinterläßt auch eine bedeutende Übersetzung
(1865) in reimlosen Jamben, die -wie man am Ende des 19. Jh. feststellt- nur eine

weitere von vielen ist. Übrigens wird der italienische 'endecasillabo' -wenn man sich im Deutschen für eine Versübersetzung entschließt- fast ausnahmslos durch fünffüßige Jamben wiedergegeben, einerlei, ob man für Reime optiert oder nicht.

In unseren Tagen publiziert man weiterhin jene älteren Übersetzungen der DC in neuer Aufmachung, aber es werden zudem fortlaufend neue Übertragungen herge-stellt, so, als gäbe es auf dem Buchmarkt nicht bereits zahlreiche Ausgaben in deutscher Sprache.

Die Arbeit des schon erwähnten Georg HEES (III 1995) ist eine kuriose, da dieser fleißige Mann die ganze DC 'wörtlich' übersetzen will, was ehrenwert, aber im Fall eines derart von unwörtlicher Poesie lebenden Buches nicht unproblematisch ist. Hugo FRIEDRICH meinte einmal: „wörtliches Übersetzen ist überhaupt keines, denn es verhindert die gegenseitige Annäherung der semantischen Obertöne der übersetzten und der übersetzenden Sprache." (1964: XIV)

Ein besonderes Experiment ist die nicht literarische, aber flüssige Prosaüberset-zung ([1]1997, [2]1998) in Kleinschreibung von Georg Peter LANDMANN (1905-1994), eines Verehrers von Stefan George, der in den laufenden Text seiner Arbeit - also nicht etwa neben oder unter ihn (wie in Kommentaren üblich)- nützliche Erklärungspassagen einfügt, so daß er dem Leser eine informationsbetont sachliche Lektüre eines (im Original) hochpoetischen Werks anbietet. Diese ungewöhnliche Übersetzung erzwingt eine dynamische Bewegung zwischen Text- und Metaebene.

Eine andere kreative Auffassung manifestiert das eigenwillige Verhalten gegen-über dem Original eines Stefan GEORGE (1932). Er weist sein nonkonformes, von Kleinschreibung und unorthodoxer Interpunktion geprägtes, selektives Übersetzen als einen künstlerischen, selbst neue Poesie generierenden Akt aus: „George... sieht die Übertragung wesentlich als sein dichterisches Eigentum an und betrachtet sie als Erweiterung seines eigenen Werkes." (MICHELS 1967: 9)

Es gibt zwei Möglichkeiten oder Intentionen, die DC zu übersetzen. Zum einen die informative, sprach- und sachadäquate Übertragung, welche dem des Italieni-schen unkundigen Leser das romanische Meisterwerk substantiell nachvollzieh- und rezipierbar macht, und da leisten heute noch gute Dienste die älteren, verant-wortungsbewußten Unternehmungen von Karl Ludwig KANNEGIESSER (1814-21), Karl STRECKFUSS (1824-26), August KOPISCH (1837-42), Bernd von GUSEK (1840), PHILALETHES (1849), Karl WITTE (1865) oder Otto GILDEMEISTER (1888), weil man ihnen harte Arbeit an der Sprache und ebenso feste wie rhythmisch ge-schmeidige Ausdruckskraft bescheinigen kann.

Zum anderen beobachtet man die Tendenz, dem Florentiner in einer mit ihm 'wetteifernden' Weise zu huldigen. Hier wären Stefan GEORGE und Rudolf BORCHARDT (1877-1945) zu nennen. Letzterer ist Lyriker, Redner, Erzähler, ein Meister der Kunstprosa. Borchardt geht es darum, seinem Deutsch zu/für/an Dante (1930) eine unverwechselbare historische Patina zu geben, für die DC ein älteres Deutsch zu 'ersinnen', dieses künstlich oder kunsthaft nachzuempfinden. Die vertrauten Eingangsverse klingen bei ihm daher etwas befremdend:

> In mitten unseres lebens an der fahrt
> erfand ich mich in einem finstern hagen,
> daß ich der rechten straßen irre ward:
> Ach harter pein, und wem er glich, zu sagen,
> der hagen, ein wild wald rauch und ungeheure,
> der an gedenken mir erneut das zagen!
> *[Inf. I 1-6, üb. Rudolf BORCHARDT* [1]*1930]*

„Mit ihm [= Dante] wird er ein Projekt zu erfüllen suchen, das den Deutschen ihren eigenen Dante schenken soll, keine Übertragung im herkömmlichen Sinn, vielmehr eine metamorphotische Einholung, ein Amalgam aus Urtext und eigener dichterischer Kraft und Inspiration, keine Anverwandlung, sondern eine Inbesitznahme." (LANGE 2001: 37)

Eigene künstlerische Wege geht auch Hans GEISOW (1921), der kein einheitliches Metrum wählt, sondern sich für permanent wechselnde Versstrukturen entscheidet. Ihm geht es darum, „Formen zu suchen, die die tiefen Ewigkeitsgedanken tragen, ohne in moderner Kälte zu erstarren." (10) Bei Geisow soll aus Dantes jeweiligem Gedanken eine neue, diesen umschließende Strophenstruktur wachsen. So bietet er das von allen deutschen Übersetzungen äußerlich bzw. formal beweglichste Pendant zum Original!

Die meisten Übersetzer glauben unter dem Zwang zu stehen, Dantes Buch als Ganzes oder zumindest eine (lange) 'cantica' übertragen zu 'müssen'. Stefan George fühlt sich jedoch frei und handelt selbstbewußt gegenüber der Dante-Dichtung (wie man auch bis zur Mitte des 19. Jh. viele Teilübersetzungen antrifft, also nur die eines 'canto' oder einer Passage daraus). Er überträgt „statt des Gesamtdoms eine persönliche Auswahl von Stellen, die dem eigenen Bedürfnis entsprechen. Statt eindringlichst plastischer Gestalt opake Tönung. Statt einfacher, volksnaher Sprache erlesene, seltene, ungewöhnliche Diktion. Insgesamt Dantes Dichtung, aber in Georgescher Prägung." (BIANCHI 1936: 60)

Das Übersetzen italienischer Poesie ist in jeder Nationalsprache ein unterschiedliches Sprachvermittlungs-, Klang- und Formproblem, was den Textumgestalter vor Grundsatzentscheidungen stellt. Generell werden in den Sprachen der Welt -wie angedeutet- weniger Prosaübertragungen versucht, wiewohl eine nicht-poetische Übersetzung auch keine leichte Aufgabe ist. Man unternimmt lieber eine Angleichung in einer bestmöglichen Versstruktur. Anglophone Textarbeiter lassen ihre Fassungen gern ungereimt, während deutsche Übersetzer mehr zur Reimausstattung tendieren. Alle wissen, daß die Beibehaltung des strengen, rekurrenten Reimsystems in der eigenen Sprache ein Hauptproblem und großes Hindernis darstellt, dem man aber -wie Sophie HASENCLEVER (1889) meinte- durch „die Beweglichkeit der Satzbildung, den Reichtum an Wendungen und die Zusammenfügbarkeit der Worte" (XXXIV) begegnen könne. Diese Hilfen bietet das Deutsche in der Tat, und zwar mehr als das Englische.

Man behält vielfach die Terzine bei, wenn man für Reime optiert. Aber es gibt auch denkwürdige Ausnahmen. So entscheidet sich Paul POCHHAMMER (1901) für die Oktave, welche ja die bedeutendste Strophik für Italiens narrative Poesie wurde. Man denke an die 'Versromane' von Boccaccio, Boiardo, Pulci, Ariost oder Tasso! Zu Pochhammers Weg ein Beispiel. Vorweg sei gesagt, daß Dante zwei Männer aus der Romagna trifft: Guido del Duca und Rinieri di Calboli (beide sind blind); diese teilen sich ihr Erstaunen darüber mit, daß ein lebender Mensch ins Fegefeuer vorgedrungen ist, mit dem sie Kontakt aufnehmen wollen:

«Chi è costui che 'l nostro monte cerchia	„Wer ist denn das, der unsern Berg umschreitet,
prima che morte gli abbia dato il volo,	Noch eh' der Tod zum Fluge ihn beschwingt,
e apre li occhi a sua voglia e coperchia?»	Und noch nach Wunsch das Auge schließt und weitet?"
«Non so chi sia, ma so ch'e' non è solo:	„Du fragst noch mehr, als mir zu sehn gelingt,
dimandal tu che più li t'avicini,	Doch ist ein zweiter da, der wohl ihn leitet.
e dolcemente, sì che parli, aco'lo».	Frag' Du — Du bist ihm näher — wen er bringt!"
Così due spirti, l'uno e l'altro chini,	So hört' ich zweie reden, rechts im Kreise,
ragionavan di me ivi a man dritta;	Das Kinn erhebend nach der Blinden Weise.
poi fèr li visi, per dirmi, supini...	*[üb. Paul POCHHAMMER* [1] *1901]*
[Purg. XIV 1-9 ed. F. SANGUINETI 2001]	

Siegfried von der TRENCK (1921) 'erfindet' die 'dynamische Terzine', mit der er sich gestattet, Dantes Dreizeiler beliebig -dem jeweiligen Gedankengang gemäß- zu einer längeren Strophe auszuweiten, wobei er die Reimtriade verdoppelt oder gar verdreifacht. Seine Arbeit ist eine mutige und sinnvolle Umsetzung der Dante-Poesie im Rahmen einer mit Reimen ausgestatteten Versübertragung, die sich in ziemlicher Nähe zum Original bewegt.

Ein redaktionelles Abenteuer -das die letztliche Unübersetzbarkeit der DC sowie Mannigfaltigkeit und Kunstcharakter des Übersetzens von Poesie an sich unterstreicht- ist das des Amerikaners Daniel HALPERN. Dieser läßt den alten Dichter der Italiener von Poeten seines jungen Landes übersetzen, und zwar als Kollektivunternehmung (zum Inferno) von 20 Autoren der USA, welche ihre Aufgabe sprachlich, metrisch, technisch und künstlerisch alle unterschiedlich lösen. Eine solche Übersetzung habe es zuvor noch nie gegeben: „I don't believe there has ever been such a translation of Dante, employing so many poets to achieve the finished poem." (1993: VII) Die Idee sei gewesen, einen 'heiligen' Text in die Hände der Hüter der poetischen Sprache -der Dichter also- zurückzugeben! Das amerikanische Experiment zeigt die ganze Bandbreite poetischen Übertragens der DC, wie sie auch für andere Kultursprachen zu registrieren ist: adäquate Terzinen (gereimt oder reimlos) einerseits, andererseits die vielen Möglichkeiten neuer Strophenbindungen sowie drittens die Option für freie Verse mit originellem Habitus.

Die *DC* hat man in alle Sprachen übersetzt, selbst in so manchen Dialekt, wie Apulisch, Bolognesisch, Genuesisch, Mailändisch, Römisch, Sizilianisch oder Venezianisch. Nur das Englische und Deutsche können jedoch eine so große Anzahl von vollständigen Übersetzungen vorweisen.

Es gibt aber auch in Frankreich viele und bemerkenswerte Umsetzungsbemühungen: „Dort hat die *GK* nicht nur bei Lesern wie bei Verlagen anhaltenden Erfolg, sondern sie stellt auch eine ungebrochene Herausforderung an die Übersetzer dar. Denn kein anderer Autor und kein anderes Werk der Weltliteratur ist dort so oft übersetzt worden." (LOEWE 2000: 41-2) Man überträgt sie hier sogar wesentlich früher als in Deutschland oder in den angelsächsischen Räumen: Die Arbeit von Balthasar GRANGIER (II 1596-97) ist fast 200 Jahre vor der von Bachenschwanz zu datieren. Kein anderes Land veröffentlicht überdies im 20. Jh. eine gleichermaßen schöne und wertvolle Übersetzung, wie dies der Pariser Verlag Les Heures Claires tut (1963). Man findet in den 6 prachtvollen Schubern die in Terzinen abgesetzte Prosaübersetzung von Julien Auguste Pélage BRIZEUX (1806-58) aus dem Jahre 1841 auf „vélin pur chiffon de rives" in Begleitung von 100 losen Originallithographien Salvador Dalís nebst circa 300 Dekompositionsproben seines Zyklus zur *DC*. Während in anderen Ländern *DC*-Übersetzungen von Frauen nur marginale Bedeutung haben, sind es in Frankreich gerade die Gesamtübersetzungen von Lucienne PORTIER ([1]1987) und Jacqueline RISSET (III [1]1985-88-90), die vorzügliche Beachtung finden.

Um zwei weitere große Sprachen zu nennen: Im Spanischen und Portugiesischen liegen gewiß auch bedeutende, aber doch weniger Versuche vor, Italiens poetisches Meisterwerk im eigenen Idiom zum Erblühen zu bringen.

Zu diesem Kap. 11.9 über **das Übersetzen** der *DC* s. im Studienführerteil die bibliographischen Abteilungen **55**: Deutsche *DC*-ÜBERSETZUNGEN, **56**: Englische *DC*-ÜBERSETZUNGEN, **57**: Französische *DC*-ÜBERSETZUNGEN, **58**: *DC*-ÜBERSETZUNGEN in italienischen Dialekten und sonstigen Sprachen, **59**: ÜBERSETZUNGSWISSENSCHAFTLICHES zur *DC*.

11.10 Die *DC* und die Kunst: Dantes *'painterly vision'* und die Umsetzungsleidenschaft der Künstler

„Jedes Werk der Literatur regt die uns gegebene Phantasie an, das vom gehörten oder gelesenen Wort Beschriebene in Bilder umzusetzen. Das uralte Bedürfnis des Menschen nach Bildhaftigkeit zieht sich als ungebrochene Kontinuität durch die Zeiten." (LOOS 1985: 153)

157

Die *Göttliche Komödie* inspirierte in vielen Ländern zu kreativen Auseinandersetzungen. Nicht indes alle Werke Dantes haben die Künstler beeindruckt, wie Ludwig VOLKMANN feststellte, der mit seiner 'Iconografia Dantesca' eine erste Geschichte visueller Umsetzungen der Jenseitswanderung schrieb: „Daß ich es [= dieses Buch] eine Dante-Ikonographie nenne, obgleich es sich nur mit der *GK* beschäftigt, wird man mir verzeihen, denn gerade für das Gebiet der bildlichen Darstellung kommen des Dichters übrige Werke fast gar nicht in Betracht." (1897: Vorw.) Eine Ausnahme bildet die *Vita Nuova*, die man in neueren Zeiten auch künstlerisch 'kommentierte'.

Keine Dichtung der Weltliteratur ist so häufig 'illustriert' worden wie die *DC*: „Dante è l'autore con il quale gli artisti si sono più di frequente incontrati. A nessun testo di poesia è stata attribuita attenzione maggiore nel commento artistico, come lo provano le miniature dei codici e gli affreschi delle chiese... Gli artisti leggendo il poema, appunto perchè dotati di una sensibilità equivalente, comprendono la natura dell'immensa costruzione fatta di equilibri e di rapporti, di ombreggiature e di luci, la grandiosità di questo paesaggio dell'anima, che si lascia percorrere liberamente nella veduta totale: la felicità della grande sintesi appassiona l'artista, che dimentica il resto del mondo." (FALLANI 1971: 7)

Leicht war die Umsetzungsaufgabe nie, denn „Dantes Gedicht ist selber an reicher bildplastischer Erfindung übervoll und müßte es dem bildenden Künstler schwer machen, dazu die Konkurrenz aufzunehmen; in Wirklichkeit haben die Illustratoren ihren eigenen Weg immer gefunden... Der Geist Dantes hat den der Nachfahren mannigfach angeregt, einmal mehr zur Tiefe, dann mehr zur Breite, einmal allgemeiner, oder inniger, zuweilen auch bloß zu leichtem Rankenwerk." (GOSEBRUCH 1966: 170, 209)

Der Florentiner praktiziert ein 'visibile parlare', ein Sprechen zum Sehen. Mit jenem Begriff betitelte Deborah PARKER die zum Andenken an Tibor Wlassics (1936-98) redigierte Sondernummer (22-23, 1998) der Zeitschrift 'Lectura Dantis', die den Untertitel 'Dante and the Art of the Italian Renaissance' trägt. 9 Autoren zeigen darin, wie jene Kulturepoche Dantes poetische Bildersprache für die Augen wahrnehmbar macht.

Kurz nach Dantes Tod im Jahr 1321 beginnt man damit, die *Göttliche Komödie* zu illustrieren. Es handelt sich zunächst um Textstellen inhaltlich erläuternde Miniaturen oder Vignetten, wie man sie im Codex Altonensis sieht.

Im Laufe der Jahrhunderte leisten namhafte wie weniger bekannte 'Handwerker' Beiträge zur piktoralen Textauslegung, und selbst nach 700 Jahren ist die visuelle Poesie-Illustration aktuell geblieben: „Bestimmte Motive werden immer wieder mit Vorliebe abgebildet. Dazu gehören das tragische Liebespaar Paolo und Francesca, der Graf Ugolino mit seinen Söhnen und der Ritt der Dichter Dante und Vergil auf dem Ungeheuer Geryon." (SCHRÖDER 1993: 17)

Den Weg 'optischer' *DC*-Deutungen -meist in ganzen Bildersequenzen- zeichnete der Amerikaner Eugene Paul NASSAR (1994) in einer Dokumentation zu den 34 Gesängen des *Inferno* systematisch nach. Für jeden 'canto' bietet er chronologisch unterschiedliche Kunstdarstellungen des jeweiligen Hauptthemas. Zum Einführungsgesang begegnen wir z. B. vier frühen illuminierten Handschriften, an die sich Arbeiten von Botticelli, solche in der Inkunabel von 1481 sowie in Drucken von 1506 und 1544 anschließen; es folgen neuzeitliche Darstellungen von Joseph Anton Koch, William Blake, Gustave Doré, Walter Crane, Manfredo Manfredini, Giorgio De Chirico und Robert Cimbalo. Mutatis mutandis gilt dieser Künstlerkanon auch für andere Gesänge.

Eine vergleichbare Vielfalt ergab eine Ausstellung in der Staatsgalerie Stuttgart (1980), als man unter dem Titel „Dante-Vergil-Geryon" eine Episode, nämlich die des 17. Höllengesanges fokussierte (Katalog ed. VON HOLST 1980). Dort werden Vergil und Dante auf dem Rücken des drachenartigen Ungetüms befördert, was ein skurriles und von Ängsten geprägtes Erlebnis unseres Helden bedeutet. Im Mittelpunkt standen Exponate des Tirolers Koch (1768-1839) und des Dänen Bertel Thorvaldsen (1768-1844), jedoch wurde auch ein visueller Spaziergung durch andere Epochen der Dante-Kunst (Manuskriptilluminierung, Zeichnung, Holzschnitt, Bild etc.) geboten. Der Schwerpunkt der Veranstaltung brachte außer der materiellen und technischen Flexibilität eine Variation in der ästhetischen und psychischen Wiedergabe zum Vorschein: „Die Vielfalt und Unterschiedlichkeit der Deutungen des 17. Höllengesangs sind erstaunlich." (V. HOLST 1980: 7)

Eine kunstgeschichtliche Einführung zur *DC*-Illustration ist auch der Band 'Images of the Journey in Dante's *Divine Comedy*' von Charles H. TAYLOR und Patricia FINLEY (1997). Sie machen die Dichtung -nahezu ohne Text- anhand von 257 Illustrationen aus sechs Jahrhunderten verständlich.

Die visualisierende Interpretation kann den fortlaufenden Text in Handschriften oder Ausgaben begleiten, aber auch von den Versen unabhängige Wege gehen. Es gibt individuelle, einen besonderen Standort einnehmende Arbeiten in Form von Fresken, Gemälden, Stichen, Zeichnungen, Kollagen etc., die ein ästhetisches Eigenleben führen. Renaissance-Kunstwerke sind z. B. die 'Kommentierungen' in Freskoform der ersten elf Gesänge des *Purgatorio* von Luca Signorelli (1445/50-1523) in der San Brizio-Kapelle des Doms von Orvieto (Ausstellungskatalog von Corrado GIZZI 1991).

Ein besonderes Gewicht im Forschungsgebiet 'Dante und die Kunst' haben die Zeichnungen des Florentiners Sandro Botticelli (1445-1510). Der Künstler 'kommentiert' die *DC* zwischen 1490 und 1496 im Auftrag von Lorenzo di Pier Francesco de' Medici bildlich auf 100 Blättern. Dies geschieht in der Zeit, als man auch *DC*-Inkunabeln illustriert. Das Konvolut war 1803 in Paris von dem Sammler Lord Hamilton angekauft worden. Es ging 1882 zusammen mit anderen Schätzen -wie dem Autograph des *Decameron* von Boccaccio- an ein Berliner Museum. Nach dem Zweiten Weltkrieg wurde der Zyklus dort getrennt: Die beiden größten Partien fanden sich im Osten respektive Westen der Stadt in den jeweiligen Kupferstichkabinetten wieder. Eine kleine Auswahl liegt im Vatikan; einige Blätter bleiben weiterhin verschollen. Nach der Wiedervereinigung konnte der größte Teil jener Kunstwerke erneut zusammengeführt werden; dies geschah im Sommer 1993 anläßlich der Neuordnung der Berliner Museen.

Die einfach anmutenden, zarten Darstellungen zu fast allen Gesängen der *DC* dienen heute vielfach als Schmuck für Editionen oder Übersetzungen und sind Gegenstand mancher Kunstbände. Botticelli hat ein enges und ausgeprägtes Verhältnis zu Dantes Dichtung. Er zeichnet mit einem strengen, tief ins Menschliche gehenden Blick. Seiner philologisch präzisen und psychologisch ansprechenden Umsetzungstechnik ging Damian DOMBROWSKI in einer Magisterarbeit (Münster 1992) nach, von der er einen Bericht veröffentlichte (1996): „In den Dante-Zeichnungen tritt Botticelli nicht als lyrischer Gefühlsplatoniker in Erscheinung, sondern beweist die Fähigkeit, ja, Disziplin, die vereinheitlichende Struktur der *Commedia* formal zu erfassen... Er verleiht jeder Episode Form, jedem Dialog und jedem Schauplatz, und das mit einer Präzision und Evidenz, die allein für die Einzigartigkeit seiner Illustration bürgten." (48-9) Seine Beobachtungen belegte Dombrowski konkret an Beispielen: „In vielen Zeichnungen, wo Dante und Beatrice in direkter Kommunikation begriffen erscheinen, bildet beider Gestik ein Widerspiel; vor allem die Hände stehen oft wie Stimme und Gegenstimme in wechselseitiger Entsprechung." (67) Die literarisch-kunstwissenschaftliche Parallele Dante-Botticelli ist zu einem eigenen Arbeitsgebiet geworden, mit dem sich z. B. Fachleute wie Adolfo VENTURI (1921) oder Yvonne BÂTARD (1952) befaßten. Sie verglichen jene Kunstwerke suzkessive textchronologisch mit Dantes poetischen Darstellungen und erarbeiteten so Systeme zweier sich ergänzender 'Sprachen'.

Die *DC* prägte auch ein Meisterwerk von Michelangelo Buonarroti (1475-1564): Beim Entwurf der mit Propheten, Sibyllen und Girlandenträgern ausgestatteten Decke der Sixtinischen Kapelle hatte dieser offenbar das 'Paradiso terrestre' vor Augen (s. JOHN 1959).

Eine geradezu kunstgeschichtliche Aufgabe erfüllt ein danteskes Gemälde von Eugène Delacroix (1798-1863). Sein 1822 als erstes ausgestelltes Werk 'Dante und Vergil bei der Überquerung des Flusses Styx' (Paris, Louvre) zeigt zwei unterschiedlich alte, von jeweils anders geartetem Pathos ergriffene Protagonisten. In der Art einer Zukunftsallegorie sollen sie die geistige Gemeinschaft und gleichzeitige (grenzenüberschreitende) Unterschiedlichkeit andeuten, welche zwischen Klassizismus und nachfolgender Romantik besteht. Das Dante-Thema bot dem französischen Maler Gelegenheit, Ideen und Formen vorzuzeigen, mit denen er die Kunst auffrischte, nämlich klassisch romantisierte (s. RUBIN 1987).

Einen anderen Franzosen, Gustave Doré (1832-83), begleitet die *DC* viele Jahre, so daß er einer ihrer bedeutendsten neueren Bildinterpreten wird. Sein *Commedia*-Zyklus ist Teil einer gezeichneten 'Bibliothek der Weltliteratur'. Er umfaßt 135 Arbeiten: 75 thematisieren das *Inferno*, 42 das *Purgatorio*, 18 das *Paradiso*. Dorés Zeichnungen gehören zu den bekanntesten Dante-Illustrationen und begleiten seit langem viele Editionen und Übersetzungen. Erich LOOS stellte sie den Arbeiten Sandro Botticellis gegenüber und konstatierte Unterschiede hinsichtlich der Raum- und Figurengestaltung, die auf ein geändertes Menschen- und Weltbild hinweisen: „In Botticellis Blättern sind Raum und Landschaft nur angedeutet... In der ihn kennzeichnenden klaren Liniengebung ist er bemüht, nur den im Text beschriebenen Vorgang festzuhalten, kaum das, was wir als das Atmosphärische erwarten können, zumal im düsteren *Inferno*... Wie anders bei Doré! Der Raum als stets bedrohliche, unheimliche Landschaft gibt fast allen Bildern das beherrschende Gepräge, den *Inferno*-Beiträgen einen besonders beklemmend wirkenden und pathetischen Zug." (1985: 167)

Jean-Pierre BARRICELLI (1992) -Dantist und Künstler- erläuterte an vier 'modernen' Illustratoren die auch in anderen Zeiten und Stilepochen unablässige Wirkung der *DC*, welche er des Dichters Dante ausgesprochen piktoraler Sehweise - seiner 'painterly vision'- zuschrieb, die in der Welt der Kunst wie ein Füllhorn oder Perpetuum mobile agiert. Barricelli befaßte sich mit Amos Nattini (Arbeiten von 1953), Robert Rauschenberg (1963), Salvador Dalí (1960) und Francis Phillipps (1985). Des Florentiners Inspirationsmotorik für die Kunst unterstreichen z. B. auch -und man könnte nun eine lange Aufzählung von Ausstellungen beginnen- Renato Guttusos 'Cinquantasei tavole dantesche' (von 1970) oder die einhundert Terrakottareliefs von Enzo Babini (1991).

Das 'Centro Dantesco' in Ravenna bietet jedes Jahr Austellungen über bestimmte Themen, zu denen Künstler aus aller Welt beitragen. Es handelt sich bei jener 'Biennale Internazionale Dantesca' bzw. 'Rassegna di Scultura Dantesca Contemporanea' überwiegend um Skulpturen, Plastiken, Reliefs, Medaillen, Plaketten oder andere gegenständliche Exponate.

Die 1979 gegründete 'Casa di Dante in Abruzzo' im kleinen Torre de' Passeri bei Pescara veranstaltet im Castello Gizzi alljährlich monographische Ausstellungen zu Künstlern, welche sich in ihrem Lebenswerk mit Dante beschäftigten. Die mit fachlichen Erläuterungen begleiteten, von dem Hausherrn Corrado GIZZI edierten Kataloge gibt es zu 'Nazarenern und Präraffaeliten' (1981), Renato Guttuso (1982), William Blake (1983), Dante Gabriel Rossetti (1984), Heinrich Füssli (1985), John Flaxman (1986), Aligi Sassu (1987), Joseph Anton Koch (1988), Alberto Martini (1989), Botticelli (1990), Luca Signorelli (1991), Raffaello (1992), Federico Zuccari (1993), Giovanni Stradano (1994), Michelangelo (1995), Francesco Scaramuzza (1996), Salvador Dalí (1997), Amos Nattini (1998), Giotto (2000) u. a. Wenn man bedenkt, daß diese Initiative dort noch heute lebt und daß es zudem in Ravenna jedes Jahr Kunstausstellungen gibt, kann man sagen, daß das Thema 'Dante und die Kunst' mit seiner Präsenz und Frequenz -zumindest in Italien- sehr nahe an das Sachgebiet 'Dante und die Literaturwissenschaft' herankommt.

Verlage sind bemüht, im Geiste Dantes entstandenes Künstlertum publik zu machen, um sich Reputation zu sichern. So konnte David BINDMAN die Darstellungen eines englischen Romantikers in einem Bildband herausgeben: „In den letzten Jahren seines Lebens, von 1824 bis zu seinem Tod im Jahr 1827, schuf William Blake 102 die *Göttliche Komödie* illustrierende Aquarelle: die visuelle Antwort eines Künstlers, der selbst ein epischer, prophetischer Dichter war und *Jerusalem* schrieb, ein Werk, das aufgrund seiner Ambitionen und Bedeutung mit dem Dantes verglichen werden kann." (2000: 4)

Die Bildende Kunst zu Dante ist ein Nachempfinden mit eigenen Formen und Farben, welches -in Spannung zu ihm und daher spannend- im Zeichen der Kunstrichtungen und Geistesströmungen der jeweiligen Zeit steht. Die modernen Entwicklungen zeichnete Wolfgang HARTMANN in seiner Bonner Dissertation (1969) nach: „Die Dante-Illustrationen des 18. und frühen 19. Jh.s markieren einen Neubeginn der Auseinandersetzung mit Dantes Dichtung. Übereinstimmend mit der literarischen Wiederentdeckung und von dieser entscheidend geprägt, entwickelte sich die Dante-Aufnahme in der bildenden Kunst von den ersten Ansätzen des Sturm und Drang über die Romantik mit der allgemeineren Kenntnis des Dichtwerks bis hin zur Erhebung einzelner Dante-Episoden zu 'Rahmenthemen' der Bildkunst des 19. Jh.s... Neue Impulse zeichnen sich erst im 20. Jh. in den Dante-Zyklen Salvador Dalís und Robert Rauschenbergs ab." (1969: 181, 184)

Die Phantasmagorien des Katalanen Salvador Dalí sind abenteuerliche Enthüllungen für Augen und Geist: „Indem Dalís Transpositionen die Logik der Darstellung durch die Montagetechnik scheinbar verändern, übertragen sie das Telos der *Commedia* in die neue Zeit, passen das Begehren Dantes an neuen Lebenswelten an. Dalí findet den Weg zu Gott nach dessen Tod. Und nach Läuterung und Perversionen der Verdrängung der Liebe findet auch er die reine Transzendenz und die reine Liebe... Die Maske wird aufgehoben." (BORSÒ 1998: 177) Dalí wählt das zart suggestive Aquarell, das er gelegentlich mit der Feder ergänzt. Seine von 1950 bis 1952 entstandenen Arbeiten sah man bereits auf vielen Ausstellungen, zu denen es gute Kataloge gibt (Liste von EVERLING 2000).

Eine Diplomarbeit fertigte die Passauerin Martina KIRCHNER (WS 1996/97) über die zuvor wenig bekannte Illustration der *GK* in der Weimarer Republik an. Sie untersuchte 13 Interpreten von Max Beckmann bis Klaus Wrage: „Es wird deutlich, daß man die Weimarer Illustrationen, obwohl es zwischen den Künstlern keinen persönlichen Kontakt gab, zu einem eigenen Illustrationstyp zusammenfassen kann... Im Mittelpunkt der Werke stehen nicht Einzelschicksale aus Dantes

Geschichte, sondern der Mensch an sich. Betont wird das Thema der menschlichen Kondition durch den Verzicht auf eine Schilderung der Umgebung." (61)

Daß Dante nicht aufhört, Künstler zu umfassenden und originellen Darstellungen zu inspirieren, zeigt sich auch an einem Beitrag aus den Niederlanden: Juke HUDIG (geb. 1945) erläuterte Episoden der *DC* in 111 Pastellbildern, die mit den Textstellen und Übersetzungen ein ansehnliches Buch bilden (2001).

Zurück an den Anfang der Geschichte des Themas 'Die *DC* und die Kunst', nämlich zu dem Usus, den Text in alten Handschriften mit Bildern zu begleiten, führen die 100 Illustrationen der in London lebenden Monika Beisner (geb. 1942). Die deutsche Kinderbuchillustratorin begleitet hiermit die *DC*-Übersetzung von Karl Vossler (Hamburg, Chrismon, III 2001). Detailreiche Filigranität und Leuchtkraft der 2002 auf Ausstellungen italienischer Kulturinstitute gezeigten, miniaturartigen Bilder (Eitempera auf Papier) erinnern an die Buchmalerei des Mittelalters oder der Renaissance, welche die Malerin um modernes Form- und Raumempfinden ergänzte. Der Dialog der Künstler mit Dante bleibt also ein zeitloser Kreislauf von Ideen, Farben und Formen.

Zu diesem Kap. **11.10** über die *DC* **und die Kunst** s. im Studienführerteil die bibliographischen Abteilungen **24**: Dante (bzw. die *DC*) und die/in der KUNST, **25**: KUNSTKATALOGE.

11.11 Der Einfluß der *DC* auf die Literaturen der Welt: „*A powerful effect upon later writers*"

„Dante gehört zu den großen Dichtern der Weltliteratur. Seit ihn die Romantiker als schöpferisches Genie entdeckten und wie Shakespeare und Calderón zu ihren geistigen Ahnen zählten, ist sein Name zu einem festen Begriff des abendländischen Bildungsbewußtseins geworden." (BUCK 1949: 5)

Der Florentiner ist ein Idol für 'gebildete' Leser und Literaten, die in ihre Texte Elemente aus seinem Werk einflechten und den 'Dante-Diskurs' aktiv fortführen: „Dante's afterlife has had a powerful and often daunting effect upon later writers, both medieval and modern." (HAVELY 1998: 1) Das Nachleben dieses Italieners in Europa und anderen Kulturräumen hat einen lawinenartigen Charakter! Der Einfluß der *DC* auf alle Autoren der verschiedenen Länder läßt sich nie erfassen! Hier ist daher nur eine flüchtige Skizze möglich. Es kann höchstens auf Systemreferenzen, kaum auf Einzelbezüge eingegangen werden.

Ein erstes von der *DC* geistig und künstlerisch geprägtes weltliterarisches Werk waren die *Canterbury Tales* (EP um 1476) von Geoffrey Chaucer (um 1340-

1400). Der Engländer nahm den Italiener so auf, wie der Florentiner seinerseits den Römer Vergil rezipierte, nicht nur mit Enthusiasmus, sondern auch mit adäquater Gestaltungsgenialität. Der Reigen seiner Erzählungen, die sich die nach Canterbury ziehende Pilgerschar darbringen, wurde nämlich gleichfalls ein lebhaftes Figurentheater von universellem Ausdruck (s. NEUSE 1991).

Aus der frühen Rezeptionsgeschichte Europas ist hervorzuheben, daß eine Frau - Christine de Pisan (um 1365-nach 1429), Frankreichs große frühe Autorin- aktive danteske Erfahrungen in ihr Land brachte, das Italiens Kultur zur Dante-Zeit so stark geprägt hatte: „A questa donna di 'feminin scens' e di virili propositi la Francia deve la prima conoscenza del poema dantesco." (FARINELLI 1905: 35)

Dantes Dichtung ist also von Anfang an -in Italien und anderswo- ein inspirationsmächtiger Intertextualitätsfundus. Das trifft auf viele Nationalliteraturen und mehrere ihrer Epochen zu. Wir blicken hier beispielshalber nur noch auf gewisse Einflüsse während des Novecento bzw. in der 'Moderne'.

Einen generellen Eindruck von der Literatureinwirkung der *DC* im 20. Jh. gab ein 1977 in Rom abgehaltener Kongreß ('Dante nella letteratura italiana del Novecento', Akten ed. ZENNARO 1979), bei dem wichtige poetische Strömungen (vociani, crepuscolari, ermetici) und Dichter (Pascoli, D'Annunzio, Montale, Pasolini) intertextuell beleuchtet wurden.

Eine systematischere Bestandsaufnahme der Nachwirkung der *DC* während des vergangenen Jahrhunderts bietet das Repertoire zu 16 italienischen Autoren von Luigi SCORRANO (1994). Er ging der Frage nach, warum man in der Literatur auf jenen Dichter zurückgreift und weshalb eine so intensive 'presenza verbale' Dantes in Werken unterschiedlichster Schriftsteller anzutreffen ist. Offenbar erstreben Textproduzenten immer die Realisierung dessen, was sie selbst nicht an sich vorweisen können. Zu Gabriele D'Annunzio (1863-1938), dem selbstsicheren Beherrscher des Italienischen, aller Gattungen, mehrerer Stile läßt sich in jener Hinsicht vermuten: „Quel che D'Annunzio cerca in Dante, e vorrebbe realizzare in sé, è l'efficacia, la contrazione se non la concisione; la possibilità di concentrare una gran somma di vita in un sol punto. Ma proprio le virtù che D'Annunzio esalta in Dante sono in lui spesso manchevoli." (12) An dem mailändischen Erzähler Giovanni Testori (1923-93) zeigte Scorrano exemplarisch, daß sich Dante bei der Bewältigung großer Darstellungsaufgaben als ein Erzeuger archetypischer Fakten erweist: Er verwendet scheinbar alles zum ersten Mal, drückt sich mit definitiver Gültigkeit aus. Wer sich auf Dante stützt, braucht sich nicht weiter nach treffsicherer Symbolik und Semantik umzusehen, er wird immer und ganz verstanden!

In ihrer Untersuchung zum Einfluß auf Mario Luzi und Pier Paolo Pasolini stellte Maria Sabrina TITONE (2001) Dante als einen 'Archetypen des 20. Jahrhunderts' heraus, und sie erläuterte, wie jene beiden Autoren vermittels einer anderen 'cantica' zu ihrem ureigenen dichterischen Ausdrucksziel fanden: „Il paradigma sublime della *DC* si ricompone, in maniera difforme e parimenti originalissima, nella poesia di Pasolini e di Luzi, ispirando al poeta delle 'vite violente' un drammatico *descensus ad inferos*, una grave catabasi nella fosca quotidianità; a Luzi, il suo *itinerarium mentis ad lucem*, una solenne anabasi della coscienza." (5)

Peter KUON (1993) wies nach, wie sich die 'produktive Rezeption' der 'Dantismen' des 'maestro' und 'autore' aus dem alten Florenz themen- und länderübergreifend und befruchtend auf die funktionale bzw. genetische Textgestaltung diverser Literaten der Moderne auswirkte. Wir blicken bei ihm auf mannigfaltige und kunstvolle Nachempfindungsergebnisse von Joyce, Primo Levi, Vittorini, Camus, Beckett, Marechal, Cortázar, Weiss oder Sollers. Sie alle rekurrierten in ihren Werken substantiell auf die *DC* und verliehen ihren Büchern durch Dantes Vermittlung einen gestalterisch originellen und ausdrucksstarken Habitus.

Jürgen WÖHL (1997) untersuchte die intertextuelle Prägung emotional und ideologisch konträrer, aber auch verwandter Autoren wie Peter Weiss (1916-82) und Pier Paolo Pasolini (1922-75). Beide miteinander vergleichend, machte er hier eine polyphone, strenge Narrativität, dort eine multimediale, poetische Experimentierkunst aus. Der ästhetische Weg diente in beiden Fällen einer schonungslosen, engagierten Aufarbeitung politischer Verbrechen im 20. Jh. Daß ein problemorientierter Roman wie Peter Weiss' Lebensresümee *Die Ästhetik des Widerstandes* (1975-81) seine Kraft in hohem Maße durch intertextuelle Bezüge zur *DC* erhält, arbeitete auch Jens BIRKMEYER (1994) in einer Monographie heraus. Dem Thema 'Dante Alighieri und Peter Weiss' widmete 1996 ferner die Evangelische Akademie Iserlohn ein gegen Kriegstreiberei und Gewaltherrschaft gerichtetes Symposium (s. 'Tagungsprotokoll' 1996).

Ein Grundlagenkompendium zur weiteren Erforschung der Dante-Rezeption zahlreicher, z. T. weltliterarisch bedeutsamer Poeten Italiens des vergangenen Jahrhunderts ist die Zusammenstellung entsprechender 'Einzelwörterbücher' von Daniele Maria PEGORARI (2000).

Als Arthur Rimbaud (1854-91), der Dichter anderer Welten in neuer Sprache, eine Periode seines Schaffens in der 'Hölle' verbrachte -es wurde daraus *Une saison en enfer*- und er unhimmlisch halluzinatorische Erleuchtungen hatte -die zu den *Illuminations* führten- geschah dies in inspiratorisch bildlicher Anlehnung an die *DC*, wie die Amerikanerin Margherita FRANKEL (1975) nachwies.

Ein junges Beispiel für makro- und mikrotextuelle Beeinflussung durch die *DC* stellt der einstige Erfolgsroman *Il nome della rosa* (1980) von Umberto Eco dar. Lund EKBLAD (1994) deckte auf, daß dem 'Rosen-Roman' des Professors aus Bologna ein dichtes Netz aus Bezügen zur *DC* zugrunde liegt. Der schwedische Italianist zeigte dies anhand der Lieblingsmethode des schriftstellernden Professors -der semiotischen- und belegte sein Forschungsgefüge mit Tabellen, Skizzen und Diagrammen, aus denen ersichtlich ist, daß ein (post)moderner Roman ein architekturhaftes Symbolbauwerk von der Machart mittelalterlicher Textkathedralen sein kann. Hans FELTEN verglich ebenfalls beide Erzählwerke, wies auf Parallelen und Unterschiede auf unterschiedlichen Ebenen hin: „Was bei Dante Ordo der Schöpfung und Ordo des Wissens ist, das ist bei Eco Chaos und damit maximale Potentialität und Übermaß an Information, oder um es mit einem Terminus der Postmoderne zu sagen, auf die sich Eco gern bezieht: Entropie – heitere Entropie." (1987: 161)

Noch zu einem angelsächsischen Rezeptionsbeispiel. Dorothy L. Sayers (1893-1957), erste weibliche Absolventin eines Universitätsstudiums in Oxford, schuf nicht nur Unterhaltungsliteratur um die Figur des Amateurdetektivs Lord Peter Wimsey, sondern auch christliche Versdramen und religiös-philosophische Abhandlungen, zu deren 'passionate intellect' sie gewiß durch ihre gelobte Übertragung der *DC* gelangte (s. Barbara REYNOLDS 1989).

Strenggenommen müßte man bei der Untersuchung intertextueller Einwirkungen der *DC* auf spätere Schriftsteller auch nach literarischen Gattungen unterscheiden, weil jede Diskursform spezifische Möglichkeiten der Gestaltung bietet.

Während wir zuvor an Spuren in fiktionalen und poetischen Werken dachten, ist nun noch das Theater als eine besondere danteske Rezeptionsform zu erwähnen.

Die Idee, Dantes *DC* durch renommierte Gegenwartsautoren für die Bühne umschreiben zu lassen, hatte u. a. der Regisseur Federico Tiezzi, der in den Siebzigern das neoavantgardistische Poesie-Theater 'I Magazzini' gründete; es kam zu entsprechenden Aufführungen in Prato, Cividale del Friuli und Genua.

Dantes Unterweltdarstellung war Teil eines Szenenreigens, den Alberto GESSANI und Francesco TARSI 1989 für die etruskische Nekropole Roselle (bei Grosseto) komponierten, indem sie kongeniale Texte von Hesiod, Vergil, Rabelais, Goethe und Thomas Mann einfügten. Unter dem Titel 'Infernalia. L'esperienza degli Inferi' (1989) zeigte man, was heute unter Hölle zu verstehen und wo diese zu suchen ist: „Oggi sappiamo dove sono gli Inferi. Prima di tutto, certo, sono dentro di noi; e non richiedono, per essere esplorati, che un'attenta navigazione razionale tra simboli, emozioni e parole offerteci costantemente dalla nostra vita quotidiana e, in modo seducente e complesso, dai sogni. Ma le grandi terre degli Inferi, popolose e varie come metropoli, silenziose come deserti, sconcertanti talora come labirinti, sono le biblioteche: anzi, sono l'enorme e quasi sconfinata biblioteca del mondo. Qui vivono tutti i mostri, e le creature celesti, ed i sublimi personaggi che hanno meritato di non morire." (GESSANI 1989: 23)

Marcella RODDEWIG (1994) fokussierte drei dramatische Versuche bedeutender Lyriker der Gegenwart, deren Adaptationsbemühungen zusammen ein spannendes Pendant zur *DC* ergeben. Gemeint sind die *Commedia dell'Inferno* (1989) von Edoardo Sanguineti, Mario Luzis *Il Purgatorio* (1990) und *Il Paradiso* (1991) von Giovanni Giudici: „Die drei Bühnenfassungen haben den Vorzug, kein nur historisierendes Theater zu sein und dies auf beträchtlichem, wenn auch verfremdendem Sprachniveau, verbunden mit bildnerischer Phantasie und eindringlicher Textkenntnis... Das neoavantgardistische Triptychon regt zum Nachdenken an." (240-1)

Lange bevor der Titanic-(Film)Stoff -den man sogar in einem Musical traktiert- zu einer strapazierten Materie wurde, gestaltete Hans Magnus Enzensberger jene Kollektivtragödie in *Der Untergang der Titanic – eine Komödie* (1978) zu einer dantesken Dichtung (in 33 Gesängen!). Diese wirkt dadurch universell, daß Dante und Vergil Passagiere des Unglücksschiffes sind. In dem Eisberg, mit dem es kollidiert, ist der Läuterungskegel wiederzuerkennen.

Ein bedrückendes, kathartisches Rezeptionsphänomen ist das Denken, Sprechen und Schreiben über Dantes Hölle in den Konzentrationslagern des Naziterrors, der 'Lagerdiskurs', den Thomas TATERKA (1999) untersuchte. Sein Buch erinnert daran, daß Dantes Fiktionen vom abgrundtief Bösen nur durch Menschen Realität werden können! Auch Primo Levi (1919-87) war in Auschwitz und machte in Romanen das Leid durch Dantes Buch der Qualen begreifbar (s. SODI 1990).

Dantes Dichtung haben auch solche Leute verwendet, deren prekäre Ideologien jene menschenverachtenden Lager überhaupt möglich machten. Die unterschiedliche ideologische Inanspruchnahme Dantes in Politik und Kultur -seine Position 'im Kreuzfeuer von rechts und links'- faßte die große Dame der deutschen Dantistik Marcella RODDEWIG mit einem Blick auf Dantes ganzheitliche, das Gute wie das Böse zeigende Weltdarstellung zusammen: „Ich will meine Hinweise auf einen Dante von rechts und links beenden mit einem einsichtigen Wort von Gianfranco Contini: «Sowohl die Rechte wie die Mitte wie die Linke hat ein Anrecht auf Dante»." (1988: 126) Wir alle brauchen also Dante, können aber nicht verhindern, daß man ihn auch bisweilen mißbraucht.

Zum Schluß sei noch erwähnt, daß es zur *DC* auch Umformungen bzw. regelrechte Neugestaltungen gibt. Mit solchen Werken betritt man ein weiteres, nicht mehr nur intertextuell erfaßbares Gebiet der Dantistik. So schrieb der vom Bodensee stammende Magier-Philosoph 'Akron' Dantes *Inferno* in einen astrologischen Prosaroman (2000) um, den er von 'Voenix' illustrieren ließ. Anschließend transponierten beide den ganzen, von ihnen als neudantisch verstandenen Stoff in eine 8-teilige Comic-Reihe (2000f.). Dante war einst -so meinen sie- der Sigmund Freud der beginnenden Renaissance, der in seiner Hölle das Unterbewußte auf den damals kulturell möglichen Punkt brachte. 'Akron' und 'Voenix' wiederholen diese Darstellung, indem sie die seelische Befindlichkeit mit den heutigen astrologischen und psychologischen Mitteln erfassen. Auch sie geben dem Leser in ihren spektakulären Fantasyprodukten einen Führer an die Hand, mit dem man durch die Welten des Bösen wandert. Zu durchqueren sind acht astrologische

Portale, welchen ebensoviele Sternzeichen entsprechen. Das Böse -so zeigt auch dieses Projekt- liegt in uns.

Zu diesem Kap. **11.11** über die **DC in den Literaturen der Welt** s. im Studienführerteil die bibliographischen Abteilungen **21**: REZEPTION und INTERTEXTUALITÄT, **22**: KOMPARATISTISCHES zu Dante, **23**: Dante-KRITIK im Spiegel der Epochen.

11.12 Die *DC* und die Musik: Komponisten in magischem Bann

„Dantes *DC* hat die Komponisten von jeher magisch in ihren Bann gezogen. Schon im 14. Jh., unmittelbar nach dem Tode des Dichters, war ein lebhaftes Echo zu registrieren." (KÄMPER 2001: 89)

Die *DC* läßt als Kultursynthese ihrer Epoche vielfältige Verbindungen zur Vokal- und Instrumentaltradition erkennen. Sie besitzt selbst musikalisch harmonische Klangstrukturen, erfüllt Prinzipien klanglich ästhetischen Ausdrucks und Interesses, so daß sie als Universaldichtung solche Künstler anregte oder anspornte, die ihre Ideen und Phantasien mit Mitteln der Musik ausdrücken.

In der 'Dante Encyclopedia' (ed. LANSING 2000) finden wir daher -in einem der Anhänge- eine Liste von 284, im Zeitraum von 1562 bis 1997 entstandenen Bearbeitungen bestimmter Partien oder Themen der *DC* ('Musical settings of the *C.*') sowie ein Verzeichnis von 64 Tonträgern: LPs, Audiokassetten, CDs (alles mit Label-Angaben für einen käuflichen Erwerb). Es handelt sich um größere Werke wie Opern, Symphonien, symphonische Dichtungen, Choräle, Sonaten und Ballette oder kleinere Stücke wie Madrigale und Lieder (s. auch die 500 Jahre erfassende Geschichte der musikalischen *Commedia*-Umsetzungen von Maria Ann ROGLIERI 2001).

Die Komponisten behandeln -wie auch im Filmschaffen zu Dante zu beobachten ist- gern bestimmte (meist tragische) Figuren, wie Francesca da Rimini, Pia de' Tolomei, Conte Ugolino und Manfred- oder Episoden bzw. ganze Gesänge der *DC*: „Vari furono i passi del Poema cui vennero applicate le note: ma i più tormentati fra tutti furono sempre gli episodî del Conte Ugolino e di Francesca da Rimini, come quelli che per la loro diversa ma ugualmente possente drammaticità parvero ai compositori meglio adatti a ricevere una veste musicale." (BONAVENTURA 1904: 258)

Auch gestaltete man den in der umfangreichen und spannenden Dichtung omnipräsenten Protagonisten selbst zu 'Tongeschichten'.

Zu den namhaften Dante-Interpreten der Neuzeit gehören Gaetano Donizetti (*Pia de' Tolomei*, Oper 1837), Franz Liszt (*Eine Symphonie zu Dantes DC*, 1863), Giacomo Puccini (*Gianni Schicchi*, Oper 1918), Sergej Rachmaninoff (*Francesca da R.*, Oper 1906), Peter Tschaikowskj (*Francesca da R.*, symphonische Dichtung 1876) und Giuseppe Verdi (religiöse Lieder): „La gloria di creare una pagina di musica degna dell'alto Poeta da cui veniva ispirata, doveva spettare al gran Verdi: *Le laudi alla Vergine Maria* tolte dall'ultimo canto del *Paradiso* di Dante, per quattro voci bianche, associano la severità dello stile al calore del sentimento e della ispirazione melodica." (BONAVENTURA 1904: 277)

Bedeutsam ist, daß auch nicht so bekannte Komponisten -Vertreter 'moderner', avantgardistischer, unkonventioneller Richtungen- Stoffe- oder Themen aus der *DC* wählten, um ihre Konzeptionen zu verwirklichen und so die ästhetische Verwandtschaft zwischen Musik und Poesie zu bestätigen.

Zu diesem Kap. **11.12** über **musikalische Umsetzungen der *DC*** s. im Studienführerteil die bibliographische Abteilung **26**: Dante (bzw. die *DC*) und die/in der MUSIK.

11.13 Die *DC* und das Kino: „*Una sorta di viatico culturale*"

In welchem Maße die *DC* -welche ja bildliche und klangliche Künste inspirierte- auch Stumm- und Tonfilm anregte, verdeutlichte die 1995 in Ravenna abgehaltene Tagung 'Dante nel cinema' (Akten ed. CASADIO 1996).

Der frühe Spielfilm hatte wesentlichen Anteil an der Eingliederung von Dantes erzählter Welt in das visuelle Vorstellungsspektrum der Italiener im technischen und medialen Zeitalter. Dem eschatologischen zwar, aber auch menschlichen 'Dante-Stoff' fiel in dem lebensnahen Darstellungsmedium eine wichtige Inspirations- und Identifikationsfunktion zu: „Invece che invocare la Musa, il primo cinema italiano nel momento in cui pensa 'alla maniera grande' si mette sotto la protezione del Padre Dante e chiede a lui ispirazione per affermare una propria identità sul piano internazionale e per trovare una propria strada... Il divin poeta diventa assai presto e per vari decenni un autore a cui guardare e da usare in modo diretto o metaforico a seconda delle circostanze." (BRUNETTA 1996: 25)

Ein Blick auf die Produktion von den ersten Stummfilmen ab 1907 bis zur Epoche der aufwendigen Spielfilme in Farbe verrät, daß es -wie in Bildender Kunst und Musik- bestimmte Figuren sind, welche man (meist wiederholt) aufbereitete: Paolo und Francesca (1907, 1908, 1910 [= 2 Filme], 1914, 1922, 1949, 1971), Pia de' Tolomei (1908, 1910, 1921, 1941, 1958) oder Conte Ugolino (1909, 1949). Die am häufigsten interpretierte Fiktionsräumlichkeit ist das schaurige *Inferno*, das z. B. schon Adolfo Padovano und Francesco Bertolini 1911 in 54 Szenen darstellten. Aber auch das *Purgatorio* und *Paradiso* griffen bereits 1911 bzw. 1912 (namentlich nicht bekannte) Künstler in einer pittoresken Fassung auf. Mario Caserini verarbeitete in *Dante e Beatrice* (1913) die besondere Beziehung des Dichters zu seiner hauptsächlichen Inspirationsgestalt, die in der *DC* eine exponierte Stellung einnimmt.

Ein ausladendes, sich nicht nur auf die *DC* beschränkendes Lebenstableau gestaltete Domenico Gaido in dem brisanten Jahr 1922 mit *Dante nella vita dei tempi suoi*. Es liegen hierzu aufschlußreiche Nachrichten vor, welche die Herstellung, die mit Hindernissen verbundene Verbreitung und die Einflußnahme der Zensur betreffen: „Purtroppo, la produzione del film subisce svariate traversie, legate soprattutto all'instabilità economica della casa produttrice; faticosamente terminato, il film trova grande difficoltà ad essere distribuito (presentato in censura nel 1922 trova la sua prima romana solo 3 anni dopo): evidentemente il tempo dei colossal storici è finito. Probabilmente a seguito dell'insuccesso, il film viene pesantemente tagliato: la lunghezza di 3.645 metri, registrata dal visto di censura, si riferisce infatti alla prima versione del film, alla quale ne segue un'altra, il cui metraggio esatto ignoriamo. Anche dal punto di vista della trama e della struttura narrativa, il progetto del film era particolarmente complesso e ambizioso; come suggerisce il titolo, il film intendeva narrare la vita di Dante ponendola al centro di un intreccio di storie che avrebbero dovuto da un lato delineare il quadro storico e dall'altro rappresentare episodi 'reali' ai quali Dante si sarebbe ispirato nella sua opera." (MAZZANTI 1996: 94) Dante galt bis dahin als Dichter der nationalen Einheit und vor allem als Garant politischer Freiheit. Seiner gedanklichen Unabhängigkeit zu folgen, mußte die Künstler in der Epoche des heranwachsenden Mussolini-Faschismus zu Schwierigkeiten, Manipulationen und Kontroversen führen.

Guido Brignone brachte 1926 erstmals die durch den genuesischen Schauspieler Bartolomeo Pagano (1878-1947) berühmt gewordene Maciste-Figur mit Dantes Hölle in abenteuerliche Zusammenhänge, die Riccardo Freda 1962 in dem Film *Maciste all'Inferno* effektvoll ausweitete. Mit *Totò al Giro d'Italia* (1948) von Mario Mattoli drang die *DC* in die komische Unterhaltung ein, was Camillo Mastrocinque 1954 mit *Totò all'Inferno* genüßlich und 'erfolgreich' fortsetzte. Diese Produktionen waren weniger eine Hommage an Dantes ernste Schriftstellerei als eine Konzession an den ephemeren Geschmack des Publikums, das den volkstümlichen Schauspieler (eig. Antonio De Curtis: 1898-1967) sehr mochte. Dies alles sind nur Fragmente einer thematisch, stilistisch und technisch einfallsreichen Geschichte der Umsetzung der *DC* in die Filmwelt, an der nicht nur Italiener künstlerischen und kommerziellen Anteil hatten, wie Christopher WAGSTAFF auf jenem Symposium nachwies.

Als ein außergewöhnliches Unternehmen sei noch *The Dante Quartet* von Stan Brakhage (1987) erwähnt. Die nur 8-minütige Arbeit im 16 mm-Format stellte die 'London Filmmakers Company' (USA/GB) her. Man benötigte nicht weniger als 6 Jahre dazu! Es handelt sich um Bildsequenzen zu den drei Jenseitsreichen in Form von gemalten, mit einem Kartenspiel vergleichbaren Fotogrammen, bei denen mehrere Farbschichten nach dem Imax-Verfahren auf Zelluloid aufgetragen und dann photographiert wurden. Den emotionalen Gedankenvisionen waren -wie Brakhage versicherte- 37 Jahre Studien zu Dante vorausgegangen!

Bei dem Thema 'Dante und der Film' ist nicht zu vergessen, daß unser Dichter auch Regisseure der 'modernen' Weltfilmkunst -wie Fellini oder Pasolini- stark beeinflußte: „Tutta l'opera di Fellini, da quella di sceneggiatore fino agli ultimi progetti non realizzati, si sviluppa sotto il segno di Dante e della *DC*... Il secondo autore cinematografico per cui la *DC* costituisce una sorta di viatico culturale indispensabile è Pier Paolo Pasolini." (BRUNETTA 1996: 22, 23) Hiermit würde man nun ein anderes Forschungsgebiet berühren, das sich mit den intermedialen Dante-Referenzen im Filmschaffen auseinandersetzt.

Zu diesem Kap. 11.13 über das Thema die *DC* und der Film s. im Studienführerteil die bibliographische Abteilung 27: Dante (bzw. die *DC*) und die/in den NEUEN MEDIEN.

11.14 Die *DC* und die neuen Medien: „*Un'opera contro la morte*"

Das Überleben der *DC* in unserer Ära fesselnder und suggestiver Medien und in den gestalterisch wohl noch beweglicheren Epochen nach uns, mit ebenso lebendigen Übermittlungsformen, ist zweifellos gesichert! Das lassen Produktionen der jüngeren Vergangenheit erkennen, die gewiß Neuauflagen oder Weiterentwicklungen erleben werden. So strahlte Italiens erster Fernsehkanal Raiuno 1993 eine aufwendige Textrezitation in 40 Folgen aus, die Vittorio Gassman (geb. 1922) unter der Regie von Rubino Rubini vollzog. Über diese auf 20 Videocassetten erhältliche 'TV-*DC*' und ihre Entstehungsgeschichte an historischen Orten verfaßte Maurizio GIAMMUSSO (1994) eine Reportage vom Umfang eines Buches, aus dem man herausliest, daß Dante Alighieri und sein Werk für Medienmanager und Künstler unserer Tage attraktive Realisierungsherausforderungen darstellen, die gern angenommen werden.

Mit der 34-teiligen Produktion *A TV Dante* (1986) über das *Inferno* war die vor einem Publikum vollzogenene Auslegung der *DC* -die seit dem Trecento praktizierte 'Lectura Dantis'- durch das Fernsehmedium zu einer ortsungebundenen Sendung und übernationalen Angelegenheit geworden, an der jetzt alle -nicht nur ein in einem Raum versammelter Kreis von Fachleuten- teilnehmen konnten. Diesen Einzug der *DC* in die grenzenlose Welt der Television bewerkstelligte der Videokünstler Peter Greenaway mit dem Übersetzer und Illustrator Tom Phillips außerhalb ihres Ursprungslandes, im Auftrag des britischen Channel Four. Die dort ausgestrahlten, 11 Minuten umfassenden Fortsetzungen hatte man in einer Collagestruktur hergestellt, bei denen videokünstlerische Verfahren mit der Paintboxtechnik verbunden wurden. Dantes Text in englischer Übersetzung begleiteten Szenen, welche das von Schauspielern dargestellte Inferno in die Greuel des 20. Jahrhunderts einbetteten. Ich erinnere mich besonders an die Szene, wo nackte Leiber in einem sterilen Aufzug ohne Wände in eine ungekannte Tiefe fuhren. Diese die Modernität alles alten Bösen manifestierende Sequenz strahlte man später auch in anderen Ländern aus; 2002 wurde sie in Großbritannien wiederholt. Ob der mutigen Vermischung von vertraut historischen Elementen mit aggressiv neuzeitlichen Diskursen erregte jene Dante-Vision außer Begeisterung auch Widerspruch, weshalb der quirlige Hollywood-Komiker Eddy Murphy im 'Wall Street Journal' (13. 8. 1990) ankündigte, daß er sich des Buches der Italiener annehmen und der Welt eine Fassung nach dem Geschmack der Neuen Welt bescheren werde. Nun ist das Fernsehen kein 'neues' Medium mehr. Es mutet wegen seiner Alltäglichkeit und ständigen Präsenz schon alt an, vermag aber wegen seiner Unberechenbarkeit große Überraschungen zu bereiten.

Am 23. Dezember 2002 -einen Tag vor Weihnachten- geschah in der Raiuno um 21 Uhr -zur besten Sendezeit- tatsächlich etwas Unerwartetes: Roberto Benigni (geb. 1952) unterhielt seine Zuschauer in einer One Man Show ohne leicht bekleidete Tänzerinnen und Special Guests mit Dante. Er las unter dem Veranstaltungstitel 'L'ultimo del Paradiso' den letzten Gesang der *DC* vor und kommentierte ihn, indem er scheinbar vorweihnachtliche, aber überhaupt brennende Fragen stellte: Existiert Gott? Und wenn es ihn gibt, wie ist er? Warum sind wir auf der Welt? Wie konnte es geschehen, daß Silvio Berlusconi, Umberto Bossi, Massimo D'Alema, Emilio Fede, Sergio Cofferati und Giuliano Ferrara von Gott geschaffen wurden? Benigni sprach über die Gottesmutter, die Liebe, den Dichter und Dante-Interpreten Jorge Luis Borges. Er betrachtete Dantes Vergleichskunst, analysierte seine Metaphern, zerbrach sich den Kopf über die Unmöglichkeit, das Absolute zu erzählen, was dem Florentiner aber doch gelang. Er drang in die Zuschauer ein und machte ihnen klar, daß Dantes vor 700 Jahre geschriebenen Worte uns alle jetzt betreffen und daß wir sie anhören und uns merken müssen.

Das Ungewöhnliche an der Performance war erstens, daß sie nicht von einflußreichen Geschäftsleuten verhindert wurde, d. h. zustande kam, denn in der Regel müssen die Kunden der kommerzialisierten und unfreien Fernsehsender Italiens ohne Kultur und Literatur auskommen. Und zweitens hatte keiner damit gerechnet, daß etwa die Hälfte der Abendzuschauer Italiens, nämlich 12.687.000 (= 45,48 %), bis zum Ende der Sendung (23 Uhr) auf demselben Kanal blieben.

Damit waren alle gesicherten Erkenntnisse über das Verhalten von manipulierbaren Fernsehkonsumenten Lügen gestraft worden! Benignis 'Dante' hatte Gianni Morandi, Rosario Fiorello, Giorgio Panariello und Adriano Celentano -alle haben/hatten Unterhaltungsshows- um Längen geschlagen, und der RaiUno-Direktor Fabrizio Del Noce sah sich gezwungen, über eine Fortsetzung jener literarischen Veranstaltung nachzudenken: Noch einmal Dante, ohne Einfügung von Werbespots, ohne Umrahmung durch leicht bekleidete Damen, ohne Statistenpartizipation wichtigtuerischer Zeitgenossen, ohne Auflockerung durch seichtes Geplauder... Die für das Fernsehen Verantwortlichen hatten nicht ahnen können, daß sich die Italiener in solchem Ausmaß für einen 'simplen Dichter' interessieren würden.

Es ging aber um keinen Geringeren als Dante, den der spielerisch Tiefsinnigkeit hervorbringende Schauspieler Benigni -der seit den Filmen *La vita è bella* und *Pinocchio* eine Institution des Glaubwürdigen in der Medienlandschaft geworden ist- schon einmal vorher, in groteskem Kontext, Respekt gebietend, in den Mittelpunkt gerückt hatte: In San Remo während einer der seichten Marathonveranstaltungen des berühmten wohl, aber auch rituell stereotypen Songcontests. Bereits hier -wo Liebe ein Dauerthema ist, das alle besingen- steuerte er mit einer 'Lectura Dantis' von *Par.* XXXIII etwas von dem Wortkünstler bei, der selbst völlig von dieser Macht gefesselt war und leidenschaftlich über sie schrieb. Benigni hatte schon hier verwundert, weil er für den Dichter Dante unerwartete Bewunderung erregte. Und dies setzte sich an einem anderen Ort der Welt fort:

SUCCESSO DELL'ATTORE A CHICAGO
Benigni show: „*Leggere Dante è come fare l'amore*"

CHICAGO. Tutti in piedi a Chicago ad applaudire per lunghissimi minuti Roberto Benigni. Tremila persone hanno reso omaggio alla lettura appassionata della *Divina Commedia* da parte di un Benigni che ha trasformato subito in grande show la sua presentazione....
[**La Repubblica**, Domenica 2 novembre 2003: 39]

Comics -die wir hier zu den (visuellen) neuen Medien zählen- entweihen Dante auch keineswegs! Dessen waren sich die das Dante-Zentrum in Ravenna betreuenden Franziskaner bewußt, als sie 2003 für Italiens Oberschüler einen Wettbewerb ausschrieben. Auf Plakaten und Flyern hieß es:

NEL MEZZO DEL CAMMIN DI UNA VIGNETTA... DANTE A FUMETTI.

Der dort ein wenig trottelig, aber gutmütig dreinschauende, mit Lorbeer geschmückte, rotem Gewand und Mütze bekleidete Dichter -er trug einen kiloschweren Bleistift unter dem Arm- betrachtete die Ankündigung intensiv und teilte seine Zustimmung mit, in einer Sprechblase natürlich, die ein fetziges „Wow!" enthielt.

Dante bzw. die *DC* brachte man in Italien immer schon mit Erfolg Kindern oder Jugendlichen nahe. Ihnen nähert man sich am besten unschulmeisterlich, locker, bildlich, wie dies auch die Jugendautorin Etre Maria Valori in ihrem prämierten Bilderbuch *La DC raccontata a grandi e piccini* (o. J.) anschaulich tat.

Das Internet ist ein überall konsultierbares Medium und das derweil flexibelste sowie permanent gegenwärtigste. Über das Thema 'Dante im Internet' lassen sich mittlerweile schon ganze Broschüren schreiben. Die *DC* und alle anderen Werke Dantes kann man jedenfalls nach verschiedenen Editionen und in unterschiedlichen Übersetzungen aus dem Netz downloaden. Dante betreffend findet man Homepages zahlreicher sich mit dem Florentiner befassender Organisationen und Institutionen; so der Dante-Gesellschaften: der zentralen in Florenz, der deutschen oder amerikanischen. Ihnen obliegt primär Deutung, Verbreitung und Aktualisierung der *DC*, was auch für das ravennatische 'Centro Dantesco' gilt. Suchmaschinen führen zu Informationsbörsen, Kontakten mit Dante-Fans oder wissenschaftlichen Unternehmen, von denen das 47 *DC*-Kommentare versammelnde 'Dartmouth Dante Project' in Hanover NH das wichtigste ist: Man gibt seine für eine Recherche bestimmte Dante-Passage ein und erhält sofort all dasjenige übersichtlichst zusammengestellt, was Kommentatoren in sieben Jahrhunderten in emsiger Kleinarbeit kompilierten. Auch das 'Princeton Dante Project' verdient Anerkennung; es bietet -v. a. mit Ausgaben und Übersetzungen- eine lebendig multimediale Präsenz des Florentiners im World Wide Web.

Die Società Dantesca Italiana in Florenz hat unter der Webseite 'dante online' damit begonnen, eine virtuelle Bibliothek aller handschriftlichen *DC*-Textträger aufzubauen. 18 alte, wertvolle, schöne Handschriften kann man mittlerweile Seite für Seite betrachten, studieren, kopieren, was dem Dante-Fan den Atem verschlägt! Ohne das junge Medium wäre so etwas unmöglich!

Mit Hinweisen auf das Internet ist das Thema der starken Präsenz Dantes in den neuen Medien gattungsmäßig nicht erschöpft. Audio- und Videokassetten bieten dem Leser heute mehr als früher die Schallplatte Möglichkeiten, die *DC* jeder Zeit und in spezieller Darbietung zu hören oder in plastischer Aufbereitung zu sehen. Durch das Datenträgerphänomen CD-Rom kann man sich zu Hause am PC -und von diesem auf einen Schirm gebeamt- vielseitige Info-Animationen liefern oder virtuelle Dante-Welten errichten lassen.

Die *DC* ist ein Buch des Lebens, obwohl sie vor dem Hintergrund des alles Irdische abschließenden Todes konzipiert wurde und nur im Anblick der Ewigkeit begreiflich ist. Aber zwischen dem Menschen und Gott -seinem Ziel- liegt nun einmal die Grenze des Todes! Die *DC* ist ein siegreiches Werk über den Tod, den Dante überwindet, indem er sie schreibt. Er konkretisiert die Furcht vor der Macht des Todes: „La *Divina Commedia* si può considerare un'opera cristiana, perché mostra la vita dopo la morte, e la mostra in azione: Con grande sicurezza persuade il lettore con ragionamenti al riguardo, ma soprattutto con la rappresenzazione... E forse la *DC* è anche un'opera contro la morte, se consideriamo che Dante, scrivendola, supera in sé il timore della morte stessa… Il motivo della morte, anche se poeticamente adombrato o sublimato, è costante nel poema, poiché, tra l'uomo e Dio c'è sempre l'esperienza della morte." (GODENZI 1986: 166)

Das Wissen um die wichtigsten Dinge menschlichen Seins beseelt Dantes Leserschaft, die das Leben über alles liebt. In der Befassung mit ihrem Autor hofft sie, das Jenseits und die fundamentale Angst vor dem Tod zu besiegen. Dabei hilft die Kraft der Poesie, aber auch die der Medien.

Zu diesem Kap. **11.14** über die *DC* **und die neuen Medien** s. im Studienführerteil die bibliographischen Abteilungen **1**: Dante und das INTERNET, **27**: Dante (bzw. die *DC*) und die/in den NEUEN MEDIEN, **34**: Die *DC* auf AUDIO, VIDEO, CD-ROM, **51**: AUSGABEN früher *DC*-KOMMENTARE auf CD-ROM, **52**: Frühe *DC*-KOMMENTARE im INTERNET.

Zusammenfassung und Ausklang

„Und nachdem er lange über dem gesonnen, was er tun sollte, begann er in seinem fünf-
unddreißigsten Lebensjahre das zur Ausführung zu bringen, worüber er zuvor nachge-
dacht hatte, nämlich das Leben der Menschen nach Verdiensten zu geißeln und zu be-
lohnen, je nach seiner Verschiedenheit. Dieses aber teilte er, da er wußte, daß es von
dreierlei Art war, d. i. lasterhaft, oder sich von den Lastern lossagend und zum Guten
schreitend, oder tugendhaft, in drei Bücher ein, damit beginnend, das Böse zu tadeln,
und endigend mit des Tugendhaften Preise, und unterschied das wunderbarlich in einem
Bande, den er als Ganzes *Die Komödie* nannte. Von diesen drei Büchern unterschied er
ein jedes nach Gesängen und die Gesänge nach Versen, wie man es deutlich sieht, und er
dichtete dies in gemeiner Sprache mit so viel Kunst, in so wunderbarer Ordnung und so
schön, daß es noch keinen gab, der berechtigterweise dieses Werk irgendwie hätte tadeln
können. Wie scharfsinnig er hierbei gedichtet hat, können die überall sehen, denen so
viel Einsicht gegeben ist, daß sie es verstehen." (Giovanni BOCCACCIO, *Das Leben
Dantes*, üb. Otto Freiherr VON TAUBE)

„Sein eigener Weg, durch die Verirrungen und Fährnisse jenes dunklen Lebens-
waldes, den er in den ersten Versen der *Divina Commedia* geschildert hat, und mit
dem auch sein politisches Exil gemeint sein mag, dieser Weg hat ihn sowohl auf-
gerieben als auch auf das höchste ausgebildet." (RIKLIN 1994: 30)

Dante Alighieris in jenem Exil erdachte *Divina Commedia* schildert einen bedeutsamen Erkenntnisweg. In einem umfassenden, poetischen Buch wird eine lange
und einmalige Wanderung durch das Jenseits kunstvoll dargestellt. Die Menschheit hat es mit einem einzigartigen Zeugnis schöpferischen Geistes zu tun. Dieses
wird in vielen und kostbaren Handschriften an künftige Generationen weitergege-
ben. In des Autors letzten Lebensjahren, von 1307 bis 1321 entstanden, spiegelt es
das mittelalterliche Verständnis vom Menschen, von der Welt und der Kunst sowie von Gott wider. Schon ziemlich kurz nach der Erfindung des Buchdrucks, im
Jahre 1472, erscheint die *Göttliche Komödie* dreimal und wird ab jetzt unaufhörlich in handwerklich beachtlichen oder verlegerisch eindrucksvollen Ausgaben
veröffentlicht.

Die *Commedia* ist eine Kathedrale aus Text, von einem Sprachbaumeister zur
Veranschaulichung des Wesens der Menschheit errichtet. Kein Buch gestaltet
zudem soviel von der Welt, und dies gilt für alle Bereiche des irdischen Seins.
Auch die überaus komplexe und geheimnisvolle Natur -Quell allen Lebens- wird
mannigfaltig beschrieben.

So kann man z. B. die Flora in ihrer ganzen Üppigkeit herauslesen. Es ist möglich,
eine Botanik zu erstellen, weil Dante außer Mensch, Tierwelt, Himmelszelt, Wet-
terphänomenen und außer zahllosen anderen Erscheinungen z. B. auch die ganze
Pflanzenwunderbarkeit integriert hat: „Piante, alberi, cespugli, erbe, fiori, ma anche rami, foglie, radici e semi costituiscono nella *Commedia* un microcosmo solo
in apparenza silenzioso ed inerte, in realtà estremamente duttile a restituire gli

estremi dell'atteggiamento mentale dantesco ed assieme la sua percezione del reale." (DI SANTO 1993) Pflanzen oder Tiere gehören der göttlichen Schöpfung an, und diese will der Dichter vollends erfassen, um ein Exempel von der Welt zu statuieren, das uns allzeit dienlich sein soll!

Dante vermittelt von allem, was ihn und uns umgibt, „une vision harmonieuse comme jamais la littérature n'en avait offert ni n'en offrira, pas même au seizième siècle, pourtant si riche en poèmes cosmologiques." (DAUPHINÉ 1984: 158) Der mittelalterliche Wissenschaftsdichter und dichtende Wissenschaftler aus Florenz kann dies in seiner Epoche noch mit grenzenfreier Leichtigkeit bewerkstelligen, denn „für Dante selbst steht die Einheit von Wissen und Poesie außer Frage." (FELTEN 1972: 9) Unsere Zeit ist indes an dem Auseinanderklaffen von (gegen Gott aufbegehrender) Forschung einerseits und Seelenwunden heilender Poesie andererseits zerbrochen! Phantasie dient heute meist nur noch einer raffiniert gesteuerten Kommerzialisierung, nicht mehr der verantwortungsbewußten Rettung trauernder und leidender Psychen.

Der weltliterarische Erfolg des 'altitalienischen' Buches ist seiner geschickt organisierten Erzähltheit zuzuschreiben. Die Erlebnisfülle wird durch ein aufnahmefähiges Ich gefiltert und von ihm wiedergegeben. Der suchende und erfahrungsbedürftige Hauptdarsteller fragt unablässig und sammelt so für sich und den Leser wichtige Erkenntnisse und Wahrheiten. Er baut mit seinen Erfahrungen behutsam eindrucksvolle, nie zuvor gesehene Räume und Sphären auf. Das abenteuerlich prekäre Unternehmen sichert eine kompetente Begleitung ab. Vor allem Vergil und Beatrice halten das erlebende Dante-Ich auf dem richtigen Pfad, zuerst durch die Hölle, dann zur Höhe des Läuterungsberges sowie zu guter Letzt durch das Paradies bis hin zu Gott. Das Ich gelangt dann tatsächlich ans Ziel seiner außergewöhnlichen Reise, weil es geduldig, tapfer und sehr aufmerksam bleibt: Es setzt alle Sinne und den ganzen Intellekt ein, um das ihm gezeigte Leben nach dem Tode voll zu erfassen.

Dante schreibt ein spannendes Werk, das ununterbrochen von Handlung kraftvoll bewegt wird. Wir blicken in faszinierende Vergangenheit, haben den Eindruck aktuellster Gegenwart, werden aber auch mit uneingeschränkter Zukunft konfrontiert. Das zeitlich unbegrenzte, universelle Geschehen ereignet sich in einer landschaftlich und geometrisch konzipierten Fiktionswelt, die Geist und Wissen des Mittelalters ganzheitlich abbildet. Wir werden zunächst in schreckliche und unentrinnbare Höllentiefen geführt, ersteigen dann mühsam den befreienden Läuterungsberg, gleiten schließlich glücklich durch wunderbare Himmelshelle. Die dreiteilige Jenseitsräumlichkeit erscheint farblich und klanglich suggestiv gestaltet und wird eindrucksvoll illuminiert. Zusammengehalten wird sie durch theologische, philosophische und naturwissenschaftliche Prinzipien, welche geheimnisvolle Esoterik überlagert.

Alles in allem spiegelt sich in Dantes Transzendenz die Erfahrung eines Menschen aus der wirklichen Welt wieder, so daß wir nicht umhin können, das uns geschilderte Phantasiereich für absolut 'wahr' zu halten.

Dantes Totenreich fesselt so ungemein, weil es von zahllosen beeindruckenden Gestalten belebt wird. Diese legen oft in bewegenden Gesprächen Zeugnis von ihrem Leben und Schicksal ab. Dante ist die wichtigste 'Person' von allen. Er erlebt alles, ist überall dabei und vertritt uns alle, indem er einen einmaligen Erfahrungsprozeß macht. Der namhafte Dichter Vergil begleitet ihn über eine weite Strecke. Seine permanente Gegenwart verleiht dem Geschilderten Glaubwürdigkeit und Relevanz. Sakral überhöht erscheint dann im letzten Drittel Beatrice, welche der Wanderung, dem Pilger und seinen Erlebnissen Weihe, dem textexternen Autor Dante Alighieri schriftstellerische Erfüllung gibt. Die *Göttliche Komödie* zeigt das Menschengeschlecht auf der Bühne eines Welttheaters. Vor uns agieren alle sozialen Schichten, alle Charaktere. Unter ihnen sind packende Erscheinungen wie die leidenschaftlich Liebenden Francesca und Paolo oder der tragische Held Ulysses, der mehr von der Welt wissen will, als ihm erlaubt ist.

Die Erzählung fließt ununterbrochen weiter: in schwungvollen Elfsilberversen, expressiven Reimdreiklängen, temperamentvoller Rhythmik, biegsamer Syntax. Die Aufgabe, das Unsagbare zu schildern, bewältigt ein junges Italienisch, das in Lexik und Idiomatik schon sehr reich ausgestattet wirkt. In diesem Medium reihen sich kunst- und klangvolle Mikrotexturen pausenlos zu einem sprachlichen Gesamtkunstwerk aneinander. Eine nie zuvor gesehene, mikroorganisch komponierte Welt des Danach wird mit stilistischer Virtuosität wie ein Feuerwerk entfesselt. Große Überzeugungsdienste leisten bei der Erschaffung des Gedankenmosaiks geschickte Bildlichkeiten und kraftvolle Vergleiche. Durch meisterlich eingesetzte, dynamische Rhetorik und motorische Stilkreativität wird das Jenseits permanent aus Diesseitserfahrungen begreiflich gemacht, während andererseits und gleichzeitig unsere tatsächliche Welt greifbarer und klarer erscheint. Das Dunkle und Unbekannte wird durch des Dichters schöpferische Sprachgenialität besiegt. Der Leser gelangt zu Begriffen des Hohen und Orten des eigentlich Unerreichbaren, die in strahlender Helle aufleuchten.

Das zu den größten Literaturwerken aller Zeiten gehörende Textmonument 'bedeutet' überaus viel. Eigentlich will es 'alles' besagen oder aussagen. Es schildert den ganzen Schöpfungsradius, problematisiert den Menschen an sich, beschreibt das ewig gleiche Ziel unserer Sinnsuche in der Erfüllung des Lebensweges. Die *Divina Commedia* soll, 'national' gesehen, die Aussagekraft des neuen romanischen Idioms im Vergleich zum alten Latein beweisen: Jeder Künstler will ja die Kraft der Sprache seiner Zeit bezeugen. Wie jedes literarische ist auch dieses Werk Erfüllung einer persönlichen Anliegens: Ein Autor schildert den Wert seiner Erfahrungen und legt Rechenschaft von und vor der Welt ab. Das Buch ist zudem ein ideelles Geschenk an eine Frau bzw. an ein weibliches Idol: Beatrice soll mit ihm außerordentlich geehrt werden, und damit verwirklicht sich ein guter Usus der zivilisierten Menschheit, der darin besteht, einer Frau -gewissermaßen für ihr ganzes Geschlecht- höchste Ehre zu erweisen. Dante weiß, daß der Mensch -bei aller Liebe- ein Zoon Politikon ist, so daß er auf seiner Wanderung auch eine Staatslehre entwickelt, die ganz Italien, Weltlichkeit und Kirche einschließt und nationale, moderne und europäische Züge erkennen läßt. Die 'göttliche' 'Komödie' zeichnet eine Welt, die christlich ist, aber alles 'Heidnische' und Andersgläubige durchaus einschließt. Als Humanist ante litteram stellt Dante den Menschen in den Mittelpunkt seiner Sinnsuche, und zwar den Erdenbürger an sich, unabhängig von seiner Kulturzugehörigkeit. Eingeschlossen ist in den Dichtungs- und Belehrungsvorgang eine Offenlegung aller Wissenschaften, so daß man eine sachkundige Enzyklopädie vorgelegt bekommt. Diese aufklärende Intention hinderte den Dichter nicht, seine Vision tief in Esoterik zu verankern und ihr den Habitus einer allzeit geheimnisvollen Botschaft zu verleihen. Trotz der mystischen Einkleidung dominiert überall die Macht der Realität weltgeschichtlicher Ereignisse, so daß diese so utopische Geschichte intensiv die Wirklichkeit irdischen Seins und Daseins widerspiegelt. Dantes Weltsicht ist eine ungemein vielschichtige, aber nie widersprüchliche Abbildung menschlicher Illusion inmitten machtvoll prägender Realität.

Obwohl Dante Alighieris Buch über ein erdachtes Jenseits die größte un-sachliche Erfindung aller Zeiten ist, erschien es vielen Generationen als ausgesprochen realistisch, weil es zu entscheidenden Wahrheiten führt.

Dantes 'Epos' zeigt die Abgründe der Hölle, führt aber auch zu Gottes Antlitz. Es manifestiert im später erhaltenen Titel eine Göttlichkeit, die mit ihrer wahren Fülle weniger im Inhalt als vielmehr in seiner Wirkung auf die Nachwelt zum Ausdruck kommt. Kein Werk der Weltliteratur erlebte eine derart fortgesetzte Wertschätzung. Die Stärke und Dichte der Rezeption ist nur mit der der Bibel vergleichbar, welche auch religiöse Botschaften für die Menschheit versammelt. Viele und schöne Handschriften sichern die Überlieferung des großen Textes und unterstreichen schon früh materiell und ideell seine herausragende Bedeutung. Er ist unerhört lebendig, weil er zu allen Zeiten durch unterbrochene Diskurse über seine Inhalte und Kunst am Leben erhalten wird. Die befruchtende Interaktion zwischen Buch und Lesern zeigt sich in kontinuierlichen Deutungsprozessen, die schriftlich oder mündlich vollzogen werden. An der Exegese nehmen von Anfang an profilierte Gelehrte wie Giovanni Boccaccio teil. Er und andere adeln das Werk als Interpretationsgegenstand. Die seriöse Besprechung der zahlreichen Gesänge der *Commedia* bleibt bis in unsere Tage ein wissenschaftliches, gesellschaftliches, moralisches und ästhetisches Anliegen. Man hat es manchmal mit geradezu religionshafter Deutungshandlung zu tun, wie sie bei einem Gottesdienst üblich ist. Daß die 'Komödie' ein Werk für die ganze Welt und alle Völker ist, zeigt sich an dem Bemühen durchweg aller Nationen, Dantes Dichtung zu übertragen: in die eigene und andere Sprache und dies immerzu neu. Gewisse Stoffe lassen die Künstler der Welt nie in Ruhe: Schmerz, Tod, Liebe, Himmel, Ewigkeit, Gott oder eben Dantes *Göttliche Komödie*, die dies alles gleichzeitig darstellt und hinterfragt. Daher hören Maler und Bildhauer, Dichter und Prosaautoren, Komponisten und Filmschaffende nicht auf, Elemente jener einzigartigen Jenseitswanderung näher zu betrachten und sie mit ihrem Eifer und Talent sowie mit den Mitteln ihrer Disziplin zu vergegenwärtigen. Dantes Bild von der Welt ist so substanzhaltig, daß sein Schöpfer auch längst einen festen Platz in den medial neuen, virtuellen Welten gefunden hat. Seine Dichtung hat die Menschheit in einer Hinsicht tatsächlich erlöst: Sie hat etwas an sich, das auf dieser irdischen Welt ganz unzweifelbar unvergänglich ist! Auch aus diesem Grund darf sie sich 'göttlich' nennen.

„Dantes Andenken wird nicht erlöschen; denn solange Menschen über die Erde pilgern, wird auch das Streben nach sittlicher Freiheit, werden Heimatsehnsucht und Gottesliebe hienieden eine Stätte finden, und damit auch die *Divina Commedia*." (MOSLER 1938: 21)

Sehnsucht, Freiheitsliebe, Gottsuche sind auch der Gründe dafür, daß die Forschungen zu Dantes Hauptwerk -welche wir anschließend zusammenstellen- kein Ende nehmen. Offenbar hat jeder Italianist auf der Welt den inneren Drang, etwas zu diesem Dichter beizusteuern. Man mag das als eine Art Hommage verstehen. Aber letztlich geht es dabei um mehr: Würde man in die Herzen der Dantisten blicken, so sähe man, daß sie sich eine ähnliche Erlösung und Genugtuung von ihrer Arbeit erhoffen, wie sie Dante Alighieri mit dem Dichten und Niederschreiben seines Werkes in der Tat erlangte. Jedenfalls erging es dem Autor dieses Buches so!

„Das charakteristische Merkmal des Werkes ist die geistige Größe... Dante hat Adlerflügel und einen festen Zaum für die Sonnenrosse... W i r müssen am Großen erst zum Großen heranwachsen, wie man ja auch erst im Wasser schwimmen lernen kann." (Sophie HASENCLEVER 1890: IX, XIII)

Zweiter Teil: Studienführer

[Der folgende Studienführer ist eine in 70 Abteilungen gegliederte Dante-Bibliographie. Diese ist in Arbeitsgebiete, Sachthemen oder Publikationsformen gegliedert. Allen Sektionen ist ein Vorspann vorangestellt, in dem die Bedeutung des versammelten Forschungsmaterials skizziert wird.]

A. Allgemeiner Studienführer zu Dantes Schaffen

[Dieser erste Studienführerteil (A) mit den Abteilungen 1 bis 30 ist eine allgemeine Dante-Bibliographie. Hierin sind Forschungen u. Arbeitsgebiete zus.gestellt, die den Florentiner u. sein Schaffen generell u. werkübergreifend betreffen. Ausgeklammert wird also alles, was mit Dantes Person u. seiner Biographie sowie speziell mit den einzelnen 'opere minori' zu tun hat. Beides werden wir in dem zweiten Band »Dantes 'kleinere' Werke« bibliographisch bearbeiten.]

1. Dante und das INTERNET

[Um den 'alten' Dichter Dante Alighieri auch jungen Leserinnen u. Lesern attraktiv erscheinen zu lassen, eröffnen wir diesen 'gelehrten' Studienführer mit Hinweisen auf das neueste aller Medien, in dem der Florentiner schon so massiv präsent ist -wegen der vielen downloadbaren E-Texte seiner Werke u. der Auskunftsmöglichkeiten interessante Einrichtungen betreffend-, daß eine einigermaßen vollständige 'Info' zu diesem Gebiet nur mittels einer Webbroschüre zu erreichen wäre, die man aber ständig zu aktualisieren hätte! Internethinweise zu spezif. Dante-Themen geben wir daher an entsprech. Stelle dieser Bibliographie; wir nennen hier nur einige generelle Studien/Kompilationen, die jedenfalls weiterhelfen.]

Gedrucktes zum Thema »Dante im INTERNET«
Michael J. HEMMENT, Dante.com: A critical guide to D. ressources on the internet, *DS* 116, **1998** 127-40 [Überblick mit Kurzkommentaren zu versch. D.-websites, und zwar: Calendario Dantesco, DanteNet, Dartmouth D. Project, Digital D., Guida allo studio di D., Lectura Dantis, Opera del Vocabolario Italiano, Otfried Lieberknecht's Homepage for D. Studies, Princeton D. Project, Progetto D., RAI Italica: „Area D.", Renaissance D. in Print (1472-1629), Società Dantesca Italiana und The World of D.; diese Titel gibt man in die Suchmaschine ein, um auf die entsprech. Homepage zu kommen. Fazit des Autors: „The web sites reviewed above are virtually all 'works in progress' and reflect the embryonic state of current D. online resources." (138) Es handelt sich um unterschiedliche u. z. T. interessante Webkontakte.].   Wolf LUSTIG-Paul TIEDEMANN, Internet für Romanisten. Eine praxisorientierte Einf., Darm WG/Primus Verl **2000** XVI-194 S [Kap. 5: 'Italianistik' bietet in 16 Abteilungen Webseiten, die in unterschiedl. Hins. -im Rahmen von Lit.-, Sprach-, Kulturwiss. u. and. Bereichen der Kommunikation- auch D. betreffen, speziell jedoch gerade das 'Princeton D. Project' = www.princeton.edu/dante.].   ***Dante. Rivista internazionale di studi su Dante Alighieri*** [Diese 2004 gegründete Zs (1 Bd pro Jahr) berichtet regelmäßig unter der Sparte 'Dante Online' über neue Initiativen; s. Abt. 30: Dante-ZEITSCHRIFTEN].

Im Internet zum Thema »Dante im INTERNET«
Otfried LIEBERKNECHT, *E-Texts of Dante's Works*, innerh. *ORB Online Enyclopedia: Dante Alighieri* [**orb.rhodes.edu/encyclop/culture/lit/Italian/da_e.htm**]: Zu D.s Werken (*Rime, VN, Cv, DC, Fiore, Detto, VE, Mon., Quaestio, Ecl., Epist.*) werden E-Texte versch. Provenienz

zus.getragen; vor jedem Werk D.s wird an die maßgebl. Ausgaben erinnert; zu den meisten E-Texten sind -soweit bekannt- Verf., TG, Volumen etc. angegeben. CENTRO DANTESCO (Ravenna) ed, *Dante nel web* [http://www.racine.ra.it/centrodantesco/link_dante.htm] Das dantistisch kompetente u. im Internet aktive ravennatische D.-Zentrum hat u. a. eine Liste von 56 Web-Adressen zus.gestellt, welche insges. viel von D.s Präsenz im Internet vermitteln. Die unalphab. u. unsystemat. Kompilation erwähnt Mannigfaltiges: seriöse Forschungsprojekte, D.-Gesellschaften, D.-Institutionen, E-Texte, Einführungen in Dieses u. Jenes, Produkte von D.-Liebhabern... Überall kann man sich direkt einloggen.].

2. BIBLIOGRAPHIEN und BIBLIOGRAPHIEREN zu Dante

[Zu den Bibliographica, die man über D. -in einer bestimmten Arbeits- oder Forsch.situation-erfassen will/muß, zählen -grob skizziert- einerseits Sekundärlit. (also Monographien, Sammelbände, Festschriften, Kongreßakten, Aufsätze, Vorträge, Miszellen u. Besprechungen von Sek.lit.) sowie andererseits Textausgaben u. Übersetzungen seiner Werke. Vorweg sei gesagt, daß es kein Instrument(arium) gibt, das dieses vielfacettige Forsch.materiai, in cumulo u. auf intern. Produktionsebene erstellt, wenigstens für einen kürzeren Zeitraum lückenlos versammelt anbieten könnte: in irgendeiner Hins. fehlt immer etwas! Man muß sich stets selbst seine Desiderata mühsam, unter Zuhilfenahme mehrerer Bibliographien oder bibliothekar. Hilfsmittel, zus.fügen. Die folg. Arbeitsvorschläge führen auch nur zu annähernd vollständ. Forschungssummen.]

Es gibt gewiß viele bibliograph. Hilfsmittel zu D., aber die im Laufe von Jahrhunderten entstandene Forschungslit. im oben angedeut. breiten Sinn ist dennoch nahezu unerfaßbar u. (auf jeden Fall in einem Menschenleben) unnachlesbar geworden. Eigentlich will aber auch niemand zu seinem Problem 'alles' erfassen, sondern man möchte/kann höchstens einen einigermaßen gründl. Überblick zur eigenen Fragestellung gewinnen. Deshalb rate ich zuerst zu einem Blick in folg. Webbibliographie: SOCIETÀ DANTESCA ITALIANA ed, *dante online* [http://www.danteonline.it/], wo Sie sich in die vielfältig konsultierbare 'Bibliogr. Dant. Internaz.' einloggen u. bestimmt schon etwas zu Ihrem Thema finden (s. u. INTERNET). Die 'normale' Situation bei einer Lit.recherche zu D. sieht so aus: Ein Forscher/eine Forscherin bzw. ein Student/eine Studentin will sich zu seiner/ihrer Aufgabe -es geht z. B. um ein Werk von D., eine Textstelle, ein sachliches oder method. Problem, um einen Gesang der *DC*, eine Figur oder ein Thema daraus, eine Textausgabe, eine Übers., eine besond. Art von Inform.material usw.- einen seriösen Eindruck von dem Grad der allgem. Erforschtheit verschaffen. Man benötigt eine Plattform bereits erbrachter Leistungen, die zeitlich von der eigenen gegenwärt. Situation aus in eine gewisse Vergangenheit reicht, d. h. es ist festzustellen, welche Ergebnisse zu dem anvisierten Komplex in den letzten zehn oder zwanzig Jahren auf intern. Ebene vorgelegt wurden. In seltenen Fällen wird man fünfzig, hundert oder zweihundert Jahre zurückgehen (was aber vorkommen kann).

Es gibt aus Italien kein Bibliographie-Unternehmen, das die Dantistik der Welt von Anfang an kontinuierlich erfaßt hätte (obwohl eine solche Annahme naheliegt, denn D. war ja ein Italiener!). Auch hat kein and. Land so etwas versucht. ItalienerInnen haben aber wohl bestimmte Zeiträume ziemlich vollständig aufgearbeitet (s. u.), und es gelang auch der einen oder anderen Nation, ihre eigene Dantistik ganzheitlich zu registrieren. Eine D.-Bibliographie aller Länder u. aller Zeiten wäre also noch zu schreiben, so daß man sich in der folg. provisorischen Situation befindet:

Eine absolut komplette Summe der Forschungen zu Ihrem speziellen Problem von Ihrer Gegenw. bis zum zurücklieg. Jahr x müssen Sie sich selbst erarbeiten, indem Sie zunächst sukzessive zwei bibliograph. Unternehmen (**RB** plus **MLA**, s. u.) exzerpieren u. konsequent addieren, welche in vielen einz. Jahresbänden erscheinen, so daß Sie einiges durchzublättern u. zu notieren haben: Es handelt sich um eine hochgeschätzte deutsche sowie um eine gleichfalls renommierte amerikan. Bibliographie. In diesen relativ komplett werdenden Sammelprozeß gliedern Sie an bestimmten Stellen die unten gen. Einzelbibliographien zu abgeschloss. Zeiträumen ein. Es sind folg. Korpora:

RB = ROMANISCHE BIBLIOGRAPHIE (hier:) **2001**. Hrsg. von Günter HOLTUS. Supplement zu Bd 117 der *Zeitschr. für roman. Philologie* (= *ZrPh*) hrsg. von Günter HOLTUS, Tüb Niem II **2003**. Seit 1998 erscheinen für alle Sprachen u. Lit.en der Romania zwei Teilbände, wovon der erste die sprachwiss. Forsch.en u. Verzeichnisse aller Zeitschriften, Festschriften, Sammelbde etc. registriert, während der zweite Publikationen zur Lit.wiss. auflistet (XIV-315 S); in letzterem wird in der 4. Abt. (= Nr. 40f.) chronologisch -nach Jahrhunderten u. darin alphab. nach Autoren- die Italianistik erfaßt, nämlich im Falle des o. g. Bandes S. 74-150 (= Nr. 3378-4872); D.-Veröffentlichungen findet man immer in der Sektion 43 = S. 75-79 (Nr. 3396-3495); erwähnt werden Editionen, Übers.en, Forsch.en (Monographien u. Aufsätze); alles ist unkommentiert, jedoch werden Rezensionen aufgelistet; die bibl. Daten sind sehr vollständig u. zuverlässig. Das intern. Forsch.volumen erscheint ungefähr ein Jahr nach dem jährl. Berichtszeitraum. Um seinen Gegenst. in seiner Erforschtheit zeitlich ganz zu erfassen, beginnt man mit dem jüngsten Bd und geht Jahr für Jahr, d. h. Bd für Bd soweit zurück, wie man es für zweckmäßig hält; man kann mit der RB bis ins 19. Jh. 'bibliographieren', denn diese Bibl. gibt es seit 1878 (Bd 1 für den Ber.zeitr. 1875-76); die RB stand einst in engem Zus.h. mit der o. g. Zs (bis Bd 76 = 1960), wurde dann eigenst. als Rom. Bibl. veröff.; bis 1961/62 gab es Fünfjahresbde, dann Zweijahresbde; ab 1985 jährl. Erschein.weise; auch die Anz. der Bde pro Jahr änderte sich; bis 1997 hatte man drei Bde pro Jahr, ab 1998 -wie oben erklärt- nur noch zwei komp. Bde. Die Zus.stellung des Materials variierte im Laufe der Zeit ebenso wie die Grundl. für die Erfass.; früher erfolgte sie nach der Aquisition bestimmter Bibliotheken, während die Kriterien heute umfassender u. gründlicher sind; leider ist dieses Unternehmen noch nicht auf CD-ROM konsultierbar wie die sogen. MLA (s. u.; s. jedoch www.niemeyer.de). Da die RB -die in allen Roman. Seminaren/Instituten u. Univ.bibliotheken einsehbar ist- v. a. europ. Publik.en sammelt, sollte man seine Ausbeute um die Ergebnisse einer amerikan. Bibliogr. ergänzen, die viel Forsch. aus dem Rest der Welt erfaßt, nämlich:

MLA = INTERNATIONAL BIBLIOGRAPHY *of Books and Articles on the Modern Languages and Literatures*. Volumes 1-5: Classified Listings-Author Index. 1998, T. FORD dir, NY The **MODERN LANGUAGE ASSOCIATION** of America **1999** 399 + 576 + 267 + 158 + 119 + 128 S + Reg. (= alles in einem Bd); zur Wissensch. aller Sprachen u. Lit.en erscheint jedes Jahr zum vorausgeg. Jahr ein in 5 Tle gegl. Bd; 1: angloph. Lit.; 2: alle and. Lit.en; 3: Linguistik; 4: allg. Lit.wiss.; 5: Folklore. Teil 2 listet innerh. der *Southern Europ. Lit.* auch *Italian Lit.* auf; zust. hierfür ist A. A. MASTRI, U of Louisville (1998 = 293-349: chronol. vom MA bis 20. Jh. alph. nach Gatt.en und darin nach Aut.; meist spars. Ang. z. Inhalt; man wertet aus: Aufsätze aus ca. 4000 Zs, Monographien, Sammelbde, Festschr., Kongressakten, Nachschl.werke u. nordamerik. Diss.; nicht erfaßt werden Primärlit. (außer krit. Editionen), Rez.en (außer längeren 'review articles'). Die jährl. gedr. Bde sind in großen Biblioth. einsehbar oder zu beziehen durch MLA, 10 Astor Place, New York, NY 10003-6981. Allerdings wird man bald in den Bibliotheken keine gedr. neuen Bde finden (= nach 1999), weil mittlerweile eine Umstell. auf CD-ROM erfolgte (durch den Verl. Silver Platter), deren database man ca. zehnmal im Jahr aktualisiert; Univ.bibliotheken nehmen das Infosystem in ihre Datenbanken auf: Man kann sich an den entspr. Terminals die gewünschte Forsch.summe ab 1963 -also alles zu einem Autor, Thema etc. u. so auch zu D.- in zwei zeitl. Sequenzen ausdrucken: von 1963 bis 1980 sowie von 1981 bis zum Gegenw.jahr + jew. Monat, in dem man recherchiert; weit. Inform.: Center for Inform. Services (Tel. 001-212 614-6350 oder bibliography@mla.org). Man beginnt die Suche über http://web5.silverplatter.com/webspirs/start... Bei Eingabe des Such-begriffs 'D.' erscheinen Arbeitsvorschläge, wenn man keine eig. Suchaufträge gibt.

Wir listen nun **in umgekehrt chronol. Reihenf.** einige systemat. Bibliographien zu best. Zeiträu-men auf, mit denen man sich **ab 1984** zeitlich rückwärts gerichtet [1984 = vorläufig letztes, ganz-heitlich kompiliertes Erfass.jahr aller dantist. Publikationen auf der ganzen Welt, jedoch kündigte Leonella Coglievina 1999 (s. u.) eine weitere kompakte u. kumulative Bibl. für den Zeitr. 1985-1990 an] einen jew. relativ vollständ. Überblick zur intern. Forsch. über D. verschaffen kann. Wenn man weiter unten bei uns zeitl. Lücken feststellt, so bedeutet das, daß wir für jene Perioden kein Werk nennen können, das nicht zu ergänzungswürdig wäre, so daß sich der Bibliographie-rende falsche Hoffnungen machen könnte; für solche Intervalle schlagen wir das Zus.suchen von Dantistica gemäß der o. g. RB vor. Obwohl die folg. Bibliographien z. T. einen umfassenden u. vollständ. Eindruck erwecken, ist es meist mühsam, sich mit ihnen den Weg zu persönl. Interessen oder Desiderata zu bahnen, weil die Werke jew. eine unterschiedl. Anordnung des gesammelten Materials haben und man sich immer wieder umorientieren muß.

Leonella **COGLIEVINA**, Bibliogr. intern. dant. 1978-1984, *SD* [= Fir Le Lett] 64, **1999** 474 S [Diese sehr kompakte Bibl. nimmt den ganzen Bd der Zs ein; sie listet (ohne nähere Erläuter.) 5061 Titel auf, gegl. in die 3 Abteil.: I. D. A.: GENERALITÀ: Bibliografie, catal., encicl., repertori; Serie dant.; Biogr., famiglia A., luoghi dant.; Cult., pens., ambiente dant.; Fort., storia della crit., lett. compar.; Scritti di interesse gen.; Filol., lingua, metr., semiol., retor. e stile, iconogr.; Opere: Edizioni compl. o complessive (it. u. Übers.); danach Ausgaben, Übers. u. Forsch.en zu allen Op. min. (*Rime, VN, VE, Cv, Mon., Epist., Egl., Questio, Fiore* u. *Detto*); dann zur *DC* (= S. 109-205 bzw. Nr. 1512-2735): Edizioni, Traduzioni, Trad. manoscr., Studi sul testo e sulle edizioni ant., Fonti, Antichi commentatori, Studi gen.; dann Studien zu den 3 cantiche sowie Esegesi puntuale (= Studien zu allen einz. canti); II. MED. LATINO E ROMANZO: Strumenti, Testi, Studi: Studi com-plessivi, Filol., lingua, metrica, semiol., retor. e stile; Filos., teol. e polit. (hier zu den versch. Ein-flüssen von August. bis Th. v. Aquin); Letteratura (Einflüsse von B. Latini bis G. D'Arezzo); Storia, storia della cult.; Storia e istituzioni relig. (S. Franc. S. Domen., G. da Fiore); III. VARIA: Studi diversi etc.; den Abschluß bilden vier hilfr. Register; im Prinzip aufgeb. wie C.s Werk von 1988, d. h. innerh. der Sektionen alphab. Geordnet, indes noch detaillierter u. umfassender, aber auch unkomment., jedoch werden viele Rezensionen gen.; s. unbed. Coglievina 1988 = das Vor-läuferwerk hierzu; dieses Unternehmen soll für den Zeitraum 1985-1990 von ihr fortges. werden, so daß man dann eine weit. solide Forschungsbasis hätte.]. Leonella **COGLIEVINA**, Bibliogr. Dant. 1972-1977, *SD* [= Fir Le Lett] 60, **1988** [erschienen 1992] 35-345 [Vorläuferarbeit zu C.s Bibl. von 1978-1984 = s. o.; listet 3121 Titel nach folg. Schema auf: PARTE I. D. A. Generalità (Bi-bliografie, catal., encicl.; Serie dant.; Biogr., famiglia A., luoghi dant.; Cult., pens., amb. dant.; Fort., storia d. crit.; Lett. compar.; Scritti di inter. gen.; Filol., lingua, semiol., metr., retor., stile; Iconogr.; Opere; Concordanze e spogli elettron.; Traduzioni; Op. min. (es folgen nun alle Werke von den *Rime* bis zum *Detto*: jew. mit Ang. zu Ausg.en, Übers.en u. Forsch.en; der Teil zur *DC* fällt bes. detailliert aus). PARTE II. Med. lat. e romanzo (Strumenti; Testi; Studi = weiter nach Sachgeb. untert.). PARTE III. Varia (Studi e racc. miscellanee; Filol., lingua, semiol., metr., retor., stile); alles ist alphab. geord-net; liefert nur bibl. Daten, d. h. unkomment.; zu den Monographien werden aber Rezensionen zus.getragen; von den Büchern erfährt man keine Seitenz.; alle Aufs. aber mit vollst. Seitenz.; zum Schluß 7 Reg.!]. Rosanna **BETTARINI**-Leonella **COGLIEVINA**-Luigi **FAEDO**-Lucia **LAZZERINI**-Francesco **MAZZONI**-Maurizio **PERUGI-SEM. DI FIL. DANT. DELLA FAC. DI LETT. E FILOS.** (Univ. di Fir.), Bibliogr. dant. ragionata, Settima puntata 1965-Ottava punt. 1966-Sesta p. 1967-Quinta p. 1968-Sec. p. 1969-Sec. p. 1970- Sec. p. 1971-Prima p. 1972, *SD* 50, **1973** 220-81 [Diese überw. sehr ausf. komment. Jahresbeitr. bzw. Nachträge füllen z. T. die Lücke zw. $\boxed{1970\text{-}1972}$, welche die beiden Kompendien von COGLIEVINA (= 1988 s. o.) u. ESPOSITO (= 1990 s. u.) lassen.].   Enzo ESPOSITO [1926-2001], Bibliogr. analit. degli scritti su D. $\boxed{1950\text{-}1970}$, Fir Olsch 1990 IV XXVII-1473 S, Dantologia. Pubblicazioni del Centro Bibliograf. Dant. 1 [= alle 4 Teile] [die bisl. umfassendste D.-Bibl. für einen größeren Zeitr. überhaupt; erfaßt 9180 Titel; innerh. der Sektionen jew. alphab. angeordnet, meist kommentiert (s. u.), nennt aber weder Ausgaben noch Übers.en; Aufbau: I = XXVII-362: gründl. bibl. Einf., Testi di consultaz. (Bibl. e cataloghi, concordanze e rimari; Dizionari ed encicl.), Raccolte e antol., Scritti complessivi, Scr. biogr. (Vita, casato, case, tomba, iconogr.), Ambiente e tradiz. cultur., Cult.-pens.-spiritualità di D., Arte di D. (estet. e poet., lingua e stile, retor. e rima); II = 365-890: nur zur DC (Scr. compless.; Inf., Purg., Par.); III = 893-1296: Op. min. (Scr. compless., dann jew. vom Cv bis Fiore u. Detto), Studi sui manoscr. e sulle ediz. a stampe, St. su commenti e commentatori, St. su illustraz. e illustratori, St. su traduz. e tradutt., Fort. e storia d. crit.; IV = 1297-1473: 4 Register (Sara Esposito ed: Periodici consultati, autori, argomenti, Ind. gen.); alle Ang. sehr präzise; jed. Tit. mit kürzerer bis läng. Inh.ang.: „Quasi tutte le 'voci' sono dotate di abstracts più o meno ampi e dettagliati, sempre obiettivamente rispondenti ai contenuti dei testi considerati: di qui la qualificaz. di 'analitica' da me adottata." (XXVII) Ausgez. Ges.erfass. von 20 Jahren intern. D.-Forsch.; ist eine Weiterführ. der Bibl. von Vallone 1950 (s. u.). Die bibliogr. Aufbereitung der Sek.lit. zu D. von 1950 bis 1970 ist also recht vollständig; vergleichbar gründl. u. umfassende Bibl.en zur Zeit davor gibt es leider nicht. Hinfällig wurde durch dieses Komp. übrigens E.s zuvor veröff. Bibl. 'Gli studi dant. dal 1950 al 1964' (Rom Centro editoriale internaz 1965), weil sie ganz in die neue einging.].   Aldo VALLONE, Gli studi dant. $\boxed{\text{dal 1940 al 1949}}$, Fir Olsch 1950 XVI-138 S, Bibliot. di Bibliogr. It. 19 [gründl. Bibl. d. Zeitraums, aber nicht vollständig, weil V. nur die ihm erreichbaren Werke nennt; folg. Sektionen: I. Biografie e bibliogr.; II. Testi, ediz., commenti; III. Movimenti, contrasti e idee nel Medio Evo; IV. Studi sulla DC; V. Op. min.; VI. D. e la lingua; VII. Motivi e forme in D.; VIII. Studi compar.; IX. I critici di D.; X. La fort. di D.; XI. Varia (musica, arti. polemiche); XII. Aggiunta e append. per il 1949; es sind insges. 1152 Titel, die innnerh. der Sektionen alphab. geordnet u. meist kurz komm. sind.].   H[elene] WIERUSZOWSKI, Bibl. dant., Il Giornale Dantesco Jg. 41 (= alte Folge, aber 'nuova' serie' = Jg. 11), 1941 215-50 [„La presente bibl. forma la continuaz. di quella pubblicata nel GD XXXIX, 1938 e comprende gli anni $\boxed{\text{1938 e 1939}}$ più un supplemento per l'anno $\boxed{1937}$." (217) In 7 große Sachgeb. gegl.; s. jedoch den folg. Titel von H. W.; diese Bibl. von H. W. überschneidet sich tw. mit der Bibl. von N. D. Evola 1941 (s. u.).].   H[elene] WIERUSZOWSKI, Bibl. dant., Il Giornale Dantesco Jg. 39 (= alte Folge, aber 'nuova serie' = Jg. 9), 1938 339-410 [„La pres. bibl., corredata in fine di un copioso indice, comprende gli anni $\boxed{\text{1931-1937}}$ e continua in questa forma la Bibl. dant. (1920-1930) di N. D. Evola pubbl. nel 1932." (341) Folg. Glied.: I. Bibl. dant.; II. Vita e pers. di D. (5 Unterabt.); III. D., il suo tempo e le sue dottrine (12 U.abt.); IV. D. nella storia della lett. (6 U.abt.); V. Vita e op. di D. (Studi generali); VI. DC (= S. 364-96: alles vielf. untergl., nach den 3 cantiche, nach einz. canti, Editionen u. Übers.); VII. Op. min. (7 Abt.); VIII. Fort. di D. (4 U.abt.); IX. D. e nostro tempo; alles alphab. u. unkomm., mit Rezens.en; diese Bibl. überschn. sich tw. mit der von N. D. Evola 1938 bzw. 1941 (s. u.).].   N[iccolò] D[omenico] EVOLA [della Bibl. Naz. di Palermo], Bibl. dant. $\boxed{\text{(1935-1939)}}$, Aevum. Rass. di scienze stor., linguist. e filol. pubbl. per cura della Fac. di Lett. dell'Univ. Catt. del Sacro Cuore 15, 1941 (1-2) 91-149 [= E.s dritte Forts.; erfaßt alphab. u. unnumer. folg. Sachgeb.: Bibliogr., Vita e op. in gen., Iconogr., Famiglia e tempi di D., Dottr., Poesia, Op. min., DC (= S. 109-32: zuerst übergreifend allgem., dann separat nach den 3 cantiche), Fort., Studi compar., D. nell'arte, Argom. vario; alles ohne Komm., nennt nur Rezens.en; mutet weitgehend intern. an, aber Schwergew. liegt auf Italien; bezieht auch entlegene Zss ein; überschn. sich tw. mit den beiden von H. Wieruszowski 1938 u. 1941 (s. o.).]. Niccolò Domenico EVOLA, Bibl. dant. (1931-1934), in *Bibliogr. degli studi sulla lett. it. (1920-1934)*. *I²* puntata, Mil Vita e Pens **1938** 291-333 [vgl. hierzu auch die Bibl. von H. Wieruszowski 1938]. N[iccolò] D[omenico] EVOLA, Bibl. dant. (1920-1930), *Il Giornale Dantesco* [Fir Olsch] 33, 'nuova' serie' 3. Jg., Annuario Dantesco 1930, Supplemento, **1932** 257 S [listet 3753 Titel in 38 Abteil. auf; alles jew. alphab. angeordnet, unkomm., keine Textausg.en, keine Übers.en, nennt aber Rez.en; die Erfass. mutet weitgehend it. an, ausländ. Titel sind selten; in dem aus nur 9 Zeilen bestehenden Vorw. wird nichts über den bibliographierten Radius gesagt; es sind folg. Abt.: I. Bibl.; II. Vita (episodi); III. Famiglia del poeta; IV. D. e il suo sec.; V. Iconogr.; VI. Onori e onoranze; VII. Vita e op. in generale; VIII. Dottr.: Arte; IX. D.: Filos. e teol.; X. D.: Polit.; XI. D.: Scienza; XII. Poesia; XIII. Lingua; XIV. Op. min.; XV. *DC*; XVI. *Inf.*; XVII. *Purg.*; XVIII. *Par.*; XIX. Allegorie della *DC*; XX. Beatr. e Matelda; XXI. Fort. di D.; XXII. Traduttori; XXIII. Manoscritti ed edizioni varie; XXIV. Raccolte dant.; XXV. D. nelle città, nei luoghi e nei dialetti d'It.; XXVI. D. nell'arte; XXVII. bis XXXVII. Studi compar. (zuerst allgem., dann zu 10 versch. Sprach-/Kulturbereichen); XXXVIII: Argom. vario; 2 Reg. (autori e capitoli).]. G[iuseppe] L[ando] PASSERINI-C[urzio] MAZZI, Un decennio di bibl. dant. (1891-1900), Mil Ulrico Hoepli edit-libraio della Real Casa **1905** VII-668 S [listet 4392 Titel in 2 Abteil. auf; S. 1-33 = Nr. 1-226: Tutte le op. di D. (alle Werke einschl. Übers.); S. 34-595 = Nr. 227-4392: Scritti intorno a D.; Angaben exakt u. sehr vollständ.; mit Rez.en; alles alphab. gegl.; überw. komm. bzw. mit Inh.ang.; folg. Register: Nomi di pers., Soggetti, Richiami al poema e alle op. min.; der Zehnjahreszeitr. ist solide erfaßt, aber das Komp. ist schwer zu benutzen: Man muß genau wissen, w a s man sucht.]. Visconte [Paul] COLOMB DE BATINES [1811-55], Bibl. dant. ossia catal. delle edizioni, traduzioni, codici manoscritti e comenti della *DC* e delle op. min. di D., seguita dalla serie de' biografi di lui compil. dal Sig… Traduz. it. fatta sul manoscr. francese dell'aut., Prato Alberghetti e C./Tipogr Aldina Editr **1845-46** II (= 2 Bde zu 4 Tlen) VIII-351 + 355-766 + IX-388 S [insges. 4 große Abteil.en, in denen Dantesca vom Trecento (= Hss.) bis 1846 zus.getragen werden; I. (= Tomo primo, parte prima: Bibl. propriamente detta della *DC*: Zus.stell. von Bibliographien bzw. bibl. Versuchen, Ausg. 1472-1845, Estratti della *DC*, Ristretti della *DC*, Riduzioni in prosa it., Traduz. della *DC* = latein., Rimari, Indici, Illustrazioni; alles chron., ohne Nummern, mit kurzen Beschreib.); II. (Tomo primo, p. sec.: Bibl. crit. della *DC*: Studi sopra il testo del Poema, Studi s. D. e sul poema di lui, Introd. alla lett. di D., Istoriografia della *DC*, Cognizioni scientif. di D, Nr. 1-1300, alles chron., mit Komm.); III. (= Tomo primo, p. terza: Commenti stamp. della *DC*: Notizie prel., Comenti generali e collettivi = 14.-19. Jh., Miscellanea, Comenti partic. = zu *Inf.*, *Purg.* bzw. *Par.*); IV. (= Tomo sec., p. quarta: Bibl. manoscritta della *DC*: ausf. Zus.stell. der Kodizes zuerst in it., dann and. europ. Bibl.). Hierzu ein spätes Register von A[lberto] B[ACCHI DELLA LEGA], Indice gener. della Bibl. dant. compil. dal sig. Visc. Colomb de Batines, Bol Presso Gaetano Romagnoli **1883** 174 S [in zwei ähnl. Teilen jew. unter dem Titel *Indice dei nomi di persone e cose notab. che si riscontrano nella Bibl.…*: zuerst von *Abeken* bis *Zuccheri*, dann nochmals von *Accademia dei Gelati* bis *Zuccheri*; sehr schwer zu benutzen]. Bibliogr. Ergänz.: Guido BIAGI, Giunte e correzioni ined. alla Bibl. dant. del Visc. Colomb de Batines pubbl. di sul manoscr. origin. della R. Bibl. Naz. Centr. di Fir. dal dott. G. B., Fir Sans **1888** IX-268 S [Weiterführ. der Abteil. I-III von 1847 bis 1887].

Allgemeine bibliographische Übersicht/Einführung

Enzo ESPOSITO, Bibliografia, in *Enciclopedia Dantesca*. Appendice, Rom Ist della Encicl It **1978** 499-618 (s. Abt. 28: Dante-LEXIKA) [Ges.bibl., geordnet nach Ges.ausg., Einz.ausg. (jew. chron. von der Ed. princ. bis zur damals letzten Ausg.), Forsch., Zeitschr., Wörterb., Konkord., Biogr., Ikonogr., Übers. etc.].

BIBLIOGRAPHIEN zur deutschen Dante-Forschung
[Das jährlich erscheinende *DDJb* berichtet regelmäßig über die im zurücklieg. Jahr verzeichnete, im dt. Sprachraum publizierte D.-Forsch. (meist mit Nachtrag für das dem Berichtsjahr vorausgegangene Jahr); Rainer STILLERS aus Konstanz war viele Jahre für diese Zus.stell. federführend; im Publik.jahr 2001 (= Bd. 76) -ab nun von David NELTING redigiert- liest man für die »Deutsche D.-Bibl. 2000 (mit Nachträgen zur Bibl. 1999)« folg. Sektionen: Bibliographien, Periodica, Tag.berichte, Darstellungen, Rezeption, Bild. Kunst, Rezensionen (= S. 229-35); all dies ergibt 74 Nummern; außer genauen bibl. Daten werden aber keine Kommentare geboten.].

Theodor **OSTERMANN**, D. in Deutschl.: Bibl. der dt. D.-Lit. 1416-1927, Hei Winter **1929** XIV-588 S, Samml. Roman. Elementar- u. Handbücher 8 [1-107: D.s Werke; 108-77: Werke über D., alles jew. chronol. u. innerh. der Chron. alphab. geordn.; nur Erfass., keine Inh.ang. oder Beschreib.en; zu Buchpubl.en werden aber Rezensionen gen.]. **DERS.**, Bibliogr. der dt. D.-Lit. 1928-1930 (mit einem Nachtrag zu D. in Dtschl.: Bibl. der Dt. D. Lit. 1416-1927), *DDJb* 17, **1935** 102-86. Forts. hierzu: **DERS.**, D. in Germania e nei paesi di lingua ted. (1922-1964), in *D. nel mondo* (V. Branca-E. Caccia edd, s. Abt. 21: REZEPTION und INTERTEXTUALITÄT), Fir Olsch **1965** 183-227 [183-97: Forsch.ber.; 198-227: Bibliogr. 1922-1964 (432 Titel, gegl. in I: Opere di D. (auch Üb.) u. II: Scritti su D. (nach versch. Themen), jew. alphab., nicht chron.; sehr detaill. Angaben)]. Marcella **RODDEWIG**, Kurzbibliogr. der dt. Ausg. u. Üb. von D.s Werken im 20. Jh.(1900-90), *DDJb* 66, **1991** 185-96.

Weitere wichtige bibliographische Hilfsmittel
NN bzw. **CENTRO NAZ. PER IL CATALOGO UNICO DELLE BIBLIOTECHE IT. E PER LE INFORMAZIONI BIBLIOGRAFICHE** [via del Collegio Romano 27] edd, D. A. MCCLXV-MCMLXV, Rom Stabilim Aristide Staderini **1965** 191 S [erweit. Separatdruck des sogen. 'Primo catal. collett. delle biblioteche it.' (Bd Alda-Almed, Rom 1965) anläßl. des 800. Geb.tags von D.; kein vollständ., aber doch sehr umfangr. u. repräsentatives Verz. früher u. späterer Ausgaben aller Werke D.s (u. vieler Übers.en) in it. Bibl., v. a. der Nationalbibl.en (Fir, Mil, Nap, Rom), aber auch anderer, mit genauen Daten u. Signaturen, so daß man eine gute Zus.stell. der Editionen von den Inkunabeln seit 1472 (s. hierzu S. 157-8; es werden alle 15 Stück gen.) bis zum 20. Jh. hat; S. 110-28: Verz. it. 'Lecturae Dantis' (= nach Veranst.orten gegl.), das nützlich ist, aber eigentl. nicht hierher gehört; 66 Abb. (= Titelblätter u. *DC*-Illustr.en).]. Emanuela **BUFACCHI**, Bibliografia delle bibliografie dant. (1727-1950), in *Bibliologia e critica dant.: Saggi dedicati a Enzo Esposito* (Vincenzo de Gregorio ed), Rav Longo **1997** II (= Saggi dant.), 385-432, Il Portico: Bibliot. di Lettere e Arti 109, sez. Materiali letterari [B. trägt alphab. -leider nicht auch chron.- 310 Nummern/Titel zus., in denen Wissen zu D. bibliographisch erfaßt wird; die meisten Werke werden knapp, aber informationsreich komment.; diese Arbeit kann für Dantisten als erste Grundl. für alle Forsch.en gelten; es schließt sich hieran chron. das 4-bänd. Werk von E. ESPOSITO an, der auch dieses Sachgeb. bis 1970 weiterführt, s. o.]. Giuliano **MAMBELLI**, Gli annali delle edizioni dant. Con XLVI tavole fuori testo. Contrib. ad una bibliogr. definitiva, Bol Zan **1931** X-424 S [wichtigste Bibl. zu D.-Ausgaben überh.; chron. Verz. in 2 Sequenzen (*DC* u. Op. minori): zu allen Ausg. exakte Ang. u. viele Beschreib.en; alles chron. von der EP bis zur Gegenw. des Autors; bei den Erst- und frühen Ausgaben wird auch aufgelistet, in welchen Bibliotheken der Welt diese vorh. sind; außerdem manche interess. Nachrichten zu alten Editionen (z. B. Verkäufe, Preise etc.); es folgen 5 Register (Editoren, Drucker, Ersch.orte, in der *DC* zit. Namen, weit. Namensreg.); im Anh. zwei Fachbibliographien: zu den *Illustrazioni della DC* (332-44) sowie *Per la storia della fort. di D.: Saggio bibliogr.* (345-62; erfaßt hier Forsch.en zu den frühen Ed.en); die 46 Faksimiles zeigen alte Ausgaben; rist. anast. Tor Bottega D'Erasmo 1965 426 S]. G. **MAMBELLI**, Le

traduzioni della *DC* e delle op. min. Bibl. dant., Fir Leo S. Olsch edit **1926** 103 S [= estratto dal *GD* vol. XXVIII, quad. II-III-IV; listet recht vollst. u. mit präz. Ang. insges. 929 Titel auf, nämlich Übers.en in sehr vielen Sprachen von den Anf. bis zum Erschein.datum, u. zwar die „Traduzioni in lingua franc., ingl., ted., spagnola, port., lat., rumena, magiara, greca mod., slava = croato-slov., russa, polacca, boema, oland. e neerlandese, danese, sved., norveg., albanese, basca, gaelica, island., bulgara, estone, finnica, armena, ucraina, sanscrita, siamese, maltese, volapük." Danach: Canzoni e sonetti dant. in varie lingue; Traduzioni in varî dialetti; Versioni it. delle opere latine dant.; meist mit bibl. Zusatzang. oder philologisch kommentiert; chron. innerh. der einz. Abteil.en; alles übers. zus.getragen; eine gute Grundlage für das ges. frühe, intern. Übers.wesen zu D.]

Spezielle Dante-BIBLIOGRAPHIEN (zu bestimmten Sprachgebieten/Kulturräumen)
Giacinto **MANUPPELLO**, **Dantesca luso-brasileira**. Subsídios para uma bibliografia da obra e do pensamento de D. A., Coimbra Coimbra Editora **1966** 224 S [listet in 16 Sekt.en Forsch.en u. Übers.en aus dem lusophonen Raum auf]. Luciana **GIOVANETTI**, **D. in America**: Bibliografia 1965-1980, Rav Longo **1987** 197 S, Il Portico-Bibliot. di lettere e arti 84 [1522 Titel, in 13 Sekt. gegl.; alle Tit. m. knappen Bemerk.]. Milivoje **PEJOVIC**, **D. dans le monde slave**. Corpus bibliographique, Par Éditions du Titre **1997** 96 Blätter [reicht nur bis 1986; erfaßt sukzess.: 'Tschechosl.', Polen, 'Jugosl.', Bulg. u. Rußl.; die bibl. Erfass. erfolgt nicht durch M., sond. abgelichtet werden ihm zugeschickte Zus.stellungen aus den Nat.bibliotheken der jew. Länder durch deren Bibliothekare; P. begleitet diese mit erklärenden u. ergänz. bibl. Hinweisen; wichtig ist dieses bibl. Grundl.werk indes für Übers., Ausgaben u. Forsch.en aus den slav. Kulturräumen.].

Spezielle Dante-BIBLIOGRAPHIEN (zu bestimmten Themen/Sachgebieten)
Felice da **MARETO**, Bibl. dantesco-**francescana**, Parma Libr Francescana Editr **1972** 125 S, Bibliot. storico-religiosa 2 [enth. 609 Titel; Anlage chronol. von Inkunabeln bis 1970; Themat. Glied.: I: Francescani precurs. di D., II: Franc. studiosi e espositori di D., III: S. Franc. e i francesc. nella *DC*, IV: D. e i francescani (a: rapp. biografici, b: rapp. monumentali); Angaben sehr exakt, tw. erläut., tw. Signaturen von Bibliotheken in Rom, Florenz, Parma]. Antonio **LANZA**, Rass. di studi sull'**esoterismo** di D., in *D. e la gnosi: Esoterismo del Convivio* (ders.), Rom Ediz Mediterranee **1990** 17-42 [es folgt (45-225) kursor. Komm. zum *Cv*].

INTERNET
Otfried **LIEBERKNECHT**, Chronological list of D bibliographies [**http://orb.rhodes.edu/encyclop/ culture/lit/Italian/da_b_bib.htm**]: Der anerkannte Internet-Dantist stellte 153 versch. Bibliographien zus., chron. mit Colomb de Batines (1845-46) beginnend, bis F. Sanguineti (D. in Italia: 1988-1990, in *DS* 112, 1994 245-88); alles unkommentiert u. auf die nackten Publik.daten beschränkt; es handelt sich um reine Bibliographien zum ganzen D. (wie wir sie oben nennen), Bibl.kataloge, Einzelbibl. best. Dantisten, Zus.fassungen der Dantistik einz. Nationen/Kulturräume u. a. m.; wer systematisch Forschungen zu D. zus.tragen muß, sollte überprüfen, ob er nicht schon hier ein spez. Kompendium zu seiner Fragestell. erwähnt findet.

SOCIETÀ DANTESCA ITALIANA ed, *dante online* [**http://www.danteonline.it/**] Unter dem Titel 'dante online' hat die SDI mehrere 'Dienstleistungen' bzw. Projekte zus.gefaßt: außer einer fert. Biographie, einer begonn. elektron. Werked., einer schon recht fortgeschritt. virtuellen Bibl. aller Handschriften u. einer Nachrichtenecke bietet sie eine 'Bibliogr. Dant. Intern.'; diese „raccoglie gli studi su D. e il suo ambito storico e letterario dal 1972 ad oggi." Das Unternehmen wird heute von Francesco Mazzoni, dem Präsidenten der SDI, geleitet; es ging hervor aus einer nationalen D.-Bibliogr.-Samml. u. einer and. intern. D.-Bibl., welche von namhaften Dantisten (wie Rosetta Migliorini Fissi u. Corrado Calenda) betreut worden war; seit 1999 ist diese Webbibl. ganz bei der

SDI; die Cassa di Risparmio di Fir. ermöglichte eine Einstell. ins Netz u. die Weiterentwickl.; Ausgangsfundus waren einst 40.000 Titel, die man jedes Jahr um 1.500 ergänzt; es werden Ausg., Übers., Monographien u. Art. ges.; die Anl. ist übersichtlich nach Themenber. u. D.s Werken einget. (für die Suche wird ein Plan durch die Dantistik geboten); die Angaben zu den einz. Titeln fallen sehr einfach aus; im Prinzip ist alles unkommentiert; seine Recherche kann man jedoch vielfältig starten; es schadet nichts, wenn man seine D.-Suchaufgabe überhaupt erst hier beginnt, denn man wird bestimmt fündig: Man findet nicht alles, aber doch manches, und dies schnell!

3. KATALOGE von Dante-BIBLIOTHEKEN

[Manche gedruckte Kataloge von D.-Bibliotheken/-Sammlungen -neuere ebenso wie ältere- haben wertvolle bibliograph. Funktionen, weil sie präzise Dateninformationen zu (seltenen) Editionen von D.s Werken oder zu (älteren) Forschungen enthalten, so daß sie nützl. Arbeitsinstrumente sind; es folgt **in chronol. Reihenf.** eine Auswahl; vgl. Abt. 2: BIBLIOGRAPHIEN u. BIBLIOGRAPHIEREN zu Dante, 4: ARBEITEN/FORSCHEN über Dante in BIBLIOTHEKEN.]

Theodore Wesley **KOCH**, Catalogue of the D. Collection Presented by Willard Fiske [Cornell Univ. Library], Ithaca NY Cornell UP **1898-1900** II XVIII-606 S [Aufbau: 1. D.'s works; 2. Works on D. (A-G); 2. W.s on D. (H-Z); Supplem., Indexes, Appendix].   R[aymond] W[ilson] **CHAMBERS** [1874-1942] [Librarian of the College], Catalogue of the D. Collection in the Library of Univ. College London with a note of the correspondence of Henry Clark Barlow, Oxf Printed for UC Lon by Horace Hart **1910** 152 S [alles alphab. aufgelistet von ABBRUZZESE (Antonio) bis ZUCCANTE (Giuseppe); genaue bibl. Ang., aber unkommentiert; es handelt sich um die Barlow D. Library, welche das UC von H. C. B. (1806-78) erhielt; zahlr. seltene Sek.werke u. Dokumente sowie rare D.-Ausg. ab 1502].   Mary **FOWLER**, Catalogue of the D. collection pres. by Willard Fiske: Additions 1898-1920, Ithaca NY Cornell UP **1921** 152 S [Weiterführ. des Kat. von Th. W. Koch (1898-1900)].   Edith **ROTHE** ed, Kat. der D.-Bibl. des Königs Johann von Sachsen. Mit 4 Tafelbeilagen, Weimar Hermann Böhlaus Nachf **1942** IX-80 S, Schriften der DDG 7 [In den 3 Rubriken (I. Schriften über D.; II. D.s Werke; III. D. in der Kunst) werden alle von dem Bibliothekar Julius Petzoldt in Dresden für Philalethes (gest. 1873), König von Sachsen, zus.getragene Werke aufgelistet; dieses Verz. gibt wegen der genauen Angaben recht vollständ. Überbl. über D.-Publik.en des 19. Jh. bis 1887, als Petzoldt in Ruhestand ging; wertvoll sind z. B. die Nachrichten über die frühen D.-Übers.en].   Anna M. **MANNA**, La racc. dant. della Bibl. Universit. di Napoli, Fir Olsch II **1959** XXII-272 u. 273-579, Bibl. di Bibliogr. It. 34 [erfaßt alle bis 1955 eingeg. Werke; Glieder.: Op. omnia, *DC* (Ausg. u. Übers.), Op. su D., Register].   NN bzw. CENTRO NAZ. PER IL CATALOGO UNICO DELLE BIBLIOTECHE IT. E PER LE INFORMAZIONI BIBLIOGRAFICHE [via del Collegio Romano 27] edd, D. A. MCCLXV-MCMLXV, Rom Stabilim Aristide Staderini **1965** 191 S [erweit. Separatdruck des sogen. 'Primo catalogo collettivo delle biblioteche it.' (Bd Alda-Almed, Rom 1965) anläßlich des 700. Geburtstages von D.; kein vollständ., aber doch sehr umfangreiches u. repräsentatives Verz. früher u. späterer Ausgaben aller Werke D.s (u. vieler Übers.en) in it. Bibl., v. a. der Nat.bibl.en (Fir, Mil, Nap, Rom), aber auch anderer, mit genauen Daten sowie Signaturen, so daß man eine gute Zus.stell. der Editionen von den Inkun. seit 1472 (s. hierzu S. 157-8; es werden alle 15 Stück gen.) bis zum 20. Jh. hat; S. 110-28: Verz. it. 'Lecturae Dantis' (= nach Veranst.orten gegl.), welches nützlich ist, aber eigentlich nicht hierher gehört; 66 Abb. (= Titelblätter u. *DC*-Illustr.en)].   Liana **SAGINATI**-Giacomina CALCAGNO, La collez. dant. della Bibl. Civica Berio di Genova. Presentaz. di Giuseppe Piersantelli, Fir Olsch **1966** XII-506 S, Bibl. di Bibliografia it.-Supplementi a *La Bibliofilia* 46 [erfaßt die bedeut. D.-Samml. in Genua: „La racc. dant. della Bibl. Berio risulta dalla fusione di tre

189

distinte collezioni, di cui due veramente pregevoli per qualità e quantità di edizioni." (V) Die Glieder. ist chronol. innerh. der Sektionen; bibl. Ang. sind sehr exakt; man bekommt kurze Beschreib. der Werkbeschaffenheit; außerdem viele Verweise auf einschläg. Bibliographien u. Kat.; S. 3-162: Opere di D. = 811 Titel (Codici, Opera omnia, Opere compless. e antol., *DC*: zu einz. canti, riassunti, antologie; dann zu allen op. minori, auch Übers.en); S. 165-498: Opere su D.: 3034 Titel; ein Forschen über D. ist in Genua wegen dieser „D.-Bibl." durchaus angebracht; sie befindet sich in der Bibl. Centrale Berio: Via del Seminario 16, I-16121 Genova; consulenza bibliograf.: Tel. 0039-010-5576020; zu weit. Auskünften s.: www.comune.genova.it/turismo/biblioteche /berio/infoberio.htm]. Gino ZANOTTI, La bibl. del »Centro Dantesco« a Ravenna. Dai manoscritti alle edizioni del Settec., Rav Longo **2001** 148 S, Strum. bibliogr. 1 [„Il volume intende illustrare la bibl. che i Francescani Conventuali vengono allestendo vicino alla tomba del div. Poeta." (Buchumschlag); Aufbau: 1. Introd. stor.; 2. I Francescani e D. a Rav.; 3. Il »Centro Dant.«; 4. P. Severino Ragazzini OFMConv; 5. Saggio bibliogr. degli scritti alle stampe di P. Severino; 6. La Bibl. del »C. D.« di Rav.; 7. Manoscr.; 8. Incunaboli; 9. Edizioni del sec. XVI (Cinquecentine); 10. Ediz. del sec. XVII; 11. Ediz. del sec. XVIII; 12. Edizioni di pregio; Indice degli editori e dei tipografi; Ind. delle pers., dei luoghi e delle cose princ.; zu allen Sektionen gibt es det. Einführ.en, Auflist.en u. Beschreib.en der Exponate/Dokumente; den Kern der Bibl. bilden 6 Handschr., 10 Inkun. (darunter die *DC*-Erstdr. Fol. u. Jesi von 1472), 72 Cinquecentinen, 6 Ausg. des Seic., 70 Ausg. des Settec., 275 Ausg. des Ottoc., eine reiche Samml. von Übers.en, 150 Mikrofilme von Hss. etc.].

4. ARBEITEN/FORSCHEN über Dante in BIBLIOTHEKEN

[In welchen Bibliotheken arbeitet man am besten über Themen zu Dante? Zur Beantwortung dieser Frage beschränke ich mich auf folg. Situation: Die/der Studierende/Forschende soll viele Ausgaben, Übersetzungen, Monographien, Sammelbände, Fachzeitschriften, Kompendien, Materialien etc. selbst in den Magazinen/an den Regalen in die Hand nehmen/prüfen können u. muß daselbst beste technische u. moderne Arbeitsbedingungen haben (Kataloge, PC, Internet etc.), um sofort bestimmte Entscheidungen zu treffen. Damit scheiden viele it. Bibliotheken aus, sogar die Nat.bibliotheken in Florenz, Rom oder Turin, weil man dort jeweils nur wenige Bücher -u. zwar meist nach längerem Warten u. oft hindernisreich- bestellen kann, was nicht heißt, daß man diese auch tatsächlich alle auf den Lesetisch bekommt. Da ich meinen deutschen Lesern keine Reisen in die USA zumuten will -wo man an mehreren Orten ideale dantistische Arbeitsbedingungen fände-, schlage ich drei it. Städte u. deren entsprech. Einrichtungen, vier deutsche Univ.institute sowie ein paar andere Institutionen vor. Daß es auch in and. europ. Ländern gute D.-Bibliotheken gibt, steht außer Zweifel, jedoch wäre dazu -wollte man in dieser Hins. ganz gründlich vorgehen- ein kleiner intern. D.-Bibl.führer in Form einer Broschüre zu erstellen (die es aber noch nicht gibt).].

Vor einer Reise nach Italien sollte man sich im Internet über die Forsch.möglichkeiten in den einz. Städten informieren; Hilfe bietet dazu: Claudia WEISSBRODT, Das online verfügbare Dienstleistungsangebot it. Bibliotheken, *Italienisch* 40, **1998** 188-201 [mit vielen Internetadr.].

Florenz: SOCIETÀ DANTE ALIGHIERI (SDI) Sitz der SDI, des 'Mutterhauses' aller Dante-Gesellschaften. Das Gebäude befindet sich neben Orsanmichele, in der Nähe der Piazza della Signoria. Adresse: Palagio dell'Arte della Lana, via Arte della Lana 1, I-50123 Firenze; Kontakte: Tel.: 0039-055-294580, Fax: 0039-055-211316, e-mail: sdi.biblio@leonet.it, http://www.dantesca.it). Präsident ist Francesco Mazzoni; Hauptorgan sind -von Publikationsreihen abgesehen- die *Studi Danteschi* (s. Abt. 30: Dante-ZEITSCHRIFTEN), und genaue Auskunft über Tätigkeit der SDI bietet darin die Rubrik 'Notizie della SDI' am Ende eines Jahresbandes; zu den Aufgaben der SDI zählen: regelmäß. Abhalten von 'Lecturae Dantis', Publikationstätigkeiten, intern. Beziehungen zu and. D.-Forsch.institutionen; s. den Kongreßband: Rudy ABARDO ed, La SDI 1888-1988. Conv. int. Fir. 24-26 nov. 1988. Pal. Vecchio-Pal. Medici Riccardi-Pal. dell'Arte della Lana. Atti, Mil-Nap Ricc **1995** XLVI-603 S. Beinahe jede Publik. über D. befindet sich in der Bibl. auf der 2. Etage (auf dem 1. Stock ist ein schöner Vortragssaal). In der Regel bekommt man alle Titel zum Studium vor Ort ausgehändigt; es gibt auch Ausleih- u. Kopiermöglichkeiten. Man darf nur in Ausnahmefällen ins Magazin. Wer seine Desiderataliste vorher dorthin spediert, findet -wenn er kommt- alles auf einem Tisch vorbereitet vor. Lange mußte man auf einen Zettelkat. rekurrieren, aber seit 2002 gibt es einen online-Kat., der aber erst nur das ab 1989 veröff. Material registriert (s. http://www.dantesca.it); die Bibl. entstand seit 1888 vornehml. aus Schenkungen (Baranelli, Chiari, Eroli, Franchetti, Giuliani, Vandelli u. a.), umfaßt heute ca. 23.000 Bde, ca. 150 lauf. Zss, 240 beendete Zss, 25 Inkun., 152 Cinquecentinen, 8 Hss. sowie ca. 1.500 Mikrofilme von D.-Hss. (die jetzt auf CD-ROM übertragen werden); geöffnet Mo-Fr 9.30 bis 13.30 u. Do 9.30-17.30 Uhr; im Aug. geschl. (vgl. auch Abt. 8: Dante-GESELLSCHAFTEN). **Ravenna: CENTRO DANTESCO** In der sogen. Dante-Zone (Zona Dantesca) in der Via Dante befinden sich mehrere D.-Einrichtungen: das D.-Mausoleum, ein Klosterhof für regelm. D.-Ausstell.en, ein D.-Museum, die Verwalt.einricht. Opera di D. sowie die seit 2001 neu organisierte Bibl. mit drei Hauptschwerpunkten (s. hierzu: Abt. 7: DANTE-INSTITUTIONEN: Centro Dantesco; dort alle Kontaktadressen). Vollständ. Aufschluß über sie bietet Gino ZANOTTI, La bibl. del »Centro Dant.« a Rav.: Dai manoscr. alle edizioni del Settec., Rav Longo **2001** 148 S, Strum. bibliogr. 1 (zum Inh. dieses Handbuchs s. Abt. 3: KATALOGE von Dante-BIBLIOTHEKEN). Die Bibl. ist in einem schönen Raum mit zwei Ebenen eingerichtet. Man nimmt sich in der Regel alle Werke selbst aus den Regalen/Schränken; geöffnet Di-Fr 9-12 u. 15-18 sowie Sa 9-15 Uhr; Mo u. im Aug. geschl.; online-Kat.: http://opac.provincia.ra.it/h3/ase. **Pisa: SCUOLA NORMALE SUPERIORE** Diese Hochschulbibl. bietet in Italien -von der Vatikan-Bibl. abgesehen, welche schwer zugänglich ist- für it. Verhältnisse beste Vorauss. zu lit.wissensch. Studien. Es stehen auf mehreren Etagen in zahlr. Räumen wertv. Bücherschätze sowie mod. Medien zur Verfüg. Adresse: Piazza dei Cavalieri 7, I-56126 Pisa, Tel. 0039-050-509205, Fax: 0039-050-509102; http://www.sns.it:4500/ ALEPH (Kataloge online); geöffnet: Mo-Fr 9.00-19.30 u. Sa 9.00-14.00 Uhr (Zutrittserlaubnis im Sekret. leicht erhältl.). Zu D. gibt es einmal im Bereich der it. Lit. einen sehr großen Bestand in einem eig. Raum, aber man findet auch aus Nachlässen stammende Sondersamml.en mit vielen dantist. Publikationen vor, so daß sich ein großer Ges.fundus ergibt. Man nimmt sich in der Regel alle Werke selbst aus den Regalen.

Köln: PETRARCA-INSTITUT an der Universität zu Köln: Diese Forschungseinrichtung im Lindenthaler Univ.viertel und in unmittelb. Nachbarschaft des dort. Ist. It. di Cult. hat in Deutschl. die vollständigste Bibl. zur Frühphase der it. Lit. u. ist somit auch sehr gut zu D. ausgestattet. Keine Italianistikabt. einer dt.sprach. Univ. reicht an diese Ausstatt. heran. Das Inst. hat in seiner Präsenzbibl. mehr als 40.000 Bde u. 75 laufend gehalt. Zss. Schwerp. sind Duec. bis Seicento. Es besitzt zahl. frühe Drucke, Mikrofilme von Hss. u. frühen Drucken, Hss.verzeichn., Konkordanzen, gedr. Kataloge (elektron. Equipment fehlt noch). Leiter sind Prof. Dr. B. König u. Prof. Dr. A. Kablitz. Adr.: Univ.str. 81/Danteweg, 50931 Köln; Tel.: 0221-470-6688, Fax 0221-470-4144; geöffnet: Mo-Fr. Zutritt wird gern gewährt; vorher. Anruf ist sinnvoll, weil in den Räumen gelegentl. Lehrveranst./Vorträge des Roman. Seminars stattfinden; zu Gesch. u. Aufgaben des Instituts s. Isolde BURR, Das Petr.-Inst. der Univ. zu Köln, *Italienische Studien* 16, **1995** 3-24 [Aufbau: I. Bestand der Bibl.; II. Chronik (vom Köln-Besuch Petrarcas 1333 bis 1995); III. Retrospektive-Perspektive (hier wird v. a. das aufbauende Wirken von Prof. Dr. Fritz Schalk herausgestellt); IV. Informationen (Adresse, Personalia etc.)]. **Berlin, Münster, Eichstätt:** Von den

Bibliotheken der Romanistischen Institute/Roman. Seminare kann man für Studien über D. u. a. empfehlen: die der FU **Berlin** (Habelsschwerdter Allee 45, 14195 Berlin), der Univ. **Münster** (Bispinghof 3/A, 48143 Münster) sowie der Kathol. Univ. **Eichstätt** (Univ.-/Zentralbibl.: Univ.allee 1, 85072 Eichstätt).

Genua: Biblioteca Centrale 'Berio': Die von Carlo Giuseppe Vespasiano Berio im 18. Jh. begründ. Bibl. besitzt eine wertv. D.-Samml. (Ausgaben u. Forsch.en), welche exakt erfaßt wurde von Liana SAGINATI-Giacomina CALCAGNO (1966; s. Abt. 3: KATALOGE von Dante-BIBLIOTHEKEN); die Bibl. befindet sich heute Via del Seminario 16, I-16121 Genova; Tel. 0039-010-5576020; www.comune.genova.it/turismo/biblioteche/berio/infoberio.htm.   **Notre Dame, IN: Hesburgh Library, University of Notre Dame. John Augustine Zahm-Dante Collection.** Die von dem viel gereisten Gelehrten J. A. Z., C. S. C. (= Congregation of Holy Cross) (New Lexington, Ohio, 1851-1921 im Orient) zus.getragene Samml. zählt zu den herausrag. D.-Bibliotheken Nordamer.; Zahm erwarb den Hauptteil 1902 von Giulio Acquaticci. Wertvoll sind die ca. 3.000 Bde -von ält.Studien/Forschungen abgesehen- v. a. wegen der Inkun. (auch Foligno 1472) u. Cinquecentinen, die man sich alle im Internet anschauen kann: Theodore CACHEY-Louis E. JORDAN dir/edd, *Renaissance D. in Print* (1472-1629) [http://www.nd.edu/~italnet/Dante/]; s. in diesem Kontext auch die Abt. 35: EDITIO PRINCEPS der *DC*, 36: *DC*-INKUNABELN (weitere), 37: Cinquecento-AUSGABEN der *DC*.   Kontakte: Dept. of Special Collections, Univ. of Notre Dame, 102 Hesburgh Library, Notre Dame, IN 46556; Fax: 574-631-6308; rarebook@nd.edu oder Theodore.Cachey1@nd.edu. Im Zus.hang mit dieser D.-Einricht. steht das „William and Katherine Devers Program in D. Studies" (Stiftung).   **Weitere D.-Bibliotheken** in der Abt. 3: KATALOGE von Dante-BIBLIOTHEKEN, 7: Dante-INSTITUTIONEN (dort CASA DI DANTE in Roma).

5. Dante-MUSEEN

[Da die 'Aufnahme' Dantes u. seiner Werke generell eine abstrakte Lese- bzw. Bucherfahrung ist bzw. höchstens von einer visuell künstlerischen oder musikal. Umsetzung ausgehen kann, weisen wir auf unserem Dichter gewidmete Museen hin, deren Besuch eine konkrete Inaugenscheinnahme von Zeugnissen ermöglicht, die ein lebendiges u. 'direktes' Bild von ihm vermitteln; vgl. auch Abt. 6: KATALOGE zu Dante-AUSSTELLUNGEN, 7: Dante-INSTITUTIONEN, 25: KUNSTKATALOGE (wegen der regelmäßig in Ravenna u. Torre de' Passeri stattfindenden D.-Ausstellungen).]

Florenz: MUSEO CASA DI DANTE [Via Santa Margherita 1].   Das im Stadtkern -hinter dem Palazzo Vecchio- in einem historisch rekonstruierten Gebäude untergebrachte 'Dante-Haus' -dessen Existenz Widerspruch erregt hat, weil es nicht (genügend) mit der geschichtl. Wirklichkeit übereinstimme- beherbergt auf 3 Etagen ein von der 'Unione Fiorentina' -einem gemeinnützigen Verein- geführtes D.-Museum, zu dem es einen broschierten Führer gibt, der über die Exponate der insges. 7 Ausstell.räume informiert (mit 8 Abb.): UNIONE FIORENTINA ed, La Casa di D.-Firenze: Guida al Museo, Fir Linari Tipolito snc [=Druckerei] oJ 40 S [Die Räume sind folgendermaßen betitelt: 1. Fir. ai tempi di D.; 2. Primi anni di D.; 3. Vita pubbl. di D. a Fir.; 4. Vita di D. in esilio dal 1301 al 1311; 5. Vita di D. in es. dal 1311 alla morte; 6. Iconografia di D. nei secoli; 7. Fort. di D. nei sec.]. Zu große Erwartungen darf man nicht an das Museum richten, weil manches 'laienhaft' wirkt; leider nehmen sich keine Fachleute der Ausstellungsarbeit an; zu dem Gebäude selbst s. Michele BARBI-Renato PIATTOLI, La Casa di Dante, *SD* 22, **1938** 5-81 [Unters. in 14 Kap. bzw. zu 14 Thesen, die die Örtlichkeiten in Florenz behandeln, wo D. u. seine Familie gewohnt haben könnten und wie die Rekonstr. der sogen. 'Casa di D.' einzuschätzen sei; mit 2 alten Bebauungs- bzw. Lageplänen u. 2 Fotos zu Hausansichten].

Ravenna: MUSEO DANTESCO [Via Dante 4]. Innerh. des von Franziskanern geleiteten Komplexes der 'Opera di Dante', in Nachbarschaft der D.-Grabstätte, befindet sich -außer der 'Bibliot.
Dantesca' und dem Ausstellungsklostergarten- ein am 17. 9. 1989 eröffnetes D.-Museum, welches
Kunstgegenstände zu ihm, Reminiszenzen, Kopien alter Drucke u. Handschriften sowie anderes
zeigt (wie die kleine Holzkiste, die einst D.s Gebeine enthielt). Am Eingang erhält man eine Bro-
schüre, die kein Katalog oder Führer, sondern ein unsystemat. Begleitheft ist: NN ed, Museo
Dantesco. Opera di Dante. Ravenna, Rav Edizioni Essegi 1989 18 S [darin -nach einem Vorwort
von Rodolfo Bartoletti- der einzige, das ganze Heft einnehmende Sachart.: Vincenzo FONTANA, Il
Museo dell'Opera di D. rinnovato, mit 7 Abb. von Exponaten; Öffnungszeiten: 1. 10.-31. 3.: 9-12
Uhr; 1. 4.-30. 9.: 9-12 u. 15.30-18 Uhr; Mo geschl.].

INTERNET
Ein virtuelles Dante-Museum hat die 'CASA DI DANTE IN ABRUZZO' eingerichtet (s. hierzu Abt. 7:
Dante-INSTITUTIONEN); es ist das MUSEO ICONOGRAFICO DANTESCO (= MID):
http://www.muvi.org: „Attraverso le rappresentazioni fantastiche del mondo dantesco, MID propone un viaggio unico e irrepetibile nell'immaginario med., barocco, romantico, ottocentesco e
contemporaneo di artisti ineguagliabili: Blake, Koch, Flaxman, Botticelli, Signorelli, Guttuso."
Dieses Kunstdefilee existiert seit dem 15. 11. 1996; es besteht aus 3.400 digitalen Fotos und ermöglicht 11.500 Links; es ist ein logisches Produkt der Arbeit von Corrado GIZZI, dem Schloßherrn u. Eigentümer der Casa di Dante im kleinen Torre de' Passeri bei Pescara, wo jedes Jahr
Austellungen von Künstlern stattfinden, welche sich mit D. befaßt haben. Das Museum ist permanent geöffnet, man hat eine 'Eintrittsgebühr' von 6,00 € zu zahlen (s. auch Abt. 6).

6. KATALOGE zu Dante-AUSSTELLUNGEN

[In Italien u. and. Ländern finden -hauptsächlich zu Jubiläen- Ausstellungen statt, die Dantes
Person, seinem literar. Schaffen, dessen Überlieferung oder dem Nachleben seiner Werke gelten.
Die dazu publizierten Kataloge vermitteln -wegen der darin enthaltenen Fotos der Exponate u. der
Erläuterungen- ein anschauliches Bild von den Arbeitsgebieten u. Methoden der Dantistik. Wir
geben in chronol. Reihenf. eine Auswahl solcher Publikationen; weitere Ausstell.kataloge in den
Abt. 24: Dante (bzw. die DC) und die/in der KUNST, 25: KUNSTKATALOGE, 42: HANDSCHRIFTEN
und TEXTÜBERLIEFERUNG der DC.]

Umberto BARRICHI ed, D.: Mostra naz. dant. Palazzo Venezia, Rom De Luca 1965 363 S [Anlaß:
Celebraz. del VII centen. della nasc. di D. sotto l'alto patronato del Pres. della Rep.; reichhalt.
Dokumentation]. IT. KULTURINST./WÜRTTEMBERG. LANDESBIBL./KULTURAMT DER STADT
STUTTG. edd, D. A. 1265-1321: Handschr., Bildnisse u. Drucke des 14. bis 16. Jh., vornehml. aus
den Schätzen der Württemb. Landesbibl., Stutt Dr. Cantz'sche Druckerei 1965 47 S [48 Expon.,
Text des Kat. von Peter Amelung; die selt. u. wertv. Hss., Inkunabeln u. frühen Drucke werden
bibl. exakt beschrieben.]. COMITATO NAZ. PER LE CELEBRAZ. DEL VII CENTEN. DELLA
NASC. DI D. ed, Catal. I: Mostra di codici ed edizioni dant. (20 apr.-31 ott. 1965), Fir Sans 1965
XXVIII-278 S + 26 Taf [beschr. 400 Expon.]. NN ed, D. e Verona: Per il VII centen. della
nasc. Catal. della mostra in Castelvecchio aprile-ott. 1965, Ver Comune di Ver 1965 XXVIII-233
S + 63 ganzseit. Fotos [176 Exponate: Hss., Fresken, Zeichn.en, Skulpturen, Münzen, Pläne etc.;
verschied. Begleittexte: Verona e gli Scaligeri nella vita di D. (= Einf., Antonio Scolari); interess.
ist auch L'aspetto di Ver. ai tempi di D. (Vittorio Filippini).]. Amelia COSATTI, La riscop. di
D. da Vico al primo Risorgim.: Mostra per il VII centen. della nasc. di D. Roma 12 dic. 1965-15
marzo 1966, Rom Accad Naz dei Lincei 1967 XVI-210 S [In den Bibl.räumen der erlauchten

Akademie wurden 286 Exp. gezeigt, darunter viele D.-Ausg. von 1613 bis 1842/43; 28 ganzs. Bildtaf. zu Hss, Titelbl. der Erstausg. u. Illustr.en.]. Gunter FRANZ-Jörn GRUBER-Bernhard KÖNIG bearb., Die D.-Samml. von Franz Xaver Kraus in der Stadtbibl. Trier. Kat. einer Ausstell. in der Stadtbibl., Trier Stadtbibl-Univ.bibl 1982 64 S, Ausst.kataloge Trierer Bibl. 3 [F. X. K. (1840-1901) vermachte Trier eine bed. D.-Samml. mit einer D.-Hs., frühen Drucken, Übers.en, Kommentaren u. wertv. Forsch.lit.]. Leonardo FARINELLI, A D.: Mostra di codici ed ediz. dant. Bibliot. Palatina 16-31 dic. 1988. Presentaz. di G. Pettenati, Parma Artegrafica Silva 1988 45 S [verzeichn. 63 Expon.: Hss., Inkun., Edit.en, Übers.en; Ausst. anläßl. des 100jähr. Bestehens der dort. D.-Gesellsch.; keine Abbild.]. Roberto RUSCONI ed, D.s GK in 7 Jh. geschrieben-gedr.-illustr.: Ausst.kat. Mus. f. Kunsthandw. Ffm 6.10.1988-8.1.1989, Per Editori Umbri Associati 1988 293 S, 40. Frankf. Buchm.-Schwerp.thema It. [12 A, jew. durch Expon. dokumentiert: Foligno im SpätMA, Das Buch D.s bis zur Crusca-Ausg., D. u. die Ars artificialiter scribendi, Die ersten Illustr.en der DC, Bilder der DC in den Ausg. der Renaiss., Hss., Ausg. des 15. u. 16. Jh., Die Symbolwelt der DC, Ausg. des 18.-20. Jh., D. u. die it. Musik etc.; die Ausstell. hatten organisiert die Regione Umbra, die Reg. Emilia Romagna u. die Stadt Foligno, wo die DC 1472 erstmals gedr. wurde.].

7. Dante-INSTITUTIONEN

[Die sprach- u. lit.wissensch. Beschäft. mit D.s Werken in Lehre u. Forsch. ist ein Aufgabenbereich aller Universitäten, die in der Romanistik auch die Italianistik vertreten; das sind in Deutschl., Österr. u. der Schweiz viele Hochschulen. Zu den Universitäten and. europ. Länder kann man ähnliches sagen. In Italiens Hochschulen ist die Dantistik ein bes. traditionelles Lehrgebiet. Regelr. D.-Lehrstühle findet man in den USA. Außerdem gibt es von der Lehre (u. Forsch.) unabhäng. Einrichtungen, die systematisch Publikationen sammeln (über D.-Bibliotheken verfügen), gezielt D.-Interessen bündeln u. danteske Initiativen -Ausstellungen, Tagungen etc.- unterstützen; von solchen D.-Institutionen nennen wir hier einige herausragende.]

SOCIETÀ DANTE ALIGHIERI [Florenz; s. hierzu Abt. 4: ARBEITEN/FORSCHEN über Dante in BIBLIOTHEKEN, 8: Dante-GESELLSCHAFTEN].

OPERA DI DANTE [c/o Biblioteca Classense, via Baccarini 2, I-48100 Ravenna; Tel.: 0039-0544-482150; Fax: 0039-0544-482104; e-mail: classense1@sbn.provincia.ra.it]. 1926 gegr., ist das 'D.-Werk' die verwaltende Organis. bzw. die Management-Abteil. der ravennatischen D.-Einrichtungen im 'D.-Viertel' (Zona di Dante = Museum, Bibliothek, Ausstellungsräume, D.-Grabstätte, Publikationen etc.), welche von den Franziskanern des unweit davon geleg. CENTRO DANTESCO (s. unten; unter dessen Homepage sind alle Aktivitäten einsehbar) betreut werden; im engeren Sinne ist die Opera di Dante zuständig für die Durchführ. der regelmäß. 'Lecturae Dantis', Symposien, Kongresse (in der schönen Stadtbibl. = BC), Feierlichkeiten (wie 'Settembre Dantesco') und die Herausgabe der Zs Letture Dantesche (s. hierzu Abt. 30: Dante-ZEITSCHRIFTEN); Näheres in Maria Paola PATUELLI [= Presidente dell'Opera di Dante], in La musica nel tempo di D.: Ravenna, Comune di Rav.-Opera di D.-Musica/Realtà 12-14 sett. 1986 (Luigi PESTALOZZA ed), Mil Unicopli 1988 17-23, Quaderni di Musica/Realtà 19.

CENTRO DANTESCO DEI FRATI MINORI CONVENTUALI [I-48100 Ravenna, Via Dante Alighieri 4 (Casella postale 368); Tel. 0039-0544/33667; Fax 0030-0544/218476; e-mail centrodantesco@ provincia.ra.it; http://www.centrodantesco.it]. Unter dem 1963 gegr., jedoch erst 1989 eröffneten Centro Dantesco versteht man einen von Franziskanern im Rahmen der 'Opera di Dante' (s. oben) geleit. Komplex von versch. D.-Einrichtungen. Es betreut die Grabstätte D.s, pflegt eine kontinuierl. Zus.arbeit mit der ravennat. Bibl. Classense (die D.-Lesungen oder D.-Symposien durchführt, die dann ihren Niederschlag in der Zs *Letture Classensi* finden, s. Abt. 30: DANTE-ZEITSCHRIFTEN) und organisiert jährlich eine D.-Ausstell. von Malern sowie seit 1975 meist alle zwei Jahre zusätzlich eine von plastischen Künstlern (Biennale), wobei es sich dann z. B. um Bronzearbeiten, Terrakotten oder Medaillen/Plaketten handelt (s. hierzu Abt. 25: KUNSTKA TALOGE). Das gut ausgestattete Museo Dantesco (s. hierzu Abt. 5: Dante-MUSEEN) u. die reichhalt. Biblioteca Dantesca ergänzen den ganzen Komplex. Die Bibl. sammelt in erster Linie D.-Philologie (hier sind v. a. die überaus zahlr. Ausgaben aus allen Jahrh.en zu erwähnen) sowie Franciscana (hierzu auch seltenere Fachzeitschriften) u. drittens ravennat. Studien. Über das ganze Arbeitsgeb. des Centro einschließlich der durchgeführten Ausstell.en informiert die handbuchart. (ebend. erhältliche) Broschüre von [Padre] Enzo FANTINI ed, Centro D. dei Frati Minori Conventuali di Rav., Rav Arti Grafiche Stibu 2000 80 S [Der schön bebild. u. übersichtlich gestalt. Bd informiert über folg. Themen: 1. La zona dant., zona del silenzio; 2. Il C. D. dei F. M. C. (Geschichte); 3 La bibliot. (Auflist. der Sammelgebiete); 4. Mostre d'arte a tema dant. (Listen aller Ausstell.en); 5. Collezioni d'arte; 6. Iniziative varie; 7. Dotazione informat. e telematica del C. D. (Beschreib. der Ausrüstung)]; neuerdings gibt das Centro folg. (schön gestaltetes) Info-Blatt heraus: *Dante Nostro.* Foglio del Centro Dantesco ONLUS dei Frati Minori Conventuali. Rav. (Pubblicaz. semestrale; Anno I, Numero I, Agosto **2002**; Anno II, Num. II, Ott. 2003); es besteht aus 8 Seiten = 2 beidseitig bedr. Blättern im Zeitungsformat + Beilagen; berichtet wird v. a. über die Gesch. des Centro u. geplante Aktivitäten, wie regelmäß. Ausstell.en, aber auch über and. D.-Themen; alle Beiträge in it., engl., dt. u. frz.; man kann diese Broschüre kostenlos beziehen oder im Internet lesen (s. o.); s. auch Abt. 4: ARBEITEN/FORSCHEN über Dante in BIBLIOTHEKEN (Ravenna: CENTRO DANTESCO).

CASA DI DANTE IN ABRUZZO. Sitz ist das Castello Gizzi in dem kleinen Ort **Torre de' Passeri** bei Pescara; gegr. in Pescara am 28. 12. 1979; bedeutend sind die jährlichen, immer D. thematisch einbeziehenden Kunstausstell.en, zu denen es einen guten, von Corrado GIZZI herausg. Dokument.bd gibt. Die einz. Ausstell.themen und die dazugehör. Kataloge listen wir in der Abt. 25: KUNSTKATALOGE auf; s. auch Abt. 24: Dante (bzw. die *DC*) und die KUNST. Betreut wird hier auch das virtuelle D.-Museum MID = Museo Iconografico Dantesco (http://www.muvi.org/MID; s. hierzu Abt. 5: Dante-MUSEEN: INTERNET).

CASA DI DANTE IN ROMA. 1914 gründete man in **Rom** eine bedeut. Einricht., welche international v. a. durch die seit Jahrzehnten regelmäß. D.-Exegese bekannt wurde (augenblicklich letzter Zyklus der sogen. Lectura Dantis Romana = 2002/03). Ziel des röm. D.-Hauses ist die Verbreit. der Kenntnis des Werkes u. der Person D.s in Italien u. im Ausl. durch Lesungen, Vorträge, Publikationen, Dokumentationen, Ausstellungen, Tagungen etc. Die D.-Stätte verfügt über eine wertv. Bibl. (Handschriften, Erstausgaben, Inkunabeln, Cinquecentinen, Sek.lit.), deren Kern die einst. Büchersamml. des Politikers u. Gelehrten Baron G. Sidney Sonnino (1847-1922) darstellt. Da das Haus medial nicht modern ausgestattet ist, kann man sich nur vor Ort einen konkreten Überbl. verschaffen. Adresse: Palazzo dell'Anguillara-Piazza Sidney Sonnino 5, I-00153 Roma RM; Tel. 0039-06-5812019; geöffnet Mo-Mi-Fr 16-19 Uhr (Diese Informationen unter Vorbehalt; denn 2003 verliefen leider alle meine Kontaktversuche ergebnislos, und die Casa war -als ich sie aufsuchen wollte- ohne Hinweise unzugänglich.).

SEMINARIO DANTESCO INTERNAZIONALE/INTERNATIONAL DANTE SEMINAR. Dieses ist eine übernationale D.-Forschungsgesellschaft ohne festen Sitz, mit Tagungsabsichten. Gegr. 1991 im dänischen Odense, steht sie in Verbind. mit dem Intern. Italianistikverband A.I.S.L.L.I. Erster Kongreß war 1994 in Princeton NJ [s. KONGRESSE: Akten Z. G. BARAŃSKI ed 1997].

Das im Web sehr informationsaktive 'Centro Dantesco' der Franziskaner in **Ravenna** (s. o.) hat in einem seiner vielen Links über ein Dutzend D.-Institutionen bzw. D.-Gesellschaften zus.gestellt; man kann dort alle aktuellen Kontaktadressen sowie die neuesten Aktivitäten erfahren: Le associazioni dantesche nel mondo: Germania / Italia / Spagna / Stati Uniti d'America: **http://www.racine. ra.it/centrodantesco/associazioni.htm** .

8. Dante-GESELLSCHAFTEN

[Es gibt Schriftsteller der Nationalliteraturen, deren Wesen u. Werkeinfluß die Gründung von Vereinen oder Gesellschaften veranlaßt hat. Zu keinem Autor ist indes die Kuratoriumstätigkeit so spürbar u. an Früchten ablesbar wie im Falle D.s. Die Bedeut. der florentin. D.-Gesellschaft ist besonders groß; ihr wissensch. Wirken ist eine Wiedergutmachung der toskanischen Wirtschafts- u. Kunstmetropole gegenüber ihrem Sohn, den diese einst verstieß. Wir nennen im Folgenden nur drei D.-Vereinigungen, die man zu den wichtigsten der Welt zählt; s. auch Abt. 7: Dante-INSTITUTIONEN (weil manche namhafte D.-Einrichtungen gleichfalls den Charakter von produktiven dantistischen Interessengemeinschaften haben).]

SOCIETÀ DANTESCA ITALIANA [SDI]. Gegr. 1888. Sitz: Palagio dell'Arte della Lana, via Arte della Lana 1, I-50123 **Firenze**; Tel.: 0039-055-294580; Fax: 0039-055-211316; e-mail: sdi.biblio@leonet.it; **http://www.dantesca.it**; das Gebäude befindet sich neben Orsanmichele, dicht an der Piazza della Signoria. Präsident ist Francesco Mazzoni; Hauptorgan sind -von Publikationsreihen abgesehen- die *Studi Danteschi* (s. Abt. 30: Dante-ZEITSCHRIFTEN); Auskunft über ihre Tätigk. bietet die dort. Rubrik 'Notizie della SDI.' am Ende eines jeden Jahresbandes; dazu zählen: fortgesetzte 'Lecturae Dantis', weit. Publikationen u. intern. Beziehungen zu and. D.-Forsch.institutionen. Im Prinzip sind die zahlr. D.-Gesellschaften oder -Vereinigungen auf der Welt Ableger bzw. Filialen der florentin. SDI; zu ihr s. den Kongreßband: Rudy **ABARDO** ed, La Società Dantesca Italiana 1888-1988. Conv. internaz. Fir. 24-26 nov. 1988. Palazzo Vecchio-Pal. Medici Riccardi-Pal. dell'Arte della Lana. Atti, Mil-Nap Ricc **1995** XLVI-603 S; die SDI verfügt über eine wertvolle, zieml. vollständ. u. jetzt auch mod. Bibliothek (s. hierzu die Abt. 4: ARBEITEN/FORSCHEN über Dante in BIBLIOTHEKEN).

DANTE SOCIETY OF AMERICA [DSA]. Die 1881 gegr. amerikan. D.-Ges. ist eine renommierte, von Fachleuten umgebene, wissensch. u. organisatorisch tatkräft. Institution; ihr Fachorgan sind die bed. *Dante Studies. The Annual Report of the DS.* Publ. by the DSA Inc. (s. Abt. 30: Dante-ZEITSCHRIFTEN). Ein Bild von der Gründerzeit u. dem Wirken des Initiators und Dichters Longfellow um 1865 bietet der histor. Roman *The Dante Club* (2003) von Matthew Pearl, der auch übers. vorliegt: *Der Dante Club.* Aus dem Amerikan. von Rudolf Hermstein, Ham Hoffmann und Campe 2003 478 S. Der „Dante Club" war der DSA als ein Zirkel von Dante-Übersetzern vorausgegangen. Kontaktadressen (z. Z.): The D. S. of A., P. O. Box 0711, Framingham, MA 01701-0711; e-mail: dsa@dantesociety.org; Internet: **http://www.dantesociety.org/** .

DEUTSCHE DANTE-GESELLSCHAFT [DDG]. Gegr. am 14. 9. 1865 in Dresden von Karl Witte aus Halle (1800-1883) und »Philalethes«, d. i. Johann von Sachsen (1801-1873, seit 1854 König von Sachsen); Präsident: Bernhard König (seit 1993); zuvor: Walter Goetz (1927-49), Hans Rheinfelder (1949-72) und August Buck (1972-93). Sie gibt heraus: *Deutsches Dante-Jahrbuch* (=*DDJb*) sowie das dazugehörende *Mitteilungsblatt der DDG e. V.* (jährl. erschein. Heft von ca 30 S; zu beiden s. Abt. 30: Dante-ZEITSCHRIFTEN); jedes Jahr veranstaltet die DDG eine wissensch. D.-Tag., unregelmäßig alternierend in Krefeld bzw. einer and. Stadt des deutschsprach. Raums

(1999 in Magdeburg, 2000 Münster, 2001 Krefeld, 2002 Berlin, 2003 Trier, 2004 Krefeld); zur Gründungsgesch. s. Walter GOETZ, Gesch. der DDG u. der dt. D.-Forsch., Weimar Böhlau **1940** 66 S, Schriften der DDG 5; sowie DERS., Gesch. der DDG, in *D.: Gesamm. Aufs.* (ders.), Mün Hueber **1958** 103-42; außerdem: August BUCK, 125 Jahre DDG: Betracht.en zu ihrer Gesch., *DDJb* 66, **1991** 7-24. Kontakte: **http://www.uni-marburg.de/hosting/ddg** [Links: Über die DDG, Vorstand, Aktuelles, Gesch., D. A., D.-Jahrbuch, Preisausschreiben, Programm der nächsten Jahrestag.]; e-mail: **rainer.stillers@staff.uni-marburg.de** [= Prof. Dr. R. Stillers (Herausg. des *DDJb* u. verantwortlich für die Homepage): Philipps-Univ. Marburg, Inst. für Roman. Phil., Wilhelm-Röpke-Str. 6 D, 35032 Marburg].

INTERNET
Das im Web sehr informationsaktive 'Centro Dantesco' in Ravenna (s. Abt. 7: Dante-INSTI-TUTIONEN) hat in einem seiner vielen Links über ein Dutzend Dante-Gesellschaften bzw. Dante-Institutionen zus.gestellt; man kann dort alle Kontaktadressen sowie die neuesten Aktivitäten erfahren: Le associazioni dantesche nel mondo: Germania / Italia / Spagna / Stati Uniti d'America: **http://www.racine.ra.it/centrodantesco/associazioni.htm** .

9. BILDNISSE, DENKMÄLER, GEDENKSTÄTTEN, Dante-GRAB

[Wie sah Dante aus? Wer porträtierte ihn? Was ist von solchen Bildnissen bekannt? Sind sie überhaupt echt? Welche Denkmäler gibt es von Dante? Was weiß man über seine sterbl. Überreste? Obwohl diese Themen mehr den Bereich der Biographie Dantes tangieren, die im 2. Band nachgezeichnet wird, tragen wir **in chronol. Reihenf.** einige Forschungen zu diesem Sachkomplex zusammen, weil Dante in der hier behandelten *DC* die Haupt-'Figur' ist.]

Ludovico FRATI-Corrado RICCI edd, Il sepolcro di D.: Documenti racc., Bol Gaetano Romagnoli **1889** 152 S [photom. Ndr.: Bol Forni 1969, Commiss. per i testi di lingua]. Pasquale PAPA, I ritratti di D. in S. Maria Novella, Fir Olsch **1903** 13 S [= Ausz. aus *GD* 11, 1903]. Walter GOETZ, Das D.bildnis. Mit 18 Tafelbeilagen, Weimar Böhlaus Nachf **1937** 43 S + 18 Bl [Unters. der D.porträtierung im Laufe der Jahrhunderte; im Anh. 18 schöne Fotos v. a. der frühen Bildnisse; ²1958: in *D.:Gesamm. Aufs.* (ders.), Mün Hueber 54-76]. Corrado RICCI, Il sepolcro e le ossa di D.: 37 illustrazioni, Rav Longo **1977** 124 S [Aufbau: 1. Il sep. di D. (= Gesch. der Grablegung bzw. des Grabes); 2. Le ossa di D. (= Gesch. der wissensch. Unters.en zu D.s Gebeinen); alles aufschlußreich dokumentiert]. Hans Werner SOKOP, Das D.-Denkmal in Krefeld, in *Mitteilungsblatt der Dt. D.-Gesellsch.* Juni **1980** 20. Felice MAZZEO, D. e Ravenna, Bol Cappelli **1987** 207 S [Dokument.bd mit 103 Fotos; Aufbau: I. D. e Rav. (13 Themen); II. Le vicende del sepolcro di D. (10); III. Le vicende delle ossa di D. (7)]. Alessandro PARRONCHI, Il più vero ritratto di D., in *Il più vero ritr. di D.: Profili di artisti e studi su opere del Rinascim.* (ders.), Fir Edizioni Polistampa **1998** 5-11 [P. diskutiert die Zuverlässigk. von Giottos D.-Porträt.]. Manfred LENTZEN, D.: Denkmäler u. Dichtung, *DDJb* 76, **2001** 57-87. Gerardo SANNELLA, Un Danteum per Firenze: Un commento architettonico alla *DC*, in *«Per correr miglior acque...»: Bilanci e prospettive degli studi dant. alle soglie del nuovo millennio. Atti del conv. intern. di Ver.-Rav. 25-29 ottobre 1999. Sotto l'alto patron. del Pres. della Rep.* (NN ed), Rom Sal **2001** I 1069-74 [berichtet von einem florentin. Architekturprojekt: Ziel ist die Erbauung eines architekton. 'Kommentars'/einer baulichen Umsetzung der *DC*, welche als D.-Zentrum fungieren könnte; enth. 10 futuristische Baupläne/Skizzen.].

10. LITERATURSAMMLUNG für/über Dante

[Daß Dante vielfach die Lit. anderer Nationen inspirierte (s. hierzu Abt. 21: REZEPTION und INTERTEXTUALITÄT), daß die Weltkunst voll von D.-Reminiszenzen ist (s. 24: Dante bzw. die *DC* und die/in der KUNST), daß etliche Komponisten der langen Musikgesch. Themen seiner Werke sowie seine Gestalt selbst vertont haben (s. 26: Dante und die/in der MUSIK) u. daß er wie kein anderer Schriftsteller die intern. Lit.wissenschaft beschäftigt -was dieses D.-Handbuch als Ganzes aufzeigt-, ist bekannt. Nur die wenigsten dürften indes von dem folgenden fünfzehnbänd. Kompendium gehört haben, das Ehrungen von 'tausend' Dichtern versammelt. Allein schon dieses kostspielige Textkorpus läßt ihn in einem besonderen Licht erscheinen.]

Carlo DEL BALZO ed, Poesie di mille autori intorno a D. A. raccolte ed ordinate cronologicamente con note storiche, bibliograf. e biograf., Rom Forzani XV **1889-1909** [eine beeindruckende Sammlung poetischer Hommage-Texte für D.; jeder Bd umfaßt ca./über 500 S.].

11. GESAMTAUSGABEN von Dantes WERKEN

[Obwohl D.s Ges.werk nicht umfangreich ist, gibt es noch keine in einem Wurf publizierte u. von einem Fachgremium abgesegnete Werkausg., in der sich a l l e Texte auf dem heute gült. krit. Editionsstand u. zudem in Begleit. des notwend. philol. Inventars (Textträgerverz., Stammbäume, Variantenapp. etc.) befänden, obwohl man dies im 20. Jh. wiederholt versuchte, d. h. begann, nämlich in Form der 'Ediz. Nazionale' der SDI bzw. der 'Opere di Dante' der Fondaz. Cini; dennoch entstand kein definitiv abgeschloss., einheitl. Corpus operum omnium, wie es Vittore Branca für Boccaccio als 'Tutte le opere' (Mil Mond) fast beendet hat. Zum Studium der einz. Werke D.s benutzt man immer noch die jew. aktuellste krit. Einzelausg., was auch für die *DC* gilt. Dennoch gibt es zuverläss. Gesamt- oder Sammelausgaben, die wir **in chronol. Reihenf.** nennen.]

Fir **Bemporad & Figlio Editori** [1]**1921** [M. BARBI-E. G. PARODI-F. PELLEGRINI-E. PISTELLI-P. RAJNA-E. ROSTAGNO-G. VANDELLI edd, Le opere di D.: Testo crit. d. Soc. Dant. It. con indice analit. dei nomi e delle cose di Mario CASELLA e tre tavole fuori testo, XXIX-976 S [Dünndruckausg.; diese Ges.ed. wurde mit ein paar Emendationen (aufgelistet S. XXIX-XXX) nachgedr. als sec. ediz.: Fir-Ver Nella Sede della Soc.-Stamperia Valdonega [2]**1960** XXX-933 S; *VN* = ed Barbi; *Rime* = Barbi; *Cv* = Parodi-Pellegrini; *VE* = Rajna; *Mon.* = Rostagno; *Epist.* = Rostagno; *Egloghe* = Pistelli; *Questio* = Pistelli; *DC* = Vandelli]. Tor **UTET** II (3 Teile) **1962-86** [VVAA edd, Opere; Introd., Anm. unter dem T, Bibliogr. m. allen Editionen (meist von EP an) u. Erwähn. d. Übers. in versch. Spr. sowie Sek.lit.; I (1962; rist. 1970, 1975): La *DC*, CXII-962 S, Classici it. 11 (ed A. CHIMENZ, Anm./Komm. unter dem T; TG Vandelli [10]1927); II/1 (1983): Op. minori, 614 S, Class. it. 11 (*VN* ed G. BÀRBERI SQUAROTTI, TG nicht gen.; *Rime* u. *Rime dubbie* ed A. JACOMUZZI, TG Contini [2]1946; *VE* ed S. CECCHIN, TG Mengaldo [2]1979; *Ecloge* lat./it. ed M. G. STASSI/üb. G. LANA, TG Brugnoli-Scarcia 1980); II/2 (1986): Op. minori, 875 S, Class. it. 11 ter (*Cv* ed F. CHIAPPELLI-E. FENZI, TG Vandelli 1937 bzw. rist. 1969; *Epistole* ed A. JACOMUZZI, TG Pistelli 1921 bzw. [2]1960, it. Üb. A. DEL MONTE 1960; *Mon.* ed P. GAIA, TG u. Üb. P. G. RICCI 1965; *Questio* ed ders. TG Pistelli 1921, Üb. F. ANGELITTI]. Rom **Istituto della Enciclopedia Italiana 1978** [Alle Werke D.s enthält Bd VI der *Enciclopedia Dantesca* = im Appendice-Bd (s. Abt. 28: Dante-LEXIKA), S. 619-1002, und zwar in folg. guten Nachdrucken: *VN* (ed BARBI 1932), *Rime* (ders. 1921), *Cv* (VANDELLI 1934-37), *VE* (MARIGO 1948), *Mon.* (RICCI 1965), *Epistole* (PISTELLI 1921), *Egloghe* (ders. 1921), *Questio* (ders. 1921), *DC* (PETROCCHI III 1966-67), *Fiore* (PARODI 1922), *Detto* (ders. 1922).]. Mil-Nap **Ricciardi** II (3 Teile) **1979-84-88**, La lett. it.: Storia e Testi 5 [VVAA edd, Opere minori. Tomo I-Parte I (1984), 959 S (edd D.

DE ROBERTIS-G. CONTINI); enth. *VN* (ed DE ROB., TG Barbi 1932; ausf. Komm. unter dem T), *Rime, Fiore* u. *Detto* (ed CONT.); Tomo I-Parte II (1988), C-1107 S (edd C. VASOLI-D. DE ROBERTIS); enth. *C.*; XI-LXXXIX: Introd. (Vas.); XC-XCII: Avvert. al comm. alle canzoni (De Rob.); XCIII: Nota al testo; XCIV-XCVI: Bibliogr. essenz.; 3-885: ganzer T mit ausf. Komm. unter dem T, TG E. G. Parodi-F. Pellegrini 1921; 887-1107: div. Reg.; Tomo II (1979), 1051 S (edd P. V. MENGALDO-B. NARDI-A. FRUGONI-G. BRUGNOLI-E. CECCHINI-F. MAZZONI (Teil 1) enth.: *VE* ed MENG., TG Hs. B = Berlin Lat. Folio 437; *Mon.* ed NARDI bzw. -nach dessen Tod- von P. MAZZATINTI fertig gest.; TG P. G. Ricci 1965, aber tw. erg.; statt Introd. ein Aufs. von Nardi von 1966, 241-69: *D. e il »Buon Barbarossa«*; 270-9: Nota al testo u. Bibliogr. essenz. von Mazzat.; keine Erläuter. im Anschl. an den T; *Epistole* ed FRUGONI-BRUGNOLI, TG der 13 Briefe Pistelli [2]1960, it. Üb. neu Brugnoli; *Egloghe* ed CECCHINI u. *Questio* ed MAZZONI, TG E. Pistelli 1921 bzw. 1960, Üb. neu; 693-737: Introd.; 738-43: Nota al testo sowie Bibl. essenz.; 744-73: T; 774-880: Komm.; 881-95: Ind.-Sommario delle op. (Inh.ang. nach Abschn.); 897-992: Ind. analit. dei nomi e delle cose notev. conten. nel testo dant.; 993-1047: Ind. analit. dei nomi e delle cose notev. conten. nelle note; alle lat. Texte. mit it. Üb. daneben; meist umfangr. Anm.app. unter dem T; alle Texte auf der Basis maßgebl. Editionen; eine wicht. u. zitierfähige Ed. aller D.-Texte, ausgen. *DC*; letztere befindet sich in Bd 4 von 1957 (ed N. SAPEGNO); s. hierzu Abt. 39: Weitere *DC*-AUSGABEN.]. Fir Sans [3]1981 XXII-941 S, Le Querce oN [Luigi BLASUCCI ed, D. A.: Tutte le opere; enth. alle Werke, einschl. *Il Fiore* u. *Detto d'Amore*; alle Texte unkrit. ohne Komm.; lat. Texte mit it. Übers.; S. 794-826: Sommario delle opere = Inh.ang. aller Werke; 827-941: Glossario it. = eine Art Lexikon, Konkordanz u. Sachwörterbuch; als Einl.: Sviluppo del pens. e dell'arte di D. (B. Nardi) und D.: Vita, opera, fortuna (M. Barbi; [1]1965; seinerzeit Lit. 60.000]. Rom **Newton Compton 1993** 1214 S, Grandi Tasc. Econ. i Mammut 11 [NN ed, Tutte le opere; enth. *DC, VN, Rime, Fiore, Detto, C., VE, Mon., Egl., Epistole, Questio.* Introd. I. Borzi, Komm. G. Fallani, N. Maggi u. S. Zennaro; 7-30: D. A.: Profilo biograf. (I. B.). Es folgen alle Werke mit sehr ausf., kleingedr. Komm. u. dem T (= bei it. Texten; bei lat. Texten: Note als Anh.); lat. Texte mit Üb. daneben; TG nicht gen.; gute Schul- oder Lesetextgrundl.; Preis seinerz.: Lit. 9.900!].

INTERNET

Giuseppe BONGHI ed/dir, *Progetto Dante Alighieri* [http://www.classicitaliani.it/index042.htm]. Im Rahmen des größeren elektron. Texteditionsprogramms Bibl. dei Classici It. (beg. 1996) ist das D.-Projekt eine Ges.ausg. seiner Werke, die von vielen verschied. u. recht nützl. Einführungsteilen begleitet ist. Die ganze Präsentation ist ordentlich, sauber u. zuverlässig. Studierende sollten aber nicht vergessen, daß die hier gefund. Informationen nur zur ersten Kenntnisnahme dienen und daß man solche Quellen nie zitiert oder gar abschreibt, sondern zu den originalen Print-Quellen finden muß. Die Werke D.s -*DC*, alle Opere minori sowie *Il Fiore* u. *Detto d'Amore*- werden nämlich z. B. nicht nach den letztgültigen kritischen, sondern aus rechtl. Gründen z. T. nach längst überholten Ausgaben kopiert (wie die *VN*, die man im Text von T. Casini von 1885 lesen muß).

12. GESAMTÜBERSETZUNGEN von Dantes WERKEN

[Wer sich mit einem Werk D.s befaßt u. im Italienischen oder Lateinischen nicht firm ist, sollte sich die für den jeweil. Text beste(n) Einzelübersetzung(en) beschaffen, auf die wir in diesem ersten Bd -die *DC* betreffend (s. die Abt. 55 bis 58)- bzw. im 2. Bd -zu den 'kleineren Werken'-hinweisen. Außerdem gibt es Gesamt- oder Sammelübersetzungen, die eine nahezu vollständ. Übertragung von D.s Schaffen enthalten; hiervon eine kleine Auswahl]

Deutsche Gesamtübersetzung
Karl Ludwig KANNEGIESSER, D. A.'s prosaische Schriften mit Ausnahme der *VN*, Leip Brockhaus II **1845** XII-263 + VIII-226 S, Ausgewählte Bibliothek der Classiker des Auslandes 39 + 40 [Erster Theil: VII-XII: Vorrede; S. 1-263: *Das Gastmahl* (*Il convito*); Zweiter Theil: 3-91: *Ueber die Monarchie*, 95-158: *Ueber die Volkssprache*, 163-226: *Briefe* I-XIV; alle Werke jew. ganz übers.; als Mikrofichereprod.: Mün Saur 1991, Bibl. der deutschen Lit. 4772-74 = 3 Mikrofiches].

Englische Gesamtübersetzung
Paolo MILANO ed, The Portable D. Edited and with an Introd., NY-Lon u. a. Viking Penguin Inc **1947** XLII-662 S [enth.: 1. The *Divine Comedy*, complete transl. by Laurence Binyon with notes from C. H. Grandgent; 2. La *VN*, complete transl. by D. G. Rossetti; 3. Excerpts from the *Rhymes* and the Latin prose works; Repr. 1975].

Französische Gesamtübersetzungen
André PEZARD, D.: Oeuvres complètes: Traduction et commentaires par A. P., Par Gallimard **1965** LVI-1851 S, Bibliothèque de la Pléiade 82 [enth. alle Werke vollständ., nur in frz. Übers.; Erklär.en jew. unter dem T; Zuerst: Avertissement, Chronologie essentielle, Index des abréviations; danach 3 Abteil.; I: Oeuvres italiennes (*Vie Nouvelle* 3-83, *Rimes* insges. 118 Ged. 87-271, *Banquet* 275-546); II: Oeuvres latines (*De l'éloquence en langue vulgaire* 551-630, *Monarchie* 633-740, *Epîtres* I-XIII 743-809, *Églogues* 4 Texte 813-40, *Querelle de l'eau et de la terre* 843-77); III: *Divine Comédie* (883-1676); danach: Appendices, Index alphabétique, I. philosophique, Glossaire, I. alphabét. des rimes; [2]1967, [3]1976].   **Christian BEC** dir/ed/üb, D.: Oeuvres complètes. Traduction nouvelle sous la direction de C. B. Traductions et notes de C. B., Roberto Barbone, François Livi, Marc Scialom et Antonio Stäuble, oO Librairie Générale Française/La pochothèque. Le livre de Poche **1996** 1024 S, Classiques Modernes oN [7-24: Avant-propos (= Einf. von C. B.: biogr. Abriß, Inh.ang. der Werke, knappe Bibl., Chronol.); es folgen dann nur frz., immer ganze Te mit sehr wen. Anm. u. dem T: *Vie nouvelle* (27-84 üb. C. B.), *Rimes* (87-179 = 118 Ged. in 7 Büchern üb. C. B.), *Banquet* (183-383 üb. C. B.), *De l'éloquence en langue vulgaire* (387-436 üb. R. B.-A. S.), *La Monarchie* (439-516 üb. F. L.), *Épîtres* (519-60 = 13 Briefe üb. R. B.-A. S.), *Églogues* (563-72 = 2 mal 2 in Prosa übers., üb. R. B.-A. S.), *Querelle de l'eau et de la terre* (575-92 üb. R. B.-A. S.), *La Divine Comédie* (599-1024 = ganz, in Versen = décasyllabes, ungereimt, üb. M. S.); alle Anm. von C. B.; „D'auteurs divers, les traductions proposées ici s'efforcent de répondre à deux critères fondamentaux: exactitude et -différemment du choix fait par A. Pézard- accessibilité immédiate en français moderne."(C. B.)]

13. Dante in mehrbändigen LITERATURGESCHICHTEN

[Ein besonderes Kulturphänomen ist in Italien das ausgeprägte Verhältnis seiner Bürger zu ihrer Nationallit., deren Kennenlernen u. Studium ein fester Bestandteil des Lernbetriebs nahezu aller Schultypen u. vieler Studiengänge ist, weswegen die systemat. u. immer wieder neu organisierte Verschriftlichung der Gesch. der Autoren u. ihrer Werke eine große, von zahlreichen Verlagen gestützte Konjunktur hatte und weiterhin hat. So entstanden das ganze 20. Jh. hindurch -außer ein-/zweiteiligen- mehr- bzw. vielbändige Lit.geschichten, in denen Dante jeweils breiter Raum konzediert wird, so daß die entsprechenden Abschnitte zum Due- bzw. Trecento die Bedeutung von ausführlichen Einführungen zu seinem Gesamtschaffen haben. Wir nennen **in chronol. Reihenf.** einige neuere Unternehmungen dieser Art.]

Nicolò MINEO, D., in *La lett. it.*: Storia e testi (direttore Carlo Muscetta), Bd I (von insges. 9 Bdn) [= I, 2]: Il Duec.: Dalle origini a D., Bari **Laterza 1970** X-760 S, S. 429-731 (bzw. § 167-192 = 5.

Kap.) [chronol. Ges.darst. mit vielen Texten (zu denen in Anm. auch sprachl. Erklär.en gegeben werden); wurde auch separat als Buch nachgedr.: ebend. (bzw. Rom-Bari) ³1989 325 S, S. 285-322: ausf. Bibl. (bis 1989 ergänzt)]. **Aldo VALLONE, D., Pad La Nuova Libreria Editrice** ²1981 XIV-760 S, *Storia letter. d'It.* nuova ediz. a cura di A. Balduino, Bd 3 (von insges. 11 Bdn) [„Sec. ediz. ampl. in più parti (e talv. notevolm.) e verificata nelle linee gener. e nei particolari, oltre che aggiorn. bibliograficam." Mon. in 14 Kap.; ¹1971; rist. 1973]. **Natalino SAPEGNO,** D. A., in *Storia della lett. it.* diretta da Emilio Cecchi e N. S. nuova ediz., Bd 2 (von insges. 8 Bdn): Il Trec., Mil **Garzanti** ²1987 9-190 [Ges.darst. in 9 chron. Kap., mit vielen Textbeisp. u. Abb.; am Schluß Bibl.; ¹1965: ebend. 7-183; neue Aufl. ist nahezu unveränd., nur Bibl. geringfügig weitergef.]. **Giorgio BÁRBERI SQUAROTTI, D.,** in *Storia della civiltà letteraria it.* diretta da G. B. S., Tor **UTET 1990,** Bd I, 1 (von 6 z. T. mehrteil. Bdn, 1990-96) 443-514 [Aufbau: 1. La giovinezza. La *VN* e le rime contemporanee; 2. Gli anni dell'azione polit. e il primo periodo dell'esilio: le *Pietrose,* il *Fiore* e le altre rime, il *Cv*; 3. La *C.*; 4. Le opere lat. e le rime tarde]. **Angelo MARCHESE,** *Storia intertestuale della lett. it.,* Bd 1 (von insges. 4 Bdn): Il Duec., il Trec. e il Quattroc.: Dal Medioevo all'Umanes., Mess-Fir **D'Anna 1991** 153-210 [= 3. Kap.: D. A.; gegl. in 2 Hauptkap. 1. La personalità e le opere minori.; 2. La *C.*; als Lernstoff aufbereitet, mit wegweisenden Überschriften, zentr. Texte/Probleme werden didakt. fokussiert; sparsame bibl. Einschübe; optisch gut gestalt. Beschränkung auf das Wesentliche; Titelhinweis auf „Intertextualität" ist eher unwörtlich gemeint.]. **Cesare SEGRE-Clelia MARTIGNONI** dir, *Testi nella storia. La lett. it. dalle origini al Novec.,* Bd I (von insges. 4 Bdn): Dalle origini al Quattroc. (a cura di Claudia Rebuffi-Luigina Morini-Raffaella Castagnola), Mil Ediz Scolastiche Bruno **Mondadori 1991** XVIII-1260 S [zu D. = 373-560: Ges.darst. von Leben u. Ges.werk mit bibl. Ang.; viele Textbeisp. mit Komm. unter dem Text; eingefügte Artikel (schede) zu lit.wiss. u. sonst. zentr. Fragen/Themen; schöne ganzseit. Schaubilder der drei Jenseitsreiche auf S. 393, 395, 397; ein didaktisch angel. Werk zum Selbststudium]. **Enrico MALATO, D.,** in *Storia della lett. it.* (diretta da E. M.), Bd I (von insges. 14 Bdn): Dalle origini a D., Rom **Salerno 1995** XIX-1062 S [zu D. = 773-1052: chron. Ges.darst. in 20 Kap.; am Schluß Bibliogr. essenz.].

14. EINFÜHRUNGEN und STUDIENFÜHRER zu Dante

[Didaktische, d. h. übersichtliche u. leicht verständliche Darstellungen von Dantes Gesamtschaffen -die meist eine Darstell. seines Lebens einschließen- sind in der Regel Auftragswerke von Verlagen oder sie entstehen als Unterlagen für den D.-Unterricht. Es handelt sich um Werke von Fachleuten, welche Anfängern helfen, in das Denken u. Schreiben unseres Autors einzudringen. Eine in der eigenen Muttersprache verfaßte Einführ. muß nicht die anregendste oder überzeugendste sein; auch ältere Studienführer sind informativ, denn früher nahm man sich mehr Zeit fürs Schreiben! Wir nennen **in chronol. Reihenf.** mehrere solcher überw. in Buchform verfaßter Einweisungen; reine Dante-Biographien, betont biograph. Unters.en sowie histor. Werke zu D.s Epoche finden Sie in Bd. II versammelt; s. auch Abt. 60: EINFÜHRUNGEN in die *DC*.]

Ruggiero **LEONCAVALLO,** Manuale dant. ad uso della gioventù. Prima ediz. toscana, Liv Ferd. Carrozzi **1853** 258 S [Einf. in D. u. s. Werk, aufschlußr. für das D.-Verständnis vor der Einig. Italiens; Aufbau: I. D. A.; II. La *DC*]. [Dr.] Franz X[aver] **WEGELE** [1823-97], D. A.s Leben u. Werke. Im Zus.hange dargest., Jena Verl von Gustav Fischer ³1879 XIV-629 S [Ges.darst.; Aufbau: I. Einl.; II. D.'s Leben; III. D.'s Politik; IV. Die *GK*; ²1865]. [Dr.] G[iovanni] A[ndrea] **SCARTAZZINI** [1837-1901], D.-Handbuch: Einf. in das Studium des Lebens u. der Schriften D. A.s, Leip Brockhaus **1892** VII-510 S [umfass. Einf.; Aufbau: 1. D. in der Heimat; 2. D. in der Verbann.; 3. D.s Geistesleben; 4. D.s kleinere Werke; 5. Die *GK* (alles weiter untergliedert); bietet

Zugang zur D.-Forsch. des 19. Jh.s, da alle Hauptkap. Bibl. haben; it. Fass.: Dantologia: Vita e op. di D. A. Sec. ediz. corr., rif. e ampl. dall'autore, Mil Hoepli ²1894 XV-408 S, Manuali Hoepli oN (hiervon rist.: Mil Hoepli 1976)]. J.[= Jean] A. [=André] SCARTAZZINI, D., Ber Ernst Hofmann & Co 1896 236 S [Ges.darst. in 20 Kap.; 1-18 zu Biogr., Person, Char.; 19 zur GK; 20 zu D.s Nachruhm]. Franz Xaver KRAUS [1840-1901], D.: Sein Leben u. sein Werk. Sein Verhältnis zur Kunst u. zur Politik. Mit zahlr. Ill.en, Ber Grote'sche Verl.buchhandl 1897 X-792 S [schöner alter Einf.bd; Aufbau: 1. D.s Leben; 2. Die klein. Schriften; 3. Die C.; 4. D.s Verh. zur Kunst; 5. D.s Verh. zur Pol.]. Edmund G[arrat] GARDNER [1869-1935] [Author of Dante's Ten Heavens], D., Lon Aldine House J. M. Dent & Co 1900 VI-159 S, The Temple Primers oN [kleines, nützl. Büchlein: 15 mal 10 cm; Aufbau: I. D. in his times; II. D.'s minor Ital. works; D.'s Latin works; IV. The DC; Diagrams and tables (insges. 7); weit. Aufl.en]. Charles Allen DINSMORE [1860-1941], Aids to the study of D., Bos MA-NY Houghton, M. & Co/The Riverside P 1903 430 S [Aufbau: I. The times of D.; II. Sources of our knowledge of D.; III. D.'s personal appearance; IV. The VN; V. Minor works; VI. The DC; VII. Interpretations]. A[lan] G[eorge] FERRERS HOWELL [1855-][Author of Franciscan Days], D.: His Life and Work, Lon-Edin T. C. & E. C. Jack oJ [=1912] VII-96 S, The People's Books [Letters] 57 [kl. Buch: 16,5 mal 11 cm; „The object of this book is to give such a general view of the life, writings, and teaching of D. as will encourage those to whom the subject is new." (VII) Aufbau: I. The life of D.; II. D. as a lyric poet; III. D.'s political ideal; IV. The central allegory of the DC]. Natale BUSETTO [1877-], La vita e le opere di D. A., Liv Raffaello Giusti Edit 1916 VIII-104 S [sehr einfache, knappe Ges.darst.: I. L'uomo e i suoi tempi; II. Lo scrittore]. Cesare FOLIGNO [1878-], D.: Con 186 illustrazioni e 3 tavole, Berg Ist It d'Arti Grafiche-Edit oJ [1920] XVI-245 S, Collez. di monografie illustrate oN [Leben u. Werk in 16 Kap.; viele Fotos zu D. u. von D.-Illustrationen; schönes u. lesensw. Buch]. Karl FEDERN [1868-], D. u. seine Zeit. Dritte neubearbeit. Aufl. mit 26 Abbild., Leip Kröner ³1921 247 S [Erster Teil: Die Zeit (13 Kap.); Zweiter Teil: D. (6); Anh.: Die Urteile: die Dokum., welche D.s Verbann. vom 27. 1. 1302 bewirkten = Originaltexte in Faksimile u. dt. Übers.; ¹1899, ²1916; it.: D., Berg Ist It d'Arti Grafiche 1903 299 S; engl.: D. and his Time, Lon Heinermann 1902 XX-306 S; amer.: gleicher Titel, NY McLure, Phillips & Co 1902 XX-300 S]. C[harles] H[all] GRANDGENT, D., NY Duffield & Co 1921 397 S, Master spirits of lit. 1 [G. war Romanistik-Prof. in Harvard; „It has been my purpose to present my hero, not as an independent figure, but as the mouthpiece of a great period of the world's history. I have attempted to trace a portrait of the MAs with D.'s features showing through." Aufbau: I. D. A.; II. Society and politics in the MAs; III. Church and state in D.; IV. Med. song; V. Language and poetry; VI. Didactic, moral, satirical and religious lit.; VII. Med. learning; VIII. Theology; IX. Man and world; X. Man and his works; XI. Allegory; XII. The med. temper; XIII. The masterpiece (= S. 278-375)]. Hermann HEFELE [1865-1936], D., Stutt Fr. Fromanns Verl (H. Kurtz) 1921 274 S [eine essayist., nicht wissensch. Einf. in den ganzen D. in dt. Sprache, aber mit it. Titeln; Aufbau: Proemio, Cacciaguida, VN, Il volgare, Inf., Cv, Purg., Mon., Par.]. G[iuseppe] L[ando] PASSERINI [conte: 1858-1932], D. (1265-1321): Note biografiche e storiche, Mil Rinaldo Caddeo & C./Casa Edit Risorgimento 1921 254 S, Collez. univers. di lett., arti e scienze 1-3 [Ges.darst. zu Leben u. Werk in 36 Themenkreisen; essayhaft, nicht wissensch.]. Konrad FALKE [d. i. Karl Frey: 1880-1942], D.: Seine Zeit/Sein Leben/Seine Werke. Mit alphabet. Inhalts- u. Schriftenverz. u. 64 Tafeln Abbildungen, Mün Beck'sche Verl.buchhandl 1922 760 S [umfass. Ges.einf.; „Dieses Werk will die dämmerdunkle Gestalt D. in das Licht neuerkannter Schicksalsmächte u. damit überh. ans Licht rücken." (III) Es werden kulturhistor. Horizonte (u. a. O. Spengler) sowie Erkenntnisse der 'mod. Psychologie' einbezogen. Aufbau: 1. Die Seele des Abendlandes (allgem. Einf. in die Zeit u. Gesch.); 2. D.s Schicksal (14 det. Unterabschn.); 3. Die

GK (sukzess. u. gründl. Einf. auf der Basis dt. Übers.en)]. Eduard **WECHSLER** [1869-], Wege zu D., Halle a. S. Niem **1922** IX-136 S [Ges.einf. in 5 Themenkr. des einst. Ordinarius für Romanistik in Berlin: Des Dichters Werdegang; Scholastiker u. Prophet; Vierfacher Schriftsinn u. geist. Erlebnis; Dogmat. u. poet. Einheit; D. der Mensch]. Arturo **POMPEATI** [-LUCCHINI] [1880-1961], D., Ven La N It **1928** 366 S [Chronol. das Leben begleitende Ges.darst. in 13 Kap.; „Il mio Dante non è per i danteschi. È, o vorrebbe essere, per quello che si suol chiamare il gran pubblico." (Vorw.)]. T[homas] S[tearns] **ELIOT** [1888-1965], D., Lon Faber & Faber oJ [**1929**] 69 S, The Poets on the Poets 2 [Aufbau: I. A reading of the *Inf.*; II. A read. of the *Purg.* and the *Par.*; III. A read. of the *VN*; [2]1930: ebend.; it. Übers.: D.: a cura di Luigi Berti, Mod Guanda 1942 176 S, Coll. di cultura 2]. Nicola **ZINGARELLI** [1860-1935], La vita, i tempi e le opere di D., Mil Vall **1931** II 1388 S, Storia letter. d'It. oN [eine der umfangreichsten Ges.darst.en zu D.s Leben u. Werk aller Zeiten in 40 Kap.; alles wird sehr ausf. u. detaill. erläutert; Anlage ist chronol.: Lebensphasen u. Werke werden sukzess. vorgest.; diesem Werk ging folg. Vorform voraus: N. Z., D., ebend. oJ = 1904 VIII-768 S, gleiche Reihe, Bd 3 in 2 Teilen (17 + 8 Kap.; zuerst zum Leben, dann zu den Werken); hiervon Nachdrucke: 1909 u. 1912 ebend. mit gleicher Seitenzahl]. Giovanni **PAPINI** [1881-1956], D. vivo, Fir Libreria Editr Fiorentina **1933** 445 S [5 große Kap.: 1. Prolegomeni, 2. La vita, 3. L'animo, 4. L'opera, 5. Il destino; dt.: D.: Ein ewiges Leben, Ber-Wien-Leip Ralph A. Höger Verl 1936 277 S; Ndr. hiervon: Bialogard (Polen)/Zür 1997]. Francesco **MAGGINI** [1886-1964], Introduz. allo studio di D., Bari Lat **1936** 152 S [einf. Einf. ohne wissensch. u. bibl. Ballast; Aufbau: I. La vita di D.; II. Le op. min.; III. La *C.*; IV. Il valore del poema; [3]1948: ebend. 150 S]. Teresio **GROSSI**, Le opere min. di D., Tor-Mil u. a. Par **1938** 110 [Einf. nur in die Werke neben der *C.*]. Michele **BARBI** [1867-1941], Vita di D., Fir Le Lett 1996 136 S, La Nuova Meridiana 22 [= Nachdr. von 1961: Fir Sans 138 S, Le piccole storie illustrate 67; aber auf dem Stand von [2]**1940** 270 S bzw. [1]1933: Fir Sans = identisch; Aufbau: I. Vita; II. Opere minori; III. La *DC*; IV. La forma e lo studio di D.; ist nicht nur eine Biographie, sondern Ges.darst. bzw. allgem. Einf.; engl. Fass.: The Life of D., Berk CA U of CA P 1954 132 S]. Louis **GILLET** [1876-1943], D.: Aus dem Franz. übers. von Joseph Niederehe, Essen-Freib Verl Dr. Hans v. Chamier p. **1948** 367 S [Ges.darst. in 10 Kap. mit einigen ungewöhnl. Schwerpunkten: 1. D.s Jugend, die *VN*; 2. Das öff. Leben, die Verbann.: Das Drama Heinrichs VII.; 3. D. u. der Islam; 4. D. u. Vergil; 5. Der Theologe D.; 6. D. u. Frankr.; 7. D. u. die Frauen; 8. Der Künstler, der Dichter; 9. Ravenna, das Paradies; 10. Der Prophet, D. u. Italien; frz. Orig.: D., Par Flammarion 1941 379 S, L'histoire et les hommes oNj. August **BUCK** [1911-98], D. als Dichter des christl. MAs, Ham H. H. Nölke Verl **1949** 119 S [eine anreg., geistvolle, auch wissenschaftl., aber ballastfreie, in den Formulierungen/Statements treffsichere Ges.einf., die leider kaum bekannt ist; Aufbau: I. Das christl. MA; II. D.s geistiger Werdegang (Der ritterl. Minnesänger, Der gelehrte Laie, Der univers. Dichter); III. D.s Weltbild (Das Universum u. sein Schöpfer, Imperium u. Sacerdotium, Der Mensch u. Gott)]. August **VEZIN** [1879-1963], D.: Seine Welt u. Zeit. Sein Leben u. sein Werk, Dülmen i. W. Laumannsche Verl.buchhandl **1949** 478 S [Ges.darst. in 34 Kap.]. Friedrich Freiherr von **FALKENHAUSEN** [1869-1946], D., Ber de Gruyter **1951** 202 S [allgem. Darst. zu Leben u. Werk; Aufbau: D. u. wir Deutschen; It. u. Florenz zu D.s Zeit; Herkunft, Jugend u. Neues Leben; In der Arena des polit. Kampfes; Exul immeritus, Trost der Philos.: Die Traktate vom Gastmahl u. von der Volksspr.; Enttäuschte Hoffn.: Kaiser Heinrichs Kampf u. Ende; Für Kaiserrecht u. Weltreich: Die Schrift *de mon.*; Neue Wanderschaft u. neuer Kampf; Der Pilger durch die jenseit. Reiche: Werden u. Wesen der *GK*]. Luigi **PIETROBONO** [1863-1960], D. e la *DC: Dietro le poste de le care piante*, Fir Sans **1953** 133 S, Bibliot. Encicloped. Sansoniana 19 [kleines Einf.bändchen in den ganzen D.; zuerst Biogr. (Vita in patria e in esilio); danach zu *VN*, *Cv*, *Rime*, *VE*, *Mon.*, *Epistole*, *Egloghe*, *Questio*, *DC*].

Johannes **HALLER** [1865-1947], D.: Dichter u. Mensch, Bas Benno Schwabe & Co Verl **1954** 254 S [„Die Schrift ist für Laien bestimmt." (8); einführ. Ges.darst. eines leidenschaftl. D.-Freundes; Aufbau: I. Das Leben u. die klein. Werke; II. Die *GK*].   Alberto **DEL MONTE**, Piccola guida dant., Tor Loescher **1957** 116 S [Einf.büchlein in den ganzen D.: La vita, *Rime, VN, Cv, VE, Mon., Epist.-Egloghe-Questio, DC*, Lettura del poema, 3 schöne Diagramme zum Aufbau der 3 Jenseitsreiche; 49-112: Inh.ang. zu allen 100 canti].   Paul **RENUCCI** [1915-], D., Par Hatier **1958** 238 S, Connaissance des lettres 51 [Aufbau: I. La jeunesse de D. (1265-93); II. La saison des orages (1293-1306); III. La genèse et le dével. de la *DC* (1304-21); IV. La poésie de D.; 223-38: Bibl. sommaire].   Friedrich **SCHNEIDER** [1887-1962], D.: Sein Leben u. sein Werk, Weimar Böhlaus Nachf. ⁵**1960** XIX-290 S [= „fünfte, neubearb. Aufl."; Einf. in 2 Hauptkap. zu Person u. Werken; im Anh. schöne Falttafeln zum Aufbau der *DC*; ¹1935, ²1940, ⁴1947].   Umberto **COSMO** [1868-1944], Guida a D.: Nuova ediz. a cura di B. Maier, Fir La N It ²**1962** XXXIX-254 S, Maestri e compagni 4 [didakt. Stud.führer in 15 Kap.; zur D.-Forsch. allgem. (I-II), zu den Lebensetappen (III-VII, X, XII, XIII), *Cv* u. *VE* (VIII-IX), *Mon.* (XI) u. *DC* (XIV-XV); 171-239: Breve storia della crit. dant. (B. Maier); alles jew. mit fundament., aber ält. Bibl.; ¹1947: Tor Francesco de Silva 202 S; engl. Fass.: A Handbook to D. Studies, NY Barnes & Noble 1947 VI-194 S u. weit. Aufl./Ausg.].   Thomas G [oddard] **BERGIN** [1904-], An Approach to D., Lon The Bodley Head **1965** 326 S [Einf. in Leben u. Ges.werk in 15. Abschn.].   Siro A[medeo] **CHIMENZ** [1897-1962], D., Mil Marz oJ [**1955**] 113 S [einf., aber flüssig geschrieb. u. informationsr. Einf.werk; I. Biogr.; II. Op. min., III. La *C.*; Append. (Fort. di D. = kurze Gesch. der Rez.), Bibl. gener., Bibl. particol. = jew. komp. bibl. Infos; diese Arb. wurde unverändert aufgen. in die Reihe 'Orientamenti culturali. Lett. it.: I Maggiori', ebend. 1974 1-129.]. Georges **MOUNIN** [1910-], Lyrisme de D., Par Presses Universitaires de France **1964** 177 S [keine Unters. zur Lyrik oder 'Poesie', sondern essayhafte Ges.einf. in Themen wie Aktualität D.s, s. Zeit, Politik, Religion u. and. zentr. Asp.].   Mario **CASELLA** [1886-1956], Introd. alle opere di D., Mil Bom **1965** 150 S, Delfini-Cultura 16 [kleine Einf. ohne wiss. Ballast u. in Kurzform zu allen Werken u. wicht. Themen].   Bernhard **HANSSLER**, D. bleibt aktuell, Freib-Bas-Wien Herder **1965** 123 S, Herder-Bücherei 235 [anreg., essayist. Hinführ. zu D. u. s. Ges.werk; Aufbau: I. Das Element Sprache; II. Die menschl. Freiheit; III. Die weltl. Welt; IV. Die geistl. Kirche]. Jacques **MADAULE**, D. ou la passion de l'immortalité, Par Plon **1965** 189 S, La Recherche de l'Absolu 18 [Ges.einf. auf biograph. Basis; Aufbau: I. La vocation; II. »Dans une forêt obscure...«; III. »Tu abandonneras tout, et ce que tu aimes avec prédilection«; IV. Béatrice retrouvée; anschließend: Conclusion, Opinions, Biographie, Aperçu bibliographique].   Lucienne **PORTIER**, D.: Un tableau synoptique de la vie et des oeuvres de D. et des événements artistiques, littéraires et histor. de son époque. Une suite iconographique accompagnée d'un commentaire sur D. et son temps, Par Seghers **1965** 190 S, Écrivains d'hier et d'aujourd'hui 23.   Francis **FERGUSSON**, D., Lon Weidenfeld and Nicolson **1966** X-214 S, Masters of World Lit. Series oN [I. The Road to the *C.* (Biogr. u. Darstell. aller op. min.); II. The *C.*].   NN [bzw. REDAZIONE DE 'I GIGANTI' con la collaboraz. di specialisti esterni] ed, D. A., Mil-Ver Mond **1968** 133 S, I Giganti. La nuova bibliot. per tutti oN [eine gefällige, schöne, mit guten Fotos ausgestatt. Einf. in Leben u. Ges.werk, bestehend aus Einführ.teilen u. Textauszügen; sehr angenehm zu lesen].   Jacqueline **RISSET**, D. écrivain ou l'Intelletto d'amore, Par Seuil ¹**1968** 256 S [Versuch, das Ges.werk D.s von poststruktur. Theoremen der franz. Tel Quel-Gruppe aus darzustellen; J. R. gehörte seit 1967 dem Redaktionskomitee jener Zeitschr. an; sie bezieht sich auf Philippe Sollers; „Ce qui ce dévoile alors... cest l'Intelletto d'amore: qui est 'intelligence d'amour' au sens que lui donnait D. dans ses écrits, mais qui est aussi, pour nous, *intellect amoureux*, passion de la pensée, intensité circulaire où le lecteur-scripteur mod. peut se reconnaître et se perdre." Aufbau: TRAJECTOIRE: I. Le cercle

(1. Le commencement, 2. La fin, 3. L'entre-deux: l'expérimentation); II. Le trait (1. La panthère parfumée: l'amour de la langue, 2. Le pain des anges: l'amour de la philos., 3. Les deux soleils: la monarchie univers.); III. La spirale (1. L'enfer: les tentations, 2. Purgatoire: les rites, 3. Le paradis: Transumanar); NOEDS (1. Vie, 2. Hist. d'une absence, 3. Traduire; sehr knappe Bibl.); [2]1982: ebend. 255 S, essai/Seuil 51 (= im Prinzip unveränd., in Anm.en u. Bibl. jedoch ein paar neuere Titel).].   Mylène **BONAN-GARRIGUES**, D., Par Éditions Universitaires 1970 122 S, Classiques du XXe siècle [112] [kleine Ges.darst. zu Leben, Werk, Ideen, hist. Hintergr. in 6 Themenkr.: 1. La vie; 2. La tâche de l'oeuvre; 3. Le climat politique; 4. Les préoccupations littér. et linguistiques; 5. Structure mentale et sensibilité méd.; 6. L'oeuvre maîtresse].   Kurt **LEONHARD**, D. A. in Selbstzeugnissen u. Bilddokumenten, Reinbek Rowohlt [1]1970 187 S, Row. Monographien 167 [anreg., wissenschaftl. u. plastisch dokum. Ges.darst.in 15 Themenkr.; biogr. u. thematisch angel., mit gründl. Bibl.; Ndr. ebend. 1981, [9]1998: Row. Monogr. 50167 (mit ergänzter Bibl.)].   Enrico **ORLANDI**-Maria Luisa **RIZZATTI** [übers. Julia SCHLECHTA], D. u. seine Zeit, Wies Emil Vollmer Verl oJ [**um 1970**] 75 S [albumart., schöner Bildbd mit einschläg. Themen zu D.; einfach, aber kompet. u. angen. einführend geschr.; ist dt. Fass. des Bds NN bzw. REDAZ. DE I GIGANTI con la collaboraz. di specialisti esterni ed, D. A., Mil Mond 1968 133 S, I Giganti oN; s.o.].   Aldo **VALLONE**, D., Mil Vall **1971** IX-626 S, Storia letter. d'It. 3 [Ges.darst. aller Werke u. diverser Hauptasp. in 13 großen Kap.; jew. mit vielen Textstellen u. Anm. versehen, aber keine systemat. Bibl.; gelehrte Einf.].   Paget [JACKSON] **TOYNBEE** [1855-1932], D. A.: His life and works. Ed. with an introd., notes and bibliography by Charles S. Singleton, Glouster MA Peter Smith [5]**1971** XXIII-316 S [Ges.darst.; zugr. liegt Ausg. [4]1910: Lon Methuen & Co; zuvor [1]1900, [2]1901, [3]1904; Aufbau: I. Guelfs and Ghibellines; II. D. in Florence; III. D. in exile; IV. Characteristics of D.; V. D.'s works; ein früherer Ndr. hiervon: NY Harper & Row 1965, Harper Torchbooks/The Academy Library ITB 1206 L].   Silvio **PASQUAZI** ed, Aggiornamenti di crit. dant., Fir Le Monn **1972** [bzw. 1971] XII-864 S [3-216: Probl. generali e op. min. (= 32 Beitr. versch. Dantisten zu zentr. Fragen, Anthol. von Forsch.en); 219-816: Letture crit. della DC (100 Interpret. zu allen canti der DC, eine Anthol.)].   Hans Urs von **BALTHASAR**, D.: Viaggio attraverso la lingua, la storia, il pens. della DC, Bre Morc **1973** 129 S [kleine Einf. in D. u. DC in 6 Themenkr.; ist it. Übers. von Giuseppe Magagna einer dt. Vorlage (D., Einsiedeln Johannes Verl 1962)].   Herbert W[illiam] **SMITH** [lecturer in It. Studies, Univ. of Bath], The Greatness of D. A., Claverton Down [Bath] Bath UP **1973** [=1974] X-133 [kleine Ges.einf. für engl. Leser: „The book is intended for the interested layman as well as for the Italian specialist." (VII) Hervorgegangen aus Vorles.en an den Universitäten von Bath u. Exeter (1971-72); Aufbau: 1. Introductory; 2. D.'s Life; 3. His Works; 4. Some Literary Influences on D.; 5. The Figure of Beatr.; 6. The Poema Sacro; 7. Categorisation of the *Comedy*; 8. The Three Realms; 9. D. and John Bunyan; 10. D. the Linguist; 11. D. the Christian; 12. Med. yet Modern; 13. D.'s View of History; 14. D.'s Fortune in England and Italy; 15. Conclusion; im Anh. Diagramm von D. s Weltbild.].   René A[lbert] **GUTMANN**, D. et son temps, Par Nizet **1977** 233 S [Autor ist Arzt; Aufbau: 1. D. et Béatrice; 2. La poésie occitane; 3. Les influences musulmanes; 4. Fin de la poésie courtoise; 5. D. et la nouvelle poésie; 6. D. devant des problèmes divers; 7. D. et la médecine; 8. Concl.].   Ettore **MAZZALI**, D.: La vita, il pensiero, le opere, Mil Edizioni Accademia [2]**1979** 220 S, Bibliot. accademica oN [Ges.darst. in 7 Hauptkap.; I. La vita: dalla frequentaz. stilnovist. all'attività polit. e all'esilio; II. L'esercizio stilnovist. e la *VN*; III. Le *Rime*; IV. La dottr. codificata (zu *VE, Cv, Mon.*); V. La dottr. e le componenti del poema (zur *DC*); VI. Il racconto di D. (zur *DC* insges.); VII. La lingua e lo stile del poema; [1]1976].   Rosetta **MIGLIORINI FISSI**, D., Fir La N It **1979** 195 S, Strumenti/Letteratura: Guide 101 [kleine Darst. des Ges.werks, eingebunden in Biogr.; I. La giovinezza, II. L'esilio, III. La *C.*, IV. Ultime vicende biogr. e ult. scritti lat.; 169-94: detaill. u. ausf. Bibl.].   Gabriele **MURESU** ed, D. politico:

Individuo e istituzioni nell'autunno del med., Tor Par **1979** 206 S, nuovi class. paravia 16 [Studienbuch zu D.s Politik; I. Materiali di lavoro (= 5 informat. Art. über polit. Einricht. zu D.s Zeit, v. a. Impero u. Chiesa); II. Antol. (Samml. von polit. Textstellen aus Ges.werk, jew. mit ausf. Komm.: Un destino polit., D. e Fir., L'Impero, La chiesa)].   Ricardo J. **QUINONES** [sic], D. A., Bos MA Twayne **1979** 212 S, TWAS 563 [1. Early life and *VN*; 2. La donna gentile: D.'s philosophical growth and the canzoni; 3. Peregrino, quasi mendicando: Exile, the *Cv* and the *VE*; 4. The five-year-drama of Henry VII: D.'s *Mon.* and the political epistles; 5. *C.: Inf.*; 6. *C.: Purg.*; 7. *C.: Par.*; 8. Concl. (= zur Rez.); ²1998: ebend XVI-202 S].   Christoph **WETZEL**, D. A., Salz Andreas & Andreas **1979** 304 S, Die großen Klassiker. Lit. der Welt in Bildern, Texten, Daten 2 [Aufbau: Daten, Chronol., Themenkr., Texte (= Auszüge nur dt. und nur zur *VN* u. *DC*, mit zahlr. Abb.)].   William **ANDERSON**, D. the Maker, Lon-Bos Henley Routledge & Keagon Paul **1980** XII-497 S [anspruchsv. Ges.darst. in 21 Themenkr. zu 3 Hauptkap.: I. The making of a poet; II. Power, exile and the works of D.'s MAs; III. The making of the *C.*; 460-71: substanzreiche Bibl.; Einf. in Leben u. Werk m. vielen Texten (it. u. engl. Übers.), viele Zeichn.en u. Diagramme].   Wilhelm Theodor **ELWERT** [1906-97], Die it. Lit. des MAs: D., Petrarca, Boccaccio, Mün Francke **1980** 292 S, Uni-Taschenb. 1035 [faktenr., klar geschrieb. Einf. eines erfahr. Italianisten; Aufbau: I. Die Anfänge; II. Die Lit. des Duec. vor D.; III. D. A. (= S. 96-161: 1. Lebenslauf, 2. Lyrik, 3. Die *VN*, 4. Das *Cv*, 5. Die lat. Werke, 6. Die *GK* = mit den Unterkap. a bis r); IV. Petr.; V. Bocc.; VI. Das Schrifttum des Trec. vom Tode D.s bis zum Ende des 14. Jh.].   George **HOLMES**, D., Oxf-Toro-Melb Oxf UP **1980** VI-104 S, Past Masters [2] [eine sehr einf. u. knappe engl. Einf. in Leben u. Werk, Taschenb.; Aufbau: 1. The invention of Beatrice; 2. Politics, exile and the inspir. of Philosophy; 3. *Hell*; 4. *Purgatory*; 5. *Paradise*].   Horst **HEINTZE**, D. A., Bürger u. Dichter, Ber-Weimar Aufbau-Verl ²**1981** 229 S [Ges.darst. in 4 Themenkr.: 1. Der Bürger D.; 2. D.s ästhet.-philos. Entwickl.; 3. Die *GK*; 4. Abriß der D.kritik; ¹1965 = Schreibmasch.fass. der Habilschrift].   Maryse **STARACE**, Visitons l'Enfer de D.: Illustrations exécutées par Olga Blondin, Périgueux Fanlac **1981** 130 S [Einf. für franz.sprach. Schüler; textparaphrasierende Inh.angaben aller canti des *Inf.*; Einf. in Leben u. Werk].   Jacques **MADAULE**, D. et la rigueur italienne, Brux Éditions Complexe ²**1982** 312 S, Le temps & les hommes 7 [eine essayist. Ges.darst.; Aufbau: I. Florence à l'époque de D.; II. La vie et l'oeuvre; III. La fort. de D.; ¹1957: Par Club français du livre 315 S (Titel lautete: D. et la splendeur italienne)].   James **COLLINS**, Pilgrim in Love: An introd. to D. and his spirituality, Chic IL Loyola UP **1984** XVI-287 S [trotz des einschränk. Titels eine nützl. Ges.einf. in 2 Teilen: I. An Overview of D.'s Works (1-66); II. Commentary on Sel. Cantos of the *Comedy* (67-284)].   Ángel **CRESPO**, D., Barcelona Barca nova **1985** 142 S, El autor y su obra 31 [Bändchen in span. Spr. in 10 Kap.; I. Introd.; II. Cronología; III. D. en Florencia; IV. D. en el exilio; V. Las obras juveniles; VI. Las obras menores del ex.; VII. Visión general de la *Comedia*; VIII. Alegorías, figuras y enigmas en la *C.*; IX. La metamorfosis en la *C.*; X. Bibliografía].   Tommaso **DI SALVO** ed, D. A.: Cult., polit., poesia. Antol. della crit. dant., Fir La N It **1987** XIX-683 S [Einf. in den ganzen D. anh. von 'Kritiken' kompet. Dantisten; Parte prima: I. Introd.: La crit. dant. del Novec.; D. e la civiltà med. (2 Aufs.); II. D. e il sist. comunale (4); III. Presuppositi culturali (5); IV. Concez. e poesia d'amore (6); V. La temat. polit. (7); VI. La cult. filos. (5); VII. Relig. e vita relig. (7); VIII. Estet. e poet.; IX. Allegoria, figura e simbolismo (5); X. La linea realist. (4); XI. Il laboratorio linguist. (7); XII. Strumenti stilist. dant. (5); XIII. D. e le arti (2); Parte sec.: La *C.*: Introd. al poema (6), *Inf.* (30), *Purg.* (23), *Par.* (23); Append.: La fort. di D. (5); zu den 3 cantiche werden jew. zu Beginn eine Ges.einf., danach Interpret.en einz. canti geboten; ist eigentlich keine Einf. in die D.-Kritik, sondern eine Kritiker-Einf. in die Dantistik; anreg. Lesebuch; ⁷1993].   Rocco **MONTANO**, D.'s Thought and Poetry, Chic IL Gateway **1988** 518 S [I. The path tow. the truth (= Biogr., zu 'op. min.' etc.), II-IV. The *Div. Comedy*].   Nicolò **MINEO**, D., Rom-Bari Lat ³**1989**

325 S [Separatdruck als Buch des 5. Kap. des 1. Bds der 10-bänd. Lit.gesch. 'Lett. it. Laterza' (dir Carlo Muscetta): Il Duec.: Dalle origini a D. (= §§ 167-192); Aufbau: La giovinezza - Firenze e l'Europa - Scienza, poetica e polit. nelle op. min. - La C.; in die Darst. sind viele Texte einbez., die mit Anm. versehen sind; S. 10-284 = Ndr. von ¹1970; 285-322: ausf. Bibl., die man bis 1989 ergänzte.]. Walter MAURO, Invito alla lettura di D., Mil Mur **1990** 172 S, Invito alla lett.: Sez. it. 93 [Ges.einf.; I. La Vita, II. Le op., III. Temi e motivi, IV. La crit. (= Zus.fass. vom Trec. bis Nov.); vorweg Cronologia u. zum Abschluß nota bibliograf.; € 9,50]. Giorgio PADOAN, Introd. a D., Fir Sans ³1992 140 S, Bibl. Univers. Sans. 25 [knappe Einf. in Ges.werk in 5 Hauptkap. bzw. essayist. Themenkr.; trotz bibl. Addenda auf dem Stand von ¹1975; ist Ndr. von ²1982; weit. Ndr. 1995 144 S, Sans. Saggi; € 12,39]. Rachel JACOFF ed, The Cambridge Companion to D., Cambr UP **1993** XX-270 S [15 monogr. Art. von anglophonen u. it. Verf. zu Leben u. Werk bzw. zentr. Themen, die einen Einstieg bieten, aber kein Kompendium oder Handbuch ergeben; alle Art. engl.; zum Schluß sehr knappe Bibl.]. Marina MARIETTI, D., Par Presses Universitaires de France **1995** 126 S, Que sais-je? 3011 [I. L'époque; II. La vie; III. L'oeuvre (nur zur *DC* = S. 101-24)]. Nino BORSELLINO, Ritratto di D., Bari Lat **1998** 181 S, Universale Lat. 777 [Aufbau: I. Ritratto d'autore; II. Stagioni della lirica; III. I trattati ovvero l'enciclopedia dant.; IV. La C.; V. D. nel tempo: Momenti della fort.; 137-73: Bibl.; ²2000 186 S, € 9,30]. Enrico MALATO, D., Rom Sal **1999** 420 S [Ausf. Biogr. u. det. Einf. in D.s Ges.werk in 20 Kap.; I. La città di D.; II. u. III. Vita di D.; IV. Le *Rime* d. giovin. e la *VN*; V. La *Rime* d. maturità; VI. D. e Cavalc.; VII. La quest. del *Fiore*; VIII. Il *Cv*; IX. Il *VE*; X. La *Mon.*; XI. Le *Epist.*; XII. Le *Egl.* e la *Questio*; XIII. La C.: Dal progetto alla composiz. e alla publicaz. dell'opera (4 Unterkap.); XIV. La C.: Struttura dell'op. (4); XV. La C.: Rappresentaz. letterale e allegorica (6); XVI. La C.: Allegoria e poesia (4); XVII. La C.: Cultura e ideologia. Le fonti (3); XVIII. La C.: Una nuova lingua poetica (2); XIX. La prosa di D.-Il latino di D.; XX. Il testimone di un'epoca; ist org. Einf. mit sparsam integrierten Texten; eingestreut sind bibl. Hinw.; das Buch ist im wesentl. M.s Beitr. in der von ihm geleit. Storia d. lett. it. (Rom Sal 1995 I 773-1052); enth. Tab. u. Skizzen/Pläne zur *DC*; M. beschränkt sich auf it. bzw. in it. Spr. vorlieg. Forsch.en; € 22,00.]. Ulrich PRILL, D., Stutt-Weimar Metzler **1999** VII-235 S, Samml. Metzler 318 [„Entstanden ist diese Einf. aus Lehrerfahr. mit D.s Texten in Univ. u. Erwachsenenbild." (X) Aufbau: 1. Biogr.; 2. Lyrik u. *VN*; 3. *Cv*; 4. *De VE*; 5. Die *Mon.*; 6. Die *C.*; 7. Briefe, Eklogen u. die *Quaestio*; 8. Lit.verz; 9. Namensreg.; eine kompet. u. wiss. Einf.; € 12,90]. Marina AURORA, D. A.: Sommo poeta e sommo rompiscatole, Casale Monferrato Edizioni Sonde srl. **2002** 125 S, Tuttunaltrastoria 3 [eine satirische, die Ehrfurcht vor D. abbauende Einf.; „È innegabile che D., oltre sommo poeta, sia stato un sommo rompiscatole, antipatico..." (9) Ges.darst. des Lebens u. der Werke sowie der histor. Hintergründe in 10 Kap.; zum Scluß ein Test: „Potresti essere la reincarnazione di D.?" und die Quizfrage: „Con chi ce l'aveva D.?"].

15. GRUNDLAGENFORSCHUNG von BARBI, NARDI und VALLONE

[Aus der internationalen Schar großer Danteforscher ragen drei it. Gelehrte heraus, deren Publikationen wir hier auflisten, weil auf sie immer wieder in Studien zu grundlegenden Fragen der Textphilologie, Geistesgeschichte oder Rezeption zurückgegriffen wird, weswegen wir in and. Abteilungen unseres Studienführers -selbst bei einschlägigen Themenkreisen- nicht mehr auf alle Arbeiten von Barbi, Nardi oder Vallone hinweisen; sie bilden ein Dreigestirn, das die Dantistik -in Hinsicht auf die Komponenten Text, Geist u. Wirkung- in nuce repräsentiert: Barbi war ein bedeutender Textphilologe; Nardi steckte den geistig-philosophischen Rahmen des Florentiners ab; Vallone erforschte das Nachleben seiner Werke.]

Michele BARBI (19. 2. **1867** in Taviano, Sambuca Pistoiese-23. 9. **1941** in Florenz)
[1898 Promotion in Pisa, seit 1894 Bibliothekar u. Handschriftenkonservator in der florentinischen Nat.bibl., ab 1901 Prof. für it. Lit. in Messina, seit 1923 Ordinarius für it. Lit. am Magistero von Florenz, 1937 im Ruhestand; seit 1936 Vizepräs. der SDI, ab 1930 Direktor der Edizione nazionale delle opere di D.; Begründer u. Herausg. der Zs *Studi Danteschi* (*SD* = 1920f.; s. Abt. 30: Dante-ZEITSCHRIFTEN); zu ihm s. Domenico PIETROPAOLO, M. B., *Belfagor* 38, 1983 281-96; Christopher KLEINHENZ, M. B. (1867-1941), in *Med. Scholarship: Biographical studies on the formation of a discipline* (Helen DAMICO ed), NY Garland 1998 II 325-38]

M. B., **D. nel Cinquecento**, Pisa Bocca **1890** 407 S [enth. folg. A: I. La fama di D. (1-76); II. Studi su la vita e le opere min. di D. (77-104); III. Studi preparatorî alla lettura della *C.* (105-45); IV. Lettori e commentatori della *C.*: Cristoforo Landino (146-79); V. Lettori e comment. della *C.*: Gli Accademici Fiorentini (180-235); VI. Lettori e comment. della *C.*: Trifon Gabriele. Vellutello. Daniello. Borghini. Castelvetro (236-88); VII. Efficacia dello studio di D. sulla poesia e sull'arte del cinquec. (289-323); es folgen 'Documenti' sowie als 'Appendice' der *Commento sopra il I canto dell'Inf. di Pier Francesco Giambullari* (365-407); Ndr.: Avezzano Studio Bibliografico Adelmo Polla 1975]. M. B., **Studi sul Canzoniere** di D.: Con nuove indagini sulle raccolte manoscritte e a stampa di antiche rime it., Fir Sans **1915** XVI-542 S [5 umfass. A zur Textüberlief. der *Rime* (zu den einz. Titeln s. dort); photom. Ndr. Fir Giuntina 1965]. M. B., Problemi di **critica dant.** Prima serie (1893-1918), Fir Sans **1934** XI-480 S [19 A versch. Inhaltes]. M. B., **Con D. e coi suoi interpreti: Saggi per un nuovo commento della *DC***, Fir Le Monn **1941** 361 S [enth. 7 A u. mehrere Glossen = chiose]. M. B., Problemi di **critica dant.**: Sec. serie (1920-1937), Fir Sans **1941** 478 S [18 A; Ndr.: Fir Sans 1965]. M. B., Problemi fondamentali **per un nuovo commento alla *DC***, Fir Sans **1955** [bzw. 1956] VIII-159 S [Mario Casella ed; enth. 6 A: 1. Poesia e strutt. nella *DC*; 2. Per la genesi e l'ispiraz. centrale della *DC*; 3. L'ideale polit.-religioso di D.; 4. L'Italia nell'ideale polit. di D.; 5. Impero e Chiesa; 6. Allegoria e lettera nella *DC*; Appendice: Un cinquantennio di studi dant. (1886-1936)].

Bruno NARDI (24. 6. **1884** in Spianate, Lucca-10. 7. **1968** in Rom)
[1908-11 Studium in Leuven, Abschluß dort mit einer frz. Diss. über Siger von Brabant; danach Stud. in Florenz u. Diss. über Pietro d'Abano; lehrte lange in it. Mittelschulen (Mantua, Mail., Rom); 1951-54 in Rom Lehrstuhl für Gesch. der Philos. des MAs; von den ersten Studien an -es sind 159 Beiträge zu D. aus einem Forsch.volumen von insges. 410 Titeln- bemühte er sich um differenzierte Bestimmung von D.s Denken im geist. Umfeld des SpätMAs. Wer sich mit *Cv*, *Mon.* u. *DC* befaßt, stößt immer auf elementare Feststellungen N.s zur Zus.stellung aller Schriften s. u. in dem Band »'Lecturae' e altri studi dant.«, Fir Le Lett 1990 285-312 (= von Tullio GREGORY-Paolo MAZZANTINI; von dens. gibt es ein ält. Schriftenverz. in *Alighieri* 9, 1968 39-58); eine Einschätz. seiner Leistungen als Dantist von Cesare VASOLI, B. N. dantista, in *Lett. it.: I critici*, Mil Marz 1970 III 2023-51. Außer dem ersten, im Selbstverlag veröff. Buch gibt es 7 Bde, die N.s ges. Hinterlassenschaft zu D. darstellen, wobei noch zu erwähnen wäre, daß postum seine komm. Ausg. der *Mon.* erschien (in D. A.: Opere minori, Mil-Nap Ricc 1979 II 230-503).]

B. N., **Sigieri di Brabante** nella *DC*: Le fonti della filosofia di D., Spianate [Pescia] Presso l'autore **1912** VIII-70 S (= Estratto della *Rivista di Filosofia Neo-scolastica* 3, 1911 u. 4, 1912) [= it. Fass. seiner 1911 an der Univ. Leuven einger. frz.sprach. Diss; Aufbau: I. La questione di Sigieri; II. Correnti filos. della sec. metà del sec. XIII; III. La cosmol. dant.; IV. Dio; V. L'anima umana; VI. La conoscenza; VII. La moralità; VIII. D. e Sigieri; ein weit. Buch zu dem ma. Philosophen: B. N., S. di B. nel pens. del Rinascim. it., Rom Edizioni It 1949 183 S]. B. N., **Nel mondo di D.**, Rom Storia e Lett **1944** 382 S [15 A z. Ges.werk (11 zuvor veröff., 4 neu): 1. Dalla prima alla sec. *VN*; 2. Le figurazioni alleg. e l'alleg. d. 'donna gent.'; 3. Note al *Cv*; 4. Note alla *Mon.*; 5. La 'donatio Constantini' e D.; 6. Fort. d. *Mon.* nei sec. XIV e XV; 7. D. e la filos.; 8. *Là 've 'l cervel s'aggiunge con la nuca*; 9. *Pièttola*; 10. Chi e cosa è Matelda; 11. Il libero arbitrio e la storiella dell'asino di Buridano; 12. *Lo discorrer di Dio sovra quest'acque*; 13. I bambini nella candida roda dei beati; 14. *Sì come rota ch'igualmente è mossa*; 15. Appendice: il tomismo di D. ecc.].   B. N., **D. e la cultura med.**: Nuovi saggi di filos. dant.: Sec. ediz. rived. e accr., Bari Lat [2]1949 XVI-423 S [11 A = 2 A mehr als Bari Lat [1]1942 XII-334 S; enth. folg. A: I. Filos. dell'amore nei rimatori it. del Duec. e in D.; II. L'averroismo del 'primo amico' di D.; III. Di un nuovo comm. alla canz. del Cavalcanti sull'am.; IV. La tragedia d'Ulisse; V. La conoscenza umana; VI. Il linguaggio; VII. *Se la materia prima de li elementi era da Dio intesa*; VIII. Sull'orig. dell'anima umana; IX. L'immortalità dell'anima; X. *Tutto il frutto ricolto dal girar di queste spere*; XI. D. profeta; [3]1990: nuova ediz. a cura di P. Mazzantini, Bari-Bari Lat 400 S, BUR 128].   B. N., **Dal *Cv* alla *C.***: Sei saggi dant., Rom Ist Stor It per il Medio Evo **1960** 282 S [4 A veröff. 1955-9 + 2 A neu: I. Le rime filos. e il *Cv* nello svil. dell'arte e del pens. di D. (zuvor *LI* 8, 1956 270-98); II. Dal *Cv* alla *C.* (neu); III. Intorno ad una nuova interpret. del terzo libro d. *Mon.* dant. (neu); IV. D. e Celestino V (*LI* 9, 1957 225-38); V. Gli angeli che furono ribelli né fur fedeli a D. (= Lect. Dantis Siciliana, Trapani 1959); VI. Pretese fonti d. *DC* (*NA* 90, 1955 383-98); rist. 1992: ebend. XXIX-382 S, Nuovi studi storici].   B. N., **Studi di filos. med.**, Rom Edizioni di Storia e Lett **1960** 229 S [enth. 6 A zur ma./scholast. Philos.; davon gilt ein A speziell D., nämlich: L'origine dell'anima umana sec. D. (1-68; zuvor in *Giorn. crit. della filos. it.* 12, 1931 433-56 sowie 13, 1932 45-56 u. 81-102); photom. Ndr.: ebend. 1978].   B. N., Saggi e note di **crit. dant.**, Mil-Nap Ricc **1966** VI-436 S, Opere di cult. storica e letter. oN [enth. 7 saggi u. 9 note].   B. N., Saggi di **filos. dant.**, Fir La N It [2]1967 XII-401 S [enth. 11 A der Ausg. [1]1930 + 1 A neu: I. La dottrina delle macchie lunari; II. D. e P. d'Abano; III. Raffronti fra alc. luoghi di A. Magno e di D.; IV. *La novità del suono e 'l grande lume*; V. Le citaz. dant. del *Liber de causis*; VI. L'arco della vita; VII. D. e Alpetragio; VIII. La dottr. dell'Empireo; IX. Il concetto dell'Impero; X. Tre pretese fasi del pens. polit. di D.; XI. Il mito dell'Eden; XII. Il tomismo di D. (= neu); [1]1930: Mil-Gen-Rom-Nap Soc Anonima Editr D. A. VII-380 S].   B. N., **'Lecturae'** e altri studi dant. a cura di Rudy Abardo. Con saggi introduttivi di F. Mazzoni e A. Vallone, Fir Le Lett **1990** IX-331-12 S (= Abb.), Quaderni degli *SD* 6 [enth. insges. 12 'Lecturae', und zwar zu *Inf.* I, III, IX, XXXIV; *Purg.* III, XV u. XXV; *Par.* II, X, XI XXVI u. XXIX (= S. 41-201); außerdem 4 thematisch versch. Studien: Il punto sull'*Epist. a Cangr.* (205-25), La caduta di Lucifero e l'autenticità della *Quaestio* (227-65), Perché „dietro la memoria non può ire" (267-76) u. D. e Gioacchino da Fiore (277-83); es folgt ein vollständ. Schriftenverz. Nardis, bearb. von Tullio GREGORY-Paolo MAZZANTINI (285-312).].

Aldo VALLONE (1. 11. **1916** in Galatina, Lecce-23. 6. 2002)
[1940 Prom. in Turin; seit 1942 Gymnasiallehrtätigk. in Asti, Galatina, Rom; 1955 Venia legendi ebend., 1967-71 Dantistik-Prof. in Bari, seit 1972 Ordinarius in Neapel für it. Lit., Mitglied versch. Akademien, 1973 staatl. Ausz.; gab die Zs *L'Alighieri* zuerst mit B. Nardi u. nach dessen Tod allein heraus; beschäftigte sich in zahlr. Studien -die er dann zu Bdn zus.faßte- mit D.-Kritik/-Rez. von den Anf. bis zum 20. Jh. u. erwarb sich damit große fachl. Verdienste; zu ihm s. Pasquale SABBATINO-Luigi SCORRANO-Leonardo SEBASTIO-Ruggiero STEFENELLI, D. e il Rinascim.: Rass. bibl. e studi in on. di A. V., Fir Olsch 1994 211 S, *BAR* I 257 (enth. u. a. 5 versch. Würdigungen; darin auch Ges.verz. s. Schaffens); Nachruf u. a. von L. SCORRANO, in *Alighieri* 20, 2002 153-6.]

A. V., **Studi sulla *DC***, Fir Olsch **1955** 173 S [5 veröff. A oder V: 1. Per la dataz. della *DC*; 2. Il dialogo nella *VN* e nel *Purg.*; 3. Con D. tra commenti e letture d'oggi; 4. *Cortesia* e stile in tre canti della *C*. (*Purg.* VIII e XXVI; *Par.* XI); 5. D. e la *C.* come tema letter. dell'Ottoc.]. A. V., **Studi su D. med.**, Fir Olsch **1965** 274 S [enth. 12 V, A bzw. 'Lecturae', in 2 Abt. gegl.: 1. Lineamenti di D. med.; La personificaz., il simbolo e l'allegoria; Il mito, la preghiera; Il peccato e la pena (= 5); 2. Il veltro; Il canto VII dell'*Inf.*; *Inf.* IX; *Inf.* XVI; *Inf.* XXIV; *Purg.* XI; *Par.* XV (= 7)]. A. V., **Aspetti dell'esegesi dant. nei sec. XVI e XVII** attrav. testi ined., Lecce Mil **1966** 246 S [5 1962-63 veröff. A: 1. Lineamenti dell'esegesi dant. nei sec. XVI e XVII; 2. Trifone Gabriele e Bernardino Daniello dinanzi a D.; 3. Un momento della crit. dant. nel tardo Cinquec.; 4. Progresso o dicasi processo della disputa sopra la *C.* di D.; 5. Postillatori secenteschi della *C.*]. A. V., **L'interpretaz. di D. nel Cinquec.**: Studi e ric., Fir Olsch [2]**1979** 305 S, B*A*R 97 [detaill. Unters. zu D.-Interpreten im '500, in 5 Themenkr.; [1]1969 ebend.]. A. V., **Storia d. crit. dant. dal XIV al XX sec.**, Mil Vall II **1981** 610 + 454 S, Storia letter. d'It. 4 [= nuova ediz. a cura di A. Balduino; Ges.darst. der D.-Kritik aller Zeiten; 3 große Hauptkap.; Prima parte: Dalla Scolastica all'Umanes.; Sec. p.: Dal Rinascim. all'Illuminismo; Terza p.: Dal Romanticismo allo Strutturalismo (= Bd II); jew. sehr akrib. dargestellt u. m. ausf. Bibl. versehen.]. A. V., **Profili e probl. del dantismo otto-novecentesco**, Nap Lig **1985** 435 S, Coll. di testi e di crit. 29 [13 V bzw. A der Jahre 1966-85 (2 davon unveröff.), u. a. zu Carlo Troya, Colomb de Batines, De Sanctis, F. Torraca, N. Zingarelli, A. Pagliaro, B. Croce, B. Nardi]. A. V., **Antidantismo polit.** e dantismo letter., Rom Bonacci **1988** 209 S [5 1973-86 veröff. A: I. Il Federicismo; II. Antidant. polit. nel XIV sec.; III. Le citazioni-presenze dant. negli scrittori legali; IV. Carducci e D.; V. Gli orientamenti della crit. dant. dal 1965 al 1985]. A. V., **Strutture e modulazioni nella *DC***, Fir Olsch **1990** 225 S, B*A*R I, 234 [12 A, jew. 4 zu einer cantica als Lect. Dantis: *Inf.* XII, XXV, XXVI, XXXIV; *Purg.* IV, XVI, XXVI, XXIX; *Par.* IX, XI, XXV, XXX; tw. zuvor veröff.]. A. V., **Percorsi med. e cult. dant.**, Nap Soc Naz di Scienze, Lett ed Arti **1994** 104 S, Memorie dell'Accad. di Archeologia, Lett. e Belle Arti in Nap. 9 [Mon. über arab., hebr. u. latein. Gedankentransfer im MA u. dessen Einfluß auf D.s Weltbild u. Philos.; Kap. 4 (D. e la scienza = S. 39-74) geht bes. auf D. ein.].

16. MONOGRAPHIEN zu Dantes GESAMTWERK

[Dantes Gesamtschaffen ist nicht besonders umfangreich, aber doch mannigfaltig. Seine Dichtung/Lyrik u. die Prosa -in Volgare oder Latein- sind dabei von außerordentlicher thematischer Kontinuität u. Kohärenz des Engagements, und sie besitzen Eigenschaften, die diesem Autor eine faszinierende konzeptionelle Konsistenz, Logik u. Glaubwürdigkeit vermitteln! Wir stellen in **chronol. Reihenf.** ältere u. neuere, seinerzeit oder noch heute respektierte Sekundärwerke -Buchpublikationen oder längere Studien- zusammen, die Themen oder Aspekte behandeln, welche in mehreren Werken des Florentiners Bedeut. haben; s. auch Abt. 13: Dante in mehrbändigen LITERATURGESCHICHTEN, 14: EINFÜHRUNGEN und STUDIENFÜHRER zu Dante, 61: Themenumfassende MONOGRAPHIEN zur *DC*.]

Alessandro **D'ANCONA**, I precursori di D.: Lettura fatta al Circolo Filol. di Fir. il 18 maggio 1874, Fir Sans **1874** 114 S [Zu D.s kulturellen u. Leseerfahrungen; weit. Aufl.]. Ruggero **DELLA TORRE, Poeta-Veltro**, Cividale Tipografia Fulvio Giovanni II **1887-90** 721 S [Ges.darst. D.s u. seines Werks in 100 Kap. zu zwei Hauptteilen; im Mittelp. stehen das Veltro-Thema u. D.s Dichtungsverständnis; keine systemat. Unters.; Vorgehen wird nicht erläutert; klare Linien sind nicht erkennbar, enth. jedoch anreg. Gedanken u. Theorien.]. Karl **BORINSKI**, Über poet. **Vision u. Imagination**: Ein historisch-psychol. Vers. anläßlich Dantes, Halle Niem **1897** 128 S [Aufbau: 1. D.s Vision; 2. D.s Allegorismus; 3. Das Weltbild im Spiegel des Dichters]. Gastone di **MIRAFIORE, D. georgico**. Saggio di G. di M. con prefaz. di Orazio Bacci, Fir Barbèra **1898**

XIII-176 S [Kompendium zu landwirtschaftlich-bäuerlichen Elementen/Vorkommnissen in D.s Ges.werk u. deren poet. Verarbeit.; Aufbau: Parte prima: Cognizioni e opinioni scientif. di D. che si riferiscono all'agraria (Proemio; I terreni e accenni alla meteorologia agraria; La botanica; La pratica agraria; Gli animali; Appendice: I vegetali e gli animali nelle opere di D.: tavole sinottiche); Parte sec.: L'arte nella georgica dant. (La vita di campagna; Forme proverbiali e modi di dire georgici; Descrizioni di fenomeni meteorologici; La caccia). Die synopt. Tabellen lauten: Tav. dei vegetali ricordati nelle op. di D. (von *abete* bis *vite* = 93 Erwähnungen, S. 67-75) u. Tav. degli animali ric. nelle op. di D. (von *agnel* bis *zanzara* = 280 Erw., S. 77-100)]. Henry John CHAYTOR [1871-1954], The Troubadours of D.: being selections from the works of the Provençal poets quoted by D. with introd., notes, concise grammar and glossary, Oxf Clar 1902 XXXVI-242 S [Ediert Texte von 10 prov. Dichtern, nicht nur aus *VE*; ²1922 ebend. u. unveränd.; reprint: Genf Slatkine 1974]. Giuseppe LISIO, L'arte del periodo nelle opere volgari di D. A. e del sec. XIII. Saggio di crit. e di storia letteraria, Bol Zan 1902 240 S [Syntaxunters. zu D.s Poesie u. Prosa; nach zwei langen Einf.kap. (1-86) folgt der in 10 Abschn. gegl. Hauptteil (Analisi del periodo dant. nelle op. volg.): Il verso e il periodo, Il metro e il per., Poesia e prosa, Le sonorità nella poesia e nella prosa, La ripetiz. nella poesia e nella prosa dant., La collocaz., Ancora della colloc. e degli effetti della rima, Collegamento e organismo del per. dant., Corrispondenza tra materia e forma, D. e Virgilio.]. Hans KELSEN [1881-1973], Die Staatslehre des D. A., Wien-Leip F. Deuticke 1905 IV-152 S [Unters. in 10 Themenkr.; it.: La teoria dello stato in D. con un saggio di V. Frosini su Kelsen e D., Bol Boni 1974 XXIX-215 S]. Otto MILLER, D.s Geschichtsphilosophie, Hildesheim Druck von Franz Borgmeyer 1912 130 S [Diss. phil. Freib; Aufbau: I. Einl.: Die kulturgeschichtl. Bedeut. D.s; II.1: Die Gesch.philosophie D.s; II.2: D.s Gesch.philos. im Lichte seiner Kulturideale; III. D.s Geschichtsbild]. Fritz KERN, Humana Civilitas (Staat, Kirche u. Kultur): Eine D.-Unters., Leip Verl von K. F. Koehler 1913 XII-146 S, Mittelalterl. Studien I, 1 [Aufbau: 1. Teil: Analyse der D.schen Kulturlehre (*Cv, Mon., Inf., Purg., Par.*); 2. Teil: Umriß einiger Hauptprobleme (Ethik u. Soziologie, Vita activa u. vita contempl., Staat u. Kirche, Der Menschheits- u. der Organismusbegriff)]. Philip H[enry] WICKSTEED [1844-1927], D. & Aquinas, being the substance of the Jowett lectures of 1911, Lon-Toro-NY J. M. Dent & sons/E. P. Dutton & Co 1913 XII-271 S [Unters. in 7 Kap.; Ndr.: NY Haskell House Publishers 1971]. Vincenzo USSANI, D. e Lucano. Conferenza detta... nella sala di D. in Orsanmichele, Fir Sans 1917 38 S [Lectura Dantis]. Benedetto CROCE, La poesia di D., Bari Lat 1921 212 S [6 z. T. veröff. Kap. über Jug.lyrik u. *DC*; mehrf. ebend. nachgedr., z. B. 1966; dt. Fass.: D.s Dichtung, Zür-Leip-Wien Amalthea-Verl 1921 312 S, Amalthea-Bücherei 27; engl. Fass.: The Poetry of D., Lon G. Allen & Unwin 1922 VI-313 S u. weit. Aufl.]. [Dr.] Helmut HATZFELD, D.: Seine Weltanschauung, Mün Rösl & Cie. 1921 209 S, Philos. Reihe 21 [geistesgesch. Einf. in Ges.werk; Schwerp. liegt auf der *DC*; Aufbau: I. Einl.; II. Grundzüge der allgem. Weltansch. des MAs um 1300; III. D. als Persönlichkeit; IV. D.s Beschäft. mit den Philos. in seinen Prosaschriften; V. Verschmelz. von Rel., Philos. u. Dicht. in der *GK*; VI. D.s Hölle; VII. D.s Fegef.; VIII. D.s Himmel; IX. Ein objekt. Urteil über D.s Weltansch. (Scartazzini)]. Giovanni BUSNELLI [S. J.], Cosmogonia e antropogenesi secondo D. A. e le sue fonti, Rom Civiltà Cattolica 1922 303 S [det. Unters. in 2 Themenkreisen; I. Cosmogonia dant. (13 Kap.); II. Antrop. dant. (27 Kap.)]. Liborio GIUFFRÈ [1854-], D. e le scienze mediche: Anatomia e fisiologia generale, espressione organica delle passioni, Bol Zan 1924 193 S. Francesco ERCOLE, Il pensiero polit. di D., Mil Stabilim tipo-litografico Terracini & Calegari II 1927-28 367+407 S [umfass. Unters. in 8 + 6 = 14 Hauptkap.]. Luigi VALLI, Il linguaggio segreto di D. e dei 'Fedeli d'amore', Rom Optima Edit 1928 453 S [Neuaufl. Mil Luni 1994 701 S, ed NN; durch den Tod (1931) unterbroch., erw. Fass. der umfangr. Monogr.; I =14 Kap., II = Discuss. e note aggiunte]. Erich AUERBACH, D.

211

als **Dichter der ird. Welt**, Ber-Leip De Gruyter **1929** 221 S [Ziel: „das Werk D.s aus seinem Gegenstand einheitlich zu begreifen." (218) Aufbau: I. Histor. Einl. über Idee u. Geschick des Menschen in der Dicht.; II. D.s Jug.dicht.; III. Der Gegenst. der Kom.; IV. Der Aufbau; V. Die Darstell.; VI. Erhalt. u. Wandl. von D.s Wirklichkeitsvision; Ndr. 1969 ebend.; ²2001: ebend. 237 S (mit e. Nachw. von K. Flasch = S. 223-37); it. Fass.: D., poeta del mondo terreno, in *Studi su D.* (ders.), Mil Feltr ⁴1988 3-161 (hiervon ¹1963); außerdem: Studi su D.: Prefaz. di D. Della Terza, Mil Feltr ¹⁵2001 XXI-331 S, Campi del sapere/Feltrinelli oN (enth. D. poeta del mondo terreno (6 Kap.), Nuovi studi su D. (4 Aufs.), Ultimi studi su D. (4 Aufs.))]. A[ntero] MEOZZI, **L'utopia polit.** di D., Mil Edizioni Athena **1929** 176 S [Unters. in 8 Kap; v. a. zur *Mon.* u. zu den Briefen]. Luigi TONELLI, D. e la **poesia dell'ineffabile**, Fir Barbèra **1934** 224 S [Unters. zum ästhetisch-theol.-philos. Begriff des 'Unsagbaren', v. a. in Anlehn. an B. Croce; keine sprachwiss. Studie; „Noi crediamo alla possibiltà teorica d'una poesia dell'ineffabile. Crediamo, anzi, che D. l'abbia pienamente realizzata nel complesso delle sue opere, e specialmente nel *Paradiso*." (41) Aufbau: I. La poesia dell'ineff.; II. L'ineff. nel pens. e nella poesia predanteschi; III. L'ineff. nelle opere min. di D.; IV. L'ineff. nella *DC*; V. L'originalità di D. come poeta dell'ineff.]. Federico OLIVERO, The Representation of **the Image** in D., Tor S. Lattes & C. **1936** 149 S [Unters. in 14 Themenkr. zu D.s Bildlichkeits- u. Vergleichstechnik]. Karl MOSLER, D.: Eine Einf. in seine **Ideenwelt**, Pader Verl Bonifacius-Druckerei **1938** 139 S [Aufbau: D.s Persönlichk. u. Werk; Das große Friedensreich; der sittliche Aufstieg des einzelnen Menschen (= Hauptteil, religiöse Betrachtung der drei Jenseitsreiche, S. 49-136)]. E[ugène] AROUX, D.: **hérétique, révolutionnaire et socialiste.** Révélations d'un catholique sur le Moyen Age, Par Éditions Niclaus **1939** XVI-472 S [Unters. in 10 Kap. zu D.s Ges.werk hins. der extremen Themenstellungen]. Étienne GILSON, D. et la philosophie: Études de phil. méd., Par Vrin **1939** X-341 S [I. Cléricature de D. et métamorph. de Béatrice; II. D. et la phil. dans le *Banquet*; III. La phil. dans la *Mon.*; IV. La phil. dans la *DC*; ²1986 ebend.; dt.: D. u. die Philosophie, Freib Herder 1953 XIV-383 S; it.: D. e la filos., Mil Jaca Book 1985]. Hans LEISEGANG, D. u. **das christl. Weltbild**, Weimar Böhlaus Nachf **1941** 51 S, Schriften der Dt. D.-Gesellsch. 6 [kl. Studie mit 10 Taf. u. 6 Abb.]. Luigi ALFONSI, D. e la *Consolatio philosophiae* di **Boezio**, Como Dott. Carlo Marzorati Edit **1944** 41 S, Studi di lingua e di lett. it. 4 [„Si tratta qui di vedere come D. ha sentito, letto e interpretato Boezio." (Vorw.)]. Felice BATTAGLIA, **Impero, Chiesa e stati particolari** nel pens. di D., Bol Zan **1944** 108 S, Pubblicazioni straordinarie della Accad. delle Scienze di Bologna-Classe di scienze morali 10. Theophil SPOERRI, Die **Aktualität** D.s, Zür Speer **1945** 62 S [zeitgeschichtl. Essay]. Hermann CONRAD, D.s **Staatslehre** im Spiegel der **scholast. Philosophie** seiner Zeit, Hei Lambert Schneider **1946** 59 S [Aufbau: 1. Der Dichter als Rechts- u. Staatsdenker; 2. D.s Staatslehre; 3. Die Monarchia als Weltherrschaft; 4. D.s Reichsmetaphysik; ursprüngl. ersch. in *Schriften der Südd. Juristen-Zeit.* H. 2, Hei 1946]. Robert Ludwig JOHN, D., Wien Springer **1946** IV-280 S [kultur-, geistes- und theologiekrit. Unters. in 28 Kap. über D.s Beziehung zur **Mystik des Templerordens**; Biographie u. Werkanalyse sind miteinander verbunden; it. Fass.: D. templare: Una nuova interpretaz. della *C.* Traduz. di Willy Schwarz: Mil Hoepli 1987 XIII-374 S (rist. hiervon ebend. 1991)]. Francesco BIONDOLILLO, **Poetica e poesia** di D., Mess D'Anna **1948** 203 S [Einf. in D.s Dicht. u. D.stheorie; Aufbau: I. La poet. di D.; II. Il nuovo dolce stile di D.; III. Le canzoni dell'amore razionale; IV. Il poema sacro]. Hermann GMELIN, D.s **Weltbild**, Urach Portverl ²1948 157 S, Erbe u. Schöpfung 16 [Mon. in 4 Teilen: Der Mensch-Der Staat-Die Gesch.-Die Natur; ¹1940: Leip Quelle & Meyer 119 S = enth. nicht das Kap. 'Die Gesch.'; das Buch setzt sich aus Einzelteilen, Vorträgen oder Studien zus.]. Alberto DEL MONTE, La **poesia popolare** nel tempo e nella coscienza di D., Bari Lat **1949** 151 S [Aufbau: 1. La poesia pop. nel duec.; 2. Le 'cantiones illustres'; 3. Le 'cantiones municipales'; 4. I 'Magnalia'; 5. Genesi e attuaz. della teoria dant.; 6. Conclus.]. René GUENON, L'*ésoterisme* de D., Par Les Éditions Traditionnelles [3]1949 70 S [pop.wiss. Unters. in 9 Themenkr., v a. zur *DC*; [1]1925: Par Bosse; [2]1939: Par Éd. Trad.; danach weit. Ausg. (Par Gallimard 1957); it. L'esoter. di D., Rom Atanòr 1951 78 S sowie Mil Adelphi 2001 105 S, Picc. bibliot. 468]. J[ohn] H[umphreys] WHITFIELD, D. and **Virgil**, Oxf Basil Blackwell 1949 V-106 S [Aufbau: 1. D. for the English; 2. D.'s Hell, cantos I-V; 3. D.'s Journey; 4. D. and Virgil]. Aldo VALLONE, La '**cortesia**' dai provenzali a D., Pal Pal 1950 106 S [Aufbau: I. Della poesia prov. e D. in relaz. al concetto di nobiltà; II. Il motivo della 'cort.' dai prov. a D.; III. La 'cort.' nella *DC*; IV. La 'cort.' nel *Purg*.]. Nancy LENKEITH, D. and the **Legend of Rome**, Lon The Warburg Institute/Univ of Lon 1952 IX-184 S, Med. and Renaiss. Studies 2 [Supplement] [Aufbau: I. The myth of Rome; II. The poet as prophet; III. Jupiter and justice; IV. The moral man]. A[lessandro] PASSERIN D'ENTRÈVES, D. as a **Political Thinker**, Oxf Clar 1952 119 S [3 Vortr. Lon 1951; I. Civitas, II. Imperium, III. Ecclesia]. Augustin RENAUDET, D. **humaniste**, Par Les Belles Lettres 1952 576 S [I. Le premier humanisme; II-V behandeln einen 'second humanisme'; VI. Les conclusions de l'humanisme dantesque]. Alexandre MASSERON, D. et **Saint Bernard**, Par Albin Michel 1953 285 S [Unters. in 9 Themenkr.]. [Dott.] Tiberio ZANNONI [Medico-chirurgo], D. A. **cultore di medicina**. Conferenza tenuta la sera del 14 maggio 1952 a cura dell'Università popolare di Ascoli Piceno nel Salone dell'E. N. A. L. in omaggio alla nobile e benemerita classe magistrale e pubbl. col generoso concorso del filantropico tipografo ascolano Sig. Gino Castelli a totale beneficio del Patronato scolast. di Ascoli Piceno, Ascoli Piceno Edit Tipograf Gino Castelli 1953 21 S [Ziel: „esporre elementari e sommari ricordi anatomici, fisiologici e patologici." (7) Aufbau: Parte speciale (Embriologia-Funz. generativa; La memoria; Il sogno; Cuore e circolaz. sanguigna; Fenomeni vasomotori); D. igienista e patologo (Malaria; Effetto sull'organismo del veleno dei serpenti; Epilessia, mal caduco e morbo sacro; Torcicollo; Poliartrite deformante o postumi di rachitismo; Idropeascite; Dermatologia; La sofferenza senza posa); Conclus.; die Studie bezieht sich v. a. auf die *DC*.]. Paul RENUCCI, D. disciple et juge du **monde gréco-latin**, Par Belles Lettres 1954 486 S [2 Hauptkap.: I. La form. de la cult. class. de D.; II. L'interprét. du monde gréco-l. dans l'oeuvre de D.]. Auguste VALENSIN [1879-1953], Le **christianisme** de D., Par Aubier p. 1954 196 S [Aufbau: I. Ce qui charactérise la religion de D. à l'intérieur du christ.; II. Ce qui charactérise le catholicisme de D. à l'int. de l'orthodoxie; III. Qualité de la religion de D.]. Charles Till DAVIS, D. and the **Idea of Rome**, Oxf Clar 1957 302 S [Aufbau: I. D. and the Roman past (I. The infl. of Augustinus and Orosius; II. Five contemporaries: Benzo d'Alessandria, Giovanni Mansionarius, Remigio de' Girolami, B. Latini, G. Villani); III. Virgil; dann 2 Misz. u. 2 Anh.]. Domenico VITTORINI, The Age of D.: A concise **history of Ital. culture** in the years of the early Renaiss. illustr. by Fred Haucke, Syr NY UP 1957 XV-188 S [Aufbau: I. Ital. culture in the 11th and 12th centuries; II. The transmiss. of c. in the 12th cent.; III. Contributions to c. dur. the 13th c.; IV. Poetry dur. the 13th c.; V. Popular poetry; VI. Courtly p.; VII. D. A.: His minor works; VIII. D. as a thinker; IX. The *Div. Com.*; X. Prose writing in the 13th c.; 153-79: detaill. u. gründl. Bibl.]. Salvatore SANTANGELO, D. e i **trovatori provenzali**, Cat Univ di Cat/Fac di Lett e Fil [2]1959 231 S [sec. ediz. rived.; zum 80. Geb.; umfass. Studie zum prov. Einfl. auf D.s Ges.werk; Aufbau: I. Le biografie prov.; II. La fonte prov. di D. sec. il Bartsch. Le racc. di biografie; III. Il canzon. adoperato da D.; IV. Le *razos* di R. Vidal; V. Progressiva cult. prov. di D.: Il primo periodo; VI. Il sec. per.: Imitaz. ed esaltaz. di G. de Bornelh; VII. Il terzo per.: La fonte stor.; VIII. L'esaltaz. di A. Daniello; IX. 'Versi d'amore e prose di romanzi'; Anh.: A. Daniello e Ben. da Imola; [1]1920: Cat Giannotta]. Carl STANGE, **Beatr. in D.s Jug.dicht.**, Gött-Ber-Ffm Musterschmidt 1959 363 S [komp. Unters. in 9 weiter detailliert unterglied. Kap.; offenbar 1944 verf. = Vorw.; I. Beatrice; II. Die Donna in der Kirche; III. Der Seufzerweg; IV. Die Enthüll. des Geheimnisses; V. Der Tod des

Vaters; VI. D. u. Cavalc.; VII. Die Himmelfahrt Beatrices; VIII. Die Donna gentile; IX. Die Pilger]. **Mario ALESSANDRINI**, D. **fedele d'Amore**, Rom Atanór oJ [**1960**] 197 S [Unters. in 21 Kap. zu D.s Beziehungen zur damaligen Amor-Esoterik]. Felicina **GROPPI**, D. **traduttore**, Rom Tipogr Poliglotta Vaticana/Edit 'Orbis Catholicus' Herder [2]**1962** 220 S [Unters. in 2 Hauptkap.; I. D. traduttore in prosa (Bibel, Aristoteles, Ptolemäus, Afragan, Cicero, Sallust, röm. Dichter u. Kirchenväter); II. D. trad. in poesia (Bibel, röm. Klassiker, Kirchenv. u. a.); [1]1950 ebend.]. Theophil **SPOERRI**, D. u. **die europ. Lit.**: Das Bild des Menschen in der Struktur der Sprache, Stutt Kohlhammer **1963** 208 S [anreg., wiewohl nicht systemat., geistesgesch. Mon. über D.s Ges.werk mit den 3 Themenkr. 'Verirrung, Läuter., Ordnung'; zieht jew. Parallelen zu and. eur. Lit.en.]. Dino **BIGONGIARI**, Essays on D. and **Med. Culture**: Crit. studies on the thought and texts of D., St. Augustine, St. Thomas Aquinas, Mars. of Padua and other med. subjects, Fir Olsch **1964** 181 S [9 Unters.kreise]. **Indro MONTANELLI**, D. **e il suo sec.**, Mil Rizz [1]**1964** 528 S [Ges.darst. zur Zeit vor D. bzw. zu s. Zeit in 15 Themenkr.; weit. Aufl.; [12]1968 ebend.]. René A. **GUTMANN**, D., **la médecine et la philosophie** de son temps, Par Éditions Doin/Deren & Cie **1965** 84 S [bildungsgesch. Studie zu D.; Aufbau: I. Les années de formation; II. La méd. et la philos. avant l'époque de D. (Byzance, L'Islam, Introd. des idées arabes en Occident); III. Les options de D. devant les divergences spirituelles (Les 'sources' musulmanes, Les 'géants' et les musulmans dans l'oeuvre de D., D. et Siger de Brabant, D. et la Cour de Frédéric II, D. et l'Empire); IV. D. 'écrivain-médecin']. Giuseppe **LUMIA**, Aspetti del **pens. polit.** di D., Mil Giuffrè **1965** 106 S [Einf. in D.s polit. Grundbegr.; Aufbau: I. 'humana civilitas'; II. Pace; III. Legge, diritto, giustizia; IV. Libertà; V. Impero; VI. Storia; VII. Impero e Stati particolari; VIII. Italia e Impero; IX. Impero e Chiesa]. Mario **MATTIOLI**, D. **e la medicina**, Nap Edizioni Scientifiche It **1965** 180 S [aufschlußr. Mon. über D.s Verh. zur Medizin; Aufbau: I. Le scuole mediche e le università: Studi e letture di D.; II. I medici nelle op. di D.; III. La generaz. del corpo umano; IV. Alc. fenomeni psichici nell'op. di D.; V. La med. nelle op. di D.]. Salvatore **BATTAGLIA**, **Esemplarità e antagonismo** nel pens. di D., Nap Lig **1967** 304 S, Collana di testi e di critica 3 [Einf. in D.s Philos., z. T. auf der Basis von vorher veröff. Beitr.]. Domenico **CONSOLI**, Significato del **Virgilio** dant., Fir Le Monn **1967** 210 S, Pubblicazioni dell'Ist. di Lett. It. della Fac. di Magistero dell'Univ. di Roma oN [Aufbau: I. Posizioni del problema; II. Virgilio dalla *VN* alla *C.*; III. La lettera: V. uomo e poeta nella *DC*; IV. V. verso il simbolo; V. Allegoria dei teologi e all. dei poeti; VI. V. simbolo; VII. La poesia del V. dant.]. Alberto **DI GIOVANNI**, **La filos. dell'amore** nelle op. di D., Rom Edizioni ABETE **1967** 530 S, Guide storiografiche 3 [Aufbau: Introd. (zum Thema allgem. in 8 Themenkr.); dann 4 Hauptkap.; I. La poesia d'am. nelle *Rime* e nella *VN* (29-244); II. La f. dell'am. nel *Cv* e nelle altre op. min. (247-378); III. La concez. dell'am. nella *C.* (381-437); IV. Beatr. tipo figurale d'am. (441-503)]. Mario **PAZZAGLIA**, Il verso e **l'arte della canz.** nel *VE*, Fir La N It **1967** 214 S, Pubblicazioni della Fac. di Magist. dell'Univers. degli Studi di Bol. 11 [Mon. über dichtungstheoret. Quellen (antike, mittelalterl. u. zeitgenöss.) v. a. in *Cv* u. *VE*, aber auch and. Werken; Aufbau: I. La 'musica' di Boezio e di S. Agost.; II. Dalla mus. alla metr.; III. Mus., metr. e retor.; IV. Linguaggio poet. ed eufonia nel *VE*; V. Rima, 'ritmo', tempo, numero regolato; VI. L'arte della canz.]. Giuseppe **TOFFANIN**, Perché **l'umanesimo** comincia con D., Bol Zan **1967** 212 S [Titelaufsatz: 3-60; Bd enth. außerdem 8 and. A]. Maurice de **GANDILLAC**, D.: Présentation, choix de textes, chronologie bibliogr., index, Par Seghers **1968** 209 S, Philosophes de tous les temps 46 [**philosoph. Einf.** in D. in 7 Themenkr.]. Ignazio **BALDELLI**, D. **e i poeti fiorent. del Duec.**, Fir Le Monn **1968** 25 S, Lectura Dantis Scaligera oN. Nicolò **MINEO**, **Profetismo e apocalittica** in D.: Strutture e temi profetico-apocalittici in D.: Dalla *VN* alla *DC*, Univ di Cat Fac di Lett e Fil **1968** 357 S [Aufbau: I. Profetismo, apocalitt. e *DC*; II. Visionismo iniziatico nella *VN*; III. Profezia naturale e rivelaz. nelle *Epist.* 'polit.';

IV. Dall'Egitto alla 'Gerusalemme celeste'; V. Poesia e profezia nel pens. di D.]. Fausto
MONTANARI, L'**esperienza poet.** di D., Fir Le Monn ^{2}1968 275 S [ediz. accresc.; unstreng essayhafte, aber chron. Unters. in 10 Kap. zu D.s äußerl. u. inn. Umgang mit Poesie im Ges.werk;
^{1}1959: ebend. 209 S]. Vincenzo SANTANGELO, Il significato dell'umano nella poet. dant., Pal
Andò **1968** 111 S, I nuovi saggi oN [Mon. in 4 Themenkr.]. Pompeo GIANNANTONIO, D. e
l'**allegorismo**, Fir Olsch **1969** VIII-428 S [umfass. Unters.; Aufbau: I. Genesi dell'allegoria; II.
L'alleg. biblica e med.; III. L'alleg. nella *DC* e nelle altre opere dant.; IV. L'esegesi; V. Gli allego-
risti; VI. Genesi dell'allegorismo moderno]. M[ary] A[cworth] ORR [= Mrs. John Evershed
(nach ihrer Heirat)] [1869-1949], D. and **the Early Astronomers**. With an introd. by Barbara
Reynolds, Port Washington NY-Lon Kennikat P ^{3}1969 359 S [„An observatory on a mountain top
is an ideal place in which to write on astronomy and poetry." (5) Autorin war eine bedeutende
Astronomin; die Unters. gilt primär der *DC*, berührt aber auch D.s and. Werke; Aufbau: I. Astronomy from primitive times until the age of D.; II. The astron. of D.; alles vielfach untergliedert; mit
45 Abb.; ^{1}1914: Lon-Edin Gall and Inglis XVI-507 S; ^{2}1936: Lon Wingate 359 S]. L[eonid]
M[ikhailovich] BATKIN, D. e **la società it. del '300**, Bari De Donato **1970** 203 S [russ. Orig.: D. i
ego vremja; Aufbau: I. L'utopia della monarchia universale; II. Contro la cupidigia; III. A Firenze
e in esilio; IV. Alle fonti dell'umanesimo]. Jean PEPIN, D. et **la trad. de l'allégorie**, Montr-Par
Institut d'Études Médiévales/Vrin **1970** [bzw. 1971] 163 S, Conférences Albert-Le-Grand 19
[Mon. = erweit. frz. Fass. des it. Art. *allegoria* in der *ED* I 151-65 (1970); I. La notion de l'allég.;
II. La théorie de l'a. (zu *Cv*, *Mon*. u. Cangr.-Brief); III. L'interprét. allégor. de la cult. païenne; IV.
L'interpr. allég. de la Bible; V. L'express. allégor.]. Lucienne PORTIER, D., Par Desclée De
Brower **1971** 158 S, Les écrivains devant Dieu 29 [zu den Autoren/Zielen der Reihe: „C'est cela
que veulent mettre en lumière les animateurs de la collection: Les **écrivains devant Dieu**. Se gar-
dant de l'apologie -et plus encore de l'apologétique- ils se refusent à toute mise en jugement, à
toute condamnation. Il tentent simplement de définir, avec le maximum de vérité, l'attitude religieuse des écrivains qu'ils étudient à travers leur oeuvre et leur vie." (Klappentext) Aufbau: I. La
mission; II. Laïc, fils de l'Église; III. La croix du Christ dressée sur l'espace et le temps; IV. La
vision mystique]. Pier Marco BERTINETTO, **Ritmo e modelli ritmici**: Analisi computazionale
delle funzioni periodiche nella versificaz. dant., Tor Rosenberg & Sellier **1973** XV-169 S [Diss
Tor; „Ambizione di questo lavoro è stato il tentativo di elaborare un metodo d'indagine che renda
possibile la descrizione delle strutture ritmiche di cui si compone un testo poetico." (VII) Aufbau:
I. Il ritmo nel verso it. (Il probl. del ritmo; Autonomia e relazionalità del ritmo; La noz. di ritmo al
tempo di D.); II. Modelli ritmici dell'endecasillabo dant. (Probl. di metodo; Strutture ritmiche
dell'endecas.; Strutture ritmiche del discorso in versi)]. Robert S. HALLER, **Literary Criticism**
of D., Lincoln NE-Lon U of NE P **1973** XLVII-192 S [Einf. in D.s Lit.theorie mit ausf. engl. Anthol.; Themen: Introd.; Diction and prosody; The rhetor. strategies of poetry; Allegory and other
poetic figures; On poets and effects of poetry]. Nunziata CORRADO ORZA, D. **poeta nazionale**
ed europeo, Nap Loff **1974** 86 S [eine patriotische und 'europäische' D.-Interpret., die aber die
Themen aufgreift, welche D. selbst permanent traktiert; Aufbau: 1. Discepolo di Virgilio per
amore di Roma; 2. Dalla grandezza di Roma alle miserie d'Italia; 3. Firenze e It.; 4. Poeta nostro;
5. Il messaggio europeo]. Carlo PAOLAZZI, Dalle **visioni** della *VN* alla *C.*, Trento Edizioni
Biblioteca PP. Francescani **1974** 85 S [Unters. über Zus.hänge zw. den beiden Werken in 4 Themenkr.]. Gian Roberto SAROLLI, Analitica della *DC*, I: **Struttura numerologica** e poesia, Bari
Adr **1974** 196 S [Unters. zur Zahlensymbolik in 6 Themenkr.; behandelt *DC*, aber auch *VN*, *Cv* u.
VE]. Ugo Maria PALANZA, La vita come **impegno civile** secondo D., L'Aquila Iapadre Edit
1975 67 S [„Tanti episodi della *DC* vivono tuttora nell'alone d'una fama singolare proprio perché
il Poeta vi appare socialmente 'impegnato'. Fu solo un istinto?" (Klappentext) Entwickelt wird das

Bild von einem bewußt kulturell verantwortungsvollen Bürger.]. Raoul **BLOMME**, Studi per una triplice esperienza poetica del **D. minore**, Gent Rijksuniversiteit te Gent/Faculteit van de Letteren en Wijsbegeerte **1978** 226 S [Unters. in 9 Themenkr.; die dreifache 'esperienza' meint retorica, simbolica u. realistica.]. Santi **CORRENTI**, D. e **la Sicilia**. Con un appendice di saggi dant., Cat Edizioni Greco **1979** 155 S [ein zu dieser Thematik aufschlußr. Buch; Aufbau: I. D. e la Sic. (D.s Wissen zu/um Sizilien); II. La Sic. e D. (D.-Rez. in Siz.; u. a. zu den 7 (!) Übers.en der *DC* sowie zu künstl. Darst.en)]. Michele **D'ANDRIA**, **Beatrice simbolo** della poesia: Con D. dalla terra a Dio, oO Edizioni dell'Ateneo & Bizzarri **1979** 305 S [Aufbau: I. Beatr. nell'iter ermeneut. di sette secoli; II. Analisi dei testi da *VN* a *DC* (72 Kap. = Unters. zu Textstellen über Beatr.)]. Gabriele DI **GIAMMARINO**, Il **concetto dei beni** in D., Nap Fratelli Conte **1979** 215 S [philos. u. theol. Unters. in 16 Themenkr.]. Antonio C. **MASTROBUONO**, Essays on D.'s **Philosophy of History**, Fir Olsch **1979** 195 S [3 Studien; I. From a digression to a treatise; II. Analogical contemporaneity in the prologue scene; III. From vespers to dawn; „The object of these essays is to trace some essential aspects of D.'s developm. of ideas on history from the minor works, *Cv* and *Mon.*, to the *Comedy.*" (9)]. Angelo **TERENZONI**, L'**ideale teocratico** dant., Gen Edizioni Alkaest **1979** 170 S, Collana studi medievali oN [8 Kap.; Aufbau: 1. Ordine cosmico e ord. umano; 2. La monarchia universale; 3. Il destino provvidenziale di Roma; 4. Le 'due spade'; 5. La croce e l'aquila; 6. L''alto Arrigo'; 7. La curia romana; 8. I distruttori dell''ordinata società']. Vincent **MOLETA**, **Guinizelli** in D., Rom Storia e Lett **1980** 202 S [Unters. z. Einfluß von G. auf D.s Ges.werk, in 3 Kap. nach G.s 3 Kanz. *Al cor gentil, Come l'ausello* u. *Splende 'n la 'ntelligenzia*]. Beniamino **ANDRIANI**, Aspetti della **scienza** in D.: Presentaz. di Lucio Lombardo Radice, Fir Le Monn **1981** XIII-256 S [Mon. mit folg. Aufbau: L'astronomia (I. Il sist. del mondo sec. gli antichi; II. Il sist. del mondo sec. D.; III. La dinamica celeste nella *DC*); Matematica e scienze naturali (I. La matem. in D.; II. La fisica in D.; III. La chimica in D.; IV. Biologia animale e vegetale in D.); alles vielfach untergl.; alle Aspekte werden mit zahlr. Textauszügen belegt; 231-50: umfass. Bibl.]. Patrick **BOYDE**, D. **Philomythes and Philosopher**: Man in the cosmos, Cambr-Lon-NY u. a. Cambr UP **1981** VII-408 S [„The book has been written... to indicate in *what* sense D. was inseparably philosopher and philomythes, or philomythes and philosopher." (VI) Aufbau: 1. The cosmos; 2. Coming into being; 3. Texts, references and notes; it. Fass: L'uomo nel cosmo: Filos. della nat. e poesia in D., Bol Il Mul **1984** 485 S, Collez. di testi e di studi/Linguistica e crit. letterar. oN]. Ernest L. **FORTIN**, **Dissidence et philosophie** au MA: D. et ses antécédents, Montr-Par Bellarmin/Vrin **1981** 201 S [Mon. zu philos. Einflüssen auf D. in 8 Themenkr.]. Charles **FRANCO**, La **Beatrice** di D.: Un'**interpretaz. psicanalit.**, Poggibonsi Lalli **1981** 203 S, Materiali di Lett. [Beatr. im Ges.werk; I. L'idealizzaz. della donna come archetipo; II. L'Eterno Femminino nella lett. prima di D.; III. B. nel D. min.; IV. B. nella *C.*, V. Concl.]. Jacques **GOUDET**, La **politique** de D., Lyon L'Hermès ²**1981** 364 S [Ges.darst. aus veröffentl. u. neuen Aufs.; Aufbau: I. La pensée politique-Les trois étapes; II. Les engagements; III. Les voies de la symbolique; ¹1969 = D. et la politique, Par Aubier 270 S]. Earl Jeffrey **RICHARDS**, D. and the *Roman de la Rose*: An investigation into the vernacular narrative context of the *C.*, Tüb Niem **1981** 116 S [Diss Princeton 1978; Aufbau: I. The problem of the *Fiore* and the infl. of the *R. de la R.*; II. The translatio topos and D.; III. Textual parallelism betw. the *Rose* and the *C.*]. Stephen **BEMROSE**, D.'s **Angelic Intelligences**: Their importance in the cosmos and in Pre-Christian religion, Rom Edizioni di Storia e Lett **1983** 228 S [Aufbau: Teil I. Philosophical aspects of Dantean angelology (21-113); II. The angels and pagan religion in D. (117-201)]. Osvaldo **FILIPPONI**, Le **profezie** di D. e del Vangelo eterno, Pad Casa Edit MEB **1983** 219 S [Unters. in 15 Kap.; „Il titolo del presente libro potrà sorprendere il lettore non abituato a considerare D. un profeta." (5)]. James **DAUPHINE**, Le **cosmos** de D., Par Belles Lettres **1984** 213 S, Les classiques de l'humanisme [11] [„Les pages qui vont suivre ne prétendent pas proposer une étude exhaustive, mais simplement apporter une modeste contribution à la compréhension de la vision poétique du cosmos dans l'oeuvre dantesque." (8) Aufbau: I. Les sources, II. La hiérarchie, III. Le voyage, IV. Poétique et imagination; 4 Anhänge (zwei zu Vorläuferwerken der *DC*, nämlich der *Composizione* von Restoro d'Arezzo u. dem *Libro delle tre scritture* von Bonvesin da la Riva)]. John F. TOOK, »L'etterno piacer«: **Aesthetic ideas** in D., Oxf Clar **1984** 128 S [Aufbau: I. D.'s General Aesthetic; II. Art and Aesthetics in D.; III. D.'s Conception of Liter. Beauty]. Rocco MONTANO, D. **filosofo** e poeta. Nuova ediz. rif. di 'Storia della poesia di D.', Nap Conte-G. B. Vico Edit **1985** 495 S [didakt. Einf. in D.s Ges.schaffen; Aufbau: I. Il cammino verso la verità (Biogr. u. alle 'opere min.'); II. La *DC*: *Inf.*; III. *Purg.*; IV. *Par.*]. Barbara BARGAGLI STOFFI-MÜHLETHALER, 'Poeta', 'poetare' e sinonimi: Studio semant. su D. e la poesia duecentesca, Fir Acc della Crusca **1986** [1988] 299 S, Studi di lessicogr. it. 8 [urspr. Diss Bern 1985 339 S = Masch.schr. mit erweit. Titel in Hins. auf provenz. Lit.; die Studie setzt sich zum Ziel, Gebrauch u. Semantik der im Titel gen. Termini im Volgareschrifttum sowie im (mittel)latein. Bereich onomasiologisch zu untersuchen; die Arbeit geht von der Überz. aus, daß Dicht. u. Dichtungslehre, dichter. Sprache u. Reflexion über sie eng mitein. verknüpft sind.]. Dino S. CERVIGNI, D.'s **Poetry of Dreams**, Fir Olsch **1986** 228 S [Unters. z. Einfluß von and. Werken mit visionärem Char., z. B. Makrobius; zur *DC* u. and. Werken D.s, 6 Hauptkap.]. Aldo MARSILI, Lucano e D., Lucca Pacini Fazzi **1986** 46 S, Accad. Lucchese di Scienze, Lett. e Arti: Studi e Testi 22 [kleine Unters. mit vielen Textbeispielen zu D.s Lukan-Rez.]. Jean PEPIN, La tradition de l'**allégorie** de Philon d'Alexandrie à D.: Études historiques, Par Études Augustiniennes **1987** 382 S [S. 251-320 (= Kap. 12): D. et la trad. de l'allégorie]. Bruno CERCHIO, L'**ermetismo** di D., Rom Edizioni Mediterranee **1988** 262 S, Esoterismo e alchimia oN [Aufbau: 1. *Qual è colui che tace e dicer vole*; 2. La dottr. d'amore; 3. L'esper. iniziatica nella *VN* e nelle *Rime*; 4. L'*Inf.* o l'opera al nero; 5. Intermezzo mito-geografico; 6. Il *Purg.* o l'op. al bianco; 7. Secondo intermezzo: numeri e simmetrie; 8. Il *Par.* o l'op. al rosso; 9. L'orologio trascendentale]. [Rev.] James J. COLLINS, D.: **Layman, prophet, mystic**, NY Alba House **1989** 300 S [„I hope to present a work, which though not entirely scholarly in the technical sense... does intend to present a spiritual portrait of D. based on scholarly research." (XIV) Aufbau: The Florentine, Poet of Love, *Il Trovatore Traviato*, Man of Biblical Faith, Prophet of Hope, Christ-centered Mystic, *Figura Christi*, Pilgrim *in Patria*]. Adriano COMOLLO, Il **dissenso religioso** in D., Fir Olsch **1990** 151 S, B*A*R 235 [Unters. in 6 Kap.]. Peter DRONKE, D. e **le tradizioni latine medioevali**, Bol Il Mul **1990** 196 S, Universale Paperbacks Il Mul. 247 [Unters. in 4 Hauptkap.; engl. Fass: D. and the Med. Latin Traditions, Cambr-Lon-NY u. a. Cambr UP 1986 XIII-153 S]. Franco FERRUCCI, Il **poema del desiderio**: Poetica e passione in D., Mil Leonardo **1990** 291 S [Unters. in 8 Kap. zu den Titelbegriffen in D.s Gesamtwerk]. Antonio C. MASTROBUONO, D.'s **Journey of Sanctification**, Wash DC Regnery Gateway **1990** XIII-279 S + 6 Ill [gegen Singleton gericht. Unters. in 3 Themenkr.; I. Sanctifying Grace: Justification and Merit; II. This is the day the Lord has made; III. The Powerful Enigma: A Mortification of the Intellect; 212-79: Rez. eines Buches von Freccero 1986]. Giuseppina MEZZADROLI, **Seneca** in D.: Dalla tradiz. med. all'officina dell'autore, Fir Le Lett **1990** 142 S [Diss Bol.; I. D. e Seneca 'morale'; II. I *flores* senecani nella mellificatio dant.; III. La parola di Sen. in D.; IV. Dalla tradiz. med. di Sen. all'offic. dant.]. Mario DE ROSA, D. e **il padre ideale**, Nap Fed & A **1990** 155 S [Unters. in 6 Themenkr.]. John F. TOOK, D.: **Lyric Poet and Philosopher**. An introd. to the minor works, Oxf Clar **1990** IX-232 S [sehr wissenschaftl. Mon.; I. The early *Rime*, the *Detto*, the *Fiore* and *VN*; II. The mature *Rime* and the *Cv*; III. The *VE*; IV. The *Mon.*, the Letters, the *De situ* and the Eclogues; Bibl.]. Maurice DE GANDILLAC, D. ou la passion de la **catholicité**, Par Éditions Téqui **1991** 249 S, L'auteur et son message 22 [„En parlant ici de catholicité, on prend d'abord le terme dans son sens étymologique, comme synonyme d'universalité, mais sans exclure, chez D., une essentielle référence à la romanité, elle-même sous sa double figure, impériale et ecclésiale." (7) Aufbau: 1. La 'fille de Dieu' et le maître de ceux qui savent: 2. Les miettes du festin; 3. Des bouches du Ganges aux colonnes d'Hercule; 4. Deux luminaires et trois pouvoirs; 5. Le théâtre aux trois scènes; 6. Fortune et providence, passion et libre arbitre; 7. Sort incertain des justes morts sans baptême; 8. Le grand partage des rôles; 9. Vers le rêve éveillé d'une vision extatique; Épilogue: Permanence de la foi]. Ossip **MANDELSTAM, Gespräch über D.**: Ges. Essays II 1925-1935. Aus dem Russ. übertr. u. hrsg. von Ralph Dutli, Zür Ammann **1991** 310 S [das eigentl. 'Gespr. über D.' sowie 'Notizbuch': 113-93; ident. Ndr.: Ffm Fischer 1994 Fischer-Tb. Nr. 11863; it.: Remo Faccani ed, Conversaz. su D., Gen il melangolo s. r. l. 1994 152 S, nugae 50; russ. Fass. hieß „Razgovar o Dante"]. Antonio **GAGLIARDI**, Ulisse e **Sigieri di Brabante**: Ricerche su D., Catan Pullano **1992** 147 S [Aufbau: 1. Ulisse; 2. L'aquila e il pipistrello; 3. Dissimulazione?; 4. Sigieri di Brabante]. David H. **HIGGINS**, D. and **the Bible**: An introd., Bristol Bristol UP oJ [**1992**] X-166 S [Mon. in 8 Themenkr.; „Certain fundamental questions remain: how the DC and the Bible are related as works of lit., what major themes unite them, and what affinity they have in respect of their inspiration and authority. The object of this book is to examine these issues, together with other questions concerning D.'s use of the Bible." (V-VI)]. Maria **CORTI**, Percorsi dell'invenzione: Il **linguaggio poetico** e D., Tor Ein **1993** VI-175 S, Einaudi paperbacks: Letteratura 237 [Unters. in/zu 6 Themenkr.; Thema ist „la nozione di linguaggio poet., originalm. intuita da D., teorizzata nel VE, applicata nelle opere poet." (Prem.)]. Vincenzo **COZZOLI**, Il **D. anagogico**: Dalla fenomenologia mistica alla poesia anagogica, Chieti Solfanelli **1993** 191 S [theoret.-spekulative Mon. in 11 Kap.]. Giuseppe **MAZZOTTA**, D.'s Vision and the **Circle of Knowledge**, Prince NJ UP **1993** XIV-328 S [„This book is a critical study of D.s poetry and thought. Its aim is to show the new directions D. imparts to the late med. debates on knowledge, which to him is rooted in vision; it traverses multiple domains of knowledge (theology, philosophy. the liberal arts, mystical lit., visionary traditions, ethics etc.) and traces the encyclopedic compass of D.'s imagination." (IX) Aufbau: 1. Poetry and the Encyclopedia; 2. Sacrifice and grammar; 3. The light of Venus; 4. Metaphor and justice; 5. Logic and power; 6. Imagination and knowledge; 7. The dream of the Siren; 8. Language and vision; 9. Theology and exile; 10. Order and transgression; 11. Theologia ludens]. Giuliana **ANGIOLILLO**, Un'isola 'autobiografica': Viaggio nella **medievalità** di D., Sal Edisud **1994** XXVII-246 S [Mon. z. Ges.werk in 10 Kap.]. Hans **FELTEN**, D. u. **sein Werk**, in Höllenkreise-Himmelsrose: Dimensionen der Welt bei D. (Jörg Splett ed), Idstein Schulz-Kirchner **1994** 13-32. Richard **KAY**, D.'s **Christian Astrology**, Philad PA UP **1994** XII-395 S [Mon. in 7 Kap. über 7 Planeten: 1. The Moon, 2. Mercury, 3. Venus, 4. The Sun, 5. Mars, 6. Jupiter, 7. Saturn; Appendix 1: Biobibliography (die Kap. lauten hier: Ptolemy, Albumasar, Acabitius, Haly Abenragel, John of Seville, Ibn Ezra, Liber novem iudicum, Michael Scot, Guido Bonatti); App. 2: Planetary positions for Paradiso; zahl. Anm. u. Belege]. Ursula **RIKLIN**, D. u. Florenz: D.s **Verhältnis zu s. Vaterstadt** aus biograph., literar. u. polit. Sicht, St. Gallen Inst für Politikwiss./Hochsch St. G. [CH-9000 St. G., Dufourstr. 45] **1994** 35 S + 17 ganzseit. Abb. (= Porträts von D. u. biogr. Dok.), Beiträge u. Berichte 226/1994 [„Im Titel dieses Vortrages erscheinen zwei Leuchtpunkte europ. Kultur, zwei mag. Namen, deren Anziehungskräfte durch all die Jahrh. sich als unermüdlich bewiesen: Florenz u. D., D. u. Florenz." (1)]. Aldo **VALLONE, Percorsi med.** e cult. dant., Nap Soc Naz di Scienze, Lett ed Arti **1994** 104 S, Memorie dell'Accad. di Archeologia, Lett. e Belle Arti in Nap. 9 [Mon. über arab., hebr. u. latein. Gedankentransfer im MA u. dessen Einfluß auf D.s Weltbild u. Philos.; Kap. 4 (D. e la scienza = S. 39-74) geht bes. auf D. ein.]. Massimiliano **CHIAMENTI**, D. A. **traduttore**, Fir Le Lett **1995** 263 S, Quaderni degli Studi Danteschi 10 [Unters. in 8 Kap. zu D.s versch. Facetten des Übertragens u. seiner Textaneignung].

218

Giuseppe DI SCIPIO, The Presence of **Pauline Thought** in the Works of D., Lewinston-Queenston-Lampeter The Edwin Mellen P **1995** XII-355 S, Studies in Art and Religious Interpret. 18 [Introd.: Pauline thought in D.'s opus; I. The *VN* and St. Paul; II. St. P. in the *Cv*; III. D.'s *Mon.* and St. P.; IV. St. P. in D.'s *Political epistles*; V. St. P.'s infl. on the *Div. Comedy*]. Ruedi IMBACH, D., **la philosophie** et les laïcs: Initiations à la philos. méd. I, Fribourg-Par Éditions Universitaires/Éditions du Cerf **1996** X-265 S, Vestigia 21 [Mon. mit Materialien u. Übersetzungsteilen; I. Les laïcs et l'histoire de la phil. méd.; II. Les laïcs et la conception de la philos.; III. Instruire les laïcs: Les laïcs comme destinataires de textes philos.; IV. La phil. dans les cours princières (XIIIe-XIVe s.); V. D. et la phil.; VI. La dimension polit. de l'intellect humain chez D.; VII. La langue d'Adam et la phil. du langage de D.; VIII. Ulysse, figure de philosophe; it. Fass.: D., la filos. e i laici. Ediz. it. a cura di P. Porro, Gen Marietti 2003 II-224 S, Coll. di saggistica 88]. **Romano PASI**, D., **i medici e la medicina**, Rav Essegi **1996** 89 S Ill. [Unters. in 9 Kap.: 1. D. medico 'scioperato'; 2. Taddeo Alderotti; 3. Pietro Abano; 4. Pietro Ispano; 5. Le fonti d. cultura medica e filosofica; 6. La cult. medica di D.; 7. D. e Ravenna; 8. Fiduccio de' Milotti, il medico di Rav. amico di D.; 9. Guido Vacchetta]. Bruno PINCHARD, Le bûcher de **Béatrice**: Essai sur D., Par Aubier **1996** 299 S, Aubier/Philosophie oN [Ges.darst. von D.s Werk unter dem Gesichtspunkt seiner 'Beatricehaftigkeit', d. h. besonderen Weiblichkeit: „D. est le nom de celui pour qui toute expérience, tout désespoir, toute béatitude, toute nature est femme, est dame, est Béatrice. Cette transmutation du destin est l'énigme qui nous occupe." (7) Aufbau: I. Souveraineté: D. courtois. Lecture des *Rime*; II. Deuil: D. initiatique. Lect. de la *VN*; III. Forum (zu *VE* u. *Mon.*); IV. Arche: D. exilé. Lect. de la *DC*; V. Nocturne dantesque]. John A. SCOTT, D.'s **Political Purgatory**, Philad PA UP **1996** XI-295 S [Aufbau: I. D.'s Politics (3 Kap.), II. D.'s Purg. (10)]. Franc DUCROS, L'odeur de **la panthère**: D., la poésie, Les Casers/Saint-Maximin Théétète Éditions **1997** 146 S, Esthétique oN [eine poetisch, fragmentarisch-essayistisch-suggestiv poststrukturale Mon. zu D.s Poesie eines Lyrikers, Essayisten u. Übersetzers (von Leonardo da Vinci u. Michelangelo); These: „La panthère fuit devant les chasseurs, pénètre dans une grotte, et s'endort. Elle exhale alors une odeur suave. La langue est cette panthère. La parole de poésie se lance en avant d'elle-même, vers la langue toujours future que sa tâche est d'inventer, mais dont nous ne percevrons, loin devant nous, que l'odeur. Dante n'aura pas cessé d'illustrer cette parabole issue des bestiaires médiévaux, et de l'incarner: il est cette panthère, et sa poésie cette odeur. À nous de la percevoir – et de la donner à respirer. Tel est le propos du présent ouvrage." (Klappentext) Aufbau: I. Endurance (Durare. Dare. Dire); II. Aspects de l'acte poétique. Six études; III. Généalogie (1. G. Cavalcanti, 2. B. da Lucca et G. Guinizelli, 3. A. Daniel, 5. Virgile); IV. Hyperbole. Béatrice: l'avènement de 'Dante']. Stéphane TOUSSAINT, De l'Enfer à la Coupole: D., **Brunelleschi** et Ficin. A propos des „codici Caetani di D.". Préambule d'Eugenio Garin, oO 'L'Erma' di Bretschneider **1997** 146 S, Pubblicazioni della Fondaz. Camillo Caetani: Studi e docum. d'archivio 7 [„L'ambition de ce livre fut d'exposer les processus de formation et de formalisation d'une culture." (22) Es werden kryptische Bezüge zw. den im Titel gen. Komponenten hergestellt; Aufbau: I. L'ombre de D.; II. Dédale; III. Le labyrinthe de la Coupole; IV. Les 'codici Caetani', Ficin le D. hermétique; es folgen 3 Anhänge u. 29 Abb. (Diagramme, Skizzen, Kopien von Hss.).]. Corrado BOLOGNA, Il ritorno di **Beatrice: Simmetrie** dant. fra *VN*, 'Petrose' e *C*, Rom Sal **1998** 147 S, Quaderni di *Filologia e Critica* 14 [Studie in 15 Themenkr.]. Claudio GIUNTA, La poesia it. nell'età di D.: La linea **Bonagiunta-Guinizelli**, Bol Il Mul **1998** 390 S [Bestandsaufn. der it. Lyrik des Duec. gemäß der Einteil. D.s in eine ältere, von ihm abgelehnte (= Bon.) u. neuere Richt., der er sich selbst zuordnet (= Guin.); Aufbau: I. La lett. del Duec. sec. D.; II. Nei gironi dei poeti; III. La tenzone; IV. La linea Bonag.-Guin.; V. La parte dei siciliani; VI. La parte di Guittone; VII. Vero e falso guittonismo; VIII. Sistema dei generi; IX. Vent'anni dopo: lo stilnuovo; X.

Ritorno alla *C.*]. Antonio **BALSANO**, D. fedele **amante e sodomita** pentito. Parlar d'amore per dire altro, Bari Palomar Casa Edit **1998** 159 S, Palomar antiquam matrem 15 [„Il compito qui assunto è proprio quello di leggere D. umanamente, promettendo la lettura razionale e storica della poesia detta d'Amore." Der Autor optiert -sehr gewagt- für eine kaschierte Sicht der Liebesdicht., mit der er die erot. Anlage der Forese Donati-Tenzone auf den ganzen D. ausweitet; Aufbau: I. Parlar d'amore per dire altro; II. Dal bateau ivre de D. agli antiascetici navigli di Folgore.]. Franco **FERRUCCI**, Le due mani di Dio: Il **cristianesimo** e D., Rom Fazi Edit **1999** 176 S, Le terre 22 [Abhandl. in 18 Themenkr. zu dem Nebeneinander von christl. u. heidn. Kultur in D.s Werk]. Warren **GINSBERG**, D.'s Aesthetics of Being, Ann Arbor MI The U of MI P **1999** XV-175 S [Aufbau: 1. Introd.: D.'s aesth. of being; 2. Med. aesth.: The analogies of the *VN*; 3. From the *VN* to the *Comedy*; 4. The aesth. of eternity: Forese, Cacciag. and the style of fatherhood; 5. Ovid, the transformation of metamorphosis and the aesth. of hell]. Heinz Willi **WITTSCHIER, Die it. Lit. des Duecento.** Einführ. und Studienführer. Gesch. der Anfänge einer Nationallit., Ffm-Ber u. a. Lang **2000** 256 S, Grundlagen der Italianistik 1 [„Dieses kleine Handbuch macht ausführlich mit den Anfängen einer großen Nationallit. bekannt." (9) Von D. selbst wird nur die *VN* -jedoch als Höhepunkt der literar. Entwickl. Italiens im 13. Jh.- behandelt, aber das gesamte, hier dargestellte poetische und das Prosaschrifttum stellt eine wesentl. Grundlage für D.s Schaffen dar; dies gilt besonders für die u. a. vorgestellten Autoren Bonvesin da la Riva und Giacomino da Verona sowie für die *Fiore*-Dichtung; zu allen Autoren und Werken findet man Editionen, Online-Texte, Übersetzungen und intern. Forschungssynthesen.]. Bruno **D'AMORE**, *Più che 'l doppiar de li sacchi s'inmilla.* Incontri di D. con la **matematica**. Prefaz. di Umberto Bottazzini e Emilio Pasquini, Bol Pitagora Edit **2001** XI-164 S [17 erzählend/essayistische, nicht wissensch., sondern eher unterhaltsame Essays/Betracht.en über D. u. seine Zeit betreffend mathemat./ludische Themen; Autor lehrt Didaktik der Mathem.]. Claudio **MARAZZINI**, Il perfetto parlare: La **retorica** in Italia da D. a Internet, Rom Carocci edit **2001** 281 S, Università. Lingua e lett. it. 351 [Ges.darst. der Rhetor. in 7. Abschn., in die auch D. einbezogen wird (v. a. Kap.2.6. Poesia e retor. in D. = S. 59-68)]. David **GIBBONS**, Metaphor in D., Univ. of Oxf European Humanities Research Centre **2002** XI-206 S, Legenda oN [ehem. (= 1997) Diss. phil. Cambr. Univ.; Unters. zur Metapher bei D. in 9 Kap.; „D. G. provides a working definition of metaphor as it was understood in D.'s time and, by close readings from the early lyrics to the *Par.*, gives a new, comprehensive account of. D.'s gift for this rhetorical figure."]. Gennaro **SASSO**, D.: L'**Imperatore** e Aristotele, Rom Ist Stor It per il Medio Evo/Nella Sede dell'Ist-Palazzo Borromini **2002** IX-326 S, Nuovi studi storici 62 [Versamml. von 6 Studien, welche als zusammenhängendes Buch angeboten sind; das Ziel der histor. u. politolog. Betrachtungen wird nicht erläutert, wie auch unerwähnt bleibt, wo Teile davon zuvor erschienen waren; Abfolge: I. Storia romana e impero nel *Cv*; II. Aristotele nel *Cv*; III. Attraverso la *C.*; IV. L'intelletto e l'Impero; V. Storia romana e storia cristiana; L'Impero e la Chiesa].

17. BEATRICE

[Kaum eine Monographie über Dante kann eine Bezugnahme auf die große Frauenfigur vermeiden, in deren Zeichen er seine ganze Intellektualität u. literar. Produktion stellte; **in chronol. Reihenf.** nennen wir einige Bücher, Bände mit Studien, Kongreßakten oder längere Aufsätze, die sich ausschließlich mit Beatrice befassen; allerdings sind zu ihr auch andere bibliogr. Abteilungen mit einschlägiger Thematik zu konsultieren.]

Gabriele **ROSSETTI**, La Beatrice di D.: Ragionamenti critici, Londra Stampato a spese dell'autore **1842** VIII-102 S [enth. nur ein 'primo ragionamento' über die These „La Beatrice della *VN* è una figura allegorica, per confessione e dimostrazione di Dante medesimo." (11)]. Alessandro

D'ANCONA, La Beatrice di D.: Studio di A. D'A. Professore di Lettere it. nella Univ. di Pisa, Pisa Tipografia Nistri **1865** 49 S [ursprüngl. V 1865 in Flor. vor der Soc. delle Letture scientif. e letterarie. Unters.ziel ist es, „dimostrare come una sola è la B. a cui il poeta consacrò l'affetto e il verso: e come essa, nelle varie opere di lui, è donna, personificaz. e simbolo per successivo innalzamento e progrediente purificaz. dell'amore." (10) „La vera vita di B. è quella sua seconda e misteriosa esistenza nell'anima e nella fantasia di D." (49)]. Pietro **TARTARINI**, La Beatrice di D. e la Bice Portinari. Studio, Tor Vincenzo Bona **1885** 54 S [„La conclusione mia sarà quella stessa dello Scartazzini, il quale nega l'identità delle due Beatrici... è poi evidente che tutte le ragioni che militano in favore dell'*idealità* o del *simbolo* militano pure in favore della mia opinione." (5-6)]. Gerhard **GIETMANN** [S. J.], Beatrice: Geist u. Kern der D.'schen Dichtungen, Freib i B Herder **1889** XIV-198 S [Aufbau: 1. Die allegor. Dichtungsart D.s; 2. B. als Allegorie der Kirche Christi; 3. B. als geschichtl. Person?; 4. Der Hochgesang auf B.]. Gian Domenico **BELLETTI**, Beatrice e D. nella *VN*: Lettura fatta al Circolo Filologico di Genova nel maggio 1881, Gen Tipogr del R. Istit de' Sordo-Muti **1892** 107 S [kleine Unters.]. Enrico **PROTO**, Beatrice Beata, Prato-Fir Coi tipi dell'Officina Tipo-litografica F.lli Passerini e C. **1906** 106 S [„...ella è divenuta un simbolo; e noi dinanzi al simbolo dobbiamo arrestarci, perché siamo in campo diverso da quello, nel quale ci siamo spaziati in queste povere note." (106)]. Remy de **GOURMONT**, D., Béatrice et la poésie amoureuse: Essai sur l'idéal féminin en Italie à la fin du XIIIe siècle avec plusieurs gravures sur bois, Par Société du Mercure de France **1908** 78 S, Les hommes et les idées oN [Aufbau: I. *VN*; II. La Béatrice des contemporains de D.; III. Selvaggia, la B. de Cino da P.; IV. La B. de D.; V. Les autres amours de D.]. Franz A. **LAMBERT**, D.'s Matelda u. Beatrice, Mün Kommissionsverl von Piloty & Loehle **1913** 206 S [Aufbau: Einf.: D. u. die Kabbala; I. Die *VN*; II. Beatrice; III. Piccarda Donati; IV. Matelda; V. Gemma Donati]. Giovanni **FEDERZONI** [1849-1923], Studi e diporti danteschi. Ediz. definitiva, Bol Zan **1935** VI-377 S [Der Aufs.bd enth. folg. Sektionen: 1. Il romanzo di Beatrice Portinari (Forsch.ber.); 2. Su la *VN* (4 A); 3. Su le *Rime* (2); 4. Sull'*Inf.* (10); 5. Sul *Purg.* (4); 6. Sul *Par.* (3); ¹1904]. Charles **WILLIAMS**, The Figure of Beatrice: A study in D., Lon Faber and Faber **1943** 236 S [Unters. in 12 Kap. zur B.-Gestalt im Ges.werk; Ndr.: Cambr Brewer 1994 236 S]. Charles S[outhward] **SINGLETON**, Viaggio a Beatrice, Bol Il Mul **1968** 325 S [Studien zu B. als allegor. Konstrukt; Aufbau: I. Viaggio a B. (8 A); II. Il ritorno all'Eden (6 A); engl. Fass.: Journey to B., Cambr MA Harv UP 1958]. Michele **D'ANDRIA**, Beatrice simbolo della poesia: Con D. dalla terra a Dio, oO Edizioni dell'Ateneo & Bizzarri **1979** 305 S, Collana di cultura 29 [In 72 Paragr. werden systematisch aus D.s Ges.werk Äußerungen über B. zus.getragen u. untersucht.]. Charles **FRANCO**, La Beatrice di D.: Un'interpretaz. psicanalitica, Poggibonsi Lalli **1981** 203 S, Materiali di lett. [psychoanalyt. Unters. zu B. im Ges.werk; I. L'idealizzaz. della donna come archetipo; II. L'Eterno Femminino nella lett. prima di D.; III. B. nel D. minore; IV. B. nella *C.*]. Adriana **MAZZARELLA**, Alla ricerca di Beatrice: Il viaggio di D. e l'uomo moderno, Mil In/Out **1991** 574 S [psychoanalyt. Mon. in 26 Kap. zur *DC*]. Joan M. **FERRANTE**, D.'s Beatrice, Priest of an androgynous God, Bing NY Med & Renaiss Texts & Studies **1992** 32 S, Center for Med. & Early Renaiss. Studies. Occasional papers 2 [kl. Schrift]. Maria **PICCHIO SIMONELLI** ed [con la collaboraz. di Amalia **CECERE** e Mariarosaria **SPINETTI**], Beatrice nell'opera di D. e nella memoria europea 1290-1990: Atti conv. int. 10-14 dic. 1990, Fiesole Cadmo **1994** 543 S [32 V; 3 Themenkreise: I. Allgem. Themen zu B.; II. B. in der it. u. europ. Lit.; III. 7 V zu B. in den Lit.en Portugals, Hispanoamerikas, Kroatiens, Rumäniens, Ungarns, Polens u. Rußlands; Tagung war 10.-14.12. 1990 in Neapel am Ist. Univers. Orientale: Dipartim. Studi Lett. e Linguist. dell'Occid.]. Bruno **PINCHARD**, Le bûcher de Béatrice: Essai sur D., Par Aubier **1996** 299 S, Aubier/Philosophie oN [Ges.darst. von D.s Schaffen unter dem Gesichtspunkt seiner 'Beatricehaftigkeit', d. h. besonderen Weiblichkeit: „D. est le nom de celui pour qui toute expérience, tout désespoir, toute béatitude, toute nature est femme, est dame, est Béatrice. Cette transmutation du destin est l'énigme qui nous occupe." (7) Aufbau: I. Souveraineté: D. courtois. Lecture des *Rime*; II. Deuil: D. initiatique. Lect. de la *VN*; III. Forum (zu *VE* u. *Mon.*); IV. Arche: D. exilé. Lect. de la *DC*; V. Nocturne dantesque].   Rudy **ABARDO** ed, Omaggio a Beatrice (1290-1990), Fir Le Lett **1997** 172 S, Quaderni degli *SD* 11 ['Diario dei lavori' der 'Giornata di studi' der SDI im Palagio dell'Arte della Lana, Florenz 15. 12. 1990 zur Erinn. an B.s 700. Todesjahr; enth. 6 V: D. De Robertis, Identità di B.; R. Migliorini Fissi, Da Matelda a B. e Maria; A. M. Chiavacci Leonardi, »L'antica rete«; F. Mazzoni, Il 'trascendentale' dimenticato; L. Coglievina, B., il segno e l'assenza; G. Gorni, B. agli Inferi].   Corrado **BOLOGNA**, Il ritorno di Beatrice: Simmetrie dant. fra *VN*, 'Petrose' e *C.*, Rom Sal **1998** 147 S, Quaderni di *Filologia e Critica* 14 [Studie in 15 Themenkr.].

18. AUFSATZBÄNDE zu Dante

[Aufsätze, Artikel, Miszellen (sehr kleine Beiträge) sind die üblichen Forschungsleistungen der Dantist/Innen, denn es ist schwer, zu dem komplexen Autor ganze Bücher zu schreiben, u. zudem sind zu allen Werken noch viele Fragen offen, die man in der Regel in weniger umfangr. Studien fokussiert. Solche im Laufe von Jahren oder gar eines Lebens entstandenen Untersuchungen publizieren die ForscherInnen -manchmal auch deren Schüler zu Geburtstagen- später in Form von Bänden, welche nützl. Arbeitsinstrumente darstellen, da hierdurch weit verstreute Einzelpublikationen kumulativ einsehbar gemacht werden; **in chronol. Reihenf.** nennen wir eine Reihe von bedeut. Bänden dieser Art, deren Inhalte meist Dantes gesamtes Schaffen tangieren (so daß sie z. T. auch die *DC* betreffen); s. auch Abt. 19: KONGRESSAKTEN zu Dante (worin ja ursprüngl. Vorträge versammelt sind, die erst anschließend die Gestalt von Aufsätzen erhalten), 48: Formen der 'LECTURA DANTIS' (wobei es sich um vorlesungshafte Besprechungen einz. Gesänge der *DC* handelt), 63: AUFSATZBÄNDE zur *DC* (in denen man nur Studien zu D.s großer Dicht. antrifft).]

Karl WITTE [1800-83], D.-Forschungen. Altes u. Neues, Heilbronn Verl von Gebr. Henninger II **1869-79** XVI-511 + X-604 S [enth. 27 + 26 Beitr. des dt. D.-Pioniers; meist Besprech.en von erschien. Ausgaben, Übers.en (Kannegießer, Streckfuß, Philalethes), Kommentaren u. Studien oder eig. Arb. von 1824-1878; als Einstieg in die maßgebl. ältere Dantistik des 19. Jh.s].   **Edward MOORE** [1835-1916], Studies in D., Oxf Clar IV **1896-1899-1903-p.1917** [First series (VIII-399 S): Scripture and classical authors in D. (Unters. zur Einwirkung von Bibel, Aristoteles, Plato, Homer, Virgil, Horaz, Ovid, Lukan, Statius, Juvenal, Cicero, Livius, Orosius, Boethius, Seneca, August. sowie weit. „auctores minores"); Second series (XVI-386 S): Miscellaneous essays (enth. 7 umfangr. Studien); Third series (XVI-388 S): Miscell. studies (2 umfangr. Studien); Fourth series (XII-303 S): Textual criticism of the *Cv* and miscell. essays (5 A u. versch. Misz.); von allen 4 Bdn reprint: NY Haskell House 1968].   **Paget** [JACKSON] **TOYNBEE** [1855-1932], Ricerche e note dant. Traduz. dall'inglese con aggiunte dell'autore, Bol Zan **1899-1904** II 86 + 101 S, Bibl. storico-crit. della lett. dant. 1-2 [Die serie prima und serie sec. enth. jew. 6 z. T. zuvor ed. A zu versch. Themen in D.s Werk.].   **Alessandro D'ANCONA** [1835-1914], Scritti dant.: I precursori di D., Fir Sans oJ [**1912**] 570 S [enth. 12 A].   **Francesco TORRACA** [1853-1939], Studi dant., Nap Francesco Perrella & C. **1912** 442 S, Nuova bibliot. di lett., storia ed arte 7 [enth. 13 A zur Dantephilologie u. zur *DC*].   **Karl VOSSLER** [1872-1949], D. als religiöser Dichter, Bern Seldwyla **1921** 58 S [enth. 4 zuvor veröff. A: 1. D. als rel. D.; 2. D. u. die Renaiss.; 3. Zur Beurt. von D.s *Par.*; 4. B. Croce's D.].   **Giovanni FEDERZONI** [1849-1923], Studi e diporti dant. Ediz. definitiva, Bol Zan **1935** VI-377 S [enth. folg. Sektionen: 1. Il romanzo di Beatrice Portinari (Forsch.ber.); 2. Su la *VN* (4 A); 3. Su le *Rime* (2); 4. Sull'*Inf.* (10); 5. Sul *Purg.* (4); 6. Sul *Par.*

(3)]. **Luigi** PIETROBONO [d. S. P.] [1863-1960], Saggi dant. Nuova ediz., Tor-Mil u. a. Soc. Editr Intern [2]1954 VIII-277 S [enth. 10 z. T. vorher veröff. A: La *VN*; Il rifacim. d. *VN* e le due fasi del pens. dant.; Note sul Canzon.; Sulla data d. composiz. d. *DC*; Per l'allegoria di D.; La donaz. di Costantino e il peccato originale; Il prol. d. *DC*; Dentro e dintorno „la picciola Vallea" dell'antipurgat.; Allegoria o arte?; Canto XIV del *Par*.; [1]1936: Rom Scuola Tipogr 'Don Luigi Guanella' 15 + 397 S]. **Ulrich** LEO, Sehen u. Wirklichk. bei D. mit einem Nachtr. über das Problem der Lit.gesch., Ffm Klost **1957** 196 S [8 A von 1929-54 über D. zu versch. Themen; 11-45: „Sehen u. Schauen bei D." (1929)]. **Walter** GOETZ, D.: Gesamm. Aufs., Mün Hueber **1958** 159 S [9 A, veröff. meist im *DDJb* 1937-55, Misz. u. Rezens. des ehemal. Präs. der DDG; 18 Fotos m. D.-Bildnissen]. **Ernst Robert** CURTIUS, Neue Dantestudien, in *Gesamm. Aufs. zur Roman. Phil.* (ders.), Bern-Mün Francke **1960** 305-45 [Es sind folg. A/Misz.: I. D.leser u. D.forscher; II. Der neue Komm. der *Rime*; III. D. u. die Latinität; IV. Die *C.* (darunter: 1. Virgil u. die Rhetorik, 2. Periphrase, 3. annominatio, 4. anaphora); V. Beatrice]. **Herbert** GRUNDMANN-Otto HERDING-**Hans Conrad** PEYER, D. u. die Mächtigen s. Zeit, Mün Hueber **1960** 74 S [3 V von Historikern z. D.-Jahrestag. 1959: Bonifaz VIII. u. D., Über D.s *Mon.*, Philipp IV. von Frankr. u. D.]. **Dino** BIGONGIARI, Essays on D. and med. culture: Critical studies on the thought and texts of D., St. Augustine, St. Th. Aquinas, Mars. of Pad. and other med. subjects, Fir Olsch **1964** 181 S [enth. 10 A bzw. Sammlungen von Misz., entst. ab 1926]. **Umberto** BOSCO ed, D. nella crit. d'oggi: Risultati e prospettive, Fir Le Monn **1965** 773 S [reine Anthologie ohne Begleittext oder Einf. u. Bibl., keine Gesch. der Kritik, höchstens Einblick darin; 61 A von versch. bedeut. D.-Forschern, zuvor ed in *CS*; I. Über D. als Person u. Autor (18); II. *DC* = versch. Schwerpunktthemen (33); III. Einstiege in die übr. Werke (10)]. U[mberto] LIMENTANI ed, The Mind of D., Cambr UP **1965** 199 S [7 A zu versch. Themen, 1965 gehalten von Sapegno, dems. u. 5 brit. Forschern anläßl. 700-Jahr-Feier]. **NN** ed, Centenary Essays on D. by Members of the Oxf. D. Soc., Oxf Clar **1965** 147 S [7 A zu versch. Themen von C. A. Robson, Sir Cyril Hinshelwood, C. Grayson, A. Ewert, C. Foligno, C. Hardie, E. R. Vincent]. **Aldo** VALLONE, Studi su D. medievale, Fir Olsch **1965** 274 S [enth. 12 V, A bzw. 'Lecturae', in 2 Abt. gegl.: 1. Lineamenti di D. med.; La personificaz., il simbolo e l'allegoria; Il mito, la preghiera; Il peccato e la pena (= 5); 2. Il veltro; Il canto VII dell'*Inf*.; *Inf.* IX; *Inf.* XVI; *Inf.* XXIV; *Purg.* XI; *Par.* XV(7)]. **Umberto** BOSCO, D. vicino, Calt-Rom Sciascia **1966** 420 S [5 A, 11 Lecturae u. 3. Misz. von 1937-65; Ndr.: ebend 1976, Aretusa. Collez. di lett. 23]. **Francesco** MAZZONI, Contributi di filol. dant. prima serie, Fir Sans **1966** 292 S [enth. in 2 Abt. 7 + 5 = 12 A; I. Problemi vecchi e docum. nuovi (7); II. Per la storia della crit. dell'Ottoc. (5)]. **NN** ed, D. A. Mit Beiträgen von... 46 Abb. u. 2 Faks., Würz Leo Leonhardt **1966** 272 S, Persönlichkeit u. Werk 2 [10 A v. Baldini, Goetz, Gosebruch, Keller, Migliorini, Ramat, Rauhut, Rheinfelder, Rohlfs, Ruh]. **Salvatore** BATTAGLIA, Esemplarità e antagonismo nel pens. di D., Nap Lig II **1966-74** 304 + 283 S [Bd I enth. außer TitelA (9-49) 15 meist unveröff. A zum Ges.werk; unveränd. Ndr. 1967 u. 1974; in Bd II (ed V. Cozzolina) 9 A, v. a. zur Kritik u. Rez.]. **Gianfranco** CONTINI, Un'idea di D.: Saggi dant., Tor Ein **1970** 283 S [enth. 10 zuvor veröff. A u. 5 weit. A im Anh.; Ndr.: ebend. 1976, Picc. Bibl. Ein. 275]. **Mario** MARTI, Con D. fra i poeti del suo tempo, Lecce Mil [2]**1971** 203 S [6 unveröff. A: D. e i poeti d. scuola sic.; Il giudizio di D. su G. delle Colonne; Onesto da Bologna, lo Stil nuovo e D.; Gli umori del critico militante; D. e i poeti perugini del Trec.; Costume, cronaca e storia comunale nelle rime del tempo di D.; [1]1966: ebend. = kaum veränd., nur überarb.]. **Hans** RHEINFELDER [1898-1971], D.-Studien. Hrsg. v. M. Roddewig, Köln-Wien Böhlau **1975** 313 S [19 veröff. A von 1941-71]. **Gioacchino** PAPARELLI, Ideologia e poesia di D., Fir Olsch **1975** XII-329 S [10 A zu versch. Themen, veröff. 1951-67; [1]1967 als 'Quest. dant.']. **André** PÉZARD, Dans le sillage de D., Par Société d'Études Italiennes **1975** XXIV-574 S [31 Studien oder Misz. zum *Cv*, zur *DC* u. allgem.

philolog. Aspekten; als FS]. **Georg RABUSE**, Ges. Aufs. zu D.: Als Festg. zum 65. Geb. des Verf. (E. Kanduth-F. P. Kirsch-S. Löwe edd), Wien-Stutt Braunmüller **1976** VIII-363 S [15 A]. **Fiorenzo FORTI**, Magnanimitade: Studi su un tema dant., Bol Pàtron **1977** 238 S [6 A bzw. V von 1961-73 (2 unveröff.) zum Thema der magnan. bzw. zur *Nikom. Ethik*]. **Giorgio PADOAN**, Il pio Enea, l'empio Ulisse: Tradiz. classica e intendimento med. in D., Rav Longo **1977** 267 S [7 A, veröff. 1960-69, 1 nota u. 2 Anh.]. **Giorgio PETROCCHI**, L'ultima dea, Rom Bonacci **1977** 315 S [2 Sekt.: I. Nuovi itinerari dant. (S. 11-198: 10 A zu versch. Geb. der Dantistik); II. Depositio dei 'Varia' (7 A zu and. Themen der it. Lit.)]. **Pier Vincenzo MENGALDO**, Linguistica e retorica di D., Pisa Nistri-Lischi **1978** 320 S [Inh.: „quanto ho scritto lungo una decina di anni (1965-76) sul *VE* o temi vicini. Sono tutti contributi editi." (7) Wir finden das Vorw. zu s. Ausg. von 1968 oder „Problemi di un nuovo comm. al *VE*".]. **Cecil GRAYSON** ed, The World of D.: Essays on D. and his times, Oxf Clar **1980** VI-252 S 8 Ill [10 A von 10 versch. Aut. anläßl. 100jähr. Best. der Oxf. D. Society 1976; it. Fass. (= tw.): Cinque saggi su D., Bol Pàtron 1972 153, Le Miscellanee oN; enth.: 1. *Nobilior est vulgaris*: lat. e volg. nel pens. di D.; 2. D. e la prosa volg.; 3. Poetica e poesia di D.; 4. D. nel Rinascim.; 5. Machiav. e D.: Per la data e l'attrib. *Del dialogo int. alla lingua*]. **Pietro G. BELTRAMI**, Metrica, poetica, metrica dant., Pisa Pacini/Mariotti **1981** 163 S [6 A, tw. zuvor veröff., zu grundl. Fragen der Metrik D.s]. **Maria CORTI**, D. a un nuovo crocevia, Fir Le Lett **1982** 110 S [3 Studien: I. Parigi e Bol.: Novità filosof. e linguist.; II. Lingua universale e lingua poet. in D.; III. Tre versioni dell'aristotel. radicale nella *C.*]. **M. CORTI**, La felicità mentale. Nuove prospett. per Cavalc. e D., Tor Ein **1983** 172 S [3 unveröff. Studien]. **Fernando FIGURELLI**, Studi dant., Nap Ist Univers Orientale **1983** 377 S, Fac. di Lett. e Filos.: Ist. Univers. Orient.-Nap. Pubblic. della Sez. Romanza. Studi 7 [28 Arb. in 3 Abt. gegl.: Sulle prime rime dant. (10 Misz.); Costituz. e caratteri della *VN* di D. (6 Misz.); Lecturae (zu 10 canti)]. **Raffaello MORGHEN**, D. profeta tra la storia e l'eterno, Mil Jaca Book **1983** 181 S [9 A; unveränd. Ndr.: ebend. 1989]. **Charles Till DAVIS**, D.'s Italy and other Essays, Philad PA U of PA P **1984** XII-342 S [8 A 1960-80; TitelA neu; 5 A zu D., 3 zu Malispini, Remigio de' Girolami, Tolemeo da Lucca]. **Mario MARTI**, Studi su D., Galatina Congedo Edit **1984** XIV-277 S, Univ. degli Studi di Lecce. Fac. di Lett. e Filos. oN [FS zum 70 Geb. von M. M. = Publik. s. Werke; gegl. in 3 Abt.: 1. Storia e filologia (3); 2. Esegesi (= 7 A zu *Inf.* XIV, *Purg.* II, XI, XIX, XXIII, XXV); 3. Dantismo (6)]. **Richard BAUM-Willi HIRDT** edd, D. A. 1985: In mem. Hermann Gmelin, Tüb Stauffenb **1985** IX-368 S [18 A zu 6 versch. Themenber.; der am 7. 11. 1957 verst. Kieler Romanist wäre 1985 85 Jahre alt geworden.]. **Giovanni FARRIS**, D. e 'Imago Dei', Sav Sabatelli **1985** 142 S [4 A + 2 note zum 'Imago Dei'-Begriff, 2 A neu]. **Giuliana ANGIOLILLO**, *Tra 'l vero e lo 'ntelletto* (vecchi e nuovi studi su D.), Nap Lig **1987** 276 S [15 A]. **Manuela COLOMBO**, Dai mistici a D.: Il linguaggio dell'ineffabilità, Fir La N It **1987** 113 S [5 A, 3 neu; alles zu einer Mon. verbunden; zur *VN, DC, Par.* XXIII u. Sonett *Tanto gentile*]. **John J. GUZZARDO**, D.: Numerological studies, NY-Bern u. a Lang **1987** 178 S [enth. 5 A: 1. Introd. (zu Zahlen bei D.); 2. Number symbolism in the *VN*; 3. The noble castle's missing gate; 4. Ulysses and the four cardinal virtues; 5. Ugolino and the eighth day]. **Michelangelo PICONE** ed, D. e le forme dell'allegoresi, Rav Longo **1987** 173 S [9 A neu von Corti, Alessio, Costa, Picone, D'Andrea, Barański, Iannucci, Friedman, Caravaggi zu versch. Werken D.s bzw. zu Latinis *Tesoretto*]. **Giorgio PETROCCHI**, La selva del protonotaio: Nuovi studi dant., Nap Morano Edit **1988** 254 S [enth. insges. 18 A, gegl. in 2 Sektionen: I. Occasioni e presenze dant. (9); II. Esempi di dantologia moderna e contemp. (9)]. **Aldo VALLONE**, Antidantismo polit. e dant. letter., Rom Bonacci **1988** 209 S [5 A 1973-86; 1. Il Federicismo; 2. Antid. polit. nel XIV sec.; 3. Le citazioni-presenze dant. negli scrittori legali; 4. Carducci e D.; 5. Gli orientamenti della crit. dant. dal 1965 al 1985]. **Giorgio BÁRBERI SQUAROTTI**, In nome di Beatrice e altre voci, Tor Genesi Edit **1989** 191 S, Monete & parole 4 [7 veröff. A]. **John FRECCERO**, D.: La poet. della conversione, Bol Il Mul **1989** 358 S, Collez. di testi e di studi: Linguistica e crit. lette-rar. oN [17 A von 1959-84; engl. Fass. 'D.: The poetics of conversion', Cambr MA Harv UP 1986]. **Mario PAZZAGLIA**, L'armonia come fine: Conferenze e studi dant., Bol Zan **1989** 249 S [9 A]. **Maria Pia POZZATO** ed, L'idea deforme: Interpretazioni esoteriche di D. Introd. di U. Eco. Postfaz. di A. Asor Rosa, Mil Bomp **1989** 330 S [7 A von 7 Frauen; Ergebnisse eines von P. geleit. Forsch.projekts, das im Zusammenh. mit einer semiot. Vorles. von Eco 1986-87 in Bol. stattfand]. **Franca BRAMBILLA AGENO**, Studi dant. Con una premessa di Carlo Delcorno, Pad Ant **1990** XV-285 S [51 A u. Misz. der Forscherin als ihr gewidmete FS]. **Guglielmo GORNI**, Lettera nome numero: L'ordine delle cose in D., Bol Il Mul **1990** 230 S [9 A zur *VN* u. *DC*, 5 neu; der in Genf lehrende G. setzt sich v. a. mit Onomastik u. Zahlenmystik auseinander.]. **Santi MURATORI**, Scritti dant. Introd. e note a cura di Giovanna Bosi Maramotti, Rav Longo **1991** 376 S [38 A oder Misz. u. 8 'Lecturae', zu versch. canti eines älteren. in Ravenna wirkenden Dantisten]. **Antonio GAGLIARDI**, Ulisse e Sigieri di Brabante: Ricerche su D., Catanz Pullano **1992** 145 S [4 A]. **Mario LUZI**, D. e Leop. o della modernità. A cura di S. Verdino, Rom Edit Riuniti **1992** 152 S [10 A 1942-89 zu D., Leop. u. Exilthematik; der V 'Modernità' (Caen 1989) war neu.]. **Edoardo SANGUINETI**, D. reazionario, Rom Edit Riuniti **1992** X-289 S [16 A; 13 davon 1956-89 veröff.; 3 neu; 2 zur *VN*, 14 zu versch. canti/Themen der *DC* (*Inf.* VIII, XXXIII; *Purg.* I, XV, XXIV, XXX; *Par.* XIX, sowie zu den Sequenzen *Inf.* I-III u. *Purg.* IV-VI); der im Titel angedeut. 'reaktionäre' rote Faden ist kaum erkennbar; man hat es eher mit anregenden formalen Textanalysen des D.kenners zu tun, der S. als Autor u. Kritiker ist.]. **Gennaro SAVARESE**, Una proposta per Forese e altri studi su D., Rom Bulz **1992** 157 S [10 A 1961-90 zu versch. Themen]. **Amilcare A. IANNUCCI** ed, D. e la 'bella scuola' della poesia: Autorità e sfida poet., Rav Longo **1993** 358 S [9 A von 9 Forschern zur Prä-senz von Dichtern in D.s Werk wie Vergil, Homer, Horaz, Ovid, Lukan, Statius u. Terenz, die aus der Sicht der ma. Überlief. gesehen werden]. **NN** ed, Miscellanea di studi dant. in mem. di Silvio Pasquazi, Nap Fed & Ardia II **1993** XXVIII-446 + S. 449-910 [S. P. starb 1990; der Bd enth. 64 A von versch. Autoren zu untersch. Themen.]. **Deborah PARKER**, Commentary and Ideology: D. in the Renaiss., Durham NC-Lon Duke UP **1993** XII-248 S [6 A zur Rez.gesch., Kommentar- u. Interpret.theorie, tw. veröff.]. **Remo FASANI**, Le parole che si chiamano: I metodi dell'officina dant., Rav Longo **1994** 284 S [8 A, tw. veröff., im Zeitraum von 10 Jahren entst.; Vorw. von G. Gorni]. **Paola RIGO**, Memoria class. e mem. bibl. in D., Fir Olsch **1994** 183 S, Saggi di *LI* 48 [5 A; 3 veröff. 1977, 1978 u. 1980, 2 neu; 5 Studien zu D.s klass. u. bibl. Bildung (memoria).]. **Leonardo SEBASTIO**, Il poeta e la storia: Una dinamica dant., Fir Olsch **1994** 263 S, BAR 259 [7 A zu *Inf.* XXIV, *Purg.* XXIV, *Par.* XXVI; außerdem: La lingua e la storia, zum *Fiore* u. zu Contini u. Vallone als Dantisten]. **John C. BARNES-Cormac Ó CUILLEANÁIN** edd, D. and the MAges: Literary and historical essays, Dublin Irish Academic P **1995** 319 S [11 'lectures' über D., gehalten 1987-93 am University College in Dublin]. **Cesare VASOLI**, Otto saggi per D., Fir Le Lett **1995** 234 S [1. Filosofia e teol. in D.; 2. La pace nel pens. di D., di Marsilio da Pad. e di G. d'Ockham; 3. La Bibbia nel *Cv* e nella *Mon.*; 4. L'immagine 'enciclo-pedica' del mondo nel *Cv*; 5. Su alcuni riscontri albertini nel *Cv*; 6., 7. u. 8. betreffen andere mittelalterl. Themen.]. **Zygmunt G. BARAŃSKI**, »Sole nuovo, luce nuova«: Saggi sul rinnova-mento culturale in D., Tor Scriptorium **1996** 319 S, Gli Alambicchi 6 [8 A, veröff. 1963-93]. **Enzo ESPOSITO-Raffaele MANICA-Nicola LONGO-Ricardo SCRIVANO**, Memoria biblica nell'opera di D., Rom Bulz **1996** 119 S [4 unveröff. A: D. e la Bibbia (E. E.); Lo spavento del sacro: Presenze bibl. nell'*Inf.* (R. M.); L'exemplum fra retorica med. e testo bibl. (N. L.); 'Trama-ture' bibl. del *Par.*: I canti dell'esame (R. S.)]. **Amilcare A. IANNUCCI** ed, D.: Contemp. per-spectives, Toro-Buffalo-Lon U of Toro P **1997** XII-299 S, Major Italian Authors oN [enth. 14 A über z. T. zentr. Themen der D.-Forsch.; alle mit umfass. Bibl.: 1. D. and med. poetics (Z. G.

Barański); 2. Palinode and history in the oeuvre of D. (A. Russell Ascoli); 3. D. and the classics (M. Picone); 4. D. and the Bible. Bibl. citation in the *DC* (C. Kleinhenz); 5. Forbidden love. Metaphor and history: *Inf.* V (A. A. Iannucci); 6. D.'s Ulysses. Narrative and transgression (T. Barolini); 7. Narrative design in D.'s Earthly Paradise (R. Lansing); 8. A desire of paradise and a paradise of desire: D. and mysticism (L. Pertile); 9. D. and the authority of poetic language (St. Botterill); 10. D. and politics (J. M. Ferrante); 11. D. and androgyny (C. Lund-Mead); 12. Singing the book: Orality in the rec. of D.'s *Comedy*; 13. Interpreting the commentary trad. to the *Comedy* (D. Parker); 14. Reader's applic. and the moment of truth in D.'s *DC* (W. Franke)]. **Giovanni Andrea** SCARTAZZINI [1837-1901], Scritti danteschi. A cura di Michelangelo Picone-Johannes Bartuschat, Locarno Pro Grigioni Italiano-Armando Dadò Edit **1997** 201 S, Collana Pro Grigioni Italiano 4 [eine Anthol. über alle wesentl. Forsch.gebiete des Schweizer Dantisten (ausgen. Textkritik); in 7 Abt. gegl.: 1. Questioni di metodo; 2. D. e la cult. del suo tempo; 3. Le op. min.; 4. La vita di D.; 5. L'interpret. della *C.*; 6. Il commento alla *C.*; 7. La fort. di D.; 2 Einf.en der Herausg. zu Leben u. Werk S.s u. Lit.verz.; s. auch: Reto ROEDEL, G. A. S., Chiasso Elvetica 1969 90 S u. Georges GÜNTERT, Schweizer D.forscher im 19. u. 20. Jh., *DDJb* 48, 1973 42-62]. **Corrado** BOLOGNA, Il ritorno di Beatrice: Simmetrie dantesche fra *VN*, *Petrose* e *Commedia*, Rom Sal **1998** 147 S, Quaderni di *Filologia e Critica* 14 [15 Misz.]. **Leonella** COGLIEVINA-Domenico DE ROBERTIS edd, Sotto il segno di D.: Scritti in onore di Francesco Mazzoni, Fir Le Lett **1998** XLVIII-367 S [27 A von it. u. ausl. Dantisten]. **Zygmunt G. BARAŃSKI**, D. e i segni: Saggi per una storia intellettuale di D., Nap Lig **2000** X-231 S, Biblioteca: Letteratura 45 [8 A mit semiot. Thematik, zu einem Buch zus.geschlossen; alle veröff., aber jetzt übers. u. tw. überarb.; Aufbau: I. L'*iter* ideologico di D.; II. I segni di D.; III. La vocaz. encicloped.; IV. I segni della Bibbia: I. La lez. esegetica di *Inf.* I; V. Segni e struttura: *Inf.* XI; VI. I segni della Bibbia: II. La lez. profetica di *Inf.* XIX; VII. I segni della salvezza: *Par.* XIX; VIII. I segni della creaz.: il mistero della *Questio*]. **Vittorio RUSSO**, Saggi di filologia dant., Nap Bibliopolis **2000** 103 S, Saggi Bibliopolis 64 [5 A, u. a. zu *Par.* XIX 140-41, *VN* XII 10-15 sowie zu 2 Kanzonen des *Cv*]. **Alessandro GHISALBERTI** ed, Il pens. filos. e teol. di D., Mil Vita e P **2001** XII-266 S, V & P Università. Filosofia-ricerche oN [enth. 15 A in 3 Abt. gegl.; I. D. e l'escatol. crist. (3 A von M. Picone, E. N. Girardi, R. Osculati); II. D. in dialogo con le fonti class. e med. (6 A von B. Guthmüller, E. Fumagalli, G. Fioravanti u. a.); III. Percorsi di una posterità ininterrotta (6 A von G. Frasso, C. Vasoli, F. Mattesini u. a.)]. **Guglielmo GORNI**, D. prima della *C.*, Fiesole Cadmo **2001** 289 S, I Saggi di *LIA* 1 [enth. 13 A, 1988-2000 veröff.: „Questo libro raccoglie saggi di filologia dant., tutti su testi anteriori alla *C.*" 3 Abteil.: Di qua dal dolce stile (= 3); *VN* (= 4); Prima della *C.* (= 6)]. **Bruno** PINCHARD-Christian TROTTMANN [bzw. CENTRE D'ÉTUDES SUP. DE LA RENAISS./LE SAVOIR DE MANTICE] edd, Pour D.: D. et l'Apocalypse. Lectures humanistes de D. (1993-1998), Par Honoré Champion Éditeur **2001** 480 S, Travaux du Centre d'Études Sup. de la Renaiss. de Tours 7 [24 A, gegl. in 3 Abteil.: I. D. et l'Apocalypse (7); II. Lectures humanistes de D. (1. Nouveaux acquis de la recherche sur D. (6), 2. La réception humaniste de D. (8); III. Aperçus sur la diffus. de D. dans le champ culturel européen (3); die Unters.en stammen von Dantisten aus Frkr., Amerika, Großbrit. u. It.]. **Luigi SCORRANO**, Il D. „fascista": Saggi, letture, note dant., Rav Longo **2001** 209 S, L'interprete 68 [enth. 9 A (2 davon unveröff.); 3 'Lecturae' zu *Inf.* XIII, *Purg.* III u. XXVI; ferner die A „Gli ha letto D." Occasioni dant. nella *Vita* del Cellini; Il D. 'fascista' (zuvor in *DDJb* 75, 2000 85-123); Dantismo 'trasversale' di Sereni; Luca Mansi quasi Bonconte; D., Piovene e *Le stelle fredde*; Microdramma 'dant.' in un romanzo di A. Bevilacqua (gemeint ist *L'occhio del gatto* von 1968)]. **Giorgio PADOAN** [1933-99], Ultimi studi di filol. dant. e boccacciana. A cura di Aldo Maria Costantini, Rav Longo **2002** 173 S, Il Portico. Bibliot. di lett. e arti. Materiali letter. 126 [enth.

5 A zu Bocc. u 3 A zu D.: Tra D. e Mussato, Il vicariato cesareo dello scaligero per la dataz. della *Ep. a Cangr.*, „Alia utilia reipublice". La composiz. della *Mon.* di D. (alle 1996, 1998, 1999 veröff.].

19. KONGRESSAKTEN zu Dante

[Dante ist ein Autor, zu dem oft größere wissenschaftl. Veranstaltungen -Kongresse, Tagungen, Symposien- stattfinden, bei denen sich nationale oder internationale Fachleute zu speziellen Themen in Vorträgen äußern, die man dann -meist überarbeitet- publiziert. Wir erinnern **in chronol. Reihenf.** an einige solcher Begegnungen der letzten Jahrzehnte, welche entweder Dantes Gesamtwerk oder speziell die *DC* betrafen.]

Herbert GRUNDMANN-Otto HERDING-Hans Conrad PEYER, D. u. die Mächtigen s. Zeit, Mün Hueber **1960** 74 S, Münch. Roman. Arbeiten 15 [3 V D.-Tag. DDG 1959 in mem. W. Goetz: Bonifaz VIII. u. D. (H. G.); Über D.s *Mon.* (O. H.); Philipp IV. von Frkr. u. D. (H. C. P.)].   NN bzw. **COMIT. DI TERRA DI LAVORO PER LE CELEBRAZIONI DEL CENTEN. DELL'UNITÀ-SEMINARIO DI STUDI DANT.** edd, Atti del I congr. naz. di studi dant. »D. nel secolo dell'unità d'It.«. Sotto gli auspici d. SDI e della Soc. Naz. »D. A.«. Caserta-Nap. 21-25 maggio 1961, Fir Olsch **1961** XXXV-215 S [14 V, in 2 Abt. gegl.: I. Sez. letteraria; II. Sez. artist.].   **COMITATO NAZ. PER LE CELEBRAZIONI DEL VII CENT. DELLA NASCITA DI D.** bzw. **CASA DI DANTE** edd, D. e Roma: Atti del conv. di studi... sotto gli auspici del Comune di Roma in collab. con l'Ist. di Studi Romani: Roma 8-9-10 aprile 1965, Fir Le Monn **1965** XXII-369 S [enth. 6 relazioni u. 13 communicazioni von z. T. namhaften Dantisten.].   **William DE SUA-Gino RIZZO** edd, A D. Symp. in Commem. of the 700th Anniv. of the Poet's Birth (1265-1965), Chapel H NC U of NC P **1965** 213 S, U of NC Studies in the Romance Lang. and Lit.es 58 [13 V über versch. Werke u. Themen, u. a. von U. Leo u. H. Hatzfeld].   NN ed, Atti del congr. int. di studi dant. a cura della SDI e dell'AISLLI e sotto il patroc. dei comuni di Fir, Ver e Rav 20-27 apr. 1965, Fir Sans **1965** VIII-395 S [10 V. u. a. von Folena, Nardi, Renucci, Rubinstein, Singleton; organisiert vom Comitato Naz. per le Celebr. del VII Cent. d. Nasc. di D.].   **Vittore BRANCA-Giorgio PADOAN** edd, D. e la cult. veneta: Atti conv. studi organizz. dalla Fondaz. G. Cini in collab. con... Ven-Pad-Ver 30 marzo-5 apr. 1966, Fir Olsch **1966** XXVII-514 S [39 V; Anlaß: Celebraz. del VII Centen. d. nasc. di D., organis. vom Comit. Naz. per le Celebr.].   NN bzw. **COMIT. NAZ. PER LE CELEBR. DEL VII CENT. D. NASC. DI D.** ed, D. e l'It. meridionale: Atti congr. naz. studi dant. a cura del Seminario di Studi Dant. di Caserta... Cas.-Benev-Cassino-Sal-Nap 10-16 ott. 1965, Fir Olsch **1966** LXXI-512 S [31 V; viele gelten Rez.probl, z. B. D.s Einfl. auf Bellarmin, Campanella, Croce, De Sanctis, Gentile, D'Ovidio, Settembrini, Tommaseo, Vico].   NN bzw. **CENTRO DI STUDI FILOL. E LINGUIST. SICILIANI** bzw. **COMIT. NAZ. PER LE CELEBR. DEL VII CENTEN. D. NASC. DI D.** edd, Atti del conv. di studi su D. e la Magna Curia Pal-Cat-Mess 7-11 nov. 1965, Pal Centro Studi Fil e Ling Sic **1967** XVI-667 S [I. Proemio e prol. della *DC* (A. Magliaro); II. D. e la 'Magna Curia' (18 V); III. D. e la Sic. (10); IV. Crit. dant. (13)].   NN bzw. **COMIT. NAZ. PER LE CELEBR. DEL VII CENT. D. NASC. DI D.** bzw. **LECTURA DANTIS INTERN./SDI** edd, Atti del conv. studi su asp. e probl. della crit. dant. (Pisa e Castello di Poppi 7-10 ott. 1965), Rom De Luca **1967** XIV-217 S [enth. 5 relazioni u. 9 comunicazioni zu D.-Kritik, *VN* u. *DC*].   NN bzw. **FAC. DI LETT. E FILOS. UNIV. DI BOL.** bzw. **COMIT. NAZ. PER LE CELEBR. DEL VII CENT. D. NASC. DI D.** ed, D. e Bologna nei tempi di D., Bol Commiss per i Testi di Lingua **1967** XIV-404 S [24 V zu den Sekt.: La poesia e le arti, L'arte retor., Cult. e civiltà, La *DC* e Bol., La Bol. di D.; K. war 13.-16. 4. 1966.].   **Giovannagnola TARUGI** ed, L'umanesimo di D.: Atti IV conv. del Centro di Studi Umanistici Montepulciano 3-7 luglio 1965, Fir Olsch **1967** 296 S [Teil I: 12 V; II (=187-281): Forsch.ber. von Tarugi: L'umanesimo nuovo di D. nei riflessi della civiltà it.].   **Lino**

LAZZARINI ed, Conv. studi dant. D. e la cult. tedesca, Pad Univ degli Studi 1967 [= **1968**] X-204 S [11 V, u. a.: Elwert (D. nella cult. ted.: Le traduz. ted. d. *DC*), Rheinfelder (Nasc. e svil. d. Soc. Dant. German.), Rabuse (Die neuere D.forsch. in Österr.), Wais (Die *DC* als dichter. Vorbild im 19. u. 20. Jh.), Folena (La filol. dant. di Carlo Witte); 1.-3. 8. 1965 in Bressanone = Corsi estivi]. NN ed, D. e Giotto: Atti conv. studi promossi dalla Casa di Dante in Roma e dalla SDI 9-10 nov. 1967, Rom oV **1968** 119 S, Quad. del Veltro 7 [5 relazioni + 8 communicaz.]. NN bzw. ISTITUTO LEONE XIII DI MILANO-ISTIT. DI STUDI DANT. DELL'UNIV. CATT. DEL S. CUORE edd, Lect. Dantis mystica: Il poema sacro alla luce delle conquiste psicologiche odierne: Atti settim. dant. 28 luglio-3 ag. 1968, Fir Olsch **1969** XVI-557 S + 23 Taf [22 versch. Beitr.]. NN bzw. COMUNE DI MELFI ed, D. e la cult. sveva: Atti conv. studi Melfi 2-5 nov. 1969. Omaggio a Francesco Torraca, Fir Olsch **1970** XX-432 S [Parte prima (= 3-267): 18 V zum Kongreßthema; Appendice (269-300): 4 V zur Gesch. von Melfi; Parte sec.: Omaggio a F. Torraca (303-430): 12 V bzw. A zu F. T. sowie Text seiner Tesi di laurea über Ennius u. Machiavelli]. ISTITUTO DANTESCO-EUROPEO (I.D.E.)-**Egidio GUIDUBALDI** edd, Psicoanalisi e strutturalismo di fronte a D.: Dalla lettura profet. med. agli odierni strumenti crit.: Atti mesi dant. 1969-71, Fir Olsch III **1972** XIII-528 + 518 + 531 S [Austrag.orte: Mail. u. Gressoney St. Jean; 1. Bd: I. Cornice editoriale della 'proposta-Gressoney' (3 A); II. Indag. sul fenomeno mist. applicabile a D. (4); III. Strumenti crit. di derivaz. psicoanalit. (6); IV. Strumenti crit. di derivaz. strutturale (6); V. Dai contributi del 'mese dantesco' 1969 (4); VI. Esegesi trecent. (3). 2. Bd: Lett. della *C*. (5 V zum *Inf.*, 5 z. *Purg.*, 5 z. *Par.*) sowie Dai singoli canti alle visioni d'insieme (3). 3. Bd: Incontro con le altre op. (*VN* u. *Cv* = 4; *Mon.* = 6; *Epist. a Cangr.* = 2; In margine alla 'lect. Dantis' = 7)]. NN bzw. COMUNE DI MELFI ed, D. nel pens. e nella esegesi dei sec. XIV e XV: Atti III congr. naz. studi dant. Melfi 27 sett.-2 ott. 1970, Fir Olsch **1975** XXXI-702 S [60 V; = Atti conv. studi realizz. dal Com. di Melfi in collab. con la Bibl. Prov. di Potenza e il Sem. di Studi Dant. di Terra di Lavoro]. NN bzw. COMUNE DI RAVENNA-SDI edd, Atti conv. int. studi dant. 650° anniv. d. morte di D.: Rav. 10-12 sett. 1971, Rav Longo **1979** X-274 S [12 V zu versch. Themen]. Silvio ZENNARO ed, D. nella lett. it. del Nov.: Atti conv. studi Casa di D. Roma 6-7 maggio 1977, Rom Bonacci **1979** 312 S, Quad. dell'Ippogrifo 2 [14 V, nur von it. Verf. zur Rez. u. a. bei Baldini, Borsi, D'Annunzio, Montale, Papini, Pasol., Pascoli, Rebora, bei den Crepuscolari, Ermetici u. Vociani]. Giovanni BARBLAN ed, D. e la Bibbia: Atti conv. int. promosso da 'Biblia': Fir. 26-27-28 sett. 1986, Fir Olsch **1988** 370 S, B*AR* 210 [23 V]. Giuseppe DI SCIPIO-Aldo SCAGLIONE edd, The *Divine Comedy* and the Encyclopedia of Arts and Sciences: Acta of the Intern. D. Symposium 13-16 Nov. 1983 Hunter College NY, Amst-Philad PA John Benjamins Publ Comp **1988** IX-385 S [18 V]. Luigi PESTALOZZA ed, La musica nel tempo di D.: Ravenna, Comune di Rav. Opera di D.-Musica/Realtà 12-14 sett. 1986, Mil Unicopli **1988** 337 S, Quaderni di Musica/Realtà 19 [10 V]. NN ed, Dantismo russo e cornice europea: Atti dei conv. di Alghero-Gressonay (1987), Fir Olsch II **1989** XXXIII (= Prefaz. E. Bazzarelli)-416 + 461 S, B*AR* 225 [heterog. Samml. von V verschiedenster Art; 1. Bd: I. Excursus sulla nasc. del dantismo polit. (6 V); II. Omaggio ad Aleksàndr Blok (6); III. Profili singoli (9 V zu russ. Dantisten); 2. Bd: IV. Panoramiche globali (9 V zur Rez. bei D'Ann., Borsi, Claudel, Eliot, Milosz, Pirandello, Pound, Valéry); V. Omaggio al dantismo montaliano (5) u. a. m.]. Guido DI PINO ed, D. e le città dell'esilio: Atti conv. int. studi Rav 11-13 sett. 1987, Rav Longo **1989** 229 S [11 V zur Erforsch. der Exiletappen D.s; veranstaltet von Comune di Rav., Opera di D. u. SDI]. Rachel JACOFF-Jeffrey T. SCHNAPP edd, The Poetry of Allusion: Virgil and Ovid in D.'s *C*., Stanf CA UP **1991** XIII-333 S [16 überarb. V; Anlaß = 2 Koll. im Dartmouth College 1985 u. 1986; I. Virgil in D. (9); II. Ovid in D. (7)]. Madison U. SOWELL ed, D. and Ovid: Essays in intertextuality, Bing NY Center for Med and Early Renaiss Studies/State U of NY **1991** 187 S, Med. & Renaiss. texts & studies 82 [8 urspr. bzw. überw. V eines Symp. vom 13. 11. 1987 im Barnard Coll., die dann zu Essays umgestaltet wurden; unters. wird Ovids Einfluß auf die *DC*; der Römer war für D. v. a. der Dichter der *Metamorphosen*, u. die Autoren zeigen, warum u. wie D. diese umdeutet u. neuschreibt; am Schluß ausf. Bibl. zur Ovid-D.-Thematik]. **Enzo ESPOSITO** ed, L'opera di D. nel mondo: Edizioni e traduz. nel Nov.: Atti conv. int. studi Roma 27-29 apr. 1989, Rav Longo **1992** 318 S, Bibliogr. e storia della crit. 8 [30 V Casa di D. in Rom, jew. zur Forsch. in einz. Länd. u. Sprachen, Berichte über Editionen u. Übers.; dt. V von M. Roddewig, s. Abt. 2: BIBLIOGRAPHIEN und BIBLIOGRAPHIEREN zu Dante.]. **NN** ed, D. oggi: Conv. di studi Latina 18 maggio 1991, Anzio De Rubeis **1994** 86 S, L'Arco muto 12 [5 V, gehalten im Club letterario e culturale 'Elicona'; u. a.: D. tra bibliogr. e crit. (E. Esposito), D. attuale? (G. Muresu), D. e l'America, D. in America (R. Caputo)]. **Maria PICCHIO SIMONELLI** ed (con la collab. di Amalia CECERE e Mariarosaria SPINETTI), Beatr. nell'op. di D. e nella mem. europea 1290-1990: Atti conv. int. 10-14 dic. 1990, Fiesole Cadmo **1994** 543 S [32 V; 3 Themenkr.: I. Allgem. Themen zu Beatr.; II. B. in der it. u. eur. Lit.; III. 7 Beitr. zu B. in den Lit.en Portugals, Hisp.amerikas, Kroatiens, Rumäniens, Ungarns, Polens u. Rußl.; Symp. war in Neapel am Ist. Univ. Orient.: Dip. Studi Lett. e Ling. dell'Occid.]. **Rudy ABARDO** ed, La Società Dant. It. 1888-1988. Conv. int. Fir. 24-26 nov. 1988. Palazzo Vecchio-Pal. Medici Riccardi-Pal. dell'Arte della Lana. Atti, Mil-Nap Ricc **1995** XLVI-603 S. **Patrick BOYDE-Vittorio RUSSO** edd, D. e la scienza: Atti conv. int. studi »D. e la scienza« Rav. 28-30 maggio 1993, Rav Longo **1995** 390 S, Interventi Classensi 16 [21 V + tavola rot., Sympos. der Opera di D. u. Bibl. Classense di Rav.; die Themen gelten versch. Ber. der Geistes- u. Naturwiss.en, auch Alchimie u. Astrologie.]. **Theodore J. CACHEY** Jr. ed, D. now: Current trends in D. studies, Notre Dame IN-Lon Notre D UP **1995** XXI-283 S, The William and Katherine Devers Series in D. Studies 1 [10 V zu den Abt. Poetics, Minor Works u. Reception; kaum Zus.fass.en von Trends, sond. z. T. wicht. Detailstudien; Symp. war 29.-30. 10. 1993 U of N. D.]. **Enzo ESPOSITO** ed, Dalla bibliografia alla storiografia: La crit. dant. nel mondo dal 1965 al 1990: Atti conv. int. realizz. dal 'Centro Bibliogr. Dant.' Roma 26-27 apr. 1993, Rav Longo **1995** 269 S, Bibliogr. e storia della crit. 12 [24 V, überw. Forsch.ber. zu It., Frkr., Deutschl. (= M. Roddewig), Großbr., Hispanoam., Port., Ex-Jugosl., Skandin., Rumän., Ung., Polen, Rußl., Ukr., Litauen, Türkei, Persien, Nordam., Bras., Jap., China; jew. mit Bibl.]. **Charles FRANCO-Leslie MORGAN** edd, D.: Summa Medievalis. Proceedings of the Center for It. Studies SUNY Stony Brook, Stony Brook NY Forum Italicum **1995** 242 S, *Forum Italicum*: Supplem. Filibrary 9 [16 V; 24.-26. 3. 1988]. **Gianfranco CASADIO**, D. nel cinema, Rav Longo **1996** 162 S, Musica-cinema-immagine-teatro 16 [10 A bzw. V; Symp. war 7. 10. 1995 in Rav.; s. auch Abt. 27: Dante (bzw. die *DC*) und die/in den NEUEN MEDIEN]. **Rudy ABARDO** ed, Omaggio a Beatrice (1290-1990), Fir Le Lett **1997** 172 S, Quaderni degli *SD* 11 ['Diario dei lavori' der 'Giornata di Studi' der SDI Florenz 15. 12. 1990 zur Erinn. an B.s 700. Todesj.; enth. 6 V: Identità di Beatr. (D. De Robertis); Da Matelda a B. e Maria (R. Migliorini Fissi); »L'antica rete« (A. M. Chiavacci Leonardi); Il 'trascendentale' dimentic. (F. Mazzoni); B.: il segno e l'assenza (L. Coglievina); B. agli Inferi (G. Gorni)]. **Zygmunt G. BARAŃSKI** ed, Seminario dant. int.-Int. D. Sem. 1: Atti del primo conv. tenutosi al Chauncey Conf. Center, Princeton 21-23 ott. 1994, Fir Le Lett **1997** VI-389 S, S. D. I.: Centro di Studi e Documentaz. Dant. e Med., Quaderno 7 [11 V gegl. in 4 Abt; 1. D. e la lett. med.: La tradiz. volg. it. (2); 2. D. e il mondo class.: Il *De bello civili* di Lucano (2); 3. D. e la tradiz. mist.: San Bernardo di Clairvaux (3); 4. D. e la trad. esegetica: L'*Ep. a Cangr.* (3)]. **CENTRO IT. DI STUDI SUL BASSO MEDIOEVO-ACCAD. TUDERTINA-CENTRO DI STUDI SULLA SPIRITUALITÀ MED. DELL'UNIV. DEGLI STUDI DI PERUGIA** edd, I monstra nell'*Inferno* dant.: Tradiz. e simbologie. Atti del XXXIII conv. stor. int. Todi 13-16 ott. 1996, Spol Centro It di Studi sull'Alto Med **1997** X-288 S 3 Fotos, Atti dei convegni del Centro It. di Studi sul Basso Med.-Accad.

Tud. e del Centro di Studi sulla Spir. Med. Nuova serie 10 [11 V über Ungeheuer in der klass. u. ma. Lit. sowie in der *DC*]. **Michelangelo PICONE-Tatiana CRIVELLI** edd, D.: Mito e poesia. Atti del sec. seminario dant. int. (Monte Verità, Ascona 23-27 giugno 1997), Fir Cesati **1999** 459 S [8 Arbeitsthemen: I. Relazioni introd. (2 V); II. Mito e allegoresi (3); III. Mito e narraz. (3); IV. La riscrittura dei miti (3); V. Il mito della poesia (2); VI. I miti della polit. (2); VII. I miti biblici (2); VIII. Tav. rot.]. **Enzo ESPOSITO** ed, D. e il Giubileo: Atti del conv. Roma 29-30 nov. 1999, Fir Olsch **2000** 223 S, Dantologia. Pubblic. del Centro Bibliogr. Dant. 2 [enth. 12 V]. **Nicolò MINEO** ed, Costruz. narrativa e coscienza profetistica nella *DC*: Ciclo curato da N. M., Rav Longo **2000** 237 S, Letture Classensi 29 [7 V, geh. 6. 3.-12. 9. 1999: D., il profetismo gioachimita e la donaz. di Cost. (S. Cristaldi); Immaginario visivo e tradiz. letter. nell'invenz. dant. della scena dell'eterno (L. Battaglia Rossi); Spiegaz. e profezia (G. Bárberi Squarotti); Il 'commento' come forma della narraz. nella *DC* (N. Mineo); Dialogo e profezia nella *C*. dant. (F. Spera); Cornice e cornici nella *C*. (A. Pioletto); D.: un sogno di armonia terrena (N. Mineo)]. **Henriette LEVILLAIN** ed, D. et ses lecteurs (**Du Moyen Age au XXe siècle**). Actes du Colloque de la Jeune Équipe «Identités, Représentations, Échanges (France-Italie)» - Université de Caen (5-6 mai 2000). Textes réunis et présentés par H. L., Poitiers UFR Langues Littératures/Maison des Sciences de l'Homme et de la Société **2001** 224 S, La licorne. Hors série-Colloques 12 [enth. 17 V, gegl. in 3 Abt.en; s. hierzu Abt. 21: REZEPTION und INTERTEXTUALITÄT]. **Marina MARIETTI-Claude PERRUS** edd, D. poète et narrateur, Par Presses de la Sorbonne Nouvelle **2001** 334 S, Arzanà. Cahiers de littérature méd. italienne 7 [14 V eines Koll. an der Sorbonne 2000: 13 galten der *DC*, 2 den *Petrosen*, 1 der *VN*; Autoren u. a.: F. Sanguineti, G. Gorni, L. Pertile, M. Guglielminetti, M. Picone, die beiden Herausg. sowie weit. frz. Dantisten]. **NN** ed, «*Per correr miglior acque...*»: Bilanci e prospettive degli studi dant. alle soglie del nuovo millennio. Atti del conv. int. di Ver-Rav 25-29 ott. 1999. Sotto l'alto patron. del Pres. della Rep., Rom Sal **2001** II XVI-1176 S, Pubblicazioni del »Centro Pio Rajna«. Sez. prima. Studi e saggi 9, 1-2 [Bd I enth. 30 relazioni, Bd II 23 comunicazioni; Verf. sind überw. it. Dantisten; mehrere V sind resümmierende Forsch.berichte zu zentr. Aspekten, z. B. zur Textphilologie].

20. AUFSÄTZE zu Dante mit übergreifender/zentraler Thematik

[Zahllos sind die kleineren Beiträge -Essays, Aufsätze, Artikel, Miszellen-, welche man im Laufe von Jahrzehnten/Jahrhunderten überall auf der Welt zu irgendwelchen generellen oder speziellen Aspekten in Dantes Gesamtschaffen geschrieben hat, Untersuchungen, die seine Prosa u. Poesie, Italienisches u. Lateinisches übergreifend betreffen. Solche Arbeiten könnten lange Listen erge-ben, und ein Blick auf sie würde weniger informieren denn verwirren. Wir nennen daher **in chro-nol. Reihenf.** nur solche themen- oder werkumfassenden Studien, die eine unbestreitbar herausra-gende Bedeut. im Rahmen einer Gesamteinschätzung von Dantes Schaffen besitzen; s. auch Abt. 18: AUFSATZBÄNDE zu Dante, 19: KONGRESSAKTEN zu Dante, 63: AUFSATZBÄNDE zur *DC*, 64: AUFSÄTZE zur *DC* mit zentr. Thematik; Forschungen in Aufsatzform werden auch in verschied. anderen bibliogr. Abteilungen mit fachspezif. Thematik genannt.]

Ernst Robert **CURTIUS**, D. u. **das lateinische MA**, *RF* 57, **1947** 153-85. August **BUCK**, D. u. **die ma. Überlief. der Antike**, *DDJb* 25-26, **1957** 25-46 [Ndr. in *Die humanist. Trad. in der Romania* (ders.), Bad Homburg v. d. H. 1965 50-75]. Andrea **CIOTTI**, **Alano** e D., *Convivium* 28, **1960** 257-88 [Die Studien von E. R. Curtius (1950) u. die krit. Ed. von R. Bossuat (1955) des allegor. Lehrgedichtes *Anticlaudianus* (entst. um 1183) einbeziehend, stellt C. den Einfluß des frz. Scho-lastikers auf D. heraus.]. L[uis] Jenaro **MACLENNAN**, **Autocomentario** en D. y comentarismo latino, *Vox Romanica* 19, **1960** 83-123 [Unters. in 10 Abschn. zur *VN*, zum *Cv* u. zur

Kommentartrad. des MAs: „Toda la tradición latina del comentarismo culmina en D. con doble magnificencia: la de haber dotado a la técnica exegética de una estructura interna, sólidamente trabada y la de haber comentado en *volgare*." (122)]. Marie Thérèse D'ALVERNY, Notes sur D. et **la sagesse**, *REI* 11, **1965** 5-24 [Unters. zu D.s Philos. u. Weisheitslehre; Titel des Bandes lautet: „D. et les mythes: Trad. et rénovation"]. Kenelm FOSTER O. P., The mind in love: **D.'s Philosophy**, in *D.: A collection of critical essays* (J. Freccero ed), Englewood NJ Prentice-Hall **1965** 43-60 [zum Zus.hang von Liebe u. Philosophie; Textgrundlagen = *Cv* u. *DC*; ursprüngl. Vortrag 1956 Aquinas Society in London]. Giovanni NENCIONI, D. e **la retorica**, in *D. e Bologna nei tempi di D.* (Fac. di Lett. e Filos. dell'Univ. di Bol. ed), Bol Commiss per i testi di lingua **1967** 91-112 [Bestandsaufnahme der rhetor. Handbücher u. Texte, die D. seinerzeit gekannt haben kann]. Maurizio PERUGI, **Arnaut Daniel** in D., *SD* 51, **1978** 59-152 [Unters. der Einflüsse des prov. Dichters auf das *Detto d'amore*, die *Rime* sowie *DC*]. Lorenzo Minio PALUELLO, D.'s reading of **Aristotle**, in *The World of D.: Essays on D. and his times* (C. Grayson ed), Oxf Clar **1980** 61-80. August BUCK, D. u. die **Mythologie**, *DDJb* 55-56, **1980-81** 7-27. A. BUCK, Vergil als D.s Lehrer, in *Italia viva: Studien zur Sprache u. Lit. Italiens* (= FS H. L. Scheel, W. Hirdt-R. Klesczewski edd), Tüb Narr **1983** 137-44. Siegfried HEINIMANN, **D. als Bibelübersetzer**, in *Roman. Lit.- u. Fachsprachen in MA u. Renaiss.: Beitr. zur Frühgesch. des Provenz., Franz., It. u. Rätoroman.* (= ges. A von S. H. zu s. 70. Geb. 1987; R. Engler-R. Liver edd), Wies Reichert [2]**1987** 175-92 [V von 1978; zuvor in *DDJb* 55-56, 1980-81 28-49]. Hans Ludwig SCHEEL, D. u. die **religiöse Dichtung seiner Zeit**, *DDJb* 65, **1990** 11-28 [beh. 3 Themenkreise: 1. Begriff 'christlich relig. Dicht.'; 2. Berührungen von D.s Werken mit Texten der christlichen, insbes. der volkssprachl. Dicht. des it. Due- u. beginnenden Trecento; 3. Die Sonderstell. der *C.* in der Trad. der relig. Dicht. aus heut. Sicht]. Lorenzo Minio PALUELLO, **D. lettore di Aristotele**, in *Luoghi cruciali in D.: Ultimi saggi. Con un inedito su Boezio e la bibliogr. delle opere* (ders.- F. Santi edd), Spol Centro It di Studi sull'Alto Med/Fondaz Ezio Franceschini **1993** 29-49, Quad. di cult. mediolat. 6 [Gibt Einblicke in D.s Umgang mit Arist.; ehemals V in Oxf.; zuvor veröff. in *The World of D.*, Oxf. 1980 61-80.]. James J. WILHELM, What D. may have learned from **Arnaut Daniel**, in *D.: Summa Medievalis: Proceedings of the Symposium of the Center for It. Studies SUNY Stony Brook* (Ch. Franco-L. Morgan edd), Stony B NY Forum Italicum **1995** 87-99 [zu A. D.s Einflüssen auf *VE* u. *DC*]. Andreas KABLITZ, D.s **poetisches Selbstverständnis** (*Cv-C.*), in *Über die Schwierigkeiten, (s)ich zu sagen: Horizonte literar. Subjektkonstitution* (W. Wehle ed), Ffm Klost **2001** 17-57. Selene SARTESCHI, **Sant'Agostino** in D. nell'età di D., in *«Per correr miglior acque...»: Bilanci e prospettive degli studi dant. alle soglie del nuovo millennio. Atti conv. int. di Ver-Rav 25-29 ott. 1999. Sotto l'alto patron. del Pres. della Rep.* (NN ed), Rom Sal **2001** II 1075-97 [„Stabilire una relaz. fra Agostino e D. che possa toccare alcuni nodi tematici del pens. poetico-ideologico dell'autore della *C.* non è facile." (1076) Aber dieses wird versucht.]. Graziella FEDERICI VESCOVINI, D. e **l'astronomia** del suo tempo, *LIA* 3, **2002** 279-309 [„D. condivide una dottr. astrologica naturale che era stata adattata alle esigenze del Cristianesimo dai dotti cristiani come A. Magno, Tommaso, R. Bacone, P. d'Abano e altri. " (308)].

21. REZEPTION und INTERTEXTUALITÄT

[Der große ma. Dichter u. Intellektuelle Dante Alighieri regte im Laufe der Jahrhunderte Schriftsteller beinahe aller Nationen zu kunstvollen Werken an, die verschiedene Elemente seines literar. Schaffens verarbeiteten. Die Aufdeckung solcher produktiver Einflüsse -welche späteren Autoren nicht selten bemerkenswerten Glanz gaben- sowie deren Charakterisierung u. Wertung ist ein großes u. beliebtes Gebiet der Dantistik geworden; wir nennen **in chronol. Reihenf.** eine Reihe von Forschungen zur D.-Aufnahme bzw. zu dantistischen Textbezügen; s. auch Abt. 15: GRUND-

LAGENFORSCHUNG von BARBI, NARDI und VALLONE (letzterer widmete sein ganzes Leben der mehr philolog. Rez. D.s in den verschied. Epochen), 22: KOMPARATISTISCHES zu Dante, 23: Dante-KRITIK im Spiegel der Epochen, 24: Dante (bzw. die *DC*) und die/in der KUNST, 26: Dante und die/in der MUSIK, 27: Dante (bzw. die *DC*) in den NEUEN MEDIEN.]

G[iovanni] A[ndrea] SCARTAZZINI, D. **in Germania**: Storia letteraria e bibliografia dant. alemanna, Nap-Mil-Pisa Ulrico Hoepli II **1881-83** 312 + 360 S [erste große Bestandsaufnahme der D.-Rez. in Deutschl. u. der dt. Dantistik; Teil I: Storia critica della lett. dant. alemanna dal sec. XIV sino ai nostri giorni; Teil II: Bibliografia dant., alfabet. e sistematica. Con cenni biografici degli autori].   Carlo **DEL BALZO** ed, Poesie di **mille autori intorno a D**. A. raccolte ed ordinate cronologicamente con note storiche, bibliograf. e biograf., Rom Forzani XV **1889-1909** [eine große Samml. von poet. Hommage-Texten für D.; jeder Bd umfaßt ca./über 500 S.].   Albert COUNSON, D. **en France**, Erlangen-Par Fr. Junge/Fontemoing **1906** 207 S [Hist. Ges.darst. von den Anf. bis zum 19. Jh.; I. Avant la Renaiss.; II. Renaiss.; III. L'époque classique; IV. L'ép. romantique; V. La période de critique et d'érudition].   Arturo FARINELLI, D. e la **Francia**: Dall'età media al secolo di Voltaire, Mil Ulrico Hoepli II **1908** XXVI-560 + XIV-381 S [„Chiudo e congedo, con man che non trema, un lavoro di molt'anni..." (IX) Die Hauptkap. lauten: I. La Francia nel concetto e nell'arte di D.; II. Prima conosc. e diffus. della *C*. in F.; III. Il sec. degli italianeggianti in F. (= Bd 1); IV. Da Malherbe a P. Bayle (= Bd 2); reprint: Genf Slatkine 1971].   Paget [JACKSON] TOYNBEE, D. **in English Lit**.: From Chaucer to Cary (1380-1844), Lon Methuen **1909** II LI-683 + 757 S.   Elisabetta CAVALLARI, La fort. di D. nel **Trecento**, Fir Perella **1921** 462 S.   Piero CHIMINELLI, La fort. di D. nella **cristianità riformata** (con spec. riferim. all'It.), Rom Casa Editr 'Bilychnis' **1921** XI-266 S [Teil I: D. e i riformati it.; II: D. e i riform. esteri].   **Arturo FARINELLI**, D.: **Spagna-Francia-Inghilterra-Germania** (D. e Goethe), Tor Bocca **1922** 506 S [5 Gruppen von Studien zu den 4 im Titel gen. Ländern, tw. veröff.].   NN ed, D. **e il Piemonte**. Pubblicaz. della Reale Accad. delle Scienze a commemorare il VI centen. della morte di D., Tor Bocca **1922** VI-647 S [10 A über D.-Rez. von V. Gioberti, Cesare Balbo, G. Baretti, V. Alfieri, V. Botta u. a.; umfangr. bibl. Material im Anh.].   Erich AUERBACH, Entdeckung D.s **in der Romantik**, *DVLG* 7, **1929** 682-92.   C. Ch. FUCHS, D. **in der deutschen Romantik**, *DDJb* 15, **1933** 61-131.   Rocco MONTANO, D. e il **Rinascimento**, Nap Guida Edit/Edizioni Humanitas **1942** 253 S [Unters. in 3 Themenkr.].   Angelina LA PIANA, D.'s Pilgrimage: A historical survey of D. studies in **the United States 1800-1944**, New H-Lon u. a. Wellesley College/Yale UP **1948** XI-310 S [chron. Unters./Darst. in 13 Kap.; Kraus Reprint].   Werner P. FRIEDERICH, D.'s Fame Abroad 1350-1850: The infl. of D. on the poets and scholars of **Spain, France, Engl., Germ., Switzerl. and the United States**: A survey of the pres. state of scholarship, Rom Storia e Lett **1950** 582 S [Mon. nach den Länd. in 6 Kap. gegl.; 551-63: Bibl.; 564-71: Chronological Table (= wichtige Etappen der D.-Rez. von 1330 bis 1865)].   Vittorio VETTORI ed, Maestro D., Mil Marz **1962** 307 S [12 V, gehalten in Pisa ab 1960 als 'Lectura Dantis **Internazionale**/Sotto l'alto patron. del Pres. della Rep.'; u. a.: D. in Francia (C. Pellegrini), D. in Germ. (R. Guardini), D. in Inghilt. (e in America) (M. Praz), D. in Portogallo (L. Magnino), D. y la hispanidad (J. Bergamín), D. nell'oriente cristiano (M. Popescu)].   Charles DEDEYAN, D. **en Angleterre**, Par Didier II **1961-66** 223 + 188 S [Chronol. Gesch. der D.-Rez. in Engl.; 1. Bd enthält: I. Moyen-Age (von Chaucer bis J. Lydgate); II. La Prérenaissance (von W. Thomas bis Th. Sackville); III. La période élisabéthaine et jacobéenne (von J. Foxe bis Shakespeare); 2. Bd: I. Introd.; II. Avant Milton; III. Milton; IV. Restauration, classicisme et préromantisme].   Uberto LIMENTANI, The fortunes of D. **in 17th cent. Italy**. An inaugural lecture, Lon-Cambr UP **1964** 62 S [V in Cambr. 25. 11. 1963].   Vittore BRANCA-Ettore CACCIA [bzw. COMITATO NAZ. PER LE CELEBRAZ. DEL VII CENT. DELLA NASCITA DI D.] edd, D. **nel mondo**. Raccolta di studi promossa dall'Assoc. Int. per gli Studi di Lingua e di Lett.

It., Fir Olsch **1965** 645 S [23 Beitr. versch. Aut. zu ebenso vielen Ländern bzw. ausländ. Gebieten; Berichtszeitraum ist generell 1921-1964; die meisten Arb. sind mit det. Bibl. versehen; bes. ausf. sind Bibl. zu USA von H. R. Marrano u. zu Deutschl. von Th. Ostermann.]. C. P. **BRAND**, D. and the **English poets**, in *The Mind of D.* (U. Limentani ed), Cambr UP **1965** 163-200. Arturo **CRONIA**, La fort. di D. nella **lett. serbo-croata**: Imitazioni, traduzioni, echi, letteratura dant., Pad Ant **1965** 129 S. Carlo **DIONISOTTI**, D. nel **Quattrocento**, in *Atti del congr. int. studi dant.* (SDI-AISLLI edd), Fir Sans **1965** I 333-78. Francesco **DI PRETORO**, La *DC* nelle sue vicende **attraverso i secoli**, Fir Le Monn **1965** 70 S, Bibliotechina del Saggiatore 22 [kleine, aber konsistente u. komp. Einf. in die Hauptgeb. der D.-Philologie; Aufbau: I. Prima copia integrale del Poema; II. Copisti e prime vicende del testo dant.; III. Commenti al Poema nel sec. XIV; IV. 'Lettura' della *C.*; V. Codici insigni; VI. Cod. miniati; VII. Prime stampe; VIII. Ediz. fiorent. nel 1481; IX. Fir. e D.; X. La fama di D. fuori d'It.; XI. Il Cinquec.; XII. Il Sei e Settec.; XIII. L'Ottoc.: Il sec. di D.; XIV. Lord Vernon e l'importanza delle sue ristampe; XV. Prima idea d'una ediz. crit. del Poema; XVI. Il contrib. delle diverse nazioni. Carlo Witte; XVII. Fir. centro di studi su D.: La SDI e l'ediz. crit. del 1921; XVIII. Verso l'ediz. naz. delle op. di D.; alle Kap. mit Bibl.]. Egidio **GUIDUBALDI**, D. **europeo**, I: Premesse metodologiche e cornice culturale, Fir Olsch **1965** 476 S [umfass. Samml. von Studien zu Literaten u. Kritikern 19.-20. Jh.]. Arshi **PIPA**, **Montale** and D., Minn U of Minnes P **1968** VIII-217 S [Mon. in 5 Themenkr.]. Inge **CHMIELEWSKI**, Die Bedeut. der *GK* für die Lyrik **T. S. Eliots**, Neumünster Karl Wachholtz Verl **1969** 149 S [Diss Kiel; I. D. u. die Moderne; II. Eliots D.bild; III. *Inf.*; IV. *Purg.*; V. *Par.*]. Enzio **DI POPPA VÒLTURE**, Il padre e i figli: D. **nei maggiori poeti it. dal Petr. a D'Annunzio**, Nap Morano **1970** 279 S [Teile I-II = S. 11-120: 13 A zu D. u. zur *DC*; III: 12 A z. Rez. bei 13 it. Aut., u. a. Poliz., Ariost, Tasso, Marino, Parini, Alf., Monti, Fosc., Leop., Card., Pasc.]. Hubert **ZÖLCH**, Die D.-Rez. **in Rumänien**, Diss phil Mün **1972** 292 S [Standardwerk zu diesem Thema; Aufbau: Einl.; I. Die Übersetzungen (7 Übers.en werden vorgest. u. verglichen); II. Die D.-Studien George Cosbucs; III. Die rumän. D.-Kritik; IV. D. in der rumän. Lit.]. Marcella **RODDEWIG**, D. in der **Dichtung des Freundeskreises von Hölderlin**: Sinclair, Stäudlin, Reinhard, Boehlendorff, *DDJb* 48, **1973** 79-106. James J. **WILHELM**, D. and **Pound**: The Epic of Judgement, Orono ME U of Maine P **1974** XII-187 S [Unters. zu D.s Einfl. auf P. in 10 Themenkr.]. Margherita **FRANKEL**, Le code dantesque dans l'oeuvre de **Rimbaud**, Par Nizet **1975** 254 S [Diss NY; 7 Arb.schritte]. Gianvito **RESTA**, D. **nel Quattrocento**, in *D. nel pens. e nella esegesi dei sec. XIV e XV*, Fir Olsch **1975** 71-91. Giuseppe **TAVANI**, D. **nel Seicento**: Saggi su A. Guarini, N. Villani, L. Magalotti, Fir Olsch **1976** 175 S, BAR 125. Giovanni **FALLANI**, D. **moderno**, Rav Longo **1979** 158 S [Mon. in 7 essayhaften Themenkr. zur Modernität D.s bzw. Rez. in der Moderne; 1. D. med. e D. mod.; 2. Viaggio dant. nelle regioni d'It.; 3. D. europeo; 4. 'Lect. Dantis' degli artisti contemp.; 5. La *DC* come espress. teatrale; 6. Dantismo di Papini; 7. Teocentrismo del poema e la storia]. Paolo **TROVATO**, D. **in Petrarca**: Per un invent. dei dantismi nei *Rer. vulg. fragm.*, Fir Olsch **1979** X-172 S [ausf. Unters. in 10 Kap. zu 2 Teilen: I. La *C.* e i *Rer. v. f.*; II. La lir. dant. e i *Rer. v. f.*]. Silvio **ZENNARO** ed, D. **nella lett. it. del Nov.**: Atti conv. studi Casa di D. Roma 6-7 maggio 1977, Rom Bonacci **1979** 312 S, Quad. dell'Ippogrifo 2 [14 V nur von it. Verf. zur Nachwirk. u. a. bei Baldini, Borsi, D'Ann., Montale, Papini, Pasol., Pasc., Rebora, bei den Crepuscolari, Ermetici u. Vociani]. Mary Trackett **REYNOLDS**, **Joyce** and D., Prince NJ UP **1981** XVIII-374 S [Aufbau: I. The presence of D. in J.'s fiction; II. Paternal figures and paternity themes; III. The theme of love: D.'s Francesca and J.'s *Sirens*; IV. Poetic imagin. and illustration patterns; V. Tow. an allegory of art; VI. Betw. time and eternity; Appendix: J.'s allusions to D.]. Tobia **D'ONOFRIO**, D. in **Manzoni**, Cassino Editr Garigliano **1982** 214 S [I. Motivi class. nella formaz. letter. manzoniana; II. Gli scritti linguist. manzon. e il *VE* di D.; III. Lo stile in M. e D.]. Charles **DEDEYAN**, D. dans

233

le **romantisme anglais**, Par Société d'Édition d'Enseignement Supérieur **1983** 255 S [einführ. Ges.darstell.; Aufbau: I. Le préromantisme (beh. 13 engl. Aut.); II. Le romantisme (17 Aut.); als Anh. kleine Anthol. mit 12 Texten].   Steve **ELLIS**, D. and the **English poetry**: Shelley to T. S. Eliot, Cambr-Lon-NY u. a. Cambr UP **1983** 280 S [Studien zu Shelley, Byron, Browning, Rossetti, Yeats, Pound u. Eliot].   Wido **HEMPEL**, Zur Nachwirk. der *DC* in der **Lit. des 20. Jh.**, in *Italia viva. Studien zur Sprache u. Lit. Italiens* (= FS für H. L. Scheel, W. Hirdt-R. Klesczewski edd), Tüb Narr **1983** 169-83, Tübinger Beitr. zur Linguistik 220 [unters. Einfluß der *DC* auf die Struktur des Romans *Convers. in Sicilia* von Vittorini].   Ludwig **SCHRADER**, D. u. Calderón bei August Wilhelm **Schlegel**, ebend. 381-91 [„S. hat einen festen Platz in der ersten Gener. dt. Romantiker." (381); unters. Einfluß der beiden roman. Nationalaut. auf Sch.].   Kurt **WAIS**, Die *DC* als dichter. Vorbild **im 19. u. 20. Jh.**, in *Europ. Lit. im Vergleich: Gesamm. Aufsätze* (J. Hösle-D. Janik-W. Theile edd), Tüb Niem **1983** 269-94 [bietet ein mannigfalt. Panorama zu dt., engl. u. frz. Autoren u. Werken; zuvor in *Arcadia* 3, 1968 27-47].   Howard H. **SCHLESS**, **Chaucer** and D.: A revalutation, Norman OK Pilgrim Books **1984** XIV-268 S [unters. in 8 Kap. alle (!) Werke Ch.s im Hinblick auf D.-Einflüsse.].   André **STOLL**, Beatrice im Versteck. Zu **Bretons** surrealist. Revolution: *Nadja*, in *Merkur. Zs.. für eur. Denken* 38 (Heft 426), **1984** 380-91 [Nadja aus dem gleichn. Prosawerk (1928) B.s wird vor dem Hintergrund der prätextuellen Beatrice D.s gedeutet.].   Barbara **WIEDEMANN-WOLF**, Die Rez. D.s u. Ungarettis in **Enzensberger**s *Untergang der Titanic*, in *arcadia. Zs. für vergleich. Lit.wiss.* 19, **1984** 252-68 [deckt zahlr. Parallelen zw. *Der U. der T. - eine Komödie* (1978) u. *DC* auf.].   Umberto **COLOMBO**, D. in **Manzoni**: Rass. di motivi e di crit., Mil Cisalpino-La Goliardica **1985** 40 S.   Stuart Y. **MCDOUGAL** ed, D. **among the Moderns**, Chapel H NC-Lon U of NC P **1985** XIII-175 S [8 A zum Einfl. von D. u. a. auf Yeats, Pound, Eliot, Auden, Steven, Beckett; 3 A zuvor veröff.].   Willi **HIRDT**, Aspekte einer dantesken Poetik **Pascolis**, in *D. A. 1985. In memoriam Hermann Gmelin* (R. Baum-ders. edd), Tüb Stauff **1985** 296-32 [v. a. an 2 Gedichten -*Già dalla mattina* u. *La tessitrice*- zeigt H., daß P.s Dichtungstheorie insofern dantesk ist, als er -wie D., u. zwar bewußt nach dessen Vorbild- dem Literalsinn seiner Dicht. eine zweite Bedeut.ebene, den 'sensus allegoricus' unterlegt.].   Michael **PITWOOD**, D. and the **French Romantics**, Genf Droz **1985** 336 S, Histoire des idées et critique littéraire 234 [Diss Oxf.; 2 Hauptkap.; zuerst detaill. Studie zu Kulturtheorie, Malerei u. Lit. im 19. Jh. (= histor. u. syst. Teil zur Zeit 1800-1850); dann zu Autoren wie Mme de Staël, Chateaubr., Stendhal, Lamart., Vigny, Hugo, Musset, Gautier, Nerval, Mérimée, Sainte-B., Balzac (monogr. Sequenz); 2 Anh. (Chronologie: D. in France 1800-1850, sowie References to D. in the work of V. Hugo)].   Jacqueline Gabrielle **ROSTON**, **Camus**'s Récit *La Chute*: A rewriting through D.'s *C.*, NY-Bern-Ffm Peter Lang **1985** X-179 S, Studies in the Humanities 5 [intertext. Studie zu Funktion u. Nicht-Funktion bei Camus].   Elisabeth **STOPP**, Ludwig **Tieck** and D., *DDJb* 60, **1985** 73-95.   Inge **NOLTING-HAUFF**, Quevedo u. D., *DDJb* 61, **1986** 7-24.   Carola **DIEMER**-Ulrich **PRILL**, Ein Medici im *Inferno*: Die *DC* u. **Mussets** *Lorenzaccio* als intertextuelles Bezugssystem, *DDJb* 62, **1987** 95-116 [„Es eröffnet sich die Möglichkeit einer stringenten 'lectura dantesca' des M.-Dramas, einer Lektüre, die sich auf struktureller u. metapoet. Ebene zu einem ganzen System von Bezügen verdichten läßt." (97) Herausgearbeitet werden v. a. das Abstiegsmotiv, die leitmotiv. Kältemetaphorik u. die infernalische Tiersymbolik.].   Hans **FELTEN**, D.-Rez. **im Trec. u. im Quattroc.** außerhalb der Kommentarlit., in *Die it. Lit. im Zeitalter D.s u. am Übergang vom MA zur Renaiss.* (A. Buck ed) Hei Winter **1987** 209-32 u. 256-60, Grundriß der Roman. Lit.en des MAs X/1 [behandelt D. Bandini, A. Beccari, Boccaccio, Bosone de' Raffaeli da Gubbio, L. Bruni, C. d'Ascoli, C. da Pistoia, G. del Virgilio, G. da Sarzano, Petrarca, G. Quirini, C. Rinuccini, Sacchetti, Salutati, B. Scannabecchi di Canaccio, G. Vernani sowie F. u. G. Villani].   H. **FELTEN**, Lectura Econis. Terzo giorno. Dopo compieta,

DDJb 62, **1987** 149-62 [unternimmt ein 'Lesen' von U. Ecos Roman *Il nome della rosa* (1980): „Man erkennt eine ganze Reihe von intertext. Kongruenzen u. Similaritäten zw. D.s u. Ecos 'Opus Magnum': Verbalreminiszenzen, einz. Motive, epische u. didakt. Klischees, stilist. Anleihen, Kongruenzen in der Globalstruktur, enzyklopäd. Anspruch, ja selbst Aspekte der Publikumsstrategie – sie alle weisen auf D.s *C*. zurück." (149)]. Wolfram **HOGREBE, Schelling** u. D., *DDJb* 62, **1987** 7-31 [„Wegen der Komplexität der Sachlage werde ich mich auf die Frage danach beschränken, welche Bedeut. D.s *DC* für Schellings Philosophie der Kunst bzw. für seine Philos. überhaupt hat." (10-1)]. Domenico **IERARDO**, D. nostro **contemporaneo**, Abano T Piovan Edit **1987** 236 S [Samml. von A über D.-Einfl. auf Aut. wie D'Ann., Pascoli, Crepuscolari u. weit. 16 Autoren des 20. Jh. (= Teil I), dann La critica it. nel Novec. (= Appendice A) und Forsch.überblicke zu 21 Ländern (= Appendice B); unausgewogen recherchiert u. unterschiedl. dokumentiert: z. T. mit langen Lit.listen oder auch ganz ohne Bibl. wie bei Deutschland]. Manfred **LENTZEN**, Emilia **Pardo Bazán** u. D.: Ein Beitrag zur Nachwirk. D.s im 19. Jh. in Spanien, *DDJb* 62, **1987** 55-76 [unters. zuerst den Roman *La Tribuna* (1882), in dem die P. B. eine Zigarettenfabrik bei La Coruña als Inferno schildert; dann die Art.folge *Las epopeyas cristianas: D. y Milton*, das Descensus-Motiv in *Los pazos de Ulloa* (1886) u. *La sirena negra* (1908) sowie danteske Elemente in 4 1891-92 erschien. Erzählungen: „Für E. P. B., die fest im kathol. Glauben verwurzelt ist, ist D. der Dichter, der den christlich-kathol. Geist par excellence repräsentiert." (75)]. Gerhard **NEUMANN**, Inszenierung u. Destruktion. Zum Problem der Intertext. in Samuel **Becketts** Erzähl. *Dante and the Lobster*, *Poetica* 19, **1987** 278-301 [unters. die erste von 10 Geschichten der Samml. *More Pricks than Kicks* (1934), deren Held der irische Intellektuelle Belacqua Shua ist, dessen Figur auf D.s Belacqua in *Purg*. IV sowie 3 Prätexte des Alten Testaments zurückgeht. „Man könnte sagen, daß in Becketts Gesch. Intertextualität zugleich in emphatischer Weise ad absurdum geführt wird... Was B. in Szene setzt, ist der sich selbst verzehrende Text." (300-1)]. Ulrich **SCHULZ-BUSCHHAUS**, Die Lecturae Dantis des Jorge Luis **Borges**, *DDJb* 62, **1987** 77-94 [Unters. das thematische, textliche, sprachl. u. philosoph. Verhältnis des Argentiniers in dessen *Nueve ensayos dantescos* (1982) zu D.: „Tatsächlich besitzen alle neun 'ensayos' in Gegenstand u. Darstellungsweise etwas Miszellenartiges." (78)]. Willi **HIRDT**, Aspekte einer dantesken Poetik **Pascolis**, in *D. A. 1985: In mem. Hermann Gmelin* (R. Baum-W. Hirdt edd), Tüb Stauff **1988** 297-322 [„Es wird die These vertreten, daß die Lyrik Pascolis auf einem System der Allegorese beruht und mithin erst angemessen verstanden wird, wenn über den sensus litteralis hinaus der sensus allegoricus erfaßt ist." (301)]. Wolfgang **PÖCKL**, Bert **Brecht** u. D., *DDJb* 63, **1988** 75-86 [„Reflexe einer Beschäft. mit D. finden sich in der Lyrik Brechts... Die betreff. Gedichte stammen sämtlich aus der Zeit seines Exils. Aus der Biographie D.s interessiert Brecht vornehmlich die Exilierung... Das Werk D.s wird nicht global positiv gewertet... Den Rang eines Klassikers gesteht Brecht D. als Autor der *Hölle* zu... Das Motiv der Jenseitswand. wird zweimal mit explizitem Bezug zu D. übernommen. Schließlich würdigt Brecht D.s Option für die Muttersprache..." (86)]. Marcella **RODDEWIG**, D. im **Kreuzfeuer von rechts u. links**, *DDJb* 63, **1988** 103-26 [ursprüngl. V über Ungaretti, erweit. zu einem Essay über die ideologisch unterschiedl. Inanspruchnahme D.s im 20. Jh.; „Ich will meine kursor. Hinweise auf einen D. von rechts u. links beenden mit einem einsichtigen Wort von G. Contini: Sowohl die Rechte wie die Mitte wie die Linke hat ein Anrecht auf D." (126)]. Aram Ajkowitsch **ASOJAN**, D. i **russkaja literatura**, Sverdlovsk Isdatelstwo Uralskowo Universiteta **1989** 171 S [Mon. in 10 Kap. von der Romantik bis zu A. Blok; in Russisch]. Michael **CAESAR** ed, D.: The **critical heritage 1314** (?)- 1870, Lon-NY Routledge **1989** XXII-659 S, The Critical Heritage Series [26] [„This collection of critical writings about D.... tries to offer a balanced survey of the poet's reception in both time and space." (XVI); Teil I ist Gesch. der Rez. von D.s Zeit bis zum 19. Jh. in 30 Kap.; Teil II ist Anthol.

aus 105 ins Engl. übers. intern. Texten (Kommentare, Kritiken, Forsch.en etc.) von D.s Cangrande-Brief bis De Sanctis = 1870]. Dominic MANGANIELLO, T. S. Eliot and D., Houndmills, Basingstoke, Hampshire-Lon Macmillan 1989 X-212 S [Mon. mit den Kap. 1. D. accord. to Eliot; 2. Death by Water and D.'s Ulysses; 3. The Poetics of the Desert; 4. E.'s Book of Memory; 5. The Aesthetics and Politics of Order; 6. E.'s D. and the Moderns]. Stefania MARTINI, Per la fort. di D. in Francia: Studi sulla traduz. della DC di Lamennais, Pisa Giardini 1989 261 S [Unters. in 6 Kap.]. Roberta Louise PAYNE, The Influence of D. on Med. English Dream Visions, NY-Bern-Ffm-Par Peter Lang 1989 170 S [Mon. zu Pearl, The House of Fame, The Parliament of Fowls, Troilus and Criseyde, Temple of Glass u. Kingis Quair]. Domenico PIETROPAOLO, D. Studies in the Age of Vico, Ottawa Dovehouse 1989 392 S [sehr detaill. Unters., nach den einz. Kulturregionen angelegt, zu vielen versch. Autoren der Vico-Zeit]. Barbara REYNOLDS, The Passionate Intellect: D. L. Sayers' encounter with D., Kent Ohio-Lon Kentucky State UP 1989 XVII-267 S [Mon. in 14 Kap.]. Karla TAYLOR, Chaucer reads 'The Divine Comedy', Stanf CA UP 1989 VI-289 S [Mon. in 5 Kap. zu The House of Fame u. Troil. and Cris.]. Gabriella DI PAOLA, Il mal perverso e i fiori velenosi: La poesia di D. nella Franc. da Rim. di D'Annunzio, Rom Bulz 1990 154 S [ehem. Diss in 3 Kap.; Aufbau: I. Analisi linguistico-stilist. e classificaz. dei dantismi; II. La poesia di D. nella F. dannunz.; III. Fonti med. e mod. della trag.]. Manfred LENTZEN, Alexandru Macedonski – Nicolae Iorga – Victor Eftimiu: Zur Rez. D.s in Rumänien, DDJb 65, 1990 29-51 [Es sind drei Dramatiker.]. Rise B. SODI, A D. of our Time: Primo Levi and Auschwitz, NY-Bern-Ffm u. a. Peter Lang 1990 112 S, American Univ. Studies. Series II: Romance Languages and Lit. 134 [„The three topics treated -justice, the grey zone/the neutral angels and the memory of the offense- reveal striking interplay betw. ideas formulated by D. seven hundred years ago and ideas advanced by P. Levi in this century." (89) Aufbau: 1. Al di qua del bene e del male: Justice in D.'s Inf. and in L.'s first and last books; 2. Neither in bono nor in malo: The grey zone and the neutral sinners; 3. Obliviscence and reminiscence: Memory and the memory of offense; Concl.]. Rainer STILLERS, Zur Präsenz D.s in der Moderne: Danteske Strukturen bei Maurice Blanchot, DDJb 65, 1990 53-77 [unters. 3 Erzählwerke: „In einer signifikanten Dichte begegnen 'Anspielungen' auf die C. in 3 Texten, in den Romanen Thomas l'Obscur (1941) u. Aminadab (1942) sowie in der Erzähl. Le dernier mot (1947)." (61)]. Gisbert KRANZ, D. im Werk von C. S. Lewis [bzw. D. im Werk von Charles Williams bzw. D. im Werk von G. K. Chesterton bzw. D. im Werk von George MacDonald], in Ders.: Kafkas Lachen u. and. Schriften zur Lit. 1950-90 mit einer Kranz-Bibl. u. 18 Abb. (= Festg. zum 70. Geb., Elmar Schenkel ed), Köln-Wien Böhlau 1991 137-80 [die 4 A zuvor im DDJb 1972, 1987, 1988, 1989]. María Rosa MENOCAL, Bondage: Pellico's Francescas, in Writing in D.'s Cult of Truth: From Borges to Boccaccio (Dies.), Durham NC-Lon Duke UP 1991 51-88. Richard NEUSE, Chaucer's D.: Allegory and epic theater in the Canterb. Tales, Berk CA U of CA P 1991 XI-295 S [Mon. in 8 Kap.]. Irmgard OSOLS-WEHDEN, D. im Tempel der deutschen Kunst: Eine Betracht. zur D.-Rez. in der frühromant. Dichtung, DDJb 66, 1991 25-42. Wilfried POTTHOFF, D. in Rußland: Zur Italienrez. der russ. Lit. von der Romantik zum Symbolismus, Hei Winter 1991 682 S, Beiträge zur slav. Philol. 1 [kompaktes Werk; Aufbau: I. Einl.; II. D. in der russ. Romantik; III. Die Zeit der 50er bis 80er Jahre; IV. D. im russ. Symb.; V. Schluß]. Ulrich PRILL, „Muß dieser D. ein Reptil gewesen sein!" Anmerkungen zu Arno Schmidts Brief an Herrn D. A., MDDJb Juni 1991 18-24. Madison U. SOWELL ed, D. and Ovid: Essays in intertextuality, Bing NY Center for Med and Early Renaiss Studies/State U of NY 1991 187 S, Med. & Renaiss. texts & studies 82 [8 Studien zu einz. Stellen der DC mit Ovid-Anlehn.; 153-72: spezielle Bibl. zu Ovid u. D.; Symposion war am 13. 11. 1987, Barnard Coll.]. Irmgard OSOLS-WEHDEN, Die Toten im Hades u. die Ungeborenen auf ihrem Stern: Die Göttl. Kom. des Franz Werfel, in Sprache u. Lit. der Romania. Trad. u. Wirkung. FS für Horst Heintze

zum 70. Geb. im Auftr. der Berliner Renaiss.-Gesellsch. (Dies.-Giuliano Staccioli-Babette Hesse
edd), Ber Berlin Verl Arno Spitz **1993** 244-64 [Unters. zu W.s *Stern der Ungeborenen. Ein
Reiseroman* (p. 1946)]. Peter **KUON**, *lo mio maestro e 'l mio autore*: Die produkt. Rez. der *DC*
in der **Erzähllit. der Moderne**, Ffm Klost **1993** 450 S, Analecta Romanica 52 [Habil.-Schr. Erl.;
bei seiner Unters. mod. Erzähltexte akzentuiert K. die Textfunktion von Dantismen, deren Rolle
innerh. des jeweil. neuen Textes er bestimmt; er nennt dies 'produkt. Rez'.; Aufbau: I. Ulysses; II.
Realismus u. Allegorisierung; III. Allegorisier. u. Allegorie; IV. Parodie; V. Mimesis; VI.
Selbstreferentialität]. Roberto **TISSONI**, Il commento ai classici it. **nel Sette e nell'Ottoc.** (D. e
Petr.). Ediz. riv., Pad Ant ²**1993** X-263 S [Studien zur Rez. beider Autoren in 18 Kap. u. a. zu
Volpi, Venturi, Zatta, Bettinelli, Gozzi, Portirelli, Monti, Cesari, Tommaseo, Carducci, Croce;
¹1992: Bas-Boston-Ber Birkhäuser; ist erweit. Beitrag als Buch zu einem Symp. 1989 in Ascona].
Willi **HIRDT**, **Goethe** u. D., *DDJb* 68/69, 1993-94 31-80. Gabriella **BAPTIST**, Das Paradies des
Absoluten u. das Schicksal der Kunst: Zu **Hegel**s D.-Deutung, in *Idealismus mit Folgen: Die
Epochenschwelle um 1800 in Kunst u. Geisteswissenschaften* (= FS zum 65. Geb. von Otto Pöggeler,
H.-J. Gawoll-Chr. Jamme edd), Mün Fink **1994** 221-34 [„Hegels Interpret. kann dazu beitragen, bei
D. nicht nur weniger den 'gotischen' Romantiker u. mehr den 'byzantinischen' Geistespilger
wiederzuerkennen, sondern auch im Himmel der Kunst die Antizipationskraft gegenüber dem
Denken wahrzunehmen." (234)]. Jens **BIRKMEYER**, Bilder des Schreckens: D.s Spuren u. die
Mythosrez. in Peter **Weiss'** Roman *Die Ästhetik des Widerstands*, Wies Dt Univ-Verl/Gabler
Vieweg-Westdt Verl **1994** 313 S [Diss Ffm 1992; ausgehend von W.' intens. D.-Studien u. den
versch. Phasen des *DC*-Projektes, unters. B. die Impulse u. Spuren, die in der Romantril. von
seiner langjähr. Beschäft. mit D. zeugen. Aufbau: I. Schreibmotive der Widerstandsphase; II. *DC*
als intertext. Modell; III. Mythos u. Mimesis]. Sven **EKBLAD**, Studi sui sottofondi struttur. nel
Nome della rosa di U. Eco. Parte I: La *DC* di D., Lund Lund UP **1994** 318 S [Diss Lund; Aufbau:
I. Introd.; II. La strutt. omologa *Nome d. r./DC*; III. Il *N. d. r.* come una commedia; IV. Anal.
prelimin. del sist. strutturale finale; V. Concl. gener.; enth. im Anh. zahlr. Tab., Diagr., Skizzen,
Schaubilder.]. Ralph **PITE**, The Circle of Our Vision: D.'s presence in **English Romantic
poetry**, Oxf Clar **1994** XV-267 S [Aufbau: Introd.: 1. 'The archetype of all modern poetry'; 2.
Illustrating D.; 3. Coleridge, D. and 'The Friend': Symbols in a waking dream; 4. 'The Fall of
Hyperion': *Morti li morti e i vivi parean vivi*; 5. 'The Lucifer of that starry hock': Shelley in *Purg.*;
6. Byron turning to stone]. Marcella **RODDEWIG**, Drei Dichter u. die *GK*: **Sanguineti, Luzi,
Giudici**, in *Come l'uom s'etterna. Beiträge zur Lit.-, Sprach- u. Kunstgesch. Italiens u. der
Romania. FS für Erich Loos zum 80. Geb. im Auftr. der Berliner Renaiss.-Gesellsch. hrsg.*
(Giuliano Staccioli/Irmgard Osols-Wehden edd), Ber Berlin Verl Arno Spitz **1994** 223-46 [unters.
die Dramatisierungen *Commedia dell'Inferno* (1989 = Sang.), *Il Purgatorio* (1990 = Luzi) u. *Il
Paradiso* (1991 = Giudici).]. Luigi **SCORRANO**, Presenza verbale di D. nella **lett. del Novec.**,
Rav Longo **1994** 197 S [Mon. bzw. Repertorium zu 16. Aut. des 20. Jh.: D'Ann., Pascoli, Pirand.,
Papini, Campana, Gozzano, Baldini, Bacchelli, Saba, Ungar., Sbarbaro, Rebora, Montale, Gadda,
Luzi u. Testori; unter 'pres. verb.' versteht S. eine mannigfalt., nicht eindeutig festgelegte
Textreferenz, die sich generell sprachlich manifestiert, aber auch Themen oder Figuren (wie
Ulisse) betreffen kann.]. Betül **BIFFONI ARCI**, D. in **Leopardi**, *Italienische Studien* 16, **1995** 45-
63 [unters. v. a. *Sopra il mon. di D.*, *Ad Angelo Mai* sowie versch. Stellen des *Zibaldone*.].
Stefan **BUB**, Die Berliner Siegessäule u. D.s Hölle: Zu einem Stück aus Walter **Benjamin**s
Berliner Kindheit um neunzehnhundert, *GRM* 46 NF, **1996** 344-52 [Am Schaft der 1873 zum
Gedenken an preußische 'Siege' errichteten Säule befindet sich ein Mosaik, das Anlaß zum
Nachdenken über falsche Glorie gab.]. Axel **DUNKER**, D.s Odysseus in Auschwitz: **Primo
Levi**s *Der Gesang des Ulyss*, *DDJb* 71, **1996** 77-98 [unters. v. a. *Se questo è un uomo* (1958, dt.

1963)]. Manfred **Gsteiger**, A propos de la *Divine Comédie* dans **la littérature française du XVIᵉ siècle**, in *Romanistik als vergleich. Lit.wiss.* (= FS für J. V. Stackelberg, W. Graeber-D. Steland-W. Floeck edd), Ffm-Ber u. a. Peter Lang **1996** 87-95 [„A côté de Pétrarque et de l'Arioste, voire Boccace, de Machiavel et du Tasse, la place de D. dans la litt. fr. de la Renaiss. est des plus modestes." (87) Diese Situation wird hinterfragt; geht v. a. auf die frz. Übers. von Balthasar Grangier (Par 1597) u. die Druckkunst (Lyon) ein.]. **Evangelische Akademie Iserlohn** [bzw. Susanne **Knoche**-Rüdiger **Sareika**] edd, „Trotz der Schwere – ein Optimismus". D. A. u. Peter **Weiss**: Visionen gegen Krieg u. Gewaltherrschaft. Tag. der Ev. Ak. Is. vom 1.-3. Nov. 1996, oO oV oJ [= **1996**] 122 S, Tagungsprotokoll 109/96 [„Thema der Tag. ist die Frage nach den Entsprechungen u. Besonderheiten in D.s u. Weiss' literar. Verarbeit. von Zeitgenossenschaft in ihren ästhet., eth. u. polit. Aspekten u. nach ihrer Bedeut. für ein interkulturelles Europa. Ziel ist es, aus der Transform. von Geschichtserfahr. in Kunst Visionen zu gewinnen, die den Schrecken der Historie entgegengestellt werden können." Die Beiträge: Trotz der Schwere – ein Optimismus. Einf. (S. K.); Die Rez. der *DC* in der mod. Lit. (P. Kuon); D. gegen Krieg, Kriegstreiber u. Kriegsdichter (K. Maurer); Weiss' D.-Rez. u. die poet. Erinnerung der Schoah (M. Hofmann); Der fremde D. V. Klemperers (H. Heintze); Gespräche über D. (Chr. Ivanovic); P. W.: *Gespr. über D.* (dies.); Schrecken u. Versöhnung. Bildstrecken in der *Ästhetik des Widerstandes* (Nana Badenburg); Sechs Thesen zur D.-Rez. bei P. W. (M. Rector); Ev. Ak. Is.: Berliner Platz 12, 58638 Iserlohn, Tel.: 02371/3520; ISBN 3-931845-16-8]. Peter **Kuon**, Die kreative Rez. der *DC* in **Klassik u. Romantik**, in *Italien in Germanien. Dt. It.-Rez. von 1750-1850. Akten des Symp. der Stift. Weimarer Klassik Herz. Anna A. Bibl.-Schiller-Mus. 24.-26 März 1994* (F. R. Hausmann ed; in Zus.arb. m. M. Knoche u. H. Stammerjohann), Tüb Narr **1996** 300-17 [„Insges. kommt mir die kreat. Rez. der *C.* in Klassik u. Romantik, im Vergleich zur Moderne, seltsam blutleer, farblos, schwach vor." (317) K. weist dann auf Beckett, P. Levi, Pasolini u. P. Weiss hin.]. Emilio **Pasquini** ed, **Intertestualità** dant., Rav Longo **1996** 100 S [= *LC* 24, 1996: 6 V versch. Aut.en einer Veranst.reihe vom 19. 3. bis 20. 5. 1995 überw. zur *DC*]. Klaus **Schuhmacher**, Das Textparadies als Autorenhölle: **D.-Lektionen deutscher Dichter**, in *arcadia. Zeitschr. für Allgem. u. Vergleich. Lit.wiss.* [Ber-NY de Gruyter] 31, **1996** 255-72 [Antrittsvorl. Dresden 22. 5. 1995; der „Blick auf heillose Lektionen" (270) gilt u. a. Borges, Th. Mann (*Doktor Faustus*), Koeppen, R. Borchardt, St. George, Brecht u. Enzensberger (*Titanic*).]. Giovanni **Capecchi**, Gli scritti dant. di Giovanni **Pascoli**. Con appendice di inediti. Introd. di Mariano Biondi, Rav Longo **1997** 200 S. Milivoje **Pejovic**, D. dans **le monde slave**. Corpus bibliographique, Par Éditions du Titre **1997** 96 Bl. Jürgen **Wöhl**, Intertextualität u. Gedächtnisstiftung: Die *DC* D.s bei **P. Weiss** und P. P. Pasolini, Ffm-Ber-Bern u. a. Peter Lang **1997** IX-166 S. Maria Luisa **Ardizzone** ed, D. and Pound, Rav Longo **1998** 245 S, Interventi Classensi 17 [=Atti conv. int. 'D. e Pound' organizz. dall'Opera di D., dalla Bibl. Classense di Rav. e dalla NY Univ.-Departm. of Italian (fand 1995 in Rav. statt); der Bd enth. 15 versch. Beiträge/V, 13 davon in Engl.]. Nick **Havely** ed, D.s Modern Afterlife: Reception and response **from Blake to Heaney**, NY-Basingstoke St. Martin's P/Macmillan **1998** XIV-270 S [15 Beitr. verschied. Autoren; Unters.en in 7 Kap. von der Vorromantik bis zu dem irischen Dichter Seamus H. (geb. 1939); v. a. zur angloph. Lit., aber Kap. V heißt 'Echoes in post-war Italy' (zu Bassani u. Sereni)]. Alison **Milbank**, D. and **the Victorians**, Manch-NY Manch UP/St. Martin's P **1998** X-277 S [vielfacett. Unters. zur Rez. D.s im Viktorian. Zeitalter; Aufbau: I. History; II. Nationalism; III. Aesthetics; IV. Unreal cities]. Irmgard **Osols-Wehden**, Pilgerfahrt und Narrenreise: Der Einfl. der Dichtungen D.s u. Ariosts auf den **frühromant. Roman in Deutschl.**, Hild Weidmannsche Verlbuchhandl **1998** VIII-332 S, Spolia Berolinensia. Berliner Beitr. zur Geistes- u. Kulturgesch. des MAs u. der Neuzeit 13 [Habilschrift Germanistik

FU Berlin 1993; 3 Hauptunters.blöcke: 1. Die Rez. der *VN* u. der *C.* in Tiecks Roman *Franz Sternbald's Wanderungen*; 2. Zur Ariost-Rez. in *F. S. Wand.*; 3. Zur D.- u. Ariost-Rez. in August Klingemanns *Romano*; die Studie liefert einen differenzierten Nachweis der D.-Rez. in fiktionalen Texten der frühen dt. Romantik u. erschließt für sie neue Interpret.ansätze.]. Lino PERTILE, La puttana e il gigante: Dal *Cantico dei Cantici* al *Paradiso terrestre* di D., Rav Longo 1998 278 S, Memoria del tempo 10 [Unters. in 10 Kap. zu intertext. Bezügen, v. a. zum *Hohenlied*; Titel bezieht sich auf *Purg.* XXXII 148-60 (= Titel von Kap. IX).]. Wolfgang RETTIG, D.s Inferno bei **Buzzati**, in *et multum et multa* (FS für P. Wunderli zum 60. Geb., E. Werner-R. Liver-Y. Stork-M. Nicklaus edd), Tüb Niem 1998 431-47, Tüb. Beitr. zur Linguistik 440. Henning TESCHKE, **Pasolini** u. D.: Divina Mimesis, *Italienische Studien* 19, **1998** 202-27. Andrew THOMPSON, George **Eliot** and Italy. Literary, cultural and political influences from D. to the Risorgim., Houndsmill, Basingstoke, Hampshire-Lon/NY Macmillan P/St. Martin's P 1998 X-243 S [Die in 10 Kap. gegl. Unters. gilt der engl. Autorin G. E. (1819-80), deren Werke *Scenes of Clerical Life, Romola, Felix Holt the Radical, Middlemarch* u. *Daniel Deronda* im Mittelpunkt stehen. „E. went to Italy on six occasions, spending a total of over six months on Italian soil and travelling widely in a country at a time of national regeneration... Our reading of E.'s fiction can be enriched by an awareness of this Italian dimension, and especially by a close focus on the work of D." (1)]. Isabelle ABRAME-BATTESTI, La citation et la réécriture dans la *Div. Com.* de D., Aless Edizioni dell'Orso 1999 185 S, Gillo Menagio 2 [Aufbau: I. Une phénoménologie de la citation; II. Non nova sed nove; III. La fonction de l'autorité]. Danilo BONANNO, La perdita e il ritorno: **Presenze cavalcantiane** nell'ultimo D., Pisa Edizioni ETS 1999 63 S, Scaffale 12 [„Filo conduttore, in ogni caso, è risultata la presenza ostinata, insospettata, di Cavalc. fino all'ult. poesia dant., quella sublime e finale del *Paradiso.*" (10); dreiteil. Studie: 1. Il giardino sospeso; 2. La giostra d'amore; 3. Penne di poeti; Autor ist Bibliothekar in Genua.]. Thomas TATERKA, D. Deutsch: Studien zur **Lagerliteratur**, Ber Erich Schmidt Verl **1999** 227 S, Philol. Studien u. Quellen 153 [„Die Arbeit unternimmt eine Unters. der vielstimmigen 'Rede vom Lager', des unüberschaubaren, unabschließbaren, mäandernden Lagerdiskurses... unter dem eminent literarischen kulturellen Zeichen der *DC* des D. A." (9-10) Aufbau: D. deutsch. 1. Texte; D. deutsch. 2. Lektüren. Appendix: Lagerlit. lesen. Ein Anfang (mit den Themen: A. Geschichte, Historizität, Authentizität; B. Sekundarisierung der Lit.wiss.; C. Fakt -Fiktion, Sprache - Lit.)]. Daniele Maria PEGORARI, Vocabulario dant. della **lirica it. del Novec.**, Bari Palomar Edizioni **2000** XCV-585 S, Palomar antiquam matrem 21 [Einl. besteht aus 3 Teilen: 1. Per una storia della lir. it. del Nov. *sub specie Dantis*. Lo stato degli studi sul dantismo novecent.; 2. Il vocabol. dant. della lir. it. del Nov.; 3. Bibl.; es folgen 'Einzelwörterbücher' zu zahlr. Autoren (Corazzini, Gozzano, Saba, Govoni, Moretti, Campana, Rebora, Cardarelli, Sbarbaro, Ungaretti, Pavese, Quasimodo, Montale, Palazzeschi, Pasolini, Turoldo, Luzi); links die Stellen aus D. (meist *DC*), rechts Passagen mit Bezug auf D. (Schlüsselwörter fett)]. Lucia BOLDRINI, **Joyce**, D., and the Poetics of Literary Relations. Language and meaning in *Finnegans Wake*, Cambr UP 2001 XI-233 S [Unters. in zwei Einleit.teilen u. 4 Kap.; „L. B's study examines how the literary and linguistic theories of D.'s treatises and the poetics of the *Div. Com.* helped shape the radical narrative techniques and linguistic inventiveness of Joyce's last novel *F. Wake.*"]. Willi HIRDT, **Palazzeschi** u. D., in *Begegnungen mit D.: Unters.en u. Interpret.en zum Werk D.s u. zu seinen Lesern* (P. Chr. Hardt-N. Kiefer edd), Gött Wallstein Verl 2001 87-100 [unters. den Roman *Le sorelle Materassi* (1934), dem man Einflüsse des *Decamerone* nachsagt, in Hins. auf die *DC*.]. Manfred LENTZEN, „...con altra voce tornerò poeta": Guido **Gozzano** u. D., ebend. 53-63 [„G.s Berufung auf D. ist eine Auseinandersetzung mit D'Annunzio, dessen elitär-ästhetisierende u. 'superomistische' Vorstellungen u. dessen D.-Deutung er verwirft." (61)]. Klaus LEY, Im Dialog mit D.: G[ertrud] von **Le Forts** Erzählung *Die Töchter Farinatas* (1939/41), ebend. 65-86 [Interpret. der Erzähl. anläßlich der Neuausg. 1993 durch Ulla Hahn]. Henriette **LEVILLAIN** ed, D. et ses lecteurs (**Du Moyen Age au XXe siècle**). Actes du Colloque de la Jeune Équipe «Identités, Représentations, Échanges (France-Italie)» - Université de Caen (5-6 mai 2000). Textes réunis et présentés par H. L., Poitiers UFR Langues Littératures/Maison des Sciences de l'Homme et de la Société **2001** 224 S, La licorne. Hors série-Colloques 12 [enth. 17 V, gegl. in die 3 Abt.en: I. D. lecteur, lecteurs immédiats de D. (4 V, u. a. zu Bocc.); Lectures de D. au XIXe s. (6 V, zu versch. Strömungen); III. Lectures de D. au XXe s. (7 V, u. a. zu Claudel, Giono, engl. Lit., Joyce, Beckett, Calvino u. Montale); der Lese-Begriff ist weit gefaßt, bzieht sich aber v. a. auf die produkt. Umsetzung der *DC* in Malerei u. Lit.]. Maria Sabrina **TITONE**, Cantiche del Novec.: D. nell'opera di **Luzi** e **Pasolini**. Presentaz. di Giorgio Luti. Introduz. di Marco Marchi, Fir Olsch **2001** XXXI-226 S, Fondaz. Carlo Marchi. Quaderni 10 [Aufbau: Premessa: D. archetipo del Novec.; I. Volontà poetica, plurilinguismo, mimesis: D. secondo P. P. P.; II. Naturalezza, scienza e innocenza: D. sec. M. L.; III. Dannata, dolente catabasi: *L'Inferno* di P. P. P.; IV. Sublime, solenne anabasi: Il *Purgatorio* e il *Paradiso* di M. L.]. Willi **HIRDT**, Der moribunde **Pasolini**: Zwischen de Sade u. D., *Italienisch* 48, **2002** 2-13 [unters. P.s Film *Salò o le 120 giornate di Sodoma*, die *Scritti corsari*, das Fragment *La Divina Mimesis* sowie den Lyrikband *La nuova gioventù* und stellt Bezüge zu de S. u. D.s *DC* her.]. Eva **HÖLTER**, *„Der Dichter der Hölle u. des Exils"*: Historische u. systemat. Profile der deutschsprach. D.-Rez., Würzb Verl Königshausen & Neumann GmbH **2002** 352 S, Epistemata. Würzburger wissenschaftl. Schriften. Reihe Lit. wiss. 382 [„In einer Kombination von Historie u. Metahistorie, von chronol. Entwickl. u. systematischen Konstanten, von Längs- u. Querschnitten entsteht hier **ein Gesamtbild der deutschsprach. D.-Rez.**, das sich durch alle Gattungen u. Epochen verfolgen läßt u. von Hans Sachs bis zu Durs Grünbein reicht."]. Kathrin **SCHÖDEL**, Intertextueller Dialog: D.s "Belacqua" in Samuel **Becketts** Roman *Dream of Fair to middling Women*, *DDJb* 77, **2002** 149-73 [Der 1931/32 entst. Roman erschien erst 1992. B. „macht in *Dream* deutlich, dass die Figuren, obwohl der Text als autobiograph. Roman gelesen werden kann, intertextuell konstituierte, sprachl. Elemente eines Textes sind und nicht Repräsentanten wirklicher Menschen." (170)]. Eric G. **HAYWOOD** ed, D. Metamorphoses: Episodes in a literary afterlife, Dublin Four Courts P **2003** 252 S, Publications of the UCD Foundation for Italian Studies oN [9 ehemal. V im UCD der Jahre 1993, 1994, 2001; alle gelten versch. Rez.epochen: Lovers in Hell: Inferno V and Íñigo **López de Mendoza** (N. Round), Landmarks in the fortunes of D. in the **Florentine Quattroc**. (C. Salvadori), **Ariosto** on D.: Too Divine and Florentine (E. G. Haywood), D. in the poetic theory and practice of Tommaso **Campanella** (E. N. Girardi), "An Ital. writer against the Pope"? D. in the **Reformation England c. 1560-c. 1640** (N. R. Havely), „Woe to Thee, Simon Magus!": Henry Francis **Cary**'s transl. of *Inf*. XIX (E. Crisafulli), D. the popular *cantastorie*: **Porta**'s dialect transl. of the *C*. (V. R. Jones), D. and George Eliot (A. Thompson), **Franc. da Rim. from Romanticism to Decadence** (D. O'Grady)].

Besondere Formen der REZEPTION: UMARBEITUNGEN der *DC*

AKRON, Dantes Inferno: Der Astroführer durch die Unterwelt. Frey nach Dantes Göttlicher Komödie. Illustrationen von Voenix, Engerda Arun-Verlag [Ortsstrasse 28, 07407 Engerda, Tel. 036743-23311, Fax: 036743-23317, e-mail Webmaster@arun-verlag.de, www.arun-verlag.de] **2000** 397 S [S. 7-12: aufschlußr. Vorwort von Charles F. Frey = eine der inneren Personen von Akron; Akron (= F. Frey) ist Schriftsteller, Essayist u. Magier-Philosoph vom Bodensee, der sich mit Astrologie, Magie, Tiefenpsychologie u. Kunst befaßt; sein reich illustriertes Werk setzt D.s *Inf*. in die astrologisch-psychol. Geschichte einer Wanderung durch das Böse um; die Reise ist in 8 Sternzeichen-Portale gegliedert, denen jew. eine Astrohölle entspricht; gemäß der 8 vorkommenden Sternzeichen wurde das Prosawerk anschließend auch in 8 Comicbände umgesetzt, bestehend aus 48 s/w-Seiten mit farbigem Umschlag, 2000f.: Akron-Voenix, Die Fisch-Vorhölle. Das Tor zur Ewigkeit (= Bd 1: ISBN 3-927940-75-5); Die Widder-Hölle. Im Schlund der Gewalt (= Bd 2: 3-927940-88-7); Die Stier-Hölle. Im Schoß der dunklen Triebe (= Bd. 3: 3-927940-89-5); Die Zwillinge-Hölle. Die Straße ins virtuelle Nichts (= Bd. 4: 3-927940-90-9) u. weitere 4 Bde: Die Krebs-Hölle, Die Löwe-Hölle, Die Jungfrau-Hölle u. Die Waage-Hölle; Akrons Werke werden jeweils von dem Künstler Voenix (= Thomas Vönmel) illustriert.].

22. KOMPARATISTISCHES zu Dante

[Der Meister der Lit. u. Dichter inspirierte im Laufe der Zeit immer wieder zu neuen u. andersartigen Werken. Die Einschätzung dantistischer Elemente innerhalb nach ihm entstandener Texte ja die Aufgabe rezeptionsorientiert-intertextuellen Forschens (s. hierzu Abt. 21: REZEPTION und INTERTEXTUALITÄT), das zu einem großen Teilgebiet der Dantistik geworden ist. Geringer ist indes die Anzahl derjenigen Studien, die einen späteren Autor mit der Koryphäe des MAs mehr oder weniger gleichartig u. vergleichend, also komparatistisch, betrachten; wir nennen **in chronol. Reihenf.** einige solcher Untersuchungen.]

Fedele **ROMANI**, La figura, i movimenti e gli atteggiamenti umani nella *DC* e nei *Promessi Sposi*, in *Ombre e corpi* (= ders.), Città di C S. Lapi **1901** 39-126, Collez. di opuscoli dant. inediti o rari 68-69 [„Il Manzoni non possiede, come abbiamo visto, la singolare arte di D. nel rappresentare le forme umane e i loro infiniti movimenti e atteggiamenti, non ostante che si riveli cosí profondo scrutatore di anime e cosí potente creatore di caratteri." (124-5)]. 	Hermann **GRAUERT**, D. u. **Houston Stewart Chamberlain**; Freib Herder ²**1904** 92 S [Erstveröff. in einer Fachzeitschr.]. 	Carmine **DI BIASE**, **Tommaseo** e D.: Ritratto di D. ovvero autoritratto di Tommaseo, Marcianise [Caserta] Edizioni La Diana **1966** 153 [Unters. in 5 Themenkr.]. 	Dieter **KREMERS**, Rinaldo u. Odysseus: Zur Frage der Diesseitserkenntnis bei Luigi **Pulci** u. D., Hei Winter **1966** 134 S [vergleich. Unters.en in 10 Themenkr.]. 	Antonio **TRUYOL**, D. y **Campanella**: Dos visiones de una sociedad mundial, Madrid Tecnos **1968** 172 S [Aufbau: I. La monarquía universal de D. en la lucha de las tradiciones; II. La hierocracia universal de Camp.]. 	Pietro **CALÍ**, Allegory and Vision in D. and **Langland**, Cork [Irland] UP **1971** 198 S [Diss Nat. Univ. of Ireland; Aufbau: I. The approach to a comparison; II. Visions of sin; III. The theme of repentance; IV. Beatrice and Piers; V. Alleg. as incarnation in D. and L.; William L. um 1332-1400]. 	Eric **HAYWOOD**-Barry **JONES** edd, D. Comparisons: Comparative Studies of D. and **Montale, Foscolo, Tasso, Chaucer, Petrarch, Propertius** and **Catullus**, Dublin Irish Academic P **1983** 154 S, Public. of the Foundation for It. Studies-Univ. College Dublin 4 [6 V von Barański, Finan, Morgan, Nolan, O'Neill, Petrie; gehalten am Univ. Coll. 1981/82]. 	Julia **BOLTON HOLLOWAY**, The Pilgrim and the Book: A study of D., **Langland** and **Chaucer**, NY-Bern-Ffm Peter Lang **1987** 321 S + 14 Taf [Unters. zum Pilgermotiv in 10 Themenkr.]. 	John G. **DEMARAY**, Cosmos and epic representation: D., **Spenser, Milton** and the transform. of Renaiss. heroic poetry, Pittsb PA Duquesne UP **1991** XIII-267 S [Mon. in 6 Kap.; zu D. 12-87]. 	Dina **DE RENTIIS**, »*Sequere me*«: 'Imitatio' dans la *Divine Comédie* et dans le *Livre du Chemin de long estude*, in *The City of Scholars. New approaches to* **Christine de Pizan** (M. Zimmermann-dies. edd), Ber-NY de Gruyter **1994** 31-42, European Cultures. Studies in lit. and arts 2 [V auf dem 1. intern. Chr. de P.-Kongreß FU Ber 1992; „Le *L. du Ch. de l. e.* et la *DC* montrent que déjà bien avant que l'*imitatio* ne devienne le concept-clé de la poétique et de l'esthétique humaniste, l'acte de choisir un maître et de 'suivre'/'imiter' son oeuvre, sa vie, son comportement et ses vertus est un acte extrêmement complexe et important." (42)]. 	NN ed, »Trotz der Schwere - ein Optimismus«. D. A. u. Peter **Weiss**. Visionen gegen Krieg u. Gewaltherrschaft. Tagung der Evangel. Akademie Iserlohn vom 1.-3. Nov. 1996, Iserlohn **1996** 122 S [Tagungsprotokoll]. Glauco **CAMBON**, D.'s presence in **American lit.**, *DS* 118, **2000** 217-42 [behandelt H. Melville, N. Hawthorne, E. Pound, T. S. Eliot, W. Stevens u. A. Tate.].

23. Dante-KRITIK im Spiegel der Epochen

[Wir nennen im Folgenden in **chronol. Reihenf.** philologische/lit.wissenschaftl. Forschungen, die sich mit der keineswegs einheitlichen oder immer nur huldigungsreichen Aufnahme von Dantes Werk allgemein sowie mit der *DC* insbesondere innerhalb der Forschung früherer Jahrhunderte u. der Neuzeit auseinandersetzen; gemeint ist nicht die produktive Rezeption in der (schönen) Literatur (obwohl diese hier ebenfalls tw. tangiert wird; vgl. daher auch Abt. 21: REZEPTION u. INTERTEXTUALITÄT); z. T. betreffen die folg. Arbeiten außerdem die *DC*-Exegese des MAs u. der Epochen danach (s. darum auch 49: AUSGABEN früher *DC*-KOMMENTARE u. 53: FORSCHUNGEN zu frühen *DC*-KOMMENTAREN).]

Michele **BARBI**, D. **nel Cinquecento**, Pisa Bocca **1890** 407 S [enth. zum Themenbereich Kritik u. Rezeption folg. Arbeiten: IV. Lettori e commentatori della *C*.: Cristoforo Landino (S. 146-79); V. Lettori e comm. della *C*.: Gli Accademici Fiorentini (180-235); VI. Lettori e comm. della *C*.: Trifon Gabriele. Vellutello. Daniello. Borghini. Castelvetro (236-88); VII. Efficacia dello studio di D. sulla poesia e sull'arte del Cinquec. (289-323); es folgen Documenti sowie als Appendice der *Commento sopra il I canto dell'Inf. di Pier Francesco Giambullari* (365-407); Ndr.: Avezzano Studio Bibliografico Adelmo Polla 1975].   Willy **VETTERLI**, Die ästhet. Deut. u. das Problem der Einheit der *GK* **in der neueren Lit.gesch.**, Straß Univ.-Buchdruckerei Heitz & Co **1935** 136 S [Diss Bas 1934; beh. De Sanctis, Vossler, Croce].   Maria **STICCO**, Gli studi dant. di **G. Rossetti**, Mil Vita e Pens **1940** 74 S [Unters. in 10 Kap. zu dem it. Patrioten u. Literaten Gabriele R. (1783-1854), Vater des engl. Dichters u. Malers Dante Gabriel R., von dem es den *Comm. analit. alla DC* u. die *Ragionamenti sulla Beatrice di D.* gibt.].   Umberto **COSMO**, Con D. attrav. **il Seicento**, Bari Lat **1946** 210 S, Bibl. di cult. mod. 412 [enth. 4 A; 1. Le polem. letter. della Crusca e D. sullo scorcio del cinque e dur. il seic.; 2. Dubbie controversie sull'ortodossia di D.; 3. Un imitatore di D. nel seic.: Toldo Costantini; 4. Le opin. letter. d'un frate del seic.].   Angelina **LA PIANA**, D.'s American Pilgrimage: A historical survey of D. studies **in the US 1800-1944**, New H CT u. a. Yale UP **1948** XI-310 S [chronol. Forsch.ber. in 13 Kap.].   Aldo **VALLONE**, **La crit.** dant. **contemporanea**, Pisa Nistri-Lischi **1952** 301 S [1. La crit. idealistica; 2. La c. filologico-stilist.; 3. La c. storica; 4. La c. filologica; 5. L'interpretaz. spiritualistica e morale; 6. La c. dant. nel mondo (Germ., Francia, Inghilterra, America, altri paesi; ²1957].   A. **VALLONE**, La crit. dant. **nell'Ottocento**, Fir Olsch **1958** 236 S [Forsch.ber.; I. Linee e motivi della crit. dant. nell'ottoc.; II. L'età neoclass.; III. L'età romant.; IV. Le correnti dell'ult. trentennio].   A. **VALLONE**, La crit. dant. **nel Settecento** e altri saggi, Fir Olsch **1961** 239 S, B*AR* 63 [Titelaufsatz S. 1-64].   Tarcisio **BARON**, La conoscenza della *DC* **prima del 1315**, Ferr Libreria 'Ariosto' Editr **1965** 101 S [rist. rived. e corr.; 1. Aufl. ist mir nicht bekannt; Aufbau: I. Premessa-D. e F. da Barberino-Fra Giordano da Pisa-La profezia di Ciacco-Dino Frescobaldi-Moderni consensi-L'ordinamento morale dell'*Inf.*; II. Il racconto di G. Bocc.].   Umberto **BOSCO**, D. nella **crit. d'oggi**: Risultati e prospettive, Fir Le Monn **1965** 776 S [Anthol. von 60 veröff. A zu D.: 18 zu allgem. Themen, 32 zur *DC*, 10 zu 'opere min.'].   Egidio **GUIDUBALDI**, **D. europeo**, I: Premesse metodologiche e cornice culturale, Fir Olsch **1965** 476 S [Samml. von Studien zu Literaten u. Kritikern 19.-20. Jh.].   Francesco **MAZZONI**, La crit. dant. del **sec. XIV**, *CS* 13-14, **1965** 285-97.   Luciana **MARTINELLI**, D., Pal Pal **1966** 434 S, **Storia d. crit.** 4 [5-302: kompakte Rez.gesch. in 12 Kap. von den frühen Kommentatoren im Trec. bis zur Überwind. der Croce-Kritik (249-302: Bibl. = ganzer D.: Ed. u.

Forsch.); 305-425: Antol. della crit. = 35 Exzerpte, von D.s Eigendarst. im Brief an Cangr. bis Sapegno; mit Ausnahme von Hegel u. Auerbach nur it. Kritik; [2]1973: ebend. = unveränd.].　　NN bzw. COMIT. NAZ. PER LE CELEBR. DEL VII CENTEN. D. NASC. DI D. bzw. LECTURA DANTIS INT./SDI edd, Atti conv. studi su aspetti e problemi della **crit. dant.** (Pisa e Castello di Poppi 7-10 ott. 1965, Rom De Luca **1967** XIV-217 S [enth. 5 relazioni u. 9 comunicazioni, zur D.-Kritik allgem. sowie zur *VN* u. *DC*; u. a.: M. Sansone-C. Muscetta, D. nella crit. crociana e postcrociana (49-66)].　　Salvatore **BATTAGLIA**, Esemplarità e antagonismo nel pens. di D., Nap Lig II **1966**-74 304 + 283 S [49 A, V oder Misz. von 1962-71, tw. veröff.; viele Beitr. sind Studien zur histor. D.-Kritik oder -Rez., u. a. zu Salutati, Bruni, Ficino, Landino, Tasso, I. Mazzoni, Gravina, Vico, Bettinelli, Mazzini, De Sanctis, Pascoli, Croce.].　　Hermann **WITTE**, Karl Witte: Ein Leben für D.: Vom Wunderkind zum Rechtsgelehrten u. größten deutschen D.-Forscher. Bearb. u. hrsg. von H. Haupt, Ham Christians **1971** 321 S [Biogr. in 10 Kap.; 1940-42 verf. von Karl Wittes Enkel, H. Witte (gest. 1955)].　　Giuseppe **TOFFANIN**, Novissima verba (L'esegesi dant. nel **romanticismo**), Bol Zan **1972** 177 S [bezieht sich v. a. auf Leopardi].　　A. **VALLONE**, Antidantismo polit. nel **XIV** sec.: Primi contributi, Nap Lig oJ [**1973**] 140 + 23 S [4 A bzw. V ed 1969-73; als Anh.: Pagine scelte della *Mon.* di D.].　　A. **VALLONE**, La crit. dant. nel **Novec.**, Fir Olsch [3]**1976** 478 S [7 Schwerp.; I. La crit. idealist.; II. La c. filologica-stilist.; III. La c. stor.; IV. La c. filol.; V. L'interpretaz. spiritualist. e morale; VI. Correnti e interpreti d'oggi; VII. La c. dant. nel mondo (Germ., Francia, Inghilt., Polonia, Amer., altri paesi); [1]1953, [2]1957 (hieß damals: La crit. dant. contemp., Pisa Nistri-Lischi 301 S)].　　Pier Luigi **CERISOLA**, Il canto **X** dell'*Inf.* nella storia della crit., Tor Giap **1977** 193 S, Corsi universitari oN [I. La crit. med. e class.; II. La c. romant.; III. La c. stor. e il 'disdegno' di Guido; IV. La c. comtemp.: Il rapp. strutt./poesia].　　Giorgio **BÁRBERI SQUAROTTI**-Angelo **JACOMUZZI**, Crit. dant.: Antol. di studi e letture del **Novecento**, Tor SEI **1977** (= rist.) 556 S [Teil I: Le op. minori (= 16 A/Texte von it. Dantisten); Teil II: La *C.* (= 87 versch. A, auch von nicht-it. Verf.); zum Schluß: Guida alla crit. dant. del Nov.].　　Robin **KIRKPATRICK**, D.'s *Par.* and the Limitations of **Modern Criticism**: A study of style and poetic theory, Cambr-Lon-NY-Melb Cambr UP **1978** XI-227 S [Dich.theoret. Unters. in 6 Themenkr.].　　Ugo **FOSCOLO** [1778-1827], Studi su D. Parte prima: Articoli della *Edinburgh Review − Discorso sul testo della C.* A cura di Giovanni Da Pozzo, Fir Le Monn **1979** CLXV-811 S, Ediz. naz. delle opere di U. F. 9 [Der 1. Halbbd bietet in krit. Ed. neben dem in and. Ausgaben erreichbaren *Discorso* die schwer zugängl. Artikel, die F. 1818 in Schottlanf publizierte; dem Werk ist eine lange Einf. vorangestellt, den Textablauf begleiten viele Anm.en.].　　A. **VALLONE**, L'interpretaz. di D. **nel Cinquecento**: Studi e ric., Fir Olsch [2]**1979** 305 S, B*AR* 97 [detaill. Unters. zu D.-Interpreten im 16. Jh., in 5 Themenkr.; [1]1969 ebend.].　　A. **VALLONE**, Storia d. crit. dant. **dal XIV al XX sec.**, Mil Vall II [2]**1981** 610 + 454 S, Storia letter. d'It. 4 [= nuova ediz. a cura di A. Balduino; Ges.darst. der D.-Kritik aller Zeiten; 3 große Hauptkap.; Prima parte: Dalla Scolastica all'Umanes.; Sec. p.: Dal Rinascim. all'Illuminismo; Terza p.: Dal Romantic. allo Strutturalismo (= Bd II); jew. sehr akrib. Darst., mit ausf. Bibl.].　　Angelo **BARTLETT GIAMATTI** ed, D. **in America**: The first two centuries, Bing NY Center for Med & Early Renaiss Studies **1983** XII-412 S [Anthol. der amerik. D.-Kritik 1812-1981; 23 Beiträge/Texte].　　Hans **HAUPT**, Zum 100. Todestag Karl Wittes am 6. 3. 1983, DD*Jb* 59, **1984** 107-32.　　A. **VALLONE**, Profili e probl. del **dantismo otto-novecentesco**, Nap Lig **1985** 435 S, Coll. di testi e di crit. 29 [13 V bzw. A der Jahre 1966-85 (2 unveröff.), u. a. zu C. Troya, C. de Batines, De Sanctis, F. Torraca, N. Zingarelli, A. Pagliaro, B. Croce, B. Nardi].　　Claudia **BECKER**, „Im Allerheiligsten, wo Religion und Poesie verbündet": F. W. F. **Schelling**s Aufsatz »Über D. in philosoph. Beziehung« im Kontext der idealist. Bemühungen um eine neue Mythologie, in *Poetische Autonomie? Zur Wechselwirk. von Dicht. u. Philosophie in der Epoche Goethes und Hölderlins* (H. Bachmaier-Th. Rentsch edd), Stutt Klett-Cotta **1987** 308-28 [unters. Anfänge der D.-Rez. in Dtschl. durch Schellings Wirken.]. A. VALLONE, Gli studi dant. **dal 1965 al 1985**, *DDJb* 62, **1987** 195-212 [gibt zuerst eine Ges.einschätzung der Forsch.entwickl. des Zeitraums: „Nel ventennio 1965-1985 si allenta la pressione delle ideologie culturali e interpretative... Tuttavia si intensificano gli apporti, da tutto il mondo, alla fortuna di D." (196) V. hebt dann einige wicht. Werke/Leistungen heraus.]. Wilfried POTTHOFF, **D. in Russland** (Zur Vermittlungswirk. der dt. romant. Kritik), in *D. A.: In memoriam Hermann Gmelin* (R. Baum-W. Hirdt edd), Tüb Stauff **1988** 253-96 [„Für das Jahr 1757 ist die erste Berührung Rußlands mit dem Werk D. A.s überliefert." (255) „Die Aufnahme D.s in Rußl. wird früh vom Topos des 'Russischen' begleitet, der eine besond. Beziehung des Dichters zu Rußl. suggeriert." (253)]. Enzo ESPOSITO ed, L'opera di D. nel mondo: **Edizioni e trad. nel '900**. Atti conv. int. studi Roma 27-29 apr. 1989, Rav Longo **1992** 318 S, Bibliogr. e storia della crit. 8 [30 Einzelberichte über Ed.en u. Übers.en in den versch. Länd. u. Sprachen der Welt]. Horst HEINTZE, **D. in ostdeutschen Ländern**, *DDJb* 67, **1992** 47-60 [Zur Dantistik in der 'DDR': „Es gab eine östliche Sonderentwickl., die auf ihre Weise typisch war." (47)]. Marcella RODDEWIG, **Deutsche Ausgaben u. Übers.en der Werke D.s im 20. Jh.**, ebend. 103-13. Rino CAPUTO, Per far segno: La **crit. dant. americana da Singleton a oggi**, Rom Il Calamo **1993** 156 S [Ges.darst.; I. D. e l'Amer.; II. Singleton; III. Freccero; IV. La crit. dant. americ. oggi]. Roberto TISSONI, Il commento ai classici it. **nel Sette e nell'Ottocento** (D. e Petrarca). Ediz. rived., Pad Ant **1993** X-263, Medioevo e umanes. 85 [T. rekonstruiert wichtige Momente in der komplexen Gesch. der D.- u. Petr.-Exegese des 18. u. 19. Jh. in It.; es geht nicht um 'Kommentare', sondern um ein Bild der vielfält. Editions- u. Interpret.aktivitäten; Vico kommt indes zu kurz. Die Unters. ist Wiederabdr. eines Symp.-Beitr. (Il commento ai testi, Ascona 1989, ersch.: Bas-Bos MA-Ber Birkhäuser Verl 1992).]. Richard BAUM, Ein Leben mit D.: Ernst Robert **Curtius** u. die *DC*, in *Lingua et Traditio: Gesch. der Sprachwiss. u. der neueren Philologien* (= FS für H. H. Christmann zum 65. Geb., R. Baum-K. Böckle-F.-J. Hausmann-F. Lebsanft edd), Tüb Narr **1994** 539-74 [B. fand in der Bonner Univ.bibl. das von C. zeitlebens benutzte Hand- u. Arbeitsex. einer *DC*-Ausg. mit der Sign. Fd 44b/37 (La *DC*, Leonardo Olschki ed, Hei Julius Groos 1918), dessen zahlr. Notizen er ausf. in ihrer Art u. Bedeut. vorstellt: „Für ein tiefer gehendes Verständnis von C.' Konzept der Philol. u. dessen Umsetzung in philologisches Schaffen stellt das Studium s. Handex. der *DC* u. des damit in Zus.hang stehenden 'Quellenmaterials' eine ideale Voraussetz. dar." (565)]. Rino CAPUTO, D. e l'America, **D. in America**: Alle origini della crit. dant. americana contemp.: **Singleton e Auerbach**, in *D. oggi: Conv. studi Latina 18 maggio 1991* (NN ed), Anzio De Rubeis **1994** 55-77, L'Arco muto 12. Gian Franco FRIGO-Giuseppe VELLUCCI, Unità o dualità della *C.*: Il dibattito su D. **da Schelling ad Auerbach**. Con testi di F. W. J. Schelling e F. Bouterwek, Fir Olsch **1994** 127 S, Opuscoli accademici. Editi a cura della Fac. di Lett. e Filos. dell'Univ. di Padova 21 [zu einem Thema der *DC*-Kritik seit der Romantik; die Texte selbst S. 21-63]. Enzo ESPOSITO ed, Dalla bibliografia alla storiografia: La crit. dant. **nel mondo dal 1965 al 1990**: Atti conv. int. realizz. dal 'Centro Bibliogr. Dant.' Roma 26-27 apr. 1993, Rav Longo **1995** 269 S, Bibliogr. e storia della crit. 12 [24 V, überw. Forsch.ber. zu It., Frkr., Dtschl. (= M. Roddewig, s. u.), Großbr., Hispanoam., Port., Ex-Jugosl., Skandin., Rumän., Ung., Polen, Rußl., Ukr., Litauen, Türkei, Persien, Nordam., Bras., Japan, China; jew. mit Bibl.]. M. RODDEWIG, **D. in Dtschl. u. in den dt.sprach. Ländern**, ebend. 75-98. M. RODDEWIG, König **Johann von Sachsen** u. die D.-Forsch., in *Italien in Germanien. Dt. It.-Rez. von 1750-1850. Akten des Symp. der Stift. Weimarer Klassik Herzogin Anna A. Bibl.-Schiller-Mus. 24.-26. März 1994* (F.-R. Hausmann ed; in Zus.arb. m. M. Knoche u. H. Stammerjohann), Tüb Narr **1996** 215-31. Giovanni CAPECCHI, Gli scritti dant. di Giovanni **Pascoli**. Con appendice di inediti. Introd. di Mariano Biondi, Rav Longo **1997** 200 S. Manfred LENTZEN, „Discoverta del vero D." Giambattista **Vico** u. D., *DDJb* 72, **1997**

97-113 [Ausgangspunkt ist Croces Wertung von Vicos D.-Rezeption.].   H. HEINTZE, Der fremde D. Victor **Klemperers**, *DDJb* 73, **1998** 181-94 [unters. das Verhältnis des nun aus seinen 'Tagebüchern' bekannten, im Schatten der Nazi-Diktatur lehrenden Romanisten zu D.; im engeren Sinn geht es um die Studie »Der f. D.« (1922, 1926)].   Martin u. Ulrike HOLLENDER, Die **dt. D.-Rez. 1933-1945 in Publizistik u. Wissenschaft**: Zw. polit. Instrumentalisier. u. menschl. Integrität, *DDJb* 74, **1999** 13-84 [eine beeindr. Unters. zur Dantistik u. D.-Auffass. im Nationalsozialismus; Aufbau: 1. Instrumentalisier.: Publizistik (Die Achse Berlin-Rom als Prämisse; Feindbildvermittl. durch D.; Der Reichsgedanke; Der solidarisch-maskuline D.; D. als Germane; Von D. zu Mussolini u. Hitler); Wisssenschaft (Fachfremde; Romanisten); 2. Integrität: Publizistik (D. in der konfessionellen Presse); Wissenschaft (F. Schneider; W. Goetz; Die Dt. D.-Ges.)].   Jeremy TAMBLING ed, D., Lon-NY Longman **1999** IX-212 S, Longman Critical Readers [35] [enth. 10 A zur *DC* -qua Einführung in sie- veröff. 1970-94 von 10 verschiedenen, v. a. im anglophonen Raum lehrenden Dantisten: 1. K. Foster (An introd. to the *Inf.*); 2 R. J. Quinones (*Inf.*: Fame and children); 3. R. Jacoff (Transgression and transcendence: Figures and female desire in D.'s *C.*); 4. P. Boitani (Shipwreck: Interpret. and alterity); 5. T. Barolini (Bertran de Born and Sordello: The poetry of politics in D.'s *Comedy*); 6. J. Tambling (*Nostro peccato fu Ermafrodito*: D. and the Moderns); 7. J. Freccero (An introd. to the *Par.*); 8. G. Mazzotta (Theology and exile); 9. P. Dronke (The conclusion of D.'s *C.*); 10. Z. G. Barański (*Significar per verba*: Notes on D. and plurilingualism). Vorweg: Introd. D. and Modern Criticism (J. T.)]   Theodore W[esley] KOCH, **D. in America**: A historical and bibliographical study, *DS* 118, **2000** 7-56 [beh. Lorenzo Da Ponte, Charles Eliot Norton, Henry Richard Wilde, H. W. Longfellow, Thomas William Parsons u. James Russell Lowell.].   H. HEINTZE, Karl **Witte** zum 100. Todestag u. zum 200. Geb., *DDJb* 76, **2001** 23-42.   Deborah PARKER, Edizioni e interpretazioni della *DC* **nel Rinascimento**, in *Pour D.: D. et l'Apocalypse. Lectures humanistes de D. (1993-1998)* (B. Pinchard-Chr. Trottmann edd), Par Honoré Champion Éditeur **2001** 295-316, Travaux du Centre d'Ét. Supér. de la Renaiss. de Tours 7.   Rainer STILLERS, Marcella **Roddewig** (8. 5. 1918-24. 12. 2000), *DDJb* 76, **2001** 11-22.   Ingo ZIMMERMANN, **Johann von Sachsen** Philalethes: Die Zeit vor der Thronbesteigung, Mün-Ber Koehler & Amelang **2001** 125 S [Der kleine Bd führt in 11 Themenkr. unprätentiös in die Gestalt des bedeut. Dantisten u. seine Zeit ein.].   Mirjam MANSEN, „Denn auch D. ist unser!" Die **dt. D.-Rez. 1900-1950**, Tüb Niem **2003** VIII-183 S, Reihe der Villa Vigoni. Dt.-it. Studien 15 [Diss Mannheim 2001. „Am 'Fallbeispiel' der dt. D.-Rez. beschäftigt sich die Arbeit. mit der fachgesch. Entwickl. der dt.spr. Romanistik in der ersten H. des 20. Jh. Ein Schwerp. der Unters. liegt auf der Frage nach der Kontinuität in der themat. u. method. Ausricht. der Arbeiten zu D. von den 20er Jahren bis in die Jahre des NS-Regimes. Gefragt wird auch nach einer mögl. 'Vorarbeit' der D.-Forsch. der 20er Jahre für die in den Jahren der Achse Berlin-Rom propag. 'Führergestalt' D." Behandelt u. a. Vossler, Auerbach, Curtius u. Friedrich.].

24. Dante (bzw. die *DC*) und die/in der KUNST

[Künstler vieler ästhetischer Richtungen u. Disziplinen haben sich in nahezu allen Epochen mit der markanten Persönlichkeit Dantes oder seinem aussagekräftigen Werk -hauptsächlich mit der bilder- u. botschaftsreichen *DC*- auseinandergesetzt, so daß ein beträchtliches Volumen an Forschungen von Kunst- u. Lit.wissenschaftlern vorliegt, die solche visuellen Umsetzungen analysierten u. werteten. Wir nennen **in chronol. Reihenf.** einige Studien zu herausragenden Dante-Künstlern; s. auch Abt. 6: KATALOGE zu Dante-AUSSTELLUNGEN, 25: KUNSTKATALOGE]

Ludwig **VOLKMANN**, Iconografia Dantesca: Die bildl. Darstellungen zur *GK*, Leip Verl von Breitkopf & Härtel **1897** 179 S [Einl.: D.'s persönl. Verhältnis zur Kunst u. D.'s Person in der

Kunst; dann chronol. Gesch. der Darst. der *DC* in 3 Kap.: I. Das 14. u. 15. Jh.; II. Das 16. u. 17. Jh.; III. Das 18. u. 19. Jh.; mit 17 Abb. = Tafeln zu Darst.en aus versch. Jh.en]. [Baronin] Marie LOCELLA ed, D.s **Francesca da Rimini** in der Lit., Bild. Kunst u. Musik. Nach Plänen u. Entwürfen des Prof. Baron Guglielmo L. Mit 19 Kunstbeilagen u. 75 Abbild. im Text, Eszlingen a. N. [sic] Paul Neff/Max Schreiber **1913** 205 S [beeindruckende, schön dokument. Bestandsaufn. der künstlerisch vielfält. Umsetzungen der Liebesgeschichte aus *Inf.* V]. Paul SCHUBRING, D.s *GK* in **Zeichnungen deutscher Romantiker**. Zum 600. Todestage des Dichters hrsg., Leip Karl W. Hiersemann **1921** 126 S [zahlr. Abb.en u. Erläuter.en in dt. u. it.]. Adolfo VENTURI, Il **Botticelli** interprete di D. con XCII tavole fuori testo, Fir Le Monn **1921** 135 + 92 Faks. (als Anhang) [Alle Gesänge werden sukzessive im Zus.hang mit B.s bildl. Interpretationen betrachtet.]. Yvonne BÂTARD, Les dessins de Sandro **Botticelli** pour la *Divine Comédie*, Par Olivier Perrin Éditeur **1952** 123 S, Collection jeu savant oN [Das Buch ist eine sukzessive Kommentierung der Zeichn.en B.s unter Beibehalt. des inhaltl. Verlaufs, so daß poetische u. künstlerisch visuelle Aussagen gut miteinander verglichen werden können; Aufbau: Introd.; Avec D. et Virgile dans l'enfer; Avec D. et V. sur la montagne du Purgatoire; Avec D. et Béatrice au Paradis]. Albert S. ROE, **Blake**'s Illustrations to the *Divine Comedy*, Prince NJ UP **1953** XXII-219 S + 51 Blätter mit 103 Ill.en. Robert JOHN, D. u. **Michelangelo**: Das *Paradiso Terrestre* u. die Sixtinische Decke, Kref Scherpe **1959** 79 S [Untersuchung der gemeins. Quellen u. des Einflusses]. Lamberto DONATI, Il **Botticelli** e le prime illustraz. della *DC*, Fir Olsch **1962** 209 S [zahlr. Abb.en]. Giovanni FALLANI, La poetica dant. e le arti: Unità e diversità, Fir Le Monn **1965** 25 S, Lectura Dantis Scaligera 5 [kleine Studie über das Verhältnis der Künstler zu D.]. Martin GOSEBRUCH, Von wesentlicher **D.-Illustration**, in *D. A. Mit Beiträgen von... 46 Abb.en u. 2 Faks.* (NN ed), Würz Leo Leonhardt **1966**, 169-209, Persönlichkeit u. Werk 2. W. Theodor ELWERT, Dantedeutung u. **D.-Illustration**: Zur Typol. der D.-Illustr., *DDJb* 44/45, **1967** 34-58. NN ed, D. e **Giotto**: Atti conv. studi promossi dalla Casa di Dante di Roma e dalla SDI 9-10 nov. 1967, Rom oV **1968** 119 S, Quad. del Veltro 7 [5 relazioni + 8 communicaz.]. Wolfgang HARTMANN, Die Wiederentdeckung D.s **in der dt. Kunst**: J. H. Füssli-A. J. Carstens-J. A. Koch, Diss phil Bonn **1969** (Druck Univ. Bonn) 340 S [Aufbau: I. Die Wiederentd. D.s im 18. Jh.; II. Füssli; III. Carstens; IV. Koch; es folgen 2 Exk. zur Darst. der Paolo-Francesca-Epis.; im Anh. 60 Abb.en]. Giovanni FALLANI, D. e **la cultura figurativa med.**, Berg-Mil-Tor u. a. Minerva Italica **1971** 196 S [10 unveröff. A zur Darst. von *VN, Cv, Mon.* u. *DC* in versch. Kunstbereichen]. Kenneth CLARK, The Drawings of Sandro **Botticelli** for D.'s *Divine Comedy*, Lon Thames & Hudson **1976** 218 S. Jean SEZNEC, D. and **Delacroix**, in *The World of D.: Essays on D. and his times* (C. Grayson ed), Oxf Clar **1980** 238-48. Erich LOOS, Illustrationen zu D.s *C.* als Beiträge zur Deutungsgesch. (die Bildzyklen von Sandro **Botticelli** u. Gustave **Doré**), *DDJb* 60, **1985** 153-71 [vergleicht die D.-Darstell.en beider Künstler nach Erscheinen zweier Gesamtausgaben: Botticelli (K. Clark ed, Bergisch-Gladbach Lübbe 1977) u. Doré (NY Dover 1976); 8 ganzseit. Abb.en]. James H. RUBIN, Eugène **Delacroix**. Die Dantebarke. Idealismus u. Modernität, Ffm Fischer **1987** 89 S, Kunststück 1280 bzw. Fischertaschenb. 3938 [kleiner Kunstbd; behandelt das 1822 in Paris ausgest. Gemälde 'D. u. Vergil bei der Überquerung des Flusses Styx'; mit 43 Fotos. „Mit s. Hauptwerk führte Delacroix eine Reihe von themat. u. maltechn. Neuerungen ein, die s. ganze Laufbahn fortan bestimmten. Der Leser wird gewahr, daß die enge Verbind. zw. Dante u. Vergil, den beiden Hauptgestalten des Bildes, im Grunde nichts anderes darstellt als die Verbind. zw. Klassizismus u. Romantik, die der Künstler für sich anstrebte. Sein Versuch, eine mod. u. zugleich idealist. Kunst aus der Taufe zu heben, weist beispielhaft auf die kombinator. Tendenzen der Moderne voraus."]. Maria Grazia CIARDI DUPRÉ DAL POGGETTO, 'Narrar D.' attrav. le immagini: **le prime illustrazioni** della *C.*, in *Pagine di D.: Le edizioni della DC dal torchio al computer. Catal. della mostra* (R. Rusconi

ed), Per Electa/Editori Umbri Associati **1989** 79-102 [zahlr. Buntabb.en].   Maria Cristina
CASTELLI, Immagini della *C*. nelle edizioni del Rinascimento, ebend. 103-114 [mit Abb.en = v.
a. Holzschnitte].   Jean-Pierre **BARRICELLI**, D.'s Vision and the Artist: Four modern illustrators
of the *C*., NY-San F CA-Bern u. a. Peter Lang **1992** XIV-154 S 57 Abb., New connections.
Studies in interdisciplinarity 4 [Unters. zur Wechselwirk. zw. Text u. Bild anhand von 4 Vertretern
der bild. Kunst des 20. Jhs.: Amos **Nattini** (Aquarelle), Robert **Rauschenberg** (Combine
Painting), **Dalí** (Aquar.), Francis **Phillipps** (Gouachen); 125-8: Bibliogr. zu Bildbden mit D.-
Illustrationen des 20. Jh. (von E. T. Haskell) = 52 Tit.].   John **POPE-HENNESSY**, The
Illuminations to D.'s *Divine Comedy* by **Giovanni di Paolo**, Lon Thames and Hudson **1993** 223 S
[schöner Bildbd = Unters. zum Yates-Thompson-Kodex (um 1445 für den König von Neapel von
G. di P. angefertigt; jetzt British Library); ausf. erläut. u. dokum. Bd; enth. 132 Abb.en, davon 93
in Farbe.].   Gian Luca **GUALANDI**, Salvador **Dalí**: La *DC* e altri temi. Opere grafiche, Bol
Edizioni Bora **1994** 197 S [enth. 105 Fotos = bunte Abb.en von Dalí-Bildern, die überwiegend mit
der *DC* zu tun haben, begleitet von *DC*-Stellen u. Kommentaren des Herausgebers; S. 11-21: Einf.:
L'incubo e la catarsi. Un'ipotesi su Dalí lettore della *DC*; ein visuelles Lesebuch zum Thema D. u.
Dalí].   Eugene Paul **NASSAR, Illustrations to D.'s *Inf.***, Rutherford NJ-Mad WI/Lon-Toro
Fairleigh Dickinson UP/Associated UP **1994** 398 S [Jeder canto des *Inf.* wird von I bis XXXIV
sukzess. u. chronol. in/mit Illustrationen aus dem künstl. Bereich von der frühen illum. Hs. (Plut.
40.3 Sienese der Laurenziana, um 1345) bis zu Zeugnissen der bild. Kunst des 20. Jh. vorgestellt;
vor jedem canto als Einf. eine Gesch. der Visualisierung des jeweil. Themas; über 400 Abb.; ein
schönes didakt. Werk, ideal als Lektürebegleitung].   Damian **DOMBROWSKI**, Beobachtungen zu
Botticellis D.-Illustrationen, *DDJb* 71, **1996** 45-76 [faßt die Ergebnisse einer Mag.arbeit am Inst.
für Kunstgesch. der Univ. Münster zus.; D. betrachtet die in Berlin 'wiedervereinten' Zeichnungen
Botticellis v. a. unter literar. Aspekten (= aus des Malers literar. Sicht).].   Wolfgang **KEMP**, Das
letzte Bild: Welt-Ende u. Werk-Ende bei **Giotto** u. D., in *Das Ende: Figuren einer Denkform* (K.
Stierle-R. Warning edd), Mün Fink **1996** 415-34, Poetik u. Hermeneutik 16 [„Ich versuche, einen
Dialog zw. zwei Werken anzuzetteln, an deren Schluß das Ende zum Thema der Kunst wird. Es
geht um D.s *DC* u. um Giottos Ausmalung der Arena-Kapelle in Padua, die Hauptwerke zweier
Florentiner, die sich mit zieml. Sicherh. gekannt haben u. möglicherweise gerade in Padua
begegnet sind." (417)].   Martina **KIRCHNER**, Die Illustr. der *GK* von D. A. **zur Zeit der
Weimarer Republik**, Wissensch. Arbeit zur Erlang. des Diplomgrades im Studieng. „Sprachen,
Wirtschafts- u. Kulturraumstudien". Univers. Passau. Philos. Fakultät. Lehrstuhl für Kunstgesch.
u. Christl. Archäologie: Prof. Dr. Groblewski, Wintersem. **1996/97** 61 + XXIX S Anhang
[Maschinenschrift; Signatur in der Univ.bibl. Passau = AY 1000-272: 15; Aufbau:
Illustrationsgesch. der *GK*; Die Ill. der *GK* zur Zeit der Weim. Rep.; zuerst werden beh. die
Themen Zeitgeist u. D., D. u. wir, D. u. die Literaten, Einordn. der D.-Illustratoren in die
Kunstszene der W. R., Künstlerszene, Gruppenzugehörigk. u. Kontakte, Buchill., Religiöse
Thematik u. myst. Tendenz, Der Mensch als Mittelp.; dann werden folg. Künstler monographisch
unters.: Max Beckmann, Franz von Bayros, Lovis Corinth, Wilhelm Fahrenbruch, Willy Jaeckel,
Walther Klemm, Friedrich Koch, Hans Lembke, Otto Neumann, Rudolf Saudek, Philipp Otto
Schaefer, Friedrich August Weinzheimer, Klaus Wrage; dann: Gemeinsamkeiten u. Synthese; im
Anh. zahlr. Abb.en; ausf. Bibl.].   Charles H. **TAYLOR**-Patricia **FINLEY**, Images of the Journey in
D.'s *Divine Comedy*. An illustrated and interpretative guide to the poet's sacred vision with 257
annotated **illustrations selected from six centuries** of artistic response to the poem, New H CT-
Lon Yale UP **1997** XVI-295 S [ein schönes visuelles Einf.buch in die *DC*.; nur gelegentl. engl.
Textstellen; inhaltl. Führung anh. von bildl. Darst.en; zu 6 bzw. 5. bzw. 7 Themenkr., Visionen,
Träumen, Szenen werden die wichtigsten Partien der 3 cantiche vorgestellt; die Ill.en entstammen

entweder alten Hss. oder es sind v. a. die von Blake, Botticelli, Doré, Flaxman, Guttuso oder Signorelli; alte u. neue Bilder stehen nebeneinander; bunt oder sw.]. Vittoria **BORSÒ, Dalí** begegnet D.: Transposition des Blickes u. Abenteuer der Augen, *DDJb* 73, **1998** 153-80 [Aufbau: I. D.s 'Naturalismus' als Beding. der transz. Visionen; II. Die Transzendenz des Erk.aktes: Dalís Abenteuer des Auges auf dem Weg zur Vision; III. Die and. Seite des Bewußtseins: das Verdrängte; IV. Die Transpos. D.s durch Text-Bild-Montage; 5 Abb.en]. Lora **PALLADINO, Paolo u. Francesca in der Kunst des 19. Jh.**, *DDJb* 73, **1998** 75-98 [ausf. Unters. zu zahlr. Darstellungen intern. Künstler zu der Epis. in *Inf.* V; enth. 30 sehr gute Abb.en]. Deborah **PARKER** ed, 'Visibile parlare': D. and **the Art of the Italian Renaiss.**, *Lectura Dantis. A forum for D. research and interpretation*, Special issue, Nr. 22-23, **1998** 281 S [Die in memoriam Tibor Wlassics (1936-98) herausg. Sondernummer enth. 9 Studien zum Thema 'D. u. die Renaiss.'; mit zahlr. Abb.en]. Michael **BRUNNER**, Die Illustrierung der *DC* in der Zeit der **D.-Debatte (1570-1600)**, Mün Deutscher Kunstverl **1999** 370 S, Kunstwissenschaftl. Studien 80 [urspr. kunstgesch. Diss Freib i B; 2 Hauptkap.: 1. Die D.-Illustrationen Federico Zuccaris; 2. D.-Illustratoren u. 'dantisti' in Florenz 1570-1600 (hier werden beh.: Jacopo Ligozzi, Lodovico Cigoli, Giovanni Stradano, Alessandro Allori, Luigi Alamanni u. Jacopo da Empoli) = S. 1-150: Einf., Unters. u. Darstell. des Themas; S. 153-338: Katalog (= für eine potentielle Ausstell.); zahlr. Fotos (insges. 218 Stück)]. Wolfgang **EVERLING**, Salvador **Dalís** Sorgfalt. Zu seinen Illustrationen der *DC*, *DDJb* 75, **2000** 67-83 [unters. Dalís 1950-52 entst. Aquarellzyklus in bezug auf die im Laufe der Jahre durchgeführten Ausstellungen u. die dazugehör. Kataloge; stellt unpassende Zuordnungen der Bilder zu *DC*-Passagen fest u. schlägt eine kontextuelle (Neu)Ordnung vor; ausf. Tabelle aller Bilder S. 75-83; mit 8 gut gedruckten Aquarellen]. Sebastiano **GENTILE**-Hein-Th. **SCHULZE ALTCAPPENBERG** edd, Sandro **Botticelli** pittore della *DC*, Mil-Rom Scuderie Papali al Quirinale/Skira Edit **2000** II 277 + 295 S [Ausstell.kat.; Aust. war in den Scud. 20. 9.- 3. 12. 2000; Bd I enth. folg. A: D. e la cult. fior. del maturo Quattroc. (C. Vasoli), Viatico romano per Bott. illustratore (A. Cecchi-A. Natali), D., B. e gli umanisti fior.: tra manoscritti e studi geografici (S. Gentile), Breve nota sul disegno fior. del tempo di B. (A. M. Petrioli Tofani), C. Landino e Nicolò di Lorenzo e la *C.* (P. Scapecchi), La veduta dell'*Inf.* di S. B. (G. Morello); Bd II beh. einzeln B.s D.-Illustr.en: Kopie in Orig.farbe, inhaltl. Lokalisier. u. Analyse des Umsetzungsertrags; vorweg der A: „Per essere persona sofisticata." Il ciclo botticelliano per la *DC* (H.-Th. Sch.-A.)]. Willi **HIRDT**, Gerechtigkeit - Gesetzlichkeit. Zum episodischen Diskurs der *DC* (*Inf.* VII-IX), *DDJb* 75, **2000** 7-40 [u. a. an 2 berühmten Gemälden -A. **Feuerbach**s *Francesca da Rimini* (1864) u. *La Barque de D.* von E. **Delacroix** (1822)- zeigt H., daß die Rez. bestimmter Episoden in der Bild. Kunst nicht fest zur juridischen Konstruktion des integralen Epos steht, sondern oft - gewissermaßen 'gesetzmäßig'- eine von ihr losgelöste, andere Ausdrucksentfaltung/Interpretation erlebt.]. Lutz S. **MALKE** ed, D.s *GK*: **Drucke u. Illustrationen aus sechs Jahrhunderten**, Leip Verl Faber & Faber **2000** 538 S [Begleitbuch zu einer Ausst. zuerst in der Kunstbibl. Staatl. Museen zu Berlin vom 19. 4. bis 18. 6. 2000 u. dann in der Schack-Galerie-Bayer. Staatsgemäldesamml.en München vom 14. 7. bis 24. 9. 2000; mit 311 Abb.en (z. T. bunt); der Bd enth. v. a. 12 informative Studien von Fachleuten zur Druck- u. Illustr.gesch. der *DC*; so auch: Gabriele Knapstein-L. S. M., chronol. Verz. von Drucken: it. Ausgaben u. Einzeldrucke der *C.* (= 329-52; von der Ausg. Foligno 1472 bis Vadim Zakhavov Köln 1999 = Laserprint.).]. Birgit **LEUPOLD**, Einführ. in die Welt der *GK* durch Bilder von **Botticelli, Doré u. Dalí**, in *Der lange Pfad ins Paradies. Initiationswege in D.s GK. Eine Tagung in Zus.arb. mit der D.Ges. Stuttg. 2.- 5. Nov. 2000 Evang. Akad. Bad Boll*, ebend. **2001** 49 S [Das Heft (Teil 2 zum Protokolldienst: 16/2001) enth. nur dieses Referat, das anhand von 36 im Anh. s/w reproduzierten Bildern der 3

Künstler ganz durch die *DC* führt; die Stellen werden erläut., die Bilder kommentiert; einfache, aber sinnv. Einf.; Adresse: 73087 Bad Boll, Akademieweg 11; pressestelle@ev-akademie-boll.de].

Die *DC* und die Kunst im INTERNET
www.divinecomedy.org/divine_comedy.php3   Auf der Basis einer it. Ausgabe sowie zweier engl. Übers.en (H. W. Longfellow u. H. F. Cary sowie deren Kommentare) kann man die *DC* ganz -canto für canto- mit berühmten Illustrationen wahlweise von G. **Doré**, S. **Dalí** oder Sandro **Botticelli** lesen [produced by chaos.Café.com].
http://www.muvi.org/MID   Zum virtuellen '**Museo Iconografico Dantesco**' der 'Casa di Dante in Abruzzo' s. Abt. 5: Dante-MUSEEN (Internet), 7: Dante-INSTITUTIONEN, 25: KUNST-KATALOGE.

25. KUNSTKATALOGE

[Dante u. seine Werke -v. a. die *DC*- sind immerzu Anlaß von Ausstellungen. Dies gilt für viele Länder, gerade aber für Italien, wo an zwei verschied. Orten -einem kosmopolitischen u. einem entlegenen- regelmäßig Veranstaltungen stattfinden. Die zu jenen Gelegenheiten erscheinenden Kataloge sind beste Einführungen u. Forschungsplattformen zum Themenkreis »Dante (bzw. die *DC*) in der KUNST« (s. Abt. 24), weil sie von vielen Bilddokumenten u. kompetenten Informationstexten begleitet werden. Wir werden im Folgenden nur Ausstell.themen u. Jahreszahlen der Kunstevents nennen, weil man die übrigen bibliographischen Daten innerhalb der Internetpräsentation der Veranstalter findet.]

KUNSTAUSSTELLUNGEN in TORRE DE' PASSERI (Pescara, CASTELLO GIZZI)
[Fast jedes Jahr findet in dem kleinen Torre de' Passeri (in der Provinz Pescara) im Castello Gizzi in der dortigen CASA DI DANTE IN ABRUZZO eine Ausstellung statt, welche meist einem bestimmten Künstler gewidmet ist, der sich in seinem Schaffen mit D. auseinandergesetzt hat. Diese Bde sind exzellente Einführungen in Kernbereiche des Themas »Dante u. die Kunst«. In der Regel werden diese mit ca. einem Dutzend Artikeln u. vielen Fotos ausgestatteten, etwa 300 Seiten umfassenden Kataloge von dem Schloßherrn Corrado Gizzi selbst ediert, so daß ich mich hier auf wenige Angaben beschränke, denn jeder Bd erschien im Ausstellungsjahr; die Verlage sind meist Mazzotta oder Electa in Mailand (oder ausnahmsweise Charta bzw. Mondadori); vgl. auch Abt. 5: Dante-MUSEEN (INTERNET: Museo Iconografico Dantesco = MID; es ist dies eine virtuelle Retrospektive jener Ausstellungen.).]

1980: Scultura dantesca,   **1981**: D. e l'arte romantica: Nazareni, puristi e preraffaeliti,   **1982**: Guttuso e D.,   **1983**: Blake e D.,   **1984**: Dante Gabriel Rossetti,   **1985**: La *VN* di D. con traduzione di Dante Gabriel Rossetti (u. dessen Illustrationen),   **1985**: Füssli e D.,   **1986**: Flaxman e D.,   **1987**: Sassu e D.,   **1988**: Koch e D.,   **1989**: Alberto Martini e D.,   **1990**: Botticelli e D., **1991**: Signorelli e D.,   **1992**: Raffaello e D.,   **1993**: Federico Zuccari e D.,   **1994**: Giovanni Stradano e D.,   **1995**: Pinacoteca Dantesca „Fortunato Bellonzi",   **1995**: Michelangelo e D., **1996**: Francesco Scaramuzza e D.,   **1997**: Dalí e D.,   **1998**: Amos Nattini e D.,   **1999**: D. istoriato,   **2000**: L'arte nuova e D.,   **2001**: D. e Giotto,   **2001**: Navigazione ultima,   **2002**: Alberto Sughi e la *VN* usw.

KUNSTAUSSTELLUNGEN in RAVENNA (CENTRO DANTESCO)
[In der 'Zona Dantesca' von Ravenna (= Via Dante), und zwar in den Chiostri Francescani, neben der Dantegrabstätte, finden seit 1966 regelmäßig zwei Arten von Kunstausstellungen statt, welche von der OPERA DI DANTE bzw. vom CENTRO DANTESCO in Zus.arbeit mit anderen Institutionen

ausgerichtet werden. Die Kataloge fallen -im Gegensatz zu denen von Torre de' Passeri (s. o.)-bescheiden aus und sind mittlerweile schwer zu bekommen. Ich liste hier wieder nur Veranstaltungsjahre u. Themen auf.]

A. »MOSTRE DANTESCHE« [zur Malerei oder allgemeine bzw. spezifische Dokumentationen]
1966: Edizioni della *DC*. **1967**: Amos Nattini. **1968**: Iconografia dant. (Una grande esposiz. alla ric. del volto di D., in 5 Abt. gegl.: 1. Ritratti classici: 135 riproduzioni e 14 quadri originali; 2. Ritr. contemporanei: 60 dipinti, 2 rami, 2 mosaici; 3. Riproduz. di miniature ed edizioni; 4. 52 bronzi, 15 busti, 1 statua; 5. monete varie, 316 medaglie, 100 francobolli, molte cartoline). **1970**: D. e i Francescani (Exponate aus 7 Jh.). **1970**: Giorgio Scarpati (104 Temperagemälde). **1971**: Mostra intern. della medaglia di D. (mehrere hundert Expon.). **1971**: Elia Vici (Künstlerin aus Livorno: 100 Ölbilder). **1972**: Beniamino Ascione (Künstler aus Portici, Neapel: 256 Mikrodarstell.en in Nußschalenhälften). **1972**: Prime tre edizioni della *DC* (gemeint sind die 3 Ausgaben von 1472: Foligno, Jesi u. Mantua). **1972**: M. Pikov e V. Kockin (2 Künstler aus Rußl.: 32 + 74 Holzschnitte). **1974**: Aldo Greco (aus Catanzaro: 67 Skulpturen aus grobem Pinienholz). **1976**: Eugen Ciuca (aus Rumänien bzw. USA: 200 Bilder + 20 Skulpturen). **1978**: Cinquanta artisti it. illustrano la *DC* (47 Werke von 27 Künstlern der 9. Quadriennale d'Arte di Roma + 105 Werke von weit. 23 K.). **1979**: Mimmo Francia (aus Modena: 33 bunte Lithographien). **1980**: Omaggio di Giacomo Manzù alla città di D. (14 Temperabilder, 19 Stiche, 20 acqueforti, 5 große sowie 34 kleine Skulpturen). **1982**: Om. di Emilio Greco alla città di D. (7 Skulpturen, 20 Zeichn.en, 61 Graphiken). **1984**: Om. di Angelo Grilli alla città di D. (aus Pavia: 8 Statuen, 7 Bronzegruppen, 37 kleine Bronzefiguren, 80 Medaillen, 5 Keramikarbeiten, 65 Graphiken). **1986**: Om. di Henry Moore alla città di D. (44 Arb.en). **1987**: Retrospettiva del Centro Dant. (gezeigt wurden Werke -auch Manuskripte, Editionen etc.- aus eigenem Bestand, darunter prämierte Arb.en vorausgeg. Ausstell.en). **1989**: Sassu e D. (112 Akrylbilder). **1991**: L'alto passo: D. e Babini (aus Ravenna: 100 Reliefs = formelle in cotto und einige Terrakotta- bzw. Porzellanfig.). **1993**: D. in Australia (31 Künstler, vertreten mit sehr untersch. Arbeiten wie z. B. Fotocollagen). **1995**: D. e Copat (s. u.). **1997**: D. in Bulgaria (93 Arbeiten von 63 Künstlern: 86 Skulpturen u. 7 Medaillen). **1997**: D. in Polonia (Retrosp. der poln. Künstler, die 1973-96 an den Ausstell.en teilgenommen hatten). **1999**: D. in Romania (96 Künstler mit 100 Arbeiten: Skulpturen u. Graphiken). **2000**: Om. a D. di Enzo Babini (100 Terrakotten). **2000**: Il primo Giubileo della DC. **2001**: D. in Armenia. **2001**: D. in Ungheria. **2002**: Markus Vallazza e la *DC*: Viaggio grafico nei tre regni dell'oltretomba dant. **2002**: D. nelle medaglie della Collez. Duilio Donati. **2002**: Le metamorfosi di Diminitrjie e D.: D. in Croazia.

B. »BIENNALE INTERNAZIONALE DANTESCA« [Skulpturen bzw. plastische Arbeiten]
[An den bislang 14 Auflagen waren über 2000 Künstler aus mehr als 50 Nationen mit über 3700 Skulpturen beteiligt. Den Ausstellungen geht jedesmal ein im Jahr davor ausgeschriebener Wettbewerb voraus; zu dem vorgegebenen Thema reichen Künstler aus der ganzen Welt ihre Arbeiten ein; die Preise für 2003 waren: 1. € 5.000, 2. € 2.500, 3. € 1.500; hier die Themen bzw. Titel der Veranstaltungen]

I (1973): La medaglia di D. **II (1975)**: Figura e opera di D. **III (1977)**: D. e S. Francesco. **IV (1979)**: L'*Inferno* di D. e dell'uomo moderno. **V (1981)**: Il *Purgatorio* di D.: La rinascita dell'uomo. **VI (1983)**: Il *Paradiso* di D.: L'uomo di fronte al mistero della fede. **VII (1985)**: Immagini della vita di D. **VIII (1988)**: Similitudini nell'*Inferno* di D. **IX (1990)**: Similitudini nel *Purgatorio* di D. **X (1992)**: Similitudini nel *Paradiso* di D. **XI (1994)**: La porta per la città di D.: *Inferno*. **XII (1996)**: La porta per la città di D.: *Purgatorio*. **XIII (1998)**: La porta per la città di D.: *Paradiso*. **XIV (2003)**: Dante europeo.- Über weitere Ausstellungen im Centro

Dantesco von Ravenna sowie im Castello Gizzi von Torre de' Passeri bei Pescara kann man sich fortlaufend im Internet informieren.

Sonstige KUNSTAUSSTELLUNGEN
[kleine Auswahl in chronol. Reihenf.; zu weit. Kunstkatalogen s. Jean-Pierre BARRICELLI, D.'s Vision and the Artist: Four modern illustrators of the *C.*, NY-San F CA-Bern u. a. Peter Lang 1992 125-8: Bibliogr. zu Bildbden mit D.-Illustrationen des 20. Jh. mit 52 Titeln]

Christian v. HOLST [bzw. STAATSGAL. STUTTGART] ed, D.-Vergil-Geryon. Der 17. Höllenges. der *GK* in der bild. Kunst. Staatsgal. Stuttg. 27. Sept. bis 23. Nov. 1980, Stutt (Bad Cannstatt) Dr. Cantz'sche Druckerei **1980** 138 S [Kat. mit 98 Abb.en der Expon. u. Erläuter.en; gezeigt wurden vorw. Werke (20) von Koch u. Thorvaldsen, aber auch Doré, Flaxman sowie Miniaturen u. Illustrationen in frühen Drucken.].   Günter SCHÄFER ed, Illustrationen zu D.s *GK* u. and. Texten. Ausst.kat. u. Dokument. einer Beschäft. mit Illustration seit dem WS 1986/87, Marburg Univ.bibl 1993 159 S [5-8: Vorw. = G. S.; 9-16: D.-Illustr. (A. Buck); 17-48: Die Ill. im Wandel der Jahrhund. am Beisp. des Geryon-Motivs aus d. 17. Höllenges. (D. Schröder); der Bd enth. außer 15 Abb. von bek. Künstlern auch 19 bemerkensw. Illustrationen von Studierenden.].   NN [bzw. GERMAN. NATIONALMUSEUM] ed, D.s *Inferno*: Bilder von Manfred Hürlimann. Ausstell. im Germ. Nat.mus. Nürnb. 16. Juni bis 7. Aug. 1994, oO oV [gedr.: Lorentz-Druck, Nürn] oJ [=**1994**] 7 S [ganz abgeb. werden der Zyklus aus 7 Zeichn. je 100 mal 70 cm sowie Zykl. aus 7 Gemälden (= Akryl auf Spanplatten) je 345 mal 232 cm; S. 1-3: Kurt Löcher im Gespr. mit M. H.; H. wurde am 29. 9. 1958 in Nürnb. geb.; „D.s *Inferno* heute. Sieben mehrteil. Bilder: Martern ohne Trost u. Verklärung... Man erkennt die Hölle in sich selbst u. dadurch auch die Verantwortlichkeit, sie zu beherrschen." (3) Die 7 Arb.en betreffen: 1 = *Inf.* XVIII; 2 = XIX-XX; 3 = XXI; 4 = XXII-XXIII; 5 = XXIV-XXV; 6 = XXVI, XXVII, XXVIII; 7 = XXIX-XXX.].   Claudio POPPI ed, Sventurati amanti: Il mito di Paolo e Francesca nell'Ottoc., Mil Mazzotta **1994** 119 S [Kat. zur Ausst. in Rimini im Museo della Città vom 15. 7.-11. 9. 1994; enth. 60 Abb.en zu versch. Bereichen der künstler. Darstell. von *Inf.* V sowie 6 A: 1. Il mito di F. da R. tra amore e morte nell'arte dell'Ottoc. (C. P.); 2. Dalla scena 'troubadour' all'*Inf.* (Marie-Claude Chaudonneret); 3. „Quel giorno più non vi leggemmo avante...": Nascita, evoluz. e fort. dello schema iconograf. ottocentesco di P. e F. (Paola Pallottino); 4. Il tema di P. e F. negli sperimentalismi calcografici dell'O. (Claudia Collina); 5. F. da R. sulle scene del teatro d'opera it. (Letizia Putignano); 6. Come quando dove: Le fonti documentarie, narrative e letter. della vicenda (Piero Meldini); S. 118-9: Bibl. generale].   Doris SCHIRRA ed, »An jenem Tage lasen wir nicht weiter«: Illustr.en zu D.s *GK* aus den Beständen der Univ.- u. Stadtbibl. Köln, Köln U.- u. S.bibl. **2000** 82 S, Kleine Schriften der U.- u. S.bibl. Köln 6 [Kat.; Ausstell. war vom 19. 6.-12. 8. 2000 im Foyer der U.- u. S.bibl.; Kernstück war die Samml. Wilhelm Reiners (jetzt in der Kölner U.bibl.); der Kat. bietet einen guten Einblick in die Gesamtheit der Drucke u. Publik.en mit D.-Illustr.en seit den Inkunabeln; dokument. werden nicht nur *Inf.* V (= Paolo u. Franc.-Epis.), sondern auch *Inf.* I, XXXIV; *Purg.* IX, X, XI, XXIX, XXX; *Par.* XII, XIV, XXX; enth. aufschlußr. einleitende Art.; Kat. bietet genaue bibl. Angaben u. zahlr. Abb.en].

26. Dante (bzw. die *DC*) und die/in der MUSIK

[Die mittelalterliche Musik hat im Ausbildungssystem der Septem artes liberales -als eine Disziplin des Quadriviums nämlich- eine feste Stellung inne, so daß Dante in verschiedenen Werken auf diese wissenschaftl. Kunst Bezug nimmt. Andererseits haben seine Person u. sein Schaffen -v. a. natürlich die *DC*- nach ihm lebende Komponisten zu vielfältigen musikalischen Bearbeitungen inspiriert. Die **in chronol. Reihenf.** genannten Forschungen behandeln entweder D.s Verhältnis zur Musik oder die Darstellung seiner Gestalt bzw. von Themen seiner Werke in der Musikgeschichte, gelegentlich auch beides zusammen.]

Arnaldo **BONAVENTURA, D. e la musica**, Liv Raffaello Giusti Edit Libraio-Tipografo **1904** 327 S, Bibliotheca Musica Bononiensis. Sezione V N, 13 [Unters. in 14 Kap. mit interessantem Anhang; Aufbau: 1. Condizioni della mus. ai tempi di D.; 2. Cognizioni musicali di D.; 3. La mus. nelle opere min. di D.; 4. La musicalità della *DC*; 5. La luce ed il suono – Fenomeni naturali – Il canto degli uccelli; 6. Cenni musicali nell'*Inf.* – Gli strumenti; 7. Le invocazioni musicali; 8. I canti unisoni; 9. I canti polifonici; 10. I canti monodici; 11. Solo e coro; 12. La danza; 13. L'armonia delle sfere; 14. I principi di estet. musicale; Conclus.; Appendice: Versi e luoghi di tutte le op. di D. relativi alla mus.; Terminol. musicale usata da D. nella *DC*; Elenco delle composizioni musicali ispirate da D.; ausf. Bibl.: 293-322; rist.: Sala Bolognese Arnaldo Forni 1978]. [Baronin] Marie **LOCELLA** ed, **D.s Francesca da Rim. in der** Lit., Bild. Kunst u. **Musik.** Nach Plänen u. Entw. des Prof. Baron Guglielmo L. Mit 19 Kunstbeil. u. 75 Abbild. im Text, Eszlingen a. N. [sic] Paul Neff/Max Schreiber **1913** 205 S [schön dokument. Bestandsaufn. der künstlerisch vielfält. Umsetzungen der berühmten Liebesgesch. aus *Inf.* V]. Hugo **HAFFNER, Die Tonkunst bei D.**: I, *DDJb* 5, **1920** 100-10 [beh. alle bei D. erwähnten Musikinstrum., u. es entsteht -v. a. aus der *DC*-ein „Instrumentenlexikon, das sich aus D.s Lebenswerk zus.stellen läßt." (109)]. Martin **ZENCK, Die Musik im Zeitalter D.s**, *DDJb* 8, **1935** 1-19 [unters. D.s Musikbegriff im Zus.hang mit der zeitgenöss. Musikspekulation.]. Reinhold **HAMMERSTEIN, Die Musik in D.s *DC***, *DDJb* 41-42, **1964** 59-125 [unters. D.s Musikauffass.; „Der ma. Begriff der *musica* richtet sich weniger auf ihre sinnl. Erschein.form, das Erklingende selbst oder gar das musikal. 'Kunstwerk', als vielmehr auf den Bereich des Spekulativen." (62) „Zweifellos ist D. von all dem berührt. In ihm lebt noch die ganze Trad. ma. Musikanschauung, die er zu einer großart. Synthese ihrer Motive formt. Zugleich aber kündigt sich in der bereits trecentistischen Färbung seiner *divina cantilena* ein neues Zeitalter an, dessen Musikbegriff immer mehr ins Konkrete zielt, und das schließlich nur noch die klingende Wirklichkeit des komponierten Kunstwerks gelten lassen wird." (125)]. Rudolf **BAEHR, D.s Verhältnis zur Musik**, *DDJb* 41-42, [1]**1964** 126-43 [„Die biograph. Notizen über D.s Verhältnis zur Musik besitzen keine ausreich. Beweiskraft. Das Werk selbst zeigt ihn auf der Höhe der wissenschaftl. Musikspekulation seiner Zeit. Er übernimmt deren konkretisierten Harmoniegedanken." (143) [2]1966: D. u. die Musik, Salz-Mün Verl Anton Pustet 23 S, Salzb. Univers. reden 11 = Antrittsvorles. vom 21. 1. 1965]. Alessandro **PICCHI, La musicalità dant.** nel quadro delle metodologie filosof. med., *Annali dell'Istituto di Studi Danteschi* 1, 1967 [= einziger Bd dieser Zs] 154-94 [gründl. Studie mit den Themen 'Retorica e mus. ', 'Il *Cv* e la dottr. musicale' u. 'La mus. nella *DC*' („La vera mus. è il silenzio... La mus. quindi cessa con la visione della Candida Rosa, poi D. contempla soltanto." (194)]. Emma **PISTELLI RINALDI, La musicalità di D.**, Fir Le Monn **1968** 162 S, Saggi di lett. it. 23 [„Questo lavoro si propone di riunire alcune mie ricerche sull'atteggiamento di D. verso la mus., quale appare da tutte le opere, ma soprattutto dalla *DC*. Le mie indagini... si propongono di esaminare attentamente quale influenza abbia avuto la mus. sull'opera poet. di D., e quale contributo l'arte dei suoni possa apportare, oggi, a una migliore conoscenza del mondo dantesco." (VII) es sind 3 Studien: 1. La mus. del tempo di D.; 2. La musicalità di D. nelle op. min.; 3. La musicalità della *C*. (Melodie e armonie. Canti monodici e unisoni; Cori e danze; Melodie corali degli angeli e dei beati, all'unisono, alternate col solista, e a parti diverse)]. Nino **PIRROTTA, D. musicus**: Gothicism, scholasticism and music, *Speculum* 48, **1968** 245-57. John Edgar **STEVENS, D. and music**, *IS* 23, **1968** 1-18. Erich **LOOS, Die Bedeut. der Musik im Werk D.s**, Wies-Stutt Steiner 1988 23 S, Akad. der Wiss. u. der Lit. Mainz-Abh. der Geistes- u. soz.wiss. Klasse 2 [kleine Studie über D.s Musikverständn. im *Cv* u. in der

DC]. Luigi **PESTALOZZA** ed, **La musica nel tempo di D.**: Ravenna-Comune di Rav. Opera di D.-Musica/Realtà 12-14 sett. 1986, Mil Edizioni Unicopli **1988** 337 S, Quaderni di Musica/Realtà 19 [10 V: 1. Musica/musicalità nella struttura della *C*. di D. (V. Russo); 2. D. e la mus. del suo tempo (L. Richter); 3. Il canto delle laudi durante il Trec.: tre città a confronto: Firenze, Fabriano e Gubbio (A. Ziino); 4. D. e l'arte dei trovatori (K. Kropfinger); 5. Mus. e testo nel canto francese: dai primi trovatori al mutamento stilist. intorno al 1300 (W. Arlt); 6. L'opera di Paolo da Firenze in una nuova fonte di Ars Nova it. (B. Brumana-G. Ciliberti); 7. Canzone sacra e canz. profana (E. Sanguineti); 8. Idee musicali nel *Tractatus de configurationibus qualitatum et motum* di Nicola Oresme (F. Della Seta); 9. Mus. e metrica nel pens. di D. (M. Pazzaglia); 10. Poesia e mus. (N. Pirrotta)]. Guido **SALVETTI**, **La componente musicale nel mondo poet.** di D., oO [= Mil] Ist Editoriale Cisalpino-La Goliardica **1988** 40 S, Pubblicazioni della 'D. A.' Milanese. Quaderni 5 [kleine Studie]. Pierluigi **PETROBELLI**, **D. e la musica**, in *Pagine di D.: Le edizioni della DC dal torchio al computer. Catal. della mostra* (Roberto Rusconi ed), Per Electa/Editori Umbri Associati **1989** 289-93 [kurze musikgesch. Skizze]. Lukas **RICHTER**, **D. u. die Musik seiner Zeit**, *DVLG* 63, **1989** 25-63 [fachlich sehr kompetente Unters. u. Dokumentation zur Mus.gesch.; zur it. Fass. als Kongreßbeitrag s. o. = 1986]. Edoardo **SANGUINETI**, Infernal acoustics: **Sacred song and earthy song**, in *Lectura Dantis. A Forum for D. Research and Interpretation* [Charlottesville VA] 6, **1990** 69-79 [ist engl. Übers. des zuerst 1984 ed. A „Canzone sacra e canz. profana" (s. o. = L. PE-STALOZZA 1988).]. Guido **SALVETTI** ed, Il mito di **D. nella mus. della nuova Italia** (1861-1914), Mil Edizioni Angelo Guerini e Associati **1994** 182 S, Quaderni della Sagra Musicale Malatestiana 3 [enth. 9 Beiträge, anläßlich eines Musikfestivals verfaßt: 1. Il senso della presenza di D. nella mus. it. dell'Ottoc. (Quirino Principe); 2. La mus. nelle celebrazioni del sesto centen. dant. (Bianca Maria Antolini); 3. D. sulle diverse vie del rinascente sinfonismo it. (Marino Pessina); 4. Il Trecento it.: musica, 'musicabilità', musicologia (Renato Meucci); 5. Tra riscoperta e finzione: mus. e strumenti antichi (ders.); 6. Percorsi incrociati di un mito: tra Italia e Germania, tra mus. e pittura (Johannes Streicher); 7. F. da Rimini: la fortuna di un soggetto (Letizia Putignano); 8. Un nuovo D. per il nuovo secolo (Cesare Orselli); 9. Un mito nell'era di D'Ann.: Scontrino, Mancinelli, Zandonai (G. S.)]. Claudia Elisabeth **SCHURR**, **D. e la musica**. Dimensione, contenuto e finalità del messaggio musicale nella *DC*, Per Cattedra di Storia della Mus dell'Univ degli Studi di Perugia/Centro di Studi Musicali in Umbria **1994** 171 S, Quaderni di *Esercizi, Musica e Spettacolo* 4 [„L'argomento 'D. e la mus.' viene da noi affrontato in modo da permettere un taglio tematico trasversale dell'intera opera dant.." (19) Aufbau: I. Panorama crit. di metodi e approcci all'argomento; II. Il concetto di mus. nelle op. min. dant.; III. La mus. come motivo centr. della *DC* nelle tre cantiche; IV. La valutaz. della *DC*, in particolare del mot. musicale, da parte del Romanticismo tedesco; Anhang, Bibl., Reg.]. Alessandro **COSI**, **Poesia come musica nella** *C*. di D., Lecce Edizioni del Grifo **1996** 165 S [umfass. Studie zur Einwirk. von Musikprinzipien auf die *DC*; Aufbau: Prefaz.; Introd.; Poesia armonizzata e melodia nel Med.; Convergenze tecniche di poesia e mus. di D.; es folgt system. Unters. der 3 cantiche: I. Dell'*Inf*.; II. Del *Purg*.; III. Del *Par*.; 2 Anhänge: Notenbeispiele zu 6 Vertonungen von dant. Themen (Rossini, *Aria del gondoliere* 1816; Morlacchi, *Francesca da Rim.* 1839; Donizetti, *Il conte Ugolino* 1843; Morlacchi, *Canto XXXIII dell'Inf.* 1834; Verdi, *Pater Noster* 1879; Verdi, *Preghiera alla Vergine* 1895)]. Alessandra **FIORI**, **Discorsi sulla mus. nei commenti med. alla** *C*. dant., *SPCT* 59, **1999** 67-102. Richard **LANSING** ed, The D. Encyclopedia, NY-Lon Garland-Publishing Inc. **2000** [S. 905-12: **chronol. Verz. von 284 musikal. Bearbeitungen** zu D. von 1562 (G. B. Montanari) bis 1997 (Dietmar Hippler): Madrigale, Lieder, Opern, Ballette, Symphonien, symph. Dichtungen, Choräle, Sonaten, Klavierstücke etc. mit Ang. der Titel u. des genauen Bezuges zu D. u. seinem Werk; S. 913-14: Recorded musical settings of the *C*. = listet 64 Lables von musikal. Interpret.en zu D. u.

der *DC* auf, wie z. B. Dallapiccola, Donizetti, Liszt, Puccini, Tschaikowskij, Verdi u. a.].
Dietrich **KÄMPER, D. im Musiktheater des 20. Jhs.** Luigi Dallapiccolas Bühnenwerk *Ulisse*,
DDJb 76, **2001** 89-101 [UA 1968 Deutsche Oper Berlin; „Die Kritik reagierte mit Ratlosigkeit
und Unverständnis." (93)]. Maria Ann **ROGLIERI, D. and Music: Musical adaptations of the C.
from the 16th cent.** to the present, Aldershot-Brulington USA-Singapore-Sydney Ashgate
Publishing Ltd **2001** XII-317 S [„This book has presented in a broad light some of the ways
composers have made use of D.'s poem as inspiration for their compositions. It contains data on
more than 200 known D.-based pieces... This book will provide a context and framework for further
efforts to retrieve, catalogue and analyse past and future musical adaptations of the *C.*" (277) Im
Anhang 7 verschied. Verzeichnisse = Zus.stellungen von musikal. Bearbeit.en, mit genauen Daten,
Labels etc.; von besond. Bedeut. innerh. der ausf. Bibl. die Rubrik „Articles and books on D. in
music" (S. 311-14 = Kritiken zu Kompositionen oder Berichte über Aufführungen)].

27. Dante (bzw. die *DC*) und die/in den NEUEN MEDIEN

[Die *DC* ist längst ein beliebter Darstellungsgegenstand für Fernsehen, Internet, Audiocassetten,
Videoträger oder CD-Rom geworden (s. die Abt. 1: Dante und das INTERNET, 34: Die *DC* auf
AUDIO, VIDEO, CD-Rom), jedoch geht es an dieser Stelle nicht um jene medial modernen Textprä-
sentationen selbst, sondern um reflektierende Forschungen dazu; genannt werden **in chronol.
Reihenf.** Publikationen zur Dante-Rezeption in Film-, TV- u. Videoproduktionen.]

Maurizio **GIAMMUSSO** ed, Il D. di Gassmann: Cronaca e storia di un'interpretaz. della *DC*, Mil
Mond **1994** 165 S [Bericht über die **Dreharbeiten der RAIUNO** zur Sendereihe 'Gassmann legge
D.'; Ausstrahl. ab 13. 12. 1993 in 40 Folgen; Vittorio Gassmann liest alle 34 canti des *Inf.*, 4 des
Purg. (II, III, V, XXX) sowie 2 des *Par.* (III, XXXIII); jede puntata umfaßt 15 Min.; Drehorte
(von Mai bis Juli 1993) waren die Piazza Nuova in Bagnocavallo, das Teatro Olimpico in Sabbio-
neta sowie das Teatro Il Vascello in Rom; die 40 Episoden gibt es auf 20 Videocassetten (Regie
Rubino Rubini), vertrieben von Armando Curcio Editore.]. Nancy J. **VICKERS, D. in the Video**
Decade, in *D. now: Current trends in D. studies* (Theodore J. Cachey Jr. ed), Notre Dame IN-Lon
Notre D UP **1995** 263-76 [unters. die Prod. *A TV Dante.*]. John P. **WELLE, D. in the cinematic**
mode: A historical survey of **D. movies**, in *The Indiana Critical Edition Translated and Edited*
(Mark Musa ed), Bloom IN Indiana UP **1995** 381-95 [391-5: bibl. Hinw. zu Forsch.en über D.-
Verfilmungen]. Gianfranco **CASADIO, D. nel cinema**, Rav Longo **1996** 162 S, Musica-cinema-
immagine-teatro 16 [10 A sowie filmbibliogr. Beitr.; u. a.: Padre Dante che sei nel cinema (Gian
Piero Brunetta), I film dall'*Inf.* dant. nel cin. muto it. (Aldo Bernardini), D. nell'immaginario ci-
nematograf. anglosassone (Christopher Wagstaff), L'*Inf.* rivisitato (Antonio Costa), La lingua
dant. nel cin. muto it. (Sergio Raffaelli), I personaggi dant. nel cin. popolare it. degli anni Quaranta
(G. C.), D. nel cin. mod. e contemp. (Alberto Farassino), Note sulla ricostruz. di *D. nella vita dei
tempi suoi* (Nicola Mazzanti), Filmografia ragionata (Vittorio Martinelli), Schede dei film (Guy
Borlée-G. C. u. a. = ausführl. Zus.stell. aller wicht. Daten u. Hintergr.informationen zu Filmen von
1907 bis 1991); der Bd enth. 31 Fotos = Szenen aus alten Filmen oder Filmplakate; am Schluß
Indice dei film = alphabet. Verz. aller D.-Verfilm.; Symp. war am 7. 10. 1995 in Rav.; Filmtage
waren 2.-7. 10. 1995 im Cinema Moderno Élite von Rav.; Fotoausstell. 2.-14. 10. 1995 in der Bibl.
Classense; das Ganze wurde veranstaltet von der Comune di Rav. u. der Opera di D.]. Eva
HÖLTER, Dante im Kino, in *„Der Dichter der Hölle u. des Exils"*: Historische u. systemat. Profile
der deutschsprach. D.-Rez. (=dies.), Würzb Verl Königshausen & Neumann GmbH **2002** 352 S,
Epistemata. Würzburger wissenschaftl. Schriften. Reihe Lit. wiss. 382 309-20 [Als Anhang zu

ihrer Unters. zur dt. D.-Rezeption nennt E. H. 20 Film-Produktionen: von 1906 bis 1985-88; vorweg eine kleine Einf. (= S.309-14); sie kennt aber nicht den zuvor gen. Kongreßbd.].

28. Dante-LEXIKA

[Den hohen Grad an Erforschtheit, die allgemeine philologische Akzeptanz sowie die permanent Informationen u. Aufschluß erfordernde Komplexität von D.s Schaffen verrät die große Zahl der Nachschlagewerke zu Person, Gesamtwerk, Detailfragen, Forschungen etc., die seit dem 19. Jh. entstanden sind u. die man auch heute publiziert. Wir nennen davon die wichtigsten in chronol. Reihenf.; s. auch Abt. 66: DC-LEXIKA, 67: *DC*-KONKORDANZEN, 68: *DC*-REIMVERZEICHNISSE, 69: *DC*-MORPHOLOGIELEXIKON, 70: HANDBÜCHER/LEXIKA des Wissens für die Dante-Zeit.]

[D.] Giacomo **POLETTO** [um 1840-1914], Dizionario dant. di quanto si contiene nelle op. di D. A. con richiamo alla Somma Teologica di S. Tommaso d'Aquino coll'illustraz. dei nomi proprj mitologici, stor., geograf. e delle questioni più controverse compil. dal prof. D. G. P., Siena Stabilim Tip all'Ins S. Bernardino **1885-87** VII XIX-428 + 452 + 362 + 379 + 333 + 344 + 276-V S [alphabet. von *A = Abate di S. Zeno* bis *Z = zuffa*; bezieht sich nicht nur auf Thomas, ist allgem. D.-Lex.; alle Einträge mit ausf. Erklärungen u. Stellenverweisen zu D.; es gibt dazu ein Begleitbuch: Alc. studi su D. A. del prof. D. G. P. come appendice al Diz. dant. del medes. aut., Siena ebend. 1892 IX-345 S (enth. 17 Art. bzw. Exkurse zu zentr. Fragen u. Themen, z. B. zu 'Beatrice').]. G[iovanni] A[ndrea] **SCARTAZZINI** [1837-1901], Enciclopedia dant.: Dizion. crit. e ragion. di quanto concerne la vita e le op. di D. A., Mil Hoepli III **1896-1905** IX-1169 (=1896) + S. 1171-2200 (= 1899) + LXVII-667 (= 1905) S [Bd I u. II = Sachwörterb. von *a* bis *zuffa* mit Erklär.en; Bd III = Enc. dant. contin. dal Prof. A[ntonio] FIAMMAZZO. Vocabul.-concordanza delle op. lat. e it. di D. A. preced. dalla biogr. di G. A. S. [einfache Konkordanz von *a* bis *zuffa*, welche nur Stellenvorkommnisse von Worten/Wortformen zus.trägt, aber keine weit. Erklär.en]. Andrea **GUSTARELLI** [1884-], Dizionario dant., Mil Malfasi Edit **1946** [bzw. 1952] 253 S [recht einf. Lex. von *Abate di San Zeno* bis *Zone*; haupts. Erklär.en zu Personen u. 'Sachen']. Paget [JACKSON] **TOYNBEE** [1855-1932], A Dictionary of Proper Names and Notable Matters in the Works of D. revised by Charles S. Singleton, Oxf Clar **1968** XXIV-722 S [Art. meist von entspr. Quellenmat. begleitet, Sek.lit. nur sparsam; eigentl. Lex. = 1-651; anschl. Bibliogr. sowie 30 (!) Stammbäume zu Herrscherhäusern, Chronol. der Gesch. der Guelfen u. Ghibellinen = 1140-1321, Schaubilder der erzählten Strukturen (Topogr., Reiseverlauf, Himmelsrose, Zodiakus mit Erde als Mittelp.), 4 histor. Land- u. Stadtkarten, div. Reg.; [1]1898; [2]1914: extrem gekürzte Fass.]. Umberto **BOSCO**-Giorgio **PETROCCHI**-Ignazio **BALDELLI** edd, Enciclopedia Dant., Rom Ist della Encicl It (fond. da G. Treccani) VI [1]**1970-78**: I (1970: A-CIL 1006 S), II (1970: CIM-FO 993 S), III (1971: FR-M 1072 S), IV (1973: N-SAM 1097 S), V (1976: SAN-Z 1174 S), [VI] Append. (1978: Biografia, Lingua e stile, Opere 1002 S) [Über 200 Dantisten sind die Verf. der am Schluß oft mit einer Fachbibl. versehenen Art. zu Begriffen, Sachen, Personen, Orten, Rezeption etc.; der Anh. enth.: Biogr. von Petrocchi (3-53), Lingua e stile delle op. di D. von Baldelli (55-112), Strutture del volg. di D. von F. Tollemache (113-497, eine D.-Gramm.), Ges.bibliogr. von E. Esposito (499-618) sowie Ausg. d. Ges.werks (= alle Texte D.s jew. nach der damals besten krit. Ausg.: 619-1002); [2]1984: ebend. = ediz. riv.; dieses wicht. Arb.instrument findet man generell in den Lesesälen der Univ.bibliotheken u. der Seminare/Institute für Romanistik.]. Rachel **JACOFF** ed, The Cambridge Companion to D., Cambr UP **1993** XX-270 S, Cambr. Companions to Lit. [2] [15 Essays von versch. Autoren zu Schwerp.themen, aber nicht zu allen Werken u. Fragen, jew. mit uneinheitl. bibliogr. Skizze abgeschlossen; kein eigentl. 'Handbuch'; führt v. a. in die anglophone D.-Forsch. ein; die Werke der Reihe werden vom Verl. als „reference works for students and non-specialists" bezeichnet.]. Richard

LANSING ed [Associate Editors: Teodolinda BAROLINI-Joan M. FERRANTE-Amilcare A.
IANNUCCI-Christopher KLEINHENZ], The D. Encyclopedia, NY-Lon Garland-Publish Inc **2000**
XXVI-1006 S [„This encycl. assembles in a single vol. a wealth of inform. and critical opinions
concern. the life and works of D. Its primary goal is to provide readers with a broad base of
knowledge..." (VII) Aufbau: Preface, Abbreviations, Contributors, Maps and Illustrations, The
Encyclopedia (= 1-896: alphabet. Art. von *Abati, Bocca degli* bis *Zodiaco*; alle von versch. Ver-
fass.; meist mit kurzer Bibl.); ferner: A chronol. of the life of D. A., Popes (Synopse 33-1334 n.
Chr.), Roman and Holy Roman Emperors (Synopse), Musical settings of the *C*. (Verz. musikal.
D.-Bearb. 1562-1997), Recorded musical settings of the *C*. (Verz. mit Daten u. Labels), Reference
works (= knappe Bibl.), Index of Ital. and Latin proper names in D.'s works, General index; ein
solides u. mod. Hdbuch mit über 200 Illustr.en].

29. Dante-KONKORDANZEN

[Konkordanzen sind alphabet. Zus.stellungen aller in einem Schriftwerk bzw. bei einem Autor
vorkommender Worte oder Ausdrücke; sie geben Aufschluß über die verwendete Lexik und dienen der Auffindung von Begriffen oder Zitaten. Es gibt solche Nachschlagewerke zu großen Verfassern -wie Chaucer, Shakespeare, Goethe-, zur Bibel, zu antiken Autoren sowie eben zu D.,
dessen Werke sprachlich u. gehaltlich stark miteinander verzahnt sind, so daß man Suchkom-
pendien benötigt, um Textstellen oder Reminiszenzen genau lokalisieren zu können. Wir nennen
in chronol. Reihenf. solche Handbücher, die jeweils einen speziellen Sektor seines Schaffens
registrieren; s. auch Abt. 67: *DC*-KONKORDANZEN.]

G[iovanni] A[ndrea] SCARTAZZINI [1837-1901], Enciclopedia Dantesca continuata dal Prof
A[ntonio] FIAMMAZZO, Volume III: Vocabulario-Concordanza delle opere latine e it. di D. A.
preceduto dalla biografia di G. A. Scartazzini, Mil Hoepli **1905** LXVII-667 [einfache Konkordanz
= alphab. von *a* bis *zuffa*, welche nur Stellenvorkommnisse von Worten/Wortformen zus.trägt;
keine weiteren Erklär.en].   E[dward] S[tevens] SHELDON ed [coll'aiuto di A(lan) C(ampbell)
WHITE], Concordanza delle op. it. in prosa e del Canzoniere di D. A. pubblic. per la Soc. Dant. di
Cambridge Mass., Oxf Nella Stamperia dell'Università **1905** VIII-740 S [alphab. von *abbagliare*
bis *zuffa*; Stellen u. Stellenang.; alle it. Werke unterschiedslos versammelt].   [Eduardus
KENNARD RAND (1871-1945)-Ernestus HATCH **WILKINS** edd] Dantis operum Latinorum concor-
dantiae curante Societate Dantee quae est Cantabrigiae in Nova Anglia, ediderunt E. K. R. et E. H.
W. quos adiuvit Alanus Campbell White, NY Russel & Russell **1970** 576 S [= Nachdr. von ¹1912:
Oxf Clar VIII-577 S; alphab. von *A* bis *zona*; Stellen u. Stellenang.].

30. Dante-ZEITSCHRIFTEN

[Die außerordentliche Relevanz D.s im Kanon der Meister der Weltliteratur u. im Spektrum der
intern. Literaturforschung unterstreicht die Tatsache, daß es zu ihm mehrere, in unterschiedlichen
Ländern publizierte, überaus wissenschaftliche, seit vielen Jahren regelmäßig erscheinende Fachzeitschriften gibt, deren bedeutendste wir **in chronol. Reihenf. nach ihrer Gründung** anhand des
jeweils letzten uns erreichbar gewesenen Jahrgangs vorstellen.]

Deutsches Dante-Jahrbuch. [= *DDJb*] [ehem. *Jahrb. der Dt. D.-Ges.* (= Leipzig 1867-77)]. Hrsg.
im Auftrag der DEUTSCHEN DANTE-GESELLSCHAFT e. V. [= DDG] von Rainer STILLERS, Köln-
Weimar-Wien Böhlau-Verl, 77. Bd = **2002** 242 S [Jeder Jahresbd umfaßt ca. 200 S und besteht aus
3 Abt.en: 1. ca. ein halbes Dutz. meist relevanter Aufs.; 2. (bis) ca. ein Dutz. Rez.en intern. Bü-

cher/Monographien zu D.; 3. 'Dt. D.-Bibliogr.' (gegl. in die Abt.en Bibliographien, Periodica, Tag.berichte, Darstellungen, Rez., Bild. Kunst, Rez.en) zu dem vorausg. Publik.jahr mit Nachträgen aus dem Jahr davor (ab 2001 = zus.gest. von David Nelting; zuvor viele Jahre lang von Prof. Rainer Stillers); Herausgeberin des *DDJb* war lange Jahre Prof. Marcella Roddewig (1918-2000); ab 2002 ist Herausgeb. R. Stillers (ehem. Konstanz, jetzt Marburg); die Inh.verzeichnisse sind einzusehen unter der Homep. der DDG (momentan: http://www.uni-konstanz.de/ddg).]. Als eine Art Ergänz.broschüre zum *DDJb* fungiert: ***Mitteilungsblatt der Deutschen Dante-Gesellschaft*** e. V. (gegr. 1865) [= *MbDDG*] Juni **2002** 24 S [Das kleine, einmal jährlich zur Jahresmitte erscheinende Heftchen ist eine Erweiterung des *DDJb*, wird an die Mitglieder der DDG kostenlos abgegeben; es ist deren Informationsorgan, berichtet über ihre Mitgl. sowie Interna, die jeweils letzte D.-Tagung (u. die Mitgl.versammlung), „D.-Arbeit, D.-Vorträge, Lesungen usw.", „Vorles.en, Seminare u. Übungen zu D. an Universitäten" (Dtschl., Schweiz, Österr.); angekündigt u. vorbereitet wird auch die jew. nächste D.-Tagung; den Abschluß bilden kürzere Rez.en, kleine Aufs. u. Miszellen; Herausg. ist Dr. Herma Bashir-Hecht (Happurger Straße 3, 91224 Hohenstadt/Pommelsbrunn, Tel. 09154-916459).].

Dante Studies. *With the Annual Report of the Dante Society*. Publ. by the Dante Soc. of America Inc. [=*DS*] Cambr MA, Albany NY State Univ P, edited by Christopher Kleinhenz (Univ. of Wisconsin WI); Sekretär = Richard Lansing (Brandeis Univ. MS); Jahresbände; Bd. 1 = |1882|; Bd. 118 = **2000** [erschienen 2001], 403 S [jeder Bd enth. bis zu einem Dutz. solide fundierte Aufs./Studien zu relev. Fragen von D.s Werk; Rez.en sind die Ausnahme; jeder Bd bietet eine 'D. Bibliography' (= nur zur amerik. Dantistik) für das zurücklieg. Jahr; diese listet auf: zuerst Übers.en, dann alphab. Studien (Bücher u. Aufs.) mit Kurzbesprech.; danach Auflistung erschienener Besprech.en; jeder Bd enthält zudem Angaben zu Gesch. u. Interna (The Dante Prize: 100 $) der DANTE SOCIETY OF AMERICA [DSA] (Präs. = Charles T[ill] Davis: 1991-1997; verst. am 10. 4. 1998; danach Teodolinda Barolini); der sogen. „Annual Report" ist v. a. die Liste aller Mitglieder. Die Anlage ist gleich seit dem ersten Herausg. und Begr. Henry Wadsworth Longfellow (1881-82). Eine sehr seriöse, wissensch., komp. Fachzeitschr.].

L'Alighieri [= 1. Folge] [Italiens erste richtige D.zeitschr. (= Fir Olsch |1889-93|), hrsg. von dem venez. Rechtsanw., Politiker u. Gelehrten Francesco Pasqualigo (1821-92); Ziel war „rappresentare fedelmente quanto avveniva nell'amb. degli studi dant." Die unmittelbare Forts. hierzu war ab 1893 *Il Giornale Dant.* (s. u.), aber unter dem gleichen alten Haupttitel mit and. Untert. wurde sie ab 1960 in einer 2. Folge fortgeführt (s. dort).].

Il Giornale Dantesco [= *GD*, Fir Olsch, entst. 1893 als Nachf./Ersatz von *L'Alighieri* (1. Folge, s. o.); erste Sequenz |1893-1915| (ed. Giuseppe Lando PASSERINI: 1859-32); zweite Sequenz 1921-1943 (= bis Bd 43, ed. Luigi Pietrobono: 1863-1960); in der Zw.zeit unterbr. bzw. von 1917-21 als *Nuovo Giornale Dantesco* erschienen; zuerst monatlich, ab 1905 zweimonatl., seit 1928 jährl. publiziert; daher ab 1928 mit dem Untertitel *Annuario Dantesco*; Hauptziel war allegor., theolog., moral., strukturbezogene u. allgem. wissensch. Interpret. der *DC*; es gab folg. Sektionen: Rivista crit. e bibliogr., Bollettino bibliogr., Chiose dant.].

Bullettino della Società Dantesca Italiana [= *BSDI* |1889-1921|, Bulletin/Organ der florentin. D.-Ges. Die erste Folge umfaßte die 12 Nummern/Hefte der Jahre 1889-1892, erschienen: Fir Tipografia di Salvadore Landi, ohne Nennung eines best. Herausgebers; v. a. Nr. 1 (veröff. 1890) ist interessant für die Gründungsgesch. der SDI; die Faszikel berichten jew. intensiv über das Vereinsleben; sie listen die eingeg. Publikationen auf; M. Barbi erstellt jew. eine aktuelle D.-Bibl., u. es werden einz. Art. publiziert, v. a. zur Textüberlief. bzw. Editionsgesch. Danach: *Nuova serie*, nun mit dem Titelzusatz *Rassegna critica degli studi danteschi. Diretta da Michele Barbi* (vol. I = Anno 1893/94): mehrere Hefte; Fir Comitato Centrale della Società/Libreria di B. Seeber 1894f.; „Programma. Il Comitato Centrale della Soc. deliberando la pubblicaz. di un modesto Bullettino, il quale dovesse uscire in luce a fascicoletti e in tempi non determinati, secondo l'opportunità, si propose, oltre a dar communicaz. de' suoi atti, di raccogliere documenti per la vita di D. e contributi all'ediz. crit. e all'illustraz. delle sue opere, e di render conto oggettivamente, anno per anno, delle pubblicazioni dant. che vanno in gran numero comparendo." (Nr. 1, S. 1) Es wurden nun in der Tat viele Forsch.en besprochen, so daß die Zs eine regelrechte 'Rass. crit.' war; in dieser zweiten Folge = 1893-1921 erschienen insges. 28 Bde; Barbi gab die Zs 1893-1906 heraus; für die Bde 13 bis 28 der Jahre 1906 bis 1921 (letzter Bd ed. 1923) war sein Freund Ernesto Giacomo Parodi verantwortl.; unter seiner Ägide erweiterte sich das Interessens- u. Themenspektrum sehr. Die Forts. des *BSDI* bildeten gewissermaßen die *SD* (s. u.).].

Studi Danteschi. Fondati da Michele Barbi. Pubblicati dalla Società Dantesca It. [= *SD*] [Serie diretta da Francesco Mazzoni], Fir Le Lett (früher Sans). Existiert seit 1920 (= Bd 1). Es handelt sich um eine Forts. des *BSDI* (s. o.), u. zwar um Jahresbde, die aber in unregelmäß. Abständen u. nicht für jedes Jahr herauskommen: Bd 62 = für 1990 erschien 1996, Bd 63 = 1991 ersch. 1997, Bd. 64 ersch. 1999, Bd. 65 ersch. 2000, Bd 66 ersch. **2002** usw. Jeder Bd umfaßt zw. ca. 300 u. 500 S; die Zs enth. meistens etwa jeweils ein Dutz. überw. sehr speziell u. akribisch angelegte Aufs. über D. sowie zum Schluß die Rubrik 'Notizie della SDI'; es können aber auch bestimmte Bibliographien enthalten sein; so ist der ganze Bd 64 von 1999 eine umfangr. 'Bibliogr. intern. dant. 1978-1984' mit 5061 Titeln. Man liest auch Nachrufe auf verstorb. Persönlichkeiten der Dantistik (in Bd 66 z. B. zu Maria Corti u. D'Arco Silvio Avalle). Rez.en trifft man in der Regel nicht an. Die Beiträge stammen fast nur von it. DantistInnen.].

L'Alighieri [= 2. Folge] *Rassegna bibliografica dantesca*. Fondata da Luigi Pietrobono. Direzione Andrea Battistini-Michelangelo Picone. Sotto gli auspici della Casa di D. in Roma, Rav Longo, Bd XLIII (bzw. Nr. 19/20) = **2002** [2 Hefte pro Jahr, zus. ca. 250 S. Prima serie: 1960-92 (Bd I-XXXIII); nuova serie (dir. A. Vallone bis zu seinem Tod 2002): 1993f. = XXXIV bzw. neue Zählung in Nummern; keine bibliogr. Zs; 1. Teil: ca. ein halbes Dutz. Aufs., z. T. in der Art einer Lectura Dantis oder zu Fachthemen; 2. einige Rezens.en; 3. schede bibliogr. (v. a. Besprechungen von Aufs.); zum Schluß notiziario. Diese Zs hatte als Vorgänger u. a. die erste Folge von *L'Alighieri* (1889-93; s. o.) sowie *Il Giornale Dantesco* (1893-1943; s. dort).].

Letture Classensi [= *LC*] Rav Longo [Bd 1 = 1966 221 S, Bd. 30/31= **2002** 154 S] [1 Bd pro Jahr, hrsg. von der Comune di Rav./Opera di D. in Rav. bzw. von untersch. Wissenschaftlern (Tagungs- oder Vortragsleitern); es erscheinen in dieser Zs v. a. die im Laufe eines Jahres meist in der schönen ravennatischen Bibl. Classense als 'Lecturae Dantis' gehaltenen Vorträge -nicht nur zur *DC*, sond. auch zu and. Werken D.s oder dantist. Themen, so daß sie eine Art Kommentarpublikationsorgan ist; enth. keine Rez.en oder sonst. Infos; bereits Bd 1 enhielt 3 Lecturae u. 3 weitere ebend. gehalt. Vorträge; die Jahresbde erhielten in den letzten Jahren einen Untertitel, der der Vortragsthematik entspricht, z. B. Costruz. narrativa e coscienza profetistica (= 29, 2000: 7 Vorträge von bedeut. Dantisten zu dem Thema aus dem Zeitr. 6. 3. -12. 9. 1999); Bd 30/31 hieß Poeti e scrittori d'oggi per Dante; vom 8. 4. 2000 bis 9. 9. 2001 sprachen in zwei Zyklen 7 Lyriker (Elio Fiore, Mario Luzi, Gianni D'Elia, Cesare Viviani, Franco Loi, Luciano Erba, Vittorio Sermonti) sowie 5 and. Autoren (Roberto Pazzi, Gina Lagorio, Raffaele Crovi, Franco Ferrucci, Domenico Cofano) über D.].

Annali dell'Istituto di Studi Danteschi, Mil Vita e Pensiero [Es erschien n u r Bd 1 = 1967, XLIII-465 S; mit 11 einschlägigen Beiträgen; das Ist. wurde 1965 von Papst Paul VI. anläßlich der D.-Feiern des Jahres 1965 im Zus.hang mit einer Cattedra di Studi Dant. an der Univ. del Sacro Cuore in Mail. gegründet und stand unter der Leitung von Ezio Franceschini; erschien im Rahmen der *Pubblicazioni dell'Università Cattolica del Sacro Cuore. Contributi. Serie terza: Scienze filologiche e letteratura* 13].

Dante. Rivista internazionale di studi su Dante Alighieri, Pisa-Rom Istituti Editoriali e Poligrafici Internazionali [Bd 1 = 2004 ca. 180 S] [1 Bd pro Jahr; hrsg. Dante Della Terza, Mithrsg. Rino Caputo; der 1. Bd enth. 6 A, 2 Buchrezensionen, 2 Note e riflessioni sowie einen bibliogr. Teil (Bibliografia del 2002-2003 von Paola Casale u. Antonella Marandino sowie Dante Online von Florinda Nardi). „L'idea di una nuova Rivista di studi danteschi nasce dalla consapevolezza in chi l'ha formulata della presenza sempre più viva e scandita di un'attività plurilingue dedicata a Dante... Si è inteso riservare uno spazio specifico che dia conto del nuovo interesse elettronico e multimediale riservato oggi a Dante." (Broschüre) Näheres u. Abo unter www.libraweb.net].

INTERNET
Die neuesten Nummern/Bände der vier wichtigsten intern. D.-Zss -nämlich *DDJb, DS, SD* u. *L'Alighieri*- kann man seit 2000 in folg. Datenbank einsehen: **Italinemo. Riviste di italianistica nel mondo**. A cura di *Esperienze letterarie*. Direttore Marco Santoro: http://www.italinemo.it/ riviste [Es werden bislang regelmäßig 81 vorwiegend italianist. Zss von *Albertiana/Allegoria/ Annali d'Italianistica...* bis *Testo/The Italianist/Versants* einzeln so präsentiert, daß man sich ein Bild vom Aufbau u. Inhalt jeder Nr. machen kann; alles mit genauen Verf.angaben, Seitenz. u. überw. mit Inh.zus.fass. der Art.; die Beiträge selbst kann man nicht lesen! Es stehen nur die nach 2000 erschien. Nummmern zur Verfüg.; die Links *Il Progetto, Gruppo di ricerca, Le riviste, Banca dati-ricerca, Dati & statistiche* u. *Notizie* geben weit. Aufschluß. Zu allen Zss findet man die Adressen (e-mail) der Herausg., Sekretariate, Redakt. u. Verl.].

Online-'Zeitschrift' zu Dante: *Electronic Bulletin of the Dante Society of America* [= *ebdsa*] http://www.princeton.edu~dante/ebdsa.html [gegr. 1995; Herausgeber: Teodolinda Barolini, Robert Hollander, Christopher Kleinhenz, Richard Lansing und Lino Pertile, also allesamt bedeutende amerik. Dantisten; Ziel: „offering... an opportunity for publication of brief notes (1.500 words or fewer) concerning any and all matters relating to the study of. D."; ca. ein halbes Dutz. oder auch mehr Beiträge findet man jeweils unter folg. Rubriken: *Inferno, Purgatorio, Paradiso*, Minor Works und Varia; es gibt keine neuen Nummern oder Ausgaben, sond. die Publikationen werden hinzugefügt bzw. akkumuliert; dieses Unternehmen ist inhaltlich nicht identisch mit den *Dante Studies* (s. o.), aber es ist sozusagen deren verlängerter Arm im Web.]

B. Spezieller Studienführer zur *Divina Commedia*

[Dieser Studienführerteil B mit den 'Abteilungen' 31 bis 70 ist eine Fachbibliographie zu Dantes großer Dichtung u. nennt Forschungen, die sich primär nur auf die *DC* beziehen.]

31. INHALTSZUSAMMENFASSUNGEN der Gesänge der *DC*

[Schon Boccaccio -der erste große Dantist- verfaßte Inhaltsangaben zur *DC*: eine in Terzinen sowie eine in Prosa, zwei pragmatische Texte, die präzise formuliert sind und angenehm glatt wirken. Die Benutzung von Handlungsüberblicken zu einem derart umfassenden, detailreichen, bewegten u. diffizilen Buch ist nichts, dessen man sich zu schämen hätte! Derlei Hilfsmittel erleichtern eine ertragreiche Lektüre u. helfen bei der Erfassung größerer Sinnzusammenhänge, so daß man sich leichter auf bestimmte Passagen oder Themen konzentrieren kann; wir nennen **in chronol. Reihenf.** einige Werke -Ausgaben, Übersetzungen, Kommentare, Einführungen, Handbücher usw.-, in denen man solche nützl. Geschehensresümees findet; vgl. auch die Abt. 43, 44, 45, 55 u. 60, wo die folg. Titel meist nochmals, u. zwar ausführlicher beschrieben werden.].

Sophie HASENCLEVER, D. A.'s *GK* uebersetzt, Düss Verl von Felix Bagel oJ [**1889**] XXXV-483 S [vor jedem canto Inh.angabe (bis zu einer halben Seite)]. Paul SCHUBRING, Illustrationen zu D.s *GK*. Italien, 14. bis 16. Jh. Mit 78 Holzschnitten u. 388 Abb., Zür-Leip-Wien Amalthea-Verl **1931** 212 S + unpag. S mit 387 Abb. [Das Buch ist eine detaillierte u. sukzessive Beschreib. des Inhaltes der *DC* von *Inf*. I bis *Par*. XXXIII; an jedes canto-Kap. schließt sich ein Anh. mit der Überschr. 'Illustrationen' an, wo Thema u. Art der jew. bildl. Darstell. diskut. werden; die Ill.en sind im Anh.; in die meisten Kap. ist ein Holzschnitt aus den Inkunabeln Brescia 1487 oder Venedig 1491 eingefügt.]. Friedrich Freiherr von FALKENHAUSEN, D.s *GK* deutsch, Leip Insel-Verl [1]**1937** 733 S [477-722: 'Erläuterungen' (= sukzessive, sehr detaill. u. vollständ. Beschreib. des Inhalts); zu weit. Aufl. s. Abt. 55: Deutsche *DC*-ÜBERSETZUNGEN.]. Andreas WAHLER, D.s *GK*. Eine Einf. mit Bildern von G. Doré, Mün Glocken-Verl **1946** 79 S [sehr nützliches u. konkretes Büchlein; Aufbau: S. 5-22: Einführ.teil; 23-77: ausf. u. gut geraffte Inh.ang.en mit kommentierenden Passagen, sukzessive nach den Etappen/Wegstrecken -nicht nach den Gesängen- der ges. Begehung anh. von 27 + 17 + 11 Ill.en von Doré]. Hermann GMELIN, Die *GK* it. u. dt. übers. u. komm., Stutt Klett 3 Text- plus 3 Kommentarteile = 6 Bde [1]**1949-57** [Zu dieser Ausg. u. entspr. Ndrucken s. Abt. 55: Deutsche *DC*-ÜBERSETZUNGEN (u. entspr. Inh.angaben).]. Alberto DEL MONTE, Piccola guida dant., Tor Loescher **1957** 116 S [kleines Einführ.buch in den ganzen D.; S. 49-112: Inh.ang. zu allen 100 canti]. Fausto MONTANARI, D. A.: La *DC* commentata, Bre La Scuola Edit III [9]**1966** 328 + 414 + 450 S [vor jedem canto lange Inh.zus.fass.]. Dino PROVENZAL ed, D. A.: La *DC* commentata, Mil Edizioni Scolastiche Mond III [18]**1976** XVI-301 + VII-305-618 + VII-622-974 S [Inh.zus.fass. am Ende eines jeden canto sowie Besprech. der grundsätzl. Themen; [1]1949-50]. Wilhelm Frederik VELTMAN, D.s Weltmission: Leben u. Werk des D. A.: Eine D.-Studie gedacht als ein Stück Selbsterkenntnis des heut. Menschen..., Stutt J. Ch. Mellinger Verl **1979** 262 S [S. 244-46: Inh.ang. zu allen 100 canti in jew. einem Satz (!)]. Emilio PASQUINI-Antonio QUAGLIO edd, D. A.: La *DC*: Introd., note, letture dei canti, percorsi dant., Mil Garz III [1]**1988** LXX-432 + 494 + 530 S [vor jedem canto kurze Inh.ang.]. Giorgio PETROCCHI, Per conoscere D. e la *DC*, Tor Nuova Eri-Edizioni Rai **1988** 201 S, Rai TV/Dipartimento Scuola Educazione. Studio 32 [enth. u. a. Presentaz. dei cento canti (= Inh.ang.: 1/3 Seite pro canto)]. Aldo VALLONE-Luigi SCORRANO edd, D. A.: La *DC*. Comm.-Introd.-Letture crit.-Bibliogr., Nap Editr Ferraro IV **1987-1990** 527 + 542 + 524 + 466 S [Bde 1-3 ([1]1987 u. entspr. N.drucke) je einer cant. gewidmet; ausf. Komm.; vorweg Inh.ang. (= La linea del racconto)]. **PHILALETHES** [=Johann v. Sachsen], Die *GK* aus dem It. mit zahlr. Bildern von G. Doré. Mit einer kl. Abh. zum Lobe D.s von G. Bocc. übers. von Otto Freiherr von Taube, Zür Diogenes **1991** 641 S, Diog. Taschenb.-detebe-Klassiker 21910 [S. 513-67: Erläut.en = Inh.angaben: jew. erst zur cantica, dann zu jedem Ges. zw. 10 u. 20 Zeilen]. NN ed, D. A.: *DC*. *Inf.-Purg.-Par.*: Ediz. integrale, Rom Compton editori **1993** 98 S, Tascabili econ. Newton. "100 pagine 1000 Lire 100" [fibelartig handl. Ausg. in Kleindruck; auf jeder Seite ein ganzer canto; vor jedem canto Inh.ang.]. [Konrad **FALKE** übers.], D.: Die *GK* mit 136 Illustrationen von G. Doré, Mün Parkland Verl **1995** 480 S [S. 465-80: ausführl. Inh.verz. in Form von gerafften Inh.angaben für jeden canto]. NN ed, D. A.: *DC. Inf.-Purg.-Par.* Introd. di Italo Borzi. Commento a cura di Giovanni Fallani e Silvio Zennaro. Ediz. integrale, Rom Newton & Compton editori ²**2001** 664 S, Newton Biblios 8 [vor jedem canto gut geraffte Inh.ang.].

INTERNET

Giuseppe **BONGHI** ed/dir, *Progetto Dante Alighieri* [**http://www.classicitaliani.it/index042.htm**] Im Rahmen des größeren elektron. Texteditionsprogramms *Biblioteca dei Classici It.* (begonnen 1996) ist das Dante-Projekt eine Ges.ausg. aller seiner Werke, die viele verschied. u. nützl. Einführungsteile begleiten. Zur *DC* wird eine detaill. Synopse geboten, in der für jeden Gesang in Tabellen Zeitpunkte, Örtlichkeiten, Figuren u. Handlungs- bzw. wichtige Sinnelemente zus.gestellt sind (sehr hilfreich für eine erste generelle Information oder als Lese- u. Begleithilfe).

32. Italienische PROSAÜBERTRAGUNGEN der *DC*

[Wer Schwierigkeiten mit dem altit. Original hat -u. die *DC* ist in Bezug auf Lexik, Syntax, Idiomatik, Bildlichkeit eigenwillig (weil historisch gewandet u. verdichtet)-, der kann sich anhand einer neuit. Prosaübers. an Dantes Dicht. herantasten, muß nicht ganz auf it. 'Flair' verzichten!]

Carlo **DRAGONE** [1911-74], D. A.: La *DC. Inf.* bzw. *Purg.* bzw. *Par.*: Commento e parafrasi, Rom Edizioni Paoline III ¹³**1982** XXXI-447 + XXXI-507 + XXXI-543 S [eine sehr hilfreiche Ausg.; Vorspann (Einf. in hist. Umfeld, D.s Leben u. Werk sowie Generalia zur *DC*) jew. identisch; auf jeder Seite links it. T (TG Petrocchi 1966-67); links it. Prosaübertr.; unter dem T auf beiden Seiten ausf. Anm.; vor jedem canto Inh.ang.; am Schluß jedes Bds eine ausf. u. gründl. Bibl. (für alle 3 Bde gleich) sowie Register zur jew. cantica; ¹1958]. Pietro **VETRO** ed/üb, D. A.: La *DC*. Parafrasi e versione in prosa, testo a fronte, note esplicative, Mil Mur III **1988** 540 + 516 + 459 S [ein Bd pro cantica; links das Original in Terzinen, rechts fortlauf. Prosafass.].

33. SCHAUBILDER/DIAGRAMME der *DC*

[Die komplexe Struktur der drei Jenseitsreiche sowie deren Logik u. Plastizität hat Dantisten aller Couleur -Texteditoren, Kommentatoren, Übersetzer, Verfasser von Studienwerken, Künstler usw.- früh dazu veranlaßt -u. Botticellis mit einem Infernotrichterbild eröffneter *DC*-Illustrationszyklus ist dafür ein beredtes Beispiel-, D.s erdachte Welt Lesern visuell-tektonisch, diagrammatisch-optisch als geo- bzw. topographisches Konstrukt regelrecht vor Augen zu führen; eine mit solchen Lageplänen begleitete Lektüre der *DC* mindert keineswegs die Spannung, sondern macht die Textaufnahme zu einem Entdeckungsabenteuer; **in chronol. Reihenf.** weisen wir auf einige Publikationen hin, die Schaubilder enthalten, welche meist akribisch u. liebevoll erstellt wirken.]

Johann Karl **BÄHR**, D.'s *Göttl. Comödie* in ihrer Anordn. nach Raum u. Zeit mit einer übersichtl. Darst. des Inhalts nebst lithographirten Plänen der drei Reiche u. 13 astronom. Zeichn.en in Holzschnitt. Vorträge, Dres Rudolf Kuntze **1852** VI-233 S [ursprüngl. 6 Vorles.en]. Adolfo

BARTOLI [1833-94], Tavole dant. ad uso delle scuole secondarie, Fir Sans **1889** VIII-46 Doppels. [Inhaltssynthesen + 3 große Faltblätter zur Glieder. der 3 Jenseitsreiche]. Giovanni **AGNELLI**, Topo-cronografia del viaggio dant. con XV tavole, Mil Ulrico Hoepli Libraio-Edit della Real Casa **1891** 159 S + 15 Taf. [Im Anh. findet man 15 Doppels., angefüllt mit Skizzen, Diagrammen u. Tabellen, nämlich: I. Sez. e pianta dell'*Inf.* dant. colla delineaz. dell'itinerario; II. Sez. e p. dell'ott. cerchio-Pianta del nono cerchio; III. Prospetto di alc. fra i princip. disegni dell'*Inf.* dant.; IV. Pr. delle dimensioni dell'*Inf.*-Itin.; V. Quadro delle pene infernali; VI. Montagna del *Purg.*-Pianta-Delineaz. dell'itin.; VII. I sette cerchi-Dettagli del *Purg.*; VIII. *Purg.* penale-Tav. delle dimensioni; IX. Itin. dei Poeti sul Monte del *Purg.*; X. Sistema dell'Universo sec. la *DC*-Dispos. del *Par.*; XI. Pr. del *Par.*; XII. Quadro del tempo impiegato nel viaggio dant.; XIII. Alc. posizioni astron. della prima cantica; XIV. Alc. pos. astr. della sec. cant.; XV. Alc. pos. della terza cant.]. Paul **POCHHAMMER**, D.s *GK* in dt. Stanzen frei bearbeitet, Leip Druck u. Verl von B. G. Teubner [1]**1901** L-460 [am Schluß Faltblatt: 8 Diagramme, u. a. zur Jenseitstopographie; weit. Auflagen, u. a. ebend. [5]**1922** XCVI-462 S]. Rodolfo **BENINI**, Scienza, religione ed arte nell'astronomia di D.: Conferenza tenuta alla Reale Accademia d'Italia il 14 genn. 1934-XII, Rom Reale Acc d'It **1939** 96 S [enth. als große Falttafel 'Itinerario di D. per i Cieli' (= Planetenstand am Ostersonntag 1300).]. Giorgio **SIEBZEHNER-VIVANTI** [1895-1952], Dizionario della *DC*. A cura di M. Messina, Fir Olsch p. **1954** VIII-655 S [am Schluß Stammbäume der Alighieri, Staufer, Normannen, Plantagenet, Donati, Könige v. Frankr. bis D. sowie diagrammhaftes 'schema riassuntivo' der 3 cantiche = 3 große Pläne; Taschenausg. hierzu: Mil Feltr 1965 VII-714 S, Universale econ. 496]. Alberto **DEL MONTE**, Piccola guida dantesca, Tor Loescher **1957** 116 S [Einf.büchlein in den ganzen D.; 3 schöne Diagramme zum Aufbau der Jenseitsreiche]. Grazia **GIUNTOLI**, Il sist. morale e polit. della *DC*, Bol Arti Grafiche l'Avvenire d'Italia oJ [=**1959**] 168 S [fortlauf. Kommentier. des moral. u. polit. Aufbaus der *DC* mit 1 Tab. u. 3 bunten Plänen]. Friedrich **SCHNEIDER**, D.: Sein Leben u. sein Werk, Weimar Böhlaus Nachf [5]**1960** XIX-290 S [im Anh. schöne Falttafeln über Aufbau der *DC*; [1]1935, [2]1940, [4]1947]. Dino **PROVENZAL** ed, D. A.: La *DC* commentata, Mil Edizioni Scolastiche Mond III [18]**1976** XVI-301 + VII-305-618 + VII 622-974 S [Jens.diagramme am Ende eines jeden Bds; [1]1949-50]. Carlo **SALINARI**-Sergio **ROMAGNOLI**-Antonio **LANZA** edd, D. A.: La *DC*, Rom Editori Riuniti III [1]**1980**, XXXI-457 + XI-407 + XI-430 S, Universale letteratura 13-14-15 [Jeder Bd enth. im Einführungsteil ein schönes Jenseitsschaubild.]. Mark **MUSA**, D. A.: The *Divine Comedy*. Transl. with an introd., notes, and commentary, Harmondsworth-NY u. a. Penguin Books Ltd [2]**1984-85-86** III 430 + XXIV-399 + XXIX-433 S, The Penguin Classics oN [jeder Bd enth. mehr. Diagramme, Skizzen etc.; [1]1971-81-84: Bloom IN UP]. Tommaso **DI SALVO** ed, La *DC* di D. A. In appendice: Indice integrale delle parole, indice inverso delle rime con rinvii al canto e al verso, Bol Zan [1]**1987** XXIX-589-601-640-177 (= Reg.) S [ist Ausg. in einem Bd; zuvor 1985 in 3 Bdn; enth. viele Zeichn.en, Schaubilder, Diagramme; versch. N.drucke; ideal als (Selbst)Lernwerk]. Emilio **PASQUINI**-Antonio **QUAGLIO** edd, D. A.: La *DC*: Introd., note, Letture dei canti, percorsi dant., Mil Garz III [1]**1988** LXX-432 + 494 + 530 S [vor jeder cantica Einf. mit Jenseitsdiagr.]. Fredi **CHIAPPELLI**, D. A.: La *DC*. Ediz. integrale comment., Mil Mur **1989** XXII-484 S, GUM = Grande Univers. Mursia. Nuova serie 4 [Diagr. zu Hölle, Läuterungsb., Paradies S. 4, 162, 318]. Tommaso **NOBILE**, Il mondo dant.: Guida allo studio della *DC*, Fasano di Brindisi Schena **1991** 271 S [reich gegliedertes Einf.werk; im Anh. u. a. 24 Schautafeln; Autor verstarb 1964.]. Cesare **SEGRE**-Clelia **MARTIGNONI** dir, Testi nella storia. La lett. it. dalle origini al Novec., Bd 1 (von insges. 4 Bdn): Dalle origini al Quattroc. (a cura di C. Rebuffi-L. Morini-R. Castagnola), Mil Edizioni Scolast Bruno Mond **1991** XVIII-1260 S [zu D. = 373-560: schöne ganzseit. Schaubilder der 3 Jenseitsreiche auf S. 393, 395, 397; ein didakt. Werk zum Selbststudium]. Gorizio **VITI**, D. e la *DC*: Introd. e guida allo studio dell'op. dant.: Storia e antol. d. crit., Fir Le Monn [8]1996 X-253 S, Profili letterari 12 [quinta rist. aggiorn.; enth. u. a. 3 'tabelle schematiche' zu *Inf.*, *Purg.* u. *Par.*; [1]1975; frühere Fass.: 3 kleine Bde ebend., Reihe 'MLM-Manualetti Le Monnier', z. B. [9]1971, [8]1968, [7]1971, 85 + 90 + 81 S]. Enrico **MALATO**, D., Rom Sal **1999** 420 S [ausf. Biogr. u. det. Einf. in D.s Ges.werk in 20 Kap.; enth. versch. Tabellen u. Skizzen/Pläne zur *DC*.]. Riccardo **MERLANTE**, Il dizionario della *C.*, Bol Zan **1999** 320 S [7-264: alphab. Verz. von *Abàti* bis *Zùccari*, mit element. Hinweisen; verschied., zum Studium wicht. Anh.: Aufbauschemata der 3 Jenseitsr., Liste der topograph. Entsprechungen (= alte u. neue, dichter. oder reale Bezeichn.en), 4 Landkarten, Zeitplan der Jenseitsreise, Chronol. des Lebens u. der Werke D.s, Liste der Päpste zu D.s Epoche, Verz. der D.-Kommentatoren, Liste der wichtigsten D.-Forscher, ausf. Bibl. (u. a. Forsch. zu allen canti); wird bis 2004 nachgedr.; Preis Lit. 24.000 bzw. € 12,39]. Henrik **ENGEL**, Der Ort der Handlung: Das *Inferno* in graph. Schemata, in *D.s GK: Drucke u. Illustrationen aus sechs Jahrhunderten* (Lutz S. Malke ed), Leip Verl Faber & Faber **2000** 538 S, 243-72 [Begleitbuch zu 2 Ausstell.en in Ber bzw. Mün mit 311 Abb. und 12 Studien; diese Unters. präsentiert 30 Abb. von Höllendiagrammen.]. Margaret **WERTHEIM**, Die Himmelstür zum Cyberspace: Eine Gesch. des Raumes von D. zum Internet, Zür Ammann **2000** 361 S [S. 40, 41, 42, 46: schöne Diagramme von Hölle, Läuterungsb., Himmel u. Malebolge]. NN [bzw. Anna Maria **CHIAVACCI LEONARDI**] ed, D. A.: *C.* con Cd-rom per windows con il comm. di A. M. C. L., Bol Zan **2001** XXIII-610 + IX-608 + XIX-634 S (alles in einem dicken Bd) [Jenseitsschaubilder jew. zu Beginn des entsprech. cantica-Teils].

34. Die *DC* auf AUDIO, VIDEO, CD-ROM

[Zu Dante u. seiner *DC* wurden seit der Stummfilmepoche manche Kinofilme sowie -in neuerer Zeit- aufwend. Fernsehproduktionen gedreht (s. Abt. 27: Dante bzw. die *DC* in den NEUEN MEDIEN), u. im World Wide Web ist ihm mittlerweile eine intensive Präsenz zuteil geworden (s. 1: Dante und das INTERNET, 52: Frühe *DC*-KOMMENTARE im INTERNET); von dieser öffentlichen medialen Partizipation abgesehen, gibt es -für den privaten Bereich- interessante Hörspiele (auf Audiokassetten u. CDs), Visualisierungen auf Videokassetten u. 'Animationen' auf CD-ROM, so daß man D.s Dichtung gut zu Hause rezipieren kann. Die Angaben zu den folg. Produkten sind von der Marktsituation abhängig: Manches bekommt man vielleicht nicht mehr angeboten, wofür es andererseits Neues gibt; s. auch 51: AUSGABEN früher *DC*-KOMMENTARE auf CD-ROM]

Die *DC* auf Audiokassetten

NN, *La Comedia*. Auszüge. Aus dem It. von Rudolf Borchardt. Sprecher Gert Westphal. 2 Audiokass., Ham Litraton **1994** [dasselbe auf 2 CDs: Ham 1993]. Dieter **SCHÖNBACH** [Hörspielbearbeitung], D. A.: Die *GK*, 2 Audiokass., oO WDR/BMG Wort **2000**, Literatur/Hörspiel oN ISBN 3-89830-110-9 [eine Aufnahme des WDR Köln von 1982: Hörspielkompos. für Sprecher, Sänger, konkrete u. synthetische Klänge. Bearbeit., Übers., Regie u. Musik: Dieter Schönbach (geb. 1931); Sprachregie der 4 Hauptrollen: Friedhelm Ortmann; Mitwirkende: Hannes Messemer (Der alte Dante), Siemen Rühaak (Der junge D.), Thomas Holtzmann (Vergil), Gustl Halenke (Beatrice) sowie 17 weit. Rollen u. ein Chor; es wird von einem Erzähler durch die Handl. geführt; zentr. Episoden werden als Originaltext vorgetragen; der Hintergr. wird musikalisch bzw. durch Stimmen/Klänge/Effekte angereichert; es handelt sich um 18 + 24 + 14 Einzelepisoden zu allen 3 cantiche; Spieldauer der beiden Kass. 106 + 105 Min. „Die dreieinhalbstündige Fass. ist der gelungenste Versuch einer zeitgemäßen Adaption des Stoffes mit den Techniken und Formen moderner Musik." (Leaflet) Es ist aber keine die musikalische, sondern den Text betonende Fass.; s. auch www.bmgwort.de]. **MARKETING DELLA RAI-RADIOTELEVISIONE ITALIANA** ed, L'*Inferno* di D. [bzw. Il *Purg.* di D.][bzw. Il *Par.* di D.] raccontato e letto da Vittorio Sermonti, supervisione di Gianfranco Contini, oO Bator **2000** [3 mal 18 Audiokassetten in je einer Mappe; Preis pro Mappe = cantica € 92,97]; s. auch unten (= Die *DC* auf CD) NN ed, Die *gK* von D. A. auf 5 AudioCDs, oO Hör Verlag **2001** [Hierzu gibt es zwei versch. Audio-Fassungen.]

Die *DC* auf Compact Discs
NN, *La Comedia*. Auszüge. Aus dem It. von Rudolf Borchardt. Sprecher Gert Westphal. 2 CDs, Ham Litraton **1993** [Dasselbe auf 2 Audiocassetten: Ham 1994].   **NN** ed, *DC*. D. A.: Letture, oO Warner Fonit, Antologia sonora. Collana diretta da Nanni di Stefani, Letture 31, 32, 33 **1997**: 3 mal 4 CDs in drei Zweierpacks (*Inf.*, *Purg.*, *Par.*) [Es lesen Carlo D'Angelo, Antonio Crast, Romolo Valli, Tino Carraro, Achille Millo, Arnoldo Foà u. a.; Preis pro cantica (= 4 CDs) € 25,82].   Eckart PETERICH [Übers. u. Hörspielbearbeitung], D. A.: Die *gK*, 5 AudioCDs, Mün Bayerischer Rundfunk/der hörverlag **2001**, Klassiker-Welten 895, 55 + 61 + 65 + 73 + 62 Minuten, ISBN: 3-89584-895-6 [ein Hör- u. Lesespiel des Bayer. Rundfunks aus dem Jahr 1957 unter der Regie von Otto Kurth; es wirkt mit die Schauspieler-Elite der 50er und 60er Jahre: Ewald Balser, Gerd Brüdern, Wolfgang Büttner (als Erzähler), Hans Clarin, Friedrich Domin, Käthe Gold, Werner Hinz, Marianne Hoppe, Peter Lühr (als Dante), Bernhard Minetti, Josef Offenbach, Willy Reichmann, Walter Süssenguth (als Vergil), Helen Vita, Carl Wery u. v. a.; Preis € 32,11; es gab hiervon zuvor eine Fass. auf 3 CDs (BMG Wort 2000, ISBN: 3-89830-109-5, € 25,05); hierzu entsprechend existiert eine Fass. auf 4 Audiokass. (Mün hörverlag 2001, ISBN: 3-89584-873-5, € 63,00) sowie eine auf 2 Audiokass. (BMG Wort 2000, ISBN: 3-89830-110-9, € 16,36).].

Die *DC* auf Videokassetten
NN, Dante's *Inferno*: An Analysis [auf Englisch], NY Insight Media **1994**, 2 Videokassetten, Laufzeit zus. 116 Minuten, erhältlich in NTSC (Bestellnummer #51AB1608) oder PAL (#51AB1608P). Preis USD 179 bzw. 199. „This program centers on the nature of allegory, the law of symbolic retribution, and the structure of D.'s *Hell* as it reflects the Thomistic soul. How should one read the *Inferno* for the first time? To what extent is Dante a new epic hero and his journey a new epic 'action'? What is the *Inferno* about? What was Dante's purpose in writing it? The episode of Paolo and Francesca is singled out for particular attention." (Werbetext); Verlagsadressen: 2162 Broadway, NY 10024-0621, Tel.: 212-721-6316, Fax: 212-799-5309, E-mail: CS@insight-media.com, Web-Site: www.insight-media.com.   NN ed, Gassman legge D., **2001**, Garad EDB (= Garad srl, via Tarvisio 4, I-00198 Roma, Fax 0039/06/8840345) [3 Videos mit Begleitheft im Schuber; Produzione P. P. M. Roma/Olimpo '84/D. D'Andrea; Regie: Rubino Rubini; Titel des Begleitheftes: Gassman legge D.: Sceneggiature per il racconto di un viaggio, 111 S, mit Fotos über die Aufnahmen; Preis € 56,81].

35. EDITIO PRINCEPS der *DC*

[Erstmals gedruckt wurde die *DC* 1472 im umbrischen Foligno; diese allererste Ausgabe ist eine Kostbarkeit der frühen europ. Druckgeschichte, von der es auf der Welt noch einige Exemplare gibt. Man kann sich auch anhand von fotomechan. Reproduktionen einen guten Eindruck von diesem handwerklich schönen, von der Forschung intensiv gewürdigten Erstlingsdokument verschaffen (s. Abt. 2: BIBLIOGRAPHIEN und BIBLIOGRAPHIEREN zu Dante (u. zwar MAMBELLI 1931) bzw. im *Gesamtkatalog der Wiegendrucke* 1938, wo nicht nur die alten Ausgaben exakt beschrieben, sondern auch -nach dem damaligen Stand- deren intern. Aufbewahrungsorte u. historische Verkäufe/Besitzerwechsel genannt werden). Im gleichen Jahr -u. zwar im Zeitraum von weniger als drei Monaten danach- gab es zwei weitere Drucke, die man stets im Zus.hang mit jener EP nennt; diese ältesten drei Ausgaben hatte man nach verschiedenen Handschriften gedruckt; ein etwas neueres Verzeichnis aller in it. Bibliotheken vorhand. Exemplare der Erstausgabe(n) in: NN bzw. CENTRO NAZ. PER IL CATALOGO UNICO DELLE BIBLIOTECHE IT. E PER LE INFORMAZIONI BIBLIOGRAFICHE [via del Collegio Romano 27] edd, D. A. MCCLXV-MCMLXV, Rom Stabilim Aristide Staderini 1965 191 S (S. 157 = mit genauen Standorten u. Signaturen bis 1965); s. auch Abt. 40: Fotomechanische Reproduktionen von *DC*-TEXTTRÄGERN, 41: Frühe DRUCKGESCHICHTE der *DC*, 42: HANDSCHRIFTEN und TEXTÜBERLIEFERUNG der *DC*]

Inkunabeln u. frühe Drucke bieten in Bezug auf Titelei u. Impressum einen anderen Habitus als heutige Bücher: Man liest am Anfang/auf dem Frontispiz das Incipit/den Titel des Werkes, worin auch der Verfassername eingeflochten sein kann; erst zum Schluß, auf der letzten Seite, stehen als Kolophon oder Explicit die Angaben zum Druck selbst (Datum, Verleger, Drucker, Erscheinungsort etc.). Incipit u. Explicit können hinsichtl. der Disposition dieser Daten variieren.

Foligno, 11. April 1472, Johann Numeister mit Evangelista Angelini (da Trevi), 252 unpanierte Blätter, in-fol. picc. (= 2 °), enthält nur die *DC*:
[f. 2] COMINCIA LA COMEDIA DI / dante alleghieri di firenze nella quale tracta / delle pene et punicioni de uicii et demeriti / et premii de le uirtu: Capitolo primo della / prima parte de questo libro loquale sechiama / inferno: nel quale lautore fa prohemio ad / tucto eltractato del libro.   [f. 251 r] Nel mille quatro cento septe et due / nel quarto mese adi cinque et sei / questa opera gentile impressa fue / Io maestro Iohanni Numeister opera dei / alla decta impressione et meco fue / Elfulginato Euangelista mei.
[Dieser heute zweifelsfrei allererste Druck der *DC* durch Johann(es) Neumeister könnte eine Aufl. von 300 Ex. gehabt haben; Mambelli (1931) nahm an, daß es von dem Folioband noch ca. 40 auf der Welt gebe; in Florenz u. London findet man zwei, in London sogar drei Ex. vor; der *Gesamtkatalog der Wiegendrucke* nennt unter der Inkunabel-Nr. 7958 27 Stück; die beiden and. Ausgaben desselben Jahres (s. u.) sind wesentlich seltener. In der Regel erscheinen auf jeder Seite 10 Terzinen in einer Kolumne; der Text ist nicht lückenlos: Es fehlen die Verse *Par*. XX 49-54 u. XXI 46-48; unmittelbare Textvorlage war der codice Lolliano 35 der Seminarbibl. in Belluno; Littera ist die Antiqua; als Typen benutzte man die von dem päpstl. Medaillen- u. Münzpräger Emiliano di Piermatteo degli Orfini hergestellten; Druckkorrektor war Giovanni Andrea de' Bussi di Vigevano. Neumeister war ein Drucker der ersten Generation; er hatte das neue Handwerk bei Gutenberg in Mainz gelernt, wo er seit 1457 an dem Psalterium arbeitete; als Wanderdrucker ging er nach Italien, schloß sich in Foligno 1470 mit Orfini zu einer Gesellschaft zusammen, so daß jene Stadt erstmals eine Offizin hatte; er veröffentlichte dort vor der *DC* einen Leonardo Bruni u. einen Cicero; nach der Publikation seines Meisterwerks ging Neumeister zurück nach Mainz, war später noch in Frankreich (Albi u. Lyon) tätig. Evangelista Angelini aus Trevi bei Assisi wirkte an der Gestalt. des Textes der EP mit, dem er nämlich die umbrische Färbung seines Dialektes gab.].

Mantua, 1472, Georg und Paul von Butzbach-auf Kosten und Veranlassung von Colombino Veronese, 91 bzw. 90 Blätter, in-fol. (2 °), enthält nur die *DC*:
[f. 2 r] DANTIS ALIGERII POETAE / FLORENTINI INFERI CA / PITVLVM PRIMVM INCIPIT.   [f. 90 r] MCCCCLxxII / Magister georgius & magister paulus teu / tonici hoc opus mantuae impresserunt ad / iuuante Columbino ueronensi.
[Man hat eine Zeitlang vermutet, daß diese Ausgabe vor der von Foligno entstanden sei; sie wurde wohl kurz vor der von Jesi angefertigt; die unpaginierten Blätter sind in 2 Kolumnen zu 41 Zeilen bedruckt; der Text basiert auf dem Vat. 3199; sie ist besonders schön u. selten; fast alle Ex. haben zu Beginn einer cantica unterschiedlich gestaltete Initialen; es existieren in it., brit. u. nordamerik. Bibliotheken sowie in Paris u. Wien 17 Ex. (nach MAMBELLI, nach dem *Gesamtkat. der Wiegendrucke* u. PESCASIO 1972, die in einz. Standortangaben divergieren). Die Wanderdrucker Georg und Paul stammten aus Butzbach in Hessen, waren keine Brüder; sie arbeiteten zuerst (1471) in

Ferrara, wurden dann nach Mantua geholt, wo sie eine eigene Offizin eröffneten. Colombino Veronese war Verleger. Die Lettern stammten von Petrus Adam de Michaelibus.].

Jesi, 18. Juli 1472, Federicus de Comitibus (= Federico de' Conti da Verona), **220 Blätter, in-fol. (2 ° und 4 °), enthält nur die** *DC*:
[f. r] [ohne Titel = Text beginnt sofort: *el mezo del camin di nostra vita...*] [f. 119 v]
EXPLICIT. LIBER. DANTIS IM- / PRESSVS. A. MAGISTRO. FEDE / RICO. VERONENSI. M.CCCC. / LXXII. QVINTODECIMO. [K] A- / LENDAS. AVGVSTI.
[Diese in Jesi und nicht in Venedig -wie man einst meinte- entst. Ed. sah man früher auch als die EP an; sie ist die erste von einem Italiener hergest. Ausg. der *DC*; die nicht pag. Seiten haben je 33 Zeilen Text, weisen viele Druckfehler/Auslassungen auf; MAMBELLI nannte 7 Ex.: Mil (Triv.), Piacenza (Comunale), Vic (Samml. Colleoni), Lugano (Familie Fumagalli), Lon (Br. M.), Rom (Casa di D.), Budapest (Matthias Corvinus); im *Gesamtkat. der Wiegendrucke* sind zusätzlich Manch (John Rylands) u. NY (Pierp. Morgan) erwähnt; ein weit. Ex. jetzt in Rav (Centro Dant.)].

INTERNET
Theodore CACHEY-Louis E. JORDAN dir/edd, *Renaissance Dante in Print* (1472-1629) [http://www.nd.edu/~italnet/Dante/] Es handelt sich um eine online-Ausstellung früher Dante-Editionen aus der bedeutenden John Augustine Zahm-Dante Collection, welche sich in der Bibliothek der University of Notre Dame IN befindet (s. Abt. 4: ARBEITEN/FORSCHEN über Dante in BIBLIOTHEKEN); von den o. g. drei Erstausgaben kann man sich einige Seiten der Foligno-Ed. ansehen (erste Seite, Kolophonseite sowie Seiten des *Purg.*- u. *Par.*-Beginns); zu ihr u. den and. Frühdrucken wird jedesmal ein Erklärungsteil geboten; s. auch Abt. 36: *DC*-INKUNABELN (= weitere), 37: Cinquecento-AUSGABEN der *DC* (= weitere Frühdrucke).

36. *DC*-INKUNABELN (= weitere)

['Wiegendrucke' oder Inkunabeln (von lat 'incunabula' = Windeln, Wiege) nennt man die seit der Erfind. des Buchdrucks durch Gutenberg 1454 bis zum Ende des Quattroc. (31. 12. 1500), also in der 'Kindheitsgeschichte' des gedruckten Buches entstandenen, mit bewegl. Lettern hergest. Druckerzeugnisse (Bücher u. Einblattdrucke). Außer der Editio princeps von Foligno -welche ein Wiegendruck ist- u. den beiden ed. Editionen des Jahres 1472 fertigte man von der *DC* bis zum Ende jenes Säkulums weit. 15 Drucke an, so daß es in der ganzen 2. Hälfte des 15. Jh. 18 Inkunabeln gab -es waren Einzelausgaben der *DC* oder Sammeleditionen, in denen sie zus. mit and. Texten erschien-, was für damals -als ein Buch exorbitant teuer war- eine hohe Druckfrequenz eines Werks bedeutete, das außerordentlich geschätzt gewesen sein muß; einige dieser z. T. typographisch schönen, seltenen u. wertvollen Inkunabeln fanden in der Forsch. große Beachtung, u. a. weil sie auf mittlerw. verlorengegangenen Handschriften basieren u. zudem mit ihren Holzschnitten einen neuen Typ von *DC*-Illustration einleiteten, der die Miniaturen der Manuskripte ablöste; überlief.geschichtlich ist bemerkenswert, daß die ersten 8 *DC*-Ausgaben des 15. Jh. -die neapolitanische von 1477 ausgenommen (die auf der von Foligno bzw. von Jesi basiert)- weitgehend unabhängig voneinander sind, d. h. jeweils auf unterschiedl. Handschr. zurückgehen; ein Verz. aller in it. Bibliotheken vorhand. 15 *DC*-Inkunabeln in: NN bzw. CENTRO NAZ. PER IL CATALOGO UNICO DELLE BIBLIOTECHE IT. E PER LE INFORMAZIONI BIBLIOGRAFICHE [via del Collegio Romano 27] edd, D. A. MCCLXV-MCMLXV, Rom Stabilim Aristide Staderini 1965 191 S (S. 157-8 = mit genauen Standorten u. Signaturen bis 1965); s. auch Abt. 35: EDITIO PRINCEPS der *DC*, 40: Fotomechanische Reproduktionen von *DC*-TEXTTRÄGERN, 41: Frühe DRUCKGESCHICHTE der *DC*, 42: HANDSCHRIFTEN und TEXTÜBERLIEFERUNG der *DC*; wir nennen nun die übrigen 12, z. T. berühmten Inkunabeln -von denen 7 aus Venedig stammen- **in chronol. Reihenf.**, wobei wir uns auf knappe Angaben beschränken.]

1477: **[Venedig]** [gedruckt von Vindelino da Spira (= Wendelin von Speyer); 376 Bl.; in-folio (2 °); enth. außer *DC* den Komm. von Iacopo della Lana, den der Titel fälschlich als Arbeit von Benvenuto da Imola ausgibt; außerdem vorweg D.-Vita von Boccaccio; es ist dies die erste kommentierte *DC*-Ausgabe! Druckkorrektor war Christofal Berardi; von der Ed. gibt es noch ca. 40 Ex., viele davon in it., auch kleineren Bibl.].   **1477: Neapel** [12. 4.; gesetzt von Matthias von Olmütz, der in Neapel ein berühmter Drucker war; 230 Bl.; in-folio picc. (2 °); enth. nur *DC*; schöne, aber fehlerreiche Ausg.; der *Gesamtkat. der Wiegendrucke* nennt 14 Ex.].   **1477-1478: Mailand** [Die drei cantiche sind unterschiedlich datiert: 27. 9. 1477 = *Inf.*, 22. 11. 1477 = *Purg.*, 9. 11. 1478 = *Par.*; Ludovicus et Albertus Pedemontani (= Ludovico u. Alberto Piemontesi), auf Kosten und Veranlassung von Guido Terzago; mit dem Kommentar von Martino Paolo Nidobeato; 249 Bl.; in-fol. gr. (2 °); auf jeder Seite liest man 48 Verse in zwei Spalten, welche von dem Komm. umgeben sind; enth. außer dem Komm. nur die *DC*; die letzten 39 Verse von *Inf.* XXII fehlen; es handelt sich um die berühmte "Nidobeatina", von welcher der *Gesamtkat. der Wiegendrucke* 32 erhaltene Ex. nennt. 2 Ex. auf Pergament gedr.: Lon (Br. M.) u. Mil (Brera); letzteres ist vielfach mit bunten Initialen u. einem D.-Porträt geschmückt; das Ex. Fir (Naz.) gehörte Ariost.]. **1478: Venedig** [vor dem 6. Mai; typographisch betreut u. verlegt von C. Lucius Laelius (=Lucio Lello) bzw. Philippus Petri (= Filippo di Pietro Veneto); 102 Bl.; in-folio picc. (2 °); enth. nur *DC*; pro Seite 36 Zeilen in 2 Kolumnen; eine fehlerhafte, sehr rare Ed., von der der *Gesamtkat. der Wiegendrucke* nur 12 Ex. nennt.].   **[um 1478]**: Neapel [verlegt von Francesco del Tuppo, Jurist in Neapel; Typen hergest. von dem Deutschen Sixtus Riessinger; 90 Bl.; in-folio picc. (2 °); enth. nur *DC*; die Ausg. bietet keine näheren Angaben; äußerst seltene Inkunabel; der *Gesamtkat. der Wiegendrucke* nennt nur 3 Ex.: Lon (British M.), Mil (Triv.), Stutt (LB).].   **1481: Florenz** [„a di XXX dagosto"; gedr. von dem Deutschen Nicolò di Lorenzo della Magna (= Nicolaus Laurentii); 372 Bl.; in-fol. gr. (2 °); *„Comento di Christophoro Landino Fiorentino sopra la Comedia di Danthe Alighieri Poeta Fiorentino.*" es handelt sich um den berühmten Kommentar des Humanisten Cristoforo Landino (1424-98) zu/mit dem Text der *DC*, den man ab jetzt wiederholt mitdruckt; außer dem Komm. gibt es eine Einleit. des Verfassers sowie Beigaben von dem gleichfalls bedeutenden Philosophen Marsilio Ficino (1433-99); 60 Zeilen pro Seite; zu mehreren Gesängen war ein Kupferstich vorgesehen; da die typograph. Arbeiten schneller als die künstlerischen vorangingen, befinden sich an der entsprech. Stelle in den meisten Ex. nur zwei oder drei Kupferstiche, nämlich in den Papierex.; der Platz für die and. Stiche wurde freigehalten, und es wurden die Illustrationen z. T. nachträglich aufgeklebt, aber auch nicht alle; selten sind die Ex. mit 3 gedruckten plus 16 aufgeklebten, d. h. insges. maximal 19 Stichen, wobei es sich meist um Pergamentdrucke handelt. Es waren damals 1200 Stück aufgelegt worden, wovon nach dem *Gesamtkat. der Wiegendrucke* immerhin noch 85 Ex. existieren, in Par allein 6, in Lon 4.].   **1484: Venedig** [„a di XXIII di Marzo"; gedr. von Octavianus Scotis (= Ottaviano Scoto da Monza); 270 Bl.; in-fol. (2 °); *DC* nebst **Landino-Komm.** -wie 1481-, sozusagen als eine 2. Ausg.; zu Beginn eines jeden Gesangs eine Holzschnittinitiale, die vor jeder cantica größer ausfällt; in it. Bibl. gibt es ca. 30 Ex.; der *Gesamtkat. der Wiegendrucke* nennt 66 Ex., weist aber auf die Existenz weiterer hin.]. **1487: Brescia** [„a di ultimo di mazo" (sic); gedr. von dem Dalmatier Boninus de Boninis (= Bonino de' Bonini aus Ragusa bzw. Dobric Dobricevic); 310 Bl.; in-fol. (2 °); *DC* mit **Landino-Komm.** -wie 1481 u. 1484-, gewissermaßen als 3. Ausg./Aufl., denn T der *DC* deckt sich mit der von 1481; wichtiger u. begehrter Druck wegen der 68 Holzschnitte, die mit einer Ausn. alle die Größe einer Seite haben; es ist dies die erste illustrierte Ausg. der *DC*; in it. Bibl. gibt es über 20 Ex.; der *Gesamtkat. der Wiegendrucke* nennt 59 Ex., weist aber auf weitere hin.].   **1491: Ve-**

nedig [„adì III marzo"; gedr. von Bernardinus Benalius (= Bernardino Benali) und Matteo Capcasa (= Matteo di Codecà da Parma); 302 paginierte Bl.; in-fol. (2 °); *DC* mit **Landino-Komm.** - wie 1481, 1484 u. 1487-, sozusagen eine 4. Ausg. davon; schöne Inkun., geschmückt mit 100 Holzschnitten: 3 große vor jeder cantica und 97 kleinere vor den übrigen canti; in It. gibt es ca. 20 Ex.; der *Gesamtkat. der Wiegendrucke* nennt 52 Ex., weist aber auf weitere hin.]. **1491: Venedig** [„a di XVIII di Novembrio"; gedr. von Petrus de Piasiis (= "Petro Cremonese dito Veronese" = Pietro di Piasi); „emendato per me maestro Piero da Fighino dell'ordine de Frati Minori"; 324 Bl.; in-fol. (2 °); *DC* mit **Landino-Komm.** -wie 1481, 1484, 1487 u. die letztgen. Inkun. von 1491-, sozusagen eine 5. Ausg.; enth. zusätzl. 15 Kanzonen von D. („Rime diverse"); eine sehr begehrte Ausg. wegen der 100 Holzschnitte, die man Mantegna zuschreibt; in It. gibt es an die 30 Ex.; der *Gesamtkat. der Wiegendrucke* nennt, international gesehen, 70 Ex., weist aber auf weitere hin; besonders wertvoll ist das in der römischen Casa di D., dessen Holzschnitte Pietro da Figline wie Miniaturen bunt ausmalte.]. **1493: Venedig** [„Adi XXIX de Novembre"; gedr. von „Matheo di Chodecha da Parma" (= Matteo di Codecà bzw. Matteo Capcasa); 311 Bl.; in-fol. (2 °); *DC* mit **Landino-Komm.**, u. zwar die 6. Publikation dieser Art nach den 5 seit 1481 vorangegangenen; eine der schönsten frühen illustrierten *DC*-Ausgaben: 99 große, attraktiv gestaltete u. sauber konturierte Holzschnitte; in It. gibt es ca. 20 Ex.; der *Gesamtkat. der Wiegendrucke* nennt 49 Ex. u. weist auf weitere hin.]. **1497: Venedig** [„Adi XI octubrio"; „impressa per Piero de zuanne di quarengii da palazago bergamasco" (= Petrus de Quarengis bzw. Pietro Quarengi); 308 Bl.; in-fol. (2 °); *DC* mit **Landino-Komm.** -wie 1481, 1484, 1487 u. die beiden des Jahres 1491-, sozusagen eine 7. Veröffentlichung dieser Art; Holzschnitte vor jedem canto, alle von gleicher Größe u. gut ausgeführt; in It. gibt es an die 30 Ex.; der *Gesamtkat. der Wiegendrucke* listet 69 Ex. auf, welche aber nicht alle seien; es ist die letzte Inkunabel der *DC*.].

INTERNET

Theodore **CACHEY**-Louis E. **JORDAN** dir/edd, *Renaissance Dante in Print* (1472-1629) [**http://www.nd.edu/~italnet/Dante/**]   Es handelt sich um eine online-Ausstell. früher Dante-Editionen aus der John Augustine Zahm-Dante Collection, welche sich in der Bibl. der University of Notre Dame, IN befindet (s. hierzu Abt. 4: ARBEITEN/FORSCHEN über Dante in BIBLIOTHEKEN); von den o. g. 12 Inkun. kann man sich 8 Stück anschauen: 1477 (Ven), 1481 (Fir), 1484 (Ven), 1487 (Bre), 1491 (Ven), 1491 (Ven), 1493 (Ven), 1497 (Ven); man sieht in der Regel Titel- u. Kolophonseite sowie versch. Teile aus der Mitte; zu jeder Inkun. wird ein ca. einseit. Erklärungsteil geboten; z. T. stammen die Ex. aus der Newberry Library von Chicago; s. auch Abt. 35: EDITIO PRINCEPS der *DC*, 37: Cinquecento-AUSGABEN der *DC* (= weitere Frühdrucke).

37. Cinquecento-AUSGABEN der *DC* (= weitere Frühdrucke)

[Zu den 15 Inkunabeln des Quattroc. gesellen sich im Cinquec. über dreißig weit. Drucke der *DC*, denen vielfach (zuerst noch) der Kommentar von Cristoforo Landino oder (später dann) der von Alessandro Vellutello beigegeben ist. Auch das 17. Jh. erlebt viele Danteausgaben, aber nun wird die Druckgesch. der *DC* nahezu unübersichtlich u. ist nicht gleichermaßen interessant. Denn das 16. Jh. ist in Italien u. anderen europ. Städten (z. B. Lyon) eine bedeutende Epoche meisterlicher Druckkunst zu herausragenden Texten, die von namhaften Typographen u. Verlegern geleistet u. finanziert wird; man sorgt gerade im Renaiss.-Zeitalter dafür, daß von D.s Meisterwerk weiterhin zuverlässige u. ansehnliche Editionen entstehen, die in der Dantistik viel Beachtung finden. Jene z. T. wertvollen Cinquecentinen nennen wir **in chronol. Reihenf.** u. mit knappsten Angaben versehen; s. auch Abt. 40: Fotomechanische Reproduktionen von *DC*-TEXTTRÄGERN, 41: Frühe DRUCKGESCHICHTE der *DC*, 42: HANDSCHRIFTEN und TEXTÜBERLIEFERUNG der *DC*]

1502: Venedig (Aldus Manutius = „Aldina"). 1502: Lyon (Balthazar de Gabiano und Barthélemy Troth). 1506: Florenz (Filippo Giunti). 1507: Venedig (Bartolomeo di Giovanni da Portese). 1512: Venedig (Bernardino Stagnino da Trino). 1515: Venedig (Aldus Manutius und Andrea Torresani da Asola). [1515]: [Venedig] (Gregorio de' Gregoriis da Forlì). 1520: Venedig (Bernardino Stagnino da Trino). [1527]: [Toscolano] (Paganino und Alessandro Paganini). 1529: Venedig (Jacopo da Borgofranco für Lucantonio Giunta). [1533]: [Toscolano] (Paganino und Alessandro Paganini). 1536: Venedig (Bernardino Stagnino für Giovanni Giolito). 1544: Venedig (Francesco Marcolino da Forlì; enthält erstmals einen Komm. von Alessandro Vellutello). 1545: Venedig (Al segno della Speranza). 1547: Lyon (Jean de Tournes). 1551: Lyon (Guillaume Roville). 1551: Lyon (Guillaume Roville). 1552: Lyon (Guillaume Roville). 1554: Venedig (Giovanni Antonio Morando). 1555: Venedig (Gabriele Giolito de' Ferrari; Ludovico Dolce verwendet erstmals das Epitheton *Divina* als Incipit des Titelblattes.). 1564: Venedig (Giovanni Battista & Melchior Sessa und Brüder). 1564: Venedig (Francesco Rampazetto). 1568: Venedig (Pietro da Fino). 1569: Venedig (Domenico Farri). 1571: Lyon (Guillaume Roville). 1572: Florenz (Bartolomeo Sermartelli). 1575: Lyon (Guillaume Roville). 1578: Venedig (Domenico Farri). 1578: Venedig (Giovanni Battista & Melchior Sessa und Brüder). 1595: Florenz (Domenico Mangani; Ausgabe der Accademia della Crusca). 1596: Venedig (Giovanni Battista & Melchior Sessa und Brüder).

INTERNET

Theodore CACHEY-Louis E. JORDAN dir/edd, *Renaissance Dante in Print* (1472-1629) [http://www.nd.edu/~italnet/Dante/] Es ist eine online-Ausstell. früher D.-Editionen der John Augustine Zahm-D. Collection (in der Bibl. der Univ. of Notre Dame IN; s. hierzu Abt. 4: ARBEITEN/FORSCHEN über Dante in BIBLIOTHEKEN); alle o. g. Cinquecentinen kann man anschauen, u. zwar sieht man Titel- u. Kolophonseite sowie versch. andere Partien; zu jedem dieser Frühdrucke wird ein ca. einseit. Feature geboten; einige Ex. stammen aus der Newberry Library in Chicago; s. auch Abt. 35: EDITIO PRINCEPS der *DC*, 36: *DC*-INKUNABELN (weitere).

38. Kritische *DC*-AUSGABEN

[Im Folgenden beschränken wir uns auf die international anerkannte Textedition von Giorgio Petrocchi sowie ein paar davor bzw. danach erschienene krit. Ausgaben, weil man nun -philologisch u. praktisch gesehen- nicht mehr hinter Petrocchis akribische Rekonstruktionsarbeit zurückgehen kann/sollte; die seit dem 19. Jh. hervorgebrachten sonstigen wissenschaftlichen Editionsversuche -z. B. von Karl Witte, Edward Moore, Mario Casella, Michele Barbi oder Giuseppe Vandelli- haben nur noch eine relative Bedeutung; wir nennen die Ausgaben **alphabetisch nach den Herausgebern**; s. auch die Abt. 11: GESAMTAUSGABEN von Dantes WERKEN, 39: Weitere *DC*-AUSGABEN (nämlich solche, die auch auf einem kritischen Text basieren), 42: HANDSCHRIFTEN und TEXTÜBERLIEFERUNG der *DC*.]

Antonio LANZA ed, D. A.: La *Commedìa*. Testo critico secondo i più antichi manoscritti fiorentini. Nuova ediz., Anzio De Rubeis ²1996 CXXIII-803 S, Medioevo e Rinascim. 5 [XL-CXII: Auflist. aller textl. Abweichungen dieser neuen Ausg.; CXIII-CXVIII: Zus.stell. der sogen. 'codici dell'antica vulgata'; unter dem T ausf. Var.app.; keine komment., sond. rein wissensch.-krit. Ausg.; ¹1995; Preis seinerz. Lit. 185.000]. Emanuela LICCARDI ed, D. A.: *Commedia* secondo il ms. XIII C 2 della Biblioteca Naz. di Napoli, Nap Bibliopolis **1988** 639 S, Codici dant. meridionali oN [1-170: ausf. Einf. in jene schöne Handschrift aus dem Jahr 1411, Tgesch. u. Erstellung eines krit. Textes].　　　Giorgio **PETROCCHI** [1921-89] ed, D. A.: La *Commedia* secondo l'antica vulgata. Sec. rist. rived., Fir Le Lett IV [2]1994, Le op. di D. A. - Ediz. naz. a cura della SDI [Diese Ausg. ist eigentl. nur ein Ndruck der Ausg. [1]1966-67 (s. u.); Bd I = LI-583 S: Introd. mit den 4 Hauptkap. I. Criteri fondam. dell'ediz.; II. Manoscr. dell'ant. vulg.; III. Classificaz. dei testi; IV. Note linguist. e osservaz. finali; Bd II = XLIV-598 S: *Inf.*; Bd III: XLII-585 S: *Purg.*; Bd IV= XLI-558 S: *Par.*; Var.app. u. Erläut. (vor allem Diskuss. der Tforsch.) unter dem T; jeder Bd hat die gleiche Einf., bestehend aus den Aufsätzen Codici e fondi manoscr. più import., Le princip. ediz. della *C.*, Periodici, Studi e op. di consultaz., Abbreviazioni, Op. citate; [1]1966-67: Mil Mond: I = Introd. (1966) LI-579 S; II = *Inf.* (1966) XLIV-598 S; III = *Purg.* (1967) XLII-585 S; IV = *Par.* (1967) XLI-563 S; eine der besten wiss. Ausg.en der *DC*; Preis seinerz. Lit. 80.000 pro Bd; ist als bloßer E-Text ohne krit. App. einseh- und downloadbar auf der Webs. *'dante online'*: **http://www.danteonline.it/** s. u.: INTERNET].　　　Federico **SANGUINETI** ed, Dantis Alagherii *Comedia*. Edizione critica, Fir Sismel/Edizioni del Galluzzo **2001** LXXXVIII-582 S, Fondaz. Ezio Franceschini: Archivio Romanzo 2 [neue krit. Ausg. auf der Basis von 600 Hss., v. a. sieben davon bzw. den Urbinas 366 aus der Mitte des 14. Jh. als Basis nehmend; angek. ist hierzu ein bibliograph. Zusatzbd.].　　　Giuseppe **VANDELLI** [1865-1937], La *DC*, in *Le opere di D. Testo critico della Soc. Dant. It. a cura di M. Barbi-E. G. Parodi-F. Pellegrini-E. Pistelli-P. Rajna-E. Rostagno-G. Vandelli con indice analit. dei nomi e delle cose di Mario Casella e tre tavole fuor di testo*, Fir R. Bemporad & Figlio Editori **1921** XXXI-976 S, S. 481-836 [Dieser *DC*-Text ist insofern kein kritischer, als er nur den T u. sonst nichts bietet, keine Bestandsaufn. der Tüberlief. oder Var.app.; im Vorw. der Werkausg. teilt M. Barbi lapidar mit, daß man so etwas nicht für diese Publ. hätte bieten können/müssen. Man muß zu dieser Ed. V.s vorausgeg. Studien hinzuziehen; spät. Nachdr. sind philol. besser ausgest. (z. B. mit ausf. Komm.); die 'Nationalausg.' zu D.s 700. Todesjahr war nur ein Provisorium, wurde aber lange benutzt; s. auch Abt. 11: GESAMTAUSGABEN von Dantes WERKEN.].　　　[Karl **WITTE**] [1800-83] La *Divina Commedia* di Dante Allighieri ricorretta sopra quattro dei più autorevoli testi a penna da Carlo Witte, Berlino Ridolfo Decker Stampatore del Re **1862** LXXXV [=Prolegomeni critici]-725 S [Außer 3 alten Editionen (Ven 1502, Fir 1595, Fir 1837 = ed Fruttuoso Becchi) verwendet W. 4 Hss. (Laurenz. XXVI.1, Vat. 3199, Berlin = Batines Nr. 525, Rom = Batines 375) als „Codici che servirono di fondam. al testo." „Questi quattro testi formano l'unico fondam. della pres. ediz. Non vi è parola, non sillaba che non si appoggi sull'autorità di almeno uno di quei testi." (LXXX) Varianten am Rand].

INTERNET

SOCIETÀ DANTESCA ITALIANA ed, *dante online* [**http://www.danteonline.it/**]　　Unter dem Titel 'dante online' hat die SDI mehrere 'Dienstleistungen' bzw. Projekte zus.gefaßt: u. a. wurde eine elektron. Werkedition begonnen; die *DC* ist ganz abrufbar nach der Ausg. Petrocchi IV [2]1994 (s. o.), allerdings ohne den Einführungsbd u. ohne den krit. App.

39.　Weitere *DC*-AUSGABEN

[Es gibt -außer den kritischen- weitere gute Ausgaben, die ihrerseits auch auf krit. Editionen basieren, aber mehr als einen nüchternen, philologischen Text bieten, nämlich didakt. Materialien wie Einführungen, Exkurse, Erklärungen, Kommentare, Bibliographien, Diagramme, Tabellen, Register etc.; wir nennen solche **alphabetisch nach den Herausgebern** wegen der tatsächlichen oder möglichen Nachdrucke/Neuauflagen; s. auch Abt. 38: Kritische *DC*-AUSGABEN, 43: Kommentierte *DC*-AUSGABEN (welche z. T. auch einen 'guten', d. h. 'kritischen' Text enthalten).]

NN [bzw. Anna Maria CHIAVACCI LEONARDI] ed, D. A.: *Commedia* con Cd-rom per Windows con il comm. di A. M. C. L., Bol Zan **2001** XXIII-610 + IX-608 + XIX-634 S [alles in einem dicken Bd) [ein mit vielen didakt. Einführ.teilen, Exkursen, Anhängen u. Fotos ausgestatt. Lern-, Studien- u. Arbeitsband; viel Komm. unter dem T; Rimario im dritten Teil: S. 91-200; Jenseits-schaubilder jew. zu Beg. des entspr. cantica-Teils; CD liegt bei (diese ist Teilstück = estratto des Projekts LIZ 4.0 = Lett. It. Zan. 2002, d. h. einer Darstell. der it. Lit.gesch. auf CD-Rom); TG = G. Petrocchi [1]1966-67; der dicke Bd ist Zus.schluß von 3 Bden, welche die bedeutende Dantistin zuvor einzeln (Mil Mond III 1991f., I Meridiani) publiziert hatte; Preis € 60,00]. C[harles] H[all] GRANDGENT ed, D. A.: La *DC*. Edited and annotated by C. H. G. Revised by Charles S[outhward] SINGLETON [1909-85], Cambr MA Harv UP **1972** XXXVII-950 S [TG = Petrocchi [1]1966-67; vor jedem canto ausf. Inh.ang. bis zu anderthalb Seiten; unter dem T Sacherklär.en; eine gute englischspr. Ausg. der it. Textes; ist bearb. Neuaufl. von [1]1933: Boston MA Heath and Co.; TG war seinerzeit Vandelli 1932.]. Emilio PASQUINI-Antonio QUAGLIO edd, *Commedia*. Rimario-Indice dei nomi, dei luoghi e delle cose notevoli. Mil Garz **1987** CLXXXII-1527 S, I libri della spiga oN [eine sehr materialreiche, informative, gut komment. u. reichhaltig dokumentierte, handl. Dünndruckausg.; die lange Einf. ist eine wissenschaftliche Monogr. über D.s Leben u. s. Ges.werk; TG = Petrocchi [1]1966-67; der Komm. unter dem T nimmt jew. die Hälfte einer Seite ein; vor jeder cantica liest man zusätzl. eine ca. 40 S. umfass. Einf.; rimario von *abbia* bis *uzzo* = S. 1149-1474 (nach Petrocchi); Indice = S. 1479-1527; Preis seinerz. Lit. 70.000; vgl. auch die dreibänd. Ausg. der beiden Herausg. von 1988.]. Giorgio PETROCCHI ed, D. A.: La *Commedia* secondo l'antica vulgata. Testo crit. stabil. da G. P. per l'ediz. naz. della SDI-Rimario, Tor Ein **1975** 741 S, I Millenni oN [L'officina dei classici II*) [Diese Ausg. gehört zur 'Concordanza della *DC*' von Luciano Lovera III 1975 (s. dort).]. Natalino SAPEGNO ed, D. A.: La *Divina Commedia*, Mil-Nap Ricc **1957** XXXVII-1278 S, La lett. it.: Storia e testi 4 [IX-XXII: Introd.; XXIII-XXXVII: nota bibliogr. (sehr ausf. Einf.); 3-1197: *DC* mit ausf. Komm. unter dem T (klein gedr., schwer zu lesen); 1199-1209: Nota al testo = Einf. in Text- u. Überlief.gesch. (wichtigste Ausgaben u. Kommentare); 1112-68: Indice dei nomi e delle cose (von F. Mazzoni). „Nelle condizioni attuali degli studi non si poteva, per la presente ediz., se non ricorrere come fondamento al testo ultimo del Vandelli..." (1205)]. Giuseppe VANDELLI ed, D. A.: La *Divina Commedia*: Testo crit. della Soc. Dant. It. riveduto col commento scartazziniano rif. da G. V., Mil Hoepli III **1961-62** XXIV-295, 300-604, 608-1062 S.

40. Fotomechanische REPRODUKTIONEN von *DC*-TEXTTRÄGERN

[Die *DC* ist in zahlreichen, wunderbar anzusehenden, wertvollen Handschriften überliefert -mehrere hundert sind es-, u. schon früh u. immer wieder danach veröffentlichte man sie in oft bedeu-tenden Drucken. *DC*-Kodizes u. alte Editionen der *DC* sind Kulturschätze, welche Verlage in aufwend. Faksimilebänden der Öffentlichkeit zugänglich machen. Wir nennen in **chronol. Rei-henf.** Reproduktionen, die Eindrücke von der Schönheit strengst behüteter u. unzugänglicher Textträger vermitteln; s. auch Abt. 35: EDITIO PRINCEPS der *DC*, 36: *DC*-INKUNABELN, 37: Cin-quecento-AUSGABEN der *DC*, 42: HANDSCHRIFTEN u. TEXTÜBERLIEFERUNG der *DC*]

Reproduktionen alter Handschriften

NN bzw. Luigi ROCCA ed, Il codice **Trivulziano 1080** della *DC* riprodotto in eliocromia sotto gli auspici della sez. milanese della Soc. Dant. It. nel sesto centen. della morte del poeta. Con cenni storici e descrittivi di L. R., Mil Ulrico Hoepli Edit Libraio **1921** 8 S [= als Heft lose, vorne in den Faksimile-Foliobd eingelegt; dieser ist unpag., in Leder geb., ohne weit. Angaben.]. NN ed, D. A.: La *DC*. Facsimile del Codice **Landiano** (MCCCXXXVJ) pubblic. in centosettantacinque esemplari nel VI centen. della morte del Poeta con prefaz. di A[ugusto] Balsamo e G[iulio] Bertoni, Fir Leo S. Olschki **1921** [35 mal 49,5 cm; in dem unpagin. Folianten liegt lose ein Heft (30 mal 44,5 cm): Il cod. Land. della *DC*: Prefaz. ed introd. (= 28 S = 1921); die vollst. reproduzierte, nicht illuminierte, 1336 verf. Hs. befindet sich in der Bibl. Comunale zu Piacenza; sie erhielt den Namen von dem Marchese Ferdinando Landi, dem Besitzer.]. [Dr.] F[riedrich] SCHMIDT-KNATZ, D.s *C.* mit dem Kommentar Jacopo della Lanas. Miniaturhandschr. der **Frankfurter Stadtbibl.**, Ffm Hausdruckerei der Schriftgießerei D. Stempel **1924** 16 S [fotograph. Auszüge zu 2 Stellen der *DC* (*Inf.* VI 74-75 u. *Par.* XXII 16-18); Folioformat; it. Fass.: La *C.* col commento... dal codice francofortese arci-β, Ffm ebend. 1935]. NN ed, Il D. **Urbinate** della Bibl. Vaticana (Codice **Urbinate Latino 365**). Introd. di Luigi Michelini Tocci con una premessa di Mario Salmi e una nota filolog. di Giorgio Petrocchi, oO [= Vatikan] Bibl Apost Vat II (= 2 in rotem Leder geb. Folianten im Schuber) **1965** XV-191 + 295 nicht pag. Blätter (= Kodexkopien), Codices e Vaticanis selecti phototypice expressi iussu Pauli VI Pont. Max. consilio et opera procuratorum Bibl. Vaticanae 29 [Bd I ist einführ. u. umfass. Studie der berühmten Hs.; Bd II ist vollst. Reprod. des großartig illuminierten Meisterwerks, an dem die klaren Schilderungen = Szenen in wunderbaren Blau- u. Rottönen auffallen.]. Hans HAUPT ed, D. A.: *DC.* **Codex Altonensis.** Hrsg. von der Schulbehörde der Freien u. Hansest. Hamburg durch H. H., Ber Gebr. Mann Verl **1965** 144 Bl. [33 mal 24,2 cm; die schön reproduz. Hs. enth. zahlr., kleine oder größere Ill.en, bunt oder z. T. unausgemalt; erschien anl. des 700. Geb.; hierzu 2. Bd: D. A.: *DC.* Komm. zum Codex Alt. Hrsg. von der Schulbeh... mit Beitr. von H. H., H. L. Scheel, B. Degenhart, ebend. XII-126 S; enth. folg. Beitr.: Gesch. u. Beschr. des C. A. (1-38, H.H.), Der C. A. u. die handschr. Überlief. der *GK* (39-63, H. L. Sch.), Die kunstgesch. Stell. des C. A. (65-126, B. D., mit 26 sw-Fotos zu and. Ill.en in wicht. *DC*-Hss.)]. NN ed, D.: *Göttliche Komödie.* Nach einer Handschrift aus dem 15. Jh.: Kommentar zu den Miniaturen Prof. Sergio Samek-Ludovici. Nacherzählung der Verse Nino Ravenna, Gütersloh-Stutt-Wien Bertelsmann/Europ. Bildungsgemeinschaft/Buchgemeinsch. Donauland **oJ [um 1980]** 123 S [keine wissenschaftl., aber schöne Präsentation der Miniaturen im **Cod. It. IX, 276** bzw. 6902 der Bibl. Marciana in Venedig, wovon 93 Buntfotos geboten werden; anstelle eines normalen *DC*-Textes gibt es a) kurze Situationsbeschreibungen sowie b) längere Inh.angaben; 9-18: Einf.; über die Bedeut. der Hs. selbst wird nichts gesagt; frz. Fass.: Fribourg-Genève Production Liber S. A./Éditions Minerva S. A. 1979]. NN [bzw. Peter DREYER] ed, D.s *DC* mit den Illustrationen von Sandro Botticelli. Codex **Reg. Lat. 1896. Codex Ham. 201** (Cim. 33). Faksimileausg. des Codex Reg. Lat. 1896 in der Biblioteca Vaticana Apostolica u. des Codex Hamilton 201 (Cim. 33) im Kupferstichkabinett der Staatl. Museen Preuß. Kulturbesitz u. im Kupferstichkab. der Staatl. Museen zu Berlin (DDR), Zür Belser II **1986** unpagin. Blätter + 183 S, Codices e Vaticanis selecti quam simillime expressi iussu Ioannis Pauli PP II consilio et opera curatorum Bibliothecae Vaticane LIV bzw. Belser Faksimile Editionen aus der Bibliot. Apost. Vat. 54 [großer Faksimilebd (NN ed) + kleiner „Kommentarbd zur Faksimileausg..." (Peter Dreyer ed); dieses Unternehmen zu einem der berühmtesten Kodizes der Lit.- bzw. Kulturgesch. überbrückte künstlich die an drei verschied. Orten gelagerten Teile der *DC*-Kommentier. durch Zeichnungen des großen Malers, die dann nach der Wiederverein. fast ganz realiter möglich wurde; die teure (in 500 + weiteren 60 Ex. gedruckte) Kopie simuliert einen Blick in das einstige Ges.manuskript, vereint also die Berliner Blätter aus zwei Stadtteilen/Ländern mit den 7 vatikan. Blättern u. deutet auch die verschollenen Teile an; die Illustration beginnt mit dem Höllentrichter auf Blatt 1 r; weit. Darstellungen lozierte Botticelli auf den Versus-Seiten; der Kommentarbd hat folg. Aufbau: 1. Kodikologische Unters.; 2. Kodikol. Rekonstr. u. Beschreibung; 3. Histor. u. kunsthistor. Fragen. Die Bildseiten, der Höllentrichter, *Inf.*, *Purg.*, *Par.*, Übersicht über die Aufbewahrungsorte der Blätter]. NN ed, Il codice **Filippino** della *C.* di D. A., Rom Sal **2001** 239

Blätter, Ediz. Nazionale dei commenti dant. oN [„Edizione integrale in fac-simile nel formato originale del manoscr. C F 2 16 (già 4 20) codice Filippino della *C.* di D. A. posseduto dalla Bibl. Oratoriana dei Girolami di Napoli." Mit Begleitheft (16 S) von Alessandra Perriccioli Maggese-Giancarlo Savino; das Ganze in schönem Schuber; ein wunderbares Buch].

INTERNET

SOCIETÀ DANTESCA ITALIANA ed, *dante online* [**http://www.danteonline.it/**]   Unter 'dante online' begann die SDI u. a. den Aufbau einer virtuellen Bibl. aller Handschriften, die Werke von D. enthalten; man fing mit den alten *DC*-Manuskripten an, von denen man mittlerw. 18 Stück Seite für Seite ganz betrachten, bewundern, downloaden kann (zu Einzelheiten s. Abt. 42: HANDSCHRIFTEN und TEXTÜBERLIEFERUNG der *DC*)

Reproduktionen alter Editionen (Inkunabeln und Cinquecentinen)

G[eorge] John Warren Lord VERNON [1803-66] ed, Le prime quattro edizioni della *DC* letteralmente ristamp., Londra Presso Tommaso e Guglielmo Boone **1858** XXVI-748 S [Auf jeder Seite liest man in 4 Textblöcken (jew. ca. 20 Verse) den Text der Inkunabeln von **1472 (Foligno, Mantova, Jesi)** sowie **Neapel 1477**; ist strenggen. keine Reprod., sond. Sonderform einer Edition.].   NN bzw. COMMISS. ESECUTIVA DELLA ESPOSIZ. INT. DELLE INDUSTRIE DEL LAVORO DI TORINO DEL 1911 bzw. Corrado CORRADINO ed, *DC*. Facs. della ediz. principe di **Foligno 1472**, Tor Regia Scuola Tipograf di Arti Affini di Torino nella Stamperia quattrocentesca del Borgo Medievale XX Sett **1911** oS [Vorw. von C. C.; abgelichtet ist das Ex. B. R. 99 der Bibl. Naz. in Florenz.].   Luigi PESCASIO, L'ediz. **'principe' mantovana** della *C.*, Mant Padus **1972** 265 S [S. 15-75: Espressione di una civiltà (Einf. u. Gesch. der berühmten Inkunabel von 1472, die kurz nach der EP von Foligno erschien); 76-8: Bibl.; 81-261: Fotokopie der Ed. nach dem Ex. der Bibl. Civica in Verona (Vetr. 24); 4 schöne ganzs. Abb.].   Severino RAGAZZINI-Luigi PESCASIO, Liber Dantis: L'ediz. **principe jesina** della *C.*, Mant Padus **1974** IV-447 S [Gemeint ist die Inkun. von 1472, die kurz nach der EP von Foligno erschien.].   Fausto SARDINI ed, Dante Alighieri Divino Poeta Fiorentino: La *Comedia*. Prima ediz. illustr. con tav. xilografiche. *Inf.* bzw. *Purg.* bzw. *Par.* Commento di Cristoforo Landino MCDLXXXVI Bonino de' Boninis Dobrida Dobric. Editore e Stampatore Fausto Sardini Bornato in Franciacorta MDCCCCLXXVI [=**1976**] III unpag. Bde [prachtvolle Reprod. der Ausg. **Brescia 1486**: 3 dicke Folianten, in Leder geb., mit Metallbeschlägen u. Lederschleifen; „Riproduz. fedele all'originale stampato a Brescia... ora custodito fra gli incunaboli della Civica Bibl. Queriniana di Brescia"; „Finito di stampare il 24 luglio 1976 nella litografia del Centro Studi e Arti Grafiche Sardini"; „Ne sono stati stampati 499 esemplari su carta pergamena naturale della cartiera del Varone di Riva del Guarda." Landino-Komm. umgibt den Text; Kap.initialen des Komm. in farb. Majuskeln].   CENTRO DANTESCO DEI FRATI MINORI DI RAVENNA ed, La *Comedia* di dante alleghieri. Facsim. dell'esempl. della prima ediz. della *DC* stampata a **Foligno l'11 aprile 1472** da Johann Numeister ed Evangelista Angelici conservata nella Bibl. del Centro Dant. di Rav. con note introdutt. di Severino Ragazzini, Rav Ediz impressa nelle officine dello Stabilim Tipograf dei Comuni di Santa Sofia-Forlì su carta espressamente prodotta: dicembre **1978** XLI-246 (nicht pag.) S [Aufbau der Einl.: L'esempl. della prima ediz. folignate della *DC* presso il C. D. di Rav.; La sua storia (nennt 31 Ex.e der EP, die in öff. Bibl.en aufbew. werden); Sua strutt. tipograf.].   Giorgio PETROCCHI ed, D. A.: La *Commedia* con le xilografie dell'ediz. **bresciana del 1487**, Tor Fògola Edit III **1977** 230 + 227 + 169 S, La torre d'avorio oN [Wir erwähnen diese Ausg. wegen der 68 Holzschn. von Bonino de' Bonini aus der Inkun.von 1487, „la prima ediz. veramente illustrata del poema dant., essendo quella del 1481 adorna di poche incisioni." (Mambelli 1931)].   Severina PARODI ed, La *DC* di D. A. Nobile Fiorentino ridotta a miglior lezione dagli Accademici della Crusca. In **Firenze per Domenico**

Manzani **1595**. Con licenza de' Superiori. Ristampa anastatica, Fir Accademia della Crusca **2000** 15 + 493 fotok. S (unpag.) + Originalreg. (unpag.) [„il primo tentativo moderno di ediz. crit." (G. Contini); 7-11: D. in Accademia (S. P. = Vorw.)].

41. Frühe DRUCKGESCHICHTE der *DC*

[Die *DC* wurde schon früh gedruckt -1472 gab es drei 'Erstausgaben' (s. Abt. 35: EDITIO PRINCEPS der *DC*)-, u. auch danach publizierte man sie immerzu in herausrag. Weise (s. 36: *DC*-INKU-NABELN). So wurde die frühe Druckgesch. ein besond. dantist. Forschungsfeld, auf das die Verf. krit. Ausgaben in ihren Einleitungen eingehen (s. 38: Kritische *DC*-AUSGABEN, 42: HAND-SCHRIFTEN und TEXTÜBERLIEFERUNG der *DC*). Wir nennen **in chronol. Reihenf.** einige Forschungen zu solchen wertvollen Textträgern -Inkunabeln u. Cinquecentinen (= Drucke des 15. u. 16. Jh.)-, welche Eindrücke vom Problemspektrum dieses Zweigs der D.-Forsch. vermitteln.]

Die Tatsache, daß man die *DC* 1472 erstmals in Foligno druckte, veranlaßte die umbrische Stadt dazu, eine kleine Publikationsreihe zur frühen Druckgesch. ins Leben zu rufen: Piero LAI-Anna Maria **MENICHELLI** [bzw. COMIT. DI COORDINAMENTO PER LO STUDIO E LA PROMOZ. DELLA PRIMA EDIZ. A STAMPA DELLA *DC* FOLIGNO 1472] edd, Prima ediz. a stampa della *DC*: Studi-I, Foligno Tipogr Artigiana snc **1994** 120 S [enth. folg. Beiträge: 1. La cult. fondamento di speranza (Antonio Pieretti); 2. Alle origini dell'editoria dant. (Paolo Veneziani); 3. La diffus. della carta nell'Ottoc. eur. Il periodo italico (Giancarlo Castagnari); 4. Umanes. e imprenditoria nella Fol. del XV sec. (Mario Sensi); 5. „D., gli stampatori e il bestiario" di G. D'Ann. (P. Lai)]; **DIES.** edd, Studi-II, ebend. **1999** 107 S [enth. auch 5 A: 1. J. Gutenb. e la strada verso la scoperta (Cornelia Schneider); 2. Il Museo Gutenb. di Magonza (Eva Maria Hannebutt-Benz); 3. Le prime edizioni a stampa di D., Petr., Bocc. e la fissaz. dell'it. letterar. (Paolo Trovato); 4. Scritture a Fol. dall'età dei Trinci alla prima ediz. della *DC* (P. Lai); 5. La nasc. del libro volgare (Amedeo Quondam)].

Carmine **GIOIA**, L'ediz. Nidobeatina della *DC*: Contrib. alla storia bibliografica dant., Prato Tip Giachetti **1893** 34 S 97 [Gemeint ist die Ausg. Mailand 1477, die Martino Paolo Nibio aus Novara schuf.].   Gaspare **FINALI** [1829-1914], Le prime quattro edizioni della *DC*, *NA* 71, **1897** 385-94 [Anläßl. der prachtvollen Faksimile-Ed. der ersten 4 Inkun. durch G. J. Warren Lord Vernon (1858) unters. F. die Vorlagen jener Frühdr. u. kommt zu dem Schluß: „Niuna delle quattro stampe si direbbe che sia stata tratta da un abbast. buon manoscritto." (388) Die 3 Ausg. von 1472 gehen alle drei auf verschied. Hss. zurück, während die neapolitanische als Vorlage einen der Drucke von 1472 hat.].   Angelo **MARINELLI**, La stampa della *DC* nel XV sec., *L'arte della stampa* 51, **1911** 425-7.   Konrad **HAEBLER**, Die Deutschen Buchdrucker des XV. Jh.s im Auslande, Mün Verl Jacques Rosental **1924** 315 S + XXVI Taf. [Die 17 Kap. fokussieren jew. chronol. ein best. europ. Gebiet; für die *DC*-Inkunabeln kommen in Frage: III. Mailand 1469-1500; VII. Venedig 1471-80; IX. Das übr. It. 1471-75; X. Mittel- u. Oberit. 1475-1500].   Victor **SCHOLDERER**, Federico de' Conti and his first book printed at Jesi, *Gutenberg Jahrbuch* [Mainz] [7] **1932** 110-13 [berichtet über den 'magister librorum in forma' F. del C. aus Ver. u. die *DC*-Ausg. 1472 -dem Jahr der drei Erstausgaben- u. sein „liber Dantis impressus a magistro Federico Veronensi MCCCCLXXII quinto decimo kalendas Augusti", welches das erste in Jesi gedruckte Buch war.].   NN bzw. KOMMISSION FÜR DEN GESAMTKATALOG DER WIEGENDRUCKE ed, Gesamtkatalog der Wiegendrucke. Herausg. von der Komm. ..., Bd VII: *Coniuratio-Eigenschaften*, Leip Verl von Karl W. Hiersemann **1938** VIII-815 Sp. [Das mehrbänd., noch nicht abgeschloss. Kompendium erfaßt alle Inkunabeln, also bis zum 31. 12. 1500 entstand. Drucke; für die Wiegendrucke D.s ist nur der 7. Bd wichtig; er listet in den Sp. 258-72 unter Nr. 7958-7973 alle Frühdrucke auf: die 3 Editiones principes sowie die nachfolg. Frühdrucke bis 1497, welche exakt beschrieben werden;

außerdem liest man weitere wicht. Angaben zu Aufbewahrungsorten u. Forsch.en.]. Domenico BERARDI, Hanno cinquecento anni le prime edizioni della *C.*, oO [=Rav] Tipografia STEAR oJ [=**1972**] 12 S [Separatum aus *Bollettino Economico della Camera di Commercio, Industria, Artigianato e Agricoltura di Ravenna* Nr. 3, März 1972 [eine einf., aber klare Einf. in die 3 Ersteditionen von 1472 sowie die Inkun. Venedig 1477 mit 4 guten Ablichtungen verschied. Stellen aller 4 Ausgaben]. Emanuele CASAMASSIMA, La prima ediz. della *DC* - Foligno 1472, Mil Ediz Il Polifilo **1972** 108 S, Documenti sulle arti del libro 9 [Studien zur Editio Princeps; zahlr. Abb. zu versch. Inkunabelexemplaren der EP u. and. Frühdrucken der *DC*]. Giancarlo SCHIZZEROTTO, Libri stampati a Mantova nel Quattroc.: Catal. della mostra per le celebraz. di Pietro Adamo De Micheli nel 500° annivers. dell'introd. della stampa a Mant.: 1-20 ott., Mant Bibl Comunale **1972** 76 S + 11 Taf. [betrifft auch die *DC*-Inkunabel von 1472.]. Aldo VALLONE, Note sull'ediz. mantovana della *C.* (1472), *Alighieri* 13, **1972** 49-61 [„Se l'ediz. di Foligno è l'espress. somma della genialità di un artigiano, questa di Mantova è il prodotto di più componenti e certo della raffinatezza del pieno umanesimo settentrionale." (52) Die Ed. wird exakt beschrieben; zudem werden an zahlr. einz. Stellen Textvergleiche zu den Ausg. Foligno u. Jesi gezogen; ferner überprüft V. die Affinität zum Kodex Vat. Lat. 3199.]. Franco RIVA, Il D. di Mantova (spunti e appunti su un facsimile), *ABI* 41 (bzw. 24 N. F.), **1973** 68-71 [Anläßl. der Faks.-Ausg. der 'EP' Mantua 1472 von L. PESCASIO (1972) wird über die Schwierigkeiten u. Irrtümer berichtet, die bei der simplen Reproduktion einer Inkunabel entstehen können.]. Guglielmo MANFRÉ, Le edizioni della *DC* nella storia dell'arte tipografica del sec. XV, Nap EDI-Guida [2]**1978** 91 S [Unters. in 13 Themenkr., u. a. zur EP Foligno 1472 sowie zu den Ausg. Mantua u. Venedig bzw. Jesi 1472 u. Neapel 1477 etc.; unters. Druckart u. -technik dieser bzw. anderer Ausg.; [1]1973: Nap Libreria Scientifica Editr]. Severin CORSTEN-Günther PFLUG-Friedrich Adolf SCHMIDT-KÜNSEMÜLLER edd, Lexikon des gesamten Buchwesens. Zweite, völlig neubearbeit. Aufl.: LGB[2]. Unter Mitwirk. von Bernhard Bischoff [u. 7 anderen], Stutt Anton Hiersemann **1987f**. [Bd I: *A* bis *Buch*: XII-639 S (tw. mit and. Herausg.); (bislang) Bd V: *M* bis *Photon* = ebend. 1999 VII-640 S; Bd. VI war mir nicht zugänglich; alle Art. mit Bibl.; mit zahlr. Abb. u. Fotos; das Lex. gibt Aufschluß über frühe Drucker, Verleger etc.; erste Ausg.: Joachim Kirchner ed, Lex. des Buchw., Stutt Hiersemann II [1]1952-53 sowie 2 Bde mit Abb. 1955-56]. Roberto RUSCONI ed, Pagine di D.: Le edizioni della *DC* dal torchio al computer. Catalogo della mostra, Per Electa/Editori Umbri Associati **1989** 317 S [torchio = Druckpresse; ein sehr informativer, reich dokument. Kat. zu den gleichnam. Ausstell.en Foligno (Oratorio del Gonfalone, 11. 3.-28. 5. 1989) u. Ravenna (Bibl. Classense, 8. 7.-16. 10. 1989); die Ausstell. war vorab in Frankfurt Anf. Okt. 1988 auf der Buchmesse mit dem Schwerp. Italien zu sehen; u. a. folg. Begleittexte/Artikel, vornehml. zur Überlief.- u. Druckgesch. der *DC*: Nella Foligno tardomed.: umanisti it. e tipografi tedeschi (Mario Sensi); Il libro di D. dalle prime copie manoscr. all'ediz. della Crusca (Anna Chiavacci Leonardi); D. dall' 'ars artificialiter scribendi' alla prima *DC* (Paolo Veneziani); 'Narrar Dante' attrav. le immagini: le prime illustr. della *C.* (Maria Grazia Ciardi Dupré Dal Poggetto); Immagini della *C.* nelle ediz. del Rinascim. (Maria Cristina Castelli); Manoscritti (Ausstell.teil); Incunaboli e Cinquecentine (Ausstell.teil); Il mondo simbol. della *DC* tra Illumin. e simbolismo (Marcello Fiagiolo = das Hauptstück des Katalogs, S. 153-267); Edizioni tra '700 e '900 (Ausstell.teil); D. e la musica it. (Pierluigi Petrobelli = kleiner Art.); „Sui poemi concentrici" (1987) Per solisti, coro e orchestra (Salvatore Sciarino); Strumenti informatici per l'analisi testuale della *DC* (Eugenio Picchi).]. Brian RICHARDSON, Editing D.'s *C.*, 1472-1629, in *Dante Now: Current trends in D. studies* (Theodore J. Cachey ed), Notre Dame IN U of Notre D P **1995** 237-62. Domitilla ZOLDAN, D. in tipografia: Le dediche nelle edizioni dant. del Cinquec., Rom Zauli Arti Grafiche **1995** 126 S [untersucht 21 Widmungstexte von 1508 (= EP *Quaestio*) bis 1595 (=Ausg. der *DC*), die auch ediert werden (S. 53-120); „In effetti la dedica consente spesso diversi livelli di interpretaz. per la presenza di rimandi a dati culturali, storici ed anche economici." (10)]. Arnaldo **GANDA**, L'ediz. nidobeatina della *C.* Considerazioni e documenti, in *Bibliologia e critica dant.: Saggi dedicati a Enzo Esposito* (V. De Gregorio ed), Rav Longo **1997** II 271-97 [Gemeint ist die Ausg. Mailand 1477, die Martino Paolo Nibbia aus Novara veranlasste.]. Lutz S. **MALKE** ed, D.s *GK*: Drucke u. Illustrationen aus sechs Jahrhunderten, Leip Verl Faber & Faber **2000** 538 S [Begleitbuch zu einer Ausst. zuerst in der Kunstbibl. Staatl. Museen zu Berlin vom 19. 4. bis 18. 6. 2000 u. dann in der Schack-Galerie-Bayer. Staatsgemäldesamml.en München vom 14. 7. bis 24. 9. 2000; mit 311 Abb. (z. T. auch bunt); der Bd enth. aber v. a. 12 informative Studien von Fachleuten zur Druck- u. Illustrationsgesch. der *DC*; so auch: Gabriele Knapstein-L. S. M., Chronol. Verz. von Drucken: it. Ausgaben u. Einzeldrucke der *C.* (= 329-52; von der Ausg. Foligno 1472 bis Vadim Zakhavov Köln 1999 = Laserprint).] Pietro **SCAPECCHI**, Cristoforo Landino, Nicolò di Lorenzo e la *C.*, in *Sandro Botticelli pittore della DC* (S. Gentile-H.-Th. Schulze Altcappenberg edd), Mil-Rom Scuderie Papali al Quirinale/Skira Edit **2000** II 44-7 [Kat. zur Ausstell. in den Scud. 20. 9.- 3. 12. 2000]. Leonella **COGLIEVINA**, Lettori della *C.*: Le stampe, in «*Per correr miglior acque...*»: *Bilanci e prospettive degli studi dant. alle soglie del nuovo millennio. Atti del conv. int. di Verona-Rav. 25-29 ott. 1999. Sotto l'alto patron. del Pres. della Republl.* (NN ed), Rom Sal **2001** I 325-70 [Forsch.ber. zu den Ausg. von 1472 (= 'Editiones principes') bis 1595 (= Crusca-Ed.)]. Deborah **PARKER**, Edizioni e interpretazioni della *DC* nel Rinasc., in *Pour D.: D. et l'Apocalypse. Lectures humanistes de D. (1993-1998)* (Bruno Pinchard-Christian Trottmann edd), Par Honoré Champion **2001** 295-316, Travaux du Centre d'Ét. Supér. de la Renaiss. de Tours 7.

42. HANDSCHRIFTEN und TEXTÜBERLIEFERUNG der *DC*

[Da die *DC* in mehreren hundert, z. T. sehr wichtigen u. wertvollen Handschriften, aber in keinem Autograph oder ihm sehr nahestehenden Textträger überlief. ist, konnte sich die Forsch. zu den Kodizes u. zur Überlief. dieses weltliter. Meisterwerks zu einem breiten Arbeitsfeld ausweiten, das die Verf. krit. Editionen in ihren einleitenden Begleitstudien abhandeln (man findet solche in der Abt. 38: Kritische *DC*-AUSGABEN). Wir nennen zu dem Sachgeb. **in chronol. Reihenf.** einige beispielhafte Unters.en; diese bibliogr. Abt. weist auch auf Forsch.en zu den Handschr.illustrationen hin, die tw. zum Weltkulturerbe zählen; s. auch 15: GRUNDLAGENFORSCHUNG von BARBI, NARDI und VALLONE (v. a. zu Barbi, 40: Fotomechan. Reproduktionen von *DC*-TEXTTRÄGERN]

Henry Clark **BARLOW** [1806-76], Critical, Historical and Philosophical Contributions to the Study of the *DC*, Lon-Edin Williams and Norgate **1864** XIV-607 S [Aufbau: 1-79: Codici of the *DC* (besprochen werden in einz. Kap. Kodizes aus Rom, Florenz, and. it. Städten, Frankr. u. Belgien, Engl., Dänem. u. Deutschl; es folgt dann als Corpus 'Readings of the *DC*', (= Miszellen zu textkritisch relev. Passagen, und zwar sukzess. zu den 3 cantiche, in die aber auch Sacherklär.en einbezogen sind, welche sich auf ältere Kommentare stützen); zu dem Werk gibt es ein Supplement: 1865: ebend. 24 S.]. Adolfo **MUSSAFIA** [1835-1905], Sul testo della *DC*, I: I codici di Vienna e di Stoccarda, Vienna Dall'I. R. Tipografia di Corte e di Stato/In commissione presso il figlio di Carlo Gerold, Librajo dell'I. R. Academia delle scienze **1865** 74 S [Unters. die Hss. V bzw. W der Österr. Nat.bibl. (= Wien 2600, "Eugeniano") u. S der Württemb. Landesbibl. in Stuttg. (Cod. poet. et phil. fol. 19). „Il punto di confronto, dal quale io muovo, è l'ediz. del Witte; e registro tutti i luoghi, in cui i due manoscr. da me consultati variano dal testo della medesima." (5) S. 17-64: stellt zu allen 100 canti di Abweich.en von V u. S zus.; Fazit: „Stanno tra di loro in intima relazione." (14)]. Edward **MOORE** [1835-1916], The Textual Criticism of the *DC*. Including the complete collation throughout the *Inf.* of all the mss. at Oxf. and Cambr., Cambr UP **1889** LVI-723 S [Grundl.werk zur Texterstell. der *DC*, v. a. zum *Inf.*; enth. u. a.: Prolegomena; Prefatory note on interpretation of mss.; Text of the *Inf.* with complete collation of 17 mss.; Coll. and discussion of sel. passages; Account of the mss. collated or examined; List of mss. collated or examined; List of peculiar readings]. Carlo **TÄUBER** [1864-?], I capostipiti dei manoscritti della *DC*. Ricerche. A spese dell'aut., Winterthur Tipogr Sorelle Ziegler **1889** XI-148 S [zuerst Überbl. über Klassifizier.versuche der Hss.; dann Auseinanders. mit Wittes Ed.; beabs. ein neues System; Basis bilden über 400 Hss., die er sukzess. eliminiert, bis 17 als prägend übrig bleiben (4 der Laurenziana, 3 der Trivulziana etc.); in 2 Faltblättern werden deren Merkmale zus.gestellt; „Abbiamo voluto condurre i Dantofili alle sorgenti alle quali debbono attingere studiando la veramente divina *C*." (130)]. Lucien **AUVRAY** [1860-1937], Les manuscrits de D. des bibliothèques de France. Essai d'un catalogue raisonné, Par E. Thorin **1892** 195 S, Bibliothèque des Écoles françaises d'Athènes et de Rome 56 [betr. gerade auch die Hss. der *DC*; mit Faks.]. Carlo **FRATI**, I codici dant. della Bibl. Universitaria di Bologna. Con IV appendici e XIV facsimili, Fir Olsch **1923** VII-184 S, Bibliot. di bibliogr. it. 1 [bietet detaill. Beschreib.en der Kodizes.]. Berthold **WIESE**, Die in Deutschland vorhand. Handschriften der *GK*, *DDJb* 11, **1929** 44-52. Paul **SCHUBRING**, Illustrationen zu D.s *GK*. Italien, 14. bis 16. Jh. mit 78 Holzschnitten u. 388 Abb., Zür-Leip-Wien Amalthea-Verl **1931** 212 S + unpag. S mit 387 Abb. [„Dies Buch sucht einen neuen Weg, den deutschen Kunstfreund an D. heranzubringen, nämlich mit Hilfe des Bildes." (7) Das Buch ist eine detaillierte u. sukzessiv angelegte Beschreib. des Inhaltes der *DC* von *Inf.* I bis *Par.* XXXIII; an jedes canto-Kap. schließt sich ein Anh. (= „Illustrationen") an, wo die Art der jew. bildl. Darstell. diskutiert wird; die Ill.en befinden sich im Anh.; in die meisten dieser Kapitel ist ein erzählender Holzschnitt aus den berühmten Inkunabeln Brescia 1487 oder Venedig 1491 eingef.; alle Fotos s/w; keine Bibl.]. Michele **BARBI**, Ancora sul testo della *DC*, *SD* 18, **1934** 5-57 [B. faßt die Resonanz auf die krit. Ed. von Vandelli (1921) zus. u. nimmt zu danach erschien. Ausgaben Stell.; dies geschieht v. a. im Hinblick auf bestimmte Lesarten oder Ed.kriterien; er resümiert als Ziele für die künft. Forsch.: „Nessuno esclude che sia possibile una più precisa classificaz. dei testi per gruppi e per famiglie e una più esatta determinaz. dei turbamenti avvenuti nella tradiz. manoscritta." (56)]. Giorgio **PETROCCHI**, Proposte per un testo-base della *DC*, *Filologia Romanza* [Tor Casa Editrice Loescher-Chiantore] 2, **1955** 337-65 [ein philolog. Fundament für P.s spätere krit. Ed.; „Con quindici o venti manoscritti della *DC* che costituiscano il materiale da classificare e utilizzare, una ediz.-base 'critica' del poema sacro sarà allora possibile, e avviato il probl. del testo definitivo." (364) Es folgt die Liste der in Frage kommenden Kodizes.]. **DERS.**, L'antica tradiz. manoscr. della *C.*, *SD* 34, **1957** 7-126 [unters. 25 Kodizes/Fragmente der frühen Überlief.trad.]. Gianfranco **FOLENA**, Überlief.gesch. der altit. Lit., in *Gesch. der Textüberlief. der antiken u. ma. Lit.*, Bd II (von 2 Bdn), Zür Atlantis Verl **1964** 843 S, 321-537 [Das 12. der 20 meist bestimmten Autoren gewidm. Kap. gilt D. (Die Werke von D. A. = 420-86); Aufbau: a) Die kleineren it. Werke; b) Die lat. W.; c) Die *gK* (= 452-503); es wird jeweils die Situation der Textüberlief. u. die Gesch. ihrer Erforsch. beschrieben; mit viel Bibl., Stammbäumen, Ablicht.en von Hss.]. Francesco **DI PRETORO**, La *DC* nelle sue vicende attraverso i secoli, Fir Le Monn **1965** 70 S, Bibliotechina del Saggiatore 22 [kleine, aber sehr konsistente u. komp. Einf. in die Hauptgeb. der D.-Philol.; Aufbau (u. a.): I. Prima copia integrale del Poema; II. Copisti e prime vicende del testo dant.; V. Codici insigni; VI. Codici miniati; VII. Prime stampe; VIII. Ediz. fiorent. nel 1481; IX. Firenze e D.; XIV. Lord Vernon e importanza delle sue ristampe; XV. Prima idea d'una ediz. crit. del Poema; XVI. Il contrib. delle diverse nazioni. Carlo Witte; XVII. Firenze centro di studi su D.: La SDI e l'ediz. crit. del 1921; XVIII. Verso l'ediz. naz. delle op. di D.; alle Kap. mit Bibl.]. Gianfranco **FOLENA**, La tradiz. delle opere di D., in *Atti del congr. int. di* *studi dant. a cura della SDI e dell'AISLLI e sotto il patroc. dei comuni di Fir., Ver. e Rav. 20-27 apr. 1965* (NN ed) Fir Sans **1965** 1-78 [kein Vortrag, sond. ausf. dokum. Studie u. Forsch.ber. zur Überlief.gesch. der *DC*, auch zu op. min.]. Mario CASELLA, Textstudien zur *DC*, in *D. A.: Aufsätze zur DC* (H. Friedrich ed), Darm WG **1968** 117-200, Wege der Forschung 159 [der A ist dt. Übers. von [1]**1924** in *SD* 8, 1924 5-85 (Sul testo della *DC*); Forsch.ber. zur Ed.situation bis bzw. nach 1921 (= Jahr der krit. Ausg. von G. Vandelli); Aufbau: I. Zur Textüberlief.; II. Ausnahmefälle von Diärese u. Dialepsis; III. Die Reduzier. des Diphtongs im Reim; Ausgangsbasis für die Unters. zentr. Probleme ist ein Kanon von 400 textkritisch/überlief.geschichtlich relevanten Stellen, welche einst M. Barbi ausgemacht hatte.]. Peter BRIEGER-Millard MEISS-Charles S[outhward] SINGLETON, Illuminated Manuscripts of the *Divine Comedy*, Prince NJ UP II **1969** XX-378 + XXII-539 S, Bollingen Series 81 [Bd I beschr. die Hss., II enth. über 500 S Abb.]. Mario ROTILI, I codici dant. miniati a Napoli, Nap Libreria Scientif Editr **1972** 187 S, Miniatura e arti minori in Campania. Coll. di saggi e studi 7 [als Einl. 3 A über D.-Hss. in Neapel; S. 73-95: Catalogo; 97-179: 44 fotogr. Abb.]. Marcella RODDEWIG, Die *GK*: Vergleichende Bestandsaufnahme der *C*.-Hss., Stutt Hiersemann **1984** CVI-564 S + 54 Taf, Hiersemanns bibliograph. Handbücher 4 [Vorw. behandelt Gesch./Wege der Überlief.; I. Beschreib. der vorhand. u. verlor. Hss., alphabet. geordnet nach Städten = Nr. 1-827; II. Übers.hinw.; III. Spez. Angaben; IV. Alphabet. Verz.; V. Konkordanzen. Es ist dies die vollständigste Bestandsaufn. u. beste Beschreib. aller bis jetzt bekannten Hss. der *DC* u. einz. Teile derselben; entscheid. Beitrag zur Erschließ. der Tgeschichte u. Tkritik]. Remo FASANI, Sul testo della *DC*: *Inf.*, Fir Sans **1986** 269 S, Nuovi saggi oN [5 textkrit. Studien: I. Introd.; II. Conferme del testo attuale; III. Nuove lezioni promosse al testo; IV. Discussioni di altre varianti; V. Conclusioni; der Graubündner Romanist versucht in neuart. Weise, Textemendierung nach rhetor. Prinzipien vorzunehmen, womit er eine fünfte Periode der Textkritik einleiten will; bei Variantenvorschlägen berücksichtigt er z. B. Elemente wie Wiederholung, Synonymie, Opposition oder Enumeration.]. John LINDON, H. C. Barlow and his contribution to textual criticism of the *Divine Comedy*, DDJb 63, **1988** 47-74 [Henry Clark Barlow, geb. 1806 bei London, Zeitgenosse von Karl Witte und ähnlich wie er philologisch veranlagt, verfaßte 1864 den 600 Seiten umfassenden Bd Critical... Contributions to the Study of the *DC* (s. o.); L. führt in die damal. Textprobleme ein u. zeichnet ein interessantes Bild des Forschers.]. Roberto RUSCONI ed, D.s *GK* in 7 Jahrhunderten geschrieben-gedruckt-illustriert: Ausst.kat. Mus. für Kunsthandwerk Ffm 6. 10. 1988-8. 1. 1989, Per Editori Umbri Associati **1988** 293 S, 40. Frankf. Buchmesse-Schwerpunktthema Italien [12 A, jew. durch Exponate dokumentiert; folg. Titel: Foligno im SpätMA; Das Buch D.s bis zur Crusca-Ausg.; D. u. die 'Ars artificialiter scribendi'; Die ersten Illustrationen der *DC*; Bilder der *DC* in den Ausg. der Renaiss.; Hss., Ausg. des 15. u. 16. Jh.; Die Symbolwelt der *DC*; Ausg. des 18.-20. Jh.; D. u. die it. Musik etc.; Ausstell. wurde vorbereitet von der Regione Umbra, Reg. Emilia Rom. u. Stadt Foligno, wo die *DC* 1472 erstmals gedr. wurde.]. Giuseppe VANDELLI [1865-1937], Per il testo della *DC*. A cura di Rudy Abardo con un saggio introduttivo di Francesco Mazzoni, Fir Le Lett **1989** XVIII-382 S + 13 Taf [= Ablicht.en von Hss.], Quaderni degli *SD* 5 [Von V. stammt eine bedeut. krit. Ausg. des Jahres 1921; „Vengono qui raccolti gli scritti più strettamente filologici dedicati da G. V. al problema del testo crit. della *C*... Tali scritti rappresentano un sicuro e prezioso contrib. non solo alla storia, ormai secolare, del probl. ecdotico, ma anche alla pratica soluz. di questioni tuttora aperte di filol. testuale e di puntuale esegesi." (V) Die insges. 39 A sind in folg. Abt. gegl.: Programmi di ricerca e prefazioni (8); Scritti teorici e contrib. generali (6); Contrib. specifici (4); Note sul testo crit. della *DC* (11); Descrizioni di codici (10); S. 331-9: Bibl. degli scritti di G. V. (von 1888-p. 1978)]. Paolo MANINCHEDDA, Il testo della *C*. sec. il cod. di Cagliari, Rom Bulz **1990** 137 S [Studie zur Hs. 76 der Bibl. Universit. di Cagliari 14.-15. Jh.]. John POPE-

HENNESSY, The Illuminations to D.'s *Divine Comedy* by Giovanni di Paolo, Lon Thames and Hudson **1993** 223 S [Wunderschöner Bildbd = Unters. zum Yates-Thompson-Kodex (um 1445 für den König von Neapel von G. di P. angefertigt; jetzt British Library); ausf. erläut. u. dokum. Bd; enth. 132 Abb., davon 93 in Farbe]. Francesco **MAZZONI**, Per un censimento dei codici della *C.*, in *Testi, manoscritti, ipertesti: Compatibilità informativa e lett. med. Atti del conv. int. di Fir.- Certosa del Galluzzo 31 maggio-1° giugno 1996* (L. Leonardo ed) Fir Edizioni del Galluzzo **1998** 145-72. Almut **STOLTE**, Frühe Miniaturen zu D.s *DC.* Der Codex Egerton 943 der British Library, Münster LIT Verl **1998** 226 S + Bildteil mit 147 Abb. bunt oder s/w, Kunstgeschichte 47 [urspr. Diss Hei 1993; der Eg. 943 wurde um ca. 1840 durch das British M. aus priv. Hand ange-kauft; er entstand um 1330 in Bol. oder Padua in der Werkstatt des Maestro di Gherarduccio; es ist eine sehr frühe u. besonders schöne Handschrift; die 247 Miniaturen wurden von einer Person konzipiert, aber von mehreren Händen ausgeführt; die ausf. Unters. beschreibt u. erforscht nicht nur diesen Kodex, sondern zeigt auch, wie man die damalige Entstehung eines Buchkunst-werks vorstellen muß; Aufbau: Einl. (Die Entst. u. Verbreit. der *DC*; Die Illustrier. der *DC*; Der Eg. 943: Forsch.stand; Kodikol. Beschreib.); Teil I: Stil, Datier., Herstell.; Teil II: Ikonographie (Teile I u. II jew. sehr ausf. Hauptkap.); im Anh. genaues Verz. aller Illustrationen]. Dorothy Hughes **GILLERMAN**, Trecento illustrators of the *DC*, *DS* 118, **2000** 129-65 [beh. die bolognesi-schen, dann die in engl. Bibl. aufbew. sowie drittens die lombardischen, v. a. in der Trivulziana befindl. Hss. der *DC*; zur Einschätz. der Illustr.en seien die interpretativen Bemühungen der Künstler zu berücksichtigen.]. Luisa **MIGLIO**, Lettori della *C.*: I manoscritti, in *«Per correr miglior acque...»: Bilanci e prospettive degli studi dant. alle soglie del nuovo millennio. Atti del conv. int. di Ver.-Rav. 25-29 ott. 1999. Sotto l'alto patronato del Pres. della Repubbl.* (NN ed), Rom Sal **2001** I 295-323 [Die Fragestellungen lauten: „La diade pubblico/lettori di D. presuppone un'assimilabilità o sono due corni del problema?... E come riconoscere tra i tanti che possedettero la *C.* quelli che veramente la lessero." (297)]. Giancarlo **SAVINO**, L'autografo virtuale della *C.*, ebend. II 1099-1110 [diskutiert den Forsch.stand bezüglich des nicht existenten Autographs bzw. des von der Forsch. vermuteten Charakters des Archetyps].

INTERNET

SOCIETÀ DANTESCA ITALIANA ed, *dante online* [**http://www.danteonline.it/**] Unter dem Titel 'dante online' hat die SDI mehrere 'Dienstleistungen' bzw. Projekte zus.gefaßt: außer einer Bio-graphie, einer begonnenen elektron. Werkedition, einer Bibliographie u. einer 'Nachrichtenecke' auch den Aufbau einer virtuellen Bibl. aller Handschriften, die Werke von D. überliefern; man fing mit den *DC*-Manuskr. an, d. h. man hat zunächst 827 Dokumente zu einer übersichtl. Liste zus.gefügt, die alle Bibliotheksorte, Signaturen (auch ältere Standorte), Entst.zeit u. Namen der Kopisten verzeichnet; danach hat man angefangen, ganze Hss. ins Internet zu stellen, u. zwar kann man nun 18 berühmte Textträger Seite für Seite ansehen u. 'photographieren'; zu jeder Seite wird eine philologisch exakte, mod. Transkr. geboten; die 18 Manuskripte sind folgende: Genf Cologny 56, Cortona 88, Fir Fondo Naz. II. I. 36, Fir Riccardiano 1005 sowie 1010, 1014, 1025, 1026, 1034, 1035, 1048, 1049 a und 1115, ferner Imola 32, Mil Triv. 1080, Mil Braid. AG XII 2, Pia-cenza 190 sowie Pistoia D 311.

43. Kommentierte *DC*-AUSGABEN (italienische)

[Kritische Ausgaben sind in der Regel nicht kommentiert, weil sich deren Herausgeber auf die Beschreib. der Textüberlief. und die nüchterne Texterstellung beschränken. Im Folgenden stellen wir einige beliebte, von it. Fachleuten publizierte Ausgaben zus., die mit einem umfangr. Kom-mentar versehen sind; sie werden von Lernenden -Schülern u. Studierenden- seit Jahren gern benutzt; wir nennen sie **in alphabet. Reihenf.**, weil die Verlage sie stets neu herausbringen; Autorname u. Verlag führen im it. Buchhandelsverz. automatisch zur neuesten auf dem Markt befindl. Ausg.; es geht hier also nicht um die Erfass. aller Auflagen oder Nachdrucke, sondern nur um die entsprech. Erstausgaben oder tatsächlich maßgebl. Nachdrucke der in der Substanz unveränd. Publikationen. In diesem Zus.hang ist daran zu erinnern, daß seit dem 19. Jh. in Italien viele Lehrstuhlinhaber gut u. gründlich komment. *DC*-Ausg.en herausbrachten, die man manchmal über Jahrzehnte hinweg auflegte; es ist nicht sinnvoll, alle Unternehmungen dieser Art u. deren entsprech. Auflagen aufzulisten; die folg. Arbeiten stehen für andere u. ähnliche; s. auch Abt. 38: Kritische *DC*-AUSGABEN, 39: Weitere *DC*-AUSGABEN, 44: 'SCHULAUSGABEN' der *DC*, 45: Preiswerte *DC*-AUSGABEN, (in den Abt. 39, 44 u. 45 findet man auch ordentlich komment. Ausgaben der *DC*), 52: Frühe *DC*-KOMMENTARE im INTERNET]

Carlo **GRABHER**, D. A.: La *DC* commentata da C. G.- Illustrata da Tono Zancanaro, Bari Lat III **1964** XI-454 + 414 + 429 S, Classici illustr. Laterza oN [unter dem T ausf. wiss. Komm.; diese Ausg. wurde lange von it. Studierenden benutzt; hierzu gibt es u. a. eine Luxusausg. in einem Schuber: D. A. La *DC* comment. da C. G. e illustr. da G. Doré, Rom-Bari Lat III 1988 XI-454 + 414 + 429 S; der T ist identisch mit dem der zuvor gen. Ed.; Preis seinerzeit Lit. 320.000].   Daniele **MATTALÌA** ed, D. A.: La *DC* con rimario e indici, Mil Rizz II [2]1966 1207 S, Classici Rizzoli [Bd I = *Inf.* u. *Purg.*, Bd II = *Par.*; Rimario = S. 637-765; sehr ausf. Komm. unter dem T; [1]1966; mehrfach nachgedr.].   Fausto **MONTANARI**, D. A.: La *DC* commentata da F. M., Bre La Scuola Edit III [9]1966 328 + 414 + 450 S [unter dem T jew. halbseit. Komm.; vor jedem canto lange Inh.ang.].   Emilio Alessandro **PANAITESCU** [Assistente F. BARONIO GAMBINO] ed, D. A.: La *DC*. Riassunti, introduzioni crit. e commento, Mil Fratelli Fabbri Editori VI Bde zu 3 Tln **1963** 583 + 563 + 580 S [DIN A 4; jede cantica nimmt 2 Bde ein; der deutlich groß gedr. T nimmt jew. ein Viertel der Doppelseite ein; um den T herum zahlr. Anm. u. Erklär.en; auf jeder Seite mehrere große, farblich u. qualitativ schöne, bunte Abb.en aus der ma. Kunst, v. a. aus illum. Hss.; diese erläutern die Begriffe u. Inhalte aus Theol., Philos. u. Kultur im T; vor jedem canto Inh.ang. u. Introd. crit.; es ist die aus dem neueren Italien umfangreichste bildliche Ed. der *DC*; Herausg. macht leider selbst keine Angaben zu dem Werk, auch nicht zur TG].   Emilio **PASQUINI**-Antonio **QUAGLIO** edd, D. A.: La *DC*: Introd., note, letture dei canti, percorsi dant., Mil Garz III [1]1988 LXX-432 + 494 + 530 S [sehr informationsreiches Werk; im ersten Bd allgem. Einf. in die *DC*; vor jedem canto kurze Inh.ang.; unter/zu jedem canto reichl. Erklär.en/Komm.; nach jedem canto Exkurse; vor jeder cantica eine Einf. mit Jenseitsdiagramm; nach jeder cantica sogen. percorsi = Abhandl. grundsätzl./zentr. Themen; vgl. die einbänd. Ausg. der beiden Herausgeber von 1987].   Luigi **PIETROBONO** d. S. P. [1863-1960], La *DC* di D. A. commentata. Quarta ediz. interam. rif., Tor Soc Editr Intern III [4]1962-60-62 XXIII-442 + 462 + 412 S [vor jedem canto ausf. = einseit. Inh.ang. (= argom.); auf jeder Seite Komm. bis zu zwei Drittel einer Seite; [1]1924 ebend.; dann: 1929, 1934, 1945, 1949 usw.].   Dino **PROVENZAL** ed, D. A.: La *DC* commentata, Mil Edizioni Scolastiche Mond III [18]1976 XVI-301 + VII-305-618 + VII 622-974 S [eine cantica pro Bd; sehr ausf. Erklär.en unter dem T; Inh.zus.fass. am Ende eines jeden canto sowie Besprech. der grundsätzl. Themen; Jenseitsdiagramme am Ende jedes Bandes; [1]1949-50].   Carlo **SALINARI**-Sergio **ROMAGNOLI**-Antonio **LANZA** edd, D. A.: La *DC*, Rom Editori Riuniti III [1]1980, XXXI-457 + XI-407 + XI-430 S, Universale letteratura 13-14-15 [eine cantica pro Bd; einfache Erkl.en unter dem T; am Ende jedes canto Kurzbibl.; jeder Bd enth. im Einführ.teil ein schönes Jenseitsschaubild.].   Aldo **VALLONE**-Luigi **SCORRANO** edd, D. A.: La *DC*. Commento-Introd.-Letture critiche-Bibliografia, Nap Editr Ferraro IV **1987-90** 527 + 542 + 524 + 466 S [die Bde 1-3 (alle [1]1987 u. entspr. Nachdrucke) je einer cantica gewidmet; sehr ausf. Komm.; vorweg Inh.ang. (= La linea del racconto); nach jedem canto: l'interpretaz. critica (= Auszüge aus 'lecturae Dantis' berühmter Dantisten); Bd 4 (= ¹1990) enth.: Antologia critica (= S. 113-437: insges. 24 Exzerpte), Rimario, Indice onomastico e generale].

INTERNET

Robert **HOLLANDER** ed/dir, *The Dartmouth Dante Project* [**http://www.dartmouth.edu/**]. Der amerikan. Dantist begründete 1982 ein mittlerw. sehr entwickeltes *DC*-Komm.befragungskorpus: Aus der Zeit von J. Alighieri (1322) bis Pasquini-Quaglio (1982) hat man 47 Exegesevolumina so gespeichert, daß man zu einem Vers oder Begriff der *DC* alle Auslassungen auf einen Blick zus.gestellt bekommt (zu weit. Details s. Abt. 52: Frühe *DC*-KOMMENTARE im INTERNET). Von den in dieser Abt. 43 gemeinten neueren, z. T. auch nicht-it. Kommentierungen, zu denen bekannte Werke (Ausg.en bzw. Übers.en mit einem Erläuterungsteil) des 19. und 20. Jh. zählen, findet man im Dartmouth-Projekt die Publik.en der folg. Dantisten eingearbeitet: Portirelli (1804-05), Costa (1819-21), Tommaseo (1837 bzw. 1865), Longfellow (1867), Greg. Di Siena (1867), Bianchi (1844 bzw. 1868), Scartazzini (1874-82 bzw. 1900), Berthier (1892-97), Tozer (1901), Ruskin (1903), Torraca (1905), Grandgent (1919-23), Mestica (1909 bzw. 1921-22), Casini-Barbi (1921), Steiner (1921), Del Lungo (1926), Scartazzini-Vandelli (1929), Grabher (1934-36), Trucchi (1936), Pietrobono (1924-30 bzw. 1946), Momigliano (1946-51), Porena (1946-48), Sapegno (1955-57), Chimenz (1962), Fallani (1965), Padoan (1967), Giacalone (1968), Singleton (1970-75), Bosco-Reggio (1979), Pasquini-Quaglio (1982).

Otfried **LIEBERKNECHT**, Alphabetical list of commentaries to D.'s *C*. [**http://orb.rhodes.edu/en cyclop/culture/lit/Italian/da_b_kom.htm**]: Der anerkannte Internet-Dantist stellte 110 versch. Kommentierungsunternehmungen vom 14. bis zum 20. Jh. alphab. zus. (von Acquaticci 1905 bis Zoozmann 1921); erfaßt werden damit alle frühen Kommentare sowie auch komment. Ausg.en der Neuzeit; alles ist unkommentiert; der Verf. beschränkt sich auf nackte bibl. Angaben, nennt auch Verlage u. spätere Auflagen, aber keine Seitenzahlen; „N. B.: The following bibliography is still incomplete and needs revision." Wer sich mit D.-Kommentaren u. komment. Ausg.en befaßt, sollte feststellen, ob er nicht bereits hier wesentl. Aufschlüsse erhält.

MEDIASOFT s. r. l. (Via Pascoli 3/B – I-35125 Padova, Tel. 0039-49-8806350 - Fax 0039-49/681290 – e-mail: info@mediasoft.it) ed, *DC. Inf.-Purg.-Par.*-Monografia [**http: //www.media soft.it/dante/**] Der ges. Text der *DC* ist canto für canto so abrufbar, daß man links den T u. rechts daneben auf gleicher Vershöhe einen Komm. bzw. ein Erklärungskorpus eingeblendet bekommt; TG = G. Petrocchi. Zum Komm.: „Ci si è basati sui maggiori commenti che a tale ediz. si rifanno, e nella fattispecie: Sapegno, Bosco-Reggio, Pasquini-Quaglio, Fallani. Le note sono invece quelle di Lucio Sbriccioli, che, oltre ad essere estremamente chiare, hanno il grande pregio di basarsi pressoché in toto sul commento del grande Francesco de Sanctis." Aufgelockert wird die Lektüre durch Illustr.en von Botticelli, Doré, Zuccari, Signorelli, Cimabue, Delacroix, Blake u. a.; ins Web gestellt 1997-98.].

44. 'SCHULAUSGABEN' der *DC*

[Da die *DC* ein fester Lernstoff des it. Schulbetriebs ist -wo man D.s Dichtung bisweilen auf einem hohen Niveau traktiert-, publizieren Verlage regelmäßig schulgerechte Editionen. Schüler können nicht viel anfangen mit kritischen (s. Abt. 38), kompakten wissenschaftlichen (s. 39), gelehrt kommentierten (s. 43) Ausgaben, aber auch nicht mit preisw. Gebrauchstexten (s. 45). Sie benötigen die *DC* in Aufmachungen, bei denen ihnen Dinge deutlich werden, die für Intellektuelle -die sie selbst einmal sein werden- selbstverständlich sind, welche sie aber jetzt noch erläutert bekommen u. einüben müssen. Die folgenden, wegen der permanenten Nachdrucke **alphabet.**

nach den **Herausgebern** zus.gest. Schulausgaben dürften auch für nicht so sprach- u. sachkundige, nicht-it. Leser attraktiv sein; jedenfalls handelt es sich um prakt. u. nützl. Textlernwerke, u. zwar um eine kleine Auswahl, denn bei einem Gang in eine it. Schulbuchhandl. stellt man fest, daß es viele *DC*-Ausgaben für unterschiedl. Altersstufen u. Schultypen gibt.]

Umberto **Bosco**-Giovanni **Reggio** edd, D. A.: La *DC* con pagine critiche, Fir Le Monn III **1988f.** 554 (*Inf.*) + 620 (*Purg.*) + 601 (*Par.*) S [T mit ausf. Komm. unter dem T; vor jedem canto ausf. Einf.; im Anh. 9 bzw. 10 bzw. 12 Essays bedeut. it. Dantisten; zu jedem Bd verschied. N.drucke, z. B. I = 1997, II = 2000, III 1997]. Hierzu gibt es 3 entspr. Arbeits- bzw. Lernhefte: Pietro **Cataldi** ed, La *DC*: Questioni, temi e ricerche, Fir Le Monn III **1993f.** 143 + 127 + 127 S [Zu allen 34 bzw. 33 canti werden folg. 8 Kategorien/Sequenzen von jew. mehreren Fragen/Aufgaben gestellt: 1. Verifica della comprensione (10 Fragen), 2. Approfondim. sul testo, 3. Analisi del canto, 4. Una questione, 5. Relazioni intertestuali, 6. Il lessico di D. e noi, 7. Percorsi critici, 8. Indicazioni bibliograf.; versch. N.drucke, z. B. 1995 oder 2000; Preis der Hefte seinerz. ca. Lit. 30.000]. Angelo **Buononato**-Arnaldo **Stirati**, D. A.: La *DC. Inf.-Purg.-Par.* Testo integr. della cantica, esposiz. concettuale, questionario, temi dant., interpret. letterale interlineare, argomenti, commento estet., analisi di personaggi. Nuova ediz., Rom Casa Editr 'Le Muse' III ²1987 549 +501 + 499 S, Musagete. Coll. di autori it. con question., testo, costruz., esposiz. concettuale, interpret. letter. interl., comm. estet., note stor., argomenti, giudizi crit., indici (diretta da A. B) 1 M, 2 M, 3 M [Ein Lernwerk für 'scuole medie superiori, maturità, concorsi magistrali'; es ist eine der gründlichsten Lernhilfen für junge ItalienerInnen überhaupt; außer einer vollständ. Kommentierung wird in der 'interpret. interlin.' Zeile für Zeile eine Prosafass. geboten, in der jede poet. Wendung versachlicht geäußert wird; außerdem schöne Jenseitsdiagramme u. ausf. Inh.ang. der einz. canti; ¹1978: ebend. III 308 + 302 + 302 S; wiederholt aufgel.; A. B. gab zahlr. and. Lernwerke für den it. Schulbetrieb heraus.]. Tommaso **Di Salvo** ed, La *DC* di D. A. In appendice: Indice integrale delle parole, indice inverso delle rime con rinvii al canto e al verso, Bol Zan ¹1987 XXIX-589-601-640-177 (= Reg.) S [ist Ausg. in einem Bd; in drei Bdn zuvor 1985; alle canti ausf. komm. u. m. Erklär.en unter dem T; am Ende eines canto kleine Anthol. von Kritiken sowie Aufgaben u. Arbeitsvorschläge; enth. viele Zeichnungen, Schaubilder, Diagramme; versch. N.drucke; ideal als (Selbst)Lernwerk]. Carlo **Dragone** [1911-74], D. A.: La *DC. Inf.* bzw. *Purg.* bzw. *Par.*: Commento e parafrasi, Rom Edizioni Paoline III ¹³1982 XXXI-447 + XXXI-507 + XXXI-543 S [eine sehr hilfreiche Ausg.; Vorspann (Einf. in hist. Umfeld, D.s Leben u. Werk sowie Generalia zur *DC*), jew. identisch; auf jeder Seite links it. T (TG Petrocchi 1966-67); links it. Prosaübertr.; unter dem T auf beiden Seiten ausf. Anm.; vor jedem canto Inh.ang.; am Schluß jedes Bds eine ausf. u. gründl. Bibl. (für alle 3 Bde gleich) sowie Register zur jew. cantica; ¹1958]. Bianca **Garavelli** [con la supervisione di Maria **Corti**] ed, D. A.: La *C.*, Mil Bom/Per le scuole superiori III **1993** XVII-509 (*Inf.*), XVII-524 (*Purg.*), XIX-504 (*Par.*) S [vor jedem canto kurze Einf.; auf jeder Seite ausführl. Sachkomm. sowie neuit. Paraphrase bzw. Übers.; rist. 1996; Preis seinerz. ca. Lit. 30.000]; hierzu gibt es ein Begleitbuch: M. **Bricchi** u. a. edd, Guida alla *C.*: Saggi, Mil Bom/Per le sc sup **1993** 203 S [enth. Sachart. zu Titel, Entstehung, Jenseitstopogr., Metrik, polit. Werdegang D.s etc. sowie 8 Tafeln; rist. 1994; Preis seinerz. Lit. 33.000].

45. Preiswerte (einfache) *DC*-Ausgaben

[Da Dante ein gefeierter Nationalautor ist, dessen *DC* man immer wieder in Schulklassen u. universitären Studiengängen zu 'konsumieren' hat, geben it. Verlage gern Ausgaben von ihr heraus, die in einfacher, aber nicht unattraktiver Aufmachung einen nützl. Gebrauchstext darstellen, den man billig erwerben u. dann ständig mit sich herumtragen kann. Solche Standardeditionen kaufen sich auch 'normale Bürger', die einst selbst die *DC* pauken mußten! Die folg. **alphabet. nach Verlagsnamen** gen. Werke erscheinen fortwährend in modifiziertem Gewand, ohne ihre textliche Substanz zu ändern, so daß es müßig wäre, Nachdrucke zu erwähnen; der Name des Herausgebers bzw. Verlags führt in Bücherverfügbarkeitskatalogen automatisch zur neuesten auf dem Markt befindl. Ausgabe; vgl. auch Abt. 44: 'Schulausgaben' der *DC*]

NN ed, D. A.: *DC*. *Inf.-Purg.-Par.*: Ediz. integrale, Rom **Compton** editori **1993** 98 S, Tasc. econ. Newton. '100 pagine 1000 Lire 100' [fibelartig handl. Ausg. in Kleindruck; vorne schönes Bild: Gemälde 'Dante in esilio' von Domenico Peterlin (Vicenza); auf jeder Seite ein ganzer canto; vor jedem canto Inh.ang.; ohne Komm.; TG = Petrocchi; „una nuova, straordinaria collana di tascabili che unisce all'eleganza della veste editoriale la particolare cura del corredo crit. e delle traduzioni, per raggiungere il pubblico più esteso con il prezzo più economico." (Umschlagtext); Preis: 1000 Lire bzw. 0,52 € (!); ist weiterhin auf dem Markt.]. Manuela **Scuccato** ed, D. A.: DC. *Inferno-Purgatorio-Paradiso*, Colognola ai Colli (VR) **Demetra** s. r. l. [Via Strà 167] [2]1999 284 + 286 + 286 S [drei Bde zus.gebunden; TG ungen.; unter dem T ein paar Zeilen sprachl. Erklär.en, aber am Ende einer cantica jeweils recht ausf. Wörterbuch (Apparato informativo e documentato sui personaggi, i nomi e i luoghi citati nella cantica = 3 Stück; großer Schriftgrad, grobes Papier; etwas unhandl. dicke, aber robuste u. strapazierfähige Ausg.; Preis seinerz. Lit. 20.000]. NN ed, D. A.: La *DC*. Commento a cura di Giuseppe Villaroel [1889-1968]. Revisone del commento di Guido Davico Bonino e Carlo Poma. Saggio introduttivo di Eugenio Montale, Mil **Mondadori 2001** [= Nachdr.] LI-860 S, Oscar Mondadori. Grandi Classici 11 [etwa halbseit. Komm. unter dem T; TG = G. Petrocchi 1966-67 (jedoch mit vergleich. Bezug auf Vandelli 1921); Komm. von 1964 = veröff.; Vorw. von E. M. von 1966 = veröff.; [1]1985 bzw. 1991 (rist.) ebend.; handl., kleinere Ausg.; Preis: Lit. 24.000 bzw. 12,39 €]. Fredi **Chiappelli**, D. A.: La *DC*. Ediz. integrale comment., Mil **Mursia 1989** XXII-484 S, GUM/Grande Universale Mursia. Nuova serie 4 [zuvor Einf., Chronol. u. Bibl., knappe Erklär.en unter dem T, Diagr. von Hölle, Läuterungsb. u. Paradies auf S. 4, 162 u. 318; Preis seinerz. Lit. 10.000]. NN ed, D. A.: *DC. Inferno-Purgatorio-Paradiso*. Introd. di Italo Borzi. Comm. a cura di Giovanni Fallani e Silvio Zennaro. Ediz. integrale, Rom **Newton & Compton** editori [2]2001 664 S, Newton Biblios 8 [kompakte, gut gebund., schöne, sehr preisw. Ausg. (5,12 €); 7-16: D. A.: profilo biografico (gute Einf. von I. B.); 17-18: Firenze nel sec. di D. (tabell. Zus.stell. von Nicola Maggi); 21-30: Introd. (Einf. in *DC* von I. B.); 31-648: T ganz (TG = Petrocchi) mit sehr ausf. Komm. unter dem T. (etwa zwei Drittel einer Seite in sehr kleinem Druck); vor jedem canto gut geraffte Inh.ang.); 649-61: Ind. dei nomi propri e delle cose notev. (nach den 3 cantiche gegl.); 662-64: Nota (geraffte Bibl.); [1]1997: ebend. 764 S, Tasc. econ. Newton. Tris 7 (zus. mit *VN* u. *Rime*)]. NN ed, D. A.: La *DC-Inf.-Purg.-Par.*. Introd. di Bianca Garavelli. Note di Lodovico Magugliani, Mil BUR (=**Rizzoli**) **2001** III 216 + 230 + 241 S, Superbur Classici 125-126-127 [3 Bde im Schuber; T mit etwa halbseit. Komm. unter dem T; jeder Bd hat gleichen Einf.teil (Per leggere la *C.*, Cronol. di D., Bibl. ragion.); danach untersch. Einf. in jede cantica: *Inf.* bzw. *Purg.* bzw. *Par.*, übersichtl. zweiseit. Synopse der Handl. sowie gute Topogr.skizze des jew. Jens.reiches; TG: „Il testo è quello critico della SDI"; den GrundT publizierte Rizzoli ab 1949 mehrmals in versch. Aufmachung; Preis: 27.000 Lit. bzw. 13,94 €].

Internet
NetGroup – Letteratura Italiana ed, *La Divina Commedia* [**http://www.netgroup.it/SITI /let.htm** (Dante)] Der gesamte Text der *DC* ist sukzessive abrufbar, ohne Komm. oder Anm.; TG ungen.; dieser E-Text ist ein Teil des Projektes *LiberLiber*. *Associazione culturale senza fini di lucro*; eine sehr einfache Textdarbietung.

Giuseppe **BONGHI** ed/dir, *Progetto Dante Alighieri* [**http://www.classicitaliani.it/index042.htm**] Im Rahmen des größeren elektron. Texteditionsprogramms Biblioteca dei Classici Italiani (beg. 1996) ist das D.-Projekt eine Ges.ausgabe aller seiner Werke, die von vielen verschied. u. nützl. Einführ.teilen u. Inh.übersichten begleitet ist. Die Gesänge der *DC* sind einzeln abrufbar. TG ist von dem sogen. Progetto Manuzio übernommen, das ein Teil des o. g. Projektes LiberLiber ist. Die ganze Präsentation ist ordentlich, sauber u. zuverlässig. Studierende dürfen aber nicht vergessen, daß die hier gefund. Informationen nur zur ersten Kenntnisnahme dienen, daß man solche Quellen nicht zitiert oder abschreibt, sondern zu den originalen Print-Quellen finden muß.

46. Die *DC* als Gegenstand der DIDAKTIK

[Viele der in Italien laufend publizierten, kommentierten Ausgaben der *DC* sind für den Schul- oder Universitätsunterricht konzipiert, Bücher, die zum autodidaktischen Lernen oder zur Stoffaneignung in Gruppen dienen; der entsprech. Ertrag wird in Abschlußprüfungen festgestellt. Es gibt darum mit Übungskatalogen u. Abfragesystemen versehene Lernhilfen, inoffizielle Instrumente, die man in it. (Schul)Buchhandlungen erwirbt u. auf die wir nicht eingehen. Die *DC* didaktisch reflektierende Untersuchungen sind indes selten, obwohl -wie gesagt- kein Werk der Weltlit. so intensiv u. kanonisch als Lehr- u. Lernstoff traktiert wird, was daher kommt, daß man die Hoheitlichkeit der *DC* als Lernmaterie nicht anzweifelt; wir können deshalb bloß auf wenig Forsch.material hinweisen, das man auch nur bedingt als didaktisch bezeichnen darf; s. jedoch die Abt. 33: SCHAUBILDER/DIAGRAMME der *DC* (die ein im Kern didakt. Erklärungsphänomen der *DC* betreffen), 44: 'SCHULAUSGABEN' der *DC*, 47: Die *DC* als KINDERBUCH.].

Wallace **FOWLIE**, A Reading of D.'s *Inf.*, Chic IL-Lon U of Chic P **1981** 237 S [chronol. Betracht. der 34 canti des *Inf.*, unter schwerpunktthematischen Gesichtspunkten; für den Hochschulunterricht].   Carole **SLADE**-Giovanni **CECCHETTI** edd, Approaches to Teaching D.'s *Divine Comedy*, NY MLA **1982** XIII-177 S, Approaches to Teaching Masterpieces of World Literature 2 [Part I. Materials (Studienführer zu Editionen, engl. Übersetzungen, Forsch.); II. Approaches (16 didakt. A von tw. bedeut. amerik. Dantisten = Berichte über Seminare/Kurse oder Vorschläge zur Unterrichtsgestaltung)].

47. Die *DC* als KINDERBUCH

[Wir nennen eine für Kinder umgeschrieb. it. Fass. der *DC* u. ein Forsch.beispiel zu dem Thema.]

E[tre] M[aria] **VALORI**, La *DC* raccontata a grandi e piccini, Rom Editrice I. L. P. oJ 139 S [mit zahlr. Schwarzweißzeichnungen; das Buch erhielt Premio della cultura der Presidenza del Consiglio dei Ministri.].   Lutz S. **MALKE**, 'sin' oder 'onore'? Ein amerikan. u. ein it. D.-Kinderbuch im Abstand einer Generation, in *D.s GK: Drucke u. Illustrationen aus sechs Jahrhunderten* (ders. ed), Leip Verl Faber & Faber **2000** 538 S, 273-6 [unters. *The vision of Dante, a story for little children and a talk to their mothers* (1892, von Elizabeth Harrison: 1849-1927) u. *La vita di Dante e la DC* (Fir Editr Marzocco 1952, von Arpalice Cuman Pertile).].

48. Formen der 'LECTURA DANTIS'

[Nur wenige Texte des Weltschrifttums werden seit Jahrhunderten derart selbstverständlich u. systematisch coram publico besprochen wie Dantes *DC*: höchstens noch die Heilige Schrift! Die sukzessive Erläuter. der einz. Gesänge eines bestimmten Teiles der Dicht. u. die anschließend erfolgende Publikation solcher Lesungen ist -seit Boccaccios öffentlicher *DC*-Kommentierung in

Florenz- denjenigen eine unverzichtbare Genugtuung, die D. lieben u. ihn verehren, u. das sind sehr viele Menschen u. Institutionen! Den Usus der 'Lectura Dantis' reflektiert eine (nicht veröffentlichte) Münchener Examensarbeit: Daniela PHILIPPI, Die Lectura Dantis: Studien zur Entwickl. u. Problematik eines Prinzips der Lit.exegese, Maschinenschrift Mün Wintersem. 1973/74 69 S (Hausarbeit zur Erl. des Magistergrades der Philos. Fak. II der Ludwig-Max.-Univ. München; Aufbau: 1. Die histor. Entw. der Lectura D.; 2. Die Problematik des Prinzips der L. D.; 3. Die Aktualisier. des Prinzips am Beisp. mod. it. lecturae; im Münch. Inst. für Ital. Phil., Ludwigstr., hat die Studie die Sign. VIII 549 = 2 Ex.). Wir stellen **in chronol. Reihenf.** solche veröffentlichten Deutungskorpora bzw. Exegesesequenzen zus., die sich in irgendeiner Weise an das o. g. Grundprinzip halten; gemeint sind also hier nicht jene frühen u. neuzeitl. Kommentare, welche ohne vorherige Einbindung eines zuhörenden Publikums u. ohne Vortragscharakter eine direkt/primär verschriftlichte Behandl. des *DC*-Textes darstellen (zu den Formen von a priori verschriftlichten Kommentaren s. die Abt.en 49, 50, 51, 52, 53, 54).]

Vorweg sei auf eine besondere Zeitschrift hingewiesen:
Letture Classensi [= *LC*] Rav Edizioni A. Longo [Bd 1 = 1966 221 S, Bd. 30/31 = 2002 154 S], hrsg. von der COMUNE DI RAVENNA/OPERA DI DANTE IN RAVENNA bzw. von verschied. Wissenschaftlern; es erscheinen in dieser Zs überwiegend die im Laufe eines Jahres meist in der Biblioteca Classense als 'Lecturae Dantis' gehaltenen Vorträge zu D. -nicht nur zur *DC*, sondern auch zu anderen Werken oder Themen-, so daß sie eine Art Kommentarpublikationsorgan ist; s. auch Abt. 30: Dante-ZEITSCHRIFTEN.

Francesco DE SANCTIS, Lezioni sulla *DC*. Con un appendice a cura di Michele Manfredi, Bari Lat 1955 457 S, Scrittori d'It. 214 bzw. Opere di F. De S. 11 [enth.: I. Primo corso tenuto a Torino 1854 (22 Themen), II. Secondo corso ten. a Tor. nel **1855** (12), III. Dei riassunti delle lez. ten. a Zurigo nel **1856-57** (= 6 Vorles.en zum *Purg.* sowie 17 zum *Par.*); genau genommen handelt es sich hier um D.-**Vorlesungen**.]. NN ed, **Lectura Dantis Romana**, Tor-Gen u. a. Società Editr Internaz **1959**, 100 Hefte (à ca. 35 Seiten) zu 6 dicken Bänden gebunden (= **1. Zyklus**. Diese Publikation versammelt aus dem Zeitraum vom 15. 2. 1925 bis zum 13. 5. 1956 alle 100 in der Casa di Dante in Rom gehaltenen Lecturae; *Inf.* I war von Luigi Pietrobuono, *Par.* XXXIII von Carlo Pacelli; der T des canto jew. am Schluß eines Heftes; zusätzl. Hefte bzw. Lecturae gelten speziellen Themen der *DC* erschienen ebend. 1965-66.) Aleardo SACCHETTO ed, Nuove letture dantesche. Volume primo: Anno di studi 1965-66. Prima rist.: Fir Le Monn **1968** VI-345 S [= Beginn des **2. Zyklus**.; enth. 10 Lecturae zu *Inf.* I-X, gehalten 14. 11. 1965 bis 31. 1. 1966; Autoren: Petrocchi, Pagliaro, Padoan, Sacchetto, Caretti, Mazzoni, Figurelli, Apollonio, Vallone u. Arsenio Frugoni; außerdem: D. De Robertis (Le *rime* di D. = 285-316), G. Devoto (Il *VE* = 317-26), P. Renucci (Il *Cv* = 327-40), B. Migliorini (La lingua di D. = 341-45 = Miszelle). Forts. hierzu: DERS. ed, Nuove letture dant.: Vol. sec.: Anno di studi 1967-68, Fir Le Monn **1968** VII-315 S (enth. 14 Lecturae zu *Inf.* XI-XXV, gehalten 13. 11. 1966 bis 5. 3. 1967; rist. ebend. 1970). Forts. hierzu: Silvio ZENNARO ed, *Inf.*: Letture degli anni 1973-76, Rom Bonacci **1977** 821 S (V zu allen 34 canti des *Inf.* im Wochenrhythmus von 34 versch. it. Dantisten 25. 11. 1973 bis 12. 2. 1976; jede Interpret. mit Anm.app.). Forts. hierzu: DERS. ed, *Purg.*: Letture degli anni 1976-79, Rom Bonacci **1981** 795 S (vollst. Zyklus zu *Purg.* I-XXXIII, 22. 2. 1976 bis 17. 12. 1978) Forts. hierzu (und Abschluß des 2. Zyklus): DERS. ed, *Par.*: Letture degli anni 1979-81, Rom Bonacci **1989** 868 S (33 V zu allen 33 canti des *Par.* u. a. von Aurigemma, Esposito, Fallani, Giachery, Giannantonio, Mazzoni, Russo, Sansone, Santangelo, Tartaro, Vallone; zum Schluß jew. Anm.en mit Bibliogr.)]. Giovanni GETTO ed, Letture dantesche, Fir Sans ²**1962** 2038 S [G. edierte **Einzelkommentare/Lesungen** zu allen 100 canti von versch. Verf. des 19.- 20. Jh., alles namh.

Dantisten oder Autoren wie Pirandello, Ungaretti u. Sanguineti; dt. Romanisten: Auerbach, Elwert, Gmelin, Hatzfeld, Leo, Spitzer, Spoerri; alle Beitr. it.; etwa ein Drittel der A entstanden für dieses Werk; method. Ziel war Darst.vielfalt; vorausgegangen waren Einzelausgaben der 3 cantiche = [1]1955-55-61: 670 + 676 + 696 S; rist. ebend. 1964: XVI-2046 S; da jeder Beitrag einem canto gilt, entspricht das grosso modo dem Prinzip der Lectura Dantis.]. Mario MARCAZZAN u. a. edd, **Lectura Dantis Scaligera**, Fir Le Monn **1960-65** [über 100 Bändchen von jew. ca. 30 S in hübscher Aufmachung; die V wurden in 3 Zyklen im Zeitr. von über 5 Jahren (Febr. 1960-April 1965) sukzessive von namhaften Dantisten gehalten u. dann einzeln gedruckt: *Inf.* I-XXXIV, *Purg.* I-XXXIII u. *Par.* I-XXXIII; jedes Bändchen enthält außer dem V den T des canto (TG Vandelli); Veranstalter war zuerst das Istituto di Scienze Storiche 'L. A. Muratori', danach das Centro Scaligero di Studi Danteschi in Verona; Anlaß war die Vorbereit. des 700. Geburtstags D.s: „Per il VII centenario della nascita di D., la Lectura Dantis Scaligera ha in programma la presentaz. dei cento canti della *C*. nel commento di insigni studiosi dantisti e integrata da altri contributi di critica dantesca." Dieses Ziel wurde erreicht; viele Bändchen werden auch -ob ihrer wiss. Qualität- einzeln in Bibliographien zu D. genannt; es gab anschließend eine Publikation in 3 Bdn: Mario MARCAZZAN ed, Lect. Dantis Scaligera, Fir Le Monn III 1967-68 1226 + 1240 + 1330 S; S. 1229-1330: Ind. di nomi e cose notev. u. Ind. di passi dant.]. Vittorio VETTORI ed, Letture dell'*Inf.*: Saggi e testimonianze [ebenso Letture del *Purg.* sowie Letture del *Par.*], Mil Marz III **1963-65-70** 441 + 320 + 248 S [**Lectura Dantis Internazionale** sotto l'Alto Patron. del Pres. della Rep.; 1. Zyklus: Dez. 1961-Nov. 1962 in Pisa, Poppi u. Paris = Lesungen zu insges. 17 canti des *Inf.* von it. oder frz. Dantisten; 2. Zyklus: Dez. 1962-Nov. 1963 ebend. = zu 11 canti des *Purg.*; 3. Zyklus: zu versch. Zeiten, an versch. Orten, zu versch. Gelegenheiten = zu 8 canti des *Par.*]. Tommaso DI SALVO ed, **Letture critiche** della *DC*, Fir La N It III **1969** 382 + 308 + 302 S [zu allen 100 canti jew. eine bereits zuvor veröffentlichte Kommentierung eines bek. Dantisten; vor jeder cantica ein halbes Dutzend Einführungsaufsätze, auch von kompet. Fachleuten; „Questa raccolta di letture crit. si propone di rispondere ad un'esigenza della scuola a livello liceale ed universitario."]. Kenelm FOSTER-Patrick BOYDE edd, **Cambridge Readings** in D.'s *Comedy*, Cambr-Lon-NY u. a. Cambr UP **1981** 213 S [10 V als Lectura Dantis, von 10 brit. Gelehrten in Cambridge 1970-81 geh., jew. zu einem canto, u. zwar zu *Inf.* XIII, XXV, XXVII, XXXIII, *Purg.* III, XXIX, XXXII, *Par.* XVII, XXVI, XXX; in mem. U. Limentani (gest. 1981)]. David NOLAN ed, D. Soundings: Eight literary and historical essays, Dublin-Totowa NJ Irish Academic P (bzw. Folens & Co)/Rowman and Littlefield **1981** 192 S, Publications of the Foundation for It. Studies-Univ. College Dublin 1 [enth. 8 D.-Vorles. geh. in **Dublin** am Univ. Coll. 1978-79: R. Kirkpatrick (*Inf.* VII), J. C. Barnes (*Inf.* XIII), P. Armour (*Purg.* I-II), C. J. Ryan (*Purg.* XVIII), J. H. Whitfield (*Purg.* XXI-XXII), J. Petrie (*Purg.* XXX), M. B. Crowe (*Par.* X) u. M. Richter (D. the Philosopher-Historian in the *Mon.*]. NN ed, **Lectura Dantis Modenese**: *Inf.-Purg.-Par.*, Mod Banca Popolare dell'Emilia III **1984-85-86** 250 + 274 + 290 S [38 Beitr. aus der Vortragstätigkeit in Modena 1982/84 zu verschied. Schwerpunktthemen; z. T. von bedeut. it. D.-Fachleuten; seit 1928 gibt es in Mod. eine regelmäßige Lect. Dantis.]. Uberto LIMENTANI, D.s *Comedy*: **Introductory Readings** of Selected Cantos, Cambr-Lon-NY u. a. Cambr UP **1985** VIII-164 S [10 V als Ges.interpret. zu *Inf.* I, VI, VIII, XVII, *Purg.* I, V, VIII, *Par.* I, VI, XVII; gehalten in **Cambridge** 1969-84; 9 unveröff.; erste Lect. D. in GB]. Pasquale SABBATINO ed, L'uomo di D. e D. uomo, Pompei Biblioteca »L. Pepe« **1985** 233 S, Società e linguaggi 2 [**Lectura Dantis Pompeiana**, 2. Folge; 8 V zu *Inf.* V u. XXVI, *Purg.* I, III u. XVI, *Par.* VIII sowie zu G. da Fiore u. 'S. Francesco tra D. e Giotto'; Autoren: Angiolillo, Bàrberi Squarotti, Fallani, Giannantonio, Piromalli, Sabbatino, Tateo u. Vallone]. Pompeo GIANNANTONIO dir, **Lectura Dantis Neapolitana**: *Inf.*, Nap Loff **1986** X-648 S [alle 34 canti des *Inf.* von 34 verschied. u. namhaften Dantisten vorgestellt bzw. erläutert (Mazzoni, Padoan, Pecoraro, Sapegno, Segre, Tartaro, Vallone u. a.), darunter eine Frau: Anna Maria Chiavacci Leonardi (= XXI); „Le letture sono state tenute nella Sala 'Maria Cristina' del Chiostro maiolicato di Santa Chiara in Napoli; die Lesungen fanden in 3 Jahreszyklen statt: 1980/81, 1981/82, 1982/83. Forts. hierzu: DERS. dir, Lect. Dantis Neap.: *Purg.*, ebend. **1989** 679 S (die Lecturae aller 33 canti des *Purg.*, wieder in 3 Jahresfolgen: 1983/84, 1984/85, 1985/86, ebend. abgehalten). Weitere Forts. u. Abschluß: DERS. dir, Lect. Dantis Neap.: *Par.*, ebend. **2000** 715 S („Si è portato a termine un'opera iniziata nel 1980." Alle 33 canti des *Par.* vom 19. 11. 1986 bis 15. 2. 1989 in 3 Jahren ebend. u. von 33 versch. Dantisten -wie auch davor- abgeh.)]. Attilio **MELLONE** O. F. M., **Lectura Dantis Metelliana** [1]: D. e il Francescanesimo, Cava dei Tirreni Avagliano Editore **1987** 284 S [9 Beitr. von versch. Verf. aus dem Lesungsjahr 1982, jew. zum Thema »D. e. San Francesco« anläßl. des 800. Geb.jahres des Heiligen aus Assisi; Cava dei T. (Piazza San Francesco 2) liegt in der sogen. Valle Metelliana (Salerno); die LDM wurde 1974 begründet; der Bd enth. außerdem einen Bericht über 12 Jahre Tätigkeit der dort. D.-Gesellschaft. Forts. hierzu: DERS. ed, I primi 11 canti del *Par.*, Rom Bulz **1992** 348 S, Lect. Dantis Metelliana 2 (11 abgeschl. Beitr. von versch. Verf.; S. 320-38: Bericht über die LDM 1986-91)]. NN ed, **Lectura Dantis [Potenza]**, Galatina Congedo Edit III **1987-90-90** 165 + 117 + 122 S, Humanitas. Collez. di studi e testi di scienze umane 6 (= Bd 2) - 7 (= Bd 3; Bd 1 war außerh. der Reihe) [geh. an der **Università della Basilicata** in den 3 Zeiträumen 1984-85 (zu *Inf.* I, V, VI, X u. XIII sowie zu and. Themen), 1985-86 (zu *Purg.* I, III, XVII, XXVI u. XXVIII) u. 1986-87 (zu *Par.* I, VI, VIII, IX, XV-XVII u. XVIII)]. Paolo **CHERCHI**-Antonio C. **MASTROBUONO** edd, **Lectura Dantis Newberryana**: Lectures presented at The Newberry Library Chicago Illinois, Evanston IL Northwestern UP II **1988-90** VIII-198 + VIII-186 S [8 + 8 = 16 V von versch. Wissenschaftlern zu spezif. Themen oder einz. canti; es fanden 4 V pro Jahr statt; I: 1983-85; II: 1985-87]. Anthony K[imber] **CASSELL**, **Lectura Dantis Americana**: *Inf.*, Canto I. Foreword by R[obert] Hollander. With a new transl. of the canto by Patrick Creagh and R. H., Philad PA U of PA P **1989** XXXI-249 S [Aufs.samml. von A. K. C. zu 6 zentr. Themenkreisen des 1. canto: 1. The first terzina; 2. *Al piè d'un colle*; 3. Three Beasts; 4. Virgil; 5. 'Il veltro'; 6. Shadows of Conversion; 187-233: sehr gründl. Bibliogr.]. Rachel **JACOFF**-William A. **STEPHANY**, **Lectura Dantis Americana**: *Inf.* II. With a new transl. of the canto by Patrick Creagh and Robert Hollander, Philad PA U of PA P **1989** XXIII-144 S [3 Themen: 1. The canto of the word; 2. Tre donne benedette; 3. Pilgrim and poet: Definition by dialectic]. Eugenio **BRUNO** S. I.-Ezio **ALBERIONE** edd, *Inferno* [bzw. *Purgatorio* bzw. *Paradiso*], Mil San Fedele edizioni III **1996** 159 + 127 + 143 S [Vorträge u. Gesprächsrunden im Centro Culturale San Fedele von **Mailand** aus der Zeit vom 9. 1.-20. 2. 1993 bzw. 22. 1.-7. 5. 1994 bzw. 14. 1.-25. 2. 1995; man findet jew. unterschiedl. thematische Sektionen als Kommentare/Lesungen zur *DC*: Dottrina, Rappresentazioni, Testimonianze, Riflessioni, Evocazioni u. Estensioni; im Prinzip werden zum einen die theologischen/christl. Elemente der drei Jenseitsreiche betrachtet, während man andererseits gerade deren Essenz auf 'unsere' Zeit überträgt: Hölle, Fegefeuer, Paradies haben heute andere Erscheinungsformen, so daß Dante nicht im Titel erscheint.]. Allen **MANDELBAUM**-Anthony **OLDCORN**-Charles **ROSS** edd, **[California] Lectura Dantis**: *Inferno*, Berk-Los Ang CA-Lon U of CA P **1998** XII-461 S, California Lectura Dantis 1 [Einzelinterpret.en zu allen 34 canti des *Inf.* von namhaften it., amerik. u. brit. Dantisten; am Schluß jeder 'Lectura' gute Bibl. zu dem jew. canto; das Unternehmen besteht offenbar nicht aus zuvor gehaltenen Lesungen, sondern aus Auftragsarbeiten; soll zum *Purg.* u. *Par.* fortges. werden; der Zyklus ist als Kommentar-Ergänzung zur engl. Übers. von Mandelbaum (III 1980-84) gedacht.]. Georges **GÜNTERT**-Michelangelo **PICONE** edd, **Lectura Dantis Turicensis [Zürich]**, Fir Cesati **2000** 482 S [34 V, sukzessive zu allen 34 canti des *Inf.*, gehalten in Zür. im Zeitr. Okt. 1997-Dez. 1998; von versch. Dan-

287

tisten, aber mehrfach Güntert u. Picone sowie Barański, Gorni u. Guthmüller; am Ende einer 'Lectura' knappe Bibl.; Vorw. von M. P. (13-25): Leggere la *C*. di D.]. Simona **FOÀ**-Sonia **GENTILI** edd, D. e il 'locus inferi': Creaz. letteraria e tradiz. interpretativa. Atti del seminario organizz. dal dottorato di ricerca in italianistica dell'**Univ. di Roma** 'La Sapienza' e dal dott. di ric. in filologia dant. dell'Univ. di Firenze (Roma 10 giugno 1997), Rom Bulz **2000** 227 S [= *Studi (e testi) italiani. Semestrale del Dip. di Italianistica e Spettac. dell'Univ. di Roma 'La Sap.'* Nr. 4, 1999] [enth. 8 V/Lesungen zur Höllendarstell. von jungen it. ForscherInnen: S. Gentili, M. Chiamenti, C. Di Fonzo, A. Stefanin, P. Pasquino, R. Ruini, S. Foà, N. Bianchi]. **SDI** [Comitato di **Firenze**] bzw. Adalberto **DI ROSA** edd, D. poeta cristiano, Fir Edizioni Polistampa **2001** XIV-231 S [In 3 kleinen Zyklen -von Frühling 1999 über Herbst 1999 bis Frühl. 2000- wurden dem Thema des christl. Charakters der *DC* 11 V gewidmet, welche gleich auf die 3 cantiche verteilt waren, u. zwar: Il poema di D. e la Cristianità (P. Boitani); La figura dell'uomo nell'*Inf.* dant. (A. M. Chiavacci Leonardi); Il probl. della conoscenza di D.: Ulisse e il „quia" (C. Ossola); L'*Inf.* e la miniatura (M. G. Ciardi Dal Poggetto); L'uomo del *Purg.* (A. M. Ch. L.); Esilio e 'peregrinatio' nel *Purg.* (C. O.); Il *Purg.* e le arti figurative med. (P. Boyde); L'uomo del *Par.* (A. M. Ch. L.); La poesia mist. della terza Cantica (C. O.); Il *Par.* e le arti figurative med. (P. B.); Quale idea dell'uomo in D.? (F. Mazzoni); 46 Abb.].

49. AUSGABEN früher *DC*-KOMMENTARE

[Die *DC* ist ein hermeneutischer Text par excellence, u. kein Werk der Weltlit. wurde so früh, oft, umfassend u. sukzessive regelmäßig von Fachleuten besprochen wie D.s Jenseitsdichtung, so daß sehr viele Erläuterungskompendien vorliegen. Jene Kommentarkorpora stellen in ihrer Gesamtheit ein Forschungsdickicht dar, das indes wissenschaftsgeschichtlich bedeutsam u. zum historischen, sachl., method. u. künstler. Verständnis der *DC* unverzichtbar ist. Wir nennen **in ungefährer chronol. Reihenf.** (nach D.s Tod) die wichtigsten Ausgaben aus der sogen. 'frühen' Kommentierungsepoche vom Tre- bis zum Cinquecento. Danach wird die (keinesfalls endende) Exegese der *DC* zunehmend von Aspekten/Formen der Kritik u. Philologie überlagert; s. auch Abt. 15: GRUNDLAGENFORSCHUNG von BARBI, NARDI und VALLONE (v. a. zu letzterem), 23: Dante-KRITIK im Spiegel der Epochen, 48: Formen der 'LECTURA DANTIS', 50: EXZERPTEKOMPENDIUM früher *DC*-KOMMENTARE, 51: AUSGABEN früher *DC*-KOMMENTARE auf CD-ROM, 52: Frühe *DC*-KOMMENTARE im INTERNET, 53: FORSCHUNGEN zu frühen *DC*-KOMMENTAREN, 54: Neuzeitliche *DC*-KOMMENTARE (19.-20. Jh.).]

INTERNET
Otfried **LIEBERKNECHT**, Alphabetical list of commentaries to D.'s *C*. [**http://orb.rhodes.edu/ encyclop/culture/lit/Italian/da_b_kom.htm**] Der bekannte Internet-Dantist stellte 110 verschied. Kommentierungsunternehmungen vom 14. bis zum 20. Jh. alphab. zus. (von Acquaticci 1905 bis Zoozmann 1921); erfaßt werden alle frühen Kommentare sowie komment. Ausgaben der Neuzeit; alles ohne Erläuterungen, d. h. L. beschränkt sich auf bloße bibl. Daten (Herausg., Titel etc., aber keine Seitenzahlen). „N. B.: The following bibliography is still incomplete and needs revision." Wer sich mit D.-Kommentaren u. komment. Ausgaben befaßt, sollte sehen, ob er nicht bereits hier wesentl. Aufschlüsse erhält.

Kommentare des Trecento
IACOPO di Dante ALIGHIERI (Entstehungszeit: 1322-1328/29), ITALIENISCH, nur zum *Inferno*: **JARRO** [= Giulio **PICCINI**] ed, Chiose alla cant. dell'*Inf.* di D. A. scritte da Jacopo Alighieri pubbl. per la prima volta in corr. lez. con riscontri e fac-simili di codici e precedute da una indag. crit. per

cura di Jarro [Giulio Piccini], Fir R. Bemporad & figlio editori **1915** 163 S [9-32: Prefaz.; 8 Faks.]; Saverio **BELLOMO** ed, J. A.: Chiose all'*Inf*., Pad Ant **1990** 231 S, Medioevo e Rinascim. 75 [Introd.; Nota al testo (Beschr. aller Hss. u. Ed.kriterien), Il manoscr. della *C*. utilizzato da J.; Lingua e stile delle *Chiose*; 85-222: krit. T m. Var.app. u. Anm.].

GRAZIOLO DE' BAMBAGLI(U)OLI (1324), LATEINISCH, Glossen zu einz. Passagen aller 34 canti des *Inferno*: Antonio **FIAMMAZZO** ed, Il commento dant. di Graziolo de' Bambaglioli dal 'Colombino' di Siviglia con altri codici raffrontato. Contributi di A. F. all'ediz. crit., Sav Tipografia di D. Bertolotto e C. **1915** XLVI-149 S [im Vorspann versch. Dokumente; 1-82: T der Glossen; 83-148: Varianti del codice di San Daniele (Font.) da quello di Siviglia (Colomb.); wurde in nur 100 Ex. gedr.]; Luca Carlo **ROSSI** ed, G. B.: Commento all'*Inf*. di D., Pisa Scuola Norm Super **1998** CCI-247 S, Centro di cult. med. 7 [ausf. Einl. zur Textgesch. u. Texterstell. sowie krit. Ausg.].

IACOPO DELLA LANA (1323/24-28), ITALIENISCH, erster systemat. Gesamtkomm. zur ganzen *DC*: Luciano **SCARABELLI** [1806-78] ed, *Comedia* di D. degli Allagherii col commento di Jacopo della Lana bolognese. Nuoviss. ediz. della Regia Commiss. per la pubblic. dei testi di lingua sopra iterati studi del socio L. S., Bol Tipogr Regia III ²**1866** 518 + 403 + 588 S, Collez. di opere inedite o rare dei primi tre sec. della lingua 13, 1-2-3 [1 Jahr zuvor gab es hiervon eine erste Ausg. in 1 Bd: *Comedia...* in on. della città di Bol. dopo studii e raffronti su codici molti per la migliore lez. dell'uno e dell'altro nel DC anno dalla nasc. del divino poeta..., Mil Ornato lo Studio dall'arte di G. C. Cavaliere nella cura di C. Moretti ¹**1865**; eine lat. Übers. u. Bearbeit. des Komm.s verfaßte Alberigo da Rosciate (gest. 1360), Rechtsgelehrter aus Bergamo: EP Mil 1482]; [Dr.] F[riedrich] **SCHMIDT-KNATZ**, D.s *C*. mit dem Komm. J. della L.s: Miniaturhandschr. der Frankfurter Stadtbibl., Ffm Hausdruckerei der Schriftgießerei D. Stempel **1924** 16 S [fotograph. Auszüge zu 2 Stellen der *DC* (*Inf.* VI 74-75 u. *Par.* XXII 16-18); Folioformat; it. Fass.: La *C*. col commento... dal codice francofortese arci-β..., Ffm 1935].

GUIDO DA PISA (von ca. 1327/28 oder 1333 bis 1343), LATEINISCH, nur zum *Inferno* (außer einer it. 'declaratio' zur ganzen *DC* in Terzinen von 1328): Vincenzo **CIOFFARI** ed, Guido da Pisa's Expositiones et Glose super Comediam Dantis or Commentary on D.'s *Inf.* ed. with notes and an introd., Albany NY State UP **1974** LXI-724 S [Preface: Description of manuscripts, Dating of the Comment., History of the project, Glossary of variants].

ANDREA LANCIA bzw. »**Ottimo commento**« (1. Fass. 1333-34, 3. Fass. 1337-43), ITALIENISCH, zur ganzen *DC*: Alessandro **TORRI** ed, L'Ottimo commento della *DC*. Testo ined. d'un contemporaneo di D. citato dagli Accademici della Crusca, Pisa Niccolò Capurro III **1827-28-29** XIV-668, 621, 770-53 S [bietet 1. Fass. nach dem Laurenziano XL 19; Ndr. hiervon: ...con prefaz. di F. Mazzoni, oO [= Bol] Arnaldo Forni III 1995].

»**CHIOSE LATINE ANONIME**« bzw. »**ANONYMOUS LATIN COMMENTARY**« bzw. »**ANONYMUS LOMBARDUS**« (frühes 14. Jh. bzw. zumindest 1. Hälfte), LATEINISCH, fragmentarisch, zu *Inf.* I – *Par*. XI: Vincenzo **CIOFFARI** ed, Anonymous Latin Commentary on D.'s *C*.: Reconstructed text, Spol Centro It di Studi sull'Alto Med **1989** VII-284 S, Testi-studi-strumenti 1 [lat. Kommentierungen oder Glossen von *Inf.* I bis *Par*. XI, welche in mehreren Hss. in unterschiedl. Zustand überliefert sind und die V. C. erstmals edierte; möglicherweise handelt es sich um zwei sich überlagernde Kommentare, nämlich das Werk eines Anonymus lombardus u. das eines späteren Anonymus theologus (beide nicht näher identifizierbar); TG ist weitgehend nur eine Transkription des Kodex Egerton 943 im British Museum; zu dieser Ed. fehlt ein krit. App. (mit Hinweisen auf andere Hss.); zur Ergänz. dieser Ausg. s. die Rez. von Gian Carlo **ALESSIO** in *Medioevo Romanzo* 17, 1992 296-303 sowie die von Thomas **BRÜCKNER** in *DDJb* 68-69, 1993-94 248-58].

»CHIOSE SELMI« (= so benannt nach dem ersten Herausg., s. u.) bzw. »ANONYMUS« (frühes 14. Jh.), ITALIENISCH, zum *Inferno*: Francesco SELMI ed, Chiose anonime alla prima cantica della *DC* di un contemporaneo del poeta pubblicate per la prima volta a celebrare il sesto anno secolare della nasc. di D. da F. S. con riscontri di altri antichi commenti editi e inediti e note filologiche, Tor Stamperia Reale **1865** XXX-219 S [Diese Selmi-Glossen gehen auf 3 Hss. zurück, von denen diese Ed. nur den Laurenziano 40 46 u. den Magliabechiano VII 1028 berücksichtigt; der Anonymus nimmt Einzelverse heraus u. bespricht diese in Form eines zus.hängenden Essays/einer 'lectura'.]; Giuseppe AVALLE ed, Le antiche chiose anonıme all'*Inf.* di D. sec. il testo Marciano (Ital. Cl. IX., Cod. 179), Città di C S. Lapi Tipografo-Edit **1900** XIII-180 S, Collez. di opuscoli dant. inediti o rari 61-62 [Diese Ed. basiert auf einem ausführlicheren Textträger.].

PIETRO di Dante ALIGHIERI (3 Fassungen: 1340-41, 1350-55, 1358), LATEINISCH, zur ganzen *DC*: Vincenzo NANNUCCI ed, Petri Allegherii super Dantis ipsius genitoris comoediam commentarium nunc primum in lucem editum consilio et sumtibus G. J. Bar. Vernon curante Vincentio Nannucci, Florentiae Apud Guilielmum Piatti **1845** XXXI + 741 S + CLII S [bietet 1. Fass.; Varianten des cod. Vat. 4782; enth. „Correzioni dei passi degli ant. scrittori cit. nel comm. e che si leggono nei codici o questi travisati" u. „Indice degli autori citati nel comm."]; Roberto DELLA VEDOVA-Maria Teresa SILVOTTI edd, Il *Commentarium* all'*Inf.* di P. A. nelle redazioni ashburnhamiana e ottoboniana. Trascriz. a cura di R. D. V. e M. T. S. Nota introduttiva di Egidio Guidubaldi, Fir Olsch **1978** XXVI-453 S, Ist. Dant.-Europeo (I. D. E.) Cagliari-Mil. oN; Massimiliano CHIAMENTI ed, Comentum super poema Comedie Dantis (terza ed ultima redaz. del 'Comentum'). Ediz. crit. [unveröff. 'Tesi di dottorato', Univ. degli studi di Fir. 1995-97 (?)].

GUGLIELMO MARAMAURO (= Neapolitanisch, oder **MARAMALDO** bzw. MARRAMALDO; geb. um 1314 in Neapel-gest. um 1380); sein Komm. entstand 1369, ITALIENISCH, zum ganzen *Inferno*: Pier Giacomo PISONI-Saverio BELLOMO edd, Expositione sopra l'*Inf.* di D. Alligieri [sic], Pad Ant **1998** XIII-546 S, Medioevo e umanes. 100 [Introd.: G. M.: profilo biograf.; II. Il commento; III. Il manoscritto Borromeo; IV. Note linguist.; V. Il testo della *C.*; VI. Criteri editoriali; T = 77-498; im Anh. and. Werke von G. M. (Sonetti e canzoni sowie Briefe von Petrarca an G. M.). Der Verf. lehrte Theologie in Neapel. Bocc. u. Petrarca ermutigten ihn zu einem *DC*-Komm., den Pisoni in der Hs. L. II. 54 der Bibl. Borromeo auf der Isola Bella des Lago Maggiore entdeckte. Dem Werk -es heißt im Original *Expositione, ossia scripto o comento sopra l'Inferno di D. A.*- geht im Prolog eine sonst nicht übl. Übers. der benutzten Quellen (v. a. Lana u. Bambaglioli) voraus; das neapolit. Volgare ist mit Latinismen durchsetzt: „Ciò che Dante dice che esso vidde, esso el vidde per alteza de inzegno, e primo quanto a la ragione umana, dopo quanto per fede." (79) „Der durch seine weltoffene Lebendigkeit ausgezeichnete Komm. ist in mancher Beziehung bemerkenswert." (SANDKÜHLER 1987: 256) G. M. faßt meist mehrere Terzinen in Gruppen zusammen, die er zitiert und sukzessive bespricht, so daß eine Art 'Lectura' entsteht.].

»CHIOSE CAGLIARITANE« bzw. »ANONYMUS« (14. Jh.), ITALIENISCH, zur ganzen *DC*: Enrico CARRARA ed, Le Chiose Cagliaritane: scelte ed annotate, Città di C S. Lapi Tipografo-edit **1902** 171 S, Collez. di opuscoli dant. inediti o rari 72, 73, 74 [Die Glossen -E. C. gibt daraus knappe Notizen zu Stellen von *Inf.* II, 61 bis *Par.* XXXII, 140 wieder- enth. der unvollständ. Kodex 76 der Univers.bibl. Cagliari. Der Autor ist unbekannt: „Toscano lo rivelano le particolarità idiomatiche che si riflettono nella erratissima e incostante ortografia, e la conoscenza delle cose di Toscana: io anzi credo sia fiorentino." (12) „Quel che ci pare più notevole è l'ammirazione pel Poema e per Dante... in questo uomo semplice e rozzo, che accomuna candidamente i più strani errori suoi con le rette interpretazioni altrui." (14)].

Giovanni BOCCACCIO (1373), ITALIENISCH, zu den ersten 17 Gesängen des *Inferno: Esposizioni* oder auch *Comento* genannt (es folgt eine Auswahl der verschied. Ausgaben): I[gnazio] MOUTIER ed, Il *Comento* di Giovanni Boccaccio sopra la *DC* di D. A.: Ediz. conforme a quella del 1831, Fir Tipografia Fraticelli III **1844** 351 + 287 + 248 S [enth. B.s Komm. zu allen 17 canti ohne irgendw. Anm. des Herausg.]; Gaetano MILANESI [1813-95] ed, Il *comento* di G. B. sopra la *C.* con le annotazioni di M. Salvini; preced. dalla vita di D. A. scritta dal medesimo, Fir Successori Le Monn II **1895** VIII-515 + 466 S, Bibliot. Naz. Economica oN [*Com.* = S. 77f.]; Oddone ZENATTI ed, Dal *Commento sopra la C.* di D.: Letture scelte, Rom Società Editr D. Alighieri **1900** XIV-365 S [Ausw. nach Themen, Figuren oder zentr. Aspekten, zu best. Kapiteln geordnet]; Domenico GUERRI ed, G. B.: Il *comento alla DC* e gli altri scritti intorno a D., Bari Lat III **1918** 266 + 284 + 302 S, Scrittori d'It. 12-14 [enth.: Vita di D. (I 3-63); Redazioni compendiose della Vita di D. (primo e sec. compendio) (I 66-107); *Comento* zu *Inf.* I-III (I 111-266); *Com.* zu *Inf.* IV-VIII (ganzer Bd II); *Com.* zu *Inf.* IX-XVII (III 3-232); Argomenti in terza rima alla *DC* (= Inh.ang. zur ganzen *DC* in Terzinen: III 235-56); Rubriche in prosa alla *DC* (Inh.ang. zur ganzen *DC* in Prosa: III 259-71; beides letzteres nach dem Autograph im Chigiano L. VI. 213 bzw. nach dem Riccardiano 1035]; Giorgio PADOAN ed, *Espos. sopra la C.*, in *Tutte le opere* (V. Branca ed), Mil Mond **1965**, Bd VII [Zu diesem in rotem Leder gebundenen Bd der Ges.ausg. der Werke B.s gibt es einen preiswerten, photomechan., also unveränd. Ndr.: G. P. ed, *Esposizioni...*, Mil Mond II **1994** XXIII + 1076 S, Oscar classici 242; Bd I (VII-709) enthält den T, Bd II (713-1076) das ges. damal. editionswissenschaftl. u. Kommentarkorpus nebst Registern (also Note u. Indici); leider keinerlei Ergänz. oder Überarbeit.].

BENVENUTO RAMBALDI DA IMOLA (1375-80), LATEINISCH, zur ganzen *DC*, 3 verschied. Fassungen: Benvenuti de Rambaldis de Imola Comentum super Dantis Aldigherij Comoediam nunc primum integre in lucem editum sumptibus Guilielmi Warren Vernon curante Jacobo Philippo **Lacaita**, Florentiae Typis G. Barbèra V **1887** XLI-590 + 574 + 550 + 506 + 528 S; It. Übers.: Giovanni TAMBURINI, B. R. da I. illustrato nella vita e nelle opere e di lui commento latino sulla *DC* di D. A. voltato in it. dall'avvocato G. T., Imola Dalla Tipografia Galeati III **1855-55-56** XIX-847 + 655 + 611 S.

»*Chiose Ambrosiane*« (2. H. 14. Jh., Autor unbekannt, überliefert im Kodex S. P. 5 (olim C 198 inf.) der Bibliot. Ambrosiana in Mailand, LATEINISCH, zur ganzen *DC*: Luca Carlo ROSSI ed, Le chiose Ambrosiane alla *C.*: Ediz. e saggio di com., Pisa Scuola Norm Sup **1990**, LIV-298 S, Centro di cult. med. 3 [Einleit. enth: Prefaz., Introd., Il manoscr., Crit. grafici e norme dell'ediz., Premessa alle note; 1-291: Versamml. aller Glossen zur *DC* mit krit. App. u. Anm. unter dem T].

FRANCESCO di Bartolo DA BUTI (1395), ITALIENISCH, zur ganzen *DC*: Crescentino GIANNINI ed, Commento di F. da B. sopra la *DC* di D. A., Pisa Fratelli Nistri III **1858-62** XXXVI-864 + VIII-825 + X-902 S [rist. anast. (con premessa di Francesco Mazzoni) Pisa Nistri-Lischi 1989].

»*Commento anonimo inedito della Laurenziana all'*Inferno *e al* Purgatorio« (Ende 14./Anf. 15. Jh.; Autor unbekannt; überliefert im Pluteo XL 37, ehemals Tedaldo 97, der Bibliot. Laurenziana in Florenz), ITALIENISCH, zu den beiden ersten cantiche: Massimo SERIACOPI ed, Un commento anonimo ined. della Laurenziana all'*Inf.* e al *Purg.*, *LIA* 1, **2000** 69-188 [Einf., Kodexbeschr. u. *Inf.*-Teil) sowie *LIA* 2, **2001** 99-156 [= *Purg.*; alles mit gelegentl. Anm.; wie der Entdecker u. Herausgeber Seriacopi feststellte, handelt es sich um eine Art Volgarizzamento zu dem lat. Korpus des Benvenuto Rambaldi da Imola (s. o.), vielleicht eines Schülers oder Hörers, welches indes durchaus eigene Partien u. Feststellungen im Hinblick auf die 'Vorlage' erkennen läßt; zu jedem canto liest man etwa eine bis anderthalb Seiten (meist kleinere) Notizen sowie gelegentl. längere Ausführungen, überwiegend mit erklärender Funktion.].

»ANONIMO FIORENTINO« (um 1400, Autor unbekannt), ITALIENISCH, zur ganzen *DC*: Pietro FANFANI ed, Commento alla *DC* d'Anonimo Fiorentino del sec. XIV ora per la prima volta stampato a cura di P. F., Bol Presso Gaetano Romagnoli III **1866-68-74** 718 + 537 + 614 S, Collez. di opere inedite o rare dei primi tre sec. della lingua it. pubblicata per cura della Commiss. pe' Testi di Lingua nella Provincia dell'Emilia oN [Zu jedem Gesang werden in einem ersten Teil allgem. Themen sowie die Allegorien illustriert, worauf eine 'sposizione alla lettera' folgt; der Kommentator lehnt sich methodisch eng an Iacopo della Lana an.].

Kommentare des Quattrocento
Filippo VILLANI (1391-1401 oder später), LATEINISCH, nur zum 1. canto des *Inferno*: Giuseppe CUGNONI ed, Il commento al primo canto dell'*Inf.* pubblicato ed annotato, Città di C S. Lapi Tipografo-Edit **1896** 216 S, Collez. di opuscoli dant. o rari 31-32 [5-20: Introd.; 21-216: T ohne Anm. oder Komm.; auf ein Vorw. Villanis folgen 22 Kap. zu allgem. Aspekten der *DC* als Einf., woran sich als 23. Kap. ein fortlaufender Stellenkomm. anschließt.]; Saverio BELLOMO ed, F. V.: Expositio seu Comentum super *Comedia* Dantis Allegherii, Fir Le Lett **1989** 210 S, Società Dant. It.-Quaderno 4 [krit. Ausg. auf d. Basis des Chigiano L. VII. 253 der Vat.; 5-25: Introd.; 26-29: Nota al testo; 31-196: krit. T mit App. u. Anm. unter dem T; ersetzt alte Ausg. von Cugnoni.].

»FALSO BOCCACCIO« bzw. »*Chiose Vernon*«, ITALIENISCH, Autor unbekannt: George John Warren Lord VERNON ed, Chiose sopra Dante, Fir Piatti **1846** [= diplomat. Wiedergabe des Riccardiano 1028, in Zus.arbeit mit Vincenzo Nannucci; bietet in Anm. die Varianten des Ricc. 1037, der nur den Komm. zum *Inf.* überliefert; die Glossen waren früher Bocc. zugeschr. worden (weil die Hss. dies behaupten); der T ist in mod. Fass. nur zu konsultieren auf der CD-ROM von Paolo PROCACCIOLI ed, I commenti dant. dei secoli XIV, XV e XVI, Rom Lexis-Progetti Editoriali **1999**.].

Giovanni BERTOLDI (bzw. G. da SERRAVALLE) (1416-1417), LATEINISCH, zur ganzen *DC*, mit eingeschloss. lat. Übers. der *DC*: Marcellino da CIVEZZA M. O.-Teofilo DOMENICHELLI M. O. edd, Fratris Iohannis de Serravalle ord. min. episcopi et Principis Firmani translatio et comentum totius libri Dantis Aldighierii cum textu italico fratris Bartholomaei a Colle eiusdem ordinis nunc primum edita, Prato Giachetti **1891** XLVIII-1236 S [Der angeschloss. Komm. des Bartolomeo da Colle ist fragmentar. u. bezieht sich nur auf *Par.* I-II u. Beginn III; rist. anast.: San Marino Cassa di Risp della Repubbl di San M 1986, mit dem Titel „Traduz. e comm. della *DC* di D. A.".].

Cristoforo LANDINO (1480-81), ITALIENISCH, zur ganzen *DC*: *Comento* di Christophoro Landino Fiorentino *sopra la Comedia* di Danthe Alighieri poeta fiorentino… [und als Kolophon] impresso in Firenze per Niccholo di Lorenzo della Magna a di XXX. dagosto M. CCCC. LXXXI [= **1481** = EP; dieser alte T war lange in keiner Ausg. der Neuzeit konsultierbar; dann nur auf der CD-ROM von P. PROCACCIOLI (1999, s. u.)]: Paolo PROCACCIOLI ed, C. L.: *Comento sopra la Comedia*, Rom Sal IV **2001** 2131 S, Ediz. naz. dei commenti dant. sotto l'alto patronato del Pres. della Repubbl. It. con il patrocinio dell'UNESCO. In collaboraz. con Istituto Banco di Napoli-Fondazione [Ediz. realizzata su iniziativa e con la collaboraz. del 'Centro Pio Rajna'] Bd 28 (= 4 Teile) [erste neuzeit. u. krit. Ausg., eine bewunderungswürd. Leistung; S. 9-105: Introd. = Studie zu L.s Projekt, lit.wiss. Einschätzung; 107-18: Appendice = histor.-philolog. Dokumente; 119-93: Nota al testo: ausf. Studie der Textträger und Erstell. der Ed.prinzipien; 195-216: Prospetto delle sigle e regesto bibliograf. = sehr ausf. Bibl.; es folgen 25 schöne Fotos von Illustrationen der Drucke bzw. Hss.; 219-2029: T, beginnend mit dem 14teil. Proemio; es folgen diverse Register; L. nimmt jew. größere Tpassagen, die er sehr ausf. bespricht; vorweg -als 'Proemio'- bietet er eine regelr. Einf. zu D.s Persönlichk. u. zur *DC* insgesamt, aber auch so etwas wie eine florentin. Kulturgesch.].

Guiniforte BARZIZZA (= **Guiniforto delli** bzw. **degli BARGIGI**, geb. in Pavia 1406-gest. in Milano 1463) (um 1440 begonnen), ITALIENISCH, nur zum *Inferno* (= erhalten): G[iuseppe] **ZACHERONI** ed, Lo *Inf.* della *C.* di D. A. col comento di G. degli B. tratto da due manoscritti ined. del sec. decimo quinto, con introduz. e note dell'avv° G. Zacheroni, Marsilia-Fir Leopoldo Mossy-Giuseppe Molini **1838** XXIV-766 S [G. B. war zuerst als Gelehrter in Pavia tätig; dann am Mailänd. Hof der Visconti sowie in Barcelona bei König Alfons von Aragon; 1435 Prof. für Eloquenz in Mail.; seinen D.-Komm. begann er auf Wunsch von Filippo Maria Visconti; nur der Teil zum *Inf.* ist erhalten; vielleicht hatte er die *DC* ganz besprochen; jedenfalls ist die Hss.überlieferung fragmentarisch; vor jedem Ges. nimmt er eine Einteil. in 'parti principali' vor, denen er Komm.blöcke (particelle) zuordnet; bisweilen bringt er eine 'esposiz. morale' ein; besond. Beacht. finden Bildlichkeiten (similitudini), welche er heraushebt u. erläutert; Mythen u. histor. Fakten fokussiert er ebenfalls; er betrachtet stets sukzessive in Terzinenbündeln. „Sein Komm. unterstreicht D.s Glauben an eine Vervollkommnung des Menschen u. der Gesellschaft u. bringt von hier aus deutliche humanist. Elemente in die Kommentartrad. Das Ideal des Fürstenhofes als Vorbild u. Erneuerungszentrum ist für den Hofmann u. Humanisten B. der Maßstab, den er auch in seinem Komm. anwendet." (SANDKÜHLER 1987: 255)].

Kommentare des Cinquecento

Trifon(e) GABRIELE (geb. um 1470-gest. 1549) (zw. 1525 u. 1527: *Annotationi* = Aufzeichn.en/ Notizen des Schülers Vettor Soranzo zu privaten (Vor)Lesungen, die der Venezianer in Bassano del Grappa abhielt), ITALIENISCH, zur ganzen *DC*: Lino **PERTILE** ed, *Annotationi* nel Dante fatte con M. Trifon Gabriele in Bassano. Ediz. crit. a cura di L. P., Bol Commiss per i testi di lingua **1993** CLII-394 S, Collez. di opere ined. o rare pubbl. dalla Comm. per i testi di lingua 148 [Die krit. Ed. basiert auf 4 Hss.].

Alessandro VELLUTELLO (lebte 15.-16. Jh.), »*Nova esposizione*«, ITALIENISCH: Der in Lucca geb. Literat veröffentlichte 1525 in Venedig einen sehr erfolgreichen Komm. zu Petrarcas *Canzoniere* (den er um eine romanhafte Biographie zu dem Dichter u. seiner Laura ergänzte); es folgte 1533 ein Vergil-Komm.; in seinem Papst Paul III. gewidm. Komm. zur *DC* wollte V. eine ebenso ausführl. Deut. zu D. leisten, aber seine Arbeit wirkt bescheiden u. setzte sich nicht durch. V. polemisierte gegen die 1502 von Pietro Bembo bei Aldo Manuzio herausgebrachte D.-Edition. Die EP lautete: *C. di D. A. con la nova esposizione di A. V.*, Venezia Francesco Marcolini 1544. Diese Ausg. ist konsultierbar auf der CD-ROM von Paolo **PROCACCIOLI** ed, I commenti dant. dei secoli XIV, XV e XVI, Rom Lexis-Progetti Editoriali **1999** (s. u.); der moderne Herausg. stellte an dem lange vergess. Werk darsteller. Qualitäten u. innovative Züge heraus. In der zweiten Ausg. von 1564 erscheint V.s Exegese von dem Landino-Komm. (s. o.) überlagert u. durchsetzt.].

Bernardino DANIELLO (da LUCCA) (geb. um 1500-gest. 1565) (entst. ab 1547, ed. p. 1568: *L'espositione*…; genauer Titel s. u.), ITALIENISCH, zur ganzen *DC*: Robert **HOLLANDER**-Jeffrey **SCHNAPP**-Kevin **BROWNLEE**-Nancy **VICKERS** edd, D. con l'espositione di M. B. D. da L. sopra la sua *C.* dell'*Inf.*, del *Purg.* et del *Par.* Nuovam. stampato et posto in luce in Venetia apresso Pietro da Fino 1568, Hanover NH-Lon UP of New England **1989** X-502 S [= krit. Ed.; B. D. kommentierte auch Petrarca u. Vergil u. las D. seit 1547; seine Lesefrüchte hierzu edierte man 1568 postum; sein Komm. ist vorw. Paraphrase u. beschränkt sich jew. auf eine litterale Deut.].

Pier Francesco GIAMBULLARI (geb. 1495-gest. 1555): *Comento sopra il I canto dell'Inferno* (1538) sowie (vier) *Lezioni*… (1541-48), ITALIENISCH: Der florentin. Literat u. Historiker (*Istoria* *dell'Europa*, p. 1566) war einer der Begründer der dem Studium des Toskan. gewidmeten Accademia degli Umidi; er nahm mit dem Dialog *Il Gelli* (1546) sowie mit dem Traktat *Della lingua che si parla e si scrive a Firenze* (1551) an der 'Questione della lingua' teil; mit seinem Komm. zur *DC* kam er indes nicht über den 1. Ges. hinaus; er hielt außerdem vier Akademie-Lesungen über D. (EP Fir Torrentino 1551) u. verfaßte dabei ein *Del sito, forma et misure dello Inf. di D.* (EP Fir Neri Dortelata 1544). **NN** ed, P. G.: *Lez. prima Del sito del Purg.*, in *Lezioni di Messer P. G. aggiuntovi l'origine della lingua fiorent. altrimenti 'Il Gallo' dello stesso autore,* Mil Per Giovanni Silvestri **1827** XXIX-288 S [= S. 3-33; die Lez. war seinerz. im Rahmen der 'Lezioni lette nell'Accademia Fiorentina' gehalten worden (= erste davon).]; Michele **BARBI** ed, Commento sopra il I canto dell'*Inf.* di P. F. G., in *D. nel Cinquec.* (ders.), Pisa Bocca **1890** 365-407 [Ndr.: Avezzano Studio Bibliograf Adelmo Polla 1975].

Giambattista GELLI (geb. 1498-gest. 1563): *Commento... sopra la Divina Commedia,* ITA-LIENISCH: Der florentin. Griechisch-Übersetzer, Komödienautor, Lit.- u. Sprachkritiker, Philologe, Verfasser der fiktionalen Dialogsequenz *I ragionamenti di Giusto bottaio* u. Dantist hielt von 1541 bis 1551 sonntags *Lezioni* über die *DC* sowie von 1553 bis 1563 im Auftrag des Herzogs Cosimo I. *Letture sulla C.* ab; Gelli bezieht sich in seiner absichtlich kurz gehaltenen Exegese explizit auf Vorgänger wie Pietro Alighieri, Landino, Vellutello u. Giambullari: Carlo **NEGRONI** ed, Commento edito e inedito sopra la *DC*, Fir Bocca **1887**.

Benedetto VARCHI (geb. 1503-gest. 1565): *Lezioni sul Dante,* ITALIENISCH: Der florentin. Histo-riker u. Literat hielt in der von Cosimo I. 1541 gegründeten Accademia Fiorentina 5 D.-Lesungen ab, welche -wie die der anderen Akademiemitglieder- primär im Zeichen damals aktueller poeto-logischer oder doktrinärer Diskussionen standen: **NN** ed, Lezioni sul D., in *B. V.: Opere*, II, Trieste Sezione Letterario-Artistica del Lloyd Austriaco **1859** 284-439.

Ludovico CASTELVETRO (geb. 1505-gest. 1571): *Sposizione* (genauer Titel s. u.), ITALIENISCH, zu *Inf.* I-XXIX: Giovanni **FRANCIOSI** ed, Sposizione di L. C. a XXIX canti dell'*Inf.* dant. ora per la prima volta data in luce da G. F., Mod Coi tipi della Società Tipografica-antica Tipografia Soliani **1886** XXXI-410 S [= estratto dal III vol., serie II, delle *Memorie della R. Accademia di Scienze, Lettere ed Arti di Modena. Sezione di Scienze* 3f.; IX-XXXI: Di L. C. come espositore della *DC* (= Vorw. von G. F.); „Al C. tra gli antichi commentatori si conviene un luogo a parte; dacchè il suo Commento è il primo, che possa meritar nome di critico pe' diligenti riscontri, per l'originalità degli avvertimenti, per la dichiarazione quasi sempre coscienziosa, talora arguta, del senso lette-rale, e più per le opposizioni e difficoltà molte e sottili." (XXIX) C. nimmt meist ein bis zwei Terzinen, die er blockhaft kommentiert.].

Vincenzo BORGHINI (geb. 1515-gest. 1580), diverse Arbeiten, ITALIENISCH: Der bedeutende florentin. Gelehrte u. Philologe -er war Benediktiner- verfaßte zahlr. (meist noch unveröffentlichte oder schwer zugängliche) Traktate u. Schriften, darunter auch wicht. Arbeiten über D., in denen er dessen dichterische (im Gegens. zu den theologischen) Qualitäten herausstellte; es handelt sich in seinem Fall um Aufzeichn.en von histor. oder linguist. Thematik, von denen nur zwei Korpora einen mehr oder weniger organ. Char. haben; diese edierte man im 19. Jh., nämlich: Ottavio **GIGLI** ed, *Introduz. al Poema di D. per l'allegoria* sowie *Difesa di D. come cattolico,* in *Studi sulla DC di Galileo Galilei, V. B. ed altri pubblicati per cura ed opera di O. G.,* Fir Felice Le Monn **1855** XXXVII-364 S, S. 151-76 bzw. 177-225 [Repr.: Fir Armando Paoletti 2000].

Galileo GALILEI (geb. 1564-gest. 1642) (1588), zwei *Lezioni...,* ITALIENISCH: Ottavio **GIGLI** ed, Lezioni di G. G. intorno la figura, sito e grandezza dell'*Inf.* di D. A. [= Lez. prima e Lez. sec.], in

Studi sulla DC di G. G., Vincenzo Borghini ed altri pubblicati per cura ed opera di O. G., Fir Felice Le Monn **1855** XXXVII-364 S, S. 3-34 [Repr.: Fir Armando Paoletti 2000].

Torquato TASSO (geb. 1544-gest. 1595), knappe Notizen, Marginalien, Postillen in verschied. Editionen, ITALIENISCH: Der große Dichter hat (zumindest) in 3 Cinquecentinen der *DC* seine 'Eindrücke'/Beobacht.en zur *DC* hinterlassen, näml. in denen der Verleger Giolito 1555, Sessa 1564 u. Piero da Fino 1568: Giovanni ROSINI-L. M. REZZI edd, La *DC* di D. A. postillata da Torquato Tasso, Pisa Capurro/coi Caratteri di F. Didot **1830** III XVIII-260 + 244 + 240 S; Enrico CELANI ed, T. T.: Postille alla *DC* edite sull'autografo della R. Bibl. Angelica da E. C. con prefaz. di Tommaso Casini, Città di C S. Lapi **1895** 97 S, Collez. di opuscoli dant. ined. o rari 20.

Die Liste von kursor. Auslassungen über die *DC* u. deren Veröffentlichungen ließe sich nun über das Cinquec. hinaus fortsetzen. Allerdings überlagern jetzt solche systemat. Erläuterungen zunehmend andere Bereiche der Dante-Philologie (s. daher Abt. 21: REZEPTION und INTERTEXTUALITÄT, Abt. 23: Dante-KRITIK im Spiegel der Epochen). Wir führen die Liste an anderer Stelle -für die Zeit vom 19. bis zum 20. Jh.- mit mehr oder weniger reinen Kommentarkorpora zur *DC* fort (s. Abt. 54: Neuzeitliche *DC*-KOMMENTARE).

50. EXZERPTEKOMPENDIUM früher *DC*-KOMMENTARE

Guido BIAGI [1855-1925] ed, La *DC* nella figurazione artistica e nel secolare commento, Tor Unione Tipografico-Editr Torinese (già Ditta Pompo) III **1924-p. 1931-1939** XIV-815 + VIII-741 + VIII-763 S [drei dicke Foliobde (pro cantica 1 Bd); B. trug zu allen Stellen der *DC* die entspr. Passagen aus 23 Kommentaren von Iacopo di Dante bis Raffaello Andreoli (1891) zus., so daß man auf jeder großfläch. Seite zu 2 bis 3 Terzinen auf einem Blick ein riesiges Exegesepotential zur Verfüg. hat: „Da questa larga congerie ci piacque scegliere i soli commenti veramente originali, quelli che non sono, come molti altri, copie, abbreviazioni o transunti, mettendone sotto gli occhi del lettore la parte piú sostanziale e piú significativa." (I: X) Aufgelockert wird alles gelegentlich durch bildl. Darstellungen aus Handschriften oder Drucken (Botticelli, Stradano u. a.), auf die B. nicht systematisch Bezug nimmt; dieses schwer erreichbare u. wenig bekannte Werk ist eine beeindruck. Vorläuferinitiative zu ähnl. Projekten, wie sie heute nur noch per Computer realisierbar u. dann auf CD-ROM (Paolo PROCACCIOLI 1999) oder im Internet ('The Dartmouth Dante-Project') konsultierbar sind; ein Ex. als photom. Kopie ist in der Univ.bibl. Eichstätt.]

51. AUSGABEN früher *DC*-KOMMENTARE auf CD-ROM

Paolo PROCACCIOLI ed, I commenti dant. dei secoli XIV, XV e XVI, Rom Lexis-Progetti Editoriali s. r. l. (I-00162 Roma, Via F. Nardini 1/C; e-mail: lexis@mclink.it; Tel. 0039 0686.328.585; Fax 0039 0686.383.995; Internet: http://www.lexis.it) **1999**, Archivio it.: Strumenti per la ricerca stor., filol. e letter. oN [Aufgabe/Funktion: „In un'unica banca dati testuale tutti i commenti antichi alla *C.*, da Jacopo Alighieri a Castelvetro e Tasso, sono interrogabili sia per forme sia per luoghi. In aggiunta, l'intero corpus delle opere lat. e volgari di D." Erfaßt 33 Kommentare gemäß den existierenden älteren bzw. tw. neueren Editionen; zu den einz. Textstellen der *DC* lassen sich alle entsprech. Komm.passagen einblenden; CD-ROM in Schuberschachtel mit Begleitheft u. Zettel für PC-Anwend. (8 Mb RAM, für Windows 95, 98, NT); Preis seinerz. Lit. 1.200.000 + IVA (= licenza mono-utente) bzw. Lit. 1.800.000 + IVA (= lic. multi-utente).]

52. Frühe *DC*-KOMMENTARE im INTERNET

Robert HOLLANDER ed/dir, *The Dartmouth Dante Project* [http://www.dartmouth.edu/ es sind auch andere Zugänge möglich (geben Sie den Projekt-Titel in eine Suchmaschine ein).] Der amerikan. Dantist begründete 1982 mit einem Sponsoring von über 1 Million US $ ein mittlerweile sehr entwickeltes *DC*-Kommentarbefragungscorpus, in welches man sich von überall mühe-u. kostenlos einloggen kann. Man hat 47 Exegesevolumina aus der Zeit von Jacopo Alighieri (1322) bis Pasquini-Quaglio (1982) so gespeichert, daß man anh. einer Maske zu einem Vers, Wort, Namen etc. der *DC* alle Auslassungen auf einen Blick zus.gestellt bekommt; alles erscheint auf dem Schirm chronol. mit präzisen Angaben u. in einem übersichtl. Kompilationslayout; z. Z. arbeitet man weitere 13 Kommentare in die Database ein. Von den sogen. 'frühen' Kommentaren (= 14.-16. Jh.) finden wir integriert: Jacopo Alighieri, Jacopo della Lana, Guido da Pisa, Ottimo, Anonimo selmiano, Pietro di Dante, Codice cassinese, Boccaccio, Benvenuto, Anonimo fiorentino, G. da Serravalle, Barzizza, Vellutello, Castelvetro u. Daniello; aus dem 17. Jh. sind überdies Venturi (1732) u. Lombardi (1791-92) vertreten. Sein wertvolles Konsultationswerk stellt Hollander in der Homepage sowie an anderer Stelle vor: R. H., The Dartmouth Project, *Quaderni d'Italianistica* 18, **1989** 287-98. Kontakte zu R. H.: Departm. of Compar. Lit., Princeton Univ., Princeton NJ 08544 USA; Tel.: 609-258-4027; Fax: 609-258-1873; e-mail: bobh@princeton.edu; außerdem: Hinman Box 6087, Dartm. College, Hanover NH 03755.

53. FORSCHUNGEN zu frühen *DC*-KOMMENTAREN

[Da die *DC* früh -unmittelbar nach D.s Tod- u. durch die Jahrhunderte hindurch immer wieder von Fachleuten besprochen wurde -was viel Licht in das Meisterwerk brachte, aber auch viele Fragen aufkommen ließ- ist das Volumen der Studien zu den zahlr. Erklärungskompendien beträchtlich; wir nennen zur Zeit vom Trecento bis zum Ende des Cinquec. **in chronol. Reihenf.** Forschungen zu Exegeten u. ihren Arbeiten. Zum Usus des Kommentierens, Glossierens u. Deutens sowie seiner Gesch. s. auch Abt. 15: GRUNDLAGENFORSCHUNG zu BARBI, NARDI und VALLONE (Vallone befaßte sich ein Leben lang mit Dante-Kommentarphilologie), 21: REZEPTION und INTERTEXTUALITÄT, 23: Dante-KRITIK im Spiegel der Epochen; vgl. auch 49: AUSGABEN früher *DC*-KOMMENTARE, 51: AUSGABEN früher *DC*-KOMMENTARE auf CD-ROM, 52: Frühe *DC*-KOMMENTARE im INTERNET, 54: Neuzeitliche *DC*-KOMMENTARE (19.-20. Jh.).]

K[arl] HEGEL, Über den histor. Werth der **älteren D.-Commentare**. Mit einem Anh. zur Dino-Frage, Leip Verl von S. Hirzel **1878** 115 S [behandelt chronol. 15 Kommentare von den *Chiose anonime alla prima cantica della DC* bis *Lezioni sul D.* und *Prose varie* von Benedetto Varchi; Anh. = S. 91-115]. Luigi ROCCA, Del Commento di **Pietro di D.** alla *DC* contenuto nel codice Ashburnham 841, *GSLI* 7, **1886** 336-85. Michele BARBI, D. **nel Cinquecento**, Pisa Bocca **1890** 407 S [enth. (u. a.): IV. Lettori e commentatori della *C.*: Cristoforo Landino (146-79); V. Lettori e comment. della *C.*: Gli Accademici Fiorentini (180-235); VI. Lettori e comment. della *C.*: Trifon Gabriele. Vellutello. Daniello. Borghini. Castelvetro (236-88); VII. Efficacia dello studio di D. sulla poesia e sull'arte del cinquec. (289-323); es folgen Documenti u. als Anh. der *Commento sopra il I canto dell'Inf. di P. F. Giambullari* (365-407); Ndr.: 1975: Avezzano Studio Bibliograf Adelmo Polla]. Luigi ROCCA, Di alcuni **commenti** della *DC* composti **nei primi vent'anni dopo la morte di D.**: Saggio, Fir Sans **1891** X-429 S [beh. 6 Werke: I. Chiose attribuite a Jacopo di D.; II. Comm. anonimo sopra l'*Inf.*; III. Chiose anon. alla prima cantica; IV. Il Comm. di J. della Lana; V. L'ottimo comm.; VI. Il comm. di Pietro Al.]. Igina BRACCI-CAMBINI, F. Bartolo da **Buti** ed i suoi tempi. 2ª ediz. interamente rived. ed ampliata, Prato ²**1915** 80 S. Flaminio

PELLEGRINI, Per la cronologia dell'**Ottimo** commento, *BSDI* 25, **1918** 85-9.   Friedrich
SCHMIDT-KNATZ, J. della **Lana** u. sein *C.*-Kommentar, *DDJb* 12, **1930** 1-40.   Giuseppe
VANDELLI, Una nuova redazione dell'**Ottimo**, *SD* 14, **1930** 93-174.   Helmut SCHRÖDER, Das
Problem einer Neuherausg. des **Lana**-Komm., *DDJb* 17, **1935** 77-101.   Piero GINORI CONTI,
Vita ed opere di **Pietro** di Dante Alighieri. Con documenti inediti, Fir Fondazione Ginori Conti
1939 216 S [Mon. in 8 Kap.].   John Paul BOWDEN, An Analysis of **Pietro** Alighieri's Commentary on the *Divine Comedy*, NY Columbia U **1951** 181 S.   Francesco MAZZONI, Per la storia
della critica dant. I: **Jacopo** Alighieri e Graziolo **Bambaglioli** (1322-1324), *SD* 30, **1951** 157-202
[M. unters. beide u. vergleicht sie: „Incapace di donarsi coll'intelletto e col cuore alla suggestione
della poesia, per restare un debole e freddo compilatore di motivi etico-precettistici... Jacopo
fallisce dunque nel suo intento." (180) „Di contro all'opaca sordità del suo predecessore, sta invece l'attenta e acuta interpretaz. del Bambaglioli." (181)].   Tarcisio A. STRAPPATI, Il poeta
teologo nel commento del dantista fra Giovanni **Bertoldi** di Serravalle O. F. M. Conv. (1355-
1445), *Italia Francescana* 31, **1956** 100-8, 185-92, 249-56.   Francesco MAZZONI, **Guido** da Pisa
interprete di D. e la sua fort. presso il Boccaccio, *SD* 35, **1958** 29-128.   Giorgio PADOAN,
L'ultima opera di G. **Boccaccio**: *Le Esposizioni sopra il D.*, Pad CEDAM = Casa Editrice Dott.
Antonio Milani **1959** 115 S, Univ. di Padova. Pubblicazioni della Fac. di Lett. e Fil. 34 [Aufbau: I.
Provvisorietà e squilibri della stesura; II. Il *Comento* come raccolta di materiale. Rapporti con le
altre opere boccaccesche; III. Il Bocc. pubblico lettore della *C.*; IV. Gli interventi più spiegati della
personalità dell'autore; Anh.: 1. Elenco dei passi del *Com.* derivati da altre opere bocc.; 2. La
quest. dell'autenticità del *Com.*].   Aldo VALLONE, Trifone **Gabriele** e Bernardino **Daniello**
dinanzi a D., *SMV* 10, **1962** 263-98.   Francesco MAZZONI, **Pietro** Alighieri interprete di D., *SD*
40, **1963** 279-360.   Tarcisio BARON, La conoscenza della *DC* **prima del 1315**, Ferr Libreria
'Ariosto' Editr **1965** 101 S [= rist. rived. e corretta; 1. Aufl. ist mir nicht bekannt; Aufbau: I. Premessa-D. e F. da Barberino-Fra Giordano da Pisa-La profezia di Ciacco-Dino Frescobaldi-Moderni consensi-L'ordinamento morale dell'*Inf.*; II. Il racconto di G. Bocc.].   Giovanni FALLANI,
Pietro Alighieri e il suo comm., Fir Le Monn **1965** 31, Lectura Dantis oN.   Aldo VALLONE,
Aspetti dell'esegesi dant. **nei sec. XVI e XVII** attrav. testi ined., Lecce Mil **1966** 246 S [5 A veröff. 1962-63; 1. Lineamenti dell'esegesi dant. nei sec. XVI e XVII; 2. Trifone Gabriele e Bernardino Daniello dinanzi a D.; 3. Un momento della critica dant. nel tardo Cinquec.; 4. Progresso o
dicasi processo della disputa sopra la *C.* di D.; 5. Postillatori secenteschi della *C.*].   Antonio
COSPITO, Il probl. dei rapp. tra teoresi intuitiva e teoresi filosof. nella lettura della *DC*: **I trecenti-
sti**, Rom Typografia Varystampa **1967** 195 S [Unters.en zu Bocc., Jacopo Al., Graziolo, Lana,
Pietro Al., Buti, Benvenuto].   Silvio GENNAI, Cristoforo **Landino** commentatore di D., in *Atti
conv. studi su asp. e probl. della crit. dant.: Pisa e Castello di Poppi 7-10 ott. 1965* (Comit. Naz.
per le Celebraz. del VII Centen. della Nasc. di D.-Lectura Dantis Internaz.-SDI edd), Rom De
Luca **1967** 115-24 [allgem. histor. Einschätz. des Landino-Komm. für Florenz in seiner Zeit].
Francesco MAZZONI, J. della **Lana** e la crisi nell'interpretaz. della *DC*, in *D. e Bologna nei tempi di
D.* (Fac. di Lett. e Filos. dell'Univ. di Bol. ed), Bol Commiss per i testi di lingua **1967** 265-306.
Giuseppe VECCHI, Motivi di poetica nel *Comentum* di **Benvenuto** da Imola, ebend. 307-19 [„Alc.
dei fili conduttori sono costituiti dai motivi di poet. che governano la interpretaz. esegetica di B.,
ne orientano il giudizio... e noi ci fermeremo a saggiare alc. punti." (307)].   Bruno SAND-
KÜHLER, **Die frühen D.kommentare** u. ihr Verhältnis zur ma. Kommentartrad., Mün Hueber
1967 289 S, Münchener Romanist. Arbeiten 19 [Diss Freib. i. B.; I. Einl. (zum allgem. u. ma.
Komm.wesen); II. Das it. Komm.wesen um 1300; III. Die Kommentare zur *GK* bis 1340; Text-
anh.; dieses Werk ist nach wie vor eines der wichtigsten zur Erforsch. der frühen *DC*-Kommen-
tare; s. auch seine Studien von 1987].   Manfred LENTZEN, Studien zur D.-Exegese Cristoforo

Landinos: Mit einem Anh. bisher unveröffentl. Briefe u. Reden, Köln-Wien Böhlau **1971** VIII-303 S + 12 Taf [Habil.schr. Köln].   Renata **MOLINARI**, Il comm. dant. di Giovanni [**Bertoldi**] da Serravalle (visto come conclus. del primo centennio eseget. e come chiarificaz. del vocabolario mistico di Benvenuto, in *Psicanalisi e strutturalismo di fronte a D.: Dalla lettura profet. med. agli odierni strumenti critici. Atti dei mesi dant. 1969-1971* (Istit. Dant. Europeo ed), Fir Olsch **1972** I 503-28 [„Nell'occuparci del S. seguiremo il duplice binario già insinuato dal titolo: 1) sistematica schedatura dei testi maggiormenti connessi colla polemica onirica riportabile al dilemma *fictio – visio*; 2) confronto col precedente vocabolario mist. di Benv. da Imola." (504) Die Verf. bietet auch eine Gesamteinschätz. von S.s Komm., erläutert seine Entst. zur Zeit des Konzils.].   Ileana **MORTARI**, Da Jacopo della **Lana** all'**Anonimo Fiorentino**, ebend. I 471-501 [unters. das Thema/Prinzip der 'Visio in sommnis' innerhalb des „filone esegetico che da J. della Lana si porta prima all'Ottimo Commento e poi all'Anonimo Fiorentino." (471)].   Lao **PAOLETTI**, L'esegesi umanistica di **Benvenuto** da Imola, ebend. I 445-70 [„La cult. dell'Imolese è già umanistica, attenta agli aspetti tecnici del procedimento letterario, pronta a cogliere ogni spunto che le permetta di compiacersi delle proprie conoscenze antiquarie, lontana dalla prospettiva più sicuramente dantesca, quale l'universalismo dell'ideale politico, che trattiene il discorso della C. in un ambito ancora rigorosamente medievale." (470)].   Roberto **CARDINI**, La crit. del **Landino**, Fir Sans **1973** 393 S, Ist. Naz. di Studi sul Rinascim.: Studi e testi 4 [1967-71 veröff. Studien zu L.s allgem. Poesie- u. Lit.auffass., nämlich u. a.: 1. La crit. del L. dalla *Xandra* alle *Disputationes Camaldulenses*; 2. Alle origini della filosofia landiniana; 3. Il L. e la poesia; 4. C. L. e l'umanesimo volgare].   Luis **JENARO-MACLENNAN**, The **Trecento Commentaries** on the *DC* and the Epistle to Cangrande, Oxf Clar **1974** 154 S [Aufbau: I. The dating of Guido da Pisa's commentary; II. The textual transmissions of the epistolary fragments; III. Pietro Alighieri's use of the Ep. to C.; IV. Bocc. and the Ep. to C.; 2 Anhänge].   NN [bzw. COMUNE DI MELFI] ed, D. nel pens. e nella esegesi dei **sec. XIV e XV**: Atti III congr. naz. studi dant. Melfi 27 sett.-2 ott. 1970, Fir Olsch **1975** XXXI-702 S [60 V = Atti conv. studi realizz. dal Com. di Melfi in collab. con la Bibl. Prov. di Potenza e il Sem. di Studi Dant. di Terra di Lavoro].   Giacomo **FERRAÚ**, Il commento all'*Inf.* di Guiniforte **Barzizza**, ebend. 357-73.   Francesco **CALIRI**, Guido da Montefeltro nel comm. di **Benvenuto**, ebend. 319-41.   Louis M. **LA FAVIA**, **Benvenuto** Rambaldi da Imola dantista, Mad Porrúa Turanzas **1977** 183 S [ausf. Ges.unters. in it. Spr.].   Paola **RIGO**, Il D. di **Guido** da Pisa, *LI* 29, **1977** 196-207.   Aldo **VALLONE**, F. da **Buti** nella crit. dant. del Trec., *ABI* 45, **1977** 428-37.   Saverio **BELLOMO**, Tradiz. manoscritta e tradiz. culturale delle *Expositiones* di **Guido** da Pisa (prime note e appunti), *LI* 31, **1979** 153-75.   Vincenzo **CIOFFARI**, Problems concerning the **earliest D. commentaries**, *FI* 13, **1979** 496-500.   Carlo **DIONISOTTI**, Lettura del commento di **Benvenuto** da Imola, in *Atti conv. int.. di studi dant. Rav. 10-12 sett. 1971* (Comune di Rav.-SDI edd), Rav Longo **1979** 203-15 [Ist eine Betracht. des allgem. method. u. geistesgesch. Spektrums, vor dem B. heute zu sehen ist. Ausgangspunkt ist die entspr. Einschätzung, welche Paget Toynbee 1901 von B. gab.].   NN bzw. SOCIETÀ DANTESCA ITALIANA ed, G. **Boccaccio** editore e interprete di D.: Atti conv. su »G. B. editore ...« promosso dalla SDI Fir.-Certaldo 19-20 aprile 1975, Fir Olsch **1979** VII-117 S [enth. 5 V; zur D.-Exegese nur 2, nämlich: Due modi opposti di leggere D.: Petr. e B. (G. Paparelli 73-90); B. lettore di D. (A. Vallone 91-117)].   Saverio **BELLOMO**, Primi appunti sull'*Ottimo comm.* dant., *GSLI* 157, **1980** 532-40 u. 368-82.   G. **FRASSO**, Il *Commentarium* di **Pietro** Alighieri nelle redazioni ashburnhamiana e ottoboniana, *Aevum* 54, **1980** 381-3.   Anna Maria **CAGLIO**, Materiali enciclopedici delle *Expositiones* di **Guido** da Pisa, *IMU* 24, **1981** 213-56.   Antonio **CANAL** o. carm., Il mondo morale di **Guido** da Pisa interprete di D., Bol Patron **1981** 322 S, Il mondo med. Studi di storia e storiogr. Sez. di storia delle istituzioni, della spiritualità e delle idee 8 [sehr wissensch., auf reichhalt. bibliogr. Recherchen begründ. Ges.darst. des G.

da P.; Aufbau: Introd., Fonti (jew. Forsch.berichte mit umfass. Bibl.); I. Tra codici e letterati; II. G. da P., carmelitano; III. Le opere guidiane; IV. G. commentatore dell'intera *C.*; V. *Expositiones...* Analisi dell'intero comm. alla prima Cantica; VI. Categorie morali delle chiose guidiane; VII. La dottr. filos. del peccato in G.; VIII. La *DC* nell'ottica guid.; IX. Mondo morale come antropologia; X. Glossa tra le glosse; Conclus. generale]. Luigi **CARICATO**, Il *Commentarium* all'*Inferno* di **Pietro** Alighieri: Indagine sulle fonti, *IMU* 26, **1983** 125-50. Giuliana **DE MEDICI**, Le fonti dell'*Ottimo commento* alla *DC*, *IMU* 26, **1983** 71-122. Robert **HOLLANDER**, **A checklist of commentators** on the *C.* (1322-1982), *DS* 101, **1983** 181-92 [listet alle Kommentare von Jacopo di D. bis E. Pasquini-A.Quaglio auf]. Bruno **SANDKÜHLER, Guido da Pisa** – Anm.en zu einigen seiner Quellen, *DDJb* 59, **1984** 79-88. Arthur **FIELD**, *C.* **Landino**'s first lectures on D., *Renaissance Quarterly* 39, **1986** 16-48. Frank **LA BRASCA**, Du prototype à l'archétype: Lecture allégorique et réécriture de D. dans et par le commentaire de *C.* **Landino**, in *Scritture di scritture: Testi, generi, modelli nel Rinascim.* (G. Mazzacurati-M. Plaisance edd), Rom Bulz **1987** 69-107, Europa delle Corti. Centro studi sulle società di antico regime. Bibliot. del Cinquec. 36 [V zu einem Sem. 14.-16. 10. 1984 in Ferrara: „Nous concentrerons notre étude sur cette fameuse lecture allégor. qui a valu tant de sarcasmes et de préventions à notre auteur... Nous tenterons d'en esquisser une typologie... Dans un deuxième temps, nous tenterons d'en discerner la persistance historico-culturelle." (72) „La réécriture de D. a joué un rôle de premier plan: celui d'établir dans la *DC* le fondement symbolique et moral de la patrie et de l'Humanité, d'assurer le passage de cette oeuvre du rang de prototype de langue, de civilis. et de culture, à celui d'archétype de la nature divine de l'homme." (106-7)]. Ehrengard **MEYER-LANDRUT**, Fortuna in D.s *DC* aus der Sicht der **frühen Kommentatoren**, Rheinfelden Schäuble **1987** VIII-189 S, Romanistik 41 [Unters. zu 12 Komment.; [2]1996]. Bruno **SANDKÜHLER**, Die Kommentare zur *C.* **bis zur Mitte des 15. Jh.**, in *Die it. Lit. im ZA D.s u. am Überg. vom MA zur Renaiss.* (A. Buck ed): 1: D.s *C.* u. die D.-Rez. des 14. u. 15. Jh., Hei Winter **1987** 166-208 u. 238-56, Grundriß der roman. Lit.en des MAs X/1 [eine wissensch., detaill. u. komp. Ges.darstell. eines Spezialisten (s. auch seine Diss von 1967)]. Alastair J. **MINNIS**-Alexander Brian **SCOTT** edd, Med. Literary Theory and Criticism **c. 1100-c. 1375**: The commentary tradition, Oxf UP **1988** XVI-544 S. Henry Ansgar **KELLY**, Tragedy and Comedy from D. to Pseudo-Dante, Berk-Los Ang-Lon U of CA P **1989** X-134 S [„The focal point of this study is D.'s characterization of his great poem as a comedy and the puzzlement that his designation caused to his admirers in the 14th cent." (Preface) Chron. Unters. in 7 Kap. **zu allen frühen Kommentatoren** von D. selbst (Cangr.-Brief) bis zum sogen. Pseudo-D. u. Villani]. Mario **PAZZAGLIA**, **Benvenuto** da Imola lettore della *C.*, in *L'armonia come fine: Conferenze e studi dant.* (ders.), Bol Zan **1989** 209-39. Carlo **PAOLAZZI**, Le letture dant. di **Benvenuto** da Imola a Bologna e a Ferrara e le redazioni del suo *Comentum*, in *D. e la C. nel Trec.: Dall'Epist. a Cangr. all'età di Petr.* (= ders.) Mil Vita e Pens **1989** 223-72, Pubblicazioni della Univ. Catt. del S. Cuore. Scienze filol. e lett. 39 [zuvor in *IMU* 22, 1979 319-66]. Paolo **PROCACCIOLI**, Filol. ed esegesi dant. nel '400: L'*Inf.* nel *Com. sopra a C.* di *C.* **Landino**, Fir Olsch **1989** 263 S [Aufbau: I. Vicende editoriali del *Com.*; II. L. editore; III. L'esegeta]. Pamela **WILLIAMS**, **Benvenuto** da Imola on fact and fiction in the *Comedy*, in *Moving in measure. Essays in honour of Brian Moloney* (Judith Bryce-Doug Thompson edd), Hull Hull UP **1989** 49-62 [„B.'s judgement of D. as a historian best illustrates his attitude to fact in the poem. D. is described as a 'bonus historicus'... For B. the fiction represents the actual process of the poem's composition, from the very first line to the last canto of the *Paradiso*... Of course in D. it was the combination of fact and fiction that B. so admired, just as Horace admired the skilful blend of fact and fiction in Homer." (53, 57, 60)]. Pantaleo **PALMIERI**-Carlo **PAOLAZZI** edd, **Benvenuto** da Imola lettore degli antichi e dei moderni: Atti conv. int. Imola 26 e 27 maggio 1989, Rav Longo **1991** 302 S [13 V; Fazit der Tag. zu B., der sich nicht nur mit D. befaßte: „Die textl. Überlief. der Kommentare zu D., Lukan u. Petr. kann jetzt als so weitgeh. geklärt gelten, daß krit. Textausgaben angegangen werden können; die Frage textlicher Interdependenzen u. die Quellenfrage hat in vielen Teilbereichen wicht. Antworten gefunden u. die inhaltlich-method. Struktur, Sprache u. Stil des opus magnum haben deutlichere Konturen erhalten." (Th. Brückner, Rez. in *DDJb* 70, 1995 139)]. Deborah **PARKER**, Commentary and Ideology: **D. in the Renaissance**, Durham-Lon Duke UP 1993 XII-248 S [Mon.; Aufbau: 1. D.'s med. and Ren. commentators: 19th- and 20th-cent. constructions; 2. The med. roots of comm. in the Ren.; 3. Interpretative strategy and ideological commitment: The Brutus and Cassius debate; 4. Comm. as social act: Trifone Gabriele's critique of Landino; 5. Imitation, plagiarism and textual productivity: B. Daniello's debt to T. Gabriele; 6. Material production and interpretations of the *Comedy*; S. 223-43: ausf. Bibl. zum Komm.wesen]. Francesco **SASSETTO**, La biblioteca di F. da **Buti** interprete di D.: Modelli critici di un lettore della *C.* dell'ultimo Trec., Vic il Cardo 1993 166 S [Unters. in 8 Kap.]. Robert **HOLLANDER**, **Boccaccio**'s D., in *Bocc.'s D. and the Shaping Force of Satire* (ders. = Aufs.bd), Ann Arbor MI U of MI P 1997 9-19 [knapper Überbl. über B. als Dantist; zuvor in *Italica* 63, 1986 278-89]. Marcella **RODDEWIG**, Handschriften des *Ottimo Commento* von Andrea Lancia, in *Bibliologia e critica dant.: Saggi dedicati a Enzo Esposito* (V. De Gregorio ed), Rav Longo 1997 II 299-333 [beschreibt u. unters. 40 Hss.]. D. **PARKER**, Interpreting **the Commentary tradition** to the *Comedy*, in *D.: Contemporary perspectives* (A. I. Iannucci ed), Toro-Buffalo-Lon U of Toro P 1997 240-58. Massimiliano **CHIAMENTI**, Censimento della tradiz. pergamenacea, cartacea e digitale della prima redaz. del *Comentum* di **Pietro** Alighieri, in *Scritti off. a F. Mazzoni dagli allievi fiorentini*, Fir SDI 1998 39-46. Fabrizio **FRANCESCHINI** [bzw. Comune di Piombino] ed, D., il **Buti** e gli Appiani: Un codice tra Piombino e il Massachusetts. Catalogo e mostra documentaria: Piombino 20 giugno-17 luglio 1998, Pisa Edizioni ETS 1998 100 S [zahlr. Abb.]. Luca Carlo **ROSSI**, Il commento dant. di Graziolo **Bambaglioli**, *LC* 28, 1999 43-54. Massimo **SERIACOPI**, Notizie su **un commento inedito in volgare** alla *C.* dant. di Antonio di Tuccio Manetti, *Alighieri* 40, 1999 77-85. Zygmunt G. **BARAŃSKI**, **Benvenuto** da Imola e la tradiz. dant. della *Comedìa*, in »*Chiosar con altro testo*« (= ders.), Fiesole Cadmo 2001 77-97, I saggi di *LIA* 2. **DERS.**, »Li infrascripti libri«: Gugliemo **Maramauro**, l'auctoritas e la 'lettura' di D. nel Trec., ebend. 117-52.. M. **CHIAMENTI**, La terza e ultima redaz. del *Comentum* di **Pietro** Alighieri: Tradiz. del testo e criteri editoriali, in *«Per correr miglior acque...»: Bilanci e prospettive degli studi dant. alle soglie del nuovo millennio. Atti del conv. int. di Ver.-Rav. 25-29 ott. 1999. Sotto l'alto patron. del Pres. della Repubbl.* (NN ed), Rom Sal 2001 II 835-46. Pasquale **STOPPELLI, I** commenti dant. e **le nuove tecnologie**, ebend. I 701-9 [stellt 2 medial völlig neuart. Kommentarsamml.en vor: das 1982 begonn. 'Dartmouth Dante Project' im Web (http://milton.mse.jhu.edu:8001/dbases/dante.html) sowie die von Paolo Procaccioli herausgebr. CD-ROM 'I comm. dant. dei sec. XIV, XV e XVI' (Rom Lexis 1999)]. Marthe **DOZON**, Poésie et mythologie: le 'esposizioni' de **Boccace** à la Divine Comédie, in *Pour D.: D. et l'Apocalypse. Lectures humanistes de D. (1993-1998)* (Bruno Pinchard-Christian Trottmann edd), Par Honoré Champion 2001 305-16, Travaux du Centre d'Ét. Supér. de la Renaiss. de Tours 7. Franco **QUARTIERI**, **Benvenuto** da Imola: Un moderno antico commentatore di D., Rav Longo 2001 221, L'interprete 69 [Aufbau: I. Biografia; II. *Comentum*: genesi e sviluppo; III. Le opere minori; IV. I 'colleghi' precedenti; V. Orizzonti morali e poetici; VI. Il debito col Boccaccio; VII. Il ricorso ai classici; VIII. I riferimenti alla Bibbia].

54. Neuzeitliche *DC*-KOMMENTARE (19.-20. Jh.)

[Im folgenden werden in chronol. Reihenf. direkt für den Druck -also weniger zum Vortrag oder für Lesungen- bestimmte, fortlaufende bzw. systemat. Kommentare zur ganzen *DC* oder zu einz. 'cantiche' zus.gestellt, die man ab dem Ottocento publizierte. Gemeint sind hier nicht kommentierte Ausgaben, sondern Kompendien ohne vollständ. Begleittext (zu jenen s. Abt. 43: Kommentierte *DC*-AUSGABEN, 44: 'SCHULAUSGABEN' der *DC*, 45: Preiswerte *DC*-AUSGABEN); vgl. außerdem 48: Formen der 'LECTURA DANTIS' (bei der es generell um die Kommentierung eines einz. canto bzw. um Sequenzen von Gesängen geht), 51: AUSGABEN früher *DC*-KOMMENTARE auf CD-ROM (die ebenfalls einige neuzeitl. Kommentare bietet). Diese Sektion setzt übrigens fort die Abt. 49: AUSGABEN früher *DC*-KOMMENTARE, welche die vom 14. bis zum 16. Jh. entstand. Kommentare auflistet; zu den Zwischenräumen vom 17. bis 18. Jh. s. 15: GRUNDLAGENFORSCHUNG von BARBI, NARDI und VALLONE (v. a. zu letzterem), 23: Dante-KRITIK im Spiegel der Epochen]

Lorenzo **MAGALOTTI** [1637-1712] [NN = G. G. TRIVULZIO ed], Comento sui primi cinque canti dell'*Inf.* di D. e quattro lettere del Conte L. M., Mil Dell'Imp. Regia Stamperia **1819** VIII [Al lettore = G. G. T.] -108 S [Komm. = S. 1-90 (dann folgen 4 Briefe an Ottavio Falconieri von 1665); es ist die Erstausg. des Komm. von L. M., der sukzessive einz. Passagen -größere Stücke oder auch nur Verse- bespricht; man liest Erklär.en, Quellenang. oder ästhet. Würdigungen; zu dem berühmten Vers *Quel giorno più non vi leggemmo avante* (*Inf.* V 138) -der jene Ehebruchsgesch. um Paolo und Francesca abschließt- sagt er elegant u. diskret: „Accenna con nobil tratto di modestia l'interrompimento della lettura, ed in conseguenza il passaggio da' tremanti baci agli amorosi abbracciamenti." (90)]. [Ugo **FOSCOLO**] La *Commedia* di D. illustrata da U. F., Londra Pietro Rolandi IV **1842-43** XXX-466 + 394 + 560 + 418 S. [Dr.] L[udwig] G[ottfried] **BLANC** [1781-1866], Versuch einer bloß philologischen Erklärung mehrerer dunkler Stellen der *GK*, Halle Verl der Buchhandlung des Waisenhauses II **1861-65** IV-310, VIII-108 S [Bd I = kursor. Komm. zu *Inf.* I-XXXIV; II = zu *Purg.* I-XXVII]. Henry Fanshawe **TOZER** [1829-1916], An English Commentary of D.'s *DC*, Oxf Clar **1901** VI-628 S [Alle canti werden sukzessive in bezug auf den it. T ausf. u. detailliert erläutert; vor jedem canto-Block eine Inh.ang. (argument); repr.: NY Cooper Square Publishers 1973]. William [John Borlase-]Warren[-Venables] **VERNON** [1834-1919], Readings on the Paradise of D. chiefly based on the Commentary of Benvenuto da Imola in two volumes. Second edition-revised, Lon Methuen ²**1909** C-517 S [sehr kompaktes u. gründliches Kommentarwerk; ¹1900: Lon Macmillan & Co]. Johannes **HENKE**, D.s Hölle. Erklärung der Höllenglieder. u. Höllenstrafen. Einleit.: Gesamt-Übersicht über die Komödie. Anhang: Berichtigte Inhaltsangabe der Gesänge der Komödie, Durchschnitt der Hölle, Durchschnitt des Läuterungsberges, berichtigte Skizzen vom Garten Eden u. Paradies, Dortmund Druck u. Verl von Fr. Wilh. Ruhfus **1911** 212 S [systemat. Auflistung der Stationen des *Inf.*; 170-212: Inh.angaben des *Purg.* u. *Par.*]. Guido **BIAGI** [auch "Lodovico Biagi" bzw. Pseudonym "Edmondo Guidi": 1855-1925] ed, La *DC* nella figurazione artistica e nel secolare commento, Tor Unione Tipografico-Editr Torinese (già Ditta Pompo) III 1924-p. **1931-1939** XIV-815 + VIII-741 + VIII-763 S [drei dicke Foliobde (pro cantica 1 Bd); G. B. trug zu allen Stellen der *DC* die entsprech. Passagen aus 23 Kommentaren von Jacopo di Dante bis Raffaello Andreoli (1891) zus., so daß man auf jeder großflächigen Seite zu etwa 2 bis 3 Terzinen auf einen Blick ein riesiges Exegesepotential vor Augen hat: „Da questa larga congerie ci piacque scegliere i soli commenti veramente originali, quelli che non sono, come molti altri, copie, abbreviazioni o transunti, mettendone sotto gli occhi del lettore la parte piú sostanziale e piú significativa." (I: X) Aufgelockert wird die Kompilation gelegentlich durch bildl. Darstellungen aus Hss. oder Drucken (Botticelli, Stradano u. a.), auf die B. selbst nicht Bezug nimmt; dieses schwer erreichbare u. wenig bekannte

Werk ist eine beeindruckende Vorläuferinitiative zu ähnl. Unternehmungen, wie sie heute nur noch mit Hilfe von Computern realisierbar u. dann auf CD-ROM (Paolo Procaccioli 1999) oder im Internet (Dartmouth Dante-Project) vermittelbar sind.]. Gerhard **LEDIG**, D.s *GK* in den einzelnen Gesängen aus mittelalterl. Denken erläutert, Jena Verl von G. Fischer **1943** 460 S, Beiträge zur ma., neueren u. allgem. Gesch. 23 [Alle 100 Gesänge werden sukzess. erläutert; ohne T der *DC*.]. Ernesto **TRUCCHI**, Esposizione della *DC* di D. A., Mil Casa Editrice 'La Prora' III ³**1946** 616 + 575 + 571 S [eine cantica pro Bd; alle canti mit Einführ., system. erklärt u. mit Texteinschüben versehen (= meist ganze Sequenzen von Terzinen); ¹1936: Mil Toffaloni; ²1943: Mil Montaldi]. Natalino **SAPEGNO** [1901-90], D. A. La *DC*, Fir La N It III ¹**1955-57** 386 + 380 + 417 S, Scrittori it. oN [komm. Ausg. in 3 Bdn; eine cantica pro Bd; Komm. jew. unter dem T; zwei Drittel oder mehr einer Seite nimmt der Komm. ein; war viele Jahre bzw. Jahrzehnte beliebtes Schulbzw. Uniwerk; viele Nachdr., z. B. ¹⁶1964; heute noch nützlich u. in der Substanz nicht überholt.]. Bernard **STAMBLER**, D.'s Other World: The *Purgatorio* as guide to the *Div. Comedy*, NY UP **1957** XVIII-392 S [„The body of the book is a systematic and detailed analysis of the *Purgatory*, with brief excursions into areas of med. history, society, and thought." (XV) Auf eine dreizehnteil. allgem. Einf. in die *DC* folgt ein kursor. Komm. in 14 Kap. zum *Purg.*, wobei im letzten wiederum eine Synthese zur ganzen cantica geboten wird.]. Giovanni **BUTI**-Renzo **BERTAGNI**, Commento astronomico della *DC*. Rass. analit. con una parte generale sistematica, una append. crit., disegni illustrativi, tavole sinottiche, orologio dant., Fir Sandron **1966** 253 S [„La novità di questo lavoro consiste... nel fatto che è l'unica opera che raduni e spieghi sistematicamente, in modo organ. e in ordine successivo, tutti i passi astronomici della *DC*." (6) Aufbau: I. Nozioni preliminari; II. Il sistema tolemaico; III. Cenni comparativi di astronomia mod.; Rass. analit. (hier werden von *Inf.* I bis *Par*. XXXI alle Passagen kommentiert u. oft mit Zeichn.en begleitet, die astron. Elem. enthalten); im Anh. folgen: I. Valore scientif. e significato simbol.; II. Valore poet. e pregio letterar.; III. Valore culturale; die 2 Diagramme heißen: Calendario e orario del viaggio dant. sowie Posiz. zodiacale e variaz. diurna del Sole e della Luna nella settimana dant.; in einer Falttasche Dante-Uhr aus 3 Scheiben, die man ausschneiden, übereinanderlegen u. drehen muß.]. Francesco **MAZZONI**, Saggio di un nuovo comm. alla *DC*: *Inf.*, canti I-III, Fir Sans **1967** XI-455 S [alle 3 canti ausf. nach demselben Schema behandelt: Introd., Bibliogr., Testo, Comm.]. Gabriele **ROSSETTI** [1783-1854], Comento analit. al *Purg.* di D.: Opera ined. a cura di Pompeo Giannantonio, Fir Olsch **1967** CII (= Introd.) + 519 S, B*AR* 87 [R.s Komm. entstand 1826-27.]. Francis **FERGUSSON**, D.'s Drama of Mind: A modern reading of the *Purg.*, Prince NJ UP ²**1968** 231 S [„This book ist the unforeseen result of my having read the *Divine Comedy* off and on about twenty-five years."(V) Das *Purg.* wird in 23 Abschnitten -zu 4 Hauptteilen gegliedert- gelesen u. neuzeitlich kommentiert; Aufbau: I. The pathos of earth (The first day: Cantos I-IX); II. The ancient path to self-knowledge (The sec. day: C.s X-XVIII); III. The pilgrim against time (The third day: C.s XIX-XXVII); IV. Time redeemed (The morning of the fourth day: C.s XXVIII-XXXIII); ¹1953: ebend. X-231 S]. Charles S[outhward] **SINGLETON**, Companion to the *DC*: Commentary by C. H. Grandgent as edited by C[harles] S., Cambr MA Harv UP **1975** XII-316 S [für Studierende, welche die *DC* in Engl. lesen; zu allen 100 canti vorweg Inh.ang. (Argument) sowie Anm.app., kein T; TG = Ed. von Ch. S. S. Cambr MA Harv UP 1972, ist hierzu ein Supplementbd; vorweg Diagramme u. Introd.]. **DERS.**, The *Divine Comedy*. Transl. with a commentary. Second printing with corrections, Prince NJ UP VI ²**1977** [s. Abt. 56: Englische *DC*-ÜBERSETZUNGEN]. Arthur **SCHULT**, D.s *DC* als Zeugnis der Tempelritter-Esoterik, Bietigheim/Württ. Turm-Verl p. **1979** 745 S [„Auf mich persönlich wirkte die Vertiefung in die esoterische Astrosophie bahnbrechend im Sinn eines kosmisch-supranaturalen Bewußtseins." (15) Der Autor geht die *DC* sukzessive nach esoter. Aspekten durch u. kommentiert diese; sein Werk beendete er 1967.]. Wallace **FOWLIE**,

A Reading of D.'s *Inf.*, Chic IL-Lon U of Chic P **1981** 237 S [chronol. Betracht. aller 34 canti des *Inf.* unter schwerpunktthemat. Ges.punkten].   Elvira **GIRO**, La *DC* nella meravigliosa scienza Giuris Davidica. Nono libretto con 5 illustrazioni. Contiene scritti originali di David Lazzaretti. Per i militi crociferi dello Spirito Santo, Rom La Torre Davidica **1981** 96 S [E. G. geb. 1910; Samml. von 12 Arbeiten zur *DC* im Sinne/Glauben der 'Chiesa Universale Giuris-davidica'; D. L.: 1834-78, 'Reformator' u. Glaubensbegründer].   NN [= 'in orma'], esoterismo e divina commedia. Università dello spirito, Como-Chiasso Edizioni Avatar **1981** 341 S [kursor. Komm. zu den 3 cantiche unter esoter. Gesichtspunkten in der Form eines Frage-und-Anwort-Spiels].   Louis **LALLEMENT**, Le sens symbolique de la *Divine Comédie*, I: *Enfer*, Par Rédaniel/Éditions de la Maisnie **1984** 189 S [Aufbau: I. Introd. au message de D.; II. Commentaire de *l'Enfer*; III. Inh.ang. zu allen 34 canti (51-7); IV. (61-189): kursor. Komm.; ohne T].   Forts. hierzu: DERS., D. maître spirituel: Initiation au sens symbol. de la *DC*, II: *Purgatoire*, ebend. **1988** 185 S [11-19: Inh.ang. zu allen 33 canti; 23-182: kursor. Komm.; geplant war ein Bd III zum *Par.*; ohne T].   Robin **KIRKPATRICK**, D.'s *Inferno*: Difficulty and dead poetry, Cambr-NY u. a. Cambr UP **1987** XV-445 S [sukzessiver u. zusammenfassender Komm. unter bestimmten Aspekten; Aufbau: 1. Action and order: cantos I-V; 2. History, nature and philosophy: c.s VI-XI; 3. Narrative, myth and the individual: c.s XII-XVI; 4. Comedy and identity: c.s XVII-XXIII; 5. Signs in transition and the pathos of order: c.s XXIV-XXVII; 6. Endings, tragic and comic: c.s XXVIII-XXXIII; 7. Conclusion: dead poetry: *Inf.* XXXIV and the *VN*].   Hermann **GMELIN**, Die *GK* it. u. dt. übers. u. komm., Mün dtv VI **1988** [wichtigster u. umfangreichster dt.sprach. Komm. zur *DC* überhaupt; s. Abt. 55: Deutsche *DC*-ÜBERSETZUNGEN].   Cosimo **FORNARO**, Costellaz. D., Rom Borla **1989** 223 S [98 Kurzkommentare zu 98 ausgewählten Versen der *DC*: *Inf.* = 30, *Purg.* = 36, *Par.* = 32]. John **SALY**, D.'s *Par.*: The flowering of the self: An interpret. of the anagogical mean., NY Pace UP **1989** 231 S [kursor. Anal. von *Par.* I-XXXIII in anagog. Sicht nach 12 Themenkr. bzw. Entwickl.stufen].   Anna Maria **CHIAVACCI LEONARDI** ed, *Commedia* con il commento di A. M. C. L., Mil Mond III **1991-94-97** 1056 + 1002 + LVI-1309 S, I Meridiani oN [1 Bd pro cantica; der umfangr. Vorspann enthält: Introd., criteri del commento, cronologia, opere citate; zu jedem canto mehrseitige Einf.; eine spez. Bibliogr. zum Abschluß jedes canto; unter dem T jew. extrem ausf. Komm. bis zu 80% der Seite, so daß es sich primär um ein Komm.kompendium und weniger um eine kommentierte Ausg. handelt; am Schluß Indice dei nomi; TG Petrocchi III [1]1966-67 bzw. tw. Vandelli 1921; Dünndr.; Preis seinerz. Lit. 75.000 pro Bd].   François **MEGROZ**, Lire la *Divine Comédie* de D.: Traduction et commentaire, Lausanne Éditions l'Age d'Homme (bislang) II **1992-94** 255 [= I. L'Enfer] + 279 [= II. Le Purgatoire] S [In die Übers. selbst ist ein kursor. Komm. integriert, so daß sich der Typus einer unherkömmlichen 'Lectura Dantis' ergibt; das ganze Unternehmen hat die Anlage einer Einführ. in die *DC* (für franz.sprach. Laien); es ist nämlich von Tabellen, Diagrammen u. Zus.fassungen begleitet, allerdings wird nicht expressis verbis auf die D.-Forsch. eingegangen! Eine Bibl. sucht man vergeblich. Der Komm. ist keineswegs philologisch, versteht sich als allgemeine Lebenshilfe zu einem angemessenen Daseinsverständnis für den mod. Menschen.].   [J.] Godfried van **OMMERING**, Confrontatie met D., Utrecht Threels & Partners bzw. 'Dioscuren' **1994** 46 S [„*C. met D.* is een fictieve monoloog van D. A. Het is een poging de werkelijkheid van de dichter opnieuw te ontdekken. De tekst kann gelezen worden als een inleiding tot de *DC*, maar ook als een dichterlijk manifest over de zogenaamde grote poëzie." (Voorwoord)   Man hat es mit einem fiktiven Selbstkommentar des Autors D. A. zu seiner Dichtung zu tun. Das Werk trägt den Untertitel 'J[uliane] Bollee-Hülsmann (1907-1994), *Inferno* en *Purgatorio*: Twee schilderijen bij de *DC* van D. A.'; es handelt sich um 2 in den 50.er Jahren in Amst. entst. schöne Buntdarstellungen zur *DC*; das in 500 Ex. gedr. Büchlein kann beim Autor bestellt werden: J. G. van O., Kikkersloot 23, NL-3993 TK Houten, Tel.: 03403.].   Guglielmo **GORNI**,

D. nella selva: Il primo canto della *C.*, Parma Pratiche **1995** 137 S [fiktiver Dialog zw. Lehrer u.
Schüler als Kommentar zum 1. canto des *Inf.*; Vorw. u. abschließ. Interview von L. Saetti mit G.
G.].   Luigi **PIRANDELLO** [1867-1936], Chiose al *Paradiso* di D.: Ediz. crit., introd.
e note a cura
di Giuseppe Bolognese, Cinisello Balsamo (Milano) Edizioni San Paolo **1996** 219 S Ill, Le opere-I
giorni 17 [Es handelt sich um Notizen von P.s Hand in einer Ausg. der *DC* (Fir Sans 1883) zu den
ersten XXIX Gesängen des *Par.* sowie um vereinzelte Randbemerkungen zum *Inf.* u. *Purg.*; das
von G. B. entdeckte Ex. befindet sich in der Bibl. Apost. Vat. (Riserva VI, 27), war dem Papst von
P.s Erben geschenkt worden; die Glossen entstanden zur Zeit, als L. P. in Rom am Ist. Super. di
Magistero Professor für Stilistik war; sie bezeugen v. a. das philol. u. histor. Interesse des Autors
an der *DC*, bekunden ausgespr. textliche Gewissenhaftigkeit u. dichter. Sensibilität.].   Primo
CONTRO, D. templare e alchimista: La pietra filosofale nella *DC*: *Inf.*, Foggia Bastogi **1998** 204 S
[geboten wird kursor. 'analisi occulta' der canti I-XXXIV des *Inf.*].   Antonino **PAGLIARO** [1898-
1973], Commento incompiuto all'*Inf.* di D.: canti I-XXVI. A cura di Giovanni Lombardo. Presentaz. di Aldo Vallone, Rom Herder Editr e Libreria **1999** XXI-644 S, Biblioteca di Helikon. Nuova
collez. di testi e studi 3.   Vittorio **SERMONTI** [geb. 1929], L'*Inferno* di D. [bzw. Il *Purg.* di D.]
[bzw. Il *Par.* di D.]: Revisione di Gianfranco Contini (= Bde 1-2) - Cesare Segre (= Bd 3), Mil
Rizz III **²2001** XVI-640 + 620 + 623 S (nebst Indexbd: V. S., La *C.* di D.: Indice, a cura di Silvia
de Laude, 2001 301 S) [ausf., z. T. paraphrasierender Komm. vor jedem canto; die Erklär.en sind
sprachlich, inhaltl. u. sachbezogen; kein Wissenschaftsgespräch mit der Dantistik; S. ist Schriftsteller; ¹1988-90-93: ebend.; Preis pro Hauptbd 14,04 €].   Ferdinand **BARTH**, D. A.: Die *gK*
erläut. aufgrund der Übers. von Walter Naumann, Darm WG **2003** V-647 S [Dieser Kommentarbd
= Bd. II bezieht sich auf die ebend. ersch. Übers. = Bd. I (s. hierzu Abt. 55: Deutsche *DC*-
ÜBERSETZUNGEN); zu Beginn eine allgem. Einl. (S. 1-43); jedem Gesang sind ca. 3 bis 5 Seiten
gewidmet; es ist viel dt.sprach. Forsch. einbezogen, es werden antike u. ma. Quellen ausgewiesen
u. Parallelen zu and. *DC*-Stellen gezogen; im Anh. eine nützl. 'Zeittafel' von 1216 bis 1555 (597-
610) sowie eine sehr fleißige Bibl. (611-31) mit Publikationen in dt. Sprache].

INTERNET
Robert **HOLLANDER** ed/dir, *The Dartmouth Dante Project* [**http://www.dartmouth.edu/**]. Der
amerikan. Dantist begründete 1982 ein mittlerweile sehr entwickeltes *DC*-Kommentarbefragungs-
system: Man hat 47 Exegesevolumina aus der Zeit von Jacopo Alighieri (1322) bis Pasquini-
Quaglio (1982) so gespeichert, daß man zu einem Vers, einer Stelle, einem Wort, einem Namen
etc. der *DC* alle jene Auslassungen auf einen Blick zus.gestellt bekommt (zu weit. Details s. Abt.
52: Frühe *DC*-KOMMENTARE im INTERNET). In diesem 'Dartmouth-Projekt' findet man -was das
19. u. 20. Jh. anbelangt- die Kommentare der folg. Dantisten eingearbeitet: Portirelli (1804-05),
Costa (1819-21), Tommaseo (1837 bzw. 1865), Longfellow (1867), Greg. Di Siena (1867), Bianchi (1844 bzw. 1868), Scartazzini (1874-82 bzw. 1900), Berthier (1892-97), Tozer (1901), Ruskin
(1903), Torraca (1905), Grandgent (1919-23), Mestica (1909 bzw. 1921-22), Casini-Barbi (1921),
Steiner (1921), Del Lungo (1926), Scartazzini-Vandelli (1929), Grabher (1934-36), Trucchi
(1936), Pietrobono (1924-30 bzw. 1946), Momigliano (1946-51), Porena (1946-48), Sapegno
(1955-57), Chimenz (1962), Fallani (1965), Padoan (1967), Giacalone (1968), Singleton (1970-
75), Bosco-Reggio (1979), Pasquini-Quaglio (1982).

55. Deutsche *DC*-ÜBERSETZUNGEN

[Aus dem großen Fundus dt. Übersetzungen nennen wir **in alphabet. Reihenf. nach den Namen
der ÜbersetzerInnen** anerkannte oder bemerkenswerte, ältere oder neuere. Stefan George ausgenommen, sind es nur vollständ. Übertragungen der *DC*. In der Regel wird die maßgebl. erste Aufl.

zitiert; weit. Auflagen erwähnen wir nur, wenn diese heute relativ leicht erreichbar sind; s. auch die Abt. 2: BIBLIOGRAPHIEN und BIBLIOGRAPHIEREN zu Dante (insbes. MAMBELLI 1926, u. OSTERMANN 1929, 1935, 1965), 59: ÜBERSETZUNGSWISSENSCHAFTLICHES zur *DC*.]

Lebrecht **BACHENSCHWANZ** [1729-1802], D. A.: *Von der Hölle* [bzw. *von dem Fegfeuer* bzw. *von dem Paradiese*]. Aus dem Italiänischen übers. u. mit Anmerkungen begleitet. Mit Churfürstl. gnädigstem Privilegio, Leip auf Kosten des Uebersetzers, und bey demselben zu finden **1767-68-69** III 8-269-1 + 8-254-1 + 8-246-1 S [Übers. in angenehm fließender und klarer **Prosa**, die heute noch leicht verständlich ist und harmonisch klingt. Alle 3 Bde im Selbstverlag; in Bd. I kein Hinweis auf Druckerei; Bd II: gedruckt bei Joh. Friedrich Langenham; Bd. III: gedruckt bey Wilhelm Gottlob Sommern; Bd. I hat ein Vorwort: 'Auszug der Lebensumstände des Verfassers'. Es war dies die erste vollständ. dt. Übers. der *DC* überhaupt.]. Alfred **BASSERMANN** [1856-1935], Dante's Hölle: der *göttlichen Komödie* erster Theil. Übersetzt..., Mün Verl von R. Oldenbourg [1]1892 XVI-324 S; A. B., Dantes Fegeberg: der *gK* zweiter Theil, Mün-Berl ebend. **1909** X-354 S; A. B., Dantes Paradies: der *gK* dritter Theil, ebend. **1921** XV-474 S [in gereimten Terzinen; „Das Ziel, welches sich jeder Uebersetzer steckt: Wiedergabe des Eindrucks, welchen das Lesen des Originals bei einem Kenner der Ursprache hervorruft, also Treue nach Form und Inhalt im weitesten Sinn. Um in der Form getreu zu sein, galt es zunächst, im sprachl. Ausdruck den Char. des Vorbildes zu treffen. Die Dante'sche Sprache ist schlicht, knapp, inhaltsreich, von herber, keuscher Sachlichkeit, von verhaltenem Feuer... Ich habe die Terzinenform beibehalten: denn in ihr ist die göttl. Kom. nicht nur geschrieben, sondern auch gedacht. Der Strophenbau ist untrennbar mit dem Gedankengang verwachsen." (V-VI); mit Inh.ang.en vorweg u. Erklär.en unter dem Text; Kommentare zu den Gesängen einzeln im Anh.]. Fritz **BEERENBUSCH ESFAUDEH** [Pseudonym], Der Neue D.: deutsche Verse, Köln Ellenberg Verl [1]1980 288 S [„In der vorlieg. Versbearbeit. ist von einem Übersetzen im engeren Sinne abgesehen, und D.s Weg durch das Jenseits in altbewährten u. geeigneten deutschen Versarten neu in den Griff genommen, indem sie Gang u. Begegnungen in die gemäßen Zusammenhänge stellt." (5) Eine **sehr freie Versübertragung** der ges. *DC*, die sich zw. Nacherzählung, Kommentierung u. Nachdicht. bewegt; alle Ereignisse/Fakten werden sukzessive in abwechselnden, immer abgeschlossenen Vers- bzw. Strophensequenzen zus.getragen u. haben eine signalhafte Kapitelüberschrift; das Buch kennt kaum jemand! Der 1914 in Godelheim geb. B. war lange Missionspfarrer in Japan.]. Rudolf **BORCHARDT** [1877-1945], Dante deutsch, Mün-Ber Verl der Bremer Presse/Ernst Rowohlt [1]1930 522 S [in gereimten Terzinen, in einer eigenwillig historisierenden Sprache (= 'älteres' Deutsch); S. 467-522: aufschlußr. Nachw. von R. B. zu s. Übers.; Ndr.: D.s Comedia deutsch, Stutt Klett 1967 488 S, Ges. Werke in Einzelausgaben]. »Konrad **FALKE**« [= Karl FREY: 1857-1921], D.s *DC* in deutscher Sprache. Mit einer Einl. „Wie sollen wir D. lesen?" Und einem Kommentar. Jubiläumsausgabe, Zür Max Rascher Verl **1921** XVI-560 S, Europ. Bücher oN [in reimlosen Terzinen; „Auch die reimlose Terzine bleibt immer noch Terzine; und zwar vermöge der Geschlossenheit, mit welcher ihre Verstrias einen ganzen Gedanken oder doch den Teil einer Periode in sich faßt... Für eine Übers., die v. a. charakteristisch sein will, liegt das Hauptgewicht nicht mehr auf dem Reim, sondern auf dem Rhythmus." (XV) 458-60: Leben D.s; 461-65: Schemat. Übersicht (= Inh.skizzen zu den 3 Jenseitsreichen); 466-560: Komm.; K. F. verfaßte auch eine umfass. Ges.darst. von D.s Werk (1922); F.s Übers. ist in folg. Ausg. zugänglich: D. Die *GK* mit 136 Illustr.en von G. Doré, Mün Parkland Verl 1995 480 S, Parkl. illustr. Klassiker oN (T nur dt., ohne Komm.; 465-80: Inh.verz. in Form von gerafften Inh.ang.en für jeden canto)]. Friedrich Freiherr von **FALKENHAUSEN** [1902-], D.s *GK* Deutsch, Leip Im Insel-Verl [1]1937 733 S [in gereimten Terzinen; „In dem Klange seiner Terzinen lebt bis heute die Weisheit, die vor sechs Jahrhunderten in diese Verse gebannt wurde. Von diesem Klange gilt es einen Hauch in unser geliebtes Deutsch herüberzuretten, wenn es gelingen soll, Dantes Werk im Reiche des deutschen Geistes einzubürgern." (6) 5-8: Vorw.; 431-75: 'Einführ.' (I. Gang der Handl.; II. Der myst. Sinn; III. D.s Weltbild); 477-722: 'Erläuterungen' (sukzessive u. detaill. Beschreib. des Inhalts); weitere Aufl. (mit gleicher Textausstatt.): Die *GK*. Mit 50 Zeichn. von Botticelli, Ffm Insel 1974 673 S, Insel-T.buch 94; [11]1996; 1997: Insel-T.buch 2126].   Benno **GEIGER**, D. A.: Die *GK*. Ausgabe in drei Bänden, Darm-Ber Spandau-Neuwied am Rhein III **1960-60-61** 245 [Die Hölle] + 236 [Das Fegefeuer] + 259 [Das Paradies] S [„Das Wagnis, D.s *GK* noch einmal ins Deutsche, und zwar, dem Text gemäß, **in gereimten Terzinen** zu übertragen, bin ich aus Gründen der Liebe eingegangen." (I 13)].   Hans **GEISOW** [1879-1939], D.s *Commedia* deutsch, Stutt Walter Hädecke Verl **1921** 531 S [keine einheitlichen, sondern **wechselnde Versstrukturen**; „Die Terzine ist ein Kind der italien. Sonne; uns, die wir in Gegenden wohnen, wo sich das Auge oft nach Gegenständen suchend durch den Nebel bohrt, ist sie fremd... Es mußte darum die Aufgabe des Verfassers sein, Formen zu suchen, die die tiefen Ewigkeitsgedanken tragen, ohne in marmorner Kälte zu erstarren... Er hat sich darum keine feststehenden Formen gewählt, sondern läßt stets die Form aus dem Gedanken herauswachsen und ihn umschließen." (10) [2]1921, d. h. im gleichen Jahr]. Stefan **GEORGE** [1868-1933], Die *gK*: Übertragungen, Ber Georg Bondi **1932** 231 S, S. G.: Ges.ausg. der Werke. Endgült. Fass. 10-11 [zuerst sukzessive erschienen in *Blätter für die Kunst* (Ber 1900-1904); danach versch. Einzelausg.; dann in der definit. Ges.ausg.; photomech. Ndr. der D.-Übertr. (= Bde 10-11 der Werkausg.): Düss-Mün Helmut Küpper 1969 231 S].   Otto **GILDEMEISTER** [1823-1902], Dante's *Göttliche Comödie* übers., Ber Verl von Wilhelm Hertz (Bessersche Buchhandl) [1]**1888** XII-551 S [**in gereimten Terzinen**; 1-23: „Einleit." (zu histor. u. persönl. Hintergründen in der *DC*); vor jedem canto Einf. bzw. Zus.fass. (1-2 Seiten); O. G. macht zur Übers. selbst keine Angaben; weit. Aufl.en bis ins 20. Jh., z. B. in folg. Fass.: D.s *GK*. Übers. von O. G. mit sämtl. Illustr.en (= 75 Vollbilder) von G. Doré. Kommentiert von J. Peers u. hrsg. von Rev. Henry Francis Cary, Essen Emil Vollmer Verl/Phaidon Verl oJ (= [4]1996) 768 S; Einl.: S. 5-41; ausf. Komm.: 545-763; diese Ausg. enth. aber nicht G.s Einl. vor jedem canto.].   Hermann **GMELIN** [1900-58], Die *GK* it. u. dt. übers. u. komm., Stutt Klett 3 Text- + 3 Kommentarbde = 6 Bde [1]**1949-57** [Bde 2 u. 3 oJ] [1 (*Inf.*-Hölle 427 S), 2 (*Purg.*-Läuterungsberg 417 S), 3 (*Par.*-Paradies 412 S), 4 (Komm. zur Hölle 495 S), 5 (Komm. zum Läuterungsb. 535 S), 6 (Komm. zum Paradies 628 S); **in reimlosen Terzinen** (Blankversen). „Die vorl. Übers. der *GK* möchte dem dt. Leser nach Möglichkeit eine wort- u. satzgetreue Wiedergabe des it. Textes in einer dem gegenwärt. dt. Sprachgefühl angemess. Sprache bieten. Es wurde versucht, unter Verzicht auf jegliches poet. Experiment die Erhabenheit u. Nüchternheit des D.schen Stils u. die Eigenart seines Satzbaues u. seiner Gedankenführung in einer verständl. Form nachzubilden, ohne jedoch seinen Erfindungen auszuweichen." (7); die in Leinen geb. Bde wurden jew. verschieden einzeln nachgedr. (z. B. Die Hölle: [4]1993); photom. Ndr. hierzu dann: Mün dtv VI 1988, Reihe „Lit.-Philos.-Wissenschaft" (Anlage u. Seiten identisch); als Light-Fass. bzw. Schulausg. hierzu: H. G., Die *GK*. Mit Anm.en u. einem Nachw. von R. Baehr, Stutt Reclam [1]1949 594 S, Universal-Bibl. Nr. 796-800/800a = vereinfachter u. gekürzter, aber in der Substanz gleicher Ndr. der gebund. Ausg. (s. o); vor jedem canto Inh.ang; umfangr. Anm.app; Nachw.; später wiederholt nachgedr.: ebend. 1990 541 S, Univ.Bibl. 796 u. danach: Anm. von R. Baehr, aber mit Vorw. von M. Hardt 565 S Univ. Bibl. 796 Preis € 9,60 (dasselbe auch gebunden: Nr. 050796 € 18,90); hiervon gibt es eine gekürzte Fass.: Die *GK*: Ausw., hrsg. Heinrich Naumann 1995 80 S Univ. Bibl. 9813 Preis € 2,10.]. »**Bernd von GUSEK**« [= Karl Gustav von **BERNECK**: 1803-71], Die *gK* von D. A. Uebersetzt von..., Stutt Hoffmann [1]**1840** 516 [**in gereimten Terzinen**; „Gewissenhafte Treue war sein (= des Übersetzers) Ziel, Klarheit und möglichste Sorgfalt der Form heißen die Bedingungen, die er an sein Streben knüpfte." (III); weitere Ausg.: Pforzheim Verl von Dennig Finck & Co 1841 IV-516

S].   Sophie HASENCLEVER [geb. VON SCHADOW: 1824-92], D. A.'s *GK* uebersetzt, Düss Verl
von Felix Bagel oJ **[1889]** XXXV-483 S **[in gereimten Terzinen** (aber graphisch nicht abgesetzt);
obwohl die Wiedergabe der Reime im strengen System der *DC* ein Problem darstelle, verläßt sich
S. S. auf die „Beweglichkeit der Satzbildung, den Reichtum an Wendungen, die Zusammenfügbarkeit der Worte" (S. XXXIV), was dem dt. Übersetzer einen Ausgleich biete; IX-XXXV: „Einleit. zur D.-Uebers." (ist allgem. Würdigung des Dichters sowie Erläut. der histor. Hintergründe
der *DC*); vor jedem canto Inh.ang. (bis zu einer halben Seite)].   Georg HEES, *DC*. It. Text mit
wörtl. dt. Übers. u. ausführl. Komm. dargeboten, Dürnau Verl der Kooperative Dürnau III **1995**
725 + 699 + 796 S [T it. u. dt.; vor jedem canto Inh.ang.; nach jedem canto Anm.app. als Komm.;
es ist nach über 160 Jahren (s. J. B. Hörwarter-K. v. Enk) die erste vollst. Übers. in Prosa (welche
aber im Layout von Terzinenversen präsentiert ist); die Ausg. bietet viel Wissenschaftliches, ist
aber keine wiss. Forsch.arb., was der Verf. zugibt; sie sei ein erleichterndes Werk für alle D.-
Freunde, getragen von der Anthroposophie R. Steiners sowie der Templer-Esoterik; allen 3 Bdn ist
dasselbe, nicht unstrittige Steiner-Zitat von 1905 (über die Templer-Lehre zur göttl. Weisheit)
beigegeben; als Einstieg anregend, muß aber um klassische D.-Instrumente ergänzt werden; die
exzessive Wörtlichkeit ist für italianistische Anfänger nützlich.].   Wilhelm G. HERTZ, D. A.:
Die *gK* übertragen, Ffm-Ham Fischer-Bücherei [1]**1955** 459 S, Fischer Bücherei 100 (Jubiläumsbd)
[in gereimten Terzinen; „Hertz hat sich in jahrelanger, hingebungsvoller Arbeit in D.s Dicht.
eingelebt. Er hat sich für die Beibehalt. der gereimten Terzinen entschieden. Dabei ist ihm eine
Übers. gelungen, die sich durch ihre schöne Sprache u. ihre Nähe zum Original besonders aus-
zeichnet u. sehr geeignet ist, dem dt. Leser die *GK* zu vermitteln u. lieb zu machen." (H. Rheinfelder, Zum Geleit) S. 422-26: Anhang (Nachw. des Übers.; D. A.: Sein Leben-Sein Werk; 427-59:
Anm.en); die danach gemachte 2. Aufl. ist schöner u. besser ausgestattet u. wird maßgebend für
weit. Aufl.en: Die *GK*, Mün Winkler [2]1957 548 S (Nachw. von Rheinfelder S. 460-77: Aus D.s
Leben, D.s kleinere Werke, Die *GK*); Anm.en von P. Amelung (S. 478-548); 24 Zeichn. von Botticelli; diese Ausg. wurde danach in unterschiedl. Aufmachungen ebend. neu aufgelegt, z. B. [3]1994
u. später ([11]1996: Zür Winkler, Winkler Dünndr.-Bibl., aber jetzt mit 12 Illuminierungen aus dem
Codex Urbinate Latino 365); auch als Taschenb.: Mün dtv [9]1997, dtv 12457; ferner als dtv-Klassik
2107: [7]1994 sowie später].   [Dr.] J. B. HÖRWARTER-K. v. ENK [VON DER BURG], D. A.'s *GK* in
deutsche **Prosa** uebertragen u. mit den noethigsten Erlaeuterungen versehen von…, Innsbruck In
der Wagner'schen Buchhandlung III **1830-31** 223 + 230 + 235 S [in Terzinen gegliederte, nach
Strophen bezifferte Prosaübertr.; „Fern sei es, die Verdienste der Herren Kannegießer und Streckfuß um unsern Dichter zu verkennen; zumal da wir durch unsre eigene Bemühung die Schwierigkeiten eines solchen Unternehmens am besten kennen gelernt haben. Allein jeder, der nur Dante
kennt, wird einsehen, daß die Eigenthuemlichkeit des Originals u. unsrer Sprache den metr. Uebersetzer zu tausend Wendungen u. Zusätzen bringen muß, die, wenn auch noch so glücklich, wenigstens das Verständnis des Textes nicht fördern. Verständlichkeit war also unser Zweck, und wir
wichen von der woertlichen Uebertr. nur dann ab, wenn diese unverstaendlicher gewesen waere als
der von uns gewaehlte Ausdruck." (3-4) Erläuter.en: I 174-223, II 174-230, III 170-235. Es ist
dies die zweite Prosaübers. nach der von Bachenschwanz 1767-69; weit. Ausg. 1848: ebend. = 3
Teile in 1 Bd ('neue Ausg.'); [2]1877: Wien W. Braumüller (= '2. verbess. Aufl.') 265 + 269 + 275
S].   Karl [Friedrich] Ludwig KANNEGIESSER [1781-1864], Die *gK* des D. A. uebers. u. erklärt.
Zweite, sehr veränderte Aufl., Leip F. A. Brockhaus [2]**1825** III 291 + 290 + 294 S **[in gereimten
Terzinen**; mit Komm. und Plänen; [1]1814-21; dritte, sehr veränd. Ausg.: ebend. III [3]**1832** LXXII-
297 + 290 + 293 S; vierte, sehr veränd. Ausg.: ebend. III [4]**1843** LXXII-269 + 271 + 272 S].
Christa Renate KÖHLER, D. A.: Die *GK* in dt. Terzinen übertragen. Wissenschaftl. Mitarbeit u.
Erläuterungen Gerhard Ledig, Ber Akademie Verl [1]**1966** 587 S **[in gereimten Terzinen** (leider

ohne Strophenabstand, also schwer zu lesen); „Vor allem war man bestrebt, den 'color dantesco' zu wahren"; will auch ein „Hilfsbuch zum Eindringen in D." bilden; soll „einen gewissen Eigenwert als deutschsprach. Kunstwerk in Anspruch nehmen." (Vorw.) S. 423-584: zu allen 100 canti sehr ausf. u. det. Inh.ang.en sowie Kommentare/Erläuterungen]. August **KOPISCH** [1799-1853], Die *gK* des D. A. Metrische Übers. nebst beigedrucktem Originaltext, mit Erläuterungen, Abhandlungen u. Register. In einem Band. Mit D.s Bildnis u. 2. Karten seines Weltsystems, Ber Enslin [1]**1837-1842** IV-509 S [**in reimlosen Versen**; „Der Verfasser... schlägt bei seiner Arbeit einen anderen Pfad ein und läßt den Reim weg... Er hält aber bei der Uebers. eines so tiefsinnigen Dichters, wie D., die Bewahrung andrer Dinge für weit wichtiger; unter diese gehört namentlich der Rhythmus der Gedanken." Erschien in einz. Lieferungen; [2]1862: zweite, verbess. Ausg. = Ber Verl von J. Guttenberg XV-636 S]. Georg Peter **LANDMANN** [1905-94], D. A.: Die *DC*. In deutsche Prosa übers. u. erläutert, Würz Königshausen & Neumann [1]**1997** 341 S [in fließender, neudeutscher, nicht hochliterarischer, leicht verständlicher **Prosa**, die das Wörtliche betont u. recht gut lesbar ist (übrigens rhythmische bzw. poetische Tendenzen vermeidet); in diese Übers. sind in Kursivschrift fortlaufend nützliche u. stilistisch ebenfalls fließende Kommentarpassagen eingebunden, die ein beträchtliches u. persönlich gefärbtes Fachwissen bekunden; alles in Kleinschrift, was die Anlehn. an Stefan George bekundet, mit dem sich L. in mehreren Forschungen befaßte; [2]**1998** = ebend.]. Walter **NAUMANN**, D. A.: *Die gK* in Prosa übers., Darm WG **2003** 529 S [**in Prosa, aber in Versen u. Terzinen abgesetzt**, wodurch sich ein Widerspruch zum Urprinzip aller Prosa ergibt, der in der zweiseit. 'Vorrede' nicht erklärt wird; N. tut hier so, als wäre er einer der ersten D.-Übersetzer; der Klappentext meint: „Die Prosaübers. von W. N. möchte anregen, einen großen Klassiker der europ. Lit. neu zu lesen. Sie bietet dem Lit.liebhaber einen ebenso präzisen wie lesbaren Text, der die Lektüre zu einem Vergnügen macht." Zu dem Werk gehört ein Kommentarbd (2003) von Ferdinand Barth; zu ihm s. Abt. 54: Neuzeitliche *DC*-KOMMENTARE (19.-20. Jh.).]. **PHILALETHES** [= König Johann (Nepumuk Maria Josef) von Sachsen: 1801-73], D. A.s *GK*. Metrisch übertr. u. mit krit. u. histor. Erläut.en versehen von Philalethes, Dres-Leip Arnold III **1849** IV-300 + VI-336 + X-440 S [**in reimlosen Versen**, nicht zu Terzinen gebunden; tw. zuvor, nämlich 1828, erschienen sowie (u. wichtiger): D. A.s *GK*. Metrisch übertr.... Neue, durchges. u. bericht. Ausg., Leip Teubner III [2]**1865-66** X-374 + VIII-312 + XIII-398 S; später u. a.: Die *GK* aus dem It. mit zahlr. Bildern von Gustave Doré. Mit einer kleinen Abhandl. zum Lobe D.s von G. Bocc. übers. von Otto Freiherr von Taube, Zür Diogenes 1991 641 S, Diogenes Taschenb. 21910 = detebe-Klassiker; S. 513-67: Erläut.en = Inh.angaben, jew. erst zu der cantica, dann zu jedem Gesang zw. 10 und 20 Zeilen]. Paul **POCHHAMMER** [1841-1916], D.s *GK* in dt. Stanzen frei bearbeitet. Mit einem D.-Bild nach Giotto von E. Burnand, Buchschmuck von H. Vogeler-Worpswede und zehn Skizzen, Leip Druck u. Verl von B. G. Teubner [1]**1901** L-460 [**in gereimten Stanzen**; „Es arbeitet nicht nur die gebildete Sprache, sondern die fertige, in sich abgewogene Form für uns, und wir wählen die, der wir am meisten vertrauen. Für mich war dies die Stanze, die von der Einführ. des männlichen Reims, der sie deutsch gemacht hat, ungleich mehr Vorteil gezogen hat als die Terzine, die mit ihr die Heimat u. den Dreireim teilt, und der sie im Deutschen doch weit überlegen ist an selbstthätiger Leistung u. tragender Kraft. Nur mit dieser Helferin, nur mit dieser nicht nur schönen, sondern auch starken Form der dt. Dicht. konnt' ich versuchen, dem dt. Hause zu sagen, wer D. war." (VI) V-XV: Vorw.; XVI-XVIII: Inh.verz.; XIX-XXIV: D.s Leben (in tabell. Übersichten); XXVI-L: Einf. in D.s *GK*; 399-460: Anh.: Übersichten u. Rückblicke; am Schluß Faltblatt (8 Diagramme u. a. zur Jenseitstopographie); weit. Aufl., u. a. ebend. [5]**1922** XCVI-462 S]. Hermann A[lbert] **PRIETZE**, D.s *GK*: Das Hohe Lied von Sünde u. Erlösung, Hei Verl Lambert Schneider [1]**1952** 491 S [**in reimlosen Terzinen**; ohne Vorw. oder Einleit. bzw. Begründ. der Übers.arbeit; S. 465-91: Namensverz.]. [Dr. med.] Hans **SCHÄFER** [1906-97], D.:

Die *GK*. Deutsch von Dr. H. S. Hrsg. von Ingrid Schäfer unter Mitarbeit von Dr. Susanne Schober, Marburg Apeiron Verl für Mittelalterliches Schrifttum p. **1997** IX-505 S **[in gereimten Blankversen**, gelegentlich fünfhebige Trochäen; den rhythmischen u. klangl. Dimensionen räumt er einen hohen Stellenwert ein; S. war Arzt der Allgemeinmedizin, zog sich 1976 aus dem Berufsleben zurück u. widmete sich D.]. Hans Werner SOKOP, Die *gK*... deutsche Terzinenfass. von H. W. S., graphische Bearbeit. von Franz Scheck, 3 Bde + 1 Heft 'Erläuterungen' in einem Schuber, ohne Seitenzählung, längliches Format, Wien Arena 2000/Österreichische Gesellsch. zur Förderung von Kunst & Kommunikation (A-1030 Wien, Rochusgasse 25/17) **1983** [in Terzinen; „Mit meiner Übers. möchte ich den Versuch unternehmen, unter strikter Einhaltung der ein Wesensmerkmal des Werkes darstellenden Terzinenform eine den Leser ansprechende, möglichst schwungvolle Fass. auf die Versfüße zu stellen, im eifrigen Bemühen, auf der Gratwanderung zwischen Originaltreue u. Reimzwang nicht abzustürzen u. D. lebendiger zu vermitteln als 30 verschiedene, meine Bücherwand zierende Übersetzungen." Der Text wird in abwechselndem Layout mit aggressiv beunruhigenden Schwarzweißillustrationen präsentiert, er ist schwer zu lesen, da keine optische Terzinenglieder. vorgenommen wurde.]. [Adolf Friedrich] Karl STRECKFUSS [1778-1844], *Die Hölle* des D. A. übersetzt u. erläutert (*Das Fegefeuer* = Bd. II bzw. *Das Paradies* = III), Halle bei Hemmerde & Schwetschke III **¹1824-1825-1826** 364 + VI-345 + XII-341 S **[in gereimten Terzinen;** „Der Uebersetzer hat sich redlich bestrebt, den Geist des Dichters im Ganzen zu erfassen und in jeder einzelnen Stelle dasjenige zu erkennen, was diesen Geist am deutlichsten bezeichnet. Dies hat er überall möglichst treu, wo es irgend thunlich war, wörtlich, wiederzugeben sich bemüht, und, da nun einmal eine völlig genaue Uebersetzung in so schwieriger Form gänzlich unmöglich ist, dieser Treue, wo es nöthig war, dasjenige, was ihm willkührlich und zufällig schien, aufgeopfert oder es durch Aehnlichkeit zu ersetzen gesucht." (50-1); Widmung von Bd I: „An den Herrn geheimen Rath Friedrich August Wolf"; Widmung von Bd III: „Sr. Königl. Hoheit dem Durchlauchtigsten Kronprinzen Friedrich Wilhelm von Preußen ehrfurchtsvoll zugeeignet vom Uebersetzer: Durchlauchtigster Kronprinz, gnädigster Herr!" In allen 3 Bdn nach dem Text „Anmerkungen" (I 283-364, II 227-345, III 233-341); 2., verbess. Ausg. in einem Bd: ²1834: Halle Schwetschke 596 S; 3. Ausg. letzter Hand: ³1840: ebend.: 483 S; später mehrfach neu aufgel. oder hrsg.]. Siegfried v[on] d[er] TRENCK [1882-1951], Das Ewige Lied. D.s *DC*: durch Versenkung und Eingebung wiedergeboren, Gotha Verl Friedrich Andreas Perthes A.-G. ¹**1921** XI-464 S **[in besonders zus.gestellten Strophen u. eigener Reimfolge;** „...warum beides -Dreizeiligkeit und Dreireimigkeit- zwangsläufig verbinden?... Die *dynamische Terzine* [d. i. die von v. d. T.] wächst um den Sinn u. Gehalt wie die Schale um die Frucht. Sie will Zusammengehöriges nicht trennen, sondern einen, Unzusammengehöriges nicht verbinden, sondern voneinander abgrenzen. So ergibt sich die ruhige Grundstrophe mit den drei gleichen Reimen – und die bewegtere, gesteigerte, ausgedehnte Periode von vier und mehr Zeilen auf zweireimiger Grundlage: ein lebendiges Kleid dem lebendigen Gedanken." (IX-X) VII-XI: Zum Geleit]. August VEZIN [1879-1963], D. A.: Die *GK*. Übersetzt u. erläutert, Mün Josef Kösel & Friedrich Pustet K.-G. ¹**1926** 1123 S **[in gereimten Terzinen;** „Meine Absicht war es, D.s Werk so gut wie mir möglich sinn- u. tongetreu in ein reines u. durchsichtiges Deutsch umzugießen... Zum Danteschen Ton gehört meinem Empfinden nach in der *GK* auch die unendliche u. doch wieder endlich-strophisch gegl. Melodie der dreieinigen echten Terzine." (Vorw.) S. 9-264: Zur Einf. (zu D.s Leben u. Werk in 32 Kap.); vor jedem Gesang eine Einf.; hiervon folg. Neuausg.: Die *GK*. Einf. von M. Hardt. Mit Holzschn. der ersten venez. Inkunabel 1491, Basel-Rom Herder 1989 LXXIX-1190 S, Samml. Überlief. u. Weisheit; ²1996 hiervon ebend.: mit über 1000 Fußnoten: Abweichungen zur Ed. Petrocchi 66-67; 33 von V. erläut. Holzschn.; vor jedem canto ausführl. Inh.ang. von V.; 1134-51: Quellen, Parallelen, Hinweise (= Reg.); 1153-90: Stätten, Gestalten, Ereignisse, Begriffe (= Reg.)].

Karl VOSSLER [1872-1949], Die *GK*. Deutsch von K. V., Ber Atlantis [1]1942 630 S, Atlantis Ausgaben oN [**in reimlosen Versen** (Blankversen) **ohne Strophengliederung**; „Durch 100 Gesänge von ungefähr je 150 Versen hindurch eine so gedankenvolle u. scharf umrissene Dicht. wie die *GK* im Dreireim umzudeutschen, das ist eher eine akrobatische als künstlerische Aufgabe." Vorw. u. Einl., Erklär.en am Rand; vorausgegangen waren Übers.en vieler einz. Teile der *DC*. Es folgten in versch. Verlagen (z. B. Atlantis, Bertelsmann, Goldmann, Piper) Nachdrucke der Übers. dieses großen dt. Romanisten; weiter im Sortim. bei Piper; Vosslers Übers. ist außerdem in folg. schöner Edition zugänglich: D. A.: Die *GK*. Mit 100 farb. Illustrationen von Monika Beisner, Ham Edition Chrismon (bzw. Leip Faber und Faber) III 2001 zus. 684 S (3 Leinenbde im Schmuckschuber); die liebevoll detailreiche Filigranität u. prachtvolle Leuchtkraft der miniaturhaften Bilder (Eitempera auf Papier) von M. B. (1942 geb., in London lebend) erinnern an die Buchmalerei der Renaiss.]. Ida u. Walther VON WARTBURG, D. A.: Die *GK* ins Deutsche übertragen. Kommentiert von W. v. W. Mit 48 Illustrationen nach Holzschn. von G. Doré, Zür Manesse Verl/Gonzett & Huber [1]1963 1197 S, Manesse Bibl. der Weltlit. oN [**in reimlosen Dreizeilerstrophen** (Blankversen); das Ziel: „möglichst einfache, klare u. dem it. Text schmiegsam folgende Sprache"; Anm. nach jedem canto; Komm. vor jedem canto; 7-38: D.s Leben u. Werk; handl. Format; weit. Aufl. ebend. (= Manesse) [3]1990, [4]1995].   [Johann Heinrich Friedrich] Karl WITTE [1800-83], Dante Allighieri's *Göttl. Komödie*. Uebersetzt von K. W., Ber Bei Rudolph Ludwig von Decker [1]1865 [Im sechsten Säcularjahr nach des Dichters Geburt] 40 + 727 S [**in reimlosen Dreizeilerstrophen**; „Ihrer Majestät der Königin Elisabeth von Preußen in tiefster Unterthänigkeit gewidmet"; Goldschnitt, schöner Einband; S. 9-40: „Einleit." (= allgem. Einf. in die *DC*, aber keine Bemerkungen zur Übers.; S. 539-727: „Erläuterungen" (= Komm.); diese anerkannte u. wicht. Übers. wurde immer wieder aufgel., z. B. Leip Reclam [1]1965 549 S (durchges. von Berthold Wiese, ed. Werner Bahner, mit Zeichn. von S. Botticelli); hiervon [3]1990: ebend. 553 S].   Richard ZOOZMANN [1863-1934], Die *gK* in deutschen Terzinen, in *D.s Werke. Das neue Leben-Die gK*, Leip Max Hesses Verl [bzw. Hesse & Becker] oJ [**um 1906**], Bd. III 543 S [**in gereimten Terzinen**; Bd 1 = 130 S enth. „D.s Leben: Seine Zeit u. seine Werke"; Bd. 2 = 96 S enth. *VN*; ein sehr ausf. Komm. mit Inh.angaben im Anh. dieses 3. Bds = 414-529 + Register; im 20. Jh. weit. Auflagen, z. B. 1921: ebend. 519 S (= Jubiläumsausg. zur 600. Wiederkehr seines Todestages); eine neuere Ausg. unter folg. Titel: R. Z., *Das Neue Leben-Die GK*, Augsburg Weltbild 1994 461-LXXI S (ed Erwin Laaths = Nachw. u. Anm.); *VN* ganz it. u. dt. (aber Üb. Karl Federn), *DC* ganz it. u. dt.; it. TG nicht gen.; [1]1921 = 3. Aufl. von 'D.s poetische Werke' in 4 Bdn].

Plattdeutsch
Karl WILLEKE, D.: die *gK* ins Plattdeutsche übertr., Balve/Westf. Gebr. Zimmermann Verl **1955** 551 S [vollst. Übers., **in reimlosen Terzinen**; vor jedem canto Inh.ang. auf Hochdeutsch].

56. Englische *DC*-ÜBERSETZUNGEN

[Aus dem -im Vergleich zu Deutschland- ebenfalls reichen Fundus an von Briten oder Amerikanern verfaßten, überwiegend vollständigen Übersetzungen der *DC* nennen wir **in alphabet. Reihenf. nach den Namen der ÜbersetzerInnen** einige bemerkenswerte, ältere oder neuere, die ein repräsentatives Spektrum von der anglophonen Übers.tradition vermitteln. Die Anzahl englischer Gesamtübersetzungen ist aber in Wirklichkeit größer! In der Regel wird die erste Auflage genannt; s. auch Abt. 2: BIBLIOGRAPHIEN und BIBLIOGRAPHIEREN zu Dante (bes. MAMBELLI 1926), 12: GESAMTÜBERSETZUNGEN von Dantes WERKEN, 59: ÜBERSETZUNGSWISSENSCHAFTLICHES zur *DC*.].

Melville Best **ANDERSON** [1851-1933], La *DC*. The *Divine Comedy* of D. A. A line-for-line transl. in the rime-form of the original, NY-Lon Yonkers on Hudson/World Book Comp/George G. Harrap & Co Ltd [1]1921 449 S [A. war schott. Abstamm., aber in den USA geb. „The superiority of. A.'s transl. to any previous attempt in **terza rima** was quickly recognised. On both sides of the Atlantic competent judges hailed it as not merely better, but a great deal better, than its predecessors." (Cunningham 1966: 97) [2]1929 = Luxusausg. in 4 Bdn].   Thomas G[oddard] **BERGIN** [1904-], The *Divine Comedy*, NY Appleton-Century-Crofts [1]1955 XVI-122 + 114 + 112 S [Bedeut. amerik. Romanist; Übers. **in Blankversen**; „The aim throughout has been readability... Clarity has been the first objective." Zuvor einzeln in 3 Bdn ebend.: 1948-53-54, Crofts Classics; später: 1969: NY Grossman 3 Bde].   Ralph Thomas **BODY** [1863-1952], The *Divine Comedy* of D. A., Bath Harold Cleaver Ltd. **1938** XXI-602 S [Privatdr. in nur 200 Ex.; der Engländer B. war sein ganzes Leben im Erziehungsbereich tätig; **in Blankversen**. „It is indeed a transl. that can be thoroughly recommended to anyone who desires either to become acquainted with the *Comedy* solely through English, or to obtain help in following the Italian. The standard of literal accuracy is good, and though the language is not highly poetical, it is very successful in conveying the general tone and atmosphere... His worst fault is a tendency to Latinisation." (Cunningham 1966: 154)]. Henry **BOYD** [um 1755-1832], The *Divina Comm.* of D. A.: Consisting of the *Inf.-Purg.* and *Par.* transl. into English verse with preliminary essays, notes and illustrations, Lon T. Cadell Jun. and W. Davies III [1]1802 [Es ist die **erste vollständige u. gedruckte** *DC*-**Übers.** in engl. Sprache; ist weniger eine genaue Übers. denn Paraphrase bzw. z. T. sehr freie Übertragung **in gereimten Sechszeilern** mit dem Reimschema aabccb.].   C[harles] H[all] **GRANDGENT** [1862-1939] ed, The *Divine Comedy* of D. A.: The **CARLYLE[-OKEY]-WICKSTEED** Translations. Introd. by C. H. G. of Harv. Univ., oO [= NY] The Modern Library/Random House [1]1932 XIX-625 S, Mod. Libr. of the World's Best Books 208 [vollst. Übers. **in Prosa**, aber jede cantica von einem and. Übers., nämlich: John Aitken C. (1801-79), Thomas O. (1852-1935) u. Philip Henry W. (1844-1927): „It is a transl. that is clear, dignified, and accurate, in simple, idiomatic prose." (XV) Vor jedem canto Inh.ang., mit vielen Zeichn.; weit. Aufl. bzw. Ausg.].   [The Rev.] H[enry] F[rancis] **CARY** [A. M.] [Gibraltar 1772-Lon 1844], The Vision; or Hell, Purgatory, and Paradise of D. A. Translated by..., Lon-NY Frederick Warne & Co. [1]1814 XII-434 S [Übers. **in Blankversen** = Zehnsilbern; es ist dies die vielleicht am häufigsten aufgelegte Übers. der *DC* überhaupt, die Cary einst sehr bescheiden vorstellte: „I am induced to hope that the Poem, even in the present version of it, may not be without interest for the mere English reader." (Preface) Bereits im Erschein.jahr 1814 gab es etwa ein halbes Dutzend Ausg. (NY J. W. Crowell X-452 S; Toro Adam, Stevenson XII-434 S; Chic IL Belford, Clarke X-452 S; Lon Printed for the author by J. Barfield 3 Bde; Lon Printed for Taylor and Hessey 3 Bde); bis zum Ende des 19. Jh.s erschienen mehrere Dutzend Aufl., aber auch im 20. Jh. gab es viele weit. Ausgaben; hier der Anfang dieser so ungewöhnlich geschmeidig, einfach und glatt klingenden *DC*-Übers.: *In the midway of this our mortal life,   I found me in a gloomy wood, astray   Gone from the path direct: and e'en to tell   It were no easy task, how savage wild   That forest, how robust and rough its growth,   Which to remember only, my dismay   Renews, in bitterness not far from death.*"].   John **CIARDI** [1916-], The *Divine Comedy*, NY Norton [1]1977 XVIII-602 S [**Terza rima-Verse**; Übers. des *Inf.* u. des *Purg.* zuvor, nämlich [1]1954 u. [1]1961; Ndr. 1998: Mass Market, Penguin Books].   [Rev.] Patrick **CUMMINS** [O. S. B., Monk of Conception Abbey], D. Theologian. The *Divine Comedy*. Translation and Commentary, St. Louis MO-Lon B. Herder Book Co. [1]1948 604 S [**In gereimten Terzinen**; „Unless you preserve intact D.'s unified endecasillabo and D.'s keystone symmetry, you necessarily falsify D.'s music and D.'s architecture. You are false, that is, to what is most fundamentally and uniquely Dantean. The unbroken line and keystone architecture are D.'s idiosyncratic distinction.." (3) Incipit: *My* *path of life had midmost climbed position, when in a gloomy wood I found me straying, where roadway straight had ended in perdition. Ah! e'en to tell, hard penny I am paying, how stubborn wild that wood wherein I turned, bare thought my fear renewing, not allaying.* S. 377-548: ausf., zweiteil., synoptisch angeordn. Komm. (Literal Commentary neben Spiritual Comm.); das Werk steht im Zeichen der rehabilitierenden D.-Enzyklika Papst Benedikts XV. vom 30. 4. 1921 zum 600. Todestag des Dichters; daher der Titel der Übers.; weit. Aufl.en].　　Peter **DALE**, D.: The *Divine Comedy*. Hell-Purgatory-Heaven. A *Terza rima* **version**, Lon Anvil P Poetry Ltd **1996** XXII + unpaginierte Seiten, Poetica 30 [P. D. ist Übers. u. Dichter; T nur engl., aber ganz übers.; vor jedem canto Inh.ang.; keine Erkl.en, aber vorweg Einf.].　　Jefferson Butler **FLETCHER** [geb. 1865, Prof. für it. Lit. in NY, Columbia Univ.], The *Divine Comedy* of D. A. translated by... illustrated [= 13 Zeichn. von Bottic.], NY The Macmillan Comp ¹1931 XXII-471 S [in Versen, behält gereimte Terzine bei, **aber reduziert Reimanzahl**: „There are too many rhymes for English verse with its heavy and insistent beat. The ear is fatigued by them. If this be so, fewer rhymes would be aesthetically, a positive gain." (X) weit. Aufl./ Ndr.].　　Samuel Walker **GRIFFITH** [1845-1920], The *DC* of D. A. literally translated into English verse in hendecasyllabic measure of the original Italian by the Right Honourable Sir..., Lon Oxf UP **1911** 3 Tle VI-525 S [**Elfsilberblankverse in Terzinen**; G. emigrierte nach Australien, wo er hohe Staats- u. Justizämter ausübte. „Up to a point G. fulfils his object in expressing the thought of D. in approximately similar language, but the manner is completely lost." (Cunningham 1966: 53].　　Daniel **HALPERN** ed, D.'s *Inf.*: Translations by twenty contemporary poets. Introduced by James Merrill with an afterword by Giuseppe Mazzotta, Hopewell NJ The Ecco P **1993** XIII-199 S [„This exciting new translation of D.'s masterpiece... brings together twenty of our most distinguished contemporary poets." Alle 34 Gesänge des *Inf.* von 20 versch. Dichterinnen u. Dichtern **in unterschiedl. Weise übersetzt**; es sind u. a. Seamus Heaney, Cynthia Macdonald, Amy Clampitt, Jorie Graham, Charles Wright, Richard Howard, Stanley Plumly, Susan Mitchell, Carolyn Forché, Robert Pinsky, Alfred Corn, Robert Hass u. D. H. selbst.].　　H[oward] R[ussell] **HUSE** [1890-], The *Divine Comedy*. A new prose transl. with an introd. and notes, NY-Toro Rinehart & Co, Inc ¹1954 XVIII-492 S, Rinehart Editions oN [**In Terzinen layoutierte Prosa**; die Ausg. ist weiterhin auf dem Markt.].　　Henry **JOHNSON** [1855-1918], La *Comedia* die D. A. The *Divine Comedy*. Translated, New H CT-Lon-Oxf Yale UP/Humphrey Milford/Oxf UP ¹1915 XXV-443 S [**In reimlosen u. ungleichen Versen** u. Terzinen. „An English translator of the *DC* has at his command, even if he were perfectly in control of his medium, only the strength and beauty of his own language; his results can be at best an English re-expression of his original, and with such rhythmical qualities as are pleasing to the English ear." (VIII)].　　Mary Prentice **LILLIE** [1906-], The *Comedy* of D. A. transl. into English **unrhymed hendecasyllabic verse**, San F CA The Grabhorn P III 1958 535 S [Privatdruck in 300 luxuriösen Ex. (Büttenpap. u. Pergam.einbd); publiziert unter dem Mädchennamen (eig. Dr. Barrows, Amerikanerin); „Miss Lillie's verse flows easily, and is pleasant to read. In general she conveys D.'s meanings clearly and at times with something of his accent." (Cunningham 1966: 198); gekürzte Faks.ed. in 1 Bd: NY Olympic Publishing Co. 1965 (aber 1966)].　　Henry Wadsworth **LONGFELLOW** [1807-82; amerik. Dichter], The *Divine Comedy* of D. A. in terza rima by..., Bos MA Ticknor & Fields III ¹1865-67 [**in reimlosen Terzinenversen = Blankversen**; nach der von Cary von 1814 ist dies die am meisten aufgel. engl. Übers.; im Erscheinungsjahr des 3. Bdes gab es bereits 2 weit. Ausg.: Lon George Routledge & sons VIII-760 S; Leip Bernhard Tauchnitz 3 Bde, Collection of British Authors 901-3; der T dieser Übers. ist im Internet abrufbar, nämlich im Rahmen des virtuellen Projekts *Digital Dante* der Columbia Univ. in NY: http://dante.ilt.columbia.edu/comedy.html (s. unten: INTERNET).].　　David James **MACKENZIE** [1855-1925], The Vision or *Inf.*, *Purg.* and *Par.* of D. A. Translated, Lon Longmans, Green and

Co. Ltd. **1927** 2-399 S [schott. Jurist u. Dichter; **in terza rima**; „In many cases only reference to the Italian can clarify a line... There are some very weak phrases... The rhymes are not well managed... In spite of these strictures, however, there is a sufficient number of good passages." (Cunningham 1966: 106)]. Allen **MANDELBAUM**, The *Divine Comedy* of D. A.: A verse transl. with introductions & commentary. Drawings by Barry Moser, Berk-Los Ang CA-Lon U of CA P **1980-82-84** III XXIV-307 + XXVIII-303 + XXI-307 S [links engl. Übers. **in Versen** u. Terzinen, **nur gelegentl. gereimt**; rechts it. T; es ist die sogen. 'California Lectura Dantis' bzw. 'The California D.'; M.s gute Übers. ist auch in folg. Ausg.: D. A. *The Divine Comedy*. Transl. by A. M. with an introd. by E. Montale and notes by P. Armour, NY-Toro Alfred A. Knopf **1995** 798 S, Everyman's library 183; nur engl. Text; enth. 42 Botticelli-Zeichn.en; S. 543-791: ausf. Komm.; 792-98: List of references; Vorw. Montales von 1965; handliche gebund. Ausg.; außerdem: NY Bantam III **1982-83-86** 432 + 448 + 464 S, Bantam Classics; der T dieser Übers. ist im Internet abrufbar, nämlich im Rahmen des virtuellen Projekts *Digital Dante* der Columbia Univ. in NY: http://dante.ilt.columbia.edu/comedy.html; man findet ihn auch unter dem von der SDI geleiteten *dante online*: http://www.danteonline.it/ (s. unten: INTERNET).]. Mark **MUSA**, D. A.: The *Divine Comedy*. Translation with an introd., notes, and commentary, Harmondsworth [Middlesex, England]-NY u. a. Penguin Books Ltd ²**1984-85-86** III 430 + 399 + 433 S, The Penguin Classics oN [**in reimlosen Versen u. Terzinen**; „**Iambic pentameter** is a beautiful, flexible instrument, but only when the translator is freed from preoccupation with rhyme... I am free of this tyranny." (I 64); vor jedem canto Inh.ang.; nach jedem canto ausf. Komm. mit wissensch. Bezügen; am Ende eines Bds ausf. Glossary; jeder Bd enth. mehrere Diagramme, Skizzen etc.; ¹1971-81-84: Indiana IN UP; Neuaufl.: D.'s *Divine Comedy*. Verse transl. and commentary, Bloom-Indianapolis IN UP **1996** bisl. II 325 + 472 S = mit it. T (TG Petrocchi ¹1966-67)]. Robert **PINSKY**, The *Inferno* of D. A new verse transl. Illustrated by Michael Mazur with notes by Nicole Pinsky, foreword by John Freccero, NY Farrar, Straus and Giroux **1994** XXIV-427 S [Übers. **in unstreng gereimten Versen** u. Terzinen, it. T daneben; „I have tried to make an *Inferno* in English that stays true to the nature of English, and that conveys the meaning of the Italian as accurately as possible, in lines of *terza rima*... This transl. makes a more flexible definition of rhyme." (XII) 377-427: Komm.: „The notes that follow are intended for students and general readers." (377) Ndr. 1996 ebend.]. [Sir] William Frederick **POLLOCK** [1815-88], D. A.: The *Divine Comedy*. Rendered into English by... With fifty illustrations drawn by George Scharf jun., engraved by Dalziel, Lon Chapman & Hall ¹**1854** XXIX-580 S [Terzinen u. **Blankverse**]. Clara Stillmann **REED** [1879-], D.'s Divine Poem written down freely into English, Wilbraham MA Selbstverl (Privately printed) **1962** VI-312 S [**Prosa**; es war eine limit. Aufl. in 300 Ex.; „Unfortunately Miss Reed's transl. displays a serious defect, which cannot be glossed over, namely the large number of inaccuracies." (Cunningham 1966: 179)]. Dorothy L[eigh] **SAYERS** [1893-1957, engl. Schriftstellerin], The *Comedy* of D. A. the Florentine. Cantica I, Hell [(*L'Inf.*) bzw. Cantica II, Purgatory (*Il Purg.*) bzw. Cantica III, Paradise (*Il Par.*)], Harmondsworth, Middlesex Penguin Books III ¹**1949-55-62**, The Penguin Classics L 6, L 46, L 105 [„No previous translator has succeeded in following so closely not only the metre and rhyme of the original, but the subtle variations of rhythm by which D. expresses his changing moods." (Verlag) **In gereimten terza rima-Elfsilberversen**; vorweg ausf. Einf. in die *DC*, in der sich S. auch gewissenhaft über ihre Übers. äußert; vor jedem canto Inh.ang.; nach jedem canto mehrere Seiten Komm.; zum Schluß jedes Bds langes 'Glossary of Proper Names'; eine in der angelsächs. Welt sehr geschätzte Übers.; den 3. Teil führte nach S.' Tod Barbara Reynolds zu Ende; vielfach ebend. nachgedr.]. Edith Mary **SHAW** [1846-?], The *Divine Comedy* of D. A. Translated, Lon Constable and Company Ltd. **1914** XX-384 S [Übers. in „**unrhymed verse**"; die Verf. -von der kaum etwas bekannt ist- geht willkürlich mit dem Orig. um, übersetzt gerafft, indem sie aus D.s

14.233 Versen 12.589 englische macht, dehnt aber andere Passagen aus. „Occasionally she produces a good line, but seldem fails to follow it with a bad one." (Cunningham 1966: 69)]. John D[onaldson] SINCLAIR, The *Divine Comedy* of D. A.: [Italian text] with transl. and commentary, NY Oxf UP III **1981-80-79** 432 + 446 + 504 S, A Galaxy Book 65-66-oN [= Repr. von [1]1939: Lon John Lane bzw. repr. von 1961 (The Bodley Head); it. TG = Vandelli; daneben **Prosaübers.**: S. bildet unterschiedl. lange Sinnabschnitte; der 'Komm.' zum Abschluß eines Gesangs hat den Char. eines kleinen Gesamtessays; außerdem nur sporad. Sacherklär.en als zus.gefaßte Anm.; „The transl. of the *DC* into English prose seems, on the face of it, a singularly gratuitous form of failure, and how far, if at all, I have succeeded in my aim of combining a close rendering of the Italian with the requirements of a credible English, it is not for me to estimate." (I, 9)]. Charles S[outhward] SINGLETON [1909-85], The *Divine Comedy*. Translated with a commentary. Second printing with corrections, Prince NJ UP [2]**1977** III-382 (*Inf.*) + 381(*Purg.*) + 389 (*Par.*) S sowie 683 (Komm. zum *Inf.*) + 850 (K. zum *Purg.*) + 610 (K. zum *Par.*) S, Bollingen Series LXXX (alle 2 mal 3 Teile tragen diese Nr.) [links it. T, TG Petrocchi [1]1966-67; rechts engl. **Prosaübers.**; [1]1970-73-75 (T) bzw. 70-73-75 (K); die Komm.bde jew. mit Abb.en, Darst.en, Karten; am Ende jedes Komm.bdes ausf. Bibl.]. C[harles] H[ubert] SISSON [geb. 1914], The *Divine Comedy* by D.: A new **verse translation**, Manch Carcanet New P **1980** 7 + IX + 455 S [„There had been one preliminary decision which will certainly meet with some disagreement here and there. This was, not to follow D.'s rhyme-scheme... A translator must write as comes natural to him, in the language of his day and in the kind of verse which belongs to the current development of the language, and of his own technique. The real task is to give the matter of D., as one speaks most effectively." (On translating D., 5) Incipit: *Half way along the road we have to go, I found myself obscured in a great forest, Bewildered, and I knew I had lost the way. It is hard to say just what the forest was like, How wild and rough it was, how overpowering; Even to remember it makes me afraid.* Weit. Aufl. (z. B. Lon, Pan Books 1981 mit Einf., Komm., Anm., Bibl.), auch in den USA]. Charles Edwin WHEELER [1868-1947], The *Divine Comedy* Translated, Lon J. M. Dent & Sons **1911** III [**in terza rima**; W. war in Austr. geb., lebte aber in Engl.; „The main defect is that the poetry has almost completely vanished." (Cunningham 1966: 23]. Lawrence Grant WHITE [1887-1956], D. A.: The *Divine Comedy*. The *Inf.*, *Purg.*, and *Par.* A new transl. into English **blank verse** by L. G. W. with illustrations by G. Doré, NY Pantheon Books Inc. [1]**1948** XIV-187 S [„The luckless translator can never recapture the beauty of D.'s music. He must try to convey the meaning, often obscure, as musically as he can in another tongue. In this version the aim has been to tell D.'s story as simply and accurately as possible. Any archaic and unfamiliar constructions that would impede the swift pace of the narrative have been avoided... As the 'terza rima' form of the original is alien to English, blank verse has been chosen, the form used by Milton in *Paradise Lost*." (VII)]. Ichabod Charles WRIGHT [1795-1871, Bankier], The *Inf.* [bzw. The *Purg.* bzw. The *Par.*] of Dante translated, Lon Longmans III **1833-36-40** [in Versen; äußerlich in Dreizeilern = Terzinen, aber nur **mit zwei Reimen** nach dem Schema **abacbc**, so daß sich **Sechzeilerstanzen** ergeben; in den Vorworten der drei Einzeleditionen äußert sich W. nicht zu seinen Versen.]. Elio ZAPPULLA, *Inferno*. D. A. transl. into English Verse, with Notes and an Introduction by E. Z. Illustrated by the Paintings of Gregory Gillespie, NY Pantheon Books **1998** XV-314 S [„I have aimed at creating a clear, readable English version of D.'s epic that nevertheless retains much of the poetry of the original... I have chosen to render the *Inferno* into **blank verse -iambic pentameter unrhymed-** the form that seems most congenial to poetry of high order in the English language." (IX)] E. Z. gibt die Terzine auf, **bündelt die Verse zu unterschiedlich langen Strophen/Verssequenzen**. Nach jedem canto eine Inh.zus.fass. sowie Anm.; die insges. 15 schwarzweiß reproduzierten 'modernen' Bilder schuf der Künstler nicht zur *DC*, sondern sie haben andere Themen, werden aber hier in interessanter Weise zur Illustration bestimmter Höllensituationen verwendet: „The paintings by the contemporary artist G. G. included in this transl. powerfully complement D.'s words." (XI)].

INTERNET

Teolinda BAROLINI-John BEALL-Joan FERRANTE-Jennifer HOGAN-Allen MANDELBAUM-Richard LANSING-Tanja LARKIN dir/edd, *Digital Dante* [**http://dante.ilt.columbia.edu/comedy. html**] Im Rahmen eines Programms des Institute for Learning Technologies an der Columbia University in NY hat man von 1992 bis 1997 unter der Leitung der z. T. sehr profilierten DantistInnen u. a. den ganzen Text der *DC* ins Netz gestellt, u. zwar erstens in der engl. Übers. von LONGFELLOW (s. o.), zweitens in der von MANDELBAUM (s. o.) sowie drittens in einer Mischform beider Übersetzer (zu Anfragen: dante@mailhub.ilt.columbia.edu).

SOCIETÀ DANTESCA ITALIANA ed, *dante online* [**http://www.danteonline.it/**] Unter dem Titel 'dante online' hat die SDI mehrere 'Dienstleistungen' bzw. Projekte zus.gefaßt; so hat sie auch eine elektron. Werkausg. begonnen; den *DC*-Text in der Fass. von Petrocchi IV ^{2}1994 begleiten bislang die engl. Übers. von Mandelbaum (Berk-Los Ang CA U of CA P III 1980; s. o.) sowie der 1. Bd = *Inf.* einer amerik. Übers. von R. Hollander-J. Hollander (NY Doubleday & Co 2001).

57. Französische *DC*-ÜBERSETZUNGEN

[Aus dem -im Vergleich zu Deutschland u. zum anglophonen Raum- ebenfalls beträchtl. Fundus von vollständ. Übersetzungen ins Französische nennen wir **in alphabet. Reihenf. nach den Namen der ÜbersetzerInnen** einige anerkannte oder bemerkenswerte, ältere oder neuere Arbeiten, die ein repräsentatives Spektrum von der mannigfaltiges Übertragungstradition der *DC* in Frankreich vermitteln; s. auch die Abt. 2: BIBLIOGRAPHIEN und BIBLIOGRAPHIEREN zu Dante (insbes. MAMBELLI 1926), 12: GESAMTÜBERSETZUNGEN von Dantes WERKEN, 59: ÜBERSETZUNGSWISSENSCHAFTLICHES zur *DC*.]

E[ugène] AROUX [1793-1859], La *Comédie* de D. (*Enfer-Purg.-Paradis*) traduite en vers selon la lettre et commentée selon l'esprit; suivie de la clef du langage symbolique des Fidèles d'amour par E. A., Par Librairie des Héritiers Jules Renouard II ^{1}**1856** XXXI-819 S [„Cette traduction, aussi littérale qu'il nous a été donné de la faire... est donc **en vers**, et le rhythme en est irrégulier, non quant à la mesure, mais dans ce sens que les rimes n'y reviennent pas symmétriquement. Une certaine liberté dans la forme poétique était indispensable." (IX-X) **In Alexandrinern**, überwiegend Paarreime, aber **unregelmäßig gereimt**]. A[lexis] F[rançois] ARTAUD DE MONTOR [1772-1849], Le *Paradis* traduit de l'italien; précédé d'une introd., de la vie du poète, suivi de notes et d'un catalogue de 80 éditions de la *Divine Comédie...*, Par Treuttel & Würtz ^{1}**1811** 581 S [Die beiden and. cantiche erschienen jeweils ein Jahr u. einzeln danach bei and. Verlagen: L'*Enfer*, Par J. Smith ^{1}**1812** XXIV-445 S; Le *Purg.*, Par J. J. Blaise ^{1}**1813** XXIV-405 S; **in Prosa**; es folgten zahlr. Aufl./Ausg.: ^{2}1828-30, ^{3}1846 usw.]. Christian BEC dir/ed/üb, D.: Oeuvres complètes. Traduction nouvelle sous la direction de C. B. Traductions et notes de C. B., Roberto Barbone, François Livi, Marc Scialom et Antonio Stäuble, oO Librairie Générale Française/La pochothèque/Le Livre de Poche 3234 ^{1}**1996** 1024 S, Classiques Modernes oN [S. 599-1024: La *Divine Comédie*: **in reimlosen Versen = décasyllabes**, übers. von Marc SCIALOM; alle Anm. von C. B.; „D'auteurs divers, les traductions proposées ici s'efforcent de répondre à deux critères fondamentaux: exactitude et -différemment du choix fait par A. Pézard- accessibilité immédiate en français moderne" = C. B.]. [Julien] Auguste [Pélage] BRIZEUX [1806-58], La *Divine Comédie* de D. A. Traduction nouvelle par A. B. avec une notice et des notes par le même, Par Charpentier ^{1}**1841** VIII-383 S [**in** Terzinen abgesetzte **Prosa**; Brizeux' Übers. liegt in einer der teuersten u.

schönsten Ausgaben vor, welche wohl je in Frankreich gedruckt worden sind: NN ed, D.: La *Divine Comédie...* Illustrations de Dalí, Par Éditions d'Art „Les Heures Claires" (19, rue Bonaparte) oJ (= um 1963), 6 Schuber (= 3 Bde zu je 2 Teilen) mit ungehefteten, aber pagin. Doppelbögen aus feinem Papier („vélin pur chiffon de rives") in Dossiers nebst entspr. Anzahl Originallithographien von Dalí (= alle lose) plus je ca. 60 lose Blätter zum Druckvorgang eines Motivs („décomposition des couleurs d'une illustration"; insges. 6 Motive): 183 + 189 + 182 + 204 + 188 + 193 S plus -wie gesagt- 100 Originallithogr. + ca. 300 Dekompositionsproben; in Bd 2 wird die Realisierungsgeschichte beschrieben: Arbeitszeit von April 1959 bis 23. Nov. 1963; Druckanstalt: Jacquet u. Daraguès; gedr. in 3.900 Ex.; Preis seinerz. 300.000 FF]. Henri **DAUPHIN** [1827-80], D. A.: La *Divine Comédie*. Traduction. Publication posthume, Par Armand Colin et Cie Éditeurs p.[1]1886 578 S [**in Prosa**, in überw. größere Sinnabschnitte gegl.; mit ca. halbseit. Erklär. unter dem T; Incipit: *Au milieu du chemin de la vie, je me trouvai dans une sombre forêt, m'étant égarré de la vraie route; dire ce qu'était cette forêt, si âpre, si sauvage et si profonde, c'est chose bien difficile, car la peur se réveille en moi, lorsque j'y pense. Ce lieu est si affreux que la mort m'est guère plus amère; mais, pour dire le bien qui m'y advint, il faut que je parle des autres choses que j'y ai vues*; vorweg: Vie du D. (= S. 1-69; diese zuerst 1869: Par Durand & P. Lauriel 254 S)]. Antoine **DESCHAMPS**, La *Divine Comédie* traduite **en vers français**, Par Charles Gosselin [1]1829 244 S. Paul Édouard **COLBERT**, duc d'**ESTOUTEVILLE** [1686-1756], La *Divine Comédie* de D. A. contenant la description de l'Enfer, du Purg. et du Paradis, Par Sallior III [1]1796. Pier-Angelo **FIORENTINO** [1809-64], La *Divine Comédie* de D. A. Traduction nouvelle accompagnée de notes, Par Librairie de Charles Gosselin [1]1841 398 S [Übers. in fließender **Prosa**, d. h. ohne Einteil. in Terzinen oder Abschnitte; Übers. S. 1-368; 371-98: notes; enth. kein Vorw., keine Äußerungen zur Übers.; Inc.: *Au milieu du chemin de notre vie, je me trouvai dans une forêt obscure, car j'avais perdu la bonne voie. Hélas! que c'est une chose rude à dire, combien était sauvage et âpre et épaisse cette forêt, dont le souvenir renouvelle mon effroi!*]. Balthasar **GRANGIER** [16. Jh.], La *Comédie* de D., de l'Enfer, du Purgatoire et du Paradis, mise **en ryme françoise** et commentée pa M. B. Grangier, conseiller et aulm[er] du roy, et abbé de S. Barthelemi de Noyon, Par Georges Drobet [= Bd I] bzw. Jehan Gesselin [= Bd II] II [1]1596-97 [Bd I enth. nur *Purg.* u. *Par.*, Bd II enth. *Enfer* u. *Purg.*]. [Hugues] F[élicité Robert de] **LAMENNAIS** [1782-1854, Schriftst.], La *Divine Comédie* traduite et précédée d'une introd. sur la vie, la doctrine et les oeuvres de D., Par Librairie Académique Didier et Cie II [1]1862 482 [= Introd. (S. 1-216) u. L'*Enfer*] + 532 [Le *Purg.* u. Le *Par.*] S, Oeuvres posthumes de F. L. publiées selon le voeu de l'auteur par [Paul] E[mile] D[aurand] Forgues [1813-83] 1-2 [L. übers. **in Prosa**, behält Terzinenvol. bzw. Sinneinheiten bei; Inc.: *Au milieu du chemin de notre vie, ayant perdu la droite voie, je me trouvai dans une forêt obscure. // Ah! que chose dure est de dire combien cette forêt était sauvage, épaisse et âpre, dans la pensée cela renouvelant la peur.*]. Henri **LONGNON**, La *Divine Comédie*. Nouvelle **traduction rythmée** avec préf., notes et commentaires, Par Garnier [1]1939 836 S, Coll. des Classiques Garnier oN [„Je n'avais d'abord pas l'intention de traduire en prose rythmée la DC. Mais à l'usage je me suis aperçu qu'un rythme, pour imparfait qu'il fût, était seul capable d'illustrer ce que la pensée et le verbe du poète ont volontairement d'elliptique... j'ai pris le parti de rendre le vers indifféremment en coupe de dix ou de douze syllabes." L. verwendet also nach Belieben **reimlose Zehn- u. Zwölfsilber**; weit. Aufl.en; z. B.: [2]1956 ebend. (nouv. édition, revue et amendée. Ouvrage couronné par l'Acad. Française) XXV-717 S, Classiques G., Chef-d'oeuvres étrangers oN; zuletzt: Édition et trad. de l'italien. Réimpression, ebend.: Classiques G. multimedia 1999 768 S, Class. G. oN]. **MARTIN-SAINT-RENE**, La *Divine Comédie* de D. Traduite littéralement et entièrement en terza rima françaises. Nouvelle édition comprenant les trois éditions séparées L'*Enfer* (1935), Le *Purgatoire* (1938), Le *Paradis* (1938), Par Bibliothèque des Études Poétiques

[2]**1966** 734 S [**in gereimten Alexandrinern** nach dem terza rima-System; T nur frz.; S. 9-24: umfangr. Samml. zahlr. positiver Stellungnahmen zu M.s Übers.; [1]**1925-38**: Par Librairie Le Soudier].
Alexandre **MASSERON**, D.: La *Divine Comédie*. Traduction, introd. et notes, Par Albin Michel IV
[1]**1947-48-50** XLIV-292 + XVI-312 + XIV-306 S [Bd IV: Index, Introd., Bibl.; **in Prosa**, wobei
grosso modo das jew. Terzinenquantum eingehalten wird; ausf. Komm. unter dem T, bei dem v. a.
die antiken, ma. u. zeitgenöss. Quellen angegeben sind, ohne daß M. Bezug auf die it. bzw. inter-
nat. Dantistik nimmt; versch. Diagramme, Tabellen u. Synopsen; vor jeder cantica Einführ. u.
Übersicht zum Zeitablauf; Übers. für des Ital. unkundige Leser; vor jedem canto Inh.ang.; Neuaufl.: Préface de Michel Cazenave. Trad., introd. et notes d'A. M., Par ebend. [2]**1995** XXVII-862 S,
La Bibliothèque spirituelle 5]. François **MEGROZ**, Lire la *Divine Comédie* de D.: Traduction et
commentaire, Lausanne Éditions l'Age d'Homme III [1]**1992-94-97** 255 [= Première partie:
L'Enfer] + 279 [= Deuxième p.: Le Purgatoire] + 294 [= Troisième p.: Le Paradis] S [„Cette traduction conserve, dans la mesure du possible, l'ordre et la disposition interne des 'terzine'." (I 10)
In die Übers. ist ein kursor. Komm. integriert, so daß man es mit dem Typus einer unherkömmlichen 'lectura Dantis' zu tun hat; die Übertr. ist wohl **in Versen und Terzinen** disponiert, **alle
Verse** sind aber **unterschiedlich lang**, so daß sich innerlich der **Charakter einer Prosaübers.**
ergibt; das ganze Unternehmen hat die Anlage einer Einführ. in die *DC* (für frz.sprach. Laien); es
ist von Tabellen, Diagrammen u. Zus.fassungen begleitet, es wird aber nicht auf die D.-Forsch.
eingegangen! Eine Bibl. sucht man vergeblich. Der Komm. ist unphilologisch, versteht sich als
Lebenshilfe zu einem angemessenen Daseinsverständnis für den mod. Menschen; M. ist Gymnasiallehrer in Lausanne]. Kolja **MICEVIC**, D.: La *Comédie*. Nouvelle traduction selon K. M., Par
Éditions »Kolja Micevic« [Selbstverl] [1]**1988** 639 S [Übers. ist Dichter u. Essayist, 1941 in Bos-
nien-Herzegowina geb., lebt erst seit 1992 in Paris; Franz. ist nicht seine Muttersprache; **in Terzinen** u. (zwischen Neun- u. Elfsilbern schwankenden) **gereimten Versen**]. J[ean]-A[ntoine] de
MONGIS, La *Divine Comédie* traduite **en vers** français, Dijon Peutet-Pommey [1]**1857** XXIV-807 S
[M.' Übers. des *Inf.* erschien bereits 1838: Par Barbat & Furne.]. Camille **MOREL** ed, Les plus
anciennes traductions françaises de la *Divine Comédie*. Publiées pour la première fois d'après des
manuscrits et précédées d'une étude sur les traductions françaises de D.: Première partie: Textes,
Par Librairie Universitaire **1897** V-623 S [enth. 3 Texte bzw. Auszüge: 1.'Manuscrit de Turin'
(l'Enfer); 2. 'Manuscrit de Vienne' (l'Enfer, le Purg., le Paradis); 3. 'Traduction de Bergaigne'
(chants I, XI, XV et XVII du Paradis); mit Faksimiles der 3 Hss.]. André **PERATE** [1862-?], La
Divine Comédie de D. A. Texte établi par Marina Zorzi Kolasinski de Kojen, Docteur-ès-Lettres
de l'Univ. de Rome. Traduction poétique d'A. P., Agrégé de Lettres, ancien Conservateur du Mu-
sée de Versailles. Édition réalisée avec le concours de Giorgio Perrini, Docteur de l'Univ. de
Rome, et contenant la série complète des dessins exécutés à la pointe de plomb et d'argent par S.
Botticelli peintre Florentin, Par Jean de Bonnot III [2]**1971-72** XIII-319 + 320 + 313 S + 3 mal unpag. Abb. im Anh. (= alle exist. Botticelli-Zeichn.en) [Unter dem it. T nach der TG 1921 steht jew.
die franz. Übers. **in Versen**: „A. P. a eu le courage et le talent de faire oeuvre poétique sans sacri-
fier à la rime. Il a réussi à lier la musique des mots français à la sonorité fluide du vers italien. Par
ce jeu, le rythme semble obéir à la caresse de la main, sans que l'on sente le mors et la bride de la
rime." (G. P.) Die Ausg. ist außerdem mit vielen Holzschnitten aus alten Ausgaben geschmückt,
welche schöner wirken als die Bottic.-Abb.en, die offenbar Nachzeichnungen sind; [1]**1920-22**: Par
J. Beltrand]. André **PEZARD** [geb. 1893, Prof. am Collège de France], *Divine Comédie (DC)*, in
D.: Oeuvres complètes: Trad. et commentaires par A. P., Par Éditions Gallimard [1]**1965** LIV-1853
S, Bibliothèque de la Pléiade 182, S. 883-1675 [„J'ai donc choisi des **vers non rimés**, dont pourtant la cadence -et à mes yeux c'est l'essentiel- suffit à créer l'incantation poétique... Ce vers de
dix syllabes existait chez nous deux siècles au moins avant Dante: c'est le grand vers épique de la

Chanson de Roland..." (XXI) Ausf. Komm. unter dem T; der Anfang dieser häufig benutzten Übers. lautet: *Au milieu du chemin de notre vie je me trouvai par une selve obscure et vis perdue la droiturière voie. Ha, comme à la décrire est dure chose cette forêt sauvage et âpre et forte, qui, en pensant, renouvelle ma peur!* unveränd. Ndr. ebend.: 1968, 1976, 1992 usw.]. Lucienne **PORTIER**, D. A.: La *Divine Comédie*, Par Les Éditions du Cerf **1987** 569 S [**in reimlosen Versen** u. Terzinen; Neuaufl.: ebend.: 2000 568 S, Sagesses chrétiennes oN]. Louis **RATISBONNE**, L'*Enfer* bzw. Le *Purgatoire* bzw. Le *Paradis*: Traduit **en vers** par..., Par Lévy III (zu je zwei Teilen) [1]**1852** bzw. [1]**1856** bzw. [1]**1860** XIV-279-299 + XIX-289-295 + XV-304-284 S, Bibliothèque contemporaine oN [weit. Aufl.en]. Francisque **REYNARD** [geb. 1835], D. A.: La *Divine Comédie*. Trad. nouvelle, Par Alphonse Lemerre Éditeur II [1]**1877** [1878] LXIII-256 + 336 S [**Prosaübers.**, deren Abschnitte grosso modo den Terzinen folgen; R. gibt keine Erklärungen zu seiner Arbeit; Incipit: *Au milieu du chemin de notre vie, je me retrouvai par une forêt obscure, car la droite voie était perdue. Ah! C'est chose tant dure à dire ce qu'était cette forêt, sauvage, âpre et forte, que, dans la pensée, cela renouvelle la peur*; als Einl.: «Vie de D. A. par Boccacce traduite pour la première fois en français»; am Ende jedes Bandes Anm.en]. Jacqueline **RISSET** [geb. 1936], La *Divine Comédie*. D. A. Illustrations S. Botticelli. Préface, trad. et notes à la *DC* J. R. Présentation et commentaires des dessins de Bott. Peter Dreyer. Trad. des textes de P. D. Arnaud Dupin de Beyssat, Par Diane de Selliers Éditeurs [1]**1956** 504 S [**in Versen mit verschied. Rhythmen, ohne feste Reime**, zu Terzinen gebunden. Eine sehr gelobte Arbeit: „Sa trad. en langue française s'impose aujourd'hui comme la meilleure et la plus proche du texte de D., remarquablement fidèle également par son rythme et sa musicalité." (P. D. 8) „Traduire D., c'est donc approcher son texte avec les moyens d'aujourd'hui: à partir d'une pratique actuelle de la poésie. La prosodie enfin rompue, et par exemple dénombrant dans le vers non plus seulement les pieds, mais aussi les demi-pieds ou les quarts de pied (comme en musique les demi-tons ou les quarts de tons). Vivant toujours sur le rapport de base du 6-6 ou du 6-4 (les alexandrins, les décasyllabes: ils sont liés à nos fibres) mais incluant les porte-à-faux, les quantités variables... C'est le rythme qui doit être écouté, suivi, recréé." (J. R. 463) Weitere Aufl.en (in and. Aufmachung): D. A. La *Divine Comédie*. L'*Enfer* bzw. Le *Purgatoire* bzw. Le *Paradis*. Trad., introd. et notes, Par Flammarion III 1985-88-90 352 + 342 + 366 S (it. u. frz.); [2]1992: ebend. 376 + 380 + 406 S, Garnier-Flammarion 724-6 (auch zweispr.)]. Jean-Charles **VEGLIANTE**, D. A.: La *Comédie. Enfer* bzw. *Purgatoire*, oO [= Par] Imprimerie Nationale (bislang 2 Bde) [1]**1995** [=1996]-99 440 + 441, La Salamandre oN S [**in reimlosen Versen u. Terzinen**; T frz. u. it. (TG Petrocchi [2]1994); Übers. des *Paradis* steht noch aus].

58. Italienische DIALEKTÜBERSETZUNGEN der *DC*

[Da man die *DC* in nahezu alle Sprachen u. Dialekte übersetzte -u. zwar oft jeweils vielfach, wie wir im Falle des Deutschen, Engl. u. Französ. sahen-, müßte man -wollte man alle Übertragungen in andere Sprachen nennen u. in ihrem Habitus wenigstens minimal beschreiben- ein Kompendium verfassen. Viel leichter wäre es, diejen. Idiome aufzulisten, in denen D.s Dichtung noch nicht vorliegt, aber ein solcher Negativkatalog wäre keine fruchtbare philolog. Angelegenheit! Wir stellen daher, stattdessen u. das uferlose Gebiet der *DC*-Übersetzungen abschließend, einige dialektale Übertragungen aus Italien zus. -Dante zu Ehren, der sich in seiner sprachwissenschaftl. u. poetologischen Schrift *De vulgari eloquentia* an den Idiomen der Regionen Italiens interessiert zeigt-, u. zwar **alphabetisch nach Dialekten** geordnet. Dante wäre überrascht, wenn er sähe, welche Mühe man sich auf der Apenninhalbinsel macht, um seine Dichtung vollständig u. jedes Mal mit Stolz in eine farbige Variante des Italienischen zu übertragen! Dabei fällt auf, daß alle Übersetzer bemüht sind, in ihrer Mundart Dantes komplexes Metriksystem präzise beizubehalten! Zu

Übersetzungen in andere romanische, weitere germanische, skandinavische bzw. baltische, slavische, asiatische oder sonst. Sprachen u. Dialekte s. die Abt. 2: BIBLIOGRAPHIEN und BIBLIOGRAPHIEREN zu Dante (insbes. MAMBELLI 1926), 21: REZEPTION und INTERTEXTUALITÄT.]

Gaetano SAVELLI, La *Chemmedie* de Dande veldat'a la **barese**: U 'Mbìerne [bzw. U Pergatorie] [bzw. U Paravise], Bari Arti Grafiche Savarese III **1971-72-73** 242 +234 +235 S [vollst. Übers. in das Apulische von Bari: „...un dialetto come quello barese che, rispetto a tanti altri, presenta più difficoltà, impedimenti e carenze lessicali." (6) „Questo tentativo di riportare il poema dant. nel dialetto barese, vuol cercare di mostrare come è possibile rispettare il senso e lo spirito e -fin dove è fattibile- anche la lettera, in una comparaz. interpretativa delle sacre terzine." (7) Inc.: *De chessa vita nost'a menza strate, / ji m'acchiabbe jind'a na selv'ascure, / ca la via drett' avev'abandenate. / Ah! Sul'a nemenàlle so' delure, / chedda selv'acchesì fuld'e 'mbregghiate, / c'a penzalle me vene la pavure!*]. Giulio VERONESI, D. A.: La *DC* tradotta in dialetto **bolognese** da G. V. con prefaz. di Giuseppe Lipparini [Inferen – Purgatori – Paradis], Bol Tipografia Ettore Neri **1937** IX-732 S [vollst. Übers. ins Bolognesische: „G. V. della sua professione di orafo ha imparato l'arte del cesello e quella dell'intarsio preciso e paziente... Ora questo D. travestito in bolognese e fatto petroniano, non è più quello che si espresse così mirabilmente nel suo volgare toscano; è D. veduto e sentito da un uomo di gusto e d'ingegno, che per prova di amore, ha voluto ridirlo nel sermone materno." (G. L. VI-VII) Inc.: *Int èl mèzz dèl cammein ed nostra vetta Am truvò int un bosch bur ch'an s'vgneva fora; Perché là a i era pers la strá ch'và dretta. Ahi quant a dir com l'era, zert l'accora, Ste bosch sèlvadgh pr'i intrigh ed tùtti el sort, Che int èl pensir l'arnova la mi pora!*]. Salvatore SCERVINI, La *DC* in dialetto **calabrese**. A cura di Franco Scervini. Presentaz. di Antonio Piromalli [*U mpiernu – U prigatoriu – U paravisu*], Cos Walter Brenner Edit III **1988** V-509 S [vollst. Übers. ins Kalabrische. „Abbiamo con quest'opera un serbatoio linguist. del bel dial. del casentino della sec. metà del sec. scorso, arguto, civile, che rispecchia una società di rara costumanza; tale serbatoio è più prezioso di quello di un vocabolario perché il traduttore lo estrae dall'uso parlato." (A. P.) „Ho deciso di pubblicare la *DC* tradotta in dial. acrese da mio nonno S. S., unico in Calabria ad affrontare e a portare a termine la traduz. delle tre cantiche, che lo impegnò per 4 anni, e precisamente dal 1879 al 1893... S. S. nacque in Acri (Cosenza) il 16 luglio 1847 e vi morì il 10 febbr. 1925. La profess. di perito agronomo lo portò a vivere a contatto con i contadini mezzadri, di cui conobbe privazioni e dolori." (F. S.) Inc.: *A mmienzu cursu de la vita mia Mi truvai spersu intra na sirvia scura, Ca la strata deritta persu avia. Iu spaventatu pingu la figura De sta sirvia spinosa, cupa e forta, Chi rinnova allu coru la pagura, Chi l'arma scoti vidiennu la morta.*]. [P.] Angelico Frederico GAZZO [Ang. Fridericus de Gazzis Genuensis], A *Divina Comédia* de Dante di Ardighê tradûta in léngua zeneyze cu 'i segni de pronùcia, Zena Stampaya da Zuventú **1909** LIX-464 S sowie (auf nachgestelltem zweiten Titelblatt): D. A.: La *DC* tradotta nella lingua **genovese** e corredata dei segni della pronuncia di un breve trattato di ortografia razionale e di pochi cenni introduttivi del P. A. F. G. Miss. Ap., Gen Libreria Lanata MCMIX [„È la prima versione integra del Poema Sacro che -tra il moderno volgare e il sermon prisco- vede la luce, con *ra dovizia de Portòria*, cond. a termine senza pretesa, soltanto per la carità del natio luogo che tutti ci stringe." (VIII) Aufbau: Il tradut. ai suoi concittad.; Cenni sull'idioma genovese e criteri seguiti dal trad.; Chiave ortografica; Illustraz. della chiave ortograf.; Cenni introduttivi (= Einf. in die *DC*); vor allen canti Inh.ang. auf Genuesisch; Inc.: *A' meytae do camín da nòstra vitta, Sciortío d'in carrezà, üña noette scûa, Me sun despèrso in t' üña fòesta ermitta; E in quanto a dî cumme a l'ea brütta e crüa Quella fòesta sarvaega e sciazza e fòrte, Solo a-o pensâghe, o fronte za o me sûa: Retëgno che cỉù amáa no sajà a mòrte.*; Faks.-Ndr.: Gen E. R. G. A. 1972]. Giuseppe MONGA, La *DC* in dialett **milanes** [*Inferno-Pûrgatóri-Paradis*], Mil-Roma Gastaldi Edit **1947** 504 S [vollst. Übers. ins Mailändische; ohne Vorw.

oder Erklär.en; Inc.: *Dai trentacinq ai quarant'ann eì adree, me son trôvaa in d'ona foresta scura, per la quistion d'avè perdûu 'l sentee. E a descrivela l'è 'n po' bruttura, perchè l'era talment pericolôsa, che a tiram in ment g'ò 'nmò paura. Gh'er poch dalla mort, tant l'er spaventôsa!*]. Aurelio **RANIERI**, „A mezza strada de' la vita umana…" Libera versione della *DC* in sonetti nel **dialetto di Roma**. Cenni biografici e glossario dello stesso aut., Rom Edizioni Liber **1972** 719 S. Luigi **SOLDATI**, D. A.: *La Cumégia* (La *DC*) [L'Inféran-E Purgatôri-E Paradìs] tradotta **in romagnolo**. Presentaz. di Tullio De Mauro. Revis. del testo e introduz. di Giuseppe Bellosi, Rav Longo p. **1982** 845 S [vollst. Übers.; „Gigì d'Tambûr, Luigi Soldati, nato a Voltana di Lugo nel 1893, morto a Bol. nel 1974, è una singolare figura di artigiano autodidatta." (27) „Il dial. di S. è il voltanese." (30) Er war von Beruf Schmied. Inc.: *Avéva za la mëza aitê ciumpida quând am truvè int 'na buscaia bura che la strê dreta a l'aveva smarida. A dì cum ch'l'éra la m'è côsa dura ste bösch salvatich fult ed acsè trest che pinsendi um s'arnôva la pavura!*]. P. **CASU**, *Sa Divina Cumedia…* in limba salda, Ozieri Niedda **1929** 603 S [**Sardisch**; daß es sich hierbei um eine eigene roman. Sprache handelt, ist mir bekannt; Ndr.: ebend. 1977]. Tommaso **CANNIZZARO**, *La Commedia…* Prima traduz. in dialetto **siciliano**, Mess Principato **1904** XXX-455 S. [Dott.] Filippo **GUASTELLA**, *La DC* di D. A. Traduz. in dialetto **siciliano**, Pal Stab. Lito-Tipografico A. di Carlo & C **1923** 619 S [vollst. Übers. ins Sizilianische; vor jedem canto it. Inh.ang.; keine Erläut. zur Übers.; Inc.: *Iuntu a mità di vita, una nuttata nta un voscu mi trovai spersu e cunfusu, sgarratu avennu la diritta strata: Iu stissu cha nni parru m'è pinusu, pensu a di macchi nivuri e puncenti, e tremu di la testa a ghiri iusu.*]. Giovanni **GIRGENTI**, La *DC* di D. A. in **siciliano** [Lu 'nferno – Lu Purgatoriu – Lu Paradisu], Pal Libreria Editr R. Tumminelli **1954** 620 S [vollst. Übers. ins Sizilian.; „Nessuna forma espressiva potrebbe meglio di quella siciliana, con le sue emotive insuperabili incisive risorse linguistiche, ritrovare se stessa nel singolare medioevale linguaggio di D., il quale sommo poeta io considero il principe dei poeti dialettali." (5) Inc.: *Di nostra vita a la mità di strata io mi truvai dintra 'na terra scura, avennu già la dritta via sgarrata. Ah quantu a discrivillu è cosa dura 'stu voscu 'ntricatizzu ed aspru e forti, ca a pinsallu mi torna la paura!*]. Giuseppe **CAPPELLI**, La *DC* di D. A. tradotta in dialetto **veneziano** e annotata, Pad Tip del Seminario **1875** 480 S [in Versen]. Luigi **DE GIORGI**, La *DC* di D. A. ricantata in dialetto **veneziano**, Parma Studio Editoriale della Stamperia Bodoniana **1929** 429 S [vollst. Übers. ins Venezianische. „La freschezza, la duttilità, la efficacia, la nobiltà del dial. veneziano costituiscono tale una tavolozza onde anche un modesto pennello può accingersi al tentativo di rendere il rosso cupo, il perso della tragicità dell'Inferno, il verde onde sono avvisi i balzi del Purgatorio, il bianco e oro della gloria del Paradiso." (30) S. 9-30: Premessa: zur Übers. sowie zu der von Cappelli aus 1875; Inc.: *De la vita metà giusto tocada, me go trovà per una selva scura perchè persa gavea la bona strada. Quanto a dir de sta selva la xe dura: tuta intrigada, a gropi e tuta un spin, che a pensarghe me torna la paura e me par a la morte esser viçin.*].

59. ÜBERSETZUNGSWISSENSCHAFTLICHES zur *DC*

[Kein Werk der Weltlit. hat man oft übersetzt wie die *DC*! Daher ist der Reflexionsstand zu Aufgaben, Gesch. u. Bestand an Übersetzungen dieses anspielungsreichen, stark verdichteten, formal u. sprachlich komplexen Buches sehr entwickelt. Aus der Fülle übers.wissenschaftl. Forschungen -die sich mit den Übers.problemen der *DC* hinsichtlich einer bestimmten Sprache, der Wertung sowie der Übersetzbarkeit von D.s Terzinendicht. auseinandersetzen- bieten wir **in chronol. Reihenf.** eine Auswahl, u. zwar primär zur dt. Übers.tradition (die ca. 110 vollständ. Übertragungen vorweist), aber auch zu and. Sprachen (vgl. die Abt. 55, 56, 57, 58); s. außerdem 21: REZEPTION und INTERTEXTUALITÄT (weil Übers.en auch ein Terrain der Rez. darstellen).]

Robert Wylie KING, The Translator of D.: The Life, Work and Friendships of Henry Francis Cary (1772-1844), Lon M. Secker 1925 321 S [Der anglik. Rev. Cary veröffentlichte 1814 die erfolgreichste u. im ganzen 19. Jh. beliebteste englischsprach. Übers. überhaupt.].   Lorenzo BIANCHI, D. u. Stefan George: Einf. in ein Problem, Bol Zan 1936 62 S [Ges.einschätz. der D.-Übers.en Georges].   Karl STRECKFUSS, Adolf Friedrich Karl Streckfuß: Gera 1779-1844 Berlin. Preußischer Staatsrat, Berliner Ehrenbürger, Dante-Verehrer, Jena Gustav Fischer 1941 76 S [anschauliche Mon. über den geschätzten D.-Übers.].   Peter NEUHOFER, Die erste frz. Übers. der ges. GK, DDJb 41-42, 1964 144-57 [unters. die anon. Übers. des 16. Jh., wie sie in einer Hs. der Nat.bibl. in Wien erhalten ist; es werden Fehler, Nachlässigkeiten u. wachsende Unlust an der Übers.arbeit festgestellt.].   William J. de SUA, D. into English: A study of the transl. of the *Divine Comedy* in Britain and America, Chapel H NC The U of NC P 1964 138 S, Univ. of. N. C. Studies in Compar. Lit. 32 [Aufbau: I. The Renovators: D.'s 18th-cent. British translators; II. The Reflectors: D.'s romantic tr.s; III. The Literalists: D.'s Victorian tr.s; IV. Craftsmen and Critics: D.'s 20th-cent. tr.s].   Rudolf BESTHORN, Zur Problematik der dt. D.übers.en, *Beiträge zur romanischen Philologie* 4, 1965 36-41.   Gilbert F[arm] CUNNINGHAM, The *Divine Comedy* in English: A critical bibliography 1782-1900, Edin-Lon Oliver and Boyd 1965 XI-206 S [keine bloße Bibl., sondern systemat. Zus.stellung u. Analyse sowie Biographien der ÜbersetzerInnen; Aufbau: I. Facts and figures (zum angloph. *DC*-Übersetzen allgem.); II. The Beginnings (ab hier werden jew. best. ÜbersetzerInnen u. ihre Arbeiten betrachtet, hier 5); III. First efforts at rhyme (dito 3); IV. First translators in prose (2); V. Blank terzine (4); VI. Miscellaneous (4); VII. A surfeit of triple rhyme; VIII. Prose and scholarship (6); IX. Experiments and curiosities (5); zu Beginn 3 nützl. Listen: 1. Chronological list of translations; 2. Formal analysis of transl.; 3. British and Amer. translators; zu Bd II = Forts. s. u.].   DERS., The *Divine Comedy* in English: A critical bibliography 1901-1966, Edin-Lon Oliver and Boyd 1966 XII-290 S [Aufbau: Part One: The first twenty years (I. Rhymed Verse: Edward Wilberforce, Charles Edwin Wheeler, Eleanor Vinton Murray, Caroline C. Potter), II. Prose (Thomas Okay, John Carpenter Garnier, Henry Fanshawe Tozer, Charles Gordon Wright), III. Unrhymed Verse (Samuel Home, Edward Clarke Lowe, Sir Samuel Walker Griffith, Marvin Richardson Vincent, Frances Isabella Fraser, Agnes Louisa Money, Edith Mary Shaw, Edward Joshua Edwardes, Henry Johnson, Courtney Langdon); Part Two: Between the wars: IV. The revival of terza rima (Melville Best Anderson, David James MacKenzie, Albert R. Bandini, Laurence Binyon), V. Terza rima in America 1931-40 (Lacy Lockert, Jefferson Butler Fletcher, Louis How), VI. Miscellaneous translations (Henry John Hooper, Sydney Fowler Wright, Ralph Thomas Bodey); Part Three: The mid-century: VII. Recent prose transl. (John Dickson Sinclair, Harry Morgan Ayres, Howard Russell Huse, Clara Stillman Reed), VIII. Contemporary blank verse (Lawrence Grant White, Thomas Goddard Bergin, Mary Prentice Lillie, Aldo Maugeri), IX. Terza rima since 1948 (Patrick Cummins, Dorothy Leigh Sayers/Barbara Reynolds, Thomas Weston Ramsey, John Ciardi, Geoffrey Langdale Bickersteth, Glen Levin Swiggett, Warwick Fielding Chipman, William F. Ennis), X. The BBC composite version; auch hier zu allen ÜbersetzerInnen mehrseitige Analysen],   Gerd MICHELS, Die D.-Übertrag.en Stefan Georges: Studien zur Übers.technik G.s, Mün Fink 1967 279 S [Diss Saarbr.; „Diese Arbeit unternimmt es, die D.-Übertr. St. G.s vom Mittelp. seines dichter. Selbstverständnisses aus zu erhellen." Aufbau: I. Das Auswahlverf. St. G.s; II. Darstell. der Übers.technik St. G.s].   W[ilhelm] Theodor ELWERT, Zur Frage der D.-Übers., in *Serta Romanica* (= FS für G. Rohlfs zum 75. Geb. (R. Baehr-K. Wais edd), Tüb Niem 1968 201-18 [Anläßl. des Erscheinens eines Art. von Ernst Stein in *Die Zeit* (28. 5. 1965) mit einem Überbl. über die damals verfügb.

DC-Übers.en stellt E. grundsätzl. Fragen: „Wie steht es mit der richt. Interpret. des Wortsinnes? Wird der Sinn richtig erfaßt, wenn es sich um einen term. technicus handelt? Wurde die syntakt. Konstr. richtig erkannt? Wie verhalten sich die Übersetzer zu den Kommentaren?" (204) Welche Ed. benutzten die Übersetzer? Nach diversen Stellenvergleichen lautet das Fazit: „D. wie den dt. D.-Verehrern wäre eine dt. Prosaübers. zu wünschen." (217)]. Remo **FASANI, Zur Übers. der** *GK, DDJb* 57, **1982** 137-44 [unters. das Volumen der dt. *DC*-Übers.en generell unter dem Ges.punkt der jambischen Versmaß- u. der Reimäquivalenz]. Fritz **SENN, Literar. Übertragungen** – empirische Bedenken, in *Übersetzungswiss. – eine Neuorientierung* (M. Snell-Hornby ed), Tüb Francke **1986** 54-84. Siegfried **HEINIMANN, Probleme der D.-Übers.,** in *Roman. Lit.- u. Fachsprachen in MA u. Renaiss.: Beitr. zur Frühgesch. des Provenz., Franz., It. u. Rätoroman.* (= ges. A von S. H. zu s. 70. Geb. 1987; R. Engler-R. Liver edd), Wies Reichert [2]1987 208-19 [zuvor in FS W. v. Warthburg zum 18. 5. 1968, Tüb 1968 I 177-90]. Marc **SCIALOM,** **Pour une typologie des»Divines Comédies« en français,** *Revue des Études Italiennes* 33, **1987** 19-31. Valeria **TINKLER-VILLANI,** Visions of D. in English Poetry: Transl. of the *C.* **from J.** **Richardson to W. Blake,** Amst Rodopi **1989** 358 S [„The present work will concentrate mainly on the period betw. 1719 and 1820." Aufbau: I. The 18th cent.; II. The first two complete transl. of D.'s *C.* (Boyd u. Cary); III. Integr. into English poetry (Blake)]. Stefania **MARTINI,** Un interprete romant. di D.: Varianti e stile della *Divine Comédie* di **Lammenais,** Pisa Giardini **1991** 135 [Zu L.s *DC*-Übers. s. Abt. 57]. Marcella **RODDEWIG, Dt. Ausgaben u. Übers.en der Werke** **D.s im 20. Jh.,** in *L'opera di D. nel mondo. Edizioni e traduzioni nel Novec.: Atti conv. int. studi di Roma 27-29 apr. 1989* (E. Esposito ed), Rav Longo **1992** 103-13. Enzo **ESPOSITO** ed, L'opera di D. nel mondo: Edizioni e **trad. nel '900.** Atti conv. int. studi Roma 27-29 apr. 1989, Rav Longo **1992** 318 S, Bibliogr. e storia della crit. 8 [30 Einzelberichte über Ed.en u. Übers.en in den versch. Länd. u. Sprachen der Welt]. Valentina **PENNACINO, Karl Vossler e Hermann** **Gmelin** traduttori di D.: Tesi di laurea. Univ. degli Studi di Genova. Fac. di lett. e filos. anno accad. **1992-93** [Ex.e dieser nicht veröff. Arb. sind in der Bibl. der DDG in Mün u. in der UB von Düss (hier mit der Sign. 00 rom c 2365)]. Esther **FERRIER, Dt. Übertragungen der** *DC* D. A.s **1960-1983:** I. u. W. von Wartburg-B. Geiger-Chr. R. Köhler-H. W. Sokop. Vergleichende Analyse *Inf.* XXXII-*Purg.* VIII-*Par.* XXXIII, Ber-NY de Gruyter **1994** XIV-680 S, Quellen u. Forsch.en zur Sprach- u. Kulturgesch. der german. Völker NF 105 (229) [Diss Zür 1991; es ist die bis dato umfangreichste Studie zu dt. D.-Übers.en.]. Marcella **RODDEWIG, Eine erste dt. *Paradiso*- Übers.** unter dem Einfluß des Protestantismus, in *Das Buch in MA u. Renaiss.* (R. Hiestand ed), Düss Droste Verl **1994** 189-208, Düss. Studien zu MA u. Renaiss. 19 [Konrad Lauterbach (geb. 1534-gest. 1595 in Frankf.) verdanken wir die erste dt. Reimübertrag. zur *DC*; es sind 66 Verse im Hans-Sachs-Stil der Zeit zu *Par.* IX 126-42, XVIII 127-36 u. XXIX 88-126.]. Kai **KAUFFMANN,»Deutscher D.«? Übers.en u. Illustrationen der** *DC* **1900-1930,** in *D.s GK: Drucke u. Ill.en aus sechs Jahrhunderten* (L. S. Malke ed), Leip Verl Faber & Faber **2000** 538 S, 129-52 [eine von 12 informat. Studien in dem Begleitbuch zu zwei Ausstell.en in Ber u. Mün]. Siegfried **LOEWE,** *Le rythme, la terza-rima et le sens.* Comment réussir tout cela? **Zu neueren frz. D.- Übers.en,** *DDJb* 75, **2000** 41-56 [L. korrigiert den Eindruck, daß es in Frkr. weniger Übers.en der *DC* als in Dtschl. gebe u. stellt Neuauflagen älterer Übers.en sowie neue Arbeiten vor.]. Joachim **MÖLLER, D. englisch,** ebend. 153-82. Wolf-Dieter **LANGE,** „*...abheben ins Gewesene, das groß blieb*": Zu **Rudolf Borchardt** u. D. in *Begegnungen mit D.: Unters.en u. Interpret.en zum Werk D.s u. zu seinen Lesern* (P. Chr. Hardt-N. Kiefer edd), Gött Wallstein Verl **2001** 33-51 [Auf eine. Einschätz. der Poetik B.s folgt eine Analyse seiner Übers. von 1930.]. Sebastian **NEUMEISTER, Philalethes.** Der königl. Übersetzer, in *König Johann v. Sachsen. Zw. zwei Welten. Hrsg. von der Sächs. Schlösserverwalt. u. dem Staatl. Schlossbetrieb Schloss Weesenstein,* Halle a.

d. S Verl Janos Stekovics **2001** 141-68 [Der reich dokum. A ist einer von 30 Sachbeitr. (zu versch. Wissenschafts- u. Kulturbereichen im damal. Sachsen), die den schönen Katalog füllen, der die gleichn. Ausstell. 3. 5.-28. 10. 2001 auf Schloss W. anläßl. des 200. Geb.tages König Johanns begleitete. Der Bd ist eine gute Einf. in das Wirken des bedeut. dt. Übers. u. seine Zeit.].

60. EINFÜHRUNGEN in die *DC*

[Didaktische u. übersichtliche Darstellungen der *DC* sind in der Regel Auftragswerke von Verlagen, oder sie entstehen für den Dante-Unterricht. Es handelt sich oft um nützliche Werke von Fachleuten, die Anfängern helfen, in die komplexe Dichtung einzudringen. Eine in der eigenen Muttersprache verfaßte Einführ. muß nicht die anregendste oder überzeugendste sein; auch älteren Studienführern kann man wichtige u. praktische Informationen entnehmen. Wir nennen verschied. Einführungen/Studienführer -es sind meist Bücher- **in chronol. Reihenf.**; s. auch Abt. 14: EIN-FÜHRUNGEN und STUDIENFÜHRER zu Dante, 61: Themenumfassende MONOGRAPHIEN zur *DC*.]

Bernhard Rudolf **ABEKEN** [1780-1866], Beiträge für das Studium der *GC* D. A.'s, Ber-Stettin in der Nocolaischen Buchhandl **1826** VIII-370 [eine frühe Ges.einf. in die *DC* anh. von Schwerpunktthemen, die A. an einz. canti darstellt, nämlich: *Inf.* I (Allegorie), II (Beatr.), III (Originalität), IV (antike Autoren), V (Francesca), VI, IX u. XIX sowie *Purg.* VI u. *Par.* VI]. J[ohann] K[arl] **BÄHR** [1801-69, Prof. an der Acad. der Künste zu Dresden], D.'s *GC* in ihrer Anordnung nach Raum u. Zeit. Mit einer übersichtl. Darstell. des Inhalts. Vorträge. Nebst lithographirten Plänen der drei Reiche u. 13 astron. Zeichn.en in Holzschnitt, Dres Rudolf Kuntze **1852** VI-233 + 2 Taf. [In 7 'Vorles.en' wird -nach einer guten Einleit.- sukzess. durch die *DC* gegangen u. ganz in sie eingeführt; „Der erste Vortrag dient gleichsam als ein Gerüst, auf das sich der Leser zu stellen hat, damit er den hohen Standp. gewinne, dessen er bedarf, um den ganzen Riesenbau, seine gewalt. Dimensionen, seine schönen Verhältnisse, seine Tiefen u. Höhen mit einem Blick zu überschauen... Die folg. Vorträge eröffnen ihm das Innere des Gebäudes." (IV)]. [Dr.] Rudolf **PFLEIDERER** [1841-?], D.'s *GK* nach Inhalt u. Gedankengang übersichtlich dargestellt. Mit biograph. Einleit., Stutt Verl von Karl Kirn **1871** VI-192 S [„Die sehr übersichtl. Anordn. auch des Drucks dieser Schrift wird vom Leser zum leichteren Verfolgen oder Nachschl. der einz. Gesänge u. Abschnitte des Gedichtes willkommen sein." (VI) Aufbau: A. Einleitendes (I. Der Dichter; II. Sinn u. Plan des Gedichtes); B. Die *gK* (I. Die Hölle, II. Das Fegf., III. Das Par.); C. Rückblick u. Ges.betrachtung. Es wird chronologisch, u. zwar inhaltlich, gedanklich u. strukturell, unter Einbind. zentr. Textstellen systematisch durch die *DC* geführt.]. Gerhard **GIETMANN** [S. J., 1845-1912], Die *GK* u. ihr Dichter D. A., Freib Herder'sche Verl.buchhandl II **1885** 152 + 154 S, Ergänz.hefte zu den *Stimmen aus Maria-Laach* 30-31 [Aufbau: zuerst Einf. in Ges.werk in 10 Kap.; danach wird die *DC* sukzess. -canto für canto- besprochen; das Vorgehen wird nicht vorweg erläutert, Absicht ist aber eine vorles.art. Ges.einf.]. Adolfo **BARTOLI** [1833-94], Delle opere di D. A.: La *DC*, Fir G. C. Sans Edit II **1887-89** 244 + 303 S, Storia della lett. it. 6 (= beide Teile) [B.s insges. 7-bänd. Lit.gesch. führte nur bis zu Petrarca; Aufbau des ersten Teils: I. Concepim. fondamentale della *DC*; II. Costruz. morale dei tre Regni; III. La pena, l'espiaz. ed il premio; IV. I Demoni, gli Angeli, le Persone Divine; V. Il custode del *Purg.*; Il viaggio per i tre Regni; Zweiter Teil: I. La polit. e la storia nella *DC*; II. La religione nella *DC*; III. L'arte nella *DC*; IV. La natura nella *DC*; V. Del tempo della composiz. e divulgaz. del Poema; im Anh. die Studie 'I Malaspina ricordati da D.' (265-303)]. **DERS.**, Tavole dant. ad uso delle scuole second. compilate dal prof. A. B., Fir Sans **1889** [VIII-46 Doppels. mit Inh.synthesen + 3 große Faltblättern zur Gliederung der 3 Jenseitsreiche]. [Dr.] Franz **HETTINGER** [1819-90], Die *GK* des D. A. nach ihrem wesentl. Inh. u. Char. dargest. von... Ein Beitr. zu deren Würdig. u. Verständnis. Mit D.'s Bildnis nach

Giotto. Zweite, vermehrte u. verbess. Aufl., Freib Herder'sche Verl.buchhandl **²1889** XII-618 S [Aufbau: 1. D.'s Leben u. Schaffen; 2. Grundidee u. Char. der *GK*; 3. Die Hölle; 4. Das Fegfeuer; 5. Das Paradies; 6. Die Idee der sittl. Weltordn. in der *GK*; 7. Die Theol. der *GK*; 8. Die Politik der *GK*; ¹1880: ebend.-St. Louis MO Herder XII-586 S; engl. Übers.: D'.s *DC*: Its scope and value, Lon-NY Burns & Oates/Catholic Publication Society ¹1887 XXXVII-425 S; ²1894 dito]. Manfredi **PORENA** [1873-1955], Commento grafico alla *DC* per uso delle scuole, Mil-Pal-Nap Remo Sandron **1902** 62 S [kl. Buch m. vielen Erklär.en u. zahlr. Karten]. Fritz **KERN** [1884-1950], D.: Vier Vorträge zur Einf. in die *GK*, Tüb J. E. B. Mohr/Paul Siebeck **1914** 149 S [4 Vorles.en: 1. Von D.s Leben; 2. Von der Hölle; 3. Vom Berg der Läuter.; 4. Vom Himmel]. Luigi **PIE-TROBONO** [1863-1960], Il poema sacro: Saggio d'una interpretaz. generale della *DC*. *Inferno*, Bol Zan II **1915** XII-359 + 254 S [„La mia intenz. non è stata di rivolgermi ai soli dantisti, per i quali parecchie pagine sono affatto inutili." (XII) P. beh. nur *Inf.*, kursorisch kommentarhaft, and. Werke D.s einbeziehend, mit vielen Stellenzitaten, in einem vorles.art., emphatisch rhetor. Stil; Aufbau: Introd.: La *C.* e il movim. profet. med.; I. Beatrice beata; II. La Donna gentile; III. Il prologo; IV. La macchina del poema; V. Il vestibolo; VI. Il limbo; VII. Nell'*Inf.* della incontinenza (= Parte I); I. Lo Stige; II. Davanti la porta chiusa; III. La Città di Dite; IV. Nella regione della violenza; V. Malebolge; VI. „Lo Imperador del doloroso regno." (= Parte II)]. Henri **HAUVETTE** [1865-1935], D.: Introduction à l'étude de la *Divine Comédie*, Par Hachette ³1919 XII-396 S [kompakte Einf. in 3 mehrfach gegl. Hauptabteil.en; I. Le milieu historique; II. L'homme; III. La *Div. Com.*; Grundlage = mehrere Vorles.en Sorbonne 1907-10; ¹1911: ebend. XII-396 S; ²1912 dito]. G[uido] **FALORSI** [1847-1920], Le concordanze dant.: Introd. analit. a un commento sintet. della *DC*, Fir Success Le Monn **1920** IX-660 S [keine Konkordanz, sond. systemat. u. synthesehafte Einf. in zentr. Themen der *DC*: I. La teol. di D.; II. L'etica di D.; III. Antropol., sociol., polit. di D.; IV. La dottr. letter. ed artist. di D.; V. La lingua di D.; alles vielfach untergl.; ein Hdbuch]. Benedetto **CROCE** [1866-1952], D.s Dichtung, Zür-Leip-Wien Amalthea **1921** 312 S [6 eine Einheit bildende, z. T. zuvor veröff. Essays; 1. Der junge D. u. der D. der *GK*; 2. Der Aufbau der K. u. die Dicht.; 3. Die Hölle; 4. Das Fegef.; 5. Das Par.; 6. Grundwesen u. Einh. von D.s Dicht.; it.: La poesia di D., Bari Lat ³1922 212 S]. [Dr.] August **RÜEGG** [1882-], D.s *DC*: Eine Gedenkrede, Freib Herder **1922** 119 S [eine allgem., essayhafte, anreg. Einf.]. Karl **VOSSLER** [1872-1949], Die *GK*, Hei Winter II ²1925 835 S [Aufbau: I. Die relig. Entw.gesch. der *GK*; II. Die philos. E.gesch. der *GK*; III. Die ethisch-polit. E.gesch. der *GK*; IV. Die liter. E.gesch. der *GK*; V. Die Poesie der *GK*; ¹1907-10 ebend. X-1241 S; it. Übers.: La *DC* studiata nella sua genesi e interpret., Bari Lat IV 1983 XVI-180 + 215 + 173 + 157 S, Bibl. Univ. Lat. 75-78]. Theophil **SPOERRI** [1890-1955], Einführ. in die *GK*, Zür Speer-Verl **1946** 429 S [Essay mit Kommentar bzw. Lektüreteilen; Texteinschübe it. oder in Übers.; Aufbau = 3 Hauptkap.: I. Die Hölle (9 Unterkap.); II. Der Läuterungsb. (7); III. Das Par. (5)]. Andreas **WAHLER** [Oberstudiendir.], D.s *GK*. Eine Einf. Mit Bildern von G. Doré, Mün Glocken-Verl **1946** 79 S [ein nützl. u. konkretes Büchlein; Aufbau: S. 5-22: Einführ.teil (gesch. Hintergr., D.s Werke, Aufbau der *GK*; letzteres ist sehr praktisch); es folgt (23-77) eine ausf. u. gut geraffte Inh.ang. mit kommentierenden Passagen sukzess. nach den Etappen/Wegstrecken -nicht nach den Gesängen- der gesamten Begehung anhand von 27 + 17 + 11 Ill.en von Doré.]. Francesco **BIONDOLILLO** [1887-], D. e il suo poema, Rom Edizioni dell'Ateneo III **1948** 111 + 98 + 99 S [vorlesungsart. Einf. in die *DC* in der Art einer 'lectura Dantis']. Ernst Robert **CURTIUS** [1886-1956], Europ. Lit. u. lat. MA, Bern-Mün Francke ¹1948 [bzw. weit. unveränd. Ndrucke] 353-83 [= Kap. 17 mit der Unterglieder.: 1. D. als Klassiker; 2. D. u. die Latinität; 3. Die *C.* u. die liter. Gattungen; 4. Beisp.figuren in der *C.*; 5. Das Personal der *C.*; 6. Mythos u. Prophetie; 7. D. u. das MA; obwohl es sich um Erläuterungen jenes berühmten Titelthemas handelt, sind die locker gefügten Mikroessays als anreg. Einf. zu empfeh-

len.]. Brizio CASCIOLA, L'enimma dant., Berg Ist It d'Arti Grafiche **1950** 380 S [„Questo
scritto, che non entra in questioni erudite, non fa opera né estet. né letteraria, è il frutto di studi e
meditazioni quasi trentenni, che mi hanno rivelato nella *DC* un 'manifesto', forse destinato a pochi, iniziati a un pensiero e un linguaggio segreto." (7) Aufbau: 1. D., la sua figura, la sua opera, la
sua dottr.; 2. Vita morale; 3. Concez. polit. di D.; der Hauptteil (= S. 93-368) ist sehr ausf.
Inh.ang. aller canti, fortl. Komm. u. Deut. sowie Strukturanal.; ein seltenes Buch]. Mario
APOLLONIO [1901-71], D.: Storia della *C.*, Mil Vall II $^{3/4}$**1951** XI-666 + S. 667-1370, Storia letter.
d'Italia oN [terza/quarta ediz. completam. rif.; kompakte Darst. in 6 Hauptkap. (zu 109 Unterkap.);
Aufbau: I. Tavola dei luoghi e dei tempi; II. Polit.; III. La dottr.; IV. Lett. dell'op.; V. Storia della
polit.; VI. Storia della fort.; VII. Tav. bibliograf.]. Rudolf PALGEN [1895-1975], Werden u.
Wesen der *Komödie* D.s, Graz-Wien-Köln Styria **1955** 293 S [Einf. mit folg. zentr. Kap.: Der
Standort des Betrachters, Die Handl., Die 'Sieben Weisen Meister' als Hauptquelle der *K.*, Die
Motive aus dem *Anticlaudianus* des Alanus von Lille, D. u. die Antike, D.s Virgil-Gest., Die all-
gem. Höllen- u. Par.-Trad., Die Sterne in der *K.*, Der Neuplaton. in der *K.*]. Gaetano
MARCOVALDI, Breve saggio sulla poesia della *DC*, Rom Tipogr Don Guanella **1958** 81 S [Darst.
in 21 Themenkr. des ges. Repertoires an poet. Mitteln der *DC*; weit umspannende u. breit gefäch.
Einf. mit vielen Beispielen, ohne wissensch. Ballast]. Remo FASANI, Il poema sacro, Fir Olsch
1964 151 S [Einf. in die *DC* unter 3 Ges.punkten: I. Il cosmo, II. L'uomo, III. Il viaggio mistico].
Umberto COSMO [1868-1944], L'ultima ascesa: Introd. alla lettura del *Paradiso*. Nuova ediz. a
cura di Bruno Maier, Fir La N It ^{2}**1965** XV-348 S [Einf. auf der Basis von 21 essayist. Kap. zu
geistesgesch. Fragen u. Themen; ^{1}1936: Bari Lat]. Francesco DI PRETORO, La *DC* nelle sue
vicende attrav. i secoli, Fir Le Monn **1965** 70 S, Bibliotechina del Saggiatore 22 [kleine, aber sehr
konsistente u. komp. Einf. in die Hauptgeb. der Dante-Philol.; Aufbau: I. Prima copia integrale del
Poema; II. Copisti e prime vicende del testo dant.; III. Commenti al Poema nel sec. XIV; IV.
'Lettura' della *C.*; V. Codici insigni; VI. Codici miniati; VII. Prime stampe; VIII. Ediz. fiorent. del
1481; IX. Firenze e D.; X. La fama di D. fuori d'It.; XI. Il Cinquec.; XII. Il Sei e Settec.; XIII.
L'Ottoc.: Il sec. di D.; XIV. Lord Vernon e l'importanza delle sue ristampe; XV. Prima idea d'una
ediz. crit. del Poema; XVI. Il contrib. delle diverse nazioni. Carlo Witte; XVII. Fir. centro di studi
su D.: La Soc. Dant. It. e l'ediz. crit. del 1921; XVIII. Verso l'ediz. naz. delle opere di D.; alle
Kap. mit Bibl.]. Olof LAGERCRANTZ, Från Helvetet till Paradiset, Stock Wahlström & Wi-
dstrand **1964** [dt.: Von der Hölle zum Par.: D. u. die *GK*, oO [= Ffm] Insel 1965 261 S; essayart.
Einf. mit den 3 Themen 'Die Hölle-Das Fegef.-Das Par.'; Ndr. ebend.: Ffm-Leip 1997 295 S,
Insel-Tb. 2159; it.: Scrivere come Dio: Dall'inf. al par., Casale Monferr. Editr Marietti 1983 XIV-
200 S, Coll. di saggistica 7]. Vicente MAGDALENO, Alighieri el Divino y su Comedia, México,
D. F. Talleres Gráficos de la Nación/Secretaría de Educación Pública. Subsecretaría de Asuntos
Culturales **1965** 59 S, La honda del espíritu/Cuadernos de lectura popular 7 [heftart., sehr einf.,
span.sprach. Einf. ohne wissensch. Ambitionen; führt jew. in die beiden ersten canti der 3 cantiche
kommentierend ein]. Ambrogio ORLANDO, La *Commedia* di D. distrib. per materia. Pres. di B.
Nardi, Fir Sans **1965** XVII-430 S [spezielle Anthol.: In 7 Hauptabt.en werden zentr. Themen der
DC anh. von Textstellen präsentiert/belegt: I. D. e il suo poema; II. Stile e forma del p.; III. Religione; IV. Il mondo e la natura; V. L'uomo; VI. Le opere dell'uomo; VII. Storia e geogr.; alles
weiter untergl. u. spezifiziert; man liest sich gezielt in Themen ein]. Fausto MONTANARI, La
DC, Rom Editr Studium **1966** 208 S, Universale Studium 106-107 [einf. Einf. ohne Bibl.; nach
einer Introd. werden die 3 cantiche sukzess. beh.; faktenreiche, kohärente, anreg. Ges.darst.].
Alfredo SISCA, Il messaggio di D.: Guida allo studio della *DC*, Nap Fratelli Conte **1967** 124 S
[einf. Einf. in relig., humanist. u. geistesgesch. Themen der *DC*, in 8 Asp. gegl.; Bibl. überholt].
Thomas G[oddard] BERGIN, Invito alla *DC*, Bari Adr **1971** 227 S, Bibl. di Fil. Romanza 20 [9

einführende Themenkr.: L'aspetto narrat., L'asp. allegor., L'asp. dottrinale, La tecn. e i mezzi, Il mondo della *DC*, Il piano della *DC*, Multiforme il poeta-vario il poema; kaum Bibl.]. Giorgio PETROCCHI, L'*Inf.* di D. - Il *Purg.* di D. - Il *Par.* di D.: Le fonti, l'ideazione e la divulgaz. del poema, la strutt., le allegorie e i simboli, le idee polit., il linguaggio, Mil Rizz III **1978** 148 + 147 + 128 S, Profilo di un'op. L 169-L 174-L 179 [3 kl. Bde; 1. Teil (in allen Bdn gleich): La vita di D. u. D. nel culto dell'età med. e mod.; 2. Teil: Profilo (versch. Kap. zu Entst. u. Aufbau der jew. cantica); 3. Teil: Appendice (Sequenz von Interpret.en/Kritiken bek. Dantisten zu Kernepisoden); sec. ediz. 1982 bzw. 1983; Neuaufl. ebend. 1998 in 'Bur saggi e documenti']. August BUCK [1911-98], Die *Commedia*, in *Die it. Lit. im Zeitalter D.s u. am Überg. vom MA zur Renaiss.* (ders. ed), Bd 1: D.s C. u. die D.-Rez. des 14. u. 15. Jh., Hei Winter **1987** 21-165 u. 235-8, Grundriß der Roman. Lit.en des MAs X/1 [sehr kompet. u. wissenschaftl. Ges.darst. des profil. Italianisten u. langjähr. Präsid. der Dt. D.-Ges.; Aufbau: D.s Bildungsweg, Entsteh.zeit, Gatt., Quellen, Antike, Bibel, Christl. Jens.darst.en, J. von Fiore, Islam. Jens.darst.en, Opera minora, Aufbau, Zahlensymbolik, Topogr., Moral. Ordn., Personenbestand, Der Wanderer, Die Führer, Vergil, Beatrice, Die Bewohner der drei Jenseitsr., Sprache, Wortschatz, Stilmittel, Metrum, Das Selbstverst. des Dichters, Die Leser, Vers. einer Ges.darstell.: Die *C.* – ein 'iter ad felicitatem']. Angelo MARCHESE, Guida alla *DC*, Tor Soc Editr Internaz = SEI ²**1987** III 278 + 240 + 260 S [= nuova ediz.; jeder Bd ist einer cantica gew.; 1. Teil eines Bds ist allgem. Einf.; 2. Teil ist Anthol. der Kritik = Exzerpte; am Schluß jew. Üb.aufgaben/Fragen; ¹1975: ebend]. Robin KIRKPATRICK, The *Divine Comedy*, Cambr-Lon-NY u. a. Cambr UP **1987** 115 S, Landmarks of World Lit. [3] [Einf. u. Studienf. zur *DC*; Hauptteil bietet kursor. Inh.ang. bzw. Inh.paraphrasen der ganzen *DC*.]. Giovanni MARCHESE-Salvatore ROSSI, Guida alla lettura de *La C.*: Nuova ediz., Pal Pal III ²**1988** 251 + 202 + 150 S, Lettura dei capolavori 3-5 [jeder Bd beh. eine cantica (also: Lett. dell'*Inf.* - Lett. del *Purg.* - Lett. del *Par.*) u. besteht aus 2 Teilen: Notizie introduttive (meist anh. nachgedr. Aufsätze and. Dantisten) sowie Lettura dei canti (alle canti werden sukzess. beh., entw. durch bloße Inh.ang. oder ausf. Interpr.); ist Ndr. von ¹1985: ebend. u. gleicher Text.]. Giorgio PETROCCHI, Per conoscere D. e la *DC*, Tor Nuova Eri-Edizioni Rai **1988** 201 S, Rai TV/Dipartim. Scuola Educazione. Studio 32 [Aufbau: La personalità di D.; La *C.*: Presentaz. dei cento canti (= Inh.ang.: 1/3 Seite pro canto); danach Fiori della *C.*: Antol. e comm. a 10 canti (= diese 10 Gesänge ganz, darunter ausf. Komm.); mit Hörkass.]. Marguerite MILLS CHIARENZA, The *DC*: Tracing God's Art. A student's companion to the poem, Bos MA Twayne **1989** 138 S, Twayne's Masterwork Studies 25 [Aufbau: Chronology: D.'s Life and Works, Histor. Context, The Importance of the Work, Critical Reception; A Reading (= sukzess. Einf. in die Hauptthemen der 3 cantiche); Bibliography]. Tommaso NOBILE, Il mondo dant.: Guida allo studio d. *DC*, Fasano Schena p. **1991** 271 S [reich geglied. Einf.werk; zuerst Generalia zur *DC*, dann zu allen Standardelem. der 3 cantiche; als Anh. Einf. in die Zahlenwelt sowie 24 Schautaf.; als erste Orientier. nützlich; N. verstarb 1964.]. Roberto MERCURI, *Comedía* di D. A., in *Letteratura it.: Le Opere* [= Teilsektion] I [von insges. 3 bzw. 4 Bdn]: *Dalle Origini al Cinquec.*, Tor Ein **1992** 211-329 [Aufbau: 1. Genesi e storia (Gen. della *C.*, Storia del testo); 2. Struttura (Numerologia, topogr., ordinam.; Strutt. metr.; Strutt. narratologica; Le guide; Il tit.; Allegoria ed ermeneutica); 3. Tematiche e contenuti (Il percorso filos.; Il p. polit.; Il p. dell'*auctor*; Il p. dell'*agens*); 4. Modelli e fonti; 5. Lingua e stile; 6. Nota bibliogr. (= kommentiert)]. Rodney J. PAYTON, A Modern Reader's Guide to D.'s *Inf.*, NY-San F CA-Bern u. a. Lang **1992** XII-264 S, American University Studies/2 191 [25 einführ. Schwerp.kap. zu den 34 canti des *Inf.*; im Prinzip ein kursor. Komm.; keine Texte; Ital.kenntnisse werden nicht erwartet; alle Forsch.bezüge nur zur anglophonen = nordamerik. Welt; ein D.-Buch für Amerikaner; Ndr. 1998 ebend.]. Celestina BENEFORTI, D. A.: *Inf.* Canti scelti, Rom Bonacci **1996** 84 S, Classici it. per stranieri 12 [zentr. Passagen werden abgedr. u. ins

Neuit. übertr.; dazu sprachl. Erklär.en]. [Dr.] Anita PRICE DAVIS, D.'s *The Divine Comedy* I: *Inferno*, Piscataway NJ Research & Educ Ass **1996** VI-136 S, Max Notes oN [„This book is intended to help you absorb the essential contents and features of D.'s *The D. C.: Inf.* and to help you gain a thorough understanding of the work. The book has been designed to do this more quickly and effectively than any other study guide." (Vorw.) Die kl. Einf. ist für engl.sprach. Schüler, ohne Bezug zur it. Sprache; nach kurzer Einf. in Leben, Werk, histor. Hintergr. etc. werden alle canti des *Inf.* sukzess. nach folg. Schema vorgest.: new characters, summary, analysis, study questions, answers, suggested essay topics; alles stark vereinf. u. im Stil von Lernwerken; Bde zum *Purg.* u. *Par.* sind mir nicht bekannt.]. Gorizio VITI, D. e la *DC*: Introd. e guida allo studio dell'op. dant.: Storia e antol. d. crit., Fir Le Monn [8]**1996** X-253 S, Profili letterari 12 [quinta rist. aggiorn.; Aufbau: S. 1-25: D. e Fir.; 27-118: L'opera (I. Le op. min.; II. La *DC*); 119-246: La crit. (I. Profilo di storia d. crit. dant.; II. Antol. d. crit.: 40 Exzerpte von it. Forsch.); 247-53: Bibl. (meist ohne vollst. Ang.); anschl. 3 'tabelle schematiche' zu *Inf.*, *Purg.* u. *Par.*; [1]1975; frühere Fass.: 3 kleine Bde ebend., Reihe 'MLM-Manualetti Le Monnier', z. B. [9]1971, [8]1968, [7]1961, 85 + 90 + 81 S]. Charles H. TAYLOR-Patricia FINLEY, Images of the Journey in D.'s *Divine Comedy*. An illustr. and interpretative guide to the poet's sacred vision with 257 annot. illustrations sel. from six centuries of artistic response to the poem, New H CT-Lon Yale UP **1997** XVI-295 S [schönes, visuelles Einf.buch in die *DC*; nur gelegentl. engl. Textstellen; inhaltl. Führung anh. von bildl. Darst.en]. Alberto GAFFI, La profezia di D.: La via della purificaz. armonica nella *DC*, Rom Accad degli Incolti/Minist per i Beni Cultur e Ambientali **1998** 119 S, Coll. tascab. I germogli 3 [trotz des speziell anmut. Titels eine allgem. Einf. in die *DC*; Aufbau: I. Vita di D.; II. Precedenti della *DC*; III. Fonti esoter., class. e cristiane della *DC*; IV. D. uomo cosm.; V. La *DC*: Il tit., la strutt. numerol. e alc. risvolti magici; VI. La *DC*: Ordinam. armonico planetario come guida di vita]. Romano GUARDINI [1885-1968], D.s *GK*: Ihre philos. u. relig. Grundgedanken (Vorles.en). Aus dem Nachl. hrsg. von Hans Mercker unter Mitarb. von Martin Marshall, Mainz/Pader Matthias-Grünewald Verl/Verl F. Schöningh **1998** XLI-497 S, Romano G. Werke oN [Trotz der betont geistesgesch. Thematik ist das Kompendium eine facettenr. allgem. Einf. in die *DC* in 6 großen Themenkr.; alles jew. mehrf. untergl.: I. Der Char. der *GK*; II. Die Welthaftigk. der *GK*; III. Ird. u. ewige Wirklichk.; IV. Das inn. Geschehen in der *GK*; V. Die Boten u. Führer; VI. Das Religiöse, Christus, Gott; der Bd enth. aufschlußr. Inform.en über G.s Lehrtätigk.]. Fritz R. GLUNK, D.s *Göttl. Kom.*, Mün-Zür Piper [1]**1999** 105 S, Meisterw. kurz u. bündig-Serie Piper 2891 [sehr einf., in allem knapp gehalt. Einf. (=Taschenb.) für Leser, die nur des Deutschen mächtig sind (keine it. Texte); Autor ist Journalist; [2]2001 106 S; Preis € 7,90; Neuaufl.: D., Mün Deutscher Taschenbuchverl 2003 191 S, dtv 31073, dtv-Porträt oN]. LAURENZIO [= Giuseppe CACIAGLI], La *Comedìa* interpret. e letta sec. la volontà e le intenzioni dell'Alighieri, Pontedera Arnera Edizioni (Casella postale 109, 56025 Pontedera) **2000** 242 S [Autor spricht von einem „rinnovam. crit."; sein Buch sei „la proposta di un nuovo metodo crit. che giustifica anche questo saggio di rilett. della *DC*." (Klappent.); jenseits aller akadem. Schulen wird eine Deut. auf der Basis eines Laienkatechismus unter Einbez. der Kultur unserer Zeit beabsichtigt; es ist auch eine Ges.einf. in die *DC* in 4 Abschnitten (im Hinbl. auf die 4 Sinnschichten); eingef. wird zudem in die histor. Hintergründe (Politik, Gesellsch., Wertesystem, Moralkodex etc.]. Giorgio INGLESE, D.: guida alla *DC*, Rom Carocci edit **2002** 142 S, Le Bussole. Studi linguistico-letterari 62 [„La Guida disegna una cartina filologicamente aggiornata della strutt. e della cult. della *DC* e indica i maggiori motivi di vitalità poet. che rendono la lettura di questo grande classico un'esperienza entusiasmante." (Klappent.) Aufbau: 1. Allegoria fondamentale e unità narrativa; 2. L'invenz. strutturale; 3. Storia e profezia; 4. Questioni di dottr.; 5. I personaggi; 6. La poesia del molteplice concreto; 7. Il viaggio del letterato; knappe Bibl.; rist. 2003; € 8,20]. Marcello VANNUCCI, D.:

L'uomo della *C*. Vita disperata, odio e amore, passione polit. di un grande protagonista, Rom Newton & Compton **2003** 253 S, I Big Newton. Saggi-Storia 96 [eine ironische, gezielt respektlose Einf., die jungen Menschen die Ehrfurcht vor D. u. der *DC* nehmen will; in jugendbetonter Sprache verfaßt; „Scrivere di D. è come affrontare in mare un polipo immenso e dai mille tentacoli." 2 Hauptkap.: 1. La storia e le storie; 2. Breve viaggio nella *C*.].

61. Themenumfassende MONOGRAPHIEN zur *DC*

[Es folgen -**chronologisch geordnet**- anerkannte, ältere oder neuere Buchpublikationen, die einen vorw. wissenschaftl. Anspruch erfüllen u. die *DC* als Ganzes in einem essentiellen Zus.hang oder unter einem zentralen Aspekt thematisieren; vgl. auch Abt. 16: MONOGRAPHIEN zu Dantes GE-SAMTWERK, 60: EINFÜHRUNGEN in die *DC*, 62: Themenspezifische MONOGRAPHIEN zur *DC*.]

Marco Giovanni PONTA [1799-1849], **Orologio di D. A.** per conoscere con facilità e prontezza la posiz. dei segni del zodiaco, le fasi diurne e le ore indicate e descritte nella *DC*, immagin. e dichiarato da M. G. P., Rom Tipogr delle Belle Arti **¹1843** 37 S [Studie zu den Uhrzeiten, vornehml. zum *Inf.*; als Anh. 1 Sternenuhr zum Drehen + 3 Zeichn. (Planetenbahnen, Diagr. von D.s Erde einschl. Hölle u. Purg. sowie Horizontbild.)].   [Dr.] Emil RUTH, Studien über D. A.: Ein Beitr. zum Verständnis der *GK*, Tüb Verl u. Druck von L. Fr. Fues **1853** 287 S [Einf. in D.s moral. u. polit. Weltordnungsvorstell.; Aufbau: 1. D.s System (9 Unterkap.); 2. Erklär. der Allegorien u. des Grundged. der *DC* aus D.s System (2 große Kap.); it.: Studi sopra D. A. per servire all'intelligenza della *DC*, Ven II 1865].   Francesco BERARDINELLI [1816-?], Il **concetto della *DC*** di D. A. Dimostrazione, Nap Gabriele Rondinella Edit **1859** VIII-493 S [B. bemüht sich um Aufdeck. des Ges.konzepts der *DC*: „È tanto essenziale in un'op. di arte una idea od un concetto dominante, che io non crederei andare lungi dal vero affermando, che quello che nei corpi dei viventi è l'anima, nei lavori delle nobili arti è la idea o il concetto che vogliam dire." (1) Unters. in 315 Abschn. bzw. 28 Kap.; das sogen. Konzept leitet er aus den allegor. Gegebenheiten von *Inf.* I ab, die er ausführl. traktiert.].   Fortunato LANCI, De' **spiritali tre regni** cantati da D. A. nella *DC*. Analisi per tavole sinottiche, Rom A Spese dello Autore/Tipogr Chiassi **1856** + 4 Taf. [Der Untert. auf dem zweiten Titelblatt lautet: „Degli ordinamenti ond'ebbe conteste D. A. la sec. e la terza cantica della *DC*. Investigazioni." Fazit der Unters. des zeitl. Verlaufs der Wander.: „Con pace pertanto de' contradditori si dovrà indubbiamente avere per consentito e fermo che la dant. peregrinaz. avvenisse nell'anno di grazia 1300, prendendo inizio la notte susseguita al giovedì santo, 7 aprile, a cui volle il poeta riportare la luna tonda, sebbene nella perfettissima rotondità si trovasse la notte precessa." (65)].   [D^R.] Cesare LORIA [1819-?], **L'Italia nella *DC***. Sec. ediz. riv. e notevolm. accresc. dall'aut., Fir Tipogr di G. Barbèra II **²1872** IX-342 + S. 343-662 [104 Art. zu Landschaften, Flüssen, Städten etc., gegl. von Norden nach Süden, näml. von Italia-Apennino-Po-Val di Po-Aless., Monferr., Canarese etc. bis Calabria-Sicilia-Cariddi-Mongibello-Palermo: „Raccogliendo in questo mio lavoro le notizie stor., geograf. e biograf. intorno ai luoghi, ai fatti ed alle persone che nella *DC* all'Italia si riferiscono, tentando di arrecar luce ad alc. voci od espressioni variamente interpretate dai commentatori del gran libro, nutro lusinga, oltre al facilitarne lo studio, di far altresì cosa grata ai curiosi di particolari." (VIII-IX) ¹1868: Mant Benvenuti 392 S].   Edward MOORE [1835-1916], The **time-references** in the *DC* and their bearing on the assumed date and duration of the vision, Lon David Nutt **1887** 134 S + Anh. [sehr kompet. Unters. zu den Zeitbezügen; der Anh. bietet dazu folg. 7 Tabellen/Schaubilder: I. Calendar for March-April 1300; II. Cal. for March-A. 1301; III. Longitude of the chief places mentioned in D.'s time-ref.; IV. Diagram of simultaneous hours at the above places; V. Time-ref. in the *Inf.*; VI. Time-ref. in the *Purg.*; VII. A table showing the unity and symmetry of plan in the seven cornici of *Purg.*].   Giovanni AGNELLI [maestro dei sordo-muti in Lodi], **Topo-cronografia** del viaggio dant. con XV tav., Mil Ulrico Hoepli Libraio-Edit della Real Casa **1891** 159 S + 15 Taf. [Die Ort-Zeit-Studie hat folg. Aufbau: I. Topografia: Del luogo, della forma e delle misure dell'*Inf.* e del *Purg.*; Itinerario: Per l'*Inf.* e pel *Purg.*; Cronografia. Im Anh. 15 Doppels. mit Skizzen, Diagr. u. Tab.]. [D.ʳ] Luigi **LEYNARDI**, **La psicologia dell'arte** nella *DC*, Tor Ermanno Loescher **1894** 510 S [Unters. zu D.s Darstell.technik unter psychol. Ges.punkten; Aufbau: I. Preliminari sull'arte e la vita di D.; II. Le rappresentazioni indirette; III. Le rappr. dirette (alles mehrf. unterglied.)]. Else **HASSE**, D.s *GK*: Das **Epos vom inneren Menschen**. Eine Auslegung, Kempten-Mün Kösel **1909** 559 S [umfass. Mon. in 2 Teilen; äußerl. sehr schönes Buch im Jugendstil]. P[ierre Félix] **MANDONNET** O. P. [1858-1936], **D. le théologien**: Introd. à l'intelligence de la vie, des oeuvres et de l'art de D. A., Par Desclée de Brouwer & Cie **1935** 331 S [Ziel ist es, den Theologen D. in der *DC* aufzuzeigen; Aufbau: I. L'auteur de la *Comédie*; II. Le but de la *C.*; III. La technique poétique de la *C.*; IV. La matière de la *C.*]. [Dr.] August **RÜEGG**, Die **Jenseitsvorstellungen** vor D. u. die übr. literar. Voraussetzungen der *DC*: Ein quellenkrit. Kommentar, Einsiedeln-Köln Benziger II **1945** 463 + 380 S [umfangr. Quellenkompendium in essayhafter Darstell.; Aufbau: I. Vorgesch. der *DC* (34 Unterkap.); II. Verhältnis D.s zu s. Quellen (50 Unterkap.)] Étienne **GILSON**, Die **Philosophie** in der *GK*, in *D. u. die Philosophie* (ders.), Freib Herder **1953** 263-329 [¹1939: Par Vrin = frz. Orig.fass.: D. et la philosophie: Études de philos. méd.]. Georg **RABUSE**, Der **kosm. Aufbau der Jenseitsreise** D.s: Ein Schlüssel zur *GK*, Graz-Köln Böhlau **1958** 320 S [ausf. Mon. über die krypt. Strukturen des *DC*; Aufbau: I. Das Phlegethon-Reich; II. Das Reich des Planeten Mars; III. Mars, Stern der Menschwerd., Erlös. u. Auferst.]. Olaf **GRAF**, Die *DC* als **Zeugnis des Glaubens**: D. u. die Liturgie. Mit 5 Bildtaf. nach Mosaiken von Ravenna, Freib-Basel-Wien Herder **1965** XX-530 S [umfass. Studie zum Einfluß der Lit. auf die Strukturen der *DC*; „Für D.s *DC* glauben wir den verborg. Quellgrund der relig. Überzeugungen in der gelebten Liturgie erkennen zu dürfen." (495) Aufbau: Teil I: Die Lit. der Kirche in ihren Wesenszügen u. Grundhaltungen (4 Kap.); Teil II: D.s *Comedia* im Prisma der Lit. (5. Zielsetz. u. Sinn der *DC*; 6. Bild u. Symbol in der *DC*; 7. Die *C.* u. das Gesetz der Objektivität; 8. Zur trinitar. Struktur der *C.*; 9. Die Christologie der *DC*; 10. Die *C.* u. die kosm. Einheit des Reiches Gottes; 11. Der Engel in der *C.*; 12. Die beiden Reiche: Die *C.* u. der Kampf gegen das Böse; 13. Mystik u. Liebe in der *C.*; 14. Die Bibel in der *C.*); Exkurs 1: Zur Frage der Echtheit des Cangr.-Briefes; Exk. II: Die Mosaiken von Rav. u. D.s *C.*]. Edoardo **CREMA**, La leyenda de un **D. islamizado**, Caracas Editorial Arte **1966** 477 S [6 Kap.]. Olof **LAGERCRANTZ**, From **Hell to Paradise**: D. and his Comedy, Wash DC-NY Square P **1966** VII-219 S [Mon. in 16 Themenkreisen]. Hugo **FRIEDRICH**, D.: Das **Gefüge der GK**, Wies Steiner ²**1967** 44 S [¹1956: ebend. 43 S (Titel = D.); V gehalten am 14. 1. 1955 im Inst. für Europ. Gesch. in Mainz]. Luigi **COSTANZO**, Il **linguaggio** di D. nella *DC*: I, Nap Fed & A **1968** 189 S, Collana di studi dir. da Gaspare Caliendo 11 [sprachphilos. bzw. geistesgesch. Mon. zu den Stilregistern; keine linguist. Unters.; Unters.prinzipien sind Logik, Kunst u. Poesie; nach einer einführ. Gesch. der D.-Kritik von der Frühzeit bis Croce werden in 25 Themenkreisen sprachl. Aspekte aller drei cantiche herausgestellt. Ein zweiter Bd sollte die Sprache der Mythen betrachten.]. Robert **HOLLANDER**, **Allegory** in D.'s *C.*, Prince NJ UP **1969** IX-352 S [Ges.unters. zur Alleg. in der *DC*; Aufbau: I. The alleg. of the *C.*; II. The roots of univ. history; III. The figural density of Francesca, Ulysses and Cato; IV. The women of *Purg.*: Dreams, voyages, prophecies; V. D.'s voyage: History as 'shadowy prefaces'; VI. Other kinds of alleg.; 4 Anh. = Exk. u. 2 Fachbibl.en]. Mario Manlio **ROSSI**, Problematica della *DC*, Fir Le Monn **1969** 239 S [anreg. Unters.; Aufbau: I. Valori drammatici nella *DC*; II. L'aldilà come esperienza personale; III. Le ombre e le luci dei morti; IV. La musicalità della *DC*]. Hans **FELTEN**, **Wissen u. Poesie**: Die Begriffswelt der *DC* im Vergl. m. theol. Lateintexten, Mün Fink **1972** 112 S, Freiburger Schriften zur roman. Philologie 24 [Diss Freib 1971; unters. u. a. die admiratio, D.s Zweifel, Fragemotiv.]. Tibor **WLASSICS**, Interpretazioni di **prosodia** dant., Rom Signorelli **1972** 161 S [8 eine themat. Einh. bildende A ed. 1971-72 zu wicht. Strukturelem. der *DC*, z. B.: Le caratteristiche strutturali della terzina (I), Consonanze e assonanze nella *C*. (II), La rima e l'onomatopeia nella *C*. (III), Le rime composte, tronche e sdrucciole di D. (IV), Le anomalie fonet. del rimario dant. (V), Interpretazioni dell'enjambement dant. (VII), I monosillabi della *C*. (VIII)]. Pier Marco **BERTINETTO**, **Ritmo e modelli ritmici**: Analisi computazionale delle funzioni period. nella versificaz. dant., Tor Rosenberg & Sellier **1973** XV-169 S [Diss Tor; „Ambiz. di questo lavoro è stato il tentativo di elabor. un metodo d'indag. che renda possibile la descriz. delle strutture ritm. di cui si compone un testo poet."(VII) Aufbau: I. Il ritmo nel verso it. (Il probl. del ritmo; Auton. e relazionalità del ritmo; La noz. di ritmo al tempo di D.); II. Modelli ritm. dell'endec. dant. (Problemi di met.; Strutt. ritm. dell'endecas.; Strutt. ritm. del discorso in versi)]. Manfred **HARDT, Die Zahl** in der *DC*, Ffm Athenäum **1973** 350 S, Linguistica et litteraria 13 [Habilschr. Freib; Aufbau: I. Einl. (Stand der D.forsch. hins. der Zahlen der *DC*; zum ma. Verständnis der Zahl); II. Der Name Christi in der *DC*; III. Zum Aufbau der *DC*; IV. Wörter u. Zahlen; V. Die Zahlenpoetik D.s]. Corrado **GIZZI**, **L'astronomia** nel poema sacro. Presentaz. di C. Bo e P. Tempesti. Tavole fuori testo di F. Spoltore, Nap Loff II **1974** 225 + 523 S [reich ill. Kompendium; Bd I = allgem. Astronomie zur Zeit D.s (I. Sist. eliocentrico, II. Sist. geocentr.); Bd. II = sukzess. Lectura Dantis unter astron. Gesichtsp.; alle in Frage komm. canti werden inhaltl. vorgest. u. astron. erläutert.]. Anna Maria **CHIAVACCI LEONARDI**, La guerra de **la pietate**: Saggio per una interpretaz. dell'*Inf.* di D., Nap Lig **1979** 215 S [Ziel: „...di comprendere il significato della figura umana come essa appare nella forma poetica dell'*Inf.*" (= Premessa); Unters. in 7 Themenkreisen]. Wilhelm Frederik **VELTMAN**, D.s **Weltmission**: Leben u. Werk des D. A.: Eine D.-Studie gedacht als ein Stück Selbsterkenntnis des heut. Menschen, gegründet auf eine der größten Schöpfungen der Vergangenh. Die *DC* ruft tiefste Fragen auf hinsichtl. Mensch u. Welt, Fragen von beklemmender Aktualität, Stutt J. Ch. Mellinger Verl **1979** 262 S [eine von R. Steiners Anthropos. geprägte Einf. in die *DC* in 16 Themenkr.; 244-46: Inh.ang. zu allen 100 canti in einem Satz]. James **DAUPHINE, Le cosmos** de D., Par Belles Lettres **1984** 213 S [Mon.; Aufbau: I. Les sources, II. La hiérarchie, III. Le voyage, IV. Poétique et imagination; 4 Anhänge]. Joan M. **FERRANTE**, The **Political Vision** of the *DC*, Prince NJ UP **1984** IX-392 S [„The purpose of this study is to analyze the polit. concepts expressed in the *Comedy* in relation to contempor. history and theory, and to define the polit. message(s) of the poem." (43)]. Erich **LOOS, Der log. Aufbau** der *C*. u. die Ordo-Vorstellung D.s, Wies Steiner **1984** 26 S, Akad. der Wiss. u. der Lit.-Mainz. Abh. der geistes- u. sozialwiss. Kl. 84, 2. Salvatore Floro **DI ZENZO**, Da Sofia a Beatrice: Presupposti cultur. e **fonti teologici** nella *DC*, Nap Laurenziana **1984** 622 S [umfass. quellenkundl. Mon.; Aufbau: I. Presupp. dottrinali alla *DC* (10 Unterkap. mit weit. Unterglied.); II. Fonti teol. d. *DC* (vielfach untergl.); 599-614: Bibl.]. Stewart **FARNELL**, The **Political Ideas** of the *DC*: An introd., Lanham MD-NY-Lon UP of America **1985** VIII-144 S [„This book is intended for those who, reading the poem in English transl., seek a guide to its political ideas. It is directed to newcomers to the *DC*." (VII) Mon. in 6 Themenkr. eines kanad. Dantisten; Aufbau: 1. D.; 2. The *DC*; 3. The *Inf.*; 4. The *Purg.*; 5. The *Par.*; 6. The pattern of the Comedy's polit. ideas; 7. Conclus.]. Peter **DRONKE, D. and Med. Latin Traditions**, Cambr-Lon-NY u. a. Cambr UP **1986** XIII-153 S [Aufbau: I. The *C*. and Med. Modes of Reading; II. The Giants in Hell; III. The Phantasmagoria in the Earthly Paradise; IV. The First Circle in the Solar Heaven; it. Übers.: D. e le tradizioni med., Bol Il Mul **1990** 196 S, Univers. Paperbacks Il Mulino 247]. Forrest S. **SMITH**, Secular and Sacred **Visionaries in the Late MA**, NY-Lon Garland **1986** XI-334 S [zu D. 175-204: „The historic problematic of underworld visions: the sources of the *DC*" u. 205-49: „Med. apocalypticism and the itinerary of D."]. Paolo

PECORARO, **Le stelle** di D.: Saggio d'interpretaz. di **riferimenti astronomici e cosmograf.** della *DC*, Rom Bulz **1987** 452 S [umfass. astron., astrol. u. geogr. Unters. u. a. mit den Hauptkap.: Coordinate geograf. dant., La quest. di Sion-Sinai, Alc. accenni cosmograf., Tre mom. astrali, Marte che d'amar conforta; als Anh. 33 'Tabelle astron. e geograf.' sowie 18 graph. Darst.].   Guido DI PINO, **Non-protagonisti** della *C.*, Fir SP 44 **1988** 45 S + 7 Taf., Quaderni dell'Unione Fiorentina 4 [kleine Abh.].   Edy MINGUZZI, L'enigma forte: **Il codice occulto** della *DC*, Gen ECIG **1988** 244 S [detaillierte Unters. zu inneren Zus.hängen in der *DC*; Aufbau: I. La natura del viaggio dant.; II. La strutt. occ.; ²1989].   Jeremy TAMBLING, D. and **Difference**: Writing in the *C.*, Cambr-NY u. a. Cambr UP **1988** IX-206 S [„This book presents a new approach to D.'s *DC*... Dr T. rejects any attempt to identify a fundamental unity of thought in the poem, and stresses instead the importance of opposition and divergence." Die Studie ist dekonstruktivistisch bzw. eine zur Alterität.].   Otello CIACCI, Concetto di **ordine e struttura** nella *C.*, Per Tipogr Artigiana **1989** 207 S [Strukturunters. in 12 Kap.].   Willi HIRDT, Wie D. das Jenseits erfährt: Zur **Erkenntnistheorie** des Dichters der *GK*, Bonn Bouvier **1989** 110 S [Aufbau: I. Zwischen Inferno u. Hades: D. u. Aeneas; II. Die äußeren Sinne; III. Die inn. Sinne (Sensus communis-Phantasia-Aestimativa-Memoria)].   Henry Ansgar KELLY, **Tragedy and Comedy** from D. to Pseudo-D., Berk-Los Ang CA-Lon U of CA P **1989** X-134 S [„The focal point of this study is D.'s characteriz. of his great poem as a comedy and the puzzlement that this designation caused to his admirers in the 14th cent." (IX) Unters. in 7 Themenkr. von D. u. den frühen Kommentatoren bis Villani].   Helen M. LUKE, Dark Wood to White Rose: **Journey and transformation** in D.'s *DC*, NY Parabola Books ²**1989** XVIII-206 S + 44 Abb. [Mon. zur Symbolik in der *DC*, in 23 Themenkr. sukzess. nach den 3 cantiche angel.; ¹1975: New Mexico Dove Publ.].   Alison MORGAN, D. and the **Med. Other World**, Cambr-NY u. a. Cambr UP **1990** IX-256 S + 22 Taf., Cambr. Studies in Med. Lit. 8 [Aufbau: 1. Topographical motifs of the other world; 2. The inhabitants of the o. w.; 3. The guide; 4. The classific. of sin; 5. The mountain of Purgatory; 6. The represent. of Paradise].   Marthe DOZON, **Mythe et symbole** dans la *DC*, Fir Olsch **1991** XVI-632 S, BAR 233 [Aufbau: I. L'aventure de l'âme; II. Poètes à l'unisson; III. Le théâtre des ombres; IV. L'homme en marche].   Sharon HARWOOD-GORDON, A Study of the **Theology and the Imagery** of D.'s *DC*: Sensory perception, reason and free will, Lew NY-Queenston Ont-Lampeter Wales Edwin Mellen P **1991** 163 S [Themen: Aquinas and D.; Sensory imagery and theological concepts; The auditory, olfactory, gustatory and tactile senses; light and vision; Illumination and free will].   Franco MASCIANDARO, **D. as Dramatist**: The myth of the earthly paradise and tragic vision in the *DC*, Philad PA U of PA P **1991** XXVII-239 S [Unters. zur Dramatizität in 6 Themenkr.].   Adriana MAZZARELLA, Alla ricerca di Beatrice: **Il viaggio di D. e l'uomo moderno**, Mil In/Out **1991** 574 S [psychoanalyt. Mon. zur ganzen *DC* in 26 Kap.].   Teodolinda BAROLINI, The Undivine *Comedy*: **Detheologizing D.**, Prince NJ UP **1992** 356 S [Unters.en = 10 Kap. zur Mimesis-Handhabe in der *DC* in der Nachf. von E. Auerbach; „D. is no naturalist, but he is the ultimate realist, preoccupied with rendering reality. I show some of the paths trodden by a master of mimesis."].   Jean HEIN, **Enigmaticité et messianisme** dans la *DC*, Fir Olsch **1992** 653 S, BAR 246 [kompakte frz. Habilschr.: „Une étude sur les grandes prophéties dantesques"; Aufbau: I. Prémices et prémisses; II. La symbolique de l'enfant d'or et la nouvelle IVe églogue; III. Le Vautre et le temps; IV. La certitude messianique (alles vielfach untergl.)].   Lydia Romana HÖLLER, Die **kosm. Strukturen in den drei Jens.reichen** von D.s *DC*, Diss phil Salz **1993** 308 S [Masch.schr.; Aufbau: D.s Quellen u. ihr Niederschlag in der *C.*; I. Kosm. Struktur u. Charakteristika der einz. Jenseitsreiche; II. Die Strukturier. der 3 Jens.reiche durch die Planetensphären u. deren Bezüge untereinander; III. Die Polarisation von Gut u. Böse in D.s Kosmos; IV. Esoterik, Hermeneutik u. kabbalist. Elemente in D.s *C.*].   Giuliana ANGIOLILLO, La nuova frontiera della **tanatologia**: Le biografie della *C.*, Fir Olsch III **1996** 180 + 306 + 266 S, B*AR* 268-70 [Unters. zur Todesauffass. in der *DC* in 17, 20, 14 Kap.].   Primo CONTRO, **D. templare e alchimista**: La pietra filosofale nella *DC*. *Inf.*, Foggia Bastogi **1998** 204 S [kursor. 'analisi occulta' von *Inf.* I-XXXIV].   Marc COGAN, The **Design in the Wax**: The structure of the *Div. Com.* and its mean., Notre Dame IN-Lon U of ND P **1999** XXIV-396 S, The William and Katherine Devers Series in D. Studies 3 [„The design in the wax recovers the specifically med. interpret. of the structure which underlies each part of the poem and the poem as a whole." *Inf.*, *Purg.* u. *Par.* werden sukzess. in 2, 2 bzw. 4 Hauptkap. nach jenen Ordnungs- u. Strukturprinzipien gesichtet.].   Otfried LIEBERKNECHT, **Allegorese** u. Philologie: Überleg.en zum Problem des mehrfachen Schriftsinns in D.s C., Stutt Steiner **1999** 256 S, Text u. Kontext 14 [Diss phil Ber; L. sieht in den Begriffen Allegorese u. Phil. das allegorische Konstitutionsprinzip der *DC* schlechthin u. unterstreicht die vorrang. Bedeut. von Bibel u. Bibelexegese als Sinnhorizont für ihre allegor. Struktur.].   Emilio PASQUINI, D. e le figure del vero: **La fabbrica della *C.***, Mil Paravia/Bruno Mond Editori **2001** VIII-307 S, Sintesi oN [ein Zus.schluß von 9 Studien -alle mit Bibl.- zu einer Ges.darst. der Sicht D.s als Künstler: D. sei es darum gegangen, „di cogliere il miracolo nel quotidiano..., di guardare ai fenomeni della natura con occhi verginali e insieme nutriti di cultura." (292)].

62. Themenspezifische MONOGRAPHIEN zur *DC*

[Umfassende Studien in Buchform zu Themen der *DC* entstehen als Dissertationen, Habil.schriften oder Forschungsprojekte; wir nennen **in chronol. Reihenf.** solche Monographien aus den beiden letzten Jahrhunderten, u. zwar solche, die trotz ihres themengebundenen Charakters Grundlegendes offenlegen. In allen Fällen handelt es sich um geschätzte oder beachtete Forsch.beiträge; s. auch Abt. 21: REZEPTION und INTERTEXTUALITÄT (v. a. wegen des *DC*-Einflusses auf Autoren u. Texte der Weltlit.), 22: KOMPARATISTISCHES zu Dante, 23: Dante-KRITIK im Spiegel der Epochen, 24: Dante bzw. die *DC* und die/in der KUNST, 26: Dante und die/in der MUSIK, 27: Dante bzw. die *DC* in den NEUEN MEDIEN.]

Carlo TROYA, Del **Veltro** allegorico di D. e altri saggi storici. A cura di Costantino Panigada, Bari Lat **1932** 406 S [Titelstudie = S. 1-121 stammt aus dem Jahr **1826** = Fir Molini 216 S].   [Marchese] Pompeo AZZOLINO, Sul **Veltro** di D.: Lettera al chiarissimo marchese Gino Capponi, Fir Stamperia di Luigi Pezzati **1837** 79 S (+ 1 Zeichn. im Anh.: Diagramm des Höllentrichters) [kleine Abh.; These/Fazit: „Se nel Veltro allegor. si cerca un uomo, egli è Dante medesimo: è D. che antivede ed accenna l'influenza della sua mente e della sua grand'opera nei secoli a venire." (78) Im Anh.: ders., Pensieri sullo spirito della *DC* di D. (= kl. Abh. in 18 §§)].   Johann Karl BÄHR, D.'s *Göttl. Comödie* in ihrer Anordn. nach **Raum u. Zeit** mit einer übersichtl. Darst. des Inhalts. Nebst lithographirten Plänen der drei Reiche u. 13 astronom. Zeichn.en in Holzschnitt. Vorträge, Dres Rudolf Kuntze **1852** VI-233 S [ursprüngl. 6 Vorles.en].   Luigi TONINI [1807-74], Memorie storiche intorno a **Francesca da Rimini** raccolte dal Dottor L. T. ad illustrazione del fatto narrato da D. nel canto V dell'*Inf.* Con appendice di documenti, Rim Tipi Fratelli Ercolani/Giorgio Franz in Monaco **1852** 80 S [S. 11-51: Abh. in 7 Kap. über biograph. u. histor. Hintergr. zu Franc. u. ihrer Familie; 55-80: 11 Dokum. u. Exk.; [2]1870: ebend.].   Bruto FABRICATORE, Del **Veltro** allegorico de' Ghibellini. Con altre scritture intorno alla *DC* di D., Nap Dalla Stamperia del Vaglio **1856** 451 S [zahlr. Dokum. im Anh.].   [Dott.] Antonio LUBIN, La **Matelda** di D. A. indicata dal Dott. A. L. profess. straor. di lingua e lett. it. nell' i. r. Università di Graz, Graz Coi tipi di Giuseppe A. Kienreich **1860** 84 S [A. L. gibt eine Herkunftserklärung für Matelda; Ziel ist „dimostrare che la M. di D. non è la contessa Matilde di Toscana, quantunque da oltre a cinque secoli i comentatori quasi tutti lo vadano ripetendo... La M. di D. io dico essere Santa Metilde Vergine, monaca benedettina del convento di Helpede presso Eisleben nella Sassonia Prussiana, morta circa il 1292." (1, 11)].   Paolo **FERRONI** [di Comacchio], La religione e la polit. di D. A. ossia lo **scopo ed i sensi della** *DC* dichiarati per P. F., Tor Stamperia dell'Unione Tipografica-Editr **1861** 110 S [Aufbau: I. Divisamento dei motivi, dello scopo, dei sensi della *DC*; II. Dichiaraz. dell'allegoria principale; III. Scopo del Poema, cioè dichiaraz. del senso morale; IV. Il senso ana-gogico].   Antonio **LUBIN**, **Allegoria** morale, ecclesiastica, politica nelle due prime cantiche della *DC* di D. A. ovvero dei vantaggi che per l'intelligenza della *DC* si possono trarre dalla conoscenza della cultura del suo autore. Dissertazione di A. L. profess. ordin. presso l'i. r. Università di Graz, letta all'Ateneo di Bassano nella tornata del 13 Marzo 1864, con aggiunte, Graz Coi tipi di Giu-seppe A. Kienreich/Presso l'Autore **1864** 108 S [eine in 13 Kap. gegl. Abhandl. über eine zentrale Thematik der *DC*, aber leider ohne Überschriften u. Inh.verz.].   B[artolomeo] **AQUARONE** [1815-?], D. in **Siena** ovvero accenni nella *DC* a cose sanesi, Siena Ignazio Gati Edit/Stab Tip di A. Mucci **1865** IX-146-16 S [Die Glieder. der Mon. erfolgt in der sukzess. Besprech. der Siena betreff. Textstellen, näml. *Inf.* X, XIII, XXIX u. XXXI sowie *Purg.* V, VI, XI u. XIII; die Aus-führ.en sind historisch bzw. sachlich erklärend. Als Siena-Fachmann setzt A. viele Dinge ins rechte Licht; Ndr.: Città di C S. Lapi 1889 XI-127 S].   Paolo **PEREZ** [1822-79], **I sette cerchi del** *Purg.* di D.: Saggio di studi di P. P. prete veronese, Ver Libreria alla Minerva/Stabilim Civelli ²**1867** [„sec. ediz. ritocc. e accr."; Aufbau: I. La prima sez. del *Purg.* o sia i primi tre cerchi; II. La sec. sez. o il cerchio di mezzo; III. La terza sez. o i tre ultimi cerchi (alles mehrf. untergl.); Ziel: „Ci proponiamo di soffermarci ne' sette cerchi, che costituiscono il *Purg.* nel più stretto senso, e quivi studiare colla mente e col cuore i vari esercizi d'ammenda, le cagioni onde essi possono pendere, i pensieri e gli affetti delle anime che vi sottostanno, e gl'intendimenti di quella Provvi-denza, che tra severa e pietosa gli impone e governa." (6) 1. Ausg.: „già stampata per le nozze d'una nipote de' veronesi Alighieri" (so im Titelbl.); ³p.1896: Mil L. F. Cogliati 399 S].   Carl Ferdinand **SCHNEIDER**, Ueber den **Reim** in D.'s *DC*, Inaugural-Diss. zur Erlang. der Doctorw. bei der philos. Fak. zu Bonn einger. u. mit Thesen vertheid. am 10. Aug. 1869, Bonn gedruckt bei J. F. Carthaus oJ **[1869]** 38 S [„Es ist nun der Zweck der vorlieg. Abhandl., Anomalien in Form u. Bedeut. zusammenzustellen, um dadurch die Technik des Dichters nach dieser Seite hin einiger-maßen aufzuhellen." (3-4)].   [Avv. Prof.] Giovanni **FRANCIOSI**, Dell'evvidenza dant. studiata nelle metafore, nelle **similitudini e ne' simboli**. Memoria dell'Avv..., Mod Luigi Gaddi Cessiona-rio dell'antica Tipografia Soliani **1872** 138 S [„D., come ogni spirito amoroso e gentile, si piacque soprammodo del vagheggiare le antiche e pur sempre nuove bellezze della natura." (23) Aufbau: I. Delle metafore; II. Delle sim. (1. Sim. tratte dalle cose inanimate; 2. Sim. tratte dai bruti; 3. Sim. tratte dall'uomo e dalle manifestazioni dell'umana natura); III. Dei simboli; Concl.; Appendice: Tavola di tutte le sim. che concorrono nella *DC* (= S. 67-138; es ist dies ein ausführliches Ver-zeichnis bzw. eine Anthol. entsprech. Textstellen).].   I[llico] **CALVORI**, **La selva, le belve e le tre donne** della *DC*: Idea di un nuovo commento. Esposto in due discorsi, Rom-Tor-Fir-Mil G. B. Paravia e comp Tipografi-Librai-Editori/Stamperia Reale di Tor **1873** 87 S, Collez. di libri d'istruz. e d'educaz. 172 [Ziel der Unters. ist es zu zeigen „l'altero ghibellino nel momento più triste e più luminoso della sua vita; quando cioè dalla polit. fa ritorno alle lettere: che ci fa cono-scere quali fossero gli ostacoli prepotenti e alla patria fatali, che lo costrinsero a quella risolu-zione." (86)].   J[oseph Louis Elzéar] **ORTLAN** [Prof. de législation pénale comparée à la Fa-culté de Droit de Paris] [1802-73], Les **pénalités de l'***Enfer* de D. suivies d'une étude sur Brunetto Latini, apprécié comme le maître de D. [= S. 125-70], Par Henri Plon-Maresq Aîné Éditeurs **1873** 170 S [strafrechtl. Abhandl. in 13 Kap.; „Son poème, qui offre dans l'*Enfer* une succession de cercles, de coupables et de châtiments, se présente à notre étude comme un système complet de pénalités. C'est cette étude de D. au profit de la science pénale que j'essaye de donner ici."].   Pio

RAJNA [1847-1930], La **materia e** la **forma** della *DC*: I mondi oltraterreni nelle letterature classiche e nelle medievali **[1873-74]**. Introduz., ediz. e commento a cura di Claudia di Fonzo. Premessa di Francesco Mazzoni, Fir Le Lett 1998 CXXVI-381 S, Quaderni degli *SD* 12 [bisl. unveröff. Vorles.skripten von P. R. eines Mailänder Kurses, als Manuskript = 18 Hefte, erhalten in der Bibliot. Marucelliana = Carte Rajna XI.C.7; die Ausg. ist ausführlich dokumentiert u. mit umfangr. Bibl. versehen, so daß sie einen Einblick in die frühe it. Dantistik bietet.]. Fr[anz] HETTINGER [1819-90], **Die Theologie** der *GK* des D. A. in ihren Grundzügen dargestellt, Köln Commissions-Verl von J. P. Bachem **1879** 134 S [Darst. in 10 Kap.; Aufbau: 1. Die Theol. der *GK* überhaupt, ihr Verhältnis zur Philosophie; 2. Gott u. die Welt; 3. Die Engel; 4. Der erste Mensch, das Paradies u. die Sünde; 5. Die Erlösung; 6. Maria; 7. Die christl. Tugenden; 8. Gnade, Kirche, Sakramente; 9. Die letzten Dinge; 10. D. u. die Reformation]. [Dott.] Giuliano FENAROLI [Conte, 1845-1913, Profess. di lett. it. nel R. Liceo Cavour di Torino], Dell'**allegoria principale** della *DC*: Appunti, Tor Stamperia Reale della ditta G. B. Paravia di I. Vigliardi **1880** 79 S [kleine Mon. in 3 Kap. ohne Überschriften, aber am Ende des 1. Kap. liest man eine Bestandsaufn. des Allegoriegefüges in 6 Punkten: „I. I varî sensi che D. chiama allegorici sono fra lor coordinati e subordinati ad un'allegoria generale, principale." (11) „VI. E poiché il Prologo del Poema è l'introduz. a questo e ne dà letteralmente le ragioni; così in quella dee trovarsi la parte principale, cioè il fondamento dell'allegoria" (12) G[iulio] G[iuseppe] VACCHERI [1815-95]-C. BERTACCHI, **Cosmografia** della *DC*. La visione di D. A. considerata nello spazio e nel tempo, Tor Tipografia Editr G. Candeletti **1881** 242 S + 11 Taf. im Anh. [„Il pres. lavoro è una esplicaz. puramente fisica e letterale circa la forma, l'estens. e la disposiz. delle parti nella macchina poet. dell'A." (4) Aufbau: I. Macchina infernale: Topogr. della 1ª cant. (gegl. in topogr. u. cronografia); II. Topogr. della 2ª cant.; also nicht zum *Par.*]. Luigi TOSTI, Gli **ordini religiosi** nella *DC*, Rom Tip della Camera dei Deputati **1886** 25 S. Nino Verso MENDOLA, La **criminologia** dell'*Inf.*, Cat Tipogr Francesco Galata **1888** 124 S [„Il mio libretto è un semplice tentativo di studio criminale." (5) Aufbau: I. Il D. criminalista del Carrara; II. Reati comuni all'*Inf.* ed al Codice Penale (8 Arten); III. Reati dell'*Inf.* non considerati nel Cod. Pen.; IV. I demoni (13 Figuren bzw. -gruppen); V. Le donne dell'*Inf.*; VI. I frati dell'*Inf.*; S. 115-22: Quadro dei delitti e delle pene dell'*Inf.* (9 Typen werden tabellarisch gegenübergest. bzw. verglichen). „Nell'elenco dei crimini D. previde tutti quelli che consideranno i moderni codici penali, e gli altri che impuniti o impunibili del codice, sono dannati dal diritto razionale." (109) „D. è il più grande antropologo criminale ch'io mi conosca." (111)]. Friedrich BECK [K. Gymnasiallehrer], Die **Metapher** bei D., ihr System, ihre Quellen, Neuburg a. d. D. Griessmayersche Buchdruckerei **[1895/96]** VIII-82 S, Wissenschaftl. Beilage des k. b. humanist. Gymnasiums Neuburg a. d. D. für das Studienjahr 1895/96 [B. stellt systemat. die Bildbereiche der *DC* (aber auch des *Cv*) zus., indem er zuvor einen ideellen (zum göttlichen Gastmahl der Erkenntnis führenden) Pilgerweg festlegt, den er dann mit folg. Bildbereichsetappen markiert: Spada, arco, saetta – Convito – Via, peregrino – Monte, valle, selva, torre, rocca – Lume, sol, fiamma, mare, neve, ghiaccia – Semente, pianta, albero, fiore, frutto – Aere, vento, spir(i)to, vapore, ali – Freno, sella, cavalcatore – Esca, amo, rete, noto, corda, capestro – Cera, suggello – Vaso, ricettacolo. Zu allen Bildspendern stellt er Zitate aus der *DC* zus., denen er stets die Quelle aus der Bibel bzw. religiösem Schrifttum beifügt]. C[elestina] CAVEDONI, Raffronti tra gli **autori biblici e sacri** e la *DC*. Con prefaz. e per cura di Rocco Murai, Città di C S. Lapi **1896** 168 S, Collez. di opuscoli dant. inediti o rari 29-30 [Aufbau: I. Saggio di osservazioni sopra gli studi bibl. di D.; II. L'oraz. domenicana parafrasata da D. A. nel canto XI del *Purg.*; III. L'oraz. di San Bern. alla beatissima vergine nell'ultimo canto del *Par.*]. Filippo ANGELITTI [Libero docente di astronomia nella R. Univ. di Napoli], Sulla **data del viaggio** dant. desunta dai dati cronologici e confermata dalle osservazioni astron. riportate nella *C.*: Memoria letta all'Accad.

Pontaniana nelle tornate dell'11 aprile e del 6 giugno 1897 dal socio residente F. A., Nap Tipogr della Regia Univ **1897** VII-100 S [„Scopo di questo lavoro è stato unicamente di ponderare con ogni cura e studio le ragioni d'indole astronomica, che devono tenersi presenti per la determinaz. della data del viaggio dant. Io mi sono ingegnato di proporre una base sicura a tante discussioni...“ (99) Aufbau: I. Discuss. dei dati cron. contenuti nella *C*. (25 Kap.); II. Disc. e calcolo delle osservazioni astron. (40 Kap.)]. Edmund G[arratt] **GARDNER** [1869-1935], D.'s **ten Heavens**. A study of the *Paradiso*, Westminster/Lon Archibald Constable & Co [1]**1898** XII-310 S [Aufbau: 1. D.'s Paradise; 2. Within earth's shadow; 3. Prudence and fortitude; 4. Empire and cloister; 5. Above the celestial stairway; 6. The Empyrean; 7. D.'s letters; „These seven essays are intended to serve as an introd. to the study of D.'s Paradise.“ (IX) G. stützt sich auf ältere (Ottimo, Benv. da Imola) u. zeitgenöss. Kommentare (Scartazzini, Lubin, Cornoldi); eine kompilator. Einf. mit it. Zitaten; [2]1990: Westm/NY Const/Scribner; [3]1904: Lon Const; Ndr.: NY Haskell House Publishers Ltd 1970]. Gino **ARIAS**, Le **istituzioni giuridiche medievali** nella *DC*, Fir Francesco Lumachi **1901** 237 S [Aufbau: I. Preliminari. La definiz. e le fonti del diritto-Le scuole med.; II. Istituzioni di dir. e procedura penale; III. Il sistema penale dant. e il sist. penale del tempo; IV. Ordinamento giudiziario; V. Dir. civile; VI. Istituz. economiche e di dir. commerciale; VII. La costituz. sociale e polit. dei comuni]. [L'Abbé] Henri **PLANET** [1835- ?], D.: **Étude religieuse** et littéraire sur la *Divine Comédie*, Par-Lyon Delhomme et Briguet oJ [=**1890**] 388 S [Unters. in 15 Kap.]. E[dgar] **BLOCHET** [1870- ?], **Les sources orientales** de la *Div. Com.*, Par G. P. Maisonneuve & Larose oJ [=**1901**] XVI-215 S [Ndr.: Mayenne Joseph Floch Maître Imprimeur 1969]. A. **GABRIELI**, Maria di D., Tor-Rom u. a. Ditta G. B. Paravia e Comp. **1907** 105 S [Aufbau: 1. Maria nelle arti del disegno e della parola; 2. Intermezzo I. Beatrice nel Limbo; 3. Maria nel *Purg.*; 4. Intermezzo II. D. e il suo *Par.*; 5. Maria nel *Par.*]. Giovanni **BUSNELLI** S. I., Il simbolo delle **tre fiere** dant.: Ricerche e studi int. al prologo della *C.* con un'appendice, Rom Civiltà Cattolica **1909** IV-135 S [2[a] ediz. con agg.]. Enrico **SANNIA**, **Il comico, l'umorismo e la satira** nella *DC*. Con un'appendice su »La concezione dant. del Purgatorio« e prefaz. di Francesco D'Ovidio, Mil Ulrico Hoepli **1909** II XVI-362 + S. 366-781 [„Nella formazione della sua fantasia comica noi dobbiamo distinguere due categorie di fattori: intrinseci ed estrinseci, o, se piace meglio, sostanziali (etnici e individuali), ed accidentali.“ (58); Aufbau: Introd.; L'*Inf.*; Il *Purg.*; Le confessioni di D.; Il *Par.*; Sintesi finale]. Paolo **ANDUCCI**, **La fonte** della *DC* scoperta e descritta, Rovigo Tipografia Sociale Editr **1911** II 380 + 386 S [„La fonte onde derivò lo schema della *C.* di D. è il capitolo XXXIII dei *Numeri*, secondo la mitica esposizione fattane dai Padri della Chiesa, e più particolarmente da S. Pier Damiano nell'opuscolo che ha per titolo: *De quadragesima et quadraginta duabus Hebraeorum mansionibus*. Quest'opuscolo trovasi qui riprodotto in italiano e nel testo latino...“; die 42 *mansiones* werden sukzessive an der *DC* überprüft; Bd I = Texte, Bd II = Kommentare]. Luigi **VENTURI** [1812-90], Le **similitudini** dant. ordinate, illustrate e confrontate, Fir Sans p. [3]**1911** XXII-439 S [V. sammelte alle Bildbereiche der *DC* u. gliederte sie -gemäß ihres Bezugs zur weltlichen Realität- in 10 Bereiche; [1]1874: ebend. XVIII-411 S; [2]1889: ebend. XVIII-432 S]. Edmund G[arratt] **GARDNER** [1869-1935], D. and **the Mystics**. A study of the mystical aspect of the *DC* and its relations with some of its med. sources, Lon-NY J. M. Dent & sons ltd./E. P. Dutton & Co **1913** XV-357 S [Aufbau: 1. The mysticism of D.; 2. D. and St. Augustine; 3. D. and Dionysius; 4. D. and St. Bernard; 5. D. and the Victorines; 6. D. and the Franciscan movement; 7. D., St. Francis and St. Bonaventura; 8. D. and the two Mechthilds; 9. The science of love; Ndr.: NY Haskell House Publishers ltd 1968]. Franz A. **LAMBERT**, D.'s **Matelda u. Beatrice**, Mün Kommissionsverl von Piloty & Loehle **1913** 206 S [Aufbau: Einf.: D. u. die Kabbala; I. Die *VN*; II. Beatrice; III. Piccarda Donati; IV. Matelda; V. Gemma Donati]. Vittorio **ALINARI**, **Il paesaggio italiano** nella *DC*. Con prefaz. di Giuseppe Vandelli, Fir Presso Giorgio e Piero Alinari

1921 XV-221 S [ein besond. Bildband: über 200 sehr schöne Kunstfotos als optische Illustrationen bestimmter Landschaftsschilderungen oder -reminiszenzen der *DC*].   Jefferson B[utler] **FLETCHER**, **Symbolism** of the *Divine Comedy*, NY Columbia UP **1921** VIII-245 S [kleine allgem. Einf. anhand spezieller Themen; Aufbau: I. Ariadne's crown; II. The 'Three blessed ladies' of the *DC*; III. The Comedy of D.].   Luigi **PIETROBONO** [1883-1960], Dal centro al cerchio: La **struttura morale** della *DC*, Tor Società Editr Internaz oJ [= **1923**] XII-311 S [handbuchart. Einf. in das Moralsystem in 9 Kap.; im Anh. 4 Synopsen].   Rachel Blanche **HARROWER**, A new Theory of D.'s **Matelda**, Cambr UP **1926** 63 S [Verf. versteht Matelda als „the symbol of Intellectual Activity" (61)].   H[elen] **FLANDERS DUNBAR** [1902-59], **Symbolism** in Med. Thought and its Consummation in the *Divine Comedy*, New H CT Yale UP (sowie gleichzeitig Lon H. Milford Oxf UP) **1929** XVII-563 S [Aufbau: I. Symbolism as a medium of expression: its origin and development; II. S. basic in the *DC*: its roots in the *Paradise*; III. S. in med. thought: its center in the sun; IV. S. in med. th.: the fourfold method; V. S. in the med. th.: relation to mysticism; VI. S. in med. popular usage: liturgy, romance, science; VII. S. in letter and anagoge: Alpha and Omega; Appendices (= zahlr. Quellentexte zur ält. Symbollit.); Ndr.: NY Russell & Russell 1961].   Alfonso **DE SALVIO**, The **Rhyme Words** in the *DC*, Par Champion **1929** XIV-127 S [metr. Unters. bzw. Zus.stellung der Reimvorkommnisse nach den Kategorien I. Phonetical deviations; II. Morphological dev.; III. Neologisms; IV. Lexical dev.; V. Rhyme peculiarities].   Martha **AMREIN-WIDMER**, **Rhythmus** als Ausdruck inneren Erlebens in D.s *DC*, Zür-Leip-Stutt Rascher & Cie. A.-G. **1932** 142 S [Mon. mit den Kap. Der Vers-Die Terzine-Größere Gruppen; „Die vorlieg. Arbeit ist ein Versuch, die Sprache der *DC* aus ihren rhythm. Elementen heraus zu erfassen." Eine beispielereiche, leicht verständl. Vergegenwärtigung der mannigfaltigen Sprachleistung und Ausdruckskraft der *DC*].   Rudolf **PALGEN**, Das **Quellenproblem** der *GK*, Hei Winter **1933** 39 S [Themen: Method. Grundlagen, Die Rolle der Allegorie, Die drei Illusionen, Das Verhältnis der *Komödie* zur Sage, Belege, Folgerungen].   **DERS.**, Neue Beiträge zum **Quellenproblem** der *GK*, Hei Winter **1933** 46 S [zu Vergil, Alexandersage u. 'Wasser des Lebens'].   Salvatore **BREGLIA**, Poesia e **struttura** nella *DC*, Gen Emiliano degli Orfini **1934** 213 S, Coll. della nuova cultura 7 [Unters. in 10 Kap. im Geiste Croces zur poet. Einheit bzw. Inspiration].   R. **PALGEN**, **Brandansage** u. *Purgatorio*, Hei Winter **1934** 43 S [Themen: I. Lanzelot; II. Visio Tungdali; III. Visio S. Pauli; IV. Brandansage u. *Purg.*].   Gasparo **CIACCI**, **Gli Aldobrandeschi** nella storia e nella *DC*, Rom Biblioteca d'Arte Editr II **1935** 359 + V-321 S, Bibl. storica di fonti e documenti 1 [Bd. 1 = Unters. u. Darst.; Bd. 2 = Dokumente; Ndr.: Rom Multigrafica Editr 1980].   Giovanni **FERRETTI**, I due **tempi della composizione** della *DC*, Bari Lat **1935** 454 S [Unters. zur Entst.gesch.; Aufbau: I. Il ritrovamento dei sette canti; II. La concez. e l'arte della *C*. nei due tempi della composiz.; III. Il pens. polit. di D.].   R. **PALGEN**, Das ma. Gesicht der *GK* (**Quellenstudien** zu *Inf.* u. *Purg.*), Hei Winter **1935** 111 [Unters.en zu 10 Themen u. deren Quellen; u. a.: Erziehungsturm, Der heil. Berg des Weisen, Kainsage, Eneas etc.].   Rodolfo **BENINI**, Scienza, religione ed arte nell'**astronomia** di D.: Conferenza tenuta alla Reale Accademia d'Italia il 14 genn. 1934-XII, Rom Reale Acc d'It **1939** 96 S [Unters. in 4 Kap.; Aufbau: I. La grande visione situata nel mezzo della vita del mondo; II. L'astronomia nella soluz. del maggiore enigma della *DC*; III. Realtà ed invenz. nel disegno astron. del Poema; IV. Come D. trovò preparata a riceverlo la Casa del Signore; enth. als große Falttafel 'Itinerario di D. per i Cieli' (= Planetenstand am Ostersonntag 1300)].   R. **PALGEN**, D.s **Sternglaube**: Beiträge zur Erklär. des *Paradiso*, Hei Winter **1940** 80 S [beh. -nach 'Prolegomena'- die 7 Planeten, Tierkreiszeichen der Zwillinge, Primum mobile u. die 9 Engelssphären.].   Hugo **FRIEDRICH**, Die **Rechtsmetaphysik** der *GK*: Francesca da Rimini, Ffm Klost **1942** 226 S [Aufbau: I. Grunds. der Interpret.; II. Exempla u. Begegn.; III. Das Recht, das Böse u. die Strafe; IV. Recht u. Mitleid].   [D.] Miguel **ASÍN PALACIOS**, La **escatología**

musulmana en la *DC*. Seguida de la historia y crítica de una polémica. Segunda edición, Mad-Granada Imprenta de la Viuda de Estanislao Maestre [2]**1943** XII-609 S [epochales Forschungswerk; Aufbau: I. La leyenda del viaje nocturno y ascención de Mahoma, cotejada con la *DC*; II. La *DC* cotejada con otras leyendas musulmanas de ultratumba; III. Elementos musulmanes en leyendas cristianas precursoras de la *DC*; IV. Probabilidad de la trasmisión de los modelos islámicos a la Europa cristiana en general y a D. en particular; S. 369-76: sehr umfangr. Bibl. zu dem viel diskut. orientalistisch-italianist. Themenkomplex (bis hier identisch mit Ausg. [1]1919); S. 469-609: Nachtrag von 1943: Hist. crít. de una polém.; [1]1919: Mad Imprenta de Est. M. 403 S = Akademierede 1919 (mit Replik von D. Julián Ribera Tarragó), die dann zu einem berühmten Kompendium über die islami(sti)schen Einflüsse auf die *DC* ausgearb. wurde; neuere span. Ausg.: Mad Hiperión [4]1984 XVI-609 S; it. Fass.: D. e l'Islam, Parma Nuova Pratiche Editr 1994 XXVII-528 + 154 S, Nuovi saggi 94* + 94** (Bd 1: L'escatologia islamica nella *DC*: Introd. di Carlo Ossola; Bd 2: Storia di una critica); in einem bunten Schuber; weit. Aufl.: Mil Est 1997 XXVII-678 S, Quality Paperback 'Est' 77].   Edgar **GLÄSSER**, D.s **Pietas** in der Wertwelt der *C.*, Halle Niem **1943** 70 S [Unters. in 4 Themenkr.].   Romano **GUARDINI** [1895-1968], **Vision** u. Dichtung. Der Charakter von D.s *gK*, Tüb-Stutt Wunderlich/Hermann Leins **1946** 59 S [anreg. Essay in 3 Kap.].   **Adolfo JENNI**, Il *Purg.* nel complesso della *C.* e la **soavità** di D., Berna Herbert Lang **1946** 47 S.   Aleardo **SACCHETTO**, Il gioco delle **imagini** in D., Fir Sans **1947** 143 S [umfass. Unters. zur Bildlichkeit; Aufbau: I. Molteplicità delle fonti; II. Varietà delle forme; III. Unità di funz. e ric. di una classificaz.; IV. Imagini del mondo dei bruti; V. Im. della natura, dell'arte e delle op. umane; VI. Im. dell'uomo; VII. Im. della luce; VIII. Im. del suono; IX. Im. del movim.; X. Disciplina e arte nel gioco della fantasia e del pens.; Indice delle imagini citate (Verse aus der *DC*: 65 = *Inf.*, 63 = *Purg.*, 74 = *Par.*; aus ihnen entwickelt sich jew. eine similitudo), Ind. delle opere cit.].   Maria **SCHLÜTER-HERMKES**, D.s **Auffassung vom Menschen**, Ham Hansa Verl Josef Toth **1947** 55 S [eine kleine, sehr geistvolle u. tiefsinnige Schrift].   Margarete **LOCHBRUNNER-PAULENBACH**, D.s Weg durch **die 3 Seelenbereiche**: Eine Einf. in die *GK*, Marburg/Lahn Simons Verl **1948** 64 S, Schriften der Dt. D.-Ges. 8 [keine wissenschaftl., sondern mehr meditative Studie].   Enrico **CERULLI**, Il 'Libro della Scala' e la questione delle **fonti arabo-spagnuole** della *DC*, Città del V Bibl Apost Vat **1949** 574 S, Studi e Testi 150 [kompakte Quellenunters. in 22 Kap.; lehnt die islamischen Quellen-Thesen von Asín Palacios weitgehend ab.].   Luigi **MALAGOLI**, **Linguaggio e poesia** nella *DC*, Gen Briano Edit **1949** 177 S [„Sostantivi, avverbi, aggettivi, forme verbali s'intrecciano nel linguaggio di D. con vibrazioni varie e vario sapore." (5) Umfass., gründl. u. synthesehafte Darst. von D.s Sprache u. Stil, v. a. in der *DC*, mit vielen Beisp.; unters. sprachl.-stilist. Eigenarten u. deren poet. Leistungen. Aufbau: I. Del linguaggio dant.; II. Dello stile dant.; III. Il sensibilismo; IV. L'espress. attiva e drammatica; V. La concretezza di D. e il metafisicismo]. Leonardo **OLSCHKI**, The **Myth of Felt**, Berk CA-Los Ang U of CA P **1949** 76 S [V von 1947 = Unters. in 7 Kap. zum 'Veltro' in *Inf.* I: Deutung im Zus.hang mit ähnl. Phänomenen der asiat. Kultur; it. Fass.: D. 'poeta veltro', Fir Olsch 1953 122 S].   Kurt **LEONHARD**, Der gegenwärtige D.: **Sinn u. Bild** in der *GK*, Stutt Dt Verlagsanstalt **1950** 187 S [einführende Mon. mit den Kap.: Der Weg zum Werk, Allegor. u. Symbol, Dicht. u. Erkenntnis].   R. **GUARDINI**, Der **Engel** in D.s *GK*, Mün Hochland-Bücherei im Kösel-Verl [2]**1951** 137 S [Unters. in 12 Kap. „Diese Arbeit geht der Frage nach, wie die Engel in D.s großer Dichtung stehen: in welcher Gestalt sie erscheinen, welchen Charakter sie offenbaren und welcher Art ihr Tun sei." [1]1937: Leip Hegner 134 S; [3]1995: Ders., Dantestudien 1, Mainz-Pader Matthias-Grünewald Verl-Schöningh 112 S = R. G. Werke oN (= Ndr. von [2]1951)].   Giuseppe **TRÒCCOLI**, Il *Purgatorio* dant., Fir La Giuntina **1951** 171 S [Aufbau: 1. L'Antipurgatorio; 2. Le sette cornici; 3. Puro e disposto a salire a le stelle].   Yvonne **BATARD**, D., Minerve et Apollon: **Les images** de la *DC*, Par Belles Lettres **1952** 521 S, Les Classiques de l'humanisme. Coll. publiée sous le patronat de l'Ass. Guillaume Budé [umfangr. Unters. zur Bildlichkeit in 12 Kap.; I. Caractères des images; II. Le savant gêne-t-il le poète? III. Poésie et théologie; IV. P. et poétique; V. P. et thèmes poétiques; VI. Image 'pure' ou Apollon sans Minerve: Géryon; VII. P. du coeur; VIII. P. de l'espace et du temps; IX. P. et songe; X. P. et psychologie; XI. À la recherche de l'unité; XII. L'unité retrouvée]. P. Pietro CHIOCCIONI T. O. R., **L'agostinismo** nella *DC*, Fir Olsch **1952** 138 S [Aufbau: I. La formaz. del pens. dant.; II. D. e S. Agostino; III. Filosofia e teol. nel *Cv* e nella *C*.; IV. L'amore nel pens. dant.; V. La conoscenza, la creaz. e la luce in D.; VI. Il misticismo della *C*.; VII. Le basi della conoscenza polit. di D.; Concl.]. Georg HEES, Der Einfl. von **B. Latinis *Tesoretto*** auf D.s DC, Masch Diss Ham **1952** 150 S. R. PALGEN, **Ursprung u. Aufbau** der *Komödie* D.s, Graz-Wien-Köln Verl Styria **1953** 55 S [V 17. 4. 1953 in Graz; Aufbau: 1. Die Entst.gesch. als Weg zum Sinn der Dicht.; 2. Ein Exkurs: Zur Interpr. des 1. Ges. des *Inf*.]. Giuseppe URSINO, **Armonie e dissonanze** nel poema di D.: Confer. tenuta il 29 marzo 1947 nella sede della Soc. D. A. in Roma, Ven Libreria Emiliana Editr **1954** 32 S [Prämisse: „Il poema è tutto una risonanza di armonie." (7) Aber: „Se noi ben guardiamo non tardiamo ad accorgerci che queste rispondenze armon. ad intervalli s'interrompono o deviano." (8) Es folgen Beispiele.]. Giulio MARZOT, **Il linguaggio biblico** nella *DC*, Pisa Nistri-Lischi **1956** 295 S [Unters. in 5 Kap.; Aufbau: I. L'anima, i modi e l'arte; II. Visione morale del mondo; III. Il sacro e il divino; IV. Tropi e movimenti stilistici; V. La metafora]. Erich von RICHTHOFEN, **Veltro u. Diana**. D.s ma. u. antike Gleichnisse nebst einer Darst. ihrer Ausdrucksformen, Tüb Niem **1956** 119 S [detaillierte Quellensamml. u. generelle Unters. zu D.s Verwendung von Gleichnissen]. Hellmut SCHNACKENBURG, **Maria** in D.s *GK*, Freib Herder **1956** 89 S [keine wiss., sondern populärtheol., aber für das Thema wicht. Mon. in 9 Themenkr.]. Pietro BAZZELL, **L'incontro e la separazione** nella *DC*, Carrara Stabil Tipogr D. Sanguineti & figli **1957** X-105 S [Diss phil Bern 1957; Unters. in 5 Themenkreisen zu Formen, Technik u. Bedeut. der vielen Begegnungen u. Trennungen in der *DC*]. Grazia GIUNTOLI, **Il sistema morale e politico** della *DC*, Bol Arti Grafiche l'Avvenire d'Italia oJ [=**1959**] 168 S [kurs. Kommentier. des moral. u. polit. Aufbaus mit 1 Tab. u. 3 bunten Plänen]. Beniamino ANDRIANI, **La forma del *Paradiso*** dant.: Il sist. del mondo secondo gli antichi e sec. D., Pad CEDAM **1961** 144 S [Mon. in 4 Kap.]. Alfred NOYER-WEIDNER, **Symmetrie u. Steigerung** als stilist. Gesetz der *DC*, Kref Scherpe **1961** 45 S. Edoardo SANGUINETI, **Interpretaz. di Malebolge**, Fir Olsch **1961** XX-362 S, Biblioteca di *LI* 1 [kompakte Unters. in 13 Kap.]. Guido DI PINO, **La figuraz. della luce** nella *DC*, Mess-Fir D'Anna ²**1962** 196 S [Unters. in 4 Themenkreisen; ¹1952: Fir La N It]. T[homas] K[aehao] SWING [1930-], D.'s **Master Plan**: The Fragile Leaves of the Sibyl, Westminster MD The Newman P **1962** XVI-431 S [„This book is an invitation to intuitive reflection on the *DC*. This invit. proposes an intuitive insight into the elusive unity of the greatest epic and justifies that insight through a reflective disclosure of D.'s master plan. It promises to unravel the baffling complexity of the most titanic creation in the poetic trad. by revealing the hidden simplicity which governs the formation and progression of the dramatic plot." Theolog. bzw. relig. Unters. zur inneren Einh. der *DC* in 14 Themenkr., 'Lessons' oder 'Visions' (V)]. Anna Maria CHIAVACCI LEONARDI, **Lettura del *Paradiso*** dant., Fir Sans **1963** 269 S, Nuova Bibl. del Leonardo 6 [Aufbau: I. Il problema crit.; II. La semplicità e il sublime nella terza cantica; III: La visione sensibile; IV. La visione intellettuale; V. La presenza della terra]. Georges MEAUTIS, D.: **L'antépurgatoire**: Essai d'une interprétation, Par Albin Michel **1963** 178 S [Unters. in 7 Themenkr.]. Gian Roberto SAROLLI, **D. 'scriba Dei'**, *Convivium* 31, **1963** 385-422, 513-45 u. 641-71 [Die den Umfang eines Buches einnehmende Studie befaßt sich mit esoterisch deutbaren Anspielungen in der *DC*, die D. als einen Gottesbotschaften von sich gebenden Poeten erscheinen lassen; Ausgang ist die Beziehung zw. dem prophet. Namen 'Natan' u. dem darin verborgenen 'Dante'; es werden dann diverse

andere kryptische Anspielungen diskutiert (veltro u. a.).]. Luigi **RODOTÀ, Immagini e similitu-**
dini nella *DC*, Cos Pellegrini Edit **1964** 226 S [„Ho voluto raccogliere soltanto, con semplicità,
come in una piccola antologia, le immagini e le similitudini più significative di cui il Divino Poeta
è ricchissimo e che spiegano da sole, con insuperabile efficacia espressiva e con scultoreo e deli-
cato lirismo, episodi e stati danimo." (5) R. geht sukzess. alle 100 canti durch, legt anh. von Phra-
sen/Begriffen best. Themen/Situationen fest, welche er dann mit dem entspr. Zitat aus der *DC*
belegt; zum Schluß *Ind. dei capoversi* (= Anfangsverse aller Vergleiche von A-V) sowie *Ind. delle
similitudini* (von *Inf.* I-*Par.* XXXIII = zu allen 100 canti; die beiden für *Inf.* I ausgemachten Situa-
tionsbegriffe sind z. B. *Pericolo superato* u. *Bene perduto*)]. Silvio **PELOSI, D. e la cultura
islamica.** Analogie tra la *C.* e il *Libro della Scala.* Con un'introduz. in lingua araba, Tripolis-Rom
Christen **1965** 39 S, Quaderni dell'Istituto it. di cult. di Tripoli 1. Giovanni **BUTI**-Renzo
BERTAGNI, Commento astronomico della *DC*. Rass. analit. con una parte generale sistematica,
una append. critica, disegni illustrativi, tavole sinottiche, orologio dant., Fir Sandron **1966** 253 S
[„La novità di questo lavoro consiste... nel fatto che è l'unica opera che raduni e spieghi sistemati-
camente, in modo organ. e in ordine successivo, tutti i passi astronomici della *DC*." (6) Aufbau: I.
Nozioni preliminari; II. Il sistema tolemaico; III. Cenni comparativi di astronomia mod.; Rass.
analit. (hier werden von *Inf.* I bis *Par.* XXXI alle Passagen kommentiert u. oft mit Zeichn.en begleitet, die astron. Elem. enthalten); im Anh. folgen: I. Valore scientifico e significato simbol.; II.
Valore poet. e pregio letterario; III. Valore culturale; die 2 Diagramme heißen: Calendario e orario
del viaggio dant. sowie Posiz. zodiacale e variaz. diurna del Sole e della Luna nella settimana
dant.; in einer Falttasche eine Dante-Uhr, bestehend aus 3 Scheiben, die man ausschneiden, übereinander legen u. drehen muß.]. Alan Clifford **CHARITY**, Events and their Afterlife: The **dialec-
tics of Christian typology** in the Bible and D., Cambr UP **1966** XI-288 S [Aufbau: I. Typology in
the Old Testament; II. Typ. in the New T.; III. T. in the *DC*]. Ideale **CAPASSO, L'astronomia**
nella *DC*, Pisa Domus Galilaeana **1967** 211 S [populärwiss., aber interess. Darstell. von 67 astron.
Probl., sukzess. nach den 3 cantiche behandelt; zuvor ed. in der Zs *Physis*]. Vittorio Ugo **CAPONE**,
Divino e figura: **Il tragico e il religioso** nella *C.* dant., Nap Pellerano-Del Gaudio **1967** 471 S
[Mon. in 14 Kap. zu Fragen der Religion u. Theologie]. Domenico **CONSOLI**, Significato del
Virgilio dant., Fir Le Monn **1967** 210 S, Pubblicazioni dell'Ist. di Lett. It. della Fac. di Magistero
dell'Univ. di Roma oN [Aufbau: I. Posizioni del problema; II. Virgilio dalla *VN* alla *C.*; III. La
lettera, V. uomo e poeta nella *DC*; IV. V. verso il simbolo; V. Allegoria dei teologi e all. dei poeti;
VI. V. simbolo; VII. La poesia del V. dant.]. Antonino **PAGLIARO, Ulisse**: ricerche semantiche
sulla *DC*, Mess-Fir D'Anna II **1967** XVIII-851 S [16 meist längere Unters.en; 10 davon neu; nicht
zur 'Semantik', sondern zu allgem. u. spez. Deutungsaspekten]. Francesco **NUZZACO, Le figure
femminili** della *DC*, Rom Fratelli Palombi Editori **1967** 93 S [behandelt 29 Frauen oder Frauen-
gruppen.]. R. **PALGEN, L'origine del *Purg.***, Graz-Wien-Köln Styria **1967** 59 S [Quellenst.en in
9 Kap.]. Vincenzo **TAVORMINA**, D. poeta di **vita patriarcale** nella *C.*, Trapani Antonio Vento
Edit **1967** 135 S [„D. è tra i poeti di più compatta spiritualità (se non il più compatto) che mai ci
siano stati." (9) Aufbau: I. Dai molti all'uno; II. Unità patriarcale; III. Quella sorta di vicenda
dialettica]. Roger **DRAGONETTI**, D. **pèlerin de la Sainte Face**, Gent/Gand Rijksuniversiteit te
Gent-Faculteit der Letteren **1968** 420 S, Romanica Gandensia 11 [„Le but que nous nous propo-
sons dans cette étude, consiste à dégager certains aspects des significations qui demeurent plus en
retraite dans la parole forte et préservée du poème sacrée." (8) Unters. in 3 Themenkr. zur poet.
Sprache u. ihrer Semantik; Aufbau: I. Le passage périlleux; II. Le chant de la terre; III. La voix du
'cristal']. Francis **FERGUSSON**, D.'s Drama of Mind: **A modern reading** of the *Purg.*, Prince NJ
UP [2]**1968** 231 S [„This book is the unforeseen result of my having read the *Divine Comedy* off and
on about twenty-five years." (V) Das *Purg.* wird in 23 Abschnitten -zu 4 Hauptteilen gegliedert-

gelesen u. neuzeitlich kommentiert; Aufbau: I. The Pathos of earth (The first day: Cantos I-IX); II. The ancient path to self-knowledge (The sec. day: C.s X-XVIII); III. The pilgrim against time (The third day: C.s XIX-XXVII); IV. Time redeemed (The morning of the fourth day: C.s XXVIII-XXXIII); [1]1953: ebend. X-231 S]. Charles S[outhward] SINGLETON, Viaggio a **Beatrice**, Bol Il Mul **1968** 325 S [Studien zu B. als allegor. Konstrukt; Aufbau: I. Viaggio a B. (8 A); II. Il ritorno all'Eden (6 A); engl. Fass.: Journey to B., Cambr MA Harv UP 1958]. Steno VAZZANA [Ordinario di it. e lat. nei licei statali], Il **contrapasso** nella *DC*. Per l'esame scritto di it. ad uso degli istituti superiori, Rom Editr Ciranna [Via Cardinale Agliardi 15] **1968** 176 S, I Cirannini oN [„Quando attrav. l'analisi delle tre cantiche avremo rilevato l'attuarsi di questa legge del contrap. così intesa in ogni angolo della costruz. del poema, avremo facilitato l'intelligenza dell'opera, perché semplifichiamo i nessi tra realizzazione fantastica e struttura morale." (15) Aufbau: I. Il c. nell'*Inf*. (23 Aspekte); II. Il c. nel *Purg*. (9); III. Il c. nel *Par*. (7)]. Howard NEEDLER, **Saint Francis and Saint Dominic** in the *DC*, Kref Scherpe **1969** 70 S [Studie zu *Par*. XI u. XII]. R. PALGEN, D.s **Luzifer**: Grundz. einer Entsteh.gesch. der *Kom*. D.s, Mün Hueber **1969** 83 S [quellengesch. Unters. in 4 Kap.]. Abraham WAISMANN, De algunas **constantes estilísticas** en la *DC*, Córdoba [Argent.] Talleres Gráficos de la Univ Nacional de Córd **1970** 97 S [Stilunters. in 4 Themenkr.]. Hermann KNITTEL, **Vergil** bei D.: Beobachtungen zur Nachwirk. des sechsten Äneisbuches, Konstanz Verlagsanstalt Merk **1971** 127 S [Diss phil Freib; Aufbau: I. Der 2. *Inferno*gesang u. *Aeneis* VI 102-155; II. Der Eingang zum Hades u. zum *Inf*.; III. Die Szenen am Acheron; IV. Die Polydorusepis. u. der 13. *Inf*.ges.; V. *Inf*. XXVI u. die *Äneis*; VI. Die Palinurusepis. u. die *Purgatorio*gesänge III-VI; VII. Anchises u. Cacciaguida; Zus.fass.]. Georg RABUSE, **Die goldene Leiter** in D.s Saturnhimmel, Kref Scherpe **1972** 62 S [zu *Par*. XXI]. Sheila RALPHS, D.'s Journey to the Centre: Some patterns in his **allegory**, Manch UP **1972** 63 S, Publications of the Fac. of Arts of the Univ. of Manch. 19 [kl. Abhandl.; „The subject of this study will be the significance, interrelationship and progression of certain images and symbols. It is meant to be a meditation on a pattern." (VII) Aufbau: I. Conversion-*Inf*.; II. Ascent-*Purg*.; III. The end of the journey-*Par*.]. John G. DEMARAY, The **Invention** of D.'s *C*., New H CT-Lon Yale UP **1974** XVI-195 S 30 Taf. [5 Studien zum Motiv der Pilgerschaft]. David THOMPSON, D.'s **Epic Journeys**, Balt MD-Lon Johns Hopkins UP **1974** XI-83 S [Mon.; Aufbau: I. Three allegorical journeys; II. Ulysses, Aeneas, D.]. Gian Roberto SAROLLI, Analitica della *DC*, I: **Struttura numerologica** e poesia, Bari Adr **1974** 196 S [Unters. zur Zahlensymbolik in *VN*, *Cv*, *VE* u. *DC* (= 2 Kap.: a. 'compositio' e strutt. numerologica; b. riferimenti numerologici e altri simbolismi numerol.)]. Gian Luigi BECCARIA, L'autonomia del significante: **Figure del ritmo e della sintassi**: D., Pasc., D'Ann., Tor Ein **1975** 357 S, Nuova bibliot. scientif. Einaudi 49 [„L'indagine si limiterà a considerare uno dei *significanti* principali del linguaggio poet.: l'elemento portante e costruttivo del discorso in versi costituito dal *ritmo*, inteso qui nella sua più ampia accez." (3); 2 Kap. sind D. gewidmet: Kap. II: Alliterazioni dant. = 90-113; III: L'auton. del signif.: Figure dant. = 114-35]. Gérard LUCIANI, Les monstres dans *La DC*, Par Lettres Modernes **1975** 93 S, Circé. Cahiers de recherche sur l'imaginaire 5 [2. Teil einer Abhandl. mit d. Titel 'Le monstre'; Aufbau: I. Les monstres dans *L'enfer*, II. Genèse et signific. des monstres]. R. PALGEN, Ma. **Eschatologie** in D.s Kom.: Motive u. Motivketten aus der ma. Sagenlit.-Die Timaios-Motive in der *GK*, Graz Leykam **1975** 55 S [2 unveröff. Studien (zum 80. Geb.)]. Marianne SHAPIRO, **Woman** Earthly and Divine in the *Comedy* of D., Lex KY UP of Kentucky **1975** 187 S [Mon. zu Frauendarstellungen; Aufbau: I. Love poetry in a patrist society; II. Wives and virgins; III. Lovers; IV. Mothers and maternal figures]. Franco MASCIANDARO, La problematica del **tempo** nella *C*., Rav Longo **1976** 149 S, L'interprete 3 [Unters. zur Zeitdarst. in 6 Themenkr.; Aufbau: Introd.; 1. Tempo cosmico e t. storico-salvifico; 2. *Inf*. I-II: Il dramma della conversione e il t.; 3. Il male come negaz.

del presente; 4. La fine dell'*Inf.* e la coscienza del t.; 5. Il *Purg.* e la valorizzazione del t.; 6. All'eterno dal t.]. Ewald GRETHER, Geistige Hierarchien: Der Mensch u. die übersinnl. Welt in der Darstell. großer Seher des Abendlandes. **Dionysius Areopagita**-D. A.-**Rudolf Steiner**. Studienmaterial zur Geisteswiss., Freib Die Kommenden [2]1977 158 S [anthroposoph. Studie ohne Bezug zur Dantistik; Aufbau des D.-Teils (38-78): D.s kosm. Vision, Der Aufbau der jenseit. Welt, Die Hierarchien der Engel, Das Empyreum u. die Rosa Mystica, Der personale Char. der geist. Welt; [1]1962: ebend.]. Richard H. LANSING, From Image to Idea: A study of **the simile** in D.'s *C.*, Rav Longo 1977 173 S, L'interprete 8 [Aufbau: I. The morphology of the simile; II. The s. in its context; III. Patterns of meaning: The shipwreckend swimmer and Elijah's ascent; IV. Patterns of mean.: Similes in series]. Marthe DOZON, **Énée** dans la *Divine Comédie*: Une figure de héros initiatique, Nant Université Paris X-Nanterre 1978 39 S, Centre de Rech. de Langue et Litt. Italiennes. Documents de travail et prépublications 17 (Faszikel 1-2) [maschinenschriftl. Vervielfält.; „Il s'agit de dégager les traits que D. a retenus du personnage virgilien, aussi bien que d'éclairer le système symbolique qui soutient les occurrences de la figure d'Énée dans la *DC.*" (1)]. Egidio GUIDUBALDI, Dal *De luce* di R. Grossatesta all'islamico *Libro della Scala*: Il probl. delle **fonti arabe** una volta accettata la mediazione oxfordiana, Fir Olsch 1978 273 S, Testi med. di interesse dant. 2 [wicht. Quellenbd zur Islam-Frage der *DC*; Aufbau: I. La lez. oxfordiana in R. Grossatesta (Einf. u. Ed.); II. Derivazioni luministico-perspettivistiche; III. Il *Libro d. Scala* oggi; IV. Rilievi conclusivi]. Robin KIRKPATRICK, D.'s *Paradiso* and the Limitation of Modern Criticism: A study of **style and poetic theory**, Cambr-Lon u. a. Cambr UP 1978 XI-227 S [Unters. in 6 Themenkr.; zentr. Thema ist die Kraft der gespielten, geschickt Autorität aufbauenden Bescheidenheit.]. Margarete LOCHBRUNNER [gest. 24. 9. 1978], Die *GK*-D.s Botsch. aus neuer Sicht. Fund u. Deut. bisher **nicht erschlossener Quellen**. Herausgeber Karl Peter Buttler mit einem Nachw. von Julius Schwabe, Köln Wienand Verl 1978 152 S [5 zu einem homogenen Buch zus.geschlossene A zur altiranistischen Einflußthese u. sanskritischen Elementen in der *DC* (z. B. Manichäismus, Enträtselung unbekannter Symbole), 14 aufschlußr. fotogr. Abbild., 4 Diagr.; zu der leidgeprüften Forscherin s. den Nachruf von M. Roddewig in *MbDDG* Juni 1979 19-20]. Luigi SANTRONI, Il **'piè fermo'** nel viaggio di D., Bol Ponte Nuovo Editr 1978 37 S [nimmt Stellung zu einer beliebten Wendung/Redeweise, die man z. B. in *Inf.* I 30 liest.]. Giuseppe MAZZOTTA, D. Poet of the Desert: **History and allegory** in the *Divine Comedy*, Prince NJ-Guildford, Surrey Prince UP 1979 X-343 S [„The general aim of this book is to probe D.'s sense of history in the *DC* and to show that history is the question that lies at the very heart of the text." (3) „I have tried to explore both the distance and the alliance between 'history' and 'allegory' -the space of tradition- and, indirectly, between these two critical perspectives." (X) Unters. in 7 Themenkr.; Aufbau: 1. Opus restaurationis; 2. Rhetoric and history; 3. Communitas and its typological structure; 4. Virgil and Augustine; 5. Literary history; 6. Allegory: Poetics of the desert; 7. The language of faith: Messengers and idols]. Beniamino ANDRIANI, Aspetti della **scienza** in D.: Presentaz. di Lucio Lombardo Radice, Fir Le Monn 1981 XIII-256 S [Mon. mit dem Aufbau: L'astronomia (I. Il sistema del mondo secondo gli antichi; II. Il sist. del mondo sec. D.; III. La dinamica celeste nella *DC*); Matematica e scienze naturali (I. La matem. in D.; II. La fisica in D.; III. La chimica in D.; IV. Biol. animale e vegetale in D.); alles mehrfach untergl. u. mit vielen Textauszügen belegt; S. 231-50: umfass. Bibl.]. James Thomas CHIAMPI, Shadowy Prefaces: **Conversion** and writing in the *Divine Comedy*, Rav Longo 1981 198 S, L'interprete 24 [Fragestell.: „Come può la forma della *C.* fornire testimonianza dell'affermaz. del poeta di essere sopravvissuto alla vista di Dio? E, cosa ancora più importante, in che modo può il poema realizzare lo scopo di redenzione che un tale poeta ha nei confronti del suo lettore?" Dieser Frage geht C. in 5 zu einer Mon. zus.gefaßten Essays zu versch. Episoden nach.]. Earl Jeffrey RICHARDS, D. and the *Roman de la Rose*: An investig. into the vernacular narrative context of the *C.*, Tüb Niem **1981** 116 S, Beihefte zur *ZrPh* 184 [Diss Princeton 1978; unters. u. a. Parallelen zw. altfrz. *Rosenroman* u. *DC*; Aufbau: I. The problem of the *Fiore* and the infl. of the *R. de la R.*; II. The translatio topos and D.; III. Textual parallelism betw. the *Rose* and the *C.*].   Shirley J. **PAOLINI**, Confessions of Sin and Love in the MAs: D.'s *C.* and **St. Augustine's *Confessions***, Wash DC UP of America **1982** XI-287 S [Unters. zur Gatt. Bekenntnislit. u. zum Einfl. von Aug. auf D.].   Paul **PRIEST**, D.'s Incarnation of the **Trinity**, Rav Longo **1982** 309 S, L'interprete 31 [detaill. Nachweis eines durchgehend nach dem Prinzip der Trinität erfolgten Aufbaus der *DC*, da sie in ursächl. Zus.hang mit dem gottmenschlichen Erlösungswerk Christi steht; gegl. in 3 Haupt- bzw. 9 Unterkap.; Autor ist Laienprediger der anglikan. Kirche.].   Robert **HOLLANDER**, Il **Virgilio** dant.: Tragedia nella *C.*, Fir Olsch **1983** 155 S, Bibl. di *LI* 28 [3 Unters. zu Vergil u. zur *Aeneis* in der *DC*, u. a. zu *Inf.* I, 63].   Teodolinda **BAROLINI**, Textuality and Truth in the *Comedy*, Prince NJ Prince UP **1984** XIV-312 S [„The focus of this study is dictated by D.'s placement and **treatment of the poets** within his text." (XIV) Aufbau: I. Autocitation and autobiography; II. Lyric quests; III. Epic resolution].   Anthony K[imber] **CASSELL**, D.'s Fearful Art of **Justice**, Toro-Buffalo-Lon U of Toro P **1984** XII-186 S 34 Ill. [Themen: Justice and the contrapasso, Pier d. Vigna, Avarice and Suicide, The Gran Veglio, The Idolaters, Ulysses, Satan. Das method. Vorgehen ist für alle Passagen dasselbe, nämlich „a close examination of the contrapasso through the episode's major images and a new analysis of the iconography of the cantos." (32)   C.s Interesse richtet sich auf 'puzzles, paradoxes or other cruxes' (4) einz. Episoden, die er ikonographisch klärt, weil der Text dazu schweigt.].   Giuseppe C. DI **SCIPIO**, The Symbolic Rose in D.'s *Paradiso*, Rav Longo **1984** 175 S, L'interprete 42 [„This book is a study of the Symbolic Rose (*Par.* XXXII), of its perfect harmonious whole in the uniqueness of D.'s vision. It probes its structure, the personae, symbolism, numerology, geometric design and its relationship with Gothic architecture and the figurative arts." Aufbau: I. Tradition and innov.; II. Structure of the Rose; III. The *Personae* of the Rose; IV. Numerical Symbolism; V. The Rose and the Gothic Cathedral; im Anh. 6 Zeichn.].   Joan M. **FERRANTE**, The **Political Vision** of the *Divine Comedy*, Prince UP **1984** IX-392 S [Unters. in 6 Themenkr.].   Louis **LALLEMENT**, Le sens symbolique de la *Divine Comédie*, I, *Enfer*, Par Guy Trédaniel/Éditions de la Maisnie **1984** 189 S [Teil I: Introd. au message de D. (9-33); II. Commentaire de l'*Enfer* (37-189); zuerst Inh.ang., dann fortl. Komm.; ein simples, nicht wissensch. Lernbuch für frz. Schüler auf rein frz. Textbasis ohne it. Kenntnisse; die Forts. hierzu: Ders., D. maître spirituel: Initiation au sens symb. de la *D. C.*, II, *Purgatoire*, ebend. 1988 185 S: gleicher Aufbau; ein 3. Bd ist mir nicht bekannt.].   Mariarosa **MASOERO**-Giuseppe **ZACCARIA** edd, Il viaggio al Purgatorio: Antologia di '**visioni**' del sec. **XII**, Tor Giap **1984** 180 S [enth. außer einer Einf. u. a. folg. Texte: *Visione di Alberico, Visione di Tundalo* u. *Purgatorio di San Patrizio.*].   Roberto **MERCURI**, Semantica di **Gerione**: Il motivo del viaggio nella *C.* di D., Rom Bulz **1984** 270 S [Unters. in 12 Schritten].   Ronnie H. **TERPENING, Charon** and the Crossing: Ancient, med., and Renaiss. transformations of a myth, Lew PA-Lon/Toro Bucknell UP/Ass Presses **1985** 293 S [„My intention is to trace the developm. and analyze the transform.s of the infernal boatman Charon from the earliest recorded references to him in class. antiquity to his later appearances in Ital. lit. from D. through the mid-17th cent." (11) Aufbau: I. The class. backgr. (10 Unterkap.); II. Charon in Italy from D. to Marino (= S. 127-248: Epic forms, Dramatic forms, Lyric and related poetic forms, Prose forms)].   Remo **FASANI**, Sul **testo** della *DC*: *Inf.*, Fir Sans **1986** 269 S [5 textkrit. Studien; I. Introd.; II. Conferme del testo attuale; III. Nuove lezioni promosse al testo; IV. Discussioni di altre varianti; V. Conclusioni].   Giuseppe **GODENZI**, Manifestazioni e consideraz. della **morte** nella *DC*: Studio di semiologia linguistico letteraria, Fir Firenze Libri **1986** 166 S [„È il frutto di numerose ric. linguistiche, filologiche e semantiche." Themat. u. semiol. Unters. zum

Tod in 9 Themenkr. mit ausf. Begriffsregistern u. Stellenverw.; Aufbau: Biobliografia; Introduz.; Senso generale della morte in D. sec. la concez. med. dell'esistenza terrena; Studio di semiologia ling.-letter. sul tema della morte; Il giudizio finale o universale; Corollario; Per quali personaggi e categorie di persone D. parla di morte; Il punto di morte; Sogni e sonni di D.; La paura nella *DC*; Fonti di D.; Conclus.].   Attilio **MELLONE** ofm, Il **San Francesco** di D. e il San F. della storia, Cava dei Tirreni Avagliano Edit **1986** 77 S [„M.s auf soliden theologischen und histor. Kenntnissen beruhende Gegenüberstellung von D.s Franziskus mit seinem histor. Vorbild trägt nicht nur zur Erhellung von *Par*. XI bei, sondern ist auch von prinzipieller Bedeut. für die Beantwort. der für das Verständnis der *C*. grundlegenden Frage nach der Umsetzung histor. Gestalten in die Dichtung." (Rez. A. Buck, in *DDJb* 63, 1988 132)].   Æ. **PHILALETES**, L'esoterismo rosacroce nella *DC*, Foggia Bastogi **1986** 79 S, Altair 30 [Studie ohne 'wissenschaftl.' Methodik, aber interessant wegen der Rosenkreuzerideologie, mit viel Textbezug].   Jeffrey T[hompson] **SCHNAPP**, The **Transfiguration of History** at the Center of D.'s *Paradise*, Princ NJ UP **1986** X-268 S + 22 Ill (= v. a. zur Paradiesdarst.) [„In the present study I show the full extent to which the central cantos of *Paradise* may be regarded as D.'s Christian response to the dilemma of *Inf*. 4... D.'s vision, I suggest, is modeled not only after Virgil (and, to a lesser extent, Cicero's *Dream of Scipio*), but also after the apsidal mosaics of Sant'Apollinare in Classe, Ravenna..." (5-6) Unters. in 5 Themenkr.].   Sergio **CORSI**, Il 'modus digressivus' nella *DC*, Potomac MD Scripta Humanistica **1987** 201 S [Aufbau: I. *L'Epistula Cani* e il modus digress.; II. Le digressioni nella *C*.; III. La digress. polit.].   John G. **DEMARAY**, D. and the Book of **Cosmos**, Philad PA The American Philosophical Society **1987** 117 S (= Transactions of the Am. Phil. Soc. Bd. 77, 1987) [Vergleich zw. ma. sakraler Architektur u. Strukturkonzeption der *DC*; Aufbau: I. Architectural typology and structure in the *C*.; II. The temple, wheels and rose of heaven: transfiguration and the cosmic book; 48 schöne Fotos zu Bauplänen, Kunstwerken, Kulturgütern etc.].   Robin **KIRKPATRICK**, D.'s *Inferno*: Difficulty and **dead poetry**, Cambr-NY u. a. Cambr UP **1987** XV-445 S [sukzessiver u. zusammenfassender Komm. unter bestimmten Aspekten; Aufbau: 1. Action and order: cantos I-V; 2. History, nature and philosophy: c.s VI-XI; 3. Narrative, myth and the individual: c.s XII-XVI; 4. Comedy and identity: c.s XVII-XXIII; 5. Signs in transition and the pathos of order: c.s XXIV-XXVII; 6. Endings, tragic and comic: c.s XXVIII-XXXIII; 7. Conclusion: dead poetry: *Inf*. XXXIII and the *VN*].   Ronald R. **MACDONALD**, The Burial-places of Memory: **Epic underworlds** in Vergil, D. and Milton, Amherst MA U of MA P **1987** X-223 S [„Vergil, D. and Milton are treated here in chronological order. By so arranging them I intend no judgement of value, no theory of steady progress over the centuries... I understand the problems here discussed as perennial rather than as finally soluble." (15-6) Aufbau: I. Vergil: The easy descent from Avernus; II. D.: Language and history; III. Milton: Tradition and the individual talent]. **Vincenzo MAZZEI, D. e i suoi amici** nella *DC*, Mil Editr Nuovi Autori **1987** 141 S [Unters. in 9 Kap. zu Ciacco, Latini, Casella, Belacqua, Nino Visconti, Corrado Malaspina, Oderisi da Gubbio, Forese Donati, Piccarda u. Carlo Martello].   Giuseppe **MINNECI**, **Echi del Veneto** nella *DC*, Treviso Editr La Ragione **1987** 28 S [kl. Studie].   Rossella **D'ALFONSO**, Il **dialogo con Dio** nella *DC*, Bol CLUEB = Cooperativa Libraria Universitaria Editr Bol **1988** 154 S, Coll. del Dip. di Italianistica-Univ. degli Studi di Bol.: Testi-Saggi-Strum. 4 [Unters. in 6 Kap.; I. D. poeta paolino; II. L'apocalittica, il profetismo; III. Gli appelli a Dio nell'*Inf*. e nei canti I-XXVI del *Purg*.; IV. Per un'estet. teologica: i generi letterari nella *C*.; V. Estetica teol. come estet. del sublime].   Kathryn L. **LYNCH**, The High Med. **Dream Vision**: Poetry, philosophy and literary form, Stanf CA UP **1988** XIV-263 S [„In this book, I develop a model for reading the high med. dream vision that addresses its broad discursive function within its age. I argue that an anal. of med. vision poetry must begin with a study of the contempor. philos. and poetic theory that informed it." (VII) Unters.

in 7 Kap. von der Zeit vor D. bis 14. Jh.; S. 146-62: The *Purg.*: D.'s book of dreams].   John
SALY, D.'s *Paradiso*: The flowering of the self. An interpretation of **the anagogical meaning**, NY
Pace UP **1989** XI-231 S [„In presenting an interpret. of D.'s *Paradiso* I have chosen to focus on
the third allegorical level, which the theologians interpreting Scripture call spiritual or mystical."
(1) Aufbau: I. Birth: Awakening; II. Infancy: The world of the Self; III. Adolescence: The w. outside the self; IV. Youth: Falling in love; V. Maturity of the Intellect: Understanding the order of
the universe; VI. Matur. of the Emotions: Self-sacrifice; VII. Matur. of the Will: Cooperation;
VIII. Old Age: Vision; IX. Through Death into Eternity: Humanity beyond illusion; X. Union with
the Powers: The life of free energy; XI. The Eternal Now: Union with being; XII. D., poet of the
future].   Mario AVERSANO, **San Bernardo** e D.: Teologia e poesia della conversione, Sal Edisud
1990 126 S [Aufbau: I. San B. e D. (= 5 Kap. bzw. A); II. Modelli 'sacri' del canto X dell'*Inf*.].
Jaroslav PELIKAN, Eternal Feminines: Three **theological allegories** in D.'s *Par.*, New B NJ-Lon
Rutgers UP **1990** XII-144 S [Aufbau: Prologue: Tre Donne; I. The otherwordly world of the *Par.*;
II. Lady Philosophy as Nutrix and Magistra; III. Beatr. as Donna Mia; IV. The Church as Bella
Sposa; V. Mary as Nostra Regina; Epilogue: Wisdom as Sophia and Sapienza].   Giuliana
CARUGIATI, Dalla menzogna al silenzio: La **scrittura mistica** della *Commedia* di D., Bol Il Mul
1991 153 S, Il Mulino/Ricerca oN [Unters. in 5 Schritten: I. La cosa mist.; II. Allegoria; III.
L'attraversam. della menz.; IV. Menz. e follia. L'Ulisse; V. La visione mancata].   Ernest L.
FORTIN, D.s *GK* als **Utopie**, Mün C. F. von Siemers-Stiftung **1991** 61 S [V 22. 5. 1989 Univ.
Mün].   Jacques LE GOFF, **Die Geburt des Fegefeuers**: Vom Wandel des Weltbildes im MA,
Mün Deutscher Taschenbuchverl [2]**1991** 454 S, dtv 4532 [„D.s *GK* ist eine der vielen Quellen, die
J. Le G. in seiner spannenden Darstell. über die Bedeut. des Fegefeuers für das Bewußtsein des
ma. Menschen benutzt." (Buchvorst.) Aufbau: Der dritte Ort; I. Jenseitsvorstellungen vor dem
Fegef.; II. Die Geburt des F.s im 12. Jh.; III. Der Triumph des F.s; IV. Die Gründe des F. (alles
vielfach untergl.); zu D. insbes. Kap. III, 10: „Der dichterische Triumph: Die *GK*" (S. 407-34);
[1]**1984**: Stutt Klett; franz. Orig.: La naissance du Purgatoire, Par Gallimard 1982 509 S, Bibliothè-
que des histoires oN].   Jean HEIN, **Enigmaticité et messianisme** dans la *Divine Comédie*, Fir
Olsch **1992** 653 S, Archivum Romanicum-Biblioteca 1-246 [zuvor Thèse d'État Lyon III 1987].
Teodolinda BAROLINI, Il miglior fabbro: D. e **i poeti** della *C.*, Tor Boll Bor **1993** 274 S [Mon. in 3
Themenkr.; engl.: D.'s Poets: Textuality and truth in the *Comedy*, Prince NJ UP 1984 XIV-312 S].
Patrick BOYDE, **Perception and Passion** in D.'s *Comedy*, Cambr UP **1993** XIII-348 S [unters.
systematisch D.s Wahrnehmungsweise im Zus.hang mit der damaligen = aristotelischen, d. h.
durch Thomas von Aquin vermittelten Körper-, Sinnes- u. Gefühlslehre; Aufbau: I. Coming to
terms with Aristotle; II. The operations of the sensitive soul in man; III. The operations of the
rational soul; IV. Combined operations].   Emma CUSANI, Il grande viaggio nei mondi dant.:
Iniziaz. ai **Misteri Maggiori**, Rom Edizioni Mediterranee **1993** 354 S [esoterische Betracht., gegliedert nach den canti I-XVI des *Inf*.].   Simonetta DI SANTO, Nel giardino di D.: Il sistema
della **vegetazione** nella *C.* di D., Chieti Solfanelli **1993** 143 S [3 Arb.schritte zur Erfass. der Flora
bzw. des Vegetationswesens in der *DC* (Sulle tracce del metodo; Il riferimento al reale; La vege-
taz. e le astrazioni allegoriche); Anh.: Verz. der Stellen zu Pflanzen, Blumen, Bäumen u. and.
Vegetalia von *Albero* bis *Vigna*].   Giuseppe TARDIOLA ed, I viaggiatori del Paradiso: **Mistici,
visionari, sognatori** alla ricerca dell'Aldilà prima di D., Fir Le Lett **1993** 219 S, Le vie della storia
13 [7-51: Einf. in ma. Jenseitsreisen u. Visionen; danach Ed. der it. Fass.en bzw. Übers.en von 4 z.
T. berühmten Transzendenzberichten des MAs in Prosa: *Vita di san Maccario Romano, Leggenda
del viaggio di tre santi monaci al Paradiso terrestre, La navigazione di san Brandano* u. *La visione di Tugdalo*; jew. ausf. krit. Einf. mit Bibl.; ausf. Erläut.en unter dem T].   Paolo BOLLINI,
D. visto dalla luna: **Figure dinamiche** nei primi canti del *Par.*: Introd. di Mario Spinello, Bari

Edizioni Dedalo **1994** 416 S, Nuova Biblioteca Dedalo 158 (Collana Bianca) [kompakte u. ausf. Unters. in 5 Hauptkap. (mehrfach untergliedert): 1. Il mistero della chiarezza; 2. Figure della spazialità; 3. Somiglianza e similitudine; 4. Una lingua di luce; 5. Il sigillo]. Steven **BOTTERILL**, D. and the Mystical Tradition: **Bernhard of Clairvaux** in the *C.*, Cambr UP **1994** IX-269 S, Cambridge Studies in Med. Lit. 22 [Unters. in 7 Themenkreisen; „In this study, S. B. explores the intellectual relationship betw. the greatest poet of the 14th cent., D., and the greatest spiritual writer of the 12th cent., Bernhard of Clairvaux.“]. John **KLEINER**, Mismapping the Underworld: **Daring and error** in D.'s *Comedy*, Stanf CA UP **1994** 182 S [5 Unters. über 'Irrtümer' in der *DC* bzw. *VN*]. Stefano **PRANDI**, Il 'diletto legno': **Aridità e fioritura mistica** nella *DC*, Fir Olsch **1994** 145 S, Saggi di *LI* 46 [9 Themenkr./Unters.en zur Mystik u. Symbolik des Holzes, welche der *DC* einen makrostrukturellen Zus.hang verleiht: 'pflanzlich' bzw. baumsymbolisch gesehen, führt D.s Weg mystisch aus dem furchtbaren Wald bzw. aus der Unfruchtbarkeit der Hölle über die blühende Pracht des Gartens Eden zu den geistigen Früchten des Paradieses; dieser Interpret.vorgang wird auf der Basis eines reichen Quellenkosmos geleistet.]. Silvia **PIERUCCI** ed, **Il segreto astrologico** nella *DC*. Dialogo con l'astrologo fiorentino Giovangualberto Ceri, Pisa **1994** 93 S, Collez. Sagittario 2 [Aufbau: Dialogo con l'astrologo G. C.; Le scoperte di G. C.; Il giorno di nascita di D.; *Commedia*, anno 1300 oppure 1301?]. Ricardo J. **QUINONES**, **Foundation Sacrifice** in D.'s *C.*, University Park PA PA State UP **1994** 138 S [thematische Unters. nach den 3 cantiche]. Harald **WEINRICH**, La **memoria** di D., Fir Acc della Crusca **1994** 29 S [Studie zum Thema Erinnerung u. zur Erinnerungsstruktur der *DC*]. Giovangualberto **CERI**, D. e l'**astrologia**. Presentaz. di Francesco Adorno, Fir Loggia de' Lanzi s. r. l. **1995** 100 S [Der florentin. Astrologe (Adresse: Via F. Turati 30, I-50136 Firenze) meint, D.s Reise sei nicht am 10. 4. 1300, sondern am 25. 3. 3001 anzusetzen; Aufbau: 1. Il rapp. fra D. e l'astrol. della sua epoca; 2. Il probl. della dataz. del 'viaggio' dant.; 3. Approfondimento del probl. della dataz. del viaggio dant. in base ad altri fatti certi e non astrologici; im Anh. 10 Dokumente (Briefe von G. C. an Institutionen, Vortragsankünd.en, Zeitungsart. etc.)]. Daniela **MESSINEO**, Il viaggio di **Ulisse** da D. a Levi, Fir Firenze Atheneum **1995** 67 S, Oxenford. Universale Atheneum oN [Unters. in 5 Kap. zum Thema der Odysseus-Reise von D. über das '500, '600, Foscolo, Pavese, Saba bis zu P. Levi]. Ugo **DOTTI**, La *DC* e **la città dell'uomo**. Introduz. alla lettura di D., Rom Donzelli **1996** X-146, I centauri oN [Titel ist irreführend: ist keine Einf., sondern ein (z. T. weitschweifiger) geistesgeschichtl. Essay, gegl. in folg. Themenkr.: I. L'umana comedìa; II. Le virtualità dell'uomo: L'Inf.; III. La montagna: Il Purg.; IV. La riforma delle coscienze: Il Par.; D. wandelt angeblich auf den Spuren von Auerbach: „Il libro di Dotti pone l'accento sulla dimens. umana e immanente, per quanto ancora carica di tensioni ideali e universalistiche, che caratterizza la *Commedia* dant.“]. William **FRANKE**, D.'s **Interpretative Journey**, Chic IL-Lon The U of Chic P **1996** XI-250 S [„W. F. establishes a dialogue betw. D.'s poetic practice in the *DC* and recent philosophical and theological approaches to hermeneutics. F. argues that interpretative work by philosophers such as Heidegger and Gadamer both sheds light on D.'s poetry and is illuminated by it.“ (Klappentext) F. sieht D.s Wanderung als eine Interpretationsreise, eine hermeneutische Wieder-Erfahrung, die den Leser aufruft, die Erfahrungen des Protagonisten zu wiederholen. Aufbau: Introd.: Truth and interpret. in the *DC*; I. The address to the reader; II. D.'s hermeneutic rite of passage: *Inf.* IX; III. The temporality of conversion; IV. The making of history; V. Resurrected tradition and revealed truth; die als Buch präsentierte Publik. geht auf weitgehend zuvor veröff. Studien, Vortr. bzw. Aufs. von 1992-94 zurück, in denen meist ein bestimmter canto fokussiert wurde.]. Edward G. **MILLER**, **Sense Perception** in D.'s *C.*, Lew NY-Queenston Ont.-Lampeter Wales The Edwin Mellen P **1996** VI-365 S [Unters. in 10 Kap.; „This investig. recognizes some possible links betw. the text of D.'s poem and formative influences that have their source in the thought and writings of Plato.“

345

(301)]. Emilio PASQUINI ed, **Intertestualità** dant., Rav Longo **1996** 100 S [= *LC* 24, 1996: 6 V verschiedener Autoren vom 19. 3. bis 20. 5. 1995 überw. zur *DC*]. Luigi VALLI [1878-1931], Il segreto della **Croce** e dell'**Aquila** nella *DC*, Mil Luni Editr ²**1996** 275 S, Grandi pensatori d'Oriente e d'Occid. 12 [Unters. in 8 Kap.; Aufbau: 1. La C. e l'A. nel sacro viaggio; 2. La C. e l'A. nella redenz. umana; 3. Il Veglio di Creta e il suo significato mist.; 4. La C. e l'A. chiave della costruz. dei tre regni; 5. Il male vinto dalla C. e il male vinto dall'A.; 6. Il grande segr. della *DC*; 7. Il valore della dimostraz.; 8. Il pens. e l'arte di D.; ¹1922: Bol Zan XX-342 S]. Carmelo CICCIA, D. e **Gioacchino da Fiore**, Cos Luigi Pellegrini Edit 1997 157 S [G. da F.: um 1130-1202, Theologe u. Mystiker, dessen *Liber figurarum* bestimmte Allegorien, Symbole u. Verschlüsselungen der *DC* zu erklären scheint; „Questo lavoro riprende lo studio del Tondelli con una rivisitaz. critica, non semplicemente riproponendone le tesi, ma... integrandole con nuovi apporti, documenti e interpretazioni. Non manca una rassegna ragionata di scritti d'interesse dantesco-gioachimita." (8) zahlr. Buntkopien der 'Rätselbilder' aus der schönen Hs. des 1937 von Leone Tondelli (gest. 1953) entdeckten *Liber figurarum* des Seminario Vescovile in Reggio Emilia]. Jeffrey Burton RUSSELL, **A History of Heaven**. The Singing Silence, Prince NJ UP **1997** XV-220 S [„The central theme of this book is the fulfillment of the human longing for unity, body and soul, in ourselves, with one another, and with the cosmos. The book is aimed at deepening understanding of a blessed otherworld by engaging the Christian tradition of heaven." (XIII) Dies geschieht in 13 Themenkr., wovon zwei D. gelten (XI. Approaching Paradise; XII. The Heavenly Paradise = S. 151-85); ausf. Bibl. zum Thema S. 191-210; it. Fass.: Rom-Bari Lat (Storia del Parad. celeste); dt.: Wien-Köln-Weimar Böhlau Verl 1999 196 S (Gesch. des Himmels).]. Primo CONTRO, D. **templare e alchimista**: La pietra filosofale nella *DC*. *Inf.*, Foggia Bastogi 1998 204 S [bietet kursor. 'analisi occulta' der canti I-XXXIV des *Inf.*]. Paul Arvisu DUMOL, The **Metaphysics of Reading** Underlying D.'s *Commedia*: The 'Ingegno', NY u. a. Lang **1998** XV-239 S, Studies in the Humanities 35 [Unters. in 9 Themenkr.; „The analysis I make of the uses of *ingegno* and *ingegnare* are basically philosophical." (XIII)]. Lino PERTILE, La puttana e il gigante: Dal *Cantico dei Cantici* al 'Paradiso Terrestre' di D., Rav Longo **1998** 278 S, Memoria del tempo. Coll. di studi med. e rinascimentali 10 [unters. in 10 Kap. intertextuelle Bezüge, v. a. zum *Hohenlied*: Am Beisp. der sacra rappresentaz. im Paradiso Terrestre zeigt P. die Bedeut. der religiösen Bildung D.s u. zugleich die Schwierigkeit ihrer Erfass. auf; P. bringt ein umfangr. Material zu Theologie, Ikonographie, Antike u. MA ins Spiel; Titel bezieht sich auf *Purg.* XXXII 148-60 (= Titel von Kap. IX).]. Marianne SHAPIRO, D. and the Knot of **Body and Soul**, Houndmills, Basingstoke, Hampshire-Lon Macmillan P Ltd **1998** XIV- 226 S [„The following chapters aim to clarify and illustrate the Dantean conception of soul and soul-body." (XIII) 1. The knot of body and soul; 2. Infernal Eros and civil strife; 3. Shades and statues; 4. Virgilio; 5. Beatrice, true praise of God; 6. The speeches of *Inferno*; 7. The twofold represent. of the soul; S. verzichtete leider auf eine Bibl.]. Isabelle ABRAMÉ-BATTESTI, La **citation et** la **réécriture** dans la *Divine Comédie* de D., Aless Edizioni dell'Orso **1999** 185 S, Gillo Menagio 2 [Aufbau: I. Une phénoménologie de la citation; II. Non nova sed nove; III. La fonction de l'autorité]. Inos BIFFI, La poesia e la **grazia** nella *C.* di D., Mil Editoriale Jaca Book 1999 XXXII-89 S, Di fronte e attraverso 507 [Autor ist Ordinarius für ma. u. systhem. Theologie in Mailand; nach einer Einf. (D., la teologia, la sua storia) folgt eine theol. Unters. in 7 Themenkreisen]. Danilo BONANNO, La perdita e il ritorno: **Presenze cavalcantiane** nell'ultimo D., Pisa Edizioni ETS **1999** 63 S, Scaffale 12 [„Filo conduttore, in ogni caso, è risultata la presenza ostinata, insospettata, di Cavalcanti fino all'ultima poesia dantesca, quella sublime e finale del *Paradiso*." (10) Dreiteil. Studie: 1. Il giardino sospeso; 2. La giostra d'amore; 3. Penne di poeti; Autor ist Bibliothekar in Genua.]. Luigi DE POLI, La **structure mnémonique** de la *Divine Comédie*: L'*ars memorativa* et le nombre cinq dans la composition du poème de D.,

Bern-Ber u. a. Lang 1999 XI-255 S [Unters.en zu den Erinnerungstechniken u. -strukturen der *DC*, in 3 Hauptkap.: I. Des images placées dans une série ordonnée de lieux; II. Écriture poétique et structure mnémonique; III. Le paradis et ses repères; mit zahlr. Schaubildern aus alten Hdbüchern u. Traktaten]. Patrick **BOYDE, Human Vices** and Human Worth in D.'s *Comedy*, Cambr UP 2000 X-323 S [„After giving a clear account of the differing approaches and ideals embodied in Aristotelian philosophy, Christianity and courtly literature, B. concentrates on the poetic representation of the most important vices and virtues in the *Comedy*. He stresses the heterogeneity and originality of D.'s treatment, and the challenges posed by his desire to harmonise these divergent value-systems." (Buchvorstell.) Unters. in 10 Themenkr., gegl. in folg. 4 Hauptkap.: I. Authority, reason and order; II. Competing values; III. Arch-vices and the supreme virtue; IV. Amid such wisdom („tra cotanto senno")]. Vincenzo **NAPOLILLO**, Lectura Dantis. **Itinerari calabresi** nella *DC*, Cos Editoriale progetto ²2000 110 S [Unters. kalabrischer Einflüsse auf D., u. a. auch von Gioacchino da Fiore; der Titel 'lectura' ist mißverständlich; ¹1990: ebend.]. Guy P. **RAFFA**, Divine Dialectic: D.'s **incarnational poetry**, Toro-Buffalo-Lon U of Toro P 2000 XII-254 S [Unters. beginnt mit *VN*, bezieht sich aber haupts. auf die *DC*; Aufbau: Introd.: D.'s incarn. dialectic; I. Divisive dial.: Incarn. failure and parody; II. Incarn. dialectic writ large; III. D.'s inc. dial. of martyrdom and mission]. Margaret **WERTHEIM**, Die Himmelstür zum **Cyberspace**: Eine Gesch. des Raumes von D. zum Internet. Aus dem Engl. von Ilse Strasmann, Zür Ammann 2000 361 S [Die Autorin -1960 in Australien geb.- lebt in Kalifornien als freiberufl. Wissenschaftsjournalistin; „Dieses Buch wird die Gesch. abendländ. Konzeptionen des Raumes vom MA bis zum digitalen Zeitalter verfolgen." (30) Aufbau: Einf.; 1. Seelen-Raum; 2. Physikalischer R.; 3. Himmlischer R.; 4. Relativistischer R.; 5. Hyperspace; 6. Cyberspace; 7. Cyber-Schau-Raum; 8. Cyber-Utopie; engl. Fass.: Pearly Gates to Cyberspace-A history of space from D. to the Internet, NY Norton & Company 1999]. Giorgio **PASSERONE**, D.: Cartographie de la vie, Par Kimé 2001 290 S, Détours littéraires oN [keine Biographie, sondern Stilstudie : „Cette cartographie est une recherche sur la notion de style en littérature..., la langue comme système hétérogène, le discours indirect libre qui lui est coextensif, ses variables comme mise en variation, modulation." (7) Aufbau: Carte I. Le drap vert (*Enfer* XV) = 5 Kap.; Carte II. Devenir-Béatrice (linéaments d'un amour) = 29 Kap.; Carte III. Un rire de l'univers = 9 Kap.; der in Lille lehrende P. bezieht jeweils versch. Gesänge der *DC* ein.]. Nicoletta **KIEFER**, Zahl, Struktur, Sinn: Studien zu den **drei Hauptprophezeiungen** der *DC*, Ffm u. a. Lang 2002 334 S, Europ. Hochschulschriften. Reihe IX: It. Spr. u. Lit. 38 [Diss phil Duisb. 2000; „Die vorl. Arb. möchte einen weiterführ. Beitr. zur Erforsch. der wechselseit. Bezogenheit von Zahl, Sinn u. Struktur in der *DC* leisten." (11) K. ist Schülerin von M. Hardt, der sich intensiv mit der Zahlensymbolik bei D. befaßte; Aufbau: I. Die Zahl im ma. Denken; II. Die Z. in der Poetik des D. A.; III. Die gematrische Z. als Struktur- u. Sinnträger in der *C.*; IV. Die „Cinquec. diece e cinque"-Prophez.: Das Rätsel um die Identität des „messo di Dio"; V. Die „Veltro"-Proph.: Das R. um die Id. des Widersachers der „lupa"; VI. Die Proph. des Cacciaguida: Das R. um die Id. des „Neunjährigen"; VII. Die Erfüll. der 3 Hauptpr. durch die Niederschrift u. Vollend. der *DC*]. Domenico **COFANO**, La retorica del silenzio nella *DC*, Bari Palomar di Alternative 2003 121 S, Palomar Athenaeum 34 [„Il volume, assecondando il nuovo, recente interesse per la funzione semiotica e letteraria dell'omissione verbale, disegna un percorso inedito della *C.*, fondato sul complesso rapporto che nel poma si instaura fra la parola e il silenzio." D.s reich gestaltete Kunst des ausdrucksvollen Schweigens wird in folg. Kap. unters.: *„Tacere è bello"*; Tra il silenzio e la parola: la reticenza; Belacqua e Ulisse: il sil. dell'attesa e il disfacimento della parola; Il *„visibil parlare"*; L'eloquenza del gesto; als Anh. eine Zus.stell. der Figuren des Schweigens (= S. 91-118); dies ist eine Materialsamml. (= Verse), geordnet nach den rhetor. Figuren ellissi, eufemismo e litote, perifrasi, reticenza, sineddoche, sinestesia (gutes didakt. Material); zum Schluß Wortindex der Begriffe silenzio, silenzioso, tacere u. Ä.].

63. AUFSATZBÄNDE zur *DC*

[Aufsätze, Artikel, Miszellen (= sehr kleine Beiträge) sind die übl. Forschungsleistungen der Dantist/Innen, weil es schwer ist, zu D.s komplexer Dicht. ganze Bücher zu schreiben, es sei denn, man hat eine Dissertation, eine Habil.schrift oder ein Auftragswerk anzufertigen; außerdem sind zur *DC* noch viele Aspekte oder Details zu klären, was eben überwiegend in kürzeren Untersuchungen geschieht. Ihre im Laufe von Jahren oder gar eines Lebens entstandenen, in der Regel im Zeichen einer bestimmten Methode oder Thematik stehenden Studien dieser Art publizieren die Forscher/Innen irgendwann in Form von Bänden, welche nützliche Arbeitsinstrumente darstellen können (da sie weit verstreute/entlegene Einzelveröffentlichungen kumulativ einsehbar machen); **in chronol. Reihenf.** nennen wir eine Reihe solcher z. T. wichtiger Aufsatzsdossiers; s. auch Abt. 19: KON-GRESSAKTEN zu Dante (die ursprüngl. Vorträge versammeln, welche später den Habitus von Aufsätzen erhalten), 48: Formen der 'LECTURA DANTIS' (bei der es sich um vorlesungshafte, oft zyklische Besprechungen/Interpretationen einzelner Gesänge der *DC* handelt).]

Giuseppe PICCI, Nuovi studi su D.: I luoghi più oscuri e controversi della *DC* di D. dichiarati da lui stesso. Con tre append. di G. P. profess. di belle lettere nell'I. R. Ginnasio e socio onorario dell'Ateneo di Brescia, Bre Tipogr della Minerva **1843** 285 S [enth. folg. 6 A: I. Introd. e piano dell'op.; II. Confutaz. del senso morale dell Selva allegor.; III. Dimostraz. del senso stor. della Selva alleg.; IV. Il Veltro e il Cinquec. dieci e cinque; V. Quando abbia D. compiuta la *DC* e particolarmente la cant. dell'*Inf.*; VI. Musaici ed anagrammi nella *DC* e nuova interpret. del verso di Pluto; es folgen 3 Exk.].   **Francesco D'OVIDIO** [1849-1925], Studii sulla *DC*, Mil-Pal Sandron **1901** XVI-606 S [16 Arbeiten].   **Henri HAUVETTE** [1865-1935], Études sur la *Divine Comédie*: La composition du poème et son rayonnement, Par Champion **1922** XV-238 S, Bibliothèque littéraire de la Renaiss. Première série 12 [6 Arb. zur *DC* sowie zur D.-Rezeption in Frankr.].   **Manfredi PORENA** [1873-1956], La mia lectura Dantis. *Inf.:* Il Regno della pena eterna IX-XVII-XXVI-XXX. *Purg.:* III-IV-VI-XV-XVI-XXII. *Par.:* III-XXIII-XXV-XXXII, Nap Alfredo Guida Edit **1932** 418 S [versch. Studien bzw. 'lecturae', alle jeweils zu einem canto].   **Michele BARBI** [1867-1941], Con D. e coi suoi interpr: Saggi per un nuovo commento della *DC*, Fir Le Monn **1941** 361 S [6 Studien u. 15 Glossen = chiose, alle zu einzelnen Stellen der *DC*].   **Erich AUERBACH** [1892-1957], Neue D.studien-Dante hakkinda yeni arastirmalar, Istanbul Ibrahim Horoz Basimevi **1944** V-90 S, Istanbuler Schriften 5 [enth. die 3 (auch im Untertitel genannten) Aufsätze *Sacrae scripturae sermo humilis* (zuvor ed. 1941), Figura (zuvor 1939), Franz. v. Assisi in der *Komödie* (neu)].   **J**[ohn] **H**[umphreys] **WHITFIELD**, D. and Virgil, Oxf Basil Blackwell **1949** V-106 S [4 A, die eine Einh. bilden sollen: D. for the English; D.'s hell, cantos I-V; D.'s journey; D. and Virgil].   **Mario FUBINI**, Due studi dant., Fir Sans **1951** 103 S, Bibliot. del Leonardo 45 [enthält: 1. Il peccato di Ulisse (zuvor 1947 in *Belfagor*); 2. L'ultimo canto del *Par.* (unveröff.)].   **Dorothy L. SAYERS** [1893-1957], Introductory Papers on D. with a preface by Barbara Reynolds, Lon Methuen & Co Ltd **1954** XIX-225 S [7 ehemal. V der engl. Autorin u. D.-Übersetzerin: 1. D.'s imagery (symbolic-pictorial); 2. The meaning of heaven and hell; 3. The mean. of *Purgatory*; 4. The fourfold interpret. of the *Comedy*; 5. The city of Dis; 6. The comedy of the *Comedy*; 7. The paradoxes of the *Comedy*].   **Michele BARBI**, Problemi fondamentali per un nuovo commento alla *DC*, Fir Sans p. **1955** [bzw. 1956] VIII-159 S [Mario Casella ed; 6 A: 1. Poesia e strutt. nella *DC*; 2. Per la genesi e l'ispiraz. centrale della *DC*; 3. L'ideale polit.-religioso di D.; 4. L'It. nell'ideale polit. di D.; 5. Impero e chiesa; 6. Alleg. e lettera nella *DC*; Appendice:

Un cinquantennio di studi dant. (1886-1936)]. **Aldo VALLONE**, Studi sulla *DC*, Fir Olsch **1955** 173 S, B*AR* 42 [5 A oder V, zuvor veröff.; 1. Per la dataz. della *DC*; 2. Il dial. nella *VN* e nel *Purg.*; 3. Con D. tra commenti e letture d'oggi; 4. 'Cortesia' e stile in tre canti della *C*. (*Purg.* VIII e XXVI; *Par.* XI); 5. D. e la *C*. come tema letterar. dell'Ottoc.]. **Romano GUARDINI** [1895-1968], Landschaft der Ewigkeit. D.-Studien. Zweiter Bd, Mün Kösel **1958** 253 S [11 A von 1931-56; [2]1996: Mainz-Pader Matthias-Grünewald-Verl/Schöningh 199 S, R. G. Werke oN]. **Joseph Anthony MAZZEO**, Structure and Thought in the *Paradiso*, NY Greenwood P **1958** XI-220 S [6 A, veröff. 1955-57, zum *Par.*; repr. 1968: ebend.]. **Charles S[outhward] SINGLETON**, D. studies: Journey to Beatrice, Cambr MA Harv UP **1958** VI-291 S [„This second volume of D. studies is aimed at bringing into view the main outline of allegory in the Comedy." (VI) enth. 14 Arb., gegl. in 2 Abt.: I. Journey to B. (The allegorical journey; The three lights; The three conversions; Justification; Advent of Beatr.; Justification in history; The goal at the summit; Lady Philosophy or wisdom); II. Return to Eden (A lament for Eden; Rivers, nymphs and stars; Virgo or justice; Matelda; Natural justice; Crossing over into Eden); it. Fass.: Viaggio a Beatr., Bol Il Mul 1968 325 S, Saggi 67]. **Irma BRANDEIS**, The Ladder of Vision: A study of D.'s *Comedy*, Lon Chatto & Windus **1960** 211 S [Obwohl als Monographie aufgemacht, ist es eine Samml. von z. T. vorher veröff. Studien zur Bildlichkeit in der *DC*; folg. Themen = Kapitel: I. Substance and idea; II. The image of sin in action; III. Four images of fraternal love; IV. Beatrice; V. Aspects of minor imagery; VI. The ladder of vision]. **Joseph Anthony MAZZEO**, Med. Cultural Tradition in D.'s *Comedy*, Ithaca NY Cornell UP **1960** XI-260 S [6 zuvor z. T. mehrmals (1952-59) veröff. u. z. T. überarb. A; „The several chapters of this book are studies of some of the most important principles of structure of the *DC*." (VII) 1. The med. concept of hierarchy; 2. The light-metaphysics trad.; 3. Light metaphysics in the works of D.; 4. The analogy of creation in D.; 5. D. and Epicurus; 6. The 'Sirens' of *Purg.* XXXI 45]. **Edoardo SANGUINETI**, Tre studi dant., Fir Le Monn **1961** 108 S [3 A zu *Inf.* I-III, *Purg.* XXX u. zum 'Praesens historicum']. **Ch. S. SINGLETON**, Studi su D., I: Introd. alla *DC*. Premessa di Giulio Vallese e nuova prefaz. dell'autore, Nap G. Scalabrini Edit **1961** 158 S [= it. Übers.; Aufbau: I. Allegoria; II. Simbolismo; III. Lo schema al centro; IV. Sostanza di cose vedute; V. Le due specie di allegoria; engl. Fass. erschien zuvor: D. Studies 1, *C*.: Elements of structure, Cambr MA UP 1954 VIII-98 S; s. o.]. **Ernesto Giacomo PARODI** [1862-1923], Poesia e storia nella *DC*. A cura di G. Folena e P. V. Mengaldo, Vic Neri Pozza p. **1965** VIII-405 S, Nuova bibliot. di cult. 28 [9 A u. 4 Aufsatzreihen]. **Giovanni GETTO**, Aspetti della poesia di D., Fir Sans [2]**1966** VIII-239 S, Crit. e storia oN [9 A zu einz. canti der *DC*; [1]1947: ebend.]. **Edoardo SANGUINETI**, Il realismo di D., Fir Sans **1966** 146 S [4 A von 1963-65; außer dem TitelA Studien zu *Inf.* VIII, *Purg.* XXIV, *Par.* XIX; Ndr. z. B. [2]1980: ebend. 133 S]. **Antonino PAGLIARO** [1898-1973], Ulisse: ricerche semantiche sulla *DC*, Mess-Fir D'Anna II **1967** XVIII-851 S [16 meist längere, z. T. veröff., aber überarb. A; nicht zur 'Semantik', sondern zu allgem. oder spez. Deut.aspekten; s. hierzu: A. Vallone, La 'lect. Dantis' di A. P., *DDJb* 73, 1998 119-25]. **Hugo FRIEDRICH** ed, D. A.: Aufsätze zur *DC*.: Hrsg. u. eingel., Darm WB **1968** VI-522 S, Wege der Forsch. 159 [14 dt. bzw. ins Dt. übers. A von Verfassern aus der Zeit 1803-1959: H. F. (Einf.), Schelling, De Sanctis, Croce, Rajna, Vossler, Casella, Grabmann, Guardini, Gilson, Nardi, Curtius, Auerbach, Barbi, Rabuse (in dieser Reihenf.); repräsentat. Ausw. an (zentr.) Themen, Forsch.etappen u. bedeut. Dantisten]. **Thomas G[oddard] BERGIN**, Perspectives on the *Divine Comedy*, Bloom IN-Lon Indiana UP [2]**1970** 115 S, Midland Books 138 [3 A = 1967 als 'Queens lectures' an der Rutgers Univ. gehalt. V: I. Ingredients and proportion: The World of the *C*.; II. Themes and variations: The design of the *C*.; III. Whose D.? Which *C*.? Es handelt sich um „three extended essays dealing with the structure, proportion and substance of the *C*. as well as its various levels of meaning."]. **Ezio RAIMONDI**, Metafora e storia: Studi su D. e Petrarca, Tor Ein

1970 XII-218 S, Saggi 464 [10 A, davon 6 zu D.: 1. La crit. simbolica; 2. Per una immagine della *C.*; 3. Una città nell'*Inf.* dant.; 4. Rito e storia nel I canto del *Purg.*; 5. Semantica del canto IX del *Purg.*; 6. L'aquila e il fuoco di Ezzelino (5 davon 1966-68 veröff.); Ndr.: 1977 ebend. Reprints 109]. **Gian Roberto SAROLLI**, Prolegomena alla *DC*, Fir Olsch **1971** LXXI-456 S [11 1959-66 veröff. Studien in 3 Abteil.: 'Mira profunditas': Tradiz. e innovaz. (6 A; hier 'Autoesegesi dant. e tradiz. esegetica med.' (1-39) sowie 'I quattro 'sensi' figurati: fondamenta strutturali della *C.*' (144-87); II. D. scriba Dei: Storia e simbolo (2 A); 'Summum bonum-summa pulchritudo' et contra (2 A)]. **Vittorio RUSSO**, Esperienze e/di letture dant. (tra il 1966 e il 1970), Nap Lig **1971** 238 S [4 unveröff. A zu *Inf.* XXIII, *Purg.* II, *Purg.* XXV u. *Par.* II]. **Adolfo JENNI**, D. e Manzoni, Bol Pàtron **1973** 353 S [12 Arb., gegl. in 3 Abt.; I. D. (= 5 A: S. 9-156 über die *DC* zu Haupt- u. wicht. Nebenaspekten, zu Aufbau, Typologie etc. ed. 1953-69 bzw. neu); II. Manz. (= 5 A: ed 1951-58); III. D. e Manz.: 11. Il motivo della convers. nel M. e nella lett. it. (ed 1963); 12. Poesia e pens. di D. e Manz. (ed 1965)]. **Étienne GILSON**, D. et Béatrice. Études dantesques, Par Vrin **1974** VII-146 S, Études de philosophie médiévale 61 [9 A, alle 1965-66 veröff., v. a. zur *DC*]. **Mark MUSA**, Advent at the Gates: D.'s *Comedy*, Bloom IN-Lon IN UP **1974** XVIII-167 S [6 Unters.en; I. A lesson in lust; II. Behold Francesca who speaks so well; III. From measurement to meaning: Simony; IV. At the gates of Dis; V. In the valley of the Princes; VI. The 'Sweet New Style' that I hear]. **D'Arco Silvio AVALLE**, Modelli semiologici nella *C.* di D., Mil Bom **1975** 179 S [3 veröff. A 1966-70 + 3 unveröff. V; die Titel: Dal mito alla lett.; L'ultimo viaggio di Ulisse; L'eroe scomparso; L'età dell'oro in D.; ...*de fole amor*; Fra la morfol. del racconto e la fonol. praghense]. **Manfred BAMBECK**, *GK* u. Exegese, Ber-NY De Gruyter **1975** 253 S [13 A/Misz. zu Stellen der *DC*]. **Mario SANSONE**, Letture e studi dant., Bari De Donato **1975** 365 S [12 A, alle veröff. 1962-74; 8 A zur *DC*, u. zwar zu *Inf.* X u. XXXIII, *Purg.* I, XXI u. XXVII, zu *Par.* VII, XVII u. XXVII; außerdem: D. nelle culture regionali d'It., Asp. dell'interpret. crit. della *DC*, D. e Mazzini sowie D. e B. Croce]. **Tibor WLASSICS**, D. narratore: Saggi sullo stile della *C.*, Fir Olsch **1975** 234 S, Saggi di *LI* 20 [10 A, 4 neu, 6 von 1953-72; 1. Ambivalenze dant.; 2. L'anacoluto di D.; 3. Isterologia e iperbato nella *C.*; 4. L'anadiplosi nella *C.*; 5. Le 'postille' di D. alla *C.*; 6. L'ottica di D.; 7. Antropomorfismo di D.; 8. La 'percez. limitata' nella *C.*; 9. Sceneggiature dant.; 10. Coreografie dant.]. **Giovanni FALLANI**, L'esperienza teologica di D., Lecce Mil **1976** 253 S [10 unveröff. Stud. zu grundleg. theol. Fragen der *DC*]. **Georg RABUSE**, Ges. Aufs. zu D.: Als Festg. z. 65. Geb. des Verf., Wien-Stutt Braumüller **1976** VIII-363 S [15 A von 1959-74 zur *DC*; edd E. Kanduth-F. P. Kirsch-S. Loewe]. **John A. SCOTT**, D. magnanimo: Studi sulla *C.*, Fir Olsch **1977** 354 S [6 A; 2 zu *Inf.* X; zu *Inf.* XIX; L'Ulisse dant.; zu *Par.* XXVIII; D. magnanimo]. **Ch. S. SINGLETON**, La poesia della *DC*, Bol Il Mul **1978** 572 S [enth. in Üb. S.s wichtigste Aufs.: I. Elementi di strutt. (4 A aus 'D. Studies 1-Elements of Structure', ¹1954); II. Viaggio a Beatr. (8 A = 'D. Studies 2-Journey to Beatr.', ¹1958); III: L'irreducibile visione (4 A neu 1965-9)]. **Manfred BAMBECK**, Studien zu D.s *Par.*, Wies Steiner **1979** XIII-179 S [21 A zum *Par.*]. **Giuseppe MAZZOTTA**, D. Poet of the desert. History and allegory in the *DC*, Prince NJ UP **1979** X-343 S [7 A]. **Robert HOLLANDER**, Studies in D., Rav Longo **1980** 222 S, L'interprete 16 [7 A veröff. 1973-76, v. a. zur *DC*, u. a. zu *Purg.* II u. XXX sowie *Inf.* XX]. **Emilio BIGI**, Forme e significati nella *DC*, Bol Cappelli **1981** 218 S [8 A, 7 veröff. 1958-73, v. a. zur Metrik u. Rhetorik der *DC*; neu: Forme metr. e significati nella *DC* (33-58); Ndr.: 1987 ebend.]. **Jorge Luis BORGES**, Nueve ensayos dantescos. Introducción de Marcos Ricardo Barnatán. Presentación por Joaquín Arce, Mad Espasa-Calpe **1983** 161 S [9 kürz. Betracht. zu Stellen der *DC*; dt. Übers. Gilbert Haefs, J. L. B.: Gesamm. Werke. Die letzte Reise des Odysseus. Essays 1980-1982, Mün Hanser 1987; it.: J. L. B., Nove saggi, Mil Adelphi ²2002 176 S, Piccola Biblioteca 469 (¹2001); zu Borges' D.-Studien s. U. Schulz-Buschhaus, in *DDJb* 63, 1987 77-93].

Lucia BATTAGLIA RICCI, D. e la tradiz. letter. med.: Una proposta per la *C.*, Pisa Giardini **1983** 237 S [6 A, 4 veröff. 1971-9; die Titel: I. Teoria retorica e prassi poetica: Dal *VE* alla *C.*; II. Polisemanticità e strutt. della *C.*; III. Tradiz. e strutt. narrativa della *C.*; IV. Ancora sulla strutt. narrat. della *C.*; V. Dall'Antico Testam. alla *C.*: Indagini su lessico e stile; VI. *Par.* XXV 86-96]. **Walter BINNI**, Incontri con D., Rav Longo **1983** 116 S, L'interprete 38 [4 'lecturae', entst. 1954-66 (eine unveröff.) zu *Purg.* III, *Par.* III, XV u. XXX]. **Pompeo GIANNANTONIO**, Endiadi: Dottrina e poesia nella *DC*, Fir Sans **1983** 434 S [14 A/V 1959-80 zu versch. Themen, nur TitelA neu]. **Amilcare A. IANNUCCI**, Forma ed evento nella *DC*, Rom Bulz **1984** 193 S [5 A, zuvor 1973-82 engl. veröff., überarb.]. **Vittorio RUSSO**, Il romanzo teologico: Sondaggi sulla *C.* di D., Nap Lig **1984** 194 S [7 V 1979-82 zu versch. Themen, 1 neu; Teil I = 4 Arb. zu narrat. Aspekten; Teil II = 3 Arb. zu *Inf.* XXII, *Purg.* XXIII bzw. *Par.* XIX]. **Giorgio VARANINI**, L'acceso strale: Saggi e ric. sulla *C.*, Nap Fed & A **1984** 279 S [10 zuvor meist mehrfach veröff. A zu *Inf.* XIX, XXX, XXXII, XXXIII, *Purg.* V, XIII, XXIV, *Par.* IV, XXII, XXIII sowie 2 and. Stud. u. 1 Anhang; bibl. sehr aufwendig dokumentiert]. **Michele D'ANDRIA**, Il volo cosmico di D. e altri saggi per un nuovo commento della *DC*, Rom Edizioni dell'Ateneo **1985** 223 S [Die Essays sind in 3 Abt. gegl.; II. heißt: Il vaticinante volo cosmico di D. e i voli spaziali del nostro tempo (83-130).]. **Carlo CUINI**, Qualche novità nella *DC*: Il Veltro, il 'gran vinto' ed altro, Agugliano [Ancona] Bagaloni **1986** 143, Saggi Bagaloni oN [19 A/Misz., meist zu zentr. Themen oder Stellen der *DC*; „Alcuni saggi sorprendono per la ragionata importanza che piccoli particolari acquistano nel contesto. Le 'novità' annunciate dal titolo riguardano, tra l'altro, gli 'enigmi' del 'Veltro' e de 'il gran rifiuto.']. **John FRECCERO**, D.: The poetics of conversion. Ed. and with introd. by Rachel Jacoff, Cambr MA-Lon Harv UP **1986** XVI-328 S [17 A von 1959-84 zur *DC*; darin 17. The significance of terza rima (258-71)]. **Mario AVERSANO**, La quinta ruota: Studi sulla *C.*, Tor Tirrenia **1988** 230 S [7 A/V, 5 davon neu, u. a. zu *Purg.* XVII u. XXXII, *Par.* XXVII]. **Giorgio BÀRBERI SQUAROTTI**, L'ombra di Argo: Studi sulla *C.*, Tor Genesi ³**1988** 271 S, Coll. di scienze umanistiche oN [10 A zu versch. Themen; alle A haben einführ. Char., sind anschaulich dargestellt, aber ohne bibliogr. Ang.; Herkunft der A bleibt ungen.; Themen: Introd. alla *C.*, La *C.* come poesia della p.; Francesca o la vittima della lettura; Parodia e dismisura: Minosse e i Giganti; Ai piedi del Monte: il prol. del *Purg.*; Lo 'scandalo' di Manfredi; Stazio; Nel paradiso terrestre: l'allegoria; La Firenze celeste; Nel cielo della giustizia; ist rist. a cura di Monete e Parole]. **Ettore BONORA**, Interpretazioni dant., Mod Mucchi **1988** 205 S, Il vaglio 3 [7 Studien zur *DC*, entst. 1952-87: zu *Inf.* V, XIII, XVIII, zur Malebolge, zu *Purg.* XX, zu S. Francesco u. zu *Par.* XIV]. **E. BONNEA-Pasquale SABBATINO** u. a. edd, Filologia e critica dant.: Studi offerti a Aldo Vallone, Fir Olsch **1989** XIII-658 S, *Archivum Romanicum*. Biblioteca/1 224 [FS zum 70. Geb.; 31 A, v. a. zur *DC*]. **Michele DELL'AQUILA**, Al millesimo del vero: Letture dant., Fasano Schena **1989** 158 S [6 zuvor veröff. 'Lecturae Dantis': zu *Inf.* IV, V, IX u. X, zu *Purg.* XXVI u. *Par.* VIII-IX]. **Pasquale TUSCANO**, Dal vero al certo: Indagini e letture dant., Nap Edizioni Scientifiche It **1989** 327 S, Pubblicazioni della Univ. degli Studi di Perugia oN [7 A zur *DC*; 1. D. e la poesia allegor.; 2. La Malebolge: dai seduttori ai ladri (*Inf.* XVIII-XXV); 3. I canti di Forese (*Purg.* XXIII + XXIV); 4. „*Dì, dì se questo è vero*" (*Purg.* XXXI); 5. Cunizza e Folchetto (*Par.* IX); 6. San Francesco (*Par.* X-XI); 7. San Pier Damiano (*Par.* XXI); außerdem 4 Misz. im Anh.]. **Giuseppe VANDELLI**, Per il testo della *DC*. A cura di R. Abardo con un saggio introdutt. di F. Mazzoni, Fir Le Lett p. **1989** XVIII-382 S + 8 Taf. [39 A von 1901-37 zu Editionsproblemen]. **Gabriele MURESU**, I ladri di Malebolge: Saggi di semantica dant., Rom Bulz **1990** 248 S [6 A 1979-90 zu *Inf.* XXIV-XXV, *Purg.* XIV, XVI, *Par.* II, XIV sowie 'Religione e polit. in D.']. **Vincenzo NAPOLILLO**, Lectura Dantis: Itinerari calabresi nella *DC*, Cos Progetto 2000 **1990** 111 S [3 A: Lect. Dantis Calabrese; Il pastor di Cosenza; L'esegeta silano; Anh. mit 6 Dokum., Nota cronol.

dant., Bibliogr.]. **Aldo VALLONE**, Strutture e modulazioni nella *DC*, Fir Olsch **1990** 225 S, B*AR* 234 [12 A, jew. 4 zu einer *cantica* als Lect. Dantis: *Inf.* XII, XXV, XXVI, XXXIV; *Purg.* IV, XVI, XXVI, XXIX; *Par.* IX, XI, XXV, XXX; tw. zuvor veröff.]. **Nino BORSELLINO**, Sipario dant.: Sei scenari della *C.*, Rom Sal **1991** 109 S [6 A, alle veröff.]. **Alberto CHIARI**, Saggi dant. e altri studi (1980-1990), Fir Le Lett **1991** 271 S, Studi Danteschi 7 [Festgabe zum 90. Geb. (6. 3. 1990) des großen Lehrers an der Univ. Catt. di Milano; S. 5-133: mehrfach vorgetragene oder publizierte Arbeiten: Dalla selva oscura al vestibolo dell'*Inf.*; Preludio del *Purg.*: Catone; Prel. del *Par.*: Canti I e II; Nuova lettura del canto dant. dei Giganti (*Inf.* XXXVI); San Benedetto cantato da D. (*Par.* XXII 1-99); L'addio di D. a Beatrice; D. e il Casentino; es folgen dann 'altri studi': zu Petr., Alfieri, Leop., Manz.]. **Gianni OLIVA**, Per altre dimore: Forme di rappresentaz. e sensibilità med. in D., Rom Bulz **1991** 161 S [6 A, die zu einer org. Studie zus.gefaßt sind; zu *Inf.* XIII, *Purg.* V, VI-VII, XXXI, XXXII, *Par.* V; „Gli studi qui raccolti nascono dall'esigenza di un approccio al poema dant. svolto secondo l'ottica dell'immaginario e della sensibilità med." (9)]. **Pasquale SABBATINO**, L'Eden della nuova poesia: Saggi sulla *DC*, Fir Olsch **1991** 229 S, B*AR* 242 [5 offenbar nicht zuvor veröff. A; zu *Inf.* V, *Purg.* XXVIII-XXXIII, *Par.* III, VI, XXIII]. **Madison U. SOWELL** ed, D. and Ovid: Essays in intertextuality, Bing NY Med and Renaiss Texts & Studies **1991** 187 S [8 Stud., v. a. zu einz. Stellen der *DC* mit Ovid-Anlehn.; S. 153-72: spez. Bibl. zu Ovid. u. D.]. **Remo FASANI**, La metrica della *DC* e altri saggi di metr. it.: Presentaz. di C. Segre, Rav Longo **1992** 151 S, Studi Danteschi oN [5 A, alle zuvor veröff. (meist in der Zs *Misure critiche*); I. La metr. della *DC* (11-68, zuvor 1978 bzw. 1980); II. Endecasillabo e cesura (69-90); III. Un capit. di storia dell'endecas. e il quaternario in fine di verso (91-113); die beiden letzten A tangieren die *DC* nicht: Legami lessicali sowie Dieci sonetti (= nicht zu D.).]. **John C. BARNES-Jennifer PETRIE**, Word and Drama in D.: Essays on the *DC*, Dublin Irish Academic P **1993** 208 S [8 V von versch. Verf.; D.-Les.en am Univ. College in Dublin 1987-90; das Thema lautete „W. and D. in D."; es wird in den V auf untersch. Textebenen die Dramatizität der *DC* herausgearbeitet; die Themen: *S'i' ho ben la parola tua intesa*: Dialogue in the *C.* (J. Petrie); *Quell'arte*: Dramatic exchange in the *C.* (C. Ó Cuilleanáin); *Più di mille*: Crowd control in the *C.* (J. Usher); D., Augustine and the drama of salvation (J. Took); Words and the drama of death in *Purg.* V (P. Armour); The language of love: *Purg.* XXVI (A. Corsaro); *Paradiso*: A drama of desire (L. Pertile); Ch. Singleton and American D. criticism (D. Della Terza)]. **Carlo CUINI**, Novità nella *DC*: Acrostici e motivi polemici, Rom Serarcangeli **1993** 247 S [25 A u. Misz., unveröff., zu versch. Themen der *DC*]. **Giorgio PADOAN**, Il lungo cammino del 'poema sacro': Studi dant., Fir Olsch **1993** 308 S, B*AR* 250 [19 A u. Misz., tw. veröff., aus den späten siebziger u. den achtziger Jahren, in 3 Abteil. gegliedert: I. Momenti nella stesura e vicende della pubblicaz. del 'poema s.' (5); II. Nel mondo di D. (3); III. Schede e app. (11) = zu versch. Werken D.s]. **Valeria CAPELLI**, La *DC*: Percorsi e metafore, Mil Jaca Book **1994** 266 S [45 Misz. zur *DC*]. **Giorgio PETROCCHI**, Itinerari dant.: Premessa a cura di C. Ossola, Mil Franco Angeli **1994** 309 S, Collana letteratura 1052.15 [16 A, 15 veröff. 1957-69; fast alle zur *DC*; [1]1969: Bari Adr 366 S]. **Jörg SPLETT** ed, Höllenkreise-Himmelsrose: Dimensionen der Welt bei D., Idstein Schulz-Kirchner **1994** 110 S [6 A von Buck, Felten, Imbach, Splett, Wachinger, von Jan, tw. aus einem Kolloquium 18.-20.1. 1991 in der Kath. Akad. Rabanus Maurus in Wiesbaden-Naurod]. **Giorgio CAVALLINI**, Di soglia in soglia: Tre letture dant., Rom Bulz **1995** 108 S, Bibliot. di cult. 511 [3 A zu *Purg.* XXX, *Par.* VIII, XXVI; ehemal. Lecturae Dantis Neapolitana bzw. Metelliana]. **Angelo JACOMUZZI**, L'imago al cerchio e altri studi sulla *DC*, Mil Franco Angeli [2]**1995** 277 S [Teil I: 'L'imago al cerchio' = 5 A über versch. canti der *DC* zum Thema „fictio e realtà, invenz. e visione"; Teil II: 'Lect. Dantis' = 5 A zu *Inf.* VI, *Purg.* III, V, XXXI u. *Par.* XIX; alle zuvor veröff.; [1]1968: Mil Silva 235 S]. **Mark MUSA** ed, D.'s *Inf.*: The Indiana Critical Edition Transl. and Ed., Bloom-

Ind IN Indiana UP **1995** XVIII-409 S [Diese engl. Übers. der ersten 'cantica' begleiten 10 A von amerik. Dantisten.]. **Luigi SCORRANO**, Tra il 'banco' e 'l'alte rote': Letture e note dant., Rav Longo **1996** 204 S, Memoria del tempo 7 [9 A des in Lecce lehrenden S. (8 1987-96 veröff., einer neu), v. a. zur *DC*, u. zwar zu *Inf.* XXII, *Purg.* XIII u. XVI, zu *Par.* II, X u. XXXII (= I bis VI); außerdem: VII. Da Firenze a Firenze: vicenda polit. nella *C.*; VIII. D. 'sotterraneo' e dantismi nella poesia di Quasimodo; IX. La scena dell'aldilà (Su una 'trilogia dant.')]. **Gotthard STROHMAIER**, Von Demokrit bis D.: Die Bewahr. antiken Erbes in der arab. Kultur, Hild-Zür-NY Georg Olms **1996** X-558 S, Olms Studien 43 [Ges. Studien des Orientalisten aus der ehem. DDR; in der Abt. „Die Welt des Islam u. das eur. MA" findet man 4 A zu Einflüssen jüd. u. arab. Texte auf D.: „Aristoteles u. sein Gefolge im Inferno des Immanuel ha-Romi; Chaj ben Mekitz – die unbek. Quelle der *DC*" (zuvor in *DDJb* 55/56 1980/81 191-207); Ibn Sina's psychology and D.'s *DC*; Die angeblichen u. die wirkl. oriental. Quellen der *DC* (zuvor in *DDJb* 68/69, 1993/94 183-98)]. **Gabriele MURESU**, Il richiamo dell'antica strega: Altri saggi di semant. dant., Rom Bulz **1997** 286 S, Bibliot. di cult. 530 [7 A, z. T. veröff., u. a. zu *Inf.* XIII, *Purg.* XIX u. XXXII sowie *Par.* XXI]. **Riccardo SCRIVANO**, D.: *Commedia*. Le forme dell'oltretomba, Rom Edizioni Nuova Cultura **1997** 192 S [4 A: 1. Le mappe dell'oltret. (zu *Inf.* XI, *Purg.* XVII, *Par.* I); 2. Stazio compagno di viaggio (zu *Purg.* XXI, XXII u. XXV); 3. Intelligenza del cosmo (zu *Par.* XXVIII); 4. 'la forma general di Paradiso' (zu *Par.* XXX u. XXXI); 1. A neu; 2-4 veröff. 1989-92]. **Paolo BALDAN**, Nuovi ritorni su D., Aless Edizioni dell'Orso **1998** 106 S, Contributi e proposte 37 [5 zuvor veröff. A, u. a. zu *Inf.* I (Veltro), *Inf.* XVIII u. XXXIII]. **Flavia GIULIANI**, D. cum Sibylla: I paradossi della *C.*, Como Dominioni Edit **1998** 224 S [Studien zu paradoxalen Aspekte der *DC*; Aufbau: I. La metamorfosi di D. (= 20 A); II. La conversione di Virgilio (15); kein Vorwort, keine Einf., kein Klappentext]. **Romano MANESCALCHI**, Il prologo della *DC*, Tor Editr Tirrenia Stampatori **1998** 126 S, L'avventura letteraria oN [5 A, wovon 3 der lonza in *Inf.* I gelten]. **Zygmunt G. BARAŃSKI**, »*Chiosar con altro testo*«, Fiesole Cadmo **2001** 180 S, I saggi di *LIA* 2 [6 A zur *DC*-Exegese u. -Rezeption; 4 zuvor veröff.]. **Petra Christina HARDT-Nicoletta KIEFER** edd, Begegnungen mit D.: Unters.en u. Interpret.en zum Werk D.s u. zu seinen Lesern. Mit einem einleit. Essay von Luigi Malerba, Gött Wallstein Verl **2001** 157 S [„Für Manfred Hardt 22. 9. 1936-3. 7. 2001"; der Bd enth. 7 A zur *DC* von H.-M. Gauger, W.-D. Lange, M. Lentzen, K. Ley, W. Hirdt, W. Pötters u. N. Kiefer.].

64. AUFSÄTZE zur *DC* mit zentraler Thematik

[Aus der gewaltigen Masse kleinerer, meist in Zeit- oder Festschriften publizierter Forsch.beiträge zur *DC* -Aufsätze, Artikel, Essays, Miszellen- wird **in chronol. Reihenf.** eine kleine Auswahl von Studien zus.gestellt, die D.s *DC* in einem typ. oder wichtigen Aspekt erfassen; s. auch Abt. 18: AUFSATZBÄNDE zu Dante, 19: KONGRESSAKTEN zu Dante, 20: AUFSÄTZE zu Dante, 48: Formen der 'LECTURA DANTIS', 63: AUFSATZBÄNDE zur *DC*.]

Emanuele **CIAFARDINI**, **Dieresi e sineresi** nella *DC*, in *Rivista d'Italia* [Rom u. a.] 13, **1910** 888-919 [ausf. Bestandsaufnahme u. Studie zweier metrischer Phänomene, die wesentlich die Verskunst in der *DC* bestimmen]. Pio **RAJNA**, **L'epiteton** *divina* dato alla *Commedia* di D., *BSDI* 22, **1915** 107-115 u. 225-58. Ferdinand **KOENEN**, Anklänge an **das Bußwesen** der Alten Kirche in D.s *Purg.*, *DDJb* 7, **1923** 91-108. W[illiam] H[enry] V[incent] **READE** [1872-?], D.'s **Vision of History**, Lon Humphrey Milford Amen House E. C. oJ [**1940**] 31 S, Proceedings of the British Academy 25 [Annual Ital. Lecture of the Br. Ac. 1939; „In D.'s vision of history it is the sense of continuity, rather than of distinguishable epochs, that constantly prevails. Above all else it is a vision of the indestructible Empire ordained by God for the welfare of man." (31)]. **Erich**

AUERBACH [1892-1957], Sacrae scripturae **sermo humilis**, in *Neue D.studien/Dante hakkında yeni araştırmalar* (ders.), Istanbul Ibrahim Horoz Basımevı **1944** 1-10, Istanbuler Schr./Istanbul Yazıları 5 [Zur Wahl des 'volg. illustre' für ein 'heiliges Buch': „Le 'sermo humilis' (qui reste humble même s'il est figuré) est intimement lié aux origines de la doctrine du christianisme." (10)].   Amerindo **CAMILLI, La cronologia del viaggio** dant., *SD* 29, **1950** 61-84 [Ausgangsfrage ist: „I dati astronomici della *C*. sono immaginari o rispondono a una realtà?" (61) C. unters. daraufhin die „accenni al tempo nella *C*.", d. h. die 7 Tage vom 25. bis 31. März 1300 als chronol. Gerüst.].   E. **AUERBACH, D.'s adresses to the reader** in der *C*., *RPh* 7, **1953-54** 268-78.   Yolande **ALAERTS,** Essai sur l'**épithète** dans la *Divine Comédie*, in *Lettres Romanes* [Univ. Cathol. de Louvain] 8, **1954** 3-18 [unters. aus den 3 cantiche 1073 + 1133 + 1133 Verse, wo Adjektive erscheinen; deren Funktion u. Bedeut. werden herausgearb.: „D. s'en est servi avec une modération remarquable, avec même une parcimonie qui fait bien augurer de la qualité de son style. Il s'est contenté habituellement des adjectifs tels qu'ils sont, à leur état naturel et simple, sans éprouver le besoin de les renforcer. Les superlatifs sont chez lui d'une rareté qui est stupéfiante." (5)].   Aldo **VALLONE,** Per la **datazione** della *DC*, in *Studi sulla DC* (ders.), Fir Olsch **1955** 3-18, B*AR* 42.   Luigi **BLASUCCI,** L'esperienza delle *Petrose* e il **linguaggio** della *DC*, *Belfagor* 12, **1957** 403-31 [unters. Nachwirk. der 'energia linguistica' der Petrosen auf *DC* u. erkennt ein 'atteggiamento violentemente demiurgico nei riguardi dell'espressione', das die *DC* prägt: „Nell'itinerario che parte dal D. guittoniano e conduce alle soglie della *C*., il momento 'petroso' rappresenta forse l'episodio più determinante per la formaz. di quell'abito espressivo che caratterizza il D. maggiore." (403)].   Leo **SPITZER,** The **adresses to the reader** in the *C*., in *Romanische Lit.studien* 1936-1956 (ders.), Tüb Niem **1959** 574-95 [Studien von H. Gmelin (1951) u. E. Auerbach (1953-54) aufgreifend, stellt S. nach Überprüf. mehrerer Stellen mit Leseransprache fest, daß dieses textl. Phänomen keine topische, sondern eine essentiellere, werkstützende Funktion hat: Der Leser hat Anteil an dem Übermittlungsprozeß der Vision vom Jenseits; zuvor in *Italica* 32, 1955 143-65].   Gian Roberto **SAROLLI,** D. **'scriba Dei',** *Convivium* 31, **1963** 385-422, 513-45 u. 641-71 [Die den Umfang eines Buches einnehmende Studie befaßt sich mit esoterisch deutbaren Anspielungen in der *DC*, die D. als einen Gottesbotschaften von sich gebenden Poeten erscheinen lassen; Ausgang ist die Beziehung zw. dem prophet. Namen 'Natan' u. dem darin verborgenen 'Dante'; es werden dann diverse andere kryptische Anspielungen diskutiert (veltro u. a.).].   Mario **FUBINI, La terzina** della *C*., *DDJb* 43, **1965** 58-89 [F. resümiert Abschnitte aus seiner Metrik-Mon. von 1962; er betrachtet zuerst die Poesieformen vor D. u. zu seiner Zeit, zeigt dann, wie D. in der *DC* diese einheitlich strenge Form variabel handhabt u. den Inhalten anpaßt: „D. pensa per terzine, discendendo dalle sentenze ai particolari e risalendo dai particolari alle sentenze, e nelle terzine ci fa sentire la robusta architettura intellettuale del suo poema." (65) „Il metro di D. nei momenti più solenni è un metro triplice, di tre terzine separate e congiunte." (68) „La terzina dant. non è isolata... esistono gruppi di terzine." (72) „La terzina dant. non è uniforme, accoglie pur rimanendo identica una grande varietà di ritmi." (77)].   Pio **RAJNA,** Über den **Titel** der *DC* von D., in *D. A.: Aufsätze zur DC* (H. Friedrich ed), Darm WB p. **1968** 71-99, Wege der Forschung 159 [it. Fass.: Il titolo della *DC*, *SD* 4, 1921 1-37].   Antonio Enzo **QUAGLIO, Francesca da Rimini** e D., in *Al di là di Francesca e Laura* (ders.), Pad Liv **1973** 7-30, Scartabelli oN.   Dieter **KREMERS, Dichtung u. Wahrheit** in der *GK*. Bemerkungen zur Erzählform des Gedichts, *DDJb* 57, **1982** 41-55 [K. betrachtet die *DC* innerh. der Gattungsform der Jenseitsvision u. ihres spezif. Subjektivismus u. erklärt daraus erzählstrukturelle u. -grammatische Merkmale.].   Jodok **ZABKAR,** Bemerkungen zu D.s Kritik der **florentin. Sozialverhältnisse,** *DDJb* 57, **1982** 109-35 [Z. unters. bestimmte Äußer.en u. Anspiel.en in der *DC* vor dem sozialgesch. Hintergrund, bezieht dabei auch and. Werke D.s mit ein.].   August **BUCK, Vergil als D.s Lehrer,** in *Italia viva. Studien zur Sprache u. Lit. Italiens* (= FS für H. L. Scheel; W.

Hirdt-R. Klesczewski edd), Tüb Narr **1983** 137-44, Tübinger Beitr. zur Linguistik 220 [„Vergil war das dichter. Vorbild, dessen Mission, die Wiederherstellung der gestörten Weltordnung, D. auf einer höheren Ebene, der christlichen, wieder aufnahm. Man ist versucht zu sagen: Vergil, die 'Figur' D.s." (144)].   Hans FELTEN, D.s **Metaphorik** als verkürzte u. konzentrierte **Theologie**, *DDJb* 59, **1984** 89-105.   Bodo GUTHMÜLLER, »*Taccia Ovidio*« - Die **Metamorphosen** in D.s Hölle, *DDJb* 59, **1984** 55-78 [G. unters. die Untersch. in der Konzeption der *Metam.* bei Ovid u. D.; für D. sei die Metam. „nicht bloßes poetisches Verfahren, sondern im Jenseits sich vollziehende Wirklichkeit." (78)].   Peter S. HAWKINS, D.'s *Paradiso* and the dialectic of **ineffability**, in *Ineffability: Naming the Unnamable from D. to Beckett* (ders.-A. Howland Schotter edd), NY AMS P **1984** 5-21, AMS ars poetica 2 [H. unters. den Topos der Unsagbarkeit bei der Darstell. von Göttlichem im Zus.hang mit Theoremen der Antike u. der Patristik.].   Reinhard KLESCZEWSKI, D.s Odysseus-Gesang, in *D. A. 1985. In mem. H. Gmelin* (R. Baum-W. Hirdt edd), Tüb Stauffenburg **1985** 17-30 [ursprüngl. Festvortr. 1983 Saarbr.; Lectura Dantis von *Inf.* XXVI mit Fokussierung der Hauptfigur].   Christoph SCHWARZE, **Indirektheit** in der *DC*, ebend. 88-102 [„Im folg. soll gezeigt werden, welche Rolle Indirektheit in der *DC* spielt. Indirektheit ist nämlich in der *DC* ein Gegenstand der Darstell. u. ein Mittel zur Lösung bestimmter Darstellungsprobleme in der Kommunik. zw. Autor u. Leser." (90)].   Willi HIRDT, D., Kolorist der Hölle, in *Das Epos in der Romania: FS für D. Kremers zum 65. Geb.* (S. Knaller-E. Mara edd), Tüb Narr **1986** 79-93 [H. unters. das Vorkommen von Farben in der *DC* u. ihre Bedeut. in Anlehn. an ma. u. moderne (Goethe) Farbtheorien.].   Karl MAURER, D.s **Verweigerung des Epos**, ebend. 245-70.   August BUCK, **Die C.**, in *Die it. Lit. im ZA D.s u. am Überg. vom MA zur Renaiss.* (ders. ed), I: D.s *C.* u. die D.-Rez. des 14. u. 15. Jh.s, Hei Winter **1987** 21-165 [= Grundriß der roman. Lit.en des MAs X/1]. Frank-Rutger HAUSMANN, Die Funktion der **Naturvergleiche** in D.s volkssprachl. Dichtungen, *DDJb* 62, **1987** 33-54 [gilt v. a. der *DC*; vorab Forsch.ber. über Simila-Studien seit dem 19. Jh.; dann Anal. von Beispielen u. deren Bewert.: „Im Lichte der mod. Lit.kritik kann, was die Technik des Vergleichs ausmacht, kein and. ma. Dichter den Vergleich mit D. aushalten." (54)].   Maria Provvidenza LA VALVA, Der kontextuelle **Chiasmus** in der *C.* D.s: ein rhetorisches Mittel für die Autorintention, *DDJb* 62, **1987** 117-29 [„Es scheint, als ob D. sprachlich gewissen Episoden u. Bildern durch eine chiastische Abgrenzung nach festem Paradigma Inhalt u. Relevanz verleihen will." (120) D.s Vorliebe für 'Seelenpaare' oder Dichotomien/Oppositionen kommt demnach auch stilistisch (durch über-Kreuz-Konstruktionen/Figuren) zum Ausdruck.].   Karl August OTT, Die Bedeut. der **Mnemotechnik** für den Aufbau der *DC*, *DDJb* 62, **1987** 163-93 [unters. die ant. u. ma. Quellen zur Mnemonik-Theorie u. illustriert deren mögl. Einfluß auf die zum Auswendiglernen konzipierte Struktur der *DC*; es geht um die „Frage, inwieweit die *DC* nicht ihrer Struktur nach in einer Weise angelegt ist, daß sie leichter als andere vergleichbare Texte auswendig zu lernen ist." (167)].   Frank-Rutger HAUSMANN, D.s **Kosmographie** – Jerusalem als Nabel der Welt, *DDJb* 63, **1988** 7-46 [umfassende, faktenreiche, synthetische, interessante Analyse von D.s Weltvorstellungen bzw. seiner komplexen Aufarbeitung kosmologischer Konzeptionen; mit 21 Abb.en].   Karlheinz STIERLE, **Odysseus u. Aeneas**: Eine typolog. Konfiguration in D.s *DC*, in *Das fremde Wort: Studien zur Interdependenz von Texten* (= FS für K. Maurer zum 60. Geb.; I. Nolting-Hauff-J. Schulze edd), Amst Verl B. R. Grüner **1988** 111-54 [S. hinterfragt beide Figuren u. a. im Hinbl. auf Funktion u. Erfüllung des wandernden D.-Ichs sowie in bez. auf D.s Schreiben als Realisierung seines Lebens.].   DERS., Selbsterhaltung u. Verdammnis: **Individualität** in D.s *DC*, in *Individualität* (M. Frank-A. Haverkam edd), Mün Fink **1988** 270-90, Poetik u. Hermeneutik 13 [„D. hat die Erscheinung des Individuellen... ins *Inferno* verbannt." (271)].   Marcello FAGIOLO, **Il mondo simbolico** della *DC* tra Illuminismo e Simbolismo, in *Pagine di D.: Le edizioni della DC dal torchio al computer. Catalogo della mostra* (Roberto Rusconi ed), Per

Electa/Editori Umbri Associati **1989** 153-266 [Der A in dem Ausstell.kat. bezieht sich v. a. auf bildliche Symbolik, ist aber von allgemeiner, also auch literarisch-ästhetischer Relevanz.]. Georges GÜNTERT, Zur **Struktur des** *Purgatorio*: Anordnung u. Sinn der 'exempla virtutis et vitii', *DDJb* 64, **1989** 11-40 [zusammenfassende Einf. in die Zahlenrelationen u. in die Lehre moral. Kategorien; G. unterstreicht -im Gegensatz zu and. numerologischen Theorien- eine auf der Zahl zwei basierende Dichotomie der Diskurse; am Schluß übersichtliche System-Tabelle]. Werner ROSS, Der Held in der Hölle – Ein Versuch über den **Odysseus-Ges.** des *Inf.*, *DDJb* 64, **1989** 61-74.   Manfred BAMBECK, D.s **Waschung mit dem Tau** u. Gürtung mit dem Schilf, in *Wiesel u. Werwolf: Typol. Streifzüge durch das roman. MA u. die Renaiss.* (= ders.-F. Wolfzettel-H.-J. Lotz edd), Stutt Steiner ²**1990** 75-25 [Quellenstudie zu *Purg.* I; zuvor in *RJb* 21, 1970 75-92]. Isabel GRÜBEL, **Lucifer** als Seelenfresser: Überleg. zu einer zentr. Gestalt des ma. Jenseitsglaubens, *Lit.wissenschaft u. Linguistik* 80 [Bandthema: Frömmigkeitsstile im MA], **1990** 49-60 [G. arbeitet 3 Luzifer-Darst.typen heraus (mit Abb.en in der Kunst).].   Jochem KÜPPERS, D. u. **Statius,** *DDJb* 65, **1990** 77-106 [K. zeigt, daß D. mit seiner Statius-Imitatio sowie mit dem Gesamtbild, das er von S. hat bzw. das er von ihm in der *DC* entwirft, z. T. auf ma. Legendenbildung zurückgeht u. noch fest im MA verankert ist.].   Marcella RODDEWIG, Der gerettete **Wald** in D.s *GK*, in *Der Wald im MA u. Renaiss.* (Josef Semmler ed), Düss Droste **1991** 161-85, Studia Humaniora 17 [R. definiert die Semantik des Waldes in der *DC* als etwas (für das MA in typ. Weise) Sündenbeladenes im Gegens. zu spät. Epochen, welche den Wald ins Positive 'retten', d. h. in ihm etwas Befreiendes sehen.].   Willi HIRDT, **Lebensmitte.** Zu archetyp. Vorstell.en in Zus.hang mit *Inf.* I, 1, *DDJb* 67, **1992** 7-32 [„Die Unterteil. des Lebens in verschied. Phasen... entspricht dem Geist der Scholastik, dessen method. Prinzipien D. gern assimiliert u. überzeugt zur Anwend. bringt." (32)].   Rudolf BAEHR, **D. als Richter** u. als Betroffener: Zur Wert. der höf. Dicht. in der *DC*, in *Lit. ohne Grenzen* (= FS für E. Kanduth, M. Pauer-S. Loewe-A. Martino-A. Noe edd, Ffm-Ber u. a. Lang **1993** 20-33, Wiener Beitr. zu Komparatistik u. Romanistik 3 [„Als Richter u. Betroffener zw. zwei Wertwelten gestellt, entscheidet sich D. aus religiöser Verantw. für die christliche, macht aber kein Hehl daraus, wie schwer ihm die Lösung aus den Idealen der höf. Liebe fällt." (33)].   Winfried WEHLE, Concupiscentia signorum. Über ästhet. **Erfahrung von Zeichen** – D., Petrarca, ebend. 477-98 [„Gerade weil D. sich der 'Augenlust' nur allzu bewußt war, die die Bildersprache der Lit. zu wecken vermag, hat er sein poema sacro so massiv gegen alle unwillkürl. Entladung ins Sinnenfällige abgesichert... Anschauliches darf sich nur im Schutze höherer, unsichtbarer Verbindungen äußern." (488)].   Willi HIRDT, Ein **Kuß mit Folgen.** Zum 5. Gesang des *Inf.* in der *DC*, in *Sprache u. Lit. der Romania. Trad. u. Wirkung. FS für Horst Heintze zum 70. Geb. Im Auftrag der Berliner Renaiss.-Gesellsch.* (I. Osols-Wehden-G. Staccioli-B. Hesse edd), Ber Berlin Verl Arno Spitz **1993** 29-37 [H. unters. die Bedeut. der vordergründig Mitleid erweckenden Liebesgeschichte.].   Sebastian NEUMEISTER, **D. als Leser Vergils** u. wir, ebend. 38-45 [Ausgehend von *Purg.* XXI wird erläutert, „warum D. gerade Vergil, den Dichter der vierten Ekloge, zum Führer durch das Jenseits wählte." (43)].   G. STROHMAIER, D., il maladetto fiore u. **der Orient,** ebend. = **1993** 46-57 [Der Orientalist S. thematisiert arabische bzw. jüd. Einflüsse auf D.].   Gotthard STROHMAIER, Die angeblichen u. die wirklichen **orientalischen Quellen** der *DC*, *DDJb* 68/69, **1993-94** 183-98.   Aleida ASSMANN, **Odysseus** u. der Mythos der Moderne. Heroisches Selbstbehauptungs-Wissen u. weisheitliches Selbstbegrenzungs-Wissen, in *Lange Irrfahrt-große Heimkehr. Odysseus als Archetyp- Zur Aktualität des Mythos* (Gotthard Fuchs ed), Ffm Verl Josef Knecht **1994** 103-20 [die Themen: 1. Von Odysseus zu Ulysses – Metamorph. des Helden von Homer über Vergil zu D.; 2. Vom Trieb zum Antrieb – Tennysons Ulysses als Prototyp des neuzeitl. Helden; 3. Vertikale u. horizont. Grenzüberschreit.; 4. Weisheitl. Wissen: Selbstbegrenzungs- u. Erfahrungswissen].   Ruedi IMBACH, experiens Ulixes. Hinweise zur Figur des **Odys-**

seus im Denken der Patristik, des MAs u. bei D., ebend. 59-80 [die Themen: 1. Zu den Quellen des ma. Odysseus-Bildes; 2. Od. u. die Sirenen; 3. Od. u. Christus; 4. Der Tod des Od.]. Hans Robert JAUSS, Erleuchtete u. entzogene **Zeit** – eine Lectura Dantis, in *Wege des Verstehens* (ders.), Mün Fink **1994** 147-80 [urspr. V zu einem Koll. mit dem Thema „Das Fest" (= Poetik u. Hermeneutik 14, W. Haug-R. Warning edd); Unters. zum Zeitverständn. in der *DC*; zum Schluß Vergl. mit Prousts *A la recherche*]. Andreas KABLITZ, Die Zeichen des Alltags u. die **Zeichen der Hölle.** D.s *Inferno* u. der ma. 'Realismus', in *Sprachl. Alltag: Linguistik-Rhetorik-Lit.wiss.* (= FS für W.-D. Stempel 7. Juli 1994, A. Sabban-Chr. Schmitt edd), Tüb Niem **1994** 145-199 [„Der Alltag ma. Lit. versteht sich als ein zeichenhafter. Seine textuelle Repräsentation bedeutet sehr weitgehend eine hermeneut. Kodierung." (146) Und diese Kodierung zeigt K. an vielen Stellen auf.]. Sebastian NEUMEISTER, **Adam – Odysseus – D.**: Noch einmal zu *Inf.* XXVI, in *Come l'uom s'etterna. Beiträge zur Lit.-, Sprach- u. Kunstgesch. Italiens u. der Romania. FS für Erich Loos zum 80. Geb. im Auftrag der Berliner Renaiss.-Gesellsch.* (G. Staccioli/I. Osols-Wehden edd), Ber Berlin Verl Arno Spitz **1994** 200-18. Michelangelo PICONE, D. argonauta. La ricez. dei **miti ovidiani** nella *C.*, in *Ovidius redivivus. Von Ovid zu D.* (ders.-B. Zimmermann edd), Stutt Verl für Wiss u Forsch/Metzler/Poeschel **1994** 173-202 [V = Züricher Ringvorles.; D. wetteifere in der *C.* mit Ovid u. überbiete ihn: „La *C.*, storia del viaggio nell'Oltret. cristiano, è superiore alle *Metamorfosi*, storia del viaggio ai limiti del mondo pagano." (201) Das Verfahren der Überbiet. zeigt P. in folg. Schritten: 1. *Imitatio* e *aemulatio* nell'antichità e nel Med.; 2. Il mito di Fetonte e la visione dant.; 3. Il m. di Fet. e il poeta-pellegrino; 4. La riscritt. dant. del m. di Icaro; 5. L'incontro del poeta-pell. con Giasone]. Giorgio BRUGNOLI, **Forme ovidiane** in D., in *Aetates Ovidianae: Lettori di Ovidio dall'Antichità al Rinascim.* (Italo Gallo-Luciano Nicastri edd), Nap Edizioni Scientifiche It **1995** 239-56, Pubblicazioni dell'Univ. degli Studi di Salerno. Sez. Atti-convegni-miscellanee 43 [B. unters. D.s Rez. der *Metamorphosen* v. a. in Hinbl. auf Troja- u. Odysseus-Thematik bzw. -gestaltung.]. Georges GÜNTERT, D.s schattenwerfender Körper u. die **Schattenleiber** der Seelen, *DDJb* 70, **1995** 47-67 [„Das Motiv des schattenwerfenden Körpers wird in der *C.* als persuasives Element eingesetzt. D. will damit beweisen, dass er tatsächlich mit Leib u. Seele im Jenseits weilte." (49)]. Erika KANDUTH, Die **Erkenntnis des Schmerzes** bei D., *DDJb* 70, **1995** 29-45 [Von Gaddas *La cognizione del dolore* (1963 bzw. zuvor 1938-41) aus-gehend, fragt sich K.: „Wie läßt es sich nachvollziehen, daß D.s Weg vom Schmerz zur Seligkeit führt?" (30) K. unters. das semant. Feld von 'dolore': „Der Schmerz als ein Grundmotiv in D.s *DC* erlangt viele Färbungen zw. konkret u. abstrakt, zw. körperlich u. geistig, in der Absolutheit u. in den Kontingenzen." (35)]. Bernhard KÖNIG, **Formen u. Funktionen grober Komik** bei D. (Zu *Inf.* XXI-XXIII), *DDJb* 70, **1995** 7-27 [Ausg.punkt ist die Darstell.weise der *Visio Tundali*; einbe-zogen wird dann -wegen ihres stilist. Tenors- D.s Forese-Tenzone.]. Wolfgang KEMP, Das letzte Bild: **Welt-Ende u. Werk-Ende** bei Giotto u. D., in *Das Ende: Figuren einer Denkform* (K. Stierle-R. Warning edd), Mün Fink **1996** 415-34, Poetik u. Hermeneutik 16 [„Ich versuche einen Dialog zw. zwei Werken anzuzetteln, an deren Schluß das Ende zum Thema der Kunst wird. Es geht um D.s *DC* u. Giottos Ausmalung der Arena-Kapelle in Padua, die Hauptwerke zweier Flo-rentiner, die sich mit zieml. Sicherh. gekannt haben u. möglicherweise gerade in Padua begegnet sind." (417)]. Werner ROSS, Der **Canto als Form**, *DDJb* 71, **1996**, 9-21 [ein lockerer, aber substanzreicher V über die sprach- und dichtungsgesch. Bedeut. des Begriffes 'canto', seine ab-wechslungsreiche Struktur in der strengen *DC* sowie über die organisator. Kapitelfunktion im Kommentarwesen]. Thomas BRÜCKNER, **'Führen' u. 'geführt werden'** in Vergils *Aeneis* und D.s *C.*, *DDJb* 72, **1997** 115-37 [B. unters. die ideol., innertextl., themat. u. textstrateg. Bedeut. jenes Handlungsaspektes.]. Willi HIRDT, **Phantasie u. Konstruktion.** Anmerkungen zu D.s *GK*, *DDJb* 72, **1997** 7-43 [H. vergleicht Höllenkonstruktionen des MAs mit denen der Neuzeit:

„Das 20. Jh. bringt das unumkehrbare Ende der überkommenen bibl. Vorstell.welt, in welcher der Dichter der *DC* steht." (8)]. Wolfgang **HÜBNER, Antike Kosmologie** bei D., *DDJb* 72, **1997** 45-81 [unters. antike u. ma. Planetentheorien im Zus.hang mit D.s Vorstellungen im *Paradiso* bzw. *Cv* (u. a. Platon, Chaldäer, Heraklit, Ptolemäus, Paulus Alexandrinus, Macrobius, Proklos, Theodor von Asine)]. Karlheinz **STIERLE, Das System der schönen Künste** im *Purg.* von D.s *C.*, in *Ästhet. Rationalität. Kunstwerk u. Werkbegriff* (= ders.), Mün Fink **1997** 389-416, Bild u. Text oN [„In D.s *C.* affirmiert sich eine Kunstreflexion, die selbst die Grundlage ist, auf der D. sein neues Werk errichten konnte, dessen konstruktive u. imaginative Kraft bis heute von keinem and. Kunstwerk übertroffen wurde." (389) „Im *Purg.*... spricht sich... das klarste Bewußtsein vom systemat. Zus.hang der schönen Künste aus." (385)]. Harald **WEINRICH**, [5.] **Erinnern u. vergessen** vor Gott u. den Menschen (D.), in *Lethe: Kunst u. Kritik des Vergessens* (= ders.), Mün Beck **1997** 40-57 [innerh. Kap. II: Sterbliches u. unsterbliches Vergessen = 21-57]. Paul **GEYER, Subjektivität** in D.s *DC*, in *Gesch. u. Vorgesch. der mod. Subjektivität* (R. L. Fetz-R. Hagenbüchle-P. Schulz edd), Ber-NY de Gruyter **1998** I 434-59. Joseph **JURT, Frühmittelalterl. Visionslit.** vor D.: Walahfried Strabos *Visio Wettini*, in *Ex nobili philologorum officio* (FS Heinrich Bihler zum 80. Geb., D. Briesemeister-A. Schönberger edd), Ber Domus Ed Europaea **1998** 25-46. Joachim **LEEKER**, Geschichtsmythos als **moralisches Exempel**: D. u. **Theben**, *DDJb* 73, **1998** 127-51 [L. unters. D.s Rez. der *Thebais* des Statius u. deutet deren Autor als Figur der *DC*.]. Rudolf **BAEHR**, »Suso in Italia bella giace un laco«. Zw. Realismus u. Allegorie: Zur Herkunft, Charakter u. Funktion **landschaftl. Elemente** in der *DC*, *DDJb* 74, **1999** 85-104 [unters. den hohen Anteil an irdischer Welt u. realist. Landschaftlichkeit in der *DC*, der nicht zu anachronist. Fehldeutungen führen dürfe: „Der D. unbekannte, weil viel jüngere Begriff 'Landschaft' ist nur mit Vorsicht u. eher metaphorisch oder analogisch denn im eigentl. Sinne zu gebrauchen." (103)]. Sebastian **NEUMEISTER**, Poetischer Glanz: **Licht u. Lichtvergleiche** im *Par.*, in *D.s GK: Drucke u. Illustrationen aus sechs Jahrhunderten* (Lutz S. Malke ed), Leip Verl Faber & Faber **2000** 63-79 [eine von 12 Studien in dem Begleitbuch zu 2 Ausstellungen in Berlin und München]. Giuseppe **TARDIOLA**, »Ancor nel **libro suo che** *Scala* **ha nome**...« (Fazio degli Uberti, *Dittamondo* V XII 94): In occas. della traduz. it. dell'*Escatologia* di Asín Palacios, *LIA* 1, **2000** 59-67 [Anläßl. der it. Übers. des großen Buches von Asín Palacios im Jahr 1994 (Parma, Pratiche Editr) stellt T. Verlauf u. Standpunkte der Islam-Kontroverse in bezug auf die *DC* zus.]. Maria **CORTI**, D. e la **cultura islamica**, in *«Per correr miglior acque...»: Bilanci e prospettive degli studi dant. alle soglie del nuovo millennio. Atti del conv. int. di Ver.-Rav. 25-29 ott. 1999*. Sotto l'alto patron. del Pres. della Repubbl. (NN ed), Rom Sal **2001** I 183-202 [C. unters. v. a. Einflüsse übersetzter arab. Texte auf die *DC*.]. Violeta **DÍAZ-CORRALEJO**, Uno spazio critico inesplorato: **I gesti** nella *C.*, ebend. II 867-73. Claudia Sebastiana **NOBILI**, D. e il **repertorio narrativo** med., ebend. II 993-1006 [unters. die Vergleichstechnik (similitudini) in der *DC* im Zus.hang mit der ma. Exempellit.]. Juan **VARELA-PORTAS DE ORDUÑA, Le similitudini** della *C.*: Bilancio e prospettive, ebend. II 111-27 [Forsch.ber. zu einem vielfach untersuchten Arbeitsgebiet der *DC*]. Hans-Martin **GAUGER**, Über das **Auswendiglernen** – und D., in *Begegnungen mit D.: Unters.en u. Interpret.en zum Werk D.s u. zu seinen Lesern* (P. Chr. Hardt-N. Kiefer edd), Gött Wallstein Verl **2001** 19-31 [Nach allgemeinen theoret. Überleg.en zum Vorgang des Ausw.lernens werden die erinnerungsförderlichen Strukturen der *DC* herausgearbeitet.]. Nicoletta **KIEFER, Gematria**: Text im Text der DC, ebend. 129-51 [„Zwischen den Versen des poema sacro findet ein wortloser Kommentar des Autors seinen Ausdruck in der Dimension der Zahl. Gemeint ist der Bereich der Textgestaltung u. Stoffanordnung, der durch die Verwend. bestimmter, nicht genannter Zahlen geprägt wird, die nach einem geheimen Plan als ordnungstragende u. sinnstiftende Maßeinheiten fungieren." (129)]. Andreas **KABLITZ**, D.s **poetisches Selbstverständnis** (*Cv-C.*), in *Über die Schwierigkeiten, (s)ich zu sagen: Horizonte literar. Subjektkonstitution* (W. Wehle ed), Ffm/M Klost **2001** 17-57. DERS., Il canto di Ulisse (*Inferno* XXVI) agli occhi dei commentatori contemporanei e delle indagini moderne, *LIA* 2, **2001** 61-91 [„È innanzitutto la valutazione morale della persona di Ulisse ad essere oggetto di discussione. Si discute se Dante lo abbia introdotto quale figura positiva oppure negativa." (61)]. Adriana MITESCU, La *DC* quale **itinerario pasquale** nel S. Sepolcro, *L'Alighieri* 42, **2001** 37-57. Wilhelm PÖTTERS, »*Ella era uno nove*«: **Rapporti geometrici** fra la *VN* e la *C.*, *LIA* 2, **2001** 27-60 [„Chi si proponga di indagare una qualsiasi delle famose 'questiones' della *C....* deve chiarire prima di tutto il significato di quella identità astratta che il poeta le (= a Beatrice) ha attribuito, con tanta enfasi, nella sua *VN*: il numero 9." (27) Ist eine geometrisch-mathematisch-numerologische Studie mit zahlr. Berechnungen u. Skizzen.]. DERS., »*La spera che più larga gira*«: Spazio della poesia e disegno del cosmo. **Lectura Dantis geometrica** II, *LIA* 3, **2002** 461-523 [„Il principio ermeneutico che guida il nostro progetto di ric. è determinato da una delle più importanti figure delle scienze matematiche: il cerchio." (461) Mit zahlr. geometrisch-mathematischen Berechnungen u. Figuren]. Dorothea SCHOLL, D. u. **das Groteske**, *DDJb* 77, **2002** 73-105 [„Bei D. ist der grotesk zerstückelte oder verrenkte oder ins Vegetale, Animalische oder Dingliche und Mechanische degradierte Körper Zeichen der Entfremd. u. der Erlösungsbedürftigkeit. Das Groteske bei D. funktioniert über das Gegengewicht des Sublimen... D. erkennt das Groteske als eine ontolog. Struktur der Welt. Das Groteske bei D. ist intentional." (97-99) Mit 7 Abb.en]. Federico TURELLI, Sequenze simmetriche nelle **lunghezze dei canti** di ogni cantica della *C.*: Volute o accidentali?, *Alighieri*, 20, **2002** 23-39 [Es ist eine numerische u. diagrammatische Unters., die zeigt, daß die unterschiedl. Längen der Gesänge ein intentionales System ergeben.]. DERS., Il ruolo della casualità nelle **ripetizioni di rima** e note su aritmologia, rima e terza rima nella *C.*, *LIA* 3, **2002** 507-23 [akribische, mit Zahlenbelegen dokument. Bestandsaufn. u. Unters. zur Reimanordnung, d. h. zu Gesetzmäßigkeiten u. bestimmten, begründbaren Abweichungen; auch Einf. in die Reimkunde der *DC*].

65. MONOGRAPHIEN zu einzelnen 'Canti'/Sequenzen der *DC*

[Die meisten Gesänge der *DC* behandeln ein abgeschlossenes Thema, das Dante gern an einer Figur/Figurengruppe illustriert. Daher gibt es Forschungen, die sich nur mit einem 'canto' auseinandersetzen. Die exegetische Tradition der 'lectura Dantis' fokussiert auch immer nur einen Gesang; so beinhalten alle Bandveröffentlichungen solcher Deutungssequenzen thematische eingegrenzte Vorträge (s. Abt. 48: Formen der 'LECTURA DANTIS'). Die Publikationsorgane *DDJb*, *SD*, *Alighieri* u. *LC* (s. 30: Dante-ZEITSCHRIFTEN) publizieren traditionell in den jeweiligen Nummern auch Interpretationen einzelner 'canti'. Spezialbibliographien von Studien zu den 100 Gesängen enthält Bd VI der *ED* (S. 499-618, von Enzo ESPOSITO; allerdings ist dieser Bd von 1978, reicht somit nicht in unsere Zeit); als Ergänzung dazu benutze man 'Il Dizionario della *C.*', von Riccardo MERLANTE (Bol Zan [1]1999 300-16; man findet es in 28: Dante-LEXIKA). Während dort v. a. Vorträge in Aufsatzform bzw. Artikel versammelt sind, listen wir hier **in chronol. Reihenf.** Bücher auf -Dissertationen, Habil.schriften, Essaybände, Forsch.projekte-, die nur einen 'canto' oder eine kleine Folge von Gesängen untersuchen. Zu vgl. ist 62: Themenspezifische MONOGRAPHIEN zur *DC* (weil mit einem Thema ein besonderer 'canto' tangiert sein kann); s. außerdem 63: AUFSATZBÄNDE zur *DC* (da solche Sammelpublikationen auch Interpretationen/Lesungen bestimmter Gesänge einschließen).]

Manfredi PORENA, La mia lectura Dantis. *Inf.*: Il Regno della pena eterna **IX-XVII-XXVI-XXX**. *Purg.*: **III-IV-VI-XV-XVI-XXII**. *Par.*: **III-XXIII-XXV-XXXII**, Nap Alfredo Guida Edit **1932** 418 S [versch. Studien bzw. 'lecturae', alle jeweils zu einem canto]. Nicola CARINCI, Il Paradiso terrestre nella *DC*: Breve riassunto degli **ultimi 6 canti della cantica seconda**, Lavagna Artigianelli **1939** 65 S [fortl. Kommentar; mit zahlr. Illustrationen].   Leonardo **OLSCHKI**, The **Myth of Felt**, Berk CA-Los Ang U of CA P **1949** 76 S [V von 1947 = Unters. in 7 Kap. zum *Veltro* in *Inf.* I: Deut. im Zus.hang mit ähnl. Phänomenen der asiat. Kultur].   André **PEZARD**, D. sous la pluie de feu: *Enfer* **chant XV**, Par Vrin **1950** 468 S [umfass. Mon. mit den mehrfach untergliederten Hauptkap. I. La damnation de Brunet Latin; II. Souillés d'un même péché; III. Ce qui ne sera point remis].   Lanfranco **CARETTI**, Il canto di Francesca: *Inf.* **V**, Lucca Casa Editr 'Lucentia' **1951** 54 S, Poetica e prosatori-Lett. it.: Letture per saggi 5.   Friedrich **BAETHGEN**, D. u. Petrus de Vinea: Eine krit. Studie, Mün Verl der Bayr Akad der Wiss **1955** 49 S [gilt *Inf.* **XIII** 55-78; Pier della Vigna: um 1190-um 1249].   Baldo **CURATO**, Il **canto di Francesca** e i suoi interpreti, Crem Padus oJ [um **1966**] 108 S.   D'Arco Silvio **AVALLE**, Analyse du récit de Paolo et Francesca: D. A. *Enfer* **V**, Kref Scherpe **1975** 34 S.   Pier Luigi **CERISOLA**, Il **canto X dell'***Inf.* nella storia della critica, Tor Giap **1977** 193 S, Corsi universitari oN [Aufbau: I. La crit. med. e class.; II. La c. romant.; III. La c. stor. e il 'disdegno' di Guido; IV. La c. contemp.: Il rapp. strutt./poesia].   Richard **KAY**, D.'s Swift and Strong: Essays on *Inf.* **XV**, Lawrence KS The Regents P of Kansas **1978** XX-446 S [10 A zu dem canto, 7 davon neu].   Peter **ARMOUR**, The **Door of Purgatory**: A study of multiple symbolism in D.'s *Purg.*, Oxf Clar **1983** XIII-225 S [Mon. über *Purg.* IX; Aufbau: 1. The Three Steps; 2. The Angel-Doorkeeper; 3. The Diamond Treshold; 4. The Rite of Submission; 5. The Seven P's; 6. The Keys; 7. The Door].   Renzo **LO CASCIO**, Canto **XXIV dell'***Inf.*, Nap Loff **1984** 53 S [Lect. Dantis Napoletana am 20. 10. 1982; [1]1977].   Robin **KIRKPATRICK**, D.'s *Inferno*: Difficulty and dead poetry, Cambr-NY u. a. Cambr UP **1987** XV-445 S [sukzessiver u. zusammenfassender Komm. unter bestimmten Aspekten; Aufbau: 1. Action and order: cantos I-V; 2. History, nature and philosophy: c.s VI-XI; 3. Narrative, myth and the individual: c.s XII-XVI; 4. Comedy and identity: c.s XVII-XXIII; 5. Signs in transition and the pathos of order: c.s XXIV-XXVII; 6. Endings, tragic and comic: c.s XXVIII-XXXIII; 7. Conclusion: dead poetry: *Inf.* XXXIV and the *VN*].   Vittorio **VETTORI**, Il giorno di San Bernardo: Lett. del **canto 33° del** *Par.*, Fir SP 44 Edit **1988** 42 S [V 1988 Lucca].   Peter **ARMOUR**, D.'s Griffin and the History of the World: A study of the Earthly Paradise (***Purg.*, cantos XXIX-XXXIII**), Oxf Clar **1989** IX-330 S [Aufbau: Introd.: In the Garden of Eden; 1. Griffin Love around the time of D.; 2. D.'s Griffin; 3. SPQR; 4. *Mon.*; 5. The Roman Christ; 6. The Griffin and the Tree of Justice; 7. To the end of the world].   Anthony K[imber] **CASSELL**, Lectura Dantis Americana: *Inf.*, **Canto I**. Foreword by R. Hollander. With a new transl. of the canto by P. Creagh and R. H., Philad PA U of PA P **1989** XXXI-249 S [Aufs.samml. von A. K. C. zu 6 zentr. Themenkreisen des 1. canto: 1. The first terzina; 2. *Al piè d'un colle*; 3. Three Beasts; 4. Virgil; 5. 'Il veltro'; 6. Shadows of Conversion; 187-233: sehr gründl. Bibliogr.].   John J. **GUZZARDO**, Textual History and the *DC*, Potomac MD Scripta Humanistica-Decanato de Asuntos Académicos-Universidad de Río Piedras Puerto Rico **1989** 112 S [zu *Inf.* **XX** u. *Purg.* **XXI**, P. della Vigna, *Inf.* **V** u. Ulysses].   Rachel **JACOFF**-William A. **STEPHANY**, Lectura Dantis Americana: *Inf.* **II**. With a new transl. of the canto by Patrick Creagh and Robert Hollander, Philad PA U of PA P **1989** XXIII-144 S [3 Themenkreise: 1. The canto of the word; 2. Tre donne benedette; 3. Pilgrim and poet: Definition by dialectic].   Gino **LEONE**, Il canto di Manfredi: Lettura e comm. con la infelice sorte della propria famiglia (D., *Purg.* **III**), Fasano Schena Edit **1989** 59 S [gründl. kursor. Komm. des canto mit histor. Hinweisen u. Quellenstudien, 7 histor. Fotos].   Aldo **VALLONE**, Strutture e modulazioni nella *DC*, Fir Olsch **1990** 225 S, *BAR* 234 [12 A, jew. 4 zu einer *cantica* als Lect. Dantis: *Inf.* **XII, XXV, XXVI, XXXIV**; *Purg.* **IV, XVI, XXVI, XXIX**; *Par.* **IX, XI, XXV, XXX**; tw. zuvor veröff.].   Francesca **GUERRA D'ANTONI**, D.'s Burning Sands: Some new perspectives, NY-San F CA-Bern-Ffm u. a. Lang **1991** XII-181 S,

Studies in Ital. culture 4 [Unters. in 7 Kap. zu *Inf.* **XIV-XVII**]. Carmine **DI BIASE**, Il canto **XII** del *Par.*, Nap Ermanno Cassitto ²1992 103 S [V 1987 Casa di D., Rom]. Luisa **FERRETTI** **CUOMO**, Anatomia di un'immagine (*Inf.* **II 127-132**): Saggio di lessicol. e di semantica strutturale, NY-San F-Bern u. a. Lang 1994 200 S, Studies in Italian Culture 14 [ausf. Unters. der Similitudo-Technik in den 6 Versen auf strukturalist. Basis]. Massimo **SERIACOPI**, All'estremo della 'prudentia': L'Ulisse di D., Rom Zauli Arti Graf 1994 208 S [zu *Inf.* **XXVI 9-147**: gründl. Unters. der Odyss.-Darst. in 10 Kap.; 155-206: ausf. Bibl.]. Antonio **ILLIANO**, Sulle sponde del Purgatorio: Poesia e arte narrativa nel preludio all'ascesa (*Purg.* **I-III 66**), Fiesole FI Edizioni Cadmo 1997 125 S [Mon. mit den Kap.: I. Coordinate e svolgimento (Il prologo, Visione aurorale, Incontro col veglio, I riti, Il sole nascente e l'angelo nocchiero, La turba selvaggia-Casella-L'andata al monte); II. I nuclei fondamentali del racconto; III. Virgilio nel prepurgatorio]. Ignazio **BALDELLI**, D. e Francesca, Fir Olsch 1999 93 S, Saggi di *LI* 53 [breite 'lectura' von *Inf.* **V**, die viele Forschungszusammenhänge einarbeitet.].

66. *DC*-LEXIKA

[Alle wichtigen Themen, Aspekte, Fragestellungen, Figuren etc. zur/in der *DC* findet man natürlich auch in der aus 6 schweren Bänden bestehenden *Enciclopedia Dantesca* behandelt (s. hierzu 28: Dante-LEXIKA; dort sind noch andere Nachschlagewerke aufgelistet, die u. a. auch Einträge/Erläuterungen zur *DC* enthalten); man hat jedoch im Laufe von anderthalb Jahrhunderten mehrere spezielle, einbändige (u. handliche), alphabetische Kompendien zu D.s Jenseitsdicht. erstellt, die hier **in chronol. Reihenf.** genannt werden; sie bieten jeweils prinzipiell dieselbe Art von Informationen, jedoch mit unterschiedlicher Ausführlichkeit u. Dokumentierung.]

Donato BOCCI [1832-?], Dizionario storico, geografico, universale della *DC* di D. A. contenente la biografia dei personaggi, le notizie dei paesi e la spiegazione delle cose piú difficili del sacro poema. Opera di D. B., Rom-Tor-Mil-Fir Stamperia Reale di Torino/G. B. Paravia & Comp 1873 XXX-468 S [Artikel als kleine Essays, alphabetisch geordnet von *A = Abate di Beccheria* bis *Z = Zodiaco* (mit entspr. Stellenverweisen in der *DC*)]. L[udwig] G[ottfried] **BLANC** [1781-1866], Vocabolario dantesco o Dizionario critico e ragionato della *DC* di D. A. di L. G. Blanc ora per la prima volta recato in it. da G[iunio] Carbone. Volume unico. Seconda edizione, Fir G. Barbèra ²1877 XIV-384 S [handliches, sehr einf. Taschenlex. von *a* bis *zuffa* zu Wörtern, Personen, Sachen, alles sehr knapp, aber meist m. Zitaten u. Stellenangaben; ¹1859: ebend. XIV-464 S; noch davor gab es eine franz. Fass.: Vocabul. dant. ou Dictionnaire raisonné de la *Divine Comédie*..., Leipsic Chez Ambroise Barth 1852 VIII-562 S]. Giorgio **SIEBZEHNER-VIVANTI** [1895-1952], Dizionario della *DC*. A cura di Michele Messina, Fir Olsch p. 1954 VIII-655 S [Autor war eigentlich Kaufmann; erklärt u. belegt werden sprachl. u. sachl. Begriffe u. Namen: „Non è un lavoro scientifico, ma divulgativo, di avviamento: tendente a dare quel tanto di conoscenze di lingua, filosofia, storia ecc., necessarie per intendere da sé la voce del Poema sacro." Am Schluß Stammbäume der Alighieri, Staufer, Normannen, Plantagenet, Donati, Könige v. Frankr. bis zu D.s Zeit; diagrammhaftes 'schema riassuntivo' der 3 cantiche = 3 große Pläne; Taschenausg. hierzu: Mil Feltr 1965 VII-714 S, Universale econ. 496]. Pasquale **TRASI** [1888-?], Dizionario sintetico della *DC*, Berg Stamperia Conti 1965 466 S [kl. Tbuch zu Figuren, Orten, Namen, Sachen, Themen ohne Erklär., mit Stellenverw.; von *A-Abate di San Zeno* bis *Z-Zodiaco*]. Ambrogio **ORLANDO**, La *C.* di D. distribuita per materia. A cura di A. O., presentaz. di Bruno Nardi, Fir Sans 1965 XVII-430 S [Nachschlagewerk in 7 Abteil.; I. D. e il suo poema; II. Stile e forma del poema; III. Religione; IV. Il mondo della natura; V. L'uomo; VI. Le opere dell'uomo; VII. Storia e geografia; alle diese Hauptrubriken sind mehrf. untergliedert; es werden darunter jew. alle Verse (mit

Stellenang.) aufgelistet, in denen ein best. Begriff/Hinweis erscheint.]. **Bernard DELMAY, I** personaggi della *DC*: Classificazione e regesto, Fir Olsch **1986** LVI-411 S [Teil I listet bis S. LVI in verschied. (auch strukturalen) Systemen Situationstypen bzw. Darstellungs- oder Vorkommensformen der Figuren ('Personen') auf; Hauptteil bis S. 411: Personenlex. von *A-Achille* bis *Z-Zenone*.]. **Riccardo MERLANTE, Il dizionario della *C*.**, Bol Zan **1999** 320 S [7-264: alphabet. Verz. von *Abàti* bis *Zùccari*, mit elementaren Hinweisen; danach verschied. zum Studium wichtige Anhänge: Aufbauschemata der Jenseitsreiche, Liste der topograph. Entsprechungen (= alte u. neue, dichter. oder reale Bezeichnungen), 4 Landkarten, Zeitplan der Jenseitsreise, Chronologie des Lebens u. der Werke D.s, Liste der Päpste zu D.s Epoche, Verz. der D.-Kommentatoren, Liste der wichtigsten D.-Forscher, ausf. Bibl. (u. a. Forsch. zu allen einzelnen canti); wird bis 2004 nachgedruckt; Preis Lit. 24.000 bzw. 12,39 Euro].

67. *DC*-KONKORDANZEN

[Konkordanzen sind alphabetische Zusammenstellungen aller in einem Schriftwerk bzw. bei einem Autor vorkommenden Wörter oder Ausdrücke; solche Kompendien vermitteln Einblicke in den Lexikgebrauch bzw. die Semantik von Begriffen eines Schriftstellers, dienen aber auch der Auffindung von Textstellen. Es gibt solche Nachschlagewerke in der Regel nur zu großen Autoren wie Chaucer, Shakespeare, Goethe, zu antiken Autoren oder zu herausragenden Büchern, wie Bibel u. *DC* es sind. Wir nennen drei solcher Handbücher zu D.s Dichtung **in chronol. Reihenf.**; s. auch Abt. 29: Dante-KONKORDANZEN (= zu seinen anderen Werken).]

Edward Allen FAY [1843-1923], Concordance of the *DC*, Cambr MA-Bos MA The Dante Soc/Little, Brown & Comp. **1888** VI-819 S [„The context and references are given for all the words of the *DC* except the shorter and commoner pronouns, prepositions, adverbs and conjunctions, and the more frequently recurring forms of the verbs *avere* und *essere*"; zuerst das Stichwort, danach die ganze Zeile der *DC*, dahinter Stellenang.; alle Wörter oder Wortformen sukzessive in der Reihenf. der canti von I bis C; TG der *DC* = Witte Ber 1862 bzw. Niccolini u. a. Fir 1837; Stichw. alphabet. von *abate* bis *zuffa*; photom. Ndr. Graz Akadem Druck- u. Verl.anst 1966]. **Ernest Hatch WILKINS-Thomas Goddard BERGIN** (Associate Editor: Anthony J. DE VITO) edd, A Concordance to the *Divine Comedy* of D. A., Cambr MA The Belknap P of Harv UP **1965** IX-636 S [„We have followed Dr. Fay's lead in omitting certain very common words, connectives, pronouns... We have grouped words in families: all forms of a given verb are listed under the infinitive..." Über 100 Mitarbeiter; TG = Vandelli 1960; von *abate* bis *zuffa*; Beisp.: »**abate** Io fui *abate* in San Zeno a Verona B 18 118« (B = *Purg*.); am Schluß Liste mit lat. Lexemen/Zitaten]. **Luciano LOVERA** ed, Concordanza della *DC* di D. A. a cura di L. L. con la collaboraz. di Rosanna Bettarini e Anna Mazzarello. Premessa di Gianfranco Contini, Tor Ein III **1975** XXVI-2783 S, I millenni oN [alphabet. von *a, ad* bis *zodiaco* nach Begriffen/Wörtern/Wortformen geordnet; der jew. Begr. wird innerh. des ganzen Verses erwähnt.].

68. *DC*-REIMVERZEICHNISSE

[Ein Reimwörterbuch (it. 'rimario') ist eine vollständige Zusammenstellung von Wörtern gleicher Reimendung in einem poetischen Werk; solche Reimlexika dienten in einer Zeit, als Poesie als lehr- bzw. erlernbar galt, zur Erleichterung des Dichtens oder zur äußerlichen Normierung des Reimgebrauchs. So gab es bereits 1528 ein derartiges Kompendium zu D. u. Petrarca. Heute dient ein Reimlexikon zu unterschiedlichen (sprach)wissenschaftl. Zwecken, aber auch zum simplen Auffinden einer Textstelle bzw. eines Verses, an dessen Reimendung man sich erinnert. Wir nennen **in chronol. Reihenf.** einige Verzeichnisse dieser Art, die alle gleich aufgebaut sind u. dieselben Informationen bieten; s. auch Abt. 67: *DC*-KONKORDANZEN, 69: *DC*-MORPHOLOGIELEXIKON.].

Daniele MATTALÌA ed, D. A.: La *DC* con rimario e indici, Mil Rizz II [2]**1966** 1207 S, Classici Rizzoli oN [Rimario in II 637-765; [1]1966; mehrfach nachgedr.]. **Giorgio PETROCCHI** ed, D. A.: La *C*. secondo l'antica vulgata. Testo crit. stabil. da G. P. per l'ediz. naz. della Società Dantesca It.-Rimario, Tor Ein **1975** 741 S, I Millenni oN (L'officina dei classici II*) [Diese Ausg. gehört zur 'Concordanza della *DC*' von Luciano LOVERA III 1975 (s. Abt. 67); S. 413-741: rimario von *abbia* bis *uzzo*, jew. mit Angabe des ganzen Verses]. **Emilio PASQUINI-Antonio QUAGLIO** edd, *C*.: Rimario-Indice dei nomi, dei luoghi e delle cose notevoli, Mil Garz **1987** CLXXXII-1527 S, I libri della spiga oN [rimario von *abbia* bis *uzzo* = S. 1149-1474 (TG = G. Petrocchi 1966-67); das Reimlex. ist also Teil dieser Ges.ausg. der *DC*.]. **Aldo VALLONE-Luigi SCORRANO** edd, D. A.: La *DC*. Commento-Introd.-Lett. crit.-Bibliografia, Nap Editr Ferraro IV **1987-1990** 527 + 542 + 524 + 466 S [Bd 4 (= [1]1990) enth. u. a. rimario]. **NN** [bzw. **Anna Maria CHIAVACCI LEONARDI**] ed, D. A.: *C*. con Cd-rom per windows con il commento di A. M. C. L., Bol Zan **2001** XXIII-610 + IX-608 + XIX-634 S [alles in einem dicken Bd; rimario im dritten Teil = S. 91-200].

69. *DC*-MORPHOLOGIELEXIKON

Mario ALINEI ed, Spogli elettronici dell'italiano delle origini e del Duecento, II: Forme. 5: Dante Alighieri; La Commedia – ed. G. Petrocchi. A linguistic inventory of the thirteenth-century Italian, II 5, Bol Il Mul **1971** X-1319 S, Ricerche linguist. e lessicograf. dell'Istit. di Lingua e Lett. It. dell'Univ. di Utrecht (dir. da M. A.) 6 [Das Lex. zur Erfass. des altit. Sprachformenbestandes -das niederländ. Forsch.unternehmen gab ähnl. Kompendien zu and. Werken des Duec. heraus- enth. zur *DC* folg. Listen/Verzeichnisse: Formario, Indice inverso, Liste di frequenza delle terminazioni, Lista di freq. delle forme, Liste di distribuz. delle forme, Tabelle di distribuz. delle frequenze].

70. HANDBÜCHER/LEXIKA zum Wissen der Dante-Zeit

[Da Dante das ganze Wissen seiner Epoche, der langen Zeit davor sowie der Antike aus ma. Sicht reflektiert, könnte man an dieser Stelle eine lange Liste von mediävistischen (aber auch antike Realien erklärenden) Kompendien anführen, die den allgem. Zugang zu dem Florentiner erleichtern. Dies würde indes den Rahmen dieser auf den it. Autor selbst konzentrierten Publikation sprengen. Daher beschränken wir uns auf eine Auswahl von **in alphabet. Reihenf. nach den Sachgebieten** genannten, mehrbänd. Nachschlagewerken, die allesamt hilfreich sind.]

Georg WISSOWA ed/dir, Paulys Realencyclopädie der Classischen **Altertumswissenschaft**. Neue Bearbeitung. Unter Mitwirk. zahlr. Fachgenossen hrsg. von P. W., Stutt Metzler bzw. Mün Alfred Druckenmüller XXIV Ganzbde bzw. 47 (dicke) Halbbde **1893-1972** + XIV (dicke) Supplementbde 1903-74 [Das größte neuere Archiv antiken Wissens; ein gewalt. Kompendium, das Aufschluß bietet zu D.s vielen Anspiel.en auf das Altertum; in zwei Reihen/Folgen angelegt, geht aber alphab. durch: 1893 *Aal* bis *Alexandra*, 1972 *Zenobia* bis *Zythos*. Hierzu gibt es eine Neubearbeitung: Hubert CANCIK-Helmuth SCHNEIDER [bzw. Manfred LANDFESTER] edd/dir, Der Neue Pauly. Enzykl. der **Antike**, Stutt-Weimar Verl J. B. Metzler, bisl. XV dicke Bde **1996-2003** [Bd I = 1996 *A-Ari* LIII-1154 Sp.; Bd XV, 3 = 2003 *Sco-Z* (und) *Nachträge* XII-1334 Sp. (bis hier dies. Herausgeber); Bd 16 = 2003 *Register-Listen-Tabellen* VII-579 S (Brigitte Egger-Jochen Derlien edd); die eigentliche Enzykl. besteht aus den Bdn I-XII; Bde XIII bis XV (letzterer = 3 Teile) bilden ein separates alphabet. Nachschlagewerk zur Rezeptions- u. Wissenschaftsgesch.; Bd XII (= 2 Teile) 2002 *Ven-Z + Nachträge* XII-1193 Sp. „Der Neue Pauly will ein Hilfsm. sein zum Studium griech. u. röm. Kultur u. ihrer vielgest. Gegenw. in allen Epochen der eur. und, seit der frühen Neuzeit, auch der Weltgesch. Seine Stichw. u. Art. sind nach dem akt. Stand der Wiss. neu erarbeitet." (I: V)]. **NN** ed, Enciclopedia Universale dell'**Arte**. Sotto gli auspici della Fondaz. Cini, Ven-Rom Ist per la Collaboraz Culturale XV (dicke) Bde **1958-1967** [Bd I: *Aalto-Asia anteriore antica* XXX S + 848 Sp. + 494 S mit Fotos/Taf.; Bd XV: *Indici* LXXV S + 578 S; Ergänz.bd: Giulio Carlo ARGAN ed, Nuove conoscenze e prospett. del mondo dell'arte, Rom UNEDI 1978 XX S + 597 S + 176 S mit Fotos/Taf.; mit vielen Karten, Zeichn., Skizzen etc.; alle Art. mit Bibl.]. **CENTRO DI STUDI FILOSOFICI DI GALLARATE** ed, Enciclopedia **Filosofica**, Ven-Rom Ist per la Collaboraz Culturale IV **1957** XXVIII S-1958 Sp (A-Eq) + XIX S-1916 Sp. + XIX S-1942 Sp. + XIX S-1963 Sp. (Rel-Z, Indici) [„Si trattava di creare non un mero diz. filos., ma appunto una encicl. filos." (I: XIII); alle Eintr. mit Bibl. (die aber nur bis 1955 reicht); zu D.: I 1393-8 (von Antonio Tognolo; Aufbau: I. Vita e op., II. Filos. polit., III. Dio, IV. Il mondo, V. L'uomo)]. André **VAUCHEZ** [direzione; con la collaboraz. di Catherine Vincent] [Ediz. it. a cura di Claudio **LEONARDI**], Dizionario encicloped. del **medioevo**, Par-Rom-Cambr Éditions du Cerf/Città Nuova/James Clarke & Co Ltd III **1998-99** [Bd I = *A latere-Ezzelino da Romano* XXXII-691 S; Bd III = *Pace-Zodiaco* XXVIII-2161 S; alle Art. mit Bibl.; mit Fotos u. Karten; zu D.: I 539-42 (von Anna Maria Chiavacci)]. Joseph R. **STRAYERS** [Editor in Chief], Dictionary of the **Middle Ages**, NY Charles Scribner's Sons **1982-89** XIII (dicke Bde) [Bd I = *Aachen-Augustinism* XIX-661 S; Bd XII = *Thaddeus Legend-Zwart 'Noc'* XV-750 S; Bd XIII = Index XIX-613 S; alle Art. mit Bibl.; Abb.en, Fotos, Karten; zu D.: IV (= 1984) 94-105 (von R. Hollander, biographisch chronologisch aufgebaut)]. **NN** ed, Lex. des **Mittelalters**, Mün-Zür Artemis-Verl/LexMA-Verl (= ab Bd VII = 1997) IX (dicke Bde) **1980-98** [Bd I = *Aachen* bis *Bettelorden* LXIII-2107 Sp; Bd IX = *Werla* bis *Zypresse* u. Anhang VIII-1094 Sp; es gibt biograph. Art. (zu Abaelard, Th. v. Aquin, Franz v. Assisi usw.), Städte- u. Länderart. (zu Canterbury, Cluny, Florenz usw.), Sachart. (zu Bettlerwesen, Bildnis, Buch usw.) u. Dachart. (zu Adel, Aristoteles, Bauerntum, Baukunst, Bibel, Buchmal., Burg, Frau, Handel, Judentum, Musik, Papst, Pilger, Recht, Rittertum, Sexualität, Stadt usw.); alle Art. mit intern. Bibl.; zu D.: III (= 1986) 544-63 (von Bezzola = Leben; Güntert, Ringger, Imbach = Werke; Bibl. = Scholl-Franchini); es gibt als Ndr. eine inhaltlich ident. Studienausg. in 3 Schubern: Stutt-Weimar Verl J. B. Metzler IX 1999]. R. **DITTLER**-G. **JOOS**-E. **KORSCHELT**-G. **LINCK**-F. **OLTMANNS**-K. **SCHAUM** edd, Handwörterbuch der **Naturwissenschaften**. Zweite Aufl., Jena Verl von Gustav Fischer [2]**1931-35** X (dicke Bde) [Bd I = *Abbau-Blut* X-1078 S; Bd X = *Transplantation-Zwillinge u. Zwill.forsch.* VIII-1090 S; Schwerpunkte sind Physiol., Physik, Zool., Mineral., Geol., Botanik u. Chemie; mit vielen Abb.en u. Bibl.; Bd XI = „Sachreg. u. system. Inh.übers." (ebend.: 1935 242-16 S); [1]1912-15: ebend. in X Bdn, gleicher Titel, E. Korschelt u. a. edd]. Joachim **RITTER** ed, Historisches Wörterbuch der **Philosophie**. Unter Mitwirk. von mehr als 700 Fachgelehrten. In Verbind. mit Guenther Bien [u. vielen and.]. Völlig neubearb. Ausg. des 'Wörterbuchs der Philos.. Begriffe' von Rudolf Eisler, Darm WG **1971f**. [Bd I: *Abbildtheorie* bis *Corpus mysticum* XI S + 1036 Sp.; Bd XI: *Übel* bis *Vulkanismus* = ebend. 2001: 1276 Sp. (nach dem Tode von J. R. hrsg. von Karlfried Gründer u. Gottfried Gabriel... Unter Mitw. von mehr als 1200 Fachgel.; alle Art. mit Bibl.; [1]1899; [4]1927-30]. Edward **CRAIG** [General Editor], Routledge Enciclopedia of **Philosophy**, Lon-NY Routledge IX (dicke) Bde **1998** + Index-Bd (= Bd X = 1998: LIX-455 S) [Bd I = LI-867 S (*A posteriori-Bradwardine, Thomas*), Bd IX = XII-874 S (*Sociology of knowledge-Zoroastrianism*); alle Einträge mit meist ausf. u. mod. Bibl.; zu D.: I 181-5 (von Dominik Perler); Aufbau: 1. Philosophical works and intellectual background, 2.

Scope and division of philos., 3. Political philos., 4. Natural philos.; am Schluß Bibl. mit leider nur 10 Titeln]. Klaus Dieter BETZ-Don S. BROWNING-Bernd JANOWSKI-Eberhard JÜNGEL, **Religion** in Gesch. u. Gegenw. Vierte, völlig neu bearb. Auflage, Tüb J. C. B. Mohr-Paul Siebeck, bislang IV (dicke Bde) [4]1998f. [Bd 1 = 1998: LIV S + 1936 Sp. *A und O* bis *Byzantinisches Reich*; Bd IV = 2001: LXX S + 1924 Sp. *I Ging* bis *Kyrios/Herr*; alle Beiträge mit Bibl.; zu D.: II = 1999: Sp. 564-9 (von Klaus Ley), Bibl. leider sehr kurz u. für das Thema unpassend, mehr Referenz an romanist. Kollegen; [1]1909-13; [2]1927-32; [3]1957-69]. Walter **KASPER** ed [mit Konrad BAUMGARTNER, Horst BÜRKLE, Klaus GANZER, Karl KERTELGE, Wilhelm KORFF, Peter WALTER], Lex. für **Theologie u. Kirche**. Begründet von Michael BUCHBERGER. Dritte, völlig neu bearb. Aufl., Freib-Bas-Rom-Wien Herder XI (dicke Bände) [3]1993-2001 [Bd I = *A* bis *Barcelona* 1406 S; Bd 10 = *Thomaschristen* bis *Žytomyr* 1536 S; Bd XI: Nachträge, Reg., Abkürz.verz.; das bedeutendste deutschspr. Lex. seiner Art, für zahlr. religiöse oder theol. Autoren, Strömungen, Themen u. Aspekte in der *DC* verwendbar; alle Art. mit Bibl. bzw. Quellenang.; zu D.: III (=1995) 19-22 (von M. Roddewig); auch noch benutzbar ist die 2. Aufl.: Lex. f. Th. u. K. usw., zweite, völlig neu bearb. Aufl. unter dem Protektorat von Erzbisch. Dr. M. Buchberger, Regensb., u. Erzbisch. Dr. Eugen Seiterich, Freib., hrsg. von Josef Höfer u. Karl Rahner, Freib Herder X [2]1957-65 (Bd XI = Registerbd 1967; plus 3 Bde über das Zweite Vat. Konzil 1966-67-68); zu D.: III (= 1959) 159-63 (von H. Rheinfelder); nur noch histor. Funktion hat [1]1930-38: ebend.]. Robert BALZ-Richard P. C. HANSON-Sven S. HARTMAN u. a. [so Bd I] bzw. Horst BALZ-James K. CAMERON- Christian GRETHLEIN u. a. [so Bd XXXIV] edd/dir, **Theologische** Realenzyklopädie. In Gemeinschaft mit... (s. o.), Ber-NY de Gruyter XXXIV (dicke Bde) **1977-2002** [Bd I = *Aaron-Agende* IX-803 S; Bd XXXIV; Reg.bd = 1994; 2 Bde mit Abkürz.verz. 1990-98; alle Art. mit Bibl.; zu D.: VIII (= 1981) 349-53 (von August Buck); das Werk versteht sich nicht nur als Enzykl. der protestant. Theologie: „Mit dem ökumen. Bewußtsein ist in den letzten 60 Jahren ein auch für die theolog. Arbeit maßgebendes Wissen um die Einheit der christl. Kirche im Unterschied ihrer konfess. Auspräg. gewachsen." (I: VI)].

Abkürzungsverzeichnisse und Register

ALLGEMEINE ABKÜRZUNGEN

A	Aufsatz, Aufsätze	Med.	Medioevo
Abt.	Abteilung [= im Studienführer]	Misz.	Miszelle (kleiner Beitrag)
Anh.	Anhang	Mon.	Monographie, Buch
B	Beitrag, Beiträge	*Mon.*	(*De*) *Monarchia*
Bd	Band	Ndr.	Nachdruck
Bde	Bände	NF	Neue Folge
		NN	ohne Angabe des Verfassers/
C.	(*Divina*) *Commedia*		Herausgebers
ca.	circa		
Cv	*Convivio*	oJ	ohne Ang. des Erschein.jahres
		oN	ohne Ang. der Bandnummer
dant.	dantesco, dantesca	oO	ohne Ang. des Erschein.ortes
DC	*Divina Commedia*	oS	ohne Seitenzählung
DDG	Deutsche Dante-Gesellschaft	oV	ohne Angabe des Verlags
ders.	derselbe	p.	post(h)um
dies.	dieselbe(n)	P	Press
dir	unter der Leitung von	pass.	passim (verschiedene Seiten)
Diss	Dissertation	Repr.	Reprint (Nachdruck)
ebend.	ebendort	rist.	ristampa (Nachdruck)
ED	*Enciclopedia Dantesca*	s.	siehe
ed	herausgegeben von einer Person	S	Seite, Seiten
edd	herausg. von mehreren Personen	SDI	Società Dantesca Italiana
Edit	Editore (Verlag)	Sp	Spalten
Editr	Editrice (Verlag)		
EP	Editio Princeps (Erstausgabe)	T	Text
		Taf.	Tafeln (= meist Bilder/Fotos im
FS	Festschrift		Anhang)
GK	*Göttliche Komödie*	Te	Texte
		TG	Textgrundlage einer Edition
Inc.	Incipit/Textanfang	UP	University Press
K	Kongreß		
Kap.	Kapitel	V	Vortrag, Vorträge
		v. a.	vor allem
lect.	lectura (Dantis)	*VE*	(*De*) *Vulgari Eloquentia*
ma.	mittelalterlich	Verl	Verlag
MA	Mittelalter, Middle Ages, Moyen Age	*VN*	*Vita Nuova*
med.	medioevale, medieval	Zs	Zeitschrift

Abgekürzte Verlagsnamen

Adr	Adriatica (Bari)	Marz	Marzorati (Roma)
Ant	Antenore (Padova)	Mil	Milella (Lecce)
		Mond	Mondadori (Milano)
Boll	Bollati Boringhieri (Torino)	Morc	Morcelliania (Brescia)
		Mur	Mursia (Milano)
Bom	Bompiani (Milano)		
Bulz	Bulzoni (Roma)	Niem	Niemeyer (Tübingen)
Clar	Clarendon (Oxford)	Olsch	Olschki (Firenze)
Ein	Einaudi (Torino)	Pal	Palumbo (Palermo)
		Par	Paravia (Torino u. a.)
Fed & A	Federico & Ardia (Napoli)	Ricc	Ricciardi (Milano)
Feltr	Feltrinelli (Milano)	Rizz	Rizzoli (Milano)
Garz	Garzanti (Milano)	Sal	Salerno (Roma)
Giap	Giappichelli (Torino)	Sans	Sansoni (Firenze)
		SEI	Società Editrice Internazionale (Torino)
Il Mul	Il Mulino (Bologna)	Stauff	Stauffenburg (Tübingen)
Klost	Klostermann (Frankfurt/M.)	UTET	Unione Tipografica-Editrice Torinese
La N It	La Nuova Italia (Scandicci, Firenze)	Vall	Vallardi (Milano)
Lat	Laterza (Bari)	Vita e Pens	Vita e Pensiero (Milano)
Le Lett	Le Lettere (Firenze)		
Le Monn	Le Monnier (Firenze)		
Lig	Liguori (Napoli)	WB	Wissenschaftliche Buchgesellschaft (Darmstadt)
Liv	Liviana (Padova)		
Loff	Loffredo (Napoli)	Zan	Zanichelli (Bologna)

ABGEKÜRZTE ERSCHEINUNGSORTE

Aless (andria)
Amst (erdam)

Balt (imore) MD
Bas (el)
Ber (lin)
Berg (amo)
Berk (eley) CA
Bing (hamton) NY
Bloom (ington) IN
Bol (ogna)
Bos (ton) MA
Bre (scia)
Brux (elles)

Calt (anisetta)
Cambr (idge)
Cambr (idge) MA
Cat (ania)
Catan (zaro)
Chapel H (ill) NC
Chic (ago) IL
Città di C (astello)
Cos (enza)
Crem (ona)

Darm (stadt)
Dres (den)
Düss (eldorf)

Edin (burgh)

Ferr (ara)
Ffm (= Frankf./M)
Fir (enze)
Freib (urg im Br.)

Gen (ova)
Gött (ingen)
Ham (burg)
Harv (ard) MA
Hei (delberg)
Hild (esheim)

Kref (eld)

Leip (zig)
Lew (isburg) PA
Lew (iston) NY
Lex (ington) KY
Liv (orno)
Lon (don)
Los Ang (eles) CA

Mad (rid)
Manch (ester)
Mant (ova)
Mel (bourne)
Mess (ina)
Mil (ano)
Minn (eapolis) MN
Mod (ena)
Montr (eal)
Mün (chen)

Nant (erre)
Nap (oli)
New B (runswick) NJ
New H (aven) CT
Nürn (berg)
N (ew) Y (ork)

Oxf (ord)

Pad (ova)
Pader (born)
Pal (ermo)
Par (is)
Per (ugia)
Philad (elphia) PA
Pitts (burgh) PA
Prince (ton) NJ

Rav (enna)
Rim (ini)

Sal (erno)
Salz (burg)
San F (rancisco) CA
Sav (ona)
Spol (eto)
Stanf (ord) CA
Stock (holm)
Stony B (rook) NY
Straß (burg)
Stutt (gart)
Syr (acuse) NY

Tor (ino)
Toro (nto)
Tüb (ingen)

Ven (ezia)
Ver (ona)
Vic (enza)

Wash (ington) DC
Wies (baden)
Würz (burg)

Zür (ich)

ABGEKÜRZTE ZEITSCHRIFTEN UND EDITIONSREIHEN

ABI	*Accademie e Biblioteche d'Italia.* Rivista trimestrale, Rom [Ministero dei Beni Culturali e Ambientali/Fratelli Palombi Editore] 1927-
Alighieri	*L'Alighieri.* Rassegna bibliografica dant., Rom [Casa di Dante] bzw. Rav [Longo] 1960-
AR	*Archivum Romanicum.* Nuova rivista di filologia romanica, Genf [Olschki] 1917-41.
BAR I	Biblioteca dell'*Archivum Romanicum.* Serie I. Storia-Letteratura-Paleografia, Fir [Olsch].
Belfagor	*Belfagor. Rassegna di varia umanità*, Fir-Mess [D'Anna]
BSDI	*Bullettino della Società Dantesca Italiana*, Fir [SDI] 1889-1921.
Convivium	*Convivium.* Rivista bimestrale di letteratura, filologia e storia, Bol [Pàtron] 1929-
CS	*Cultura e Scuola.* Rom [Istituto della Enciclopedia Italiana] 1941-
DDJb	*Deutsches Dante-Jahrbuch.* Herausgegeben im Auftrag der Deutschen Dante-Gesellschaft, Köln-Wien [Böhlau] 1916-
DS	*Dante Studies.* With the Annual Report of the Dante Society. Dante Society of America, Cambr MA bzw. Albany NY bzw. Bing NY [State University of NY] NF 1966-
DVLG	*Deutsche Vierteljahresschrift für Literaturwissenschaft und Geistesgeschichte*, Stutt [Metzler] 1923-
FI	*Forum Italicum.* A Journal of Italian Studies, Buffalo NY bzw. Stony Brook NY [State University of NY] 1967-
GD	*Il Giornale Dantesco*, Fir [Olsch] 1893-1943.
GRM	*Germanisch-Romanische Monatsschrift*, Hei [Winter] 1909-
GSLI	*Giornale Storico della Letteratura Italiana*, Tor [Loescher] 1883-
IMU	*Italia Medioevale e Umanistica*, Pad [Ant] 1958-
ItStudies	*Italian Studies.* An Annual Review. Cambridge: The Society for Italian Studies, Leeds [Maney] 1937-
LC	*Letture Classensi*, Rav [Longo] 1966-
Lectura Dantis	*Lectura Dantis.* A Forum for Dante Research and Interpretation, Charlottesville VA [University of Virginia] 1987-
LI	*Lettere Italiane.* Rivista trimestrale, Fir [Olsch] 1949-
LIA	*Letteratura Italiana Antica.* Rivista annuale di testi e studi. Periodico internazionale fondato e diretto da Antonio Lanza, Rom [Moxedano] 2000-
MbDDG	*Mitteilungsblatt der Deutschen Dante-Gesellschaft* [s. *DDJb*].
NA	*Nuova Antologia.* Rivista di letteratura, scienze ed arti, Fir [Le Monn] NF 1978-
REI	*Revue des Études Italiennes*, Par [Didier] NF 1955-
RJb	*Romanistisches Jahrbuch*, Ber-NY [de Gruyter] 1947-
RPh	*Romance Philology*, Berk-Los Ang CA [University of CA P] 1947/48-
SD	*Studi Danteschi.* Fondati da Michele Barbi. Pubblicati dalla Società Dantesca Italiana, Fir [Sans] bzw. [Licosa] bzw. [Le Lett] 1919-
SMV	*Studi Mediolatini e Volgari*, Pisa [Pacini] 1953-
Speculum	*Speculum.* A Journal of Medieval Studies, Cambr MA [Mediaeval Academy of America] 1926-

Abardo, R. 4, 8, 17, 19
Abeken, B. R. 60
Abramé-Battesti, I. 21, 62
Acquaticci, G. 4
Agnelli, G. 33, 61
Akron [= F. Frey] 21
Alaerts, Y. 64
Alberione, E. 48
Alessandrini, M. 16
Alessio, G. C. 49
Alfonsi, L. 16
Alighieri, Iacopo 49
Alighieri, Pietro 49
Alinari, V. 62
Alinei, M. 69
Alverny, M. T. d' 20
Amrein-Widmer, M. 62
Anderson, M. B. 56
Anderson, W. 14
Andriani, B. 16, 62
Anducci, P. 62
Angelitti, F. 11, 62
Angiolillo, G. 16, 18, 61
Anonimo Fiorentino 49
Anonymous Latin Commentary 49
Anonymus Lombardus 49
Apollonio, M. 61
Aquarone, B. 62
Arias, G. 62
Armour, P. 65
Aroux, E. 16, 57
Artàud de Montor, A. F. 57
Asín Palacios, M. 62
Asojan, A. A. 21
Assmann, A. 64
Auerbach, E. 16, 21, 63, 64
Aurora, M. 14
Auvray, L. 42
Avalle, D'A. S. 63, 65
Avalle, G. 49
Aversano, M. 62, 63
Azzolini, P. 62

Bacchi della Lega, A. 2
Bachenschwanz, L. 55
Bähr, J. K. 33, 60, 62
Baehr, R. 26, 64
Baethgen, F. 65
Baldan, P. 63
Baldelli, I. 16, 28, 65
Balsano, A. 16
Balz, H. 70
Balz, R. 70
Bambagli(u)oli, G. de' 49
Bambeck, M. 63, 64
Baptist, G. 21
Barański, Z. G. 18, 19, 53, 63
Bàrberi Squarotti, G. 11, 13, 18, 23, 63
Barbi, M. 5, 11, 14, 15, 30, 42, 49, 53, 63
Barblan, G. 19
Bargagli Stoffi-Mühlethaler, B. 16
Barlow, H. C. 42
Barnes, J. C. 18, 63
Barolini, T. 30, 56, 61, 62
Baron, T. 23, 53
Barricelli, J.-P. 24
Barrichi, U. 6
Barth, F. 54
Bartoli, A. 33, 60
Barzizza, G. [= G. degli Bargigli] 49
Batkin, L. M. 16
Bartlett Giamatti, A. 23
Bashir-Hecht, H. 30
Bassermann, A. 55
Bâtard, Y. 24, 62
Battaglia, F. 16
Battaglia, S. 16, 18, 23
Battaglia Ricci, L. 63
Battistini, A. 30
Baum, R. 18, 23
Bazzell, P. 62
Beall, J. 56
Bec, Chr. 12, 57
Beccaria, G. L. 62
Beck, F. 62

Becker, C. 23
Beerenbusch, F. 55
Belletti, G. D. 17
Bellomo, S. 49, 53
Beltrami, P. G. 18
Bemrose, St. 16
Benali, B. 36
Beneforti, C. 60
Benini, R. 33, 62
Benvenuto [Rambaldi] da Imola 36, 49
Berardi, Chr. 36
Berardi, D. 41
Berardinelli, F. 61
Bergin, Th. G. 14, 56, 60, 63, 67
Bertacchi, C. 62
Bertagni, R. 54, 62
Bertinetto, P. M. 16, 61
Bertoldi, G. [bzw. G. da Serravalle] 49
Besthorn, R. 59
Bettarini, R. 2
Betz, K. D. 70
Biagi, G. 2, 50, 54
Bianchi, L. 59
Biffi, I. 62
Biffoni Arci, B. 21
Bigi, E. 63
Bigongiari, D. 16, 18
Binni, W. 63
Biondolillo, F. 16, 60
Birkmeyer, J. 21
Blanc, L. G. 54, 66
Blasucci, L. 11, 64
Blochet, E. 62
Blomme, R. 16
Boccaccio, G. 36, 49
Bocci, D. 66
Body, R. Th. 56
Boldrini, L. 21
Bollini, P. 62
Bologna, C. 16, 17, 18
Bolton Holloway, J. 22
Bonan-Garrigues, M. 14
Bonanno, D. 21, 62
Bonaventura, A. 26
Bonghi, G. 11, 31, 45
Bonnea, E. 63

Bonora, E. 63
Borchardt, R. 55
Borges, J. L. 63
Borghini, V. 49
Borgofranco, J. da 37
Borinski, K. 16
Borsellino, N. 14, 63
Borsò, V. 24
Borzi, I. 11,
Bosco, U. 18, 23, 28, 44
Botterill, St. 62
Bowden, J. P. 53
Boyd, H. 56
Boyde, P. 16, 19, 48, 62
Bracci-Cambini, I. 53
Brambilla Ageno, F. 18
Branca, V. 19, 21
Brand, C. P. 21
Brandeis, I. 63
Breglia, S. 62
Bricchi, M. 44
Brieger, P. 42
Brizeux, J. A. P. 57
Browning, D. S. 70
Brownlee, K. 49
Brückner, Th. 49, 64
Brugnoli, G. 11, 64
Brunner, M. 24
Bruno, E. 48
Bub, St. 21
Buck, A. 8, 14, 20, 60, 64
Bufacchi, E. 2
Buonato, A. 44
Burr, I. 4
Busetto, N. 14
Busnelli, G. 16, 62
Buti, F. di Bartolo da 49
Butzbach, G. von (aus) 35
Butzbach, P. von (aus) 35

Caccia, E. 21
Cachey, Th. J. 4, 19, 35, 36, 37
Caesar, M. 21
Caglio, A. M. 53
Calcagno, G. 3, 4
Calí, P. 22

Caliri, F. 53
Calvori, I. 62
Cameron, J. K. 70
Camilli, A. 64
Canal, A. 53
Cancik, H. 70
Cannizzaro, T. 58
Capasso, I. 62
Capecchi, G. 21, 23
Capelli, V. 63
Capone, V. U. 62
Cappelli, G. 58
Caputo, R. 23
Cardini, R. 53
Caretti, L. 65
Caricato, L. 53
Carinci, N. 65
Carlyle, J. A. 56
Carrara, E. 49
Carugiati, G. 62
Cary, H. F. 56
Casadio, G. 19, 27
Casamassima, E. 41
Casciola, B. 60
Casella, M. 11, 14, 42
Cassell, A. K. 48, 62, 65
Castagnari, G. 41
Castelli, M. C. 24
Castelvetro, L. 49
Casu, P. 58
Cataldi, P. 44
Cavallari, E. 21
Cavallini, G. 63
Cavedani, C. 62
Cecchetti, G. 46
Cecchin, S. 11
Cecchini, E. 11
Celani, E. 49
Cerchio, B. 16
Ceri, G. 62
Cerisola, P. L. 23, 65
Cerulli, E. 62
Cervigni, D. S. 16
Chambers, R. W. 3
Charity, A. C. 62
Chaytor, H. J. 16

Cherchi, P. 48
Chiamenti, M. 16, 49, 53
Chiampi, J. Th. 62
Chiappelli, F. 11, 33, 45
Chiari, A. 63
Chiavacci Leonardi, A. M. 33, 39, 54,
   61, 62, 68
Chimenz, S. A. 11, 14
Chiminelli, P. 21
Chioccioni, P. P. 62
Chiose Ambrosiane 49
Chiose Cagliaritane 49
Chiose latine anonime [bzw. *Anonymous
   Latin Commentary* bzw. *Anonymus
   Lombardus*] 49
Chiose Selmi 49
Chiose Vernon [bzw. *Falso Boc-
   caccio*] 49
Chmielewski, I. 21
Ciacci, G. 62
Ciafardini, E. 64
Ciardi, J. 56
Ciardi Dupré dal Poggetto, M. G. 24
Ciccia, C. 62
Cioffari, V. 49, 53
Ciotti, A. 20
Clark, K. 24
Cofano, D. 62
Cogan, M. 61
Coglievina, L. 2, 18, 41
Collins, J. J. 14, 16
Colomb de Batines, Visconte P. 2
Colombo, M. 18
Colombo, U. 21
*Commento anon. ined. della Lau-
   renziana all'Inf. e al Purg.* 49
Comollo, A. 16
Conrad, H. 16
Consoli, D. 16, 62
Contini, G. 11, 18
Contro, P. 54, 61, 62
Corradino, C. 40
Corrado Orza, N. 16
Correnti, S. 16
Corsi, S. 62
Corsten, S. 41

Corti, M. 16, 18, 44, 64
Cosatti, A. 16
Cosi, A. 26
Cosmo, U. 14, 23, 60
Costanzo, L. 61
Counson, A. 21
Cozzoli, V. 16
Craig, E. 70
Crema, E. 61
Crespo, Á. 14
Crisafulli, E. 21
Crivelli, T. 19
Croce, B. 16, 60
Cronia, A. 21
Cugnoni, G. 49
Cuini, C. 63
Cummins, P. 56
Cunningham, G. F. 59
Curato, B. 65
Curtius, E. R. 18, 20, 60
Cusani, E. 62

Da Civezza, M. 49
Dale, P. 56
D'Alfonso, R. 62
Da Mareto, F. 2
D'Amore, B. 16
D'Ancona, A. 16, 17, 18
D'Andria, M. 16, 17, 63
Daniello, B. [da Lucca] 48
Dauphin, H. 57
Dauphiné, J. 16, 61
Davis, Ch. T. 16, 18, 30
De' Bonini, B. 36
De' Conti da Verona, F. 35
Dédéyan, Ch. 21
De Giorgi, L. 58
De' Gregoriis da Forlì, G. 37
Del Balzo, C. 10, 21
Della Lana, I. 36, 49
Dell'Aquila, M. 63
Della Torre, R. 16
Della Vedova, R. 49
Del Monte, A. 11, 14, 16, 31, 33
Del Tuppo, F. 36
Demaray, J. G. 16, 62

De Medici, G. 53
De Poli, L. 62
De Rentiis, D. 22
De Robertis, D. 11, 18
De Rosa, M. 16
De Salvio, A. 62
De Sanctis, F. 48
Deschamps, A. 57
Díaz-Corralejo, V. 64
Di Biase, C. 22
Diemer, C. 21
Di Giammarino, G. 16
Di Giovanni, A. 16
Di Mirafiore, G. 16
Dinsmore, Ch. A. 14
Dionisotti, C. 21, 53
Di Paola, G. 21
Di Pino, G. 19, 61, 62
Di Poppa Vòlture, E. 21
Di Pretoro, F. 21, 42, 60
Di Rosa, A. 48
Di Salvo, T. 14, 33, 44, 48
Di Santo, S. 62
Di Scipio, G. 16, 19, 62
Di Zenzo, S. F. 61
Dolce, L. 37
Dombrowski, D. 24
Domenichelli, T. 49
Donati, L. 24
D'Onofrio, T. 21
Dotti, U. 62
D'Ovidio, F. 63
Dozon, M. 53, 61, 62
Dragone, C. 31, 44
Dragonetti, R. 62
Dreyer, P. 40
Dronke, P. 16, 61
Ducros, F. 16
Dumol, P. A. 62
Dunker, A. 21

Ekblad, S. 21
Eliot, Th. St. 14
Ellis, St. 21
Elwert, W. Th. 14, 24, 59
Engel, H. 33

Enk [von der Burg], K. von 55
Ercole, F. 16
Esposito, E. 2, 18, 19, 29, 59
Estouteville, duc d' [= P. E. Colbert] 57
Everling, W. 24
Evola, N. D. 2

Fabbricatore, B. 62
Faedo, L. 2
Fagiolo, M. 64
Falke, K. 14, 31
Falkenhausen, F. Freiherr von 14, 31, 55
Fallani, G. 11, 21, 24, 45, 53, 63
Falorsi, G. 60
Falso Boccaccio [bzw. *Chiose Vernon*] 49
Fanfani, P. 49
Fantini, E. 7
Farinelli, A. 21
Farinelli, L. 6
Farnell, St. 61
Farri, D. 37
Farris, G. 18
Fasani, R. 18, 42, 59, 61, 62, 63
Fay, E. A. 67
Federici Vescovini, G. 20
Federn, K. 14
Federzoni, G. 17, 18
Felten, H. 16, 21, 61, 64
Fenaroli, G. 62
Fenzi, E. 11
Fergusson, F. 14, 54, 62
Ferrante, J. M. 17, 56, 61, 62
Ferraú, G. 53
Ferretti, G. 62
Ferretti Cuomo, L. 65
Ferrier, E. 59
Ferroni, P. 62
Ferrucci, F. 16
Fiammazzo, A. 29, 49
Ficino, M. 36
Field, A. 53
Figurelli, F. 18
Filippo di Pietro Veneto 36
Filippini, O. 16
Finali, G. 41
Finley, P. 24, 60

Fino, P. da 37
Fiorentino, P.-A. 57
Fiori, A. 26
Flanders Dunbar, H. 62
Fletcher, J. B. 56, 62
Foà, S. 48
Folena, G. 42
Foligno, C. 14
Fontana, V. 5
Fornaro, C. 54
Forti, F. 18
Fortin, E. L. 16, 62
Foscolo, U. 23, 54
Foster, K. 20, 48
Fowler, M. 3
Fowlie, W. 46, 54
Franceschini, E. 30
Franceschini, F. 53
Franciosi, G. 49, 62
Franco, Ch. 16, 17, 19
Franke, W. 62
Frankel, M. 21
Franz, G. 6
Frasso, G. 53
Frati, C. 42
Frati, L. 9
Freccero, J. 18, 63
Friederich, W. P. 21
Friedrich, H. 61, 62, 63
Frigo, G. F. 23
Frugoni, A. 11
Fubini, M. 63, 64

Gabiano, B. de 37
Gabriele, Trifon(e) 49
Gabrieli, A. 62
Gaffi, A. 60
Gagliardi, A. 16, 18
Gaia, P. 11
Galilei, G. 49
Ganda, A. 41
Gandillac, M. de 16
Garavelli, B. 44, 45
Gardner, E. G. 14, 62
Gauger, H.-M. 64
Gazzo, F. 58

Geiger, B. 55
Geisow, H. 55
Gelli, G. 49
Gennai, S. 53
Gentile, S. 24
Gentili, S. 48
George, St. 55
Getto, G. 48, 63
Geyer, P. 64
Ghisalberti, A. 18
Giambullari, P. F. 49
Giammusso, M. 27
Giannantonio, P. 16, 48, 63
Giannini, C. 49
Gibbons, D. 16
Gietmann, G. 17, 60
Gigli, O. 49
Gildemeister, O. 55
Gillerman, D. H. 42
Gillet, L. 14
Gilson, É. 16, 61, 63
Ginori Conti, P. 53
Ginsberg, W. 16
Giolito, G. 37
Giolito de' Ferrari, G. 37
Giovanetti, L. 2
Girardi, E. N. 21
Girgenti, G. 58
Giro, E. 54
Giuffrè, L. 16
Giuliani, F. 69
Giunta, C. 16
Giunti, F. 37
Giuntoli, G. 33, 62
Gizzi, C. 5, 25, 61
Glässer, E. 62
Glunk, F. R. 60
Gmelin, H. 16, 31, 54, 55
Godenzi, G. 62
Goetz, W. 8, 9, 18
Gorni, G. 18, 54
Gosebruch, M. 24
Goudet, J. 16
Gourmont, R. de 17
Grabher, C. 43
Graf, O. 61

Grandgent, Ch. H. 14, 39
Grangier, B. 57
Grauert, H. 22
Grayson, C. 18
Gregory, T. 15
Grether, E. 62
Griffith, S. W. 56
Groppi, F. 16
Grossi, T. 14
Gruber, J. 6
Grübel, I. 64
Grundmann, H. 18, 19
Gsteiger, M. 21
Gualandi, G. L. 24
Guardini, R. 60, 62, 63
Guastella, F. 58
Guénon, R. 16
Guerri, D. 49
Güntert, G. 48, 64
Guido da Pisa 49
Guidubaldi, E. 21, 23, 62
Gusek, B. von [= K. G. von Berneck] 55
Gustarelli, A. 28
Guthmüller, B. 64
Gutmann, R. A. 14, 16
Guzzardo, J. J. 18, 65
Guerra D'Antoni, F. 65

Haebler, K. 41
Haffner, H. 26
Haller, J. 14
Haller, R. S. 16
Halpern, D. 56
Hammerstein, R. 26
Hannebutt-Benz, E. M. 41
Hanson, R. P. C. 70
Hanssler, B. 14
Hardt, M. 61
Hardt, P. Chr. 63
Harrower, R. B. 62
Hartmann, S. S. 70
Hartmann, W. 24
Harwood-Gordon, Sh. 61
Hasenclever, S. 31, 55
Hasse, E. 61
Hatzfeld, H. 16

Haupt, H. 23, 40
Hausmann, F.-R. 64
Hauvette, H. 60, 63
Havely, N. R. 21
Hawkins, P. S. 64
Haywood, E. G. 21, 22
Hees, G. 55
Hefele, K. 53
Hein, J. 61, 62
Heinimann, S. 20, 59
Heintze, H. 14, 23
Hemment, M. J. 1
Hempel, W. 21
Henke, J. 54
Herding, O. 18, 19
Hertz, W. G. 55
Hettinger, F. 60, 62
Higgins, D. H. 16
Hirdt, W. 18, 21, 24, 61, 64
Höller, L. R. 61
Hölter, E. 21, 27
Hörwarter, J. B. 55
Hogan, J. 56
Hogrebe, W. 21
Hollander, R. 30, 43, 49, 52, 53, 54, 61,
    62, 63
Hollender, M. 23, 24
Holmas, G. 14
Holst, Chr. von 25
Holtus, G. 2
Howell, A. G. F. 14
Hübner, W. 64
Huse, H. R. 56

Iannucci, A. A. 18, 63
Ierardo, D. 21
Imbach, R. 16, 64
Inglese, G. 60

Jacoff, R. 14, 19, 28, 48, 65
Jacomuzzi, A. 11, 23, 63
Janowski, B. 70
Jarro [= Giulio Piccini] 49
Jauss, H. R. 64
Jenaro-MacLennan, L. 53
Jenni, A. 62, 63

Johann von Sachsen, König
    [= Philalethes] 8, 31, 55
John, R. L. 16, 24
Johnson, H. 56
Jones, B. 22
Jones, V. R. 21
Jordan, L. E. 4, 35, 36, 37
Jüngel, E. 70
Jurt, J. 64

Kablitz, A. 20, 64
Kämper, D. 26
Kanduth, E. 64
Kannegießer, K. L. 12, 55
Kasper, W. 70
Kauffmann, K. 59
Kay, R. 16, 65
Kelly, H. A. 53, 61
Kelsen, H. 16
Kemp, W. 24, 64
Kennard Rand, E. 29
Kern, F. 16, 60
Kiefer, N. 62, 63, 64
King, R. W. 59
Kirchner, M. 24
Kirkpatrick, R. 23, 54, 60, 62, 65
Kleiner, J. 62
Kleinhenz, Chr. 15, 30
Klesczewski, R. 64
Knittel, H. 62
Knoche, S. 21
Koch, Th. W. 3, 23
Koehler, Chr. R. 55
Koenen, F. 64
König, B. 6, 64
Kopisch, A. 55
Kranz, G. 21
Kraus, F. X. 14
Kremers, D. 22, 64
Küppers, J. 64
Kuon, P. 21

La Brasca, F. 53
Lacaita, J. Ph. 49
La Favia, L. M. 53
Lagercrantz, O. 60, 61

Lai, P. 41
Lallement, L. 54, 62
Lambert, F. A. 17
Lammenais, H. F. R. de 57
Lana, G. 11
Lanci, F. 61
Lancia, A. 49
Landfester, M. 70
Landino, C. 36, 40, 49
Landmann, G. P. 55
Lange, W.-D. 59
Lansing, R. H. 26, 28, 30, 56, 62
Lanza, A. 2, 33, 37, 43
La Piana, A. 21, 23
Larkin, T. 56
Laurenzio [= G. Caciagli] 60
La Valva, M. P. 64
Lazzerini, G. 19
Lazzerini, L. 2
Ledig, G. 54
Leeker, J. 64
Le Goff, J. 62
Leisegang, H. 16
Lenkeith, N. 16
Lentzen, M. 9, 21, 23, 53
Leo, U. 18
Leonardi, C. 70
Leoncavallo, R. 14
Leonhard, K. 14, 62
Leupold, B. 24
Levillain, H. 19, 21
Leynardi, L. 61
Liccardi, E. 38
Lieberknecht, O. 1, 2, 43, 49, 61
Lillie, M. P. 56
Limentani, U. 18, 21, 48
Lindon, J. 42
Lisio, G. 16
Lo Cascio, R. 65
Locella, M. 24, 26
Lochbrunner[-Paulenbach], M. 62
Loewe, S. 59
Longfellow, H. W. 56
Longnon, H. 57
Longo, N. 18
Loos, E. 24, 26, 61

Loria, C. 61
Lovera, L. 67
Lubin, A. 62
Lucani, G. 62
Luke, H. M. 61
Lumia, G. 16
Lustig, W. 1
Luzi, M. 18
Lynch, K. L. 62

Macdonald, R. R. 62
Mackenzie, D. J. 56
MacLennan, L. J. 20
Madaule, J. 14
Magalotti, L. 54
Magdaleno, V. 60
Maggi, N. 11
Maggini, F. 14
Magugliani, L. 45
Malagoli, L. 62
Malato, E. 13, 14, 33
Malke, L. S. 24, 41, 47
Mambelli, G. 2
Mandelbaum, A. 48, 56
Mandelstam, O. 16
Mandonnet, P. F. 61
Manescalchi, R. 63
Manfrè, G. 41
Mangani, D. 37
Manganiello, D. 21
Manica, R. 18
Maninchedda, P. 42
Manna, A. M. 3
Manuppello, G. 2
Manutius, A. 37
Maramauro [bzw. Mar(r)amaldo], G. 49
Marazzini, C. 16
Marcazzan, M. 48
Marchese, A. 13, 60
Marchese, G. 60
Marcolino da Forlì, F. 37
Marcovaldo, G. 60
Marietti, M. 14, 19
Marinelli, A. 41
Marsili, A. 16
Marti, M. 18

Martignoni, C. 13, 33
Martinelli, L. 23
Martini, St. 21, 59
Martin-Saint-René 57
Marzot, G. 62
Masciandaro, F. 61
Masoero, M. 62
Masseron, A. 16, 57
Mastrobuono, A. C. 16, 48
Mattalìa, D. 43, 68
Matteo di Codecà da Parma 36
Matthias von Olmütz 36
Mattioli, M. 16
Maurer, K. 64
Mauro, W. 14
Mazzali, E. 14
Mazzantini, P. 15
Mozzarella, A. 17, 61
Mazzei, V. 62
Mazzeo, F. 9
Mazzeo, J. A. 63
Mazzi, C. 2
Mazzoni, F. 2, 8, 11, 18, 23, 30, 42, 53, 54
Mazzotta, G. 16, 63
McDougal, St. Y. 21
Méautis, G. 62
Mégroz, F. 54, 57
Meiss, M. 42
Mellone, A. 48, 62
Mendola, N. V. 62
Mengaldo, P. V. 11, 18
Menichelli, A. M. 41
Menocal, M. R. 21
Meozzi, A. 16
Mercuri, R. 60, 62
Merlante, R. 33, 66
Messineo, D. 62
Meyer-Landrut, E. 53
Mezzadroli, G. 16
Micevic, K. 57
Michels, G. 59
Miglio, L. 42
Migliorini Fissi, R. 14
Milanesi, G. 49
Milano, P. 12
Milbank, A. 21

Miller, E. G. 62
Miller, O. 16
Mills Chiarenza, M. 60
Mineo, N. 13, 14, 16
Minguzzi, E. 61
Minneci, G. 62
Minnis, A. J. 53
Mitescu, A. 64
Möller, J. 59
Moleta, V. 16
Molinari, R. 53
Monga, G. 58
Mongis, J.-A. de 57
Montale, E. 45
Montanari, F. 16, 31, 43, 60
Montanelli, I. 16
Montano, R. 14, 16, 21
Moore, E. 18, 42, 61
Morando, G. A. 37
Morel, C. 57
Morgan, A. 61
Morgan, L. 19
Morghen, R. 18
Mortari, I. 53
Mosler, K. 16
Mounin, G. 14
Moutier, I. 49
Muratori, S. 18
Muresu, G. 63
Musa, M. 33, 56, 63
Mussafia, A. 42

Nannucci, V. 49
Napolillo, V. 62, 63
Nardi, B. 11, 15
Nassar, E. P. 24
Naumann, W. 55
Needler, H. 62
Negroni, C. 49
Nencioni, G. 20
Neuhofer, P. 59
Neumann, G. 21
N(e)umeister, J. 35, 40, 59
Neumeister, S. 64
Neuse, R. 31
Nicolò di Lorenzo della Magna 36

Nidobeato, M. P. 36
Nobile, T. 33, 60
Nobili, C. S. 64
Nolan, D. 48
Noyer-Weidner, A. 62
Nuzzaco, F. 62

Ó Cuilleanáin, C. 18
O' Grady, D. 21
Okey, Th. 56
Oldcorn, A. 48
Oliva, G. 63
Olivero, F. 16
Olschki, L. 62, 65
Ommering, G. van 54
Orlandi, E. 14
Orlando, A. 60, 66
Orr, M. A. 16
Ortolan, J. L. E. 62
Osols-Wehden, I. 21
Ostermann, Th. 2
Ott, K. A. 64
Ottaviano Scoto da Monza 36

Padoan, G. 14, 18, 19, 49, 53
Paganini, P. und A. 37
Pagliaro, A. 54, 62, 63
Palanza, U. M. 16
Palgen, R. 60, 62, 63
Palladino, L. 24
Palmieri, P. 53
Paluello, L. M. 20
Panaitescu, E. A. 43
Paolazzi, C. 16, 53
Paoletti, L. 53
Paolini, Sh. J. 62
Papa, P. 9
Paparelli, G. 18
Papini, G. 14
Parker, D. 18, 23, 24, 41, 53
Parodi, E. G. 11, 63
Parodi, S. 40
Parronchi, A. 9
Pasi, R. 16
Pasquaglio, F. 30
Pasquazi, S. 14

Pasquini, E. 21, 31, 33, 39, 43, 61, 62, 68
Passerin d'Entrèves, A. 16
Passerini, G. L. 2, 14, 30
Passerone, G. 62
Patuelli, M. P. 7
Payne, R. L. 21
Payton, R. J. 60
Pazzaglia, M. 16, 18, 53
Pearl, M. 8
Pecoraro, P. 61
Pegorari, D. M. 21
Pejovic, M. 2, 21
Pelikan, J. 62
Pellegrini, F. 11, 53
Pelosi, S. 62
Pennacino, V. 59
Pépin, J. 16
Pératé, A. 57
Perez, P. 62
Perriccioli Maggese, A. 40
Perrus, C. 19
Pertile, L. 21, 30, 49, 62
Pertugi, M. 2, 20
Pescasio, L. 40
Pestalozza, L. 13, 26
Peterich, E. 34
Petrie, J. 63
Petrohelli, P. 26
Petrocchi, G. 18, 28, 31, 38, 39, 40, 42, 60, 63, 68
Peyer, H. C. 18, 19
Pézard, A. 12, 18, 57, 65
Pfister, M. 2
Pfleiderer, R. 60
Pflug, G. 41
Philaletes, Æ 62
Philalethes [s. Johann von Sachsen]
Philippi, D. 48
Piattoli, R. 5
Picchi, A. 26
Picchio Simonelli, M. 17, 19
Picci, G. 63
Picone, M. 18, 19, 30, 48, 64
Piemontesi, L. und A. 36
Pieretti, A. 41
Pierlucci, S. 62
Pietrobono, L. 14, 18, 30, 43, 60, 61, 62

Pietro da Figline   36
Pietro di Piasi   36
Pietropaolo, D.   15, 21
Pinchard, B.   16, 17, 18
Pinsky, R.   56
Pipa, A.   21
Pirandello, L.   54
Pirrotta, N.   26
Pisani, P. G.   49
Pistelli [Rinaldi], E.   11, 26
Pite, R.   21
Pitwood, M.   21
Planet, H.   62
Pochhammer, P.   33, 55
Pöckl, W.   21
Pötters, W.   64
Poletto, G.   28
Pollock, W. F.   56
Poma, C.   45
Pompeati, A.   14
Ponta, M. G.   61
Pope-Hennessy, J.   24, 42
Poppi, C.   25
Porena, M.   60, 63, 65
Portese, Bartolomeo di Giovanni   37
Portier, L.   14, 16, 57
Potthoff, W.   21, 23
Pozzato, M. P.   18
Prandi, St.   62
Price Davis, A.   60
Priest, P.   62
Prietze, H. A.   55
Prill, U.   14, 21
Procaccioli, P.   49, 51, 53
Proto, E.   17
Provenzal, D.   31, 33, 43

Quaglio, A. [E.]   31, 33, 39, 43, 64, 68
Quarenghi, P.   36
Quartieri, F.   53
Quinones, R. J.   14, 62
Quondam, A.   41

Rabuse, G.   18, 61, 62, 63, 64
Raffa, G. P.   62
Ragazzini, S.   40

Raimondi, E.   63
Rajna, P.   11, 62, 64
Ralphs, Sh.   62
Rampazetto, F.   37
Ranieri, A.   58
Ratisbonne, L.   57
Ravenna, N.   40
Read, C. St.   56
Reade, W. H. V.   64
Reggio, G.   44
Renaudet, A.   16
Renucci, P.   14, 16
Resta, G.   21
Rettig, W.   21
Reynard, F.   57
Reynolds, B.   21
Reynolds, M. T.   21
Rezzi, L. M.   49
Rheinfelder, H.   18
Ricci, C.   9
Richards, E. J.   16, 62
Richardson, B.   41
Richter, L.   26
Richthofen, E. von   62
Rigo, P.   18, 53
Riklin, U.   16
Risset, J.   14, 57
Ritter, J.   70
Riva, F.   41
Rizzatti, M. L.   14
Rizzo, G.   19
Rocca, L.   40, 53
Roddewig, M.   2, 21, 23, 30, 42, 53, 59, 64
Rodotà, L.   62
Roe, A. S.   24
Roglieri, M. A.   26
Romagnoli, S.   33, 43
Romani, F.   22
Rosini, G.   49
Ross, Ch.   48
Ross, W.   64
Rossetti, G.   17, 54
Rossi, L. C.   49, 53
Rossi, M. M.   61
Rossi, S.   60
Rostagno, E.   11

Rothe, E. 3
Round, N. 21
Roville, G. 37
Rubin, J. H. 24
Rüegg, A. 60, 61
Rusconi, R. 6, 41, 42
Russell, J. B. 62
Russo, V. 18, 19, 63
Ruth, E. 61

Sabbatino, P. 15, 48, 63
Sacchetto, A. 48, 62
Saginati, L. 3, 4
Salinari, C. 33, 43
Salvatori, C. 21
Salvetti, G. 26
Saly, J. 54, 62
Samek-Ludovici, S. 40
Sandkühler, B. 53
Sanguineti, E. 18, 26, 38, 62, 63
Sannella, G. 9
Sannita, E. 62
Sansone, M. 63
Santangelo, S. 16
Santangelo, V. 16
Santoro, M. 30
Santroni, L. 62
Sapegno, N. 13, 39, 54
Sardini, F. 40
Sareika, R. 21
Sarolli, G. R. 16, 62, 63, 64
Sarteschi, S. 20
Sassetto, F. 53
Sasso, G. 16
Savarese, G. 18
Savelli, G. 58
Savino, G. 40, 42
Sayers, D. L. 56, 63
Scaglione, A. 19
Scapecchi, P. 41
Scarabelli, L. 49
Scartazzini, G. A. 14, 18, 21, 28, 29
Scervini, S. 58
Schäfer, G. 25
Schäfer, H. 55
Scheel, H. L. 20, 40

Schirra, D. 25
Schizzerotto, G. 41
Schless, H. H. 21
Schlüter-Hermkes, M. 62
Schmidt-Knatz, F. 40, 49, 53
Schmidt-Künsemüller, F. A. 41
Schnackenburg, H. 62
Schnapp, J. T. 19, 49, 62
Schneider, C. F. 62
Schneider, F. 14, 33
Schneider, H. 70
Schönbach, D. 34
Scholderer, V. 41
Scholl, D. 64
Schrader, L. 21
Schrödel, K. 21
Schröder, H. 53
Schubring, P 24, 31, 42
Schuhmacher, K. 21
Schult, A. 54
Schulz-Buschhaus, U. 21
Schulze Altcappenburg, H. Th. 24
Schurr, C. E. 26
Schwarze, Chr. 64
Scialom, M. 57, 59
Scorrano, L. 15, 18, 21, 31, 43, 63, 68
Scott, A. B. 53
Scott, J. A. 16, 63
Scrivano, R. 18, 63
Scuccato, M. 44
Sebastio, L. 15, 18
Segre, C. 13, 33
Selmi, F. 49
Senn, F. 59
Sensi, M. 41
Seriacopi, M. 49, 53, 65
Sermartelli, D. 37
Sermonti, V. 54
Sessa, G. B. und M. 37
Seznec, J. 24
Shapiro, M. 62
Shaw, E. M. 56
Sheldon, E. St. 29
Siebzehner-Vivanti, G. 33, 66
Silvotti, M. T. 49
Sinclair, J. D. 56

Singleton, Ch. S.   17, 39, 42, 54, 56, 62, 63
Sisson, Ch. H.   56
Smith, F. S.   61
Smith, H. W.   14
Sodi, R. B.   21
Sokop, H. W.   9, 55
Soldati, L.   58
Sonnino, G. S.   7
Sowell, M. U.   19, 21, 63
Spitzer, L.   64
Splett, J.   63
Spoerri, Th.   16, 60
Stagnino da Trino, B.   37
Stambler, B.   54
Stange, C.   16
Starace, M.   14
Stassi, M. G.   11
Stefenelli, R.   15
Stephany, W. A.   48, 65
Stevens, J. E.   26
Sticco, M.   23
Stierle, K.   64
Stillers, R.   8, 21, 23, 30
Stirati, A.   44
Stoll, A.   21
Stolte, A.   42
Stopp, E.   21
Stoppelli, P.   53
Strappati, T. A.   53
Strayers, J. R.   70
Streckfuß, A. F. K.   55, 59
Strohmaier, G.   63, 64
Sua, W. De   19, 59
Swing, Th. K.   62

Täuber, C.   42
Tambling, J.   23, 61
Tamburini, G.   49
Tardiola, G.   62, 64
Tartarini, P.   17
Tarugi, G.   19
Tasso, T.   49
Taterka, Th.   21
Tavani, G.   21
Tavormina, V.   62
Taylor, Ch. H.   24, 60

Taylor, K.   21
Terenzoni, A.   16
Terpening, R. H.   62
Terzago, G.   36
Teschke, H.   21
Thompson, A.   21
Thompson, D.   62
Tiedemann, P.   1
Tinkler-Villani, V.   59
Tissoni, R.   21, 23
Titone, M. S.   21
Toffanin, G.   16, 23
Tonelli, L.   16
Tonini, L.   62
Took, J. F.   16
Torraca, F.   18
Torresani da Asola, A.   37
Torri, A.   49
Tosti, L.   62
Tournes, Jean de   37
Toussaint, St.   16
Toynbee, P. J.   14, 18, 21, 28
Tozer, H. F.   54
Trasi, P.   66
Trenck, S. von der   55
Tròccoli, G.   62
Troth, B.   37
Trottmann, Chr.   18
Trovato, P.   21, 41
Troya, C.   62
Trucchi, E.   54
Truyol, A.   22
Turelli, F.   64
Tuscano, P.   63

Ursino, G.   62
Ussari, V.   16

Vaccheri, G. G.   62, 68
Valensin, A.   16
Valli, L.   16, 62
Vallone, A.   2, 13, 14, 15, 16, 18, 23,
   30, 31, 41, 43, 53, 63, 64, 65
Valori, E. M.   47
Vandelli, G.   11, 38, 39, 42, 53, 63
Vannucci, M.   60

Varanini, G. 63
Varchi, B. 49
Varela-Portas de Orduña, J. 64
Vasoli, C. 11, 15, 18
Vauchez, A. 70
Vazzana, St. 62
Vecchi, G. 53
Vegliante, J.-Ch. 57
Vellucci, G. 23
Vellutello, A. 37, 49
Veltman, W. F. 31, 61
Veneziani, P. 41
Venturi, A. 24
Venturi, L. 62
Vernon, G. J. W. Lord 40, 41, 49
Vernon, W. J. B.-W.-V. 54
Veronesi, G. 58
Vetro, P. 31
Vetterli, W. 23
Vettori, V. 21, 48, 65
Vezin, A. 14, 55
Vickers, N. J. 27
Villani, F. 49
Villaroel, G. 45
Viti, G. 33, 60
Vittorini, D. 16
Volkmann, L. 24
Vossler, K. 18, 55, 61

Wahler, A. 31, 60
Wais, K. 21
Waismann, A. 62
Wartburg, I. und W. von 55
Wechsler, E. 14
Wegele, F. X. 14
Wehle, W. 64
Weinrich, H. 62, 64
Weissbrodt, C. 3
Welle, J. P. 27

Wendelin von Speyer 36
Wertheim, M. 33, 62
Wetzel, Chr. 14
Wheeler, Ch. E. 56
White, A. C. 29
White, L. G. 56
Whitfield, J. H. 16, 63
Wicksteed, Ph. H. 16, 56
Wiedemann-Wolf, B. 21
Wieruszowski, H. 2
Wiese, B. 42
Wilhelm, J. J. 20, 21
Wilhelm, K. 55
Wilkins, E. H. 29, 67
Williams, Ch. 17
Wissowa, G. 70
Witte, H. 23
Witte, K. 18, 38, 55
Wittschier, H. W. 16
Wlassics, T. 61, 63
Wöhl, J. 21
Wright, J. Ch. 56

Zabkar, J. 64
Zaccaria, G. 62
Zacheroni, G. 49
Zahm, J. A. 4, 35, 36, 37
Zannoni, T. 16
Zanotti, G. 3, 4
Zappulla, E. 56
Zenatti, O. 49
Zenck, M. 26
Zennaro, S. 11, 19, 21, 45, 48
Zimmermann, I. 23
Zingarelli, N. 14
Zölch, H. 21
Zoldan, D. 41
Zoozmann, R. 55

Grundlagen der Italianistik

Herausgegeben von Heinz Willi Wittschier

Band 1   Heinz Willi Wittschier: Die italienische Literatur des Duecento. Einführung und Studienführer. Geschichte der Anfänge einer Nationalliteratur. 2000.

Band 2   Dagmar Reichardt: Das phantastische Sizilien Giuseppe Bonaviris. Ich-Erzähler und Raumdarstellung in seinem narrativen Werk. 2000.

Band 3   Marco Schrage: Giacomino da Verona. Himmel und Hölle in der frühen italienischen Literatur. 2003.

Band 4   Heinz Willi Wittschier: Dantes *Divina Commedia*. Einführung und Handbuch. Erzählte Transzendenz. 2004.

www.peterlang.de

Nicoletta Kiefer

Zahl, Struktur, Sinn

Studien zu den drei Hauptprophezeiungen der Divina Commedia

Frankfurt am Main, Berlin, Bern, Bruxelles, New York, Oxford, Wien, 2002.
334 S., zahlr. Abb
Europäische Hochschulschriften: Reihe 9
Italienische Sprache und Literatur. Bd. 38
ISBN 3-631-38347-9 · br. € 56.50*

Die Untersuchung der gematrischen Zahlen, die Dante in der *Commedia* als Maßeinheiten bei der Textgestaltung und -verknüpfung verwendet, bildet die Grundlage für die Erschließung einer komplexen Sinn- und Zahlenstruktur, in welche die Voraussagen über den „Veltro", den „cinquecento diece e cinque" und den „Novenne" eingebunden sind, die zu den meistdiskutierten Geheimnissen des heiligen Liedes zählen. Nicht nur die gematrische Auflösung des Zahlenrätsels weist auf Dante und die ihm übertragene Botschaft hin. Die zahlengestützte Textanalyse belegt, daß alle Angaben der prophetischen Trilogie auf den Erben der „sementa santa" zu beziehen sind – den Hoffnungsträger der „Chiesa militante", der von der Speise der Seligen kosten darf.

Aus dem Inhalt: Die Zahl im mittelalterlichen Denken · Die Zahl in der Poetik des Dichters Dante Alighieri · Die gematrische Zahl als Struktur- und Sinnträger in der *Commedia* · Die Zahl in der Anlage und Anordnung der drei Hauptprophezeiungen · Die Zahl „515" und die Botschaft der gerechten Seelen · Die Speisung des „Veltro" mit dem Brot der Seligen · Das ideale Florenz von Cacciaguida als irdische Heimat des „Veltro" · Das Tierkreiszeichen der Zwillinge als Ort der himmlischen Genese · Der Einfluß des Mars auf den „Neunjährigen" · Der Himmel der Musik und die Bestimmung des Dichters · Die Deutung der Zeitangabe von neun Jahren mit Bezug auf die Neunzahl der *Vita Nuova* · Das Privileg der Jenseitsreise und ihre Begründung · Die Verheißung der Erneuerung im Gedicht

Frankfurt am Main · Berlin · Bern · Bruxelles · New York · Oxford · Wien
Auslieferung: Verlag Peter Lang AG
Moosstr. 1, CH-2542 Pieterlen
Telefax 00 41 (0) 32 / 376 17 27

*inklusive der in Deutschland gültigen Mehrwertsteuer
Preisänderungen vorbehalten

Homepage http://www.peterlang.de

Peter Lang · Europäischer Verlag der Wissenschaften